the Administration of Justice from Homer to Aristotle

从荷马到亚里士多德时代的司法裁判

[美] 罗伯特·邦纳　格特鲁德·史密斯 / 著
刘会军　邱 洋 / 译

中国法制出版社
CHINA LEGAL PUBLISHING HOUSE

图书在版编目（CIP）数据

从荷马到亚里士多德时代的司法裁判/（美）邦纳，（美）史密斯著；刘会军，邱洋译.—北京：中国法制出版社，2015.1

书名原文：The administration of justice from Homer to Aristotle

ISBN 978－7－5093－3834－6

Ⅰ.①从… Ⅱ.①邦… ②史… ③刘… ④邱… Ⅲ.①司法制度－法制史－研究－古希腊 Ⅳ.①D909.9

中国版本图书馆CIP数据核字（2015）第016707号

北京市新闻出版局出版境外图书合同登记号
图京01－2011－1115

责任编辑　袁笋冰　　　封面设计　蒋　怡

从荷马到亚里士多德时代的司法裁判

CONG HEMA DAO YALISHI DUODE SHIDAI DE SIFA CAIPAN

著者/（美）罗伯特·J. 邦纳、（美）格特鲁德·史密斯
译者/刘会军、邱洋
印刷/涿州市新华印刷有限公司
开本/880×1230毫米 32　　　印张/20.5　字数/934千
版次/2015年1月第1版　　　2015年1月第1次印刷

中国法制出版社出版
书号 ISBN 978－7－5093－3834－6　　　定价：65.00元

北京西单横二条2号　　　值班电话：66026508
邮政编码 100031　　　传真：66031119
网址：http://www.zgfzs.com　　　**编辑部电话：66066627**
市场营销部电话：66033393　　　**邮购部电话：66033288**
（如有印装质量问题，请与本社编务印务管理部联系调换。电话：010－66032926）

目　　录

第一卷

第二卷

第　一　卷

序　言

在雅典人对政府的设计中，司法是一个异常重要的组成部分。所有的官员、政府机构和委员会都或多或少地承担一些司法职能。法庭也会持续不断地介入政府事务，介入的方式对现代国家而言几乎闻所未闻。在立法和确保行政官员履行职责方面，法院都具有最终的发言权。此外，法院还通过批准互惠条约来使雅典公民在缔约城邦获得相同的诉讼待遇，通过贝壳放逐法来保护宪制和对职业政治家保持适度控制。

现存的关于雅典司法机构演变的文献是相对贫乏的。最主要的文献是亚里士多德的《雅典宪制》。该书最后的几个章节描述了公元前 4 世纪引入的司法制度，而且能够提供给我们的有用资料却非常少。这几个章节更像是为那些想成为职业辩护人的年轻人提供一本关于法庭程序和实践的教科书。但当我们试图从中搜寻更早期的雅典宪制历史时，关于这一时期的其他资料也是最缺乏的，失望必然会油然而生。

亚里士多德十分清楚梭伦司法改革的重大意义。他所强调的雅典宪制的三个最重要的民主特征中的两个都与司法有关，即控告的自由和向陪审法庭上诉的权利。但是，关于陪审法庭的组成，他却只字未提，而且他关于亚略巴古议事会的描述也只是抽象的泛泛而论。导致他忽略细节的一个可能原因是他对司法历史缺乏兴趣。他关注的重点是他所生活的时代的宪制状况，而至于当前的状况是如何演变而来的则相对次要。但是有证据表明即使亚里士多德有意愿这么做，他也没有足够可靠的资料来重构先辈的宪制（πάτριος πολιτεία）。在公元前 5 世纪晚期，先辈宪制成为一个吸引眼球的政争口号，得以广泛讨论。但是，对于先辈的宪制到底是什么样子的，恐怕连那些主张复古变革的人也不十分清楚。公元前 411 年的革命者认为克里斯提尼的宪制“不仅民主，而且与梭伦的宪制相似”，[1] 因为人

〔1〕 Aristotle, *Constitution of Athens*, xxix. 3.

们可以看到从克里托芬（Cleitophon）的改革到皮托多洛斯（Pythodorus）的法令都规定了某种宪法委员会。

克里斯提尼进行了一些极为重要的司法改革。其中，最可能的是对陪审法庭的改组和设立五百人议事会。但是亚里士多德对此予以否认，证据是五百人议事会的誓言和一些“新的法律”。

在伯里克利时代，陪审法庭组织完善，在国家中的重要性也日益增长。但是亚里士多德所能赐予给我们的所有信息就是该法庭由6000名陪审员组成，并且陪审员们是领取报酬的。人们可能十分渴望准确地知道亚略巴古议事会的哪些权利在公民大会、议事会和陪审法庭之间作了何种分配。而且，也没有任何史料曾提及公元前453至公元前452年成立的三十人委员会的职能，而这一委员会在国家中的地位似乎仅次于司法执政官。类似这样的忽略，如公共仲裁的设立年代，似乎表明亚里士多德对法制史并无多大兴趣。否则，即使他无法描述更早期的情况，对公元前5世纪相关情况的描述也不会缺失。

但是，亚里士多德的著作又包含如此多的新材料，以至于这些著作的发现重新激起了人们对雅典法制史的兴趣。无论是在学术专著、学位论文，还是在杂志文章、古语词典中，人们都对一些特定问题进行了广泛讨论。不过，唯一试图从始至终地追寻雅典司法发展历史的作品是利普西斯（Lipsius）的《雅典法制和法律程序》的导论（“Einleitung”to *Das Attische Recht und Rechtsverfahren*）。尽管非常简略，但它却是雅典司法机构重要发展阶段的全景式描述。在本书的写作中，会时不时地引用这篇文章，它的确是对古希腊司法历史研究的重要贡献。

本卷的前面几个章节致力于对古希腊法制程序起源和发展的详细论述，论述以立法者为主线。这些是研究雅典司法史的必要背景知识，在本质上，它描述的是从梭伦时期的陪审法庭到公元前4世纪高度组织化的民众法庭的发展过程。梭伦时期的陪审法庭是由荷马时代的“集市审判”（agora）发展来的，在荷马时代，偶尔会在集市上审判那些触犯公共秩序的人。

在有关雅典司法制度的章节中，讨论的重点是雅典司法赖以运转的整体机制。但是，有时也会讨论一些似乎更适宜归类于实践和程序方面的问题。本卷讨论主题的选择在一些章节中或多或少地有点武断，但是，我们已经打算在最近一个时期对一些被本卷忽略的主题以及有关雅典司法历史的一些宏观问题另外撰文论述。

本书中的一些观点的得出或多或少地依赖于推测和想象。在资料不足的情况下，求助于假设和推测是不可避免的。在调查机构的变迁方面，想象尤其合适，只要努力使想象不脱离以前时代的先例和以后时代的残迹。机构的诞生和发展通常都是一种有迹可循的进化过程，很少会在不留下任何影响和痕迹的情况下突然消失，即使爆发革命时也是这样。

本书中讨论的一些主题，我们曾单独撰文发表在《古典文献学》（*Classical Philology*）上，我们非常感谢杂志的编辑允许我们在此使用这些材料。当然，这绝不意味着在此原封不动地照搬这些已经发表的文章。我们在使用文章中包含的资料时，总是会重新组织、补充更新，以适应本书的目的和需要。

我们衷心感谢西北大学（Northwestern University）的约翰·亚当斯·斯科特（John Adams Scott）教授，他对有关英雄时代的章节给予了中肯的批评，并且，由于他对荷马的精深研究，使他对与荷马有关的内容也提出了许多良好建议。当然，任何意义上他都不应被认为应对本书中的有争议的观点负责。我们还要衷心感谢西北大学的 A. P. 多里严（Dorjahn）教授，他通读了本书的前 5 个章节的初稿，并在本书的写作过程中给予了持续建议。另外，我们还要感谢我们的同事，卡尔·达林·巴克（Carl Darling Buck）教授，他对 ἡλιαία 一词给予了很好的注解。

史密斯女士也非常感谢美国学术团体协会（the Council of Learned Societies）所给予的宝贵资助。

芝加哥大学：罗伯特·J. 邦纳
格特鲁德·史密斯

第一章　英雄时代

在他对四种类型的君主政体的描述中，亚里士多德（Aristotle）对英雄时代作了如下描述：

> 第四种君主政体，即是英雄时代（The Heroic Age）的政体。这种君主政体是世袭的，也是合法的，它建立在被统治者的自愿接受之上。因为最初的国王往往是在艺术或者军事方面对人民有恩惠的人，要么是他们把松散的人民组织成了一个群体，要么是人民的土地来自于他们的恩赐，因而人民都自愿接受他们的统治，尊其为王，而其权力也得以世代相传。他们是战争中的军事统帅，也是群体祭祀时的主持人，当然那种需要专门祭祀人员的场合除外。他们也有权力处理各种大小事务，在处理这些事务时，他们有时需要宣誓，有时则不需要宣誓，而当需要宣誓时，他们往往以自己的权杖起誓。〔1〕

修昔底德（Thucydides）也曾经对英雄时代的君主政体作过描述，他所说的在其之前存在的建立在固定特权基础之上的世袭君主制，即是对英雄时代君主政体的描述。〔2〕与对英雄时代的政治社会组织形式相比，亚里士多德对君主政体本身更感兴趣。但是，即使仅从荷马史诗中，我们也有可能获得一幅相对完整的关于早期希腊国家事务的图画。在对社会所做的三分法中，荷马（Homer）已经使用了为后世所通用的名字。在荷马的笔下，首先，社会中存在“氏族”（clan），所有的氏族成员都声称他们来自

---

〔1〕 *Politics*, 1285b；也可参见他随后的总结性描述：“这就是君主政体的四种形式。其一即是英雄时代的君主政体：这种政体建立在被统治者的自愿接受之上，并且只局限于特定的职能；国王既是将军也是法官，并且控制宗教。”

〔2〕 Thucydides i. 13. 1.

于同一个祖先。[3]除了“氏族”之外，社会中还存在“胞族”（phratry）和“部落”（tribe），在荷马史诗中他们仅以军事组织的形式出现。例如，在荷马的第二部史诗《伊利亚特》（*Iliad*）中，当希腊人被征召起来去同特洛伊人（Trojan）作战时，他们就是以“胞族”和“部落”的组织形式出现的。[4] 由于“胞族”和“部落”这两个术语是在较晚时期才被使用的，因而，人们通常认为在荷马所处的时代，军事组织是建立在政治组织之上的，“胞族”是由奉行共同宗教仪式的人渐渐发展形成的借以保护生命和财产的组织，而“部落”则是一个更大的组织，在其本源意义上，可以包括一个社群中的所有成员。[5]不过，无论如何，“胞族”在公共生活中的重要性都不容低估，这一点为荷马史诗所明确印证：

> 谁喜欢和自己人挑起争斗，谁就是一个目无家庭、胞族和传统习俗的人。[6]

在荷马时代，处于国家顶层的是一名部落首领；仅次于他的是一个由一些权力相对弱小的部落首领所组成的理事会。[7]此外，还有一个由所有自由民所组成的公民大会，公民大会的任务是不定期集会以听取部落首领

---

〔3〕 *Iliad* xiii. 354. 此外，根据 Cary, *Cambridge Ancient History*,（III, 582 ff.），“氏族”并没有官方正式意义，也不是“胞族”的分支。在雅典，它只是一个贵族组织，象征着财富和高贵的身份，因而也享有相当的权力。

〔4〕 *Il.* ii. 362.

〔5〕 在《雅典宪制》（*The Athenian Constitution*, pp. 95 ff.）中，波兹福德（Botsford）认为“胞族”比“部落”在雅典城邦的形成中发挥了更大的作用。

〔6〕 *Il.* ix. 63.

〔7〕 米瑞思（Myres）在《希腊政治思想》（*Political Ideas of the Greeks*, pp. 64ff.）中认为荷马史诗实际上是描写了公元前 13 世纪和公元前 12 世纪的社会生活状况和传统，时间跨度较大。但是，在后续的论述中，我并不打算将荷马史诗所描写的时代区分为前期和后期，而是试图描写一个充分发展的荷马社会。芬达（Fanta）在 *Der Staat in der "Ilias" und "Odyssee"* 一书中的论点也将被同等地用来证明前期和后期的荷马社会。此外，布伦希尔（Brehiér）在《历史评论》（*Rev. historique*, LXXXV, 1 ff.）中，也将荷马史诗所描写的时代划分为两个时期，即（1）《伊利亚特》前期和（2）《伊利亚特》后期和《奥德塞》时期。按照他的论述，第一个时期是半封建时期，那时国家还未正式形成，社会组织仅仅建立在对某个领袖及其家庭的效忠之上；而第二个时期则已经是有组织的贵族政体。

所作的计划报告。

部落首领，即国王们，通常被宣称为是宙斯（Zeus）的后代或者是由宙斯教养长大的。例如，荷马史诗中所提到的部落首领就无一例外地认为自己是神的后代，他们要么像阿基里斯（Achilles）那样宣称自己就是神的直接后代，要么像阿伽门农（Agamemnon）那样宣称自己的远祖来源于神。因而，希腊人对部落首领的服从大概最初即来源于这种所谓的神圣出身。那时，每一位部落首领都有权力对一群更小的部落首领行使宗主权，同样，这些更小的部落首领也有权力对其更小的下属行使宗主权。因而，根据一位部落首领所拥有的下属的多少，人们就可以判断他是不是比另一位部落首领更像国王。[8] 例如，阿伽门农就被人们认为比阿基里斯更像国王。[9] 当时，国王基本上实行世袭制，但是也不是没有任何例外，有的时候继任者也会从其他家族而不是国王本人的家族中产生。[10] 因而，为了保持自己的权威，国王除了要拥有财富之外，还必须要具有许多其他的优秀品质。和荷马时代许多不同的领袖相对应，许多品质都曾经被提及并被认为值得渴望。[11] 例如，大度、雄辩、智慧、擅长运动、精于艺术和雕刻等在荷马时代就都曾经被认为是领袖人物所应具有的品质。当然，对这些品质的要求可能会因为不同的领袖人物而有所不同，一些领袖人物也可能会不具备其中的某些品质。例如，阿伽门农在艺术才能方面似乎就乏善可陈。当国王年华老去的时候，他的儿子可以代替他从事战争，就像珀琉斯（Peleus）和阿基里斯之间所发生的那样。国王领袖地位的外在象征是权杖，权杖也实行继承制度，当出席会议的时候，国王往往手持权杖，象征权威。由于

〔8〕 尼尔逊（Nillson）认为在《伊利亚特》当中，君主的权力主要体现在军事命令方面。当军事行动结束，次级的部落首领就不再过分倚重国王，而是变得更加独立。（Nillson，"Das Homerische Kònigtum," *Sitzungsberichte d. preuss. Akad. d. Wissenschaften*, Phil. Hist. Kl. 1927，p. 37.）

〔9〕 *Il.* ix. 160. 参见：Glotz，*Solidarité*, p. 12. 首领们的财富毫无疑问是通过暴力获得的。参见：Moreau，"Les assemblées politiques d'aprés l'Iliade et l'Odyssée," *Rev. d. etudes grecques*，VI，236 ff.

〔10〕 参见：忒勒马科斯（Telemachus）在继位时所面临的威胁。*Od.* i. 386; cf. xi. 174 ff.

〔11〕 好的领袖在对待人民时应像一个慈父。（*Od.* v. 7 ff.）海伦（Helen）认为阿伽门农既是一个优秀的国王也是一个优秀的勇士。（*Il.* iii. 179.）

权杖是尊严和地位的象征，因而，也颇多神秘色彩，例如阿伽门农的权杖就曾被认为是来自于神的手艺。[12] 国王们有多种收入来源。臣民们不仅要向国王贡献土地，而且还必须不时地贡献其他各种珍宝。当国王们大宴宾客的时候，臣民们也时常会被要求贡献各种物品。[13] 此外，在各式各样的战争和掠夺性远征中，最大的那份战利品也往往会被国王占有。[14] 当然，国王也必须亲自履行许多职责。他必须为其宾客提供娱乐，并为这些宾客和那些投靠他的人提供保护。在希腊社会发展的早期，国王们，其最初的职能也许只是一个村子的村长，因而他们还必须主管整个部落的祭祀，实际上，在荷马史诗中，祭祀也一直是国王们最重要的职责之一。[15] 国王们还要主管对外关系，对其他的城市进行官方访问并同其他的城市进行谈判也是其不可推卸的职责。[16] 此外，仲裁和司法也是国王们的重要职责之一。[17] 在战争中，国王还是具有绝对权威的军事统帅。我们可以从阿伽门农，这位领导希腊人进行特洛伊战争的军事统帅身上，清楚地看到这一点。在战争中，没有任何人敢对其权威提出质疑，即使仅对其提出不尊敬的批评也会遭到哪怕是最普通的人的厌恶。[18] 此外，为那些在战争中牺牲的将士们复仇也是国王的职责之一。在履行这一职责时，国王就类似于那些在战争中牺牲的将士们的亲属。不言而喻，和这一职责紧密相连的则是国王必须随时随地保护其臣民的总体职责。[19] 从我们上面的归纳来看，国王的权威

---

〔12〕 *Il.* ii. 101 ff.

〔13〕 *Od.* Viii. 390 ff.；xix. 197.

〔14〕 例如，奥德修斯（Odysseus）在一次冒险中就分得了较多的羊群（*Od.* ix. 160.）。

〔15〕 参见：阿伽门农主持的祭祀活动（*Il.* iii. 271 ff.）。

〔16〕 参见：奥德修斯和梅尼劳斯（Menelaus）在特洛伊战争前对特洛伊的访问（*Il.* iii. 205 ff.）。

〔17〕 芬达（Fanta）认为在《伊利亚特》（*Iliad*）和《奥德赛》（*Odyssey*）当中，国王从未真正或单独以法官的面目出现（*op. cit.*，p. 58）。如阿莱蒂（Arete）就总是由他人代表其来处理纠纷（*Od.* vii. 74）。另外可参见格洛茨（Glotz）对荷马时代国王司法权力的论述（Glotz，*Etudes sociales et juridiques sur l'antiquité grecque*，p. 5）。也可参见布伦希尔（Bréhier）的相关论述（*Rev. historique*，LXXXIV，p. 30），布伦希尔认为国王的司法权力并非来自宙斯，而是为了保护城邦的风俗惯例，而且这种权力只局限于宗教和军事领域，在这两个领域之外，国王并不具有司法方面的权威。

〔18〕 参见：瑟赛蒂兹（Thersites）一案（*Il.* ii. 212 ff.）。

〔19〕 Cf. Fanta，*op. cit.*，pp. 64 ff.

似乎是绝对的，但是这决不意味着国王的权威没有任何限制。首先，国王绝对不会冒险去抵触那些社会中长期存在并为人们所尊重的风俗习惯，也绝对不会冒险去试图剥夺那些为人民所长期享有的权利和利益。其次，对国王权力更具体的限制还来自元老院（The Council of Elders）和公民大会的意见和建议。[20]

元老院由部落中的基层领袖组成。元老院的成员数目很可能是不固定的，而是由国王根据自己想咨询的人数来决定。[21] 当然，毫无疑问，如果会议的规格较高的话，出席会议的人也自然是部落中比较重要和有权威的人。在特洛伊战争之前，迈锡尼的元老院就是由部落中的所有首领组成的，其中阿伽门农为首长。毫无疑问，这些首领中的许多人在自己的辖区之内都是持有权杖的国王，但是当涉及军事问题的时候，他们必须服从阿伽门农。同样，这些次级的领袖也被认为是神的后裔。总体而言，他们和国王具有十分类似的特征，他们是优秀的将领，也是很好的演说家和顾问。元老院最重要的功能就是作为一个咨询和建议机构。国王，在把自己的计划提交给公民大会之前，常常会先把它提交给元老院讨论。正如前面提到的，元老院的成员由国王选择决定，那么，很自然的国王也有权力来召集元老院会议。元老院并没有实际权力来限制国王的权威，但是在现实当中，元老院对国王的决定应该还是有相当影响力的。国王时常会耐心聆听和接受元老院的建议，即使这样不得不修改他自己原定的计划。不过，如果国王仍然决定按自己的意志行事，那么，即使元老院全体反对，也没有任何办法可以阻止国王执行自己的计划。[22] 简而言之，就是国王会考虑元老院的建议，但是最后的决定仍然取决于国王。[23] 因而，波兹福德（Botsford）认为，那种认为元老院的作用在很大程度上取决于国王的个人素质的评价是

〔20〕 Cf. Nillson, *op. cit.*, p. 28.

〔21〕 Cf. Moreau, *op. cit.*, pp. 236 ff.

〔22〕 Moreau, *op. cit.*, p. 249. 国王可以把任何事情提交元老院讨论，但是没有任何事情是必须提交的。

〔23〕 参见阿伽门农对布里塞伊斯的处理。在这里，他没有采用元老院的建议（*Il.* i. 318 ff.）。但是，另一方面，在克律塞伊斯（Chryseis）一事上，他又服从了元老院的建议。另一个例子是赫克托对波利达玛斯（Polydamas）反对行为的处理，尽管在这里，赫克托是明显错误的一方（*Il.* xviii. 285 ff.）。

公平的。[24]

公民大会由整个部落的全体成年男性自由民组成。召集公民大会的权力并不仅仅属于国王。例如，当忒勒马科斯（Telemachus）宣布召集公民大会来处理“求婚者”（suitor）问题时，就没有人对其权力提出质疑。如果我们假设召集公民大会的权力仅仅属于国王，那么求婚者们在此肯定是会对忒勒马科斯召集公民大会的权威提出挑战的，因为求婚者并不希望让公民大会介入他们的事情。[25] 再后来，当珀涅罗珀（Penelope）建议拉厄尔忒斯（Laertes）直接诉诸于人民时，[26] 求婚者们再次对公民大会表现出了不小的恐惧，因为公民大会很可能决定将他们放逐，以惩罚他们先前试图杀死忒勒马科斯的行为。[27] 而后来，当公民大会没有采取保护忒勒马科斯和珀涅罗珀的措施时，内斯特（Nestor）和奥德修斯（Odysseus）都禁不住难掩失望。[28] 埃古普提斯（Aegyptius）（一名求婚者的父亲，但是也是奥德修斯的朋友）更是明确地表示，任何人只要有重要的消息都可以召集公民大会：

> 这次是哪位召集会议？是年轻人？
> 还是我们这些老人中的一位？为了什么？
> 是不是他首先听到了军队返回的消息，
> 准备向民众宣布？还是有件公共事务，
> 需要和大家共同商议？看起来，
> 他是位高贵的人，定能预示吉事，
> 愿宙斯体谅他，让他一切心想事成！[29]

---

〔24〕 *Op. cit.*, p. 118.

〔25〕 *Od.* ii. 6 ff.; iii. 137; xvi. 361 ff.; *Il.* i. 53; xix. 34. 有学者认为，在很大程度上，埃古普提斯的话应当被认为是一种修辞上的夸张。参见前引 Moreau 一书，第 214 页。另参见：Finsler, “Das Homerische Kōnigtum,” *Neue fahr. Fúr Phil.*, XVII, 321, sees, in the meeting, “die Wiederkehr geordneter Zustānde,”

〔26〕 *Od.* iv. 735 ff. 没有证据表明在奥德修斯不在时，拉厄尔忒斯享有特殊的权力。奥德修斯的正式代表是门特（Mentor）（*Od.* ii. 225 ff.）。

〔27〕 *Od.* xvi. 375 ff.

〔28〕 *Od. iii.* 214 *ff.*; *xvi.* 95 *ff.*

〔29〕 *Ibid.*, ii. 28 ff.

由此看来，召集公民大会的权力既为国王和首领们所享有，也为一般的公民所享有。[30] 但是，并不是所有的公民大会都是正式的会议。对古希腊的人来讲，当发生和整个部落相关的任何事情时，聚集到公民会议召开的场所已经成为他们的本能，即使并不存在特别的召集会议的决定。因而，当伊萨卡人（Ithacans）听到求婚者们被杀戮的消息之后便自动地聚集到了会议场所。[31] 在没有任何召集会议的信息的情况下，他们自动聚集到了那个地方，因为那是一个固定的交流信息和讨论事情的场所。人们对这个日常集会场所已经习以为常。[32]

正式会议的召开是不定期的。当忒勒马科斯召集人民集会时，埃古普提斯就评论说，在伊萨卡，公民会议自从奥德修斯在20年前离开到现在都没有召集过。[33] 但是，如果有需要，公民会议是可以随时召集的。例如，在《伊利亚特》第二部的开始，阿伽门农就派出勇士去召集人民召开会议，他好据此来判断人民的勇气和精神。亚该亚人（Achaeans）立即怀着极大的热情和渴望迅速聚集到了一起。很明显，公民集会对于军队的意义是不言自明的。[34] 阿基里斯也曾召集了一个公民集会来讨论瘟疫问题。[35] 毫无疑问，他肯定也像阿伽门农那样派出了勇士。阿尔喀诺俄斯（Alcinous）也曾召集费阿刻斯人（Phaeacians）集会，以通知他们一个陌生人的到来，他们要款待这个陌生人并护送其回家。[36] 所有的这三个集会都是为了向人民传递信息，此外，前两个会议的目的还在于观察人民对某件事情的反应。由此可见，人民集会提供了一种向人民传递信息的有效方式，由于人民对信息的热切渴望，因而，他们总是能够迅速地聚集到一起。

---

〔30〕 Cf. Moreau, *op. cit.*, p. 213, and Finsler, *op. cit.*, p. 327.

〔31〕 *Od.* xxiv. 420.

〔32〕 这可以从人们对阿基里斯的评论当中引申得到，在其发怒期间，他时常缺席这些体现着男人尊严的部落集会（*Il.* i. 490）。这种引申远比另一种要好得多。另一种假设认为，由于会议召集如此频繁，以至于阿基里斯的短暂缺席也会成为会议议论的话题。

〔33〕 *Od.* ii. 26 ff.

〔34〕 *Il.* ii. 86 ff.

〔35〕 *Il.* i. 54.

〔36〕 *Od.* viii. 4 ff.

召集会议的人和在大会上介绍信息的人并不一定是同一个人。[37]和传递信息的功能相比，人民集会的咨询和协商功能是在较晚阶段才出现的，但是到荷马时代这类功能应该已经牢固地确立，正如阿基里斯所召集的那次集会所证明的那样，在那次会议上，许多人都对瘟疫和其后的应对问题发表了自己的看法。演讲人也并不一定必须是部落的首领，瑟赛蒂兹（Thersites）的演讲可以明确地证明这一点，因为他只不过是一名普通的士兵（《伊利亚特》当中唯一有名字的士兵）。[38] 而且，他不止一次在集会上公开批评部落的首领。因而，显而易见，一旦某件事情被提交公民大会，那么也就意味着参加大会的任何人都有权利对这件事情发表自己的看法，无论是批评或者是褒扬。当然，发表意见的普通人必须对自己的言论慎之又慎，因为首领们对于来自下属的批评并不总是能够从善如流、以诚相待。不过，值得欣喜的是，尽管有的人并不赞同瑟赛蒂兹的观点，但是却没有人质疑其说话的权利。

芬达（Fanta）[39] 认为，除上面提到的人民集会之外，在古希腊还存在另外一种特别的人民集会（θῶκος），在这种集会上，在首领簇拥下的国王只是威严地向人民发布命令和告知他们公共事项，并不允许进行讨论和争辩。然而，另外一些学者认为，这种形式的会议只不过是首领会议（βουλή）的一种别称而已，并不是一种特别形式的人民集会。[40] 而莫罗（Moreau）对这两种观点都不赞同，[41] 他认为在希腊语中“θῶκος”的意思只不过是“坐着”而已，因而，它也只不过是被用来泛指有座位的会议而已，并不具有上面两派学者所宣称的特定意义。莫罗指出，尤其是当我们考虑到有关这种特殊会议的所有段落都没有提供关于这种会议的细节时，我们似乎就更应该相信这一点。不过，无论如何，我们都没必要去假设还

---

〔37〕 Cf. *Il.* x. 203. 关于在集会上讨论的话题，可参见前引 Moreau 一书，pp. 227 ff.

〔38〕 *Il.* ii. 212 ff.

〔39〕 Op. cit. , p. 77.

〔40〕 Buchholz, *Die homerischen Realien*, Vol. II. Part I, Section I, §4; Glotz, *La cité*, pp. 54 and 59.

〔41〕 Moreau, *op. cit.* , pp. 209 f.

存在第三种特殊形式的会议。[42]

在这一时期，协商（deliberative）、行政和司法功能还没有明确地划分开来。荷马时代的国家政治结构也是直接从家长制的族群发展来的，如库克罗普斯（Cyclopes）就是一个很好的例子。[43] 在这种背景下，父亲在家族中的权威就成了荷马时代国王在国家中的权威的直接来源。自然，在荷马时代的国家中，几乎不存在色诺芬式的伯里克利（Xenophontic Pericles）所定义的那种严格意义上的法律：*θῶκος /πάντες γὰρ οὗτοι νόμοι εἰσὶν οὓς τὸ πλῆθος συνελθὸν καὶ δοκιμάσαν ἔγραψε φράζον ἅ τε δεῖ ποιεῖν καὶ ἃ μή*。[44] 但是，在当时的社会中也绝对存在*εὐνομίη*，*εὐηγεσίη*，尽管它们还没有被编纂成法规和宪章的形式。我们现代社会中的一些概念，诸如秩序以及对社会公认的正义观念的服从等，也已经为当时的一些希腊语词汇所很好地表达，如：*εὐνομίη*，*εὐηγεσίη*和 *εὐδικίη*。

在当时的希腊语词汇中，*θέμιστες*与现代意义上的法律最接近。从严格意义上来讲，它们是国王以权威方式发布的命令，它告诉臣民们在一定的情况下什么行为应当被认为是正义的和合理的。通常认为，这些正义和合理的观念直接来源于神灵的爱憎，是神灵对人们的建议，而且，神灵只把建议给予那些具有特定资格的人。[45] 毫无疑问，这些具有特定资格的人非当时的国王莫属。国王拥有象征着世袭权力的权杖，他能通过特定的仪式和神灵进行交流。在获得神灵的启示之后，他会召集会议，在人民面前宣布受神灵启示而得到的决定。[46] 从这一点上，我们不难看出，任何国王的决定在最初的时候都被认为是来自于神的授予和启示，不过，到荷马时

---

〔42〕 关于“*θῶκος*”的意思和涉及它的段落，可参见 Ebeling, *Lexicon Homericum*, s. v.

〔43〕 Vinogradoff, *Outlines of Historical Jurisprudence*, Vol. II: *The Jurisprudence of the Greek City*, p. 1.

〔44〕 Xen. *Mem*. i. 2. 42.

〔45〕 Maine, *Lectures on the Early History of Institutions*, p. 35：“在荷马时代的亚该亚，首领已经不再担任神职人员的角色，但是仍然担任法官的角色；他的司法决定，无论在多大程度上是对以前的惯例的援引，都会被认为是来自一种更高的神的启示。”

〔46〕 Myres, *op. cit.*, p. 138.

代，这种“神授”观念已经在很大程度上消失了。[47]比如，在荷马史诗当中，就没有任何关于这种“神授”决定的记载。

像 θέμις 一样，δίκη在总体上也有正义的意思，也是荷马时代法律词汇的重要组成部分。它被认为是对神的正义观念，即δίκη的适用。由于适用可能是错误的，因而现实中也就可能会存在错误的判决。比如，在特定情况下，本来应该适用神的这一意志，但是，人们却错误地适用了神的另一意志。格洛茨（Glotz）[48] 在解释θέμιστες和δίκαι这两个希腊语单词的区别时说，θέμιστες是受神灵启示产生的自然的判决，而δίκαι则是指建立在惯例基础上的判决。因而，δίκη比 θεμιστοσύνη 更能表达抽象的正义观念。还有，当我们形容一个人拒绝做正义的事情的时候，应该使用ἀθέμιστος，而当我们形容一个人是正直的时候则应该使用δίκαιος，而不是 θεμιστός。θεμιστεύω 有时也会以“宣布判决”（prounce judgment）的意义出现，但是并不常见，人们通常使用的是δικάζω。在特定词语，如κρίνωσι θέμιστας中，Κρίνω有时也会被用来形容“司法权的行使”。

在荷马时代，还没有“犯罪”和“罪犯”的明确概念。[49]不过，虽然“犯罪”这一代表对社会具有威胁性的错误行为的概念还没有被明确地阐述出来，但是，从人们对民间冲突的挑动者所表示出的厌恶感情中，我们却可以模糊地感觉到这一点。内斯特的话就很好地表达了这一点：

> 谁喜欢和自己人挑起争斗，
> 谁就是一个目无家庭、胞族和传统习俗的人。[50]

因而，司法在那时在相当程度上只是一件非正式的事情，参与这一过程的也往往只有当事人双方，我们可以大体上将其称作控诉方和被告方。“自助行为”（self-help）是当时最常见的获得补偿的方式。在现代刑法当

---

〔47〕参见：Gilbert, *Beiträge zur Entwickelungsgeschichte des griechischen Gerichtsverfahrens*, p. 463.

〔48〕*Solidarité*, pp. 21 ff.

〔49〕Levi, *Delitto e Pena nel Pensiero dei Greci*, p. 38，此处提到了一个例外。但遗憾的是，称瑟赛蒂兹为罪犯并不十分恰当。

〔50〕*Il.* ix. 63 f.

中，以正当防卫形式出现的自助行为在对抗侵犯方面仍然发挥着相当大的作用，只不过今天的正当防卫行为要受到诸多限制。[51]但是，在荷马时代，社会对自助行为的限制几乎为零。那时，人们随身携带武器的习俗也大大地方便了人们对自助行为这种获得补偿的方式的运用。受到伤害一方的亲朋好友也总是会被认为负有支持受害方的责任。甚至连主动犯下过错的一方也可以期望得到其族人好友的帮助。例如，奥德修斯就曾对忒勒马科斯的兄弟们为何不帮助身陷困境的忒勒马科斯而感到奇怪：

任何人都可以
依仗兄弟们相助，即使战斗很激烈。[52]

后来，他装扮成一个乞丐，对求婚者们说："以前我曾经做过多少不理智的事情啊，任凭自己的大胆和强力，也仰仗着自己的父亲和兄弟。"[53] 在自己的家庭范围内，主人可以任意惩罚，甚至处死自己的仆人。[54]每个男人都像库克罗普斯那样，是家庭的主宰。[55]如此一来，自然而然地，替在自己保护下的家人和仆人们复仇也被认为是一名父亲当然的职责。[56]

在荷马史诗当中，我们可以发现许多受害者通过自助方式获得补偿的

---

〔51〕 任何人都可以对侵犯其人身和财产权利的行为进行抵制。但是法律要求任何抵制都不能超过进行自卫所要求的必需范围；正当防卫的目的是阻止违法犯罪行为，而不是寻求补偿。但是，在特殊情况下，普通法也允许当事人实施补偿性救济。比如，一个人可以驱离侵入者，夺回自己正当占有的物品，减少损失等。一个人也可以帮助他人进行自卫，对于那些在他保护之下的人，他自然可以帮助他们进行自卫。其实，有人认为，一个人可以帮助任何人进行自卫，只要他的帮助行为没有超过被侵害者本人的自卫权利。不过，在实际当中，由于法律禁止人们携带武器，所以，人们的自卫权利难免受到很大的限制。弗雷德里克·波洛克爵士（Sir Frederick Pollock）的例子在今天仍然得以遵循。但是，他所谈及的自卫（self-defense）和自助（self-help）的区别在此并不适用（*The Law of Torts*, p. 181）。

〔52〕 *Od.* xvi. 97 f.

〔53〕 *Ibid.*, xviii. 139 f.

〔54〕 奥德修斯就处死了牧羊人和不忠诚的女仆（*Od.* xxii. 457 ff.）。

〔55〕 *Od.* ix. 114 f. Cf. *Il.* Ix. 447 ff.，阿明托尔（Amyntor）就因为他的儿子引诱了自己的小妾而对其进行诅咒，并将其放逐。

〔56〕 奥德修斯对求婚者们的指控之一就是他们勾引女仆。

具体例子。例如，当发生通奸、诱奸或者强奸的时候，如果女方是一名自由民，那么他的丈夫或者最近的亲属就会着手对此进行报复性惩罚，而如果女方是一名女奴，那么他的主人也会实施惩罚。埃癸斯托斯（Aegisthus）和克吕泰墨斯特拉（Clytemnestra）的通奸行为就很可能进一步加重了他杀死阿伽门农的罪行，因而，最后他死在俄瑞斯忒斯（Orestes）的手上就不仅是对他杀死阿伽门农的惩罚，同样也是对他通奸行为的制裁。[57] 如果他的唯一罪行只是通奸，而没有谋杀，那么他遭到的惩罚还会不会如此严厉，我们不得而知。不过，有一点是清楚的，那就是通奸行为受害方的亲属很可能会向对方索取金钱上的赔偿，就像赫菲斯托斯（Hephaestus）在处理德摩多克斯（Demodocus）一事时所做的那样。[58] 安忒娅（Anteia），普洛托斯（Proetus）的妻子，错误地指责柏勒罗丰（Bellerophon）向她提出非分要求，并坚持要求自己的丈夫把柏勒罗丰处死。于是，在柏勒罗丰被放逐之后，普洛托斯便着手谋划计策来除掉柏勒罗丰。[59] 普洛托斯不是利用光明正大的方法，而是利用迂回策略来处死柏勒罗丰的事情说明，在荷马时代的希腊，“处死”并不是一个为社会所认可的对通奸的惩罚，也是和正义相违背的。[60] 当然，在另一方面，普洛托斯之所以利用计谋来对付柏勒罗丰也很可能是出于对柏勒罗丰的权威的恐惧。阿明托尔（Amyntor）也通过诅咒和放逐的方式惩罚了他的儿子，因为他的儿子引诱了自己心爱的小妾。[61] 在准备将他们处死以前，奥德修斯对求婚者们的一个明确指责就是他们引诱女仆，如果按照字面意思理解，这一指责的实际意义是强奸，

---

〔57〕 *Od.* i. 35 ff.

〔58〕 *Ibid.*, viii. 266 ff. Glotz, *solidarité*, p. 383，格洛茨在此发现这一做法和格尔蒂法典的规定有类似之处，格尔蒂法典有关于和受到伤害的丈夫达成金钱处理的规定。维纳格鲁道夫（Vinogradoff, *op. cit.*, p. 234）对此有更详细的论述。整个过程被描述为“用与海神的契约来取代与战神的契约。”特雷斯顿（Treston, *Poine*, p. 58）用这一事件来证明在荷马时代的贝拉斯基人（Pelasgian）当中存在两种类型的案件，第一种可以使复仇的杀戮正当化，而第二种则不可以。而金钱处理规定的存在则使对通奸者的杀戮难以得到正当化。Cf. Gernet, *Rev. d. etudes grecques*, XXX（1917），249 ff.；Calhoun, *The Grow of Criminal Law in Ancient Greece*, pp. 62 ff. and 69 ff.

〔59〕 *Il.* vi. 160 ff. Cf. Treston, *op. cit.*, p. 59.

〔60〕 Cf. Treston, *op. cit.*, p. 58.

〔61〕 *Il.* ix. 454 ff.

但在实际上很可能只不过是一些“有违伦理”的行为，[62] 这一点也为后来事情的发展所印证，因为后来这些妇女被以不贞洁的罪名进行了惩罚。对于奥德修斯的指责，在其准确性上，我们似乎不应该有过高的期望。不过，在当时，奴仆和求婚者的这类行为被认为是对其主人的无法容忍的侮辱，所以必须加以惩罚和纠正。[63]

以海盗和偷盗牛群形式出现的抢劫行为在当时司空见惯。当遇到海盗的时候，个人几乎没有能力来保护自己的权益，即使朋友们鼎力相助也往往难以收到实际效果。因而，无论是海盗问题还是大规模的偷盗牛群问题，只有整个社区才有能力进行对付。当然，在对付普通盗窃方面，个人还是有机会保护自己的。比如，当牛羊被盗时，个人借着薄雾或者黑暗的掩护，甚至有机会跟踪盗贼，伺机拿回自己丢失的牲畜。[64] 但是，如果盗贼随时准备使用武力的话，那么，仅仅这样做就是不够的，甚至是危险的。例如，伊菲图斯（Iphitus）在试图夺回自己被赫拉克勒斯（Heracles）偷走的马匹时就丢失了自己的性命。[65] 但是，主人如果足够机警聪明的话，也常常可以出奇制胜，甚至连在搏斗中受伤的可能性也不大。[66]

从阿基里斯在布里塞伊斯（Briseis）被掳走之后的应对中，我们可以发现另一种形式的自助行为。[67] 在认识到自己拥有的力量不足以重新夺回布里塞伊斯之后，阿基里斯压抑了自己诉诸武力和战争的冲动。但是，希腊人后来所遭受的巨大损失却迫使阿伽门农不仅主动提出归还布里塞伊斯，而且还附赠大批珍贵礼物。

当阿基里斯知晓布里塞伊斯被掳走之时，他的第一反应也是准备诉诸武力，杀掉阿伽门农。[68] 但是，他的这种冲动被雅典娜（Athena）的及时介入给打消了。这件事情发生在阿基里斯和阿伽门农的激烈争吵当中。在

---

[62] *Od.* xxii. 37.

[63] *Ibid.*, xxii. 418.

[64] *Il.* iii. 10 f. 奥托吕科斯，即奥德修斯的外祖父，就是一个训练有素的贼（*Od.* xix. 396）。

[65] *Od.* xxi. 22 ff.

[66] *Ibid.*, *xvii.* 471 ff.

[67] *Il.* i. 320 ff.

[68] *Ibid.*, i. 188 ff.

那时，男人习惯随身携带武器，他们之间各种各样的争吵都时常会发展为激烈的打斗和攻击。例如，即使像《伊利亚特》中那种关于界石的小小争吵，也极有可能会发展为肢体上的冲突。〔69〕当然，毫无疑问，在暴力的威胁之下，人们常常不得不无奈地放弃自己的利益。〔70〕

有学者注意到，在那时，人们寻求的补偿不仅包括收回自己被盗去、被破坏或者被扣留的财产，而且还包括相当数量的惩罚性赔偿。〔71〕求婚者们曾提议按照这一原则来达成协议；特洛伊人也同意，如果梅尼劳斯（Menelaus）在决斗中成功杀掉派瑞斯（Paris），那么他们将不但归还海伦（Helen）和她的珠宝，并且还将给予合理的额外赔偿。〔72〕除此之外，还有一个重要的例子，那就是当安提罗科斯（Antilochus）不正当地在战车比赛中赢了梅尼劳斯之后，他不仅承诺替梅尼劳斯恢复名誉，而且也准备作出合理的额外赔偿。〔73〕当求婚者们建议忒勒马科斯把他的母亲送回娘家时，忒勒马科斯拒绝这样做，一定程度上就是因为如果这样做不但要归还他母亲带来的嫁妆，而且还必须付出相当数量的惩罚性赔偿。诚然，*κακὸς δέμε πόλλ' ἀποτίνειν Ἰκαρίῳ*可能只是意味着归还嫁妆，但是紧接其后的句子*ἐκ γὰρ τοῦ πατρὸς κακὰ πείσομαι*却明确地说明事情远没有归还嫁妆那么简单。〔74〕实际上，在通奸的背景下，*μοιχάγρια*的意思与惩罚性赔偿无异。〔75〕

在荷马史诗当中，提到了许多通过自助行为替亲属复仇的例子。比如，对求婚者以及对埃癸斯托斯和阿伽门农的追随者的杀戮，而且，除此之外，

---

〔69〕 *Ibid.*, xii. 421 ff.；参见爱儒斯（Irus）和奥德修斯之间的争斗，*od.* xviii. 1 ff.

〔70〕 据说拉俄墨冬（Laomedon）就用武力取得了阿波罗和波塞冬（Poseidon）的薪水（*Il.* xxi. 435 ff.）。

〔71〕 此类赔偿一般被称为*τίμη*，*ποινή*，或者更确切地称为*μοιχάγρια*。Cf. Ferrini, *Quid conferat ad iuris criminalis historiam Homericorum Hesiodorumque poematum stadium*, p. 17. Cf. the Hesiodic use of *ἀμοιβή*, *works and days*, 333. 关于*ποινή*, cf. Lipsius, *Das Attische Recht*, pp. 7 ff.

〔72〕 参见希罗多德所保留的版本（ii. 118），根据这一版本梅尼劳斯所派出的使者不仅要求归还海伦和所盗取的财产，而且还要求进一步的赔偿。关于使者，参见：*Il.* iii. 205 ff.

〔73〕 *Il.* xxiii. 591 ff.

〔74〕 *Od.* ii. 132 ff.

〔75〕 Cf. *infra*, pp. 31 ff.

还有13起杀戮事件被提及。〔76〕那些逃离自己国家的人的典型代表就是跑路的杀人犯,〔77〕阿基里斯盾牌上所画的那个典型的审判场景也是因为杀人而产生的。在荷马史诗当中，还没有后世所存在的杀人者及其同谋者会被“玷污”的观念。〔78〕单就杀人者本身而言，养猪人欧迈俄斯（Eumaeus）的话就很好地说明了这一点。乔装打扮的奥德修斯向欧迈俄斯预言说他的主人即将回来，并且告诉他说如果自己的预言不能应验，那么，欧迈俄斯可以将其杀死。欧迈俄斯拒绝了这一带有赌博性质的事件，但是却说道：

> 如果真是那样，那我的美名定会四海飘扬！
> 人们定会到处传诵，说我如何请你进屋，
> 勤劳周到地招待，又如何君子般地夺走你的生命。
> 如果真是这样，我真应该向伟大的宙斯，科罗诺斯（Cronos）之子，表达我的祈祷和感戴！〔79〕

另外一个例子就是求婚者们在谋划杀掉忒勒马科斯的时候甚至提议向诸神祈祷，寻求他们的建议。〔80〕

在当时的社会，除了被害者的亲朋好友之外，似乎并不存在对普通杀人者的普遍憎恨。〔81〕例如，奥德修斯曾经欺骗欧迈俄斯说自己是杀死伊多梅纽斯（Idomeneus）的儿子的凶手。尽管这件谋杀的卑鄙是无以复加的，以至于我们很难想象出比这更卑鄙更懦弱的谋杀，但是欧迈俄斯却似乎并

---

〔76〕 *Od.* iv. 536.

〔77〕 *Il.* xxiv. 480. 当奥德修斯试图隐瞒自己的身份，并解释自己从克利特流亡的原因时，他谎称自己杀了人（*Od.* xiii. 259）。

〔78〕 当时存在某些形式的净化仪式（cf. *Il.* i. 313; vi. 266 ff.; etc.），但是这并不表明这一感情和观念适用于凶杀事件。关于这一问题的详细讨论，参见：Drerup, *Homerische Poetik*, Vol. I; *Das Homerproblem in der Gegenwart*, p. 147; Ferrini, *op. cit.* pp. 22. f.; Glotz, *Solidarité*, pp. 228 ff.; Lipsius, *op. cit.*, p. 9, n. 25; Gillies, “Purification in Homer”, Class. Quer., XIX, 71. ff.; Treston, *op. cit.* p. 112; and Calhoun, *op. cit.*, p. 16. 忒奥克吕墨诺斯（Theoclymenus）一事（*Od.* xv. 223. ff.）清楚地表明，与凶杀相伴随的玷污观念在当时并不存在。并且，对凶杀接受金钱赔偿的做法也与玷污观念不相容。

〔79〕 *Od.* xiv. 402 ff.

〔80〕 *Od.* xiv. 402.

〔81〕 *Ibid.*, iii. 310; iv. 535.

未受到这件事情的影响，仍然按照当时通行的对待陌生人的礼节，毕恭毕敬地接待了奥德修斯。[82] 此外，史诗中还曾提到几名流落异邦的杀人犯，他们在这些地方不但没有受到憎恶，而且仍然被奉为座上宾。然而，如果杀戮的对象是父母，那么就会遭到社会的同声谴责。弗尼克斯（Phoenix），阿基里斯的老伙伴，曾经提到他自己和父亲的争执与矛盾，并谋划除掉自己的父亲。但是，最后还是出于对民意的恐惧，害怕人们指责他大逆不道，而最终放弃。[83] 在后来的希腊故事当中，我们可以发现俄瑞斯忒斯杀死了自己的母亲克吕泰墨斯特拉。虽然这一事件在荷马史诗当中并未被明确地提及，但是我们也完全可以推断得到，因为克吕泰墨斯特拉是和埃癸斯托斯一起死亡的，并且也没有其他的死因被提及。通过这一事件，俄瑞斯忒斯完成了替父报仇的任务，也赢得了难得的荣耀，但是他因为替父报仇而赢得的这份荣耀在任何情况下都绝不意味着公众对弑母行为的认可。[84] 同时，我们还可以确信参与谋害丈夫的妻子在当时已经遭到社会的广泛谴责。梅尼劳斯并没有提及克吕泰墨斯特拉参与了谋害其丈夫阿伽门农的阴谋，对此应负全部责任的是埃癸斯托斯。[85] 内斯特也把克吕泰墨斯特拉对其丈夫的背叛全部归咎于埃癸斯托斯和他的花言巧语，但是，这并不妨碍他对克吕泰墨斯特拉心存鄙视。[86] 阿伽门农本人的灵魂对克吕泰墨斯特拉也评价不高，认为她不仅玷污了她自己而且也玷污了整个女性群体，[87] 但是也并未明确说明是克吕泰墨斯特拉谋害了阿伽门农。此外，当时社会上的另一条规则就是，人们都避免杀戮自己的宾客。赫拉克勒斯对伊菲图斯的谋杀被认为比一般的谋杀更严重，就是因为赫拉克勒斯杀死的是自己的宾客。[88] 再者，另外一个明显的例子，就是我们前面提到的欧迈俄斯和奥德修斯的赌注，奥德修斯承诺如果自己的预言不准，欧迈俄斯就可以杀死自

〔82〕 *Ibid.*, xiii. 259 ff.

〔83〕 *Il.* ix. 459 ff.; cf. Buchholz, op. cit., II, 83.

〔84〕 *Od.* i. 298.

〔85〕 *Ibid.* iv. 518 ff.

〔86〕 *Ibid.*, iii. 269., 310.

〔87〕 *Ibid.*, xi. 429 ff.

〔88〕 *Ibid.*, xxi. 27 ff. 但后者不顾他是来访的宾客，不顾天神的惩罚，在自己的家中杀死了伊菲托斯，霸占了客人找回的健壮的马匹。

己，但是欧迈俄斯立即明确地拒绝了，很大程度上就是因为奥德修斯是他的宾客。[89]

把凶杀看作是对社会的威胁是后来才有的观念，在荷马社会，凶杀并不是一个为全社会所关注的问题，只是被视为被害人的亲朋好友以及其他与被害人相关的群体的个人私事。社会舆论不仅对血腥的斗杀十分宽容，甚至还大力提倡人们去为自己的亲属复仇。[90] 耻辱和污名将伴随着那些无法为自己的儿子和兄弟复仇的人，而荣耀和光芒将给予那些成功地履行了这一职责的人。[91] 那些在自己死后，仍然能够有亲人为其复仇的人被认为是幸运的。[92] 在后期的雅典，对凶手发起诉讼的权利被限制在一定的亲属范围之内，一些学者由于受到后期雅典司法的影响，从而试图在荷马时代寻找类似的做法。雷斯特（Leist）[93] 试图证明荷马时代血亲复仇的范围只是到堂兄弟和表兄弟为止，其他的亲朋好友以及姻亲只是作为助手参加复仇。但是，为了证明这一点他不得不把*ἔται*时而翻译为“堂兄弟和表兄弟”，时而又翻译为“亲兄弟”。理所当然，关系近的亲属在复仇当中总是居于领导地位。[94]比如，如果梅尼劳斯能早一步回家的话，那么，就不用等俄瑞斯忒斯来为阿伽门农复仇了。[95] 但是，这并不妨碍在缺少近亲的情况下，远房的亲戚，甚至朋友都可以成为复仇的主角。[96] 在实际当中，“复仇权”这一概念只可能产生于那些达成金钱赔偿协议的复仇案件当中。因为这类协议只有跟特定的人签订才有意义，因为这类人能够确切地保证一旦达成协议，凶手便不会再遭到无理追究。我们可以在阿基里斯盾牌上的审判场景当中发现唯一的一个这样的具体个案，但是遗憾的是那里面并没有提到具体的亲属关系。[97]

---

〔89〕 *Ibid.*, xiv. 402 ff.

〔90〕 关于对血腥斗杀的分析，参见：Glotz, *Solidarité*, pp. 47 ff. and 94 ff.

〔91〕 *Od.* xxiv. 433. Cf. Orestes（Od. i. 298）.

〔92〕 *Od.* iii. 196. Cf. *Il.* xiv. 485.

〔93〕 Leist, *Grāco – italische Rechtsgeschichte*, p. 42; *Od.* xv. 273; *Il.* ix. 464.

〔94〕 Lipsius, *op. cit.*, p. 7. 在曾经提及的远亲当中，包括外孙和重外孙（*Il.* ii. 665）。

〔95〕 *Od.* iv. 546 ff. Cf. *Od.* iii. 309.

〔96〕 *Ibid.*, xxiii. 119. Cf. Achilles and Patroclus.

〔97〕 *Il.* xviii. 498.

亲属之间的杀戮通常会以“放逐”的方式来了结。通常情况下，被放逐的凶手即使以后再遇到被害人的近亲属也不会有什么危险。比如，麦东（Medon），俄琉斯（Oileus）的私生子，在杀死其继母的兄弟之后，就很可能曾经遇见过被害人的侄子阿伽克斯（Ajax）。[98] 但是，这并不意味着杀人者在逃亡后其生命就可以得到绝对保障，在某些情况下，他们也会面临被害人近亲属发出的生命威胁，这也就是特勒波勒摩斯（Tlepolemus）在杀死自己的叔父之后率领着大批追随者逃亡的关键原因。[99] 而有时，对杀死亲属者的处理则比较轻柔，据说阿尔泰亚（Althea）在自己的儿子梅利埃格（Meleager）杀死了她的兄弟之后曾经向上天诅咒自己的儿子，但是梅利埃格却既没有被放逐也没有被杀死。[100]

如果杀戮发生于家庭之外，那么，杀人者的第一反应就是赶紧逃跑。被害人的地位越重要，杀人者所面临的处境也就越困难。即使被害人身份低微，没有几个人可以为其复仇，对于杀人者而言，唯一的万全之策仍然是逃跑。[101] 从荷马史诗当中所提到的众多杀人者的例子来看，似乎“自我放逐”是通常的解决办法[102]。13 名杀人者中的 8 人走上了“流亡”的道路。当然，这一数字并非绝对的结论，因为荷马史诗很少有机会提到那些被复仇者杀死的杀人者，以及通过金钱赔偿来解决的凶杀事件。

当杀戮涉及社会地位较高的人时，随之而来的复仇斗争可能牵涉甚广，有时甚至可以达到内战的规模。特勒波勒摩斯为了避免灾难性的结局，就把他的下属集结到一起，在罗德斯（Rhodes）建立了定居点。[103] 如果没有

---

〔98〕 *Ibid.*，xv. 332 ff.

〔99〕 *Ibid.*，ii. 665.

〔100〕 *Ibid.*，ix. 565.

〔101〕 *Od.* xvi. 401；xxiii. 118 ff.

〔102〕 流亡克利特岛的奥德修斯显然包括在内（*Od.* xiii. 259）。其他的还包括：麦东（Medon），*Il.* xiii. 696；xv. 332；吕哥弗隆（Lycophron），*ibid.*，xv. 431；爱皮格斯（Epigeus），*ibid.*，xvi. 573；普特洛克勒斯（Patroclus），*ibid.*，xxiii. 85 ff.；一个不知道名字的埃托利亚人（an unnamed Aetolian），*Od.* xiv. 378；忒奥克吕墨诺斯（Theoclymenus），*ibid.*，xv. 271；特勒波勒摩斯（Tlepolemus），*Il.* ii. 655 ff.；以上诸人的结局皆是放逐、被杀。阿基里斯盾牌上的那个无名杀手用金钱赔偿了结了案件。赫拉克勒斯（*Od.* xxi. 27），梅利埃格（*Il.* ix. 565），以及俄瑞斯忒斯没有受到惩罚。此外，对求婚者的杀戮未包括在此一统计之内。

〔103〕 *Il.* ii. 655.

达成协议的话，奥德修斯和求婚者亲属之间的复仇斗争也很可能会发展成一场内战。不过，一旦杀人者成功流亡，那么，一般而言他的生命就不会再遭到威胁。在荷马史诗当中，曾经两次提到逃亡的杀人凶手向别人的哀求，但是他们所哀求的并不是人身保护，而是可以容身的住所和对他继续逃亡的帮助。据说忒奥克吕墨诺斯（Theoclymenus）曾对追杀感到恐惧，但是他的恐惧显然是没有任何根据的。[104] 不过，史诗当中也的确提到逃亡的杀人者在有的时候会面临受害者亲属的追杀。对于那些终生流亡的杀人者来讲，逃亡的道路一定艰难万分。普特洛克勒斯（Patroclus）的灵魂对自己的逃亡之路就心有余悸，尽管他在逃亡途中还曾遇到一个高贵的主人珀琉斯和一个热心的同志阿基里斯。[105] 埃癸斯托斯是史诗当中唯一一位没有得到善终的杀人者。埃癸斯托斯实行了一次懦弱卑鄙的谋杀，内斯特暗示埃癸斯托斯说，即使他被梅尼劳斯杀掉他也不会为其举行葬礼。不过，梅尼劳斯本人似乎并没有这样的意图，他已经预测到俄瑞斯忒斯将会杀死埃癸斯托斯，为阿伽门农复仇。[106] 此外，在史诗中，还有3位杀人者未受任何惩罚。赫拉克勒斯杀死了一名陌生人，为这名陌生人进行的复仇行动恐怕只能以战争的形式来进行。[107] 梅利埃格曾经出色地使自己的城邦免遭洗劫，他的功绩使他足以蔑视愤怒的母亲的计谋；[108] 俄瑞斯忒斯被狂怒的复仇人群惩罚的事件在荷马史诗中也没有记载。[109]

通过金钱赔偿而了结的杀人案件在当时相当罕见。现在我们所可以见到的唯一的具体例子来自阿基里斯盾牌上面所描绘的那个审判场景，在那里面，以金钱赔偿的方式了结了一场杀人案。此外，在《伊利亚特》的比喻当中[110]我们还可以发现一件通过达成赔偿协议来解决的杀人案件，在那

---

〔104〕 *Od.* xv. 271.

〔105〕 *Il.* xxiii. 85 ff.

〔106〕 *Od.* iii. 256 ff.；iv. 547.

〔107〕 *Ibid.*，xxi. 28；cf. *Il.* xvi. 58－59.

〔108〕 *Il.* ix. 565 ff.

〔109〕 在其中的一个段落中，杀人者被认为是受到“咒语”诅咒的人（*Il.* xxiv. 480－81）。此处的“咒语”最好被理解为导致杀人行为的原因。与凶杀相伴随的咒语似乎是后来才产生的，但荷马史诗当中的确提到过对犯罪者的诅咒（*Il.* ix. 453 ff.，565 ff.；*Od.* ii. 135）。

〔110〕 *Il.* ix. 632 ff.

里面，一个人同意以赔偿钱财的方式来和杀死自己的兄弟或者是儿子的凶手和解，这被认为是一种值得肯定的理性自制，但此类情况在当时应该是非常罕见的。现在我们并不清楚到底是什么原因促使被害人的亲属选择以金钱赔偿的方式来了结案件。当时并不存在这样的一种社会压力，要求被害人亲属在复仇之前先进行协商。另外也没有证据表明，协商是在考虑杀人的具体情况后作出的。现代社会对杀人的分类，比如将杀人分为正当杀人、情有可原的杀人等，在当时是没有的。故意杀人和过失杀人的区分也是在更晚的时候才出现的。[111] 普特洛克勒斯因为杀人而被放逐，这一事例进一步表明在当时年龄也并不能使一名杀人者免遭惩罚，即使一个人在犯罪的时候极端的年轻。[112]

通过金钱赔偿来了结杀人案件到底是如何起源的，至今我们还没有十分可靠的证据。[113] 曾经有学者建议说金钱赔偿是为了补偿受害人亲属祭祀死者以安抚其灵魂的祭品的费用。从阿基里斯的承诺中我们似乎也可以得到这样的一点暗示，阿基里斯承诺同普特洛克勒斯的灵魂一起分享他因赫克托（Hector）的尸体而得到的赎金。[114] 此外，也没有任何证据表明当时存在按照受害人的亲属所遭受的损失来计算赔偿额的现代赔偿观念。[115]

以个人为基础的自助行为很容易发展成以整个社群为基础的群体自助行为，尤其是当因为个人受到侵犯而使整个群体的利益也直接或者间接地受到损害时。从人们的行为当中，我们可以判断得出，在荷马时代人们对做坏事的人已经普遍感到厌恶，而人民大众对罪犯的这种厌恶正是现代刑法思想的基础。因为罪犯的行为可能不仅会影响本人，而且会同样严重地影响整个社会。一个再普通不过的例子便是如果一个城邦的人抢掠了另一

---

〔111〕 Cf. *infra*, p. 53.

〔112〕 *Il.* xxiii. 85 ff. 在今天的法庭上，即使杀人者已经达到受审的年龄，类似这样的凶杀也很可能被认为是可以宽宥的。7 岁以下的儿童，对杀人无须负责。对于 7 岁到 14 岁的少年，一般假设他们没有能力形成犯罪故意，只是这一假设可以被足够的相反证据所否定。

〔113〕 Cf. Drerup, op. cit. , p. 146.

〔114〕 *Il.* xxiv. 595; Cf. Bréhier, *De graecorum judiciorum origine*, pp. 38 f.

〔115〕 1846 年的坎贝尔爵士法案（Lord Campbell's act）使得被害人的妻子、丈夫、父母和子女可以从加害人处取得因为亲人死亡所遭受的实际损失，只要被害人是因为加害人的“错误行为、疏忽或者不作为”而死亡的。美国的类似条款只是在实际损失之外，又加上了一份赔偿金。但是，并不是所有类型的凶杀都适用这一条款。

个邻近城邦的人，那么，他所在的整个城邦的人很可能都会因此被牵扯进这场责任纷争。尽管国王和城邦的大会都不曾惩罚这类做坏事的人，但是，这类人有时会遭到民众的惩罚。即使在荷马时代，民意也能够得到迅速聚集，[116]并很容易通过群众大会转化为实质的行动。在任何自由的社会当中，民意都是一种潜在的武器。奥德修斯在克利特岛（Crete）流亡时就是一个很好的例子，在民意的推动下，他不得不进行战争。[117] 许多学者都难以认可这种群体性的惩罚方式，认为它是一种私刑，但是这种态度难免有些轻率。[118] 与现代社会精确而又有秩序的司法制度相比，先民们的这种方式未免显得粗糙和过于武断，但是无论它们与现代刑法制度之间的区别有多大，都无法证明这些学者观点的正确性，因为学者们的这种论证一开始就是建立在错误的比较之上的。

"大众暴力"和"非法私刑"这类词语只适合用在那些正常的司法权力被篡夺的场合。在今天的美国，我们仍然可以见到这类暴力和私刑，虽然它们只是零星地出现。但是，在现实当中，还存在另一类型的暴力和私刑，其中一个典型的例子发生于美国的西进运动期间。在那时，许多零星的居民点在广阔的西部像蘑菇一样涌现，它们几乎与外界隔绝，距离主体人群十分遥远。要在这些偏远并且常常是暂时的居民点建立法律和秩序需要相当长的时间。在这期间，许多被称为"义务警员"（Vigilantes）的委员会便被组织起来维持秩序。此类措施属于权宜之计，但是在实际当中它们的确帮助这些西进居民度过了国家法院设立之前的困难时期。根据当时的具体情况来判断，此类措施应当被视为是正义的和必要的，但是，从国家的角度来看它们也是非法的，它们也从未被认为是政治进步的组成部分。在缺少对公共犯罪的国家惩罚的情况下，[119] 早期的希腊人就必须自己采取

---

〔116〕 在实际当中，对言论自由不存在任何限制。然而，请对照瑟赛蒂兹事件。杰伯（Jebb）注意到，诗人一直在通过引用反映大众情绪的评论和谈话的方式来帮助我们掌握舆论的走向（Jebb，"Ancient Organs of Public Opinion"，*Essays and Addresses*，pp. 139 ff.）。

〔117〕 *Od.* xiv. 239.

〔118〕 Cf. Lipsius，*op. cit.*，p. 6；Gilbert，*op. cit.*，p. 447. 费恩斯勒（Finsler，*op. cit.*，pp. 321 ff.）充分承认人民的司法权利，但认为其只起辅助作用。另外，参见：Calhoun，op. cit. p. 23. 关于私刑，参见：Glotz，*La cité*，p. 66。

〔119〕 在当时，当国王作为军事统帅时，可能会对违反军纪的行为进行惩罚，参见：*Il.* xii. 248.

措施来保护自己的利益。如果他们以集会讨论的方式来决定惩罚，那么他们就组成了一个民众法庭，就像曾经审判米尔泰德斯（Miltiades）的雅典议会那样。[120] 曾经审判色诺芬（Xenophon）的万人会议（The Assembly of the Ten Thousand）和直接诉诸武力攻击市场职员的暴徒士兵们的本质区别就在于：万人会议的组成人员有机会使自己熟悉案件的事实，而在后者的情况下，有许多士兵压根就不知道事件的起因是什么。[121]

通过呐喊，而不是通过选票和举手来决定事情的做法并不是暴民政治的象征。直到公元 4 世纪，斯巴达人（Spartan）在其公民会议（Apella）当中仍然通过呐喊来表达对一项建议的支持或者反对。只有在通过呐喊难以判断的时候，他们才诉诸正式的决定方式。

当一个社群的成员受到来自另一个社群的成员的伤害的时候，他可以自己向加害者所在的社群申诉，寻求拿回自己被盗走的财产。但是，这种做法伴随着相当大的危险，我们可以从伊菲图斯的遭遇当中清楚地看到这一点，他在试图取回自己被盗取的马匹的过程当中被赫拉克勒斯杀害。[122] 因而，在一般情况下，是由整个社群以集体的名义而不是由单个的人出面进行交涉去寻求赔偿。奥德修斯，在还是一个毛头小伙子的时候就曾被他的父亲和元老院派到美塞尼亚（Messenia）去寻求赔偿，因为一个美塞尼亚人偷走了他们的几只羊。[123] 跨社群之间的抢掠有时会连累整个社群成为被追索的对象，人们对这类抢掠者的态度是可想而知的。我们可以从伊萨卡人对欧佩忒斯（Eupeithes）的处理措施当中清楚地看到这一点，欧佩忒斯参加了踏菲安人（Taphian）对伊萨卡人的友好邻邦塞斯普茹提人（Thesprotian）的抢掠，从而使他所在的整个伊萨卡人都成为被索赔的对象。当时，如果没有奥德修斯的介入，他将面临被处死和没收财产的命运。[124] 如果无法通过和平的方式取得赔偿，被损害的社群通常会进行报复。在得到战利品之后，社群中的长者会进行分配，补偿那些遭受财产损失的

---

〔120〕 Herodotus vi. 136. 这是我们所能了解的第一次在集会上举行的审判。Cf. Lipsius, *op. cit.*, p. 180.

〔121〕 Xen. *Anabasis* v. 7. 19 ff.; v. 8. 1 ff.

〔122〕 *Od.* xxi. 22 ff.

〔123〕 *Ibid.*, xxi. 16 ff.

〔124〕 *Ibid.*, xvi. 420 ff. 在讨论人民的司法权利时，我们将对这一事件进行更详细的分析。

人，恰如今天的索赔法院。〔125〕

司法集会和议事集会之间的界限是十分模糊的。〔126〕 司法集会的一个典型例子就是由忒勒马科斯召集的考虑对求婚者采取司法行动的可能性的集会。〔127〕 在会议上，忒勒马科斯提出的显然只是一件个人恩怨，但是也正如哈利忒尔塞斯（Halitherses）所暗示的那样，它亦关乎全体人民的福祉。〔128〕 事情的发展也证明了这一点，因为后来奥德修斯要求赔偿他因求婚者们大摆筵席所造成的物质损失。〔129〕 在大会上，3 位发言者发表了对求婚者们不利的演说，4 位发言者发表了支持求婚者们的演说。忒勒马科斯并没有要求惩罚求婚者，也没有要求偿还自己的财产。〔130〕 至多，他只是希望能够劝说或者强迫他们离开宫殿。正像哈利忒尔塞斯，这位忒勒马科斯的积极支持者所说的那样："希望他们能主动悔改，就此罢手。"〔131〕 但是，求婚者们的威胁有效地吓阻了人们所可能采取的任何积极措施。

由于对求婚者们的杀戮，奥德修斯被指控犯下了危害社群的罪行。在处理完求婚者们的尸体之后，人们很快举行集会来讨论解决办法。欧佩忒斯，安提诺奥斯（Antinous）的父亲，第一个发言。他要求按照危害公共利益的犯罪来惩罚奥德修斯，而没有要求人们协助其为求婚者们复仇。〔132〕 支持奥德修斯的一方也对欧佩忒斯的建议进行了反驳。哈利忒尔塞斯指出，求婚者们完全是罪有应得、咎由自取；麦东，一个曾经被迫顺从求婚者的人，也确信神灵是站在奥德修斯这一边的。〔133〕 但是，最终，按照少数服从多数的原则，决定处死奥德修斯。真是世事难料，三十年河东，三十年河

---

〔125〕 *Il.* xi. 685 ff. Cf. Lécrivain, "Le droit de se faire justice soi - même et les représailles," *Memoires de L' Academie des Sciences de Toulouse*（1897）, p. 277. 莱克瑞维恩（Lécrivain）和他所引用的作者对荷马时代的否定未免欠缺证据、过于草率。

〔126〕 Cf. *Od.* ii. 28, and Euripides *Orestes*, 870 ff.，对俄瑞斯忒斯的审判是在阿尔戈（Argive）人的集会上举行的。

〔127〕 Cf. Glotz, *Solidarité*, p. 16.

〔128〕 *Od.* ii. 45; 160 ff.

〔129〕 *Od.* xxiii. 356.

〔130〕 他的确建议进行补偿，但是以非常谨慎的态度提出的。Cf. *Od.* ii. 74.

〔131〕 *Od.* ii. 167.

〔132〕 *Ibid.*, xxiv. 426.

〔133〕 *Ibid.*, xxiv. 439 ff.

西，几年以前奥德修斯曾经在类似的境况中救过欧佩忒斯一命，而今天欧佩忒斯又率领民众反过来制裁奥德修斯。[134] 我们现在掌握的关于奥德修斯挽救欧佩忒斯事件的材料非常之少。当时，人们在国王不在的情况下举行了集会，并且得出了国王本人难以赞同的结论。但是，这并不意味着人民超越了自己的权利。而且欧佩忒斯最后之所以被免除惩罚，其要旨并非在于人民屈服于奥德修斯的权威，而在于人们被奥德修斯的劝说所打动。从对奥德修斯的井然有序的审判来看，我们可以较有把握地断定欧佩忒斯在当时也一定享受到了同等的对待。像欧佩忒斯一样，派瑞斯由于抢走了海伦，从而招致了希腊人对他所在的整个社群的报复。我想赫克托[135] 在说下面的这些话语的时候，肯定也是想到了人民手中的司法权力：

> 特洛伊人都太胆小，否则，他们会用石块砸死你，为了你给他们带来的耻辱。

在古代，用石块来执行死刑是比较普遍的现象。[136] 求婚者们在威胁对哈利忒尔塞斯教唆和帮助忒勒马科斯的行为进行处罚时，也曾考虑利用民众的司法权力来达到他们的目的。毫无疑问，这些求婚者们拥有足够的支配手段来确保人民对其处罚哈利忒尔塞斯的行为的认可，尽管并没有多少“人民”会真正地赞同他们的指控。[137]

荷马时代作为群体自助行为中介的*ἀγορά*正是雅典时代*ἡλιαία*的原型。随着不断的发展，*φῆμις φῆμον*最终演变成了 *κῦρος δήμου*。[138]

在荷马时代，另外一个常见的解决问题的办法就是进行“赌博”。[139]

---

〔134〕 *Ibid.*，xvi. 420 ff. Cf. *supra*，p. 24. 正如我们前面所指出的那样，即使参与偷盗牛群的只是少数几个人，他们所在的群体也会被作为一个整体来追究责任。

〔135〕 *Il.* iii. 56 f.

〔136〕 Cf. Hirzel，“Die Strafe der Steinigung，” *Abhandl. d. Kŏnigl. Săchs. Gesellschaft*，Phil. Hist. Kl.，XXVII，225 ff.

〔137〕 *Od.* ii. 188 ff. Finsler（*op. cit.*，p. 322）认为在门特事件中也曾考虑运用司法程序（*Od.* xxii. 216 ff.）。Calhoun（*op. cit.*，pp. 20 ff.）认为在类似这样的群体行动当中蕴涵着刑法的萌芽。

〔138〕 Cf. Aristotle *Ath. Pol.* xxxv. 2.

〔139〕 Cf. Bréhier，*De graecorum iudiciorum origine*，pp. 91 ff.

赌博有各种各样的形式。有的以发出决斗威胁来解决问题。决斗在实质上也是一种赌博。在战车大赛之后，阿基里斯建议把第二名的奖品，一匹母马，给予欧墨洛斯（Eumelus），因为欧墨洛斯是由于事故才被迫退出比赛，失掉头名位置的。但是安提罗科斯抗议这一提议，并声称母马应归自己，因为自己才是比赛的第二名：

休想夺走我的这匹母马，如果有谁不服，就过来比试比试！[140]

在决斗的威胁之下，阿基里斯表示顺从，把母马给了安提罗科斯。但是，把母马给予安提罗科斯的决定又立即遭到了梅尼劳斯的抗议，因为他认为安提罗科斯是通过诡计才赢得比赛的。后来，这场争端最终以"证据性誓言"（evidentiary oath）的方式得到了解决。证据性誓言在实质上也是赌博的一种。事情开始的时候，梅尼劳斯倾向于请首领们来给他和安提罗科斯作一个公正的决断，但是很快他又改变了自己的初衷，倾向于以要求安提罗科斯发誓来解决问题。[141] "证据性誓言"通常就是要求对方发誓，誓言应当体现对方自己的意思或者是挑战者的意思。[142] 梅尼劳斯要安提罗

〔140〕 *Il.* xxiii. 553 f.; Cf. *De graecorum iudiciorum origine*, p. 96.

〔141〕 *Il.* xxiii. 574 ff.

〔142〕 Bonner, *Evidence in Athenian Courts*, p. 74. 此类形式的审判方式在许多司法体系的原始阶段都可以见到。在德国法系中可以见到（Grimm, *Deutsche Rechtsaltertümer*, II, 495 ff.）；在安格鲁－萨克森法系中，也时有发生（Thayer, *A Preliminary Treatise on Evidence at the Common Law*, pp. 24 f.）；在马撒诸塞（Massachusetts）殖民地，法律允许白人在面对印度人的指控时，用证据性誓言的方式来应答（1 Prov. Laws Mass. 151［1693－94］）。在英雄时代之后，我们也还可以发现许多关于证据性誓言的材料。西奥格尼斯曾经数次提到错误的以证据性誓言方式进行的审判（199 ff., 1139 ff.）；埃斯库罗斯也曾经提到一次被拒绝的证据性誓言（*Eumenides*, 429 ff.）；希罗多德也曾经提到过两个类似的誓言（vi. 68 f. and vi. 86）。《格尔蒂法典》（Gortyn code）对此也有提及（ii. 11 ff.; iii. 1 ff.; ix. 51 ff.）。Cf. Headlam, "The Procedure of the Gortynian Inscription," *Jour. of Hellenic Studies*, XIII, p. 65, and Bücheler and Zitelmann, *Das Recht von Gortyn*, *ad. Loc.* 与此相关的一个比较有趣的类型是雅典的父亲们在介绍儿子加入胞族时就孩子的合法出身所发的誓言（Isaeus, vii. 16）。梭伦对此作过一次改革，在没有其他证据的情况下，允许双方发誓（Cf. *infra*, pp. 173 ff.）。现在，当事人在审判之前所需要宣读的誓言毫无疑问就是从此起源的。关于证据性誓言的详细论述，可参见：Gertrude Smith, *The Administration of Justice from Hesiod to Solon*, pp. 55 ff.

科斯发誓他并不是因为狡诈才赢得比赛的，安提罗科斯拒绝发誓，因而，母马便毫无争议地归属了梅尼劳斯。如果安提罗科斯再大胆一点，不惧怕因为发伪誓而得罪神灵的话，那么他便可以顺理成章地赢得这场争端。在以发誓方式进行的裁判当中，如果输了，并不需要额外赔偿金钱，但是安提罗科斯还是表示他愿意向梅尼劳斯赔偿额外的金钱。这种赔偿无疑反映了安提罗科斯的慷慨，但是它同时也说明了“一旦错误地取得了别人的物品，不但必须归还原物，而且还必须给予补偿”的传统在那时是如何的根深蒂固。梅尼劳斯所说的“还是让我自己解决这件事情吧”似乎意味着他想在这件事情上成为自己的法官。不过，梅尼劳斯此时改变初衷，决定不再将这一争端交给首领们去判断，是因为他害怕人们会指责他说：“看呢，梅尼劳斯用如簧的巧舌压住了安提罗科斯，并抢走了他应得的奖品。”在梅尼劳斯看来，用证据性誓言的方式解决问题，显然是一种更好的选择，因为它能保证结果的公正和避免人们对结果的怀疑。所以，在明白了这种背景之后，我们就不能将梅尼劳斯的话解释为他试图寻求成为自己案件的法官。实际上，他很可能和柏拉图的想法不谋而合，[143]认为在这种审判当中，真正应充当法官的是上帝和神灵，而不是普通的人。这种认为梅尼劳斯试图寻求成为自己的法官的误会之所以产生，在于人们对其话语的含义过于深究。实际上，梅尼劳斯充其量也只是想说：“我将寻求澄清我在这件事情上的权利。”这一事件在荷马史诗当中是唯一的一个关于“证据性誓言”的具体例子。此外，奥托吕科斯（Autolycus），奥德修斯的外公，据说比任何男人都善于盗窃和诅咒发誓，当他被人指控盗窃的时候，他总能通过发誓成功地逃脱惩罚。他具有一种非凡的本领，能使自己的誓言非常艺术，表面上看起来他的誓言说的是一回事情，但实际上指的却是另外一回事情。[144]另外，赫耳墨斯（Hermes）也曾发誓说自己没有偷盗牛群。[145]

上面提到的解决问题的方式，比如自助行为、集体报复以及证据性誓言等都或多或少地属于非正式的方式。然而，显而易见，一旦一个社会具备了某种组织形式，便会开始着力为其社会成员提供更为正式的解决问题

〔143〕 *Laws*, 948 B.

〔144〕 *Od.* xix. 396; cf. *Il.* x. 267; Ovid *Met.* xi. 313.

〔145〕 *Hymn to Hermes*, 304.

的途径。[146] 当社会成员之间的争端不是由暴力所导致，不太激烈时，他们总是倾向于寻求比较温和的解决问题的方式。顺理成章，双方协议的仲裁会成为司法体系进展的第一步。而仲裁，在一开始，也肯定是非正式的。例如，在上面提到的战车比赛当中，梅尼劳斯一开始就提议邀请首领们来给他和安提罗科斯做一个公正的评判。[147] 不过，到荷马时代的希腊，仲裁就已经在相当程度上正式化了。当时已经有一套挑战和赌注体系来诱导抵触仲裁的一方接受仲裁。从这一步发展到后来的"双方如果有仲裁协议，便必须接受仲裁"已经只不过是一个时间问题。很自然的，争议的双方都希望能把自己的争端交给那些以智慧和公正著称的人来裁断。至于仲裁员的头衔和社会地位，则不在他们的关注范围之内，即使是女人也可以成为仲裁员，比如，阿莱蒂（Arete），费阿刻斯人的女王，就曾经充当过仲裁员。[148] 但是，毫无疑问，国王的声誉很可能使其成为天生的仲裁员。当亚里士多德[149] 谈到荷马时代的国王们审判案件的职能时，他在脑海里所想的很可能就是国王们的仲裁职能。诚然，荷马史诗当中并没有由国王主持的司法场景的描述，但这只不过是一个意外，因为伊多梅纽斯就曾向阿伽克斯提议将他们的争端交给阿伽门农裁决。[150] 在灵魂世界当中处理纠纷的迈诺斯（Minos）也一定在某种程度上效法了现实世界中的国王，如内斯特和萨尔佩冬（Sarpedon）等。[151] 在古代的任何地方，无论是国王还是暴君都具有司法职能。[152] 波斯（Persia）的笛欧塞斯（Deioces）和雅典（Athens）的佩西斯特拉托斯（Peisistratus）[153] 都同样具有仲裁者的身份。

---

〔146〕 但是，国家到底提供了何种形式的服务，今天的研究者莫衷一是。Thonissen, *Le droit pénal de la république athénienne*, p. 23，非常简洁地总结了各种不同的观点：（1）仲裁员由当事人各方选择，但是不具有强制执行裁决的权力；（2）法官从贵族当中选举产生，具有执行判决的权力；（3）法官实际上是地方行政长官，代表国王。Finsler, *op. cit.*, pp. 320 f., 329，否认国王曾经具有法官的职能。

〔147〕 Cf. *supra*, pp. 26 ff.

〔148〕 *Od.* vii. 74.

〔149〕 *Politics*, 1285b.

〔150〕 *Il.* xxiii. 485.

〔151〕 *Od.* iii. 244; Il. xvi. 542.

〔152〕 比如吕底亚人（Lydians）、波斯人（Persians）、埃及人（Egyptians）以及希伯来人（Hebrews）。Herod. i. 14, 96－97, 100; ii, 129; II Sam. 15: 2.

〔153〕 Arist. *Ath. Pol.* xvi. 5; cf. Stesagoras of the Chersonese, Herod. vi. 38.

因而，我们可以相当肯定地断言：荷马时代的统治者们，无论他是一个宙斯式的国王，还是一个贵族政府的事实领袖，都时不时会充当仲裁者的角色。从一个由皇家充任的仲裁者到一个专门的仲裁法庭并不是一个很遥远的梦想。在《伊利亚特》当中，首领们被称作仲裁者。在《奥德赛》当中，这一说法也出现过一次，在那里，忒勒马科斯被其祖母称为仲裁者。[154] 很明显，这些称呼说明在荷马时代，人们已经习惯于把自己的纠纷提交给下层的首领来解决，有的纠纷会由单个的首领来作出决定，有的则由首领们集体作出。[155] 对那些胸怀远见的贵族来讲，他们不会认识不到建立一个永久的人们可以赖以解决纠纷的仲裁法庭的优越性。据荷马史诗记载，在希腊人远征特洛伊的大营中，就设有一个地方，专门用来处理司法问题，[156] 其中还有为仲裁者设置的座位。

阿基里斯盾牌上所刻画的审判场景属于当时典型的公共生活的一部分，再加上另外两个关于司法活动的比喻，这都说明当时极有可能已经存在某种形式的司法组织。[157] 审判活动也很可能已经具有某种程度的定期性，并可能持续整天。[158] 不过，没有证据表明，人们必须把他们之间的纠纷提交给这个法庭。但是，毫无疑问的是，大众舆论总是倾向于支持愿意把自己和他人的纠纷提交给法庭解决的一方。如果这样的一种倾向能够被成功地培养起来，贵族们无疑会大大获利。[159]

荷马史诗当中曾经提到几个用诅咒和打赌来劝说人们接受仲裁的例子。

---

〔154〕 *Il.* i. 237 ff.；*Od.* xi. 184 ff.

〔155〕 Od. xii. 439 – 40. 有学者认为这一审判场景（*Il.* xviii. 497 ff.）对集体审判有所提及。参见：Glotz, *La cité*, pp. 57 f., and Ferrini, *op. cit.*, p. 40.

〔156〕 *Il.* xi. 807；xviii. 497, 504.

〔157〕 特雷斯顿（Treston, *op. cit.*, p. 40.）认为审判场景中的长老们组成的是一个贝拉斯基人（Pelasgian）的法庭。而亚该亚人的国王们则从未真正充当法官的角色，真正的法官都是由长老担任。实际上，国王们既不关心这些贝拉斯基人的法庭，对这些法庭也知之甚少。长老们是部落的首领，他们的主要职能就是裁决跨氏族和跨胞族的纠纷。在氏族内部，也会有类似的组织来裁决内部的纠纷（pp. 82 ff.）。特雷斯顿坚持将亚该亚人和贝拉斯基人区分开来，这导致他犯了许多错误。参见：Calhoun, *op. cit.*, p. 18, n. 10.

〔158〕 *Il.* xvi. 387 f.；*Od.* xii. 439.

〔159〕 到赫西奥德时期，仲裁在实际当中已经具有强制性。*Works and Days*, 35 ff. Cf. *infra*, pp. 43 ff.

当伊多梅纽斯和阿伽克斯就战车大赛的优胜者发生纠纷时，克利特人（Cretan）的勇士就叫嚷说："来吧，让我们以一口大锅或者一只大鼎打赌，并请阿伽门农，阿特柔斯（Atreus）的儿子，作为我们的见证，来看看到底谁是冠军。"〔160〕当牧猪人欧迈俄斯拒绝相信乔装打扮的奥德修斯关于他的主人即将回来的预言时，奥德修斯也发誓说宁愿拿自己的生命来做赌注，而如果他赢了，欧迈俄斯则只需要付给他一件衣服。在当时，打赌是一件庄严的协议，并通过誓言来进一步得到加强，以保证双方都能尽力遵守。〔161〕阿基里斯盾牌上的审判场景则是另一个关于挑战和打赌的例子。〔162〕像他盾牌上其他的场景一样，这一审判场景实际上包含有许多幅图画的意思，〔163〕也就是说，需要多幅图画才能准确说明诗句的含义。《伊利亚特》第十三卷的第497行至508行对这一审判场景进行了描述。

λαοὶ δ᾽ εὶν ἀγορῆ ἔσαν ἀθρόοι˙ ἔνθα δὲ νεῖκος
ὠρώρει, δύο δ᾽ ἄνδρες ἐνείκεον εἵνεκα ποινῆς
ἀνδρὸς ἀποφθιμένου˙ ὁ μὲν εὔχετο πάντ᾽ ἀποδοῦναι
δήμῳ πιφαύσκων, ὁ δ᾽ ἀναίνετο μηδὲν ἑλέσθαι˙
ἄμφω δ᾽ ἱέσθην ἐπὶ ἵστορι πεῖραρ ἑλέσθαι
λαοὶ δ᾽ ἀμφοτέροισιν ἐπήπυον, ἀμφὶς ἀρωγοί˙
κήρυκες δ᾽ ἄρα λαὸν ἐρήτυον˙ οἱ δὲ γέροντες
ἥατ᾽ ἐπὶ ξεστοῖσι λίθοις ἱερῷ ἐνὶ κύκλῳ,

---

〔160〕 Il. xxiii. 485. 此处根据 Lang，Leaf 和 Meyer 的翻译。

〔161〕 *Od.* xiv. 391 ff.；cf. *ibid.* xvi. 102 f.

〔162〕 有关这一审判场景的重要讨论，有下列几种：Ferrini，*op. cit.*，pp. 42 ff.；Hofmeister. *Zeitschrift für vergleichende Rechtswissenschaft*，II，443 ff.；Bréhier，"La royauté homérique，" *Rev. historique*，LXXXIV，27 FF.；Glotz，*Solidarité*，pp. 115 ff.；*La Cité*，p. 57；Bonner，"Administration of Justice in the Age of Homer，" *Class. Philol.*，VI，24 ff.；Lipsius，*Leipziger Studien zur classischen Philologie*，XII，pp. 225 ff.；Leaf，*Translation of the Iliad*（1883），p. 516；*Companion to the Iliad*（1892），p. 312；edition of the *Iliad*，*ad. Loc.*；Maine，*Ancient Law*，pp. 385 f.；Myres，*op. cit.*，pp. 198 ff.；Calhoun，Criminal Law，pp. 18 f.；Proceedings of the Classical Association，XVIII，p. 93；Ehrenberg，op. cit.，p. 55；Croiset，"La scēne judiciaire représentée sur le bouclier d' Achille." *Rev. d. études grecques* XXXII，96 ff.；Steinwenter，*op. cit.*，p. 34，n. 3.

〔163〕 Dareste，*Annuaire des etudes grecques*，XVIII，91.

σκῆπτρα δὲ κηρύκων ἐν χέρσ᾽ ἔχον ἠεροφώνων·
τοῖσιν ἔπειτ᾽ ἤισσον, ἀμοιβηδὶς δὲ δίκαζον.
κεῖτο δ᾽ ἄρ᾽ ἐν μέσσοισι δύω χρυσοῖο τάλαντα,
τῷ δόμεν, ος μετὰ τοῖσι δίκην ἰθύντατα εἴποι.[164]

关于这段描述，有许多争议的地方。但是，个人认为下面的这一翻译较为准确，也能为我们后文的研究所支持。

人们都聚集到了平常的集会场所。那儿，一场冲突正在进行，两个男子正为了一场命案争吵不休。一个坚持说他已经如数给付，而另一个则公开宣称他没有收到任何赔偿。双方都希望能够通过仲裁来解决问题。人们对这一决定表示欢迎，并表示将全力协助双方。传令官请求大家安静。长老们端坐在磨光的石凳上，手握传令官交予的权杖，组成一个神圣的圆圈。在权杖面前，[165] 长老们依次起立，申明自己的判决（或者是当事人双方依次起立，诉说自己的陈请）。在他们中间，放置着两塔兰特黄金（talent），* 准备付给能够最公正地表达自己的陈请的那位当事人。

要准确地翻译和理解这一段话十分困难，学者们对这一段话所涉及的许多问题也一直争论不休。但是，有许多争议都事关重大，因而，在进一步展开讨论之前必须先行解决，也就是说我们必须先行决定哪一种翻译和理解是最准确的。最重要，同时也是学者们争议最大的问题就是在这一段话当中，双方当事人争论的焦点到底是什么。根据一种理解，《伊利亚特》第十三卷的第 499 行至 500 行不应该像上面那样翻译，[166] 而是应翻译为："一个坚持要给予全部的赔偿金，而另一个则拒绝接受。"这样一来，双方争议的焦点便转化成了"复仇者是必须接受赔偿金呢？还是可以不接受赔

〔164〕 Il. xviii. 497 ff.
〔165〕 也可能是手持权杖。
* 塔兰特，曾使用于古代希腊、罗马和中东一带的重量和货币单位。——译者注
〔166〕 注释者们是同意上述翻译的。

偿金，而坚持要求以血还血?"[167] 这一解释不但暗示着双方当事人争论的焦点是杀戮事件本身，而且还说明当时存在一种强迫被害人亲属以接受赔偿金的方式来结束争议的制度。必须承认如果单纯从语法的角度看，这种翻译是可以接受的，但利普西斯（Lipsius）对此提出了强烈的反对意见。[168] 这种翻译遇到的第一个难以解释的地方，在于上述荷马史诗的第 499 行的 πάντα（“全部的”）一词，因为一个坚持自己有权利通过给予赔偿金来了结案件的当事人很少会同时承诺给予“全部的”的赔偿。不过，这还只是这一解释所遇到的一个较小的困难，更大的困难还在后面。因为在荷马史诗当中并没有任何证据表明受害者的亲属可以被强迫接受赔偿金；此外，也同样没有任何证据表明人民大众越来越倾向于支持通过支付赔偿金来解决杀人案件。[169] 相反，事情的反面才是正确的。正如我们已经知道的那样，放逐才是杀人凶手在一般情况下所面临的命运。更重要的是，接受赔偿金在当时被认为是“自我克制”（self – restraint）的表现。[170] 但是，这决不意味着强迫当事人接受赔偿金可以使他复仇的激情得到克制，他的心胸很可能仍然充满愤怒和复仇的火焰。毫无疑问，荷马史诗所描绘的是自主和按照自己意志行事的人。雷斯特[171] 认为当杀人事件的性质是未成年犯罪时，受害者的亲属就必须接受赔偿金。然而，不幸的是，在荷马史诗中唯一符合这一性质的一个案件当中，青春年少的杀人凶手普特洛克勒斯被放逐了。[172] 总之，综观整个荷马史诗，杀人案件的性质到底是成年犯罪或者未成年犯罪与凶手的最终命运之间并无必然的联系，因而，在面对这一审判场景的时候，我们似乎也没有必要做这种假设。

有学者认为，如果我们不承认杀人事件本身是争议的焦点的话，那么我们就很难解释当时的民众为何对这一审判具有如此浓厚的兴趣。正如上

---

〔167〕 Leaf, *Journal of Hellenic Studies*, VIII（1887）, 122 ff,; Croiset, *op. cit.*

〔168〕 达雷斯特（*Nouvelles etudes d'histoire du droit*, p. 6）认为利普西斯（*Leipziger Studien*（1890）, pp. 228 ff.）对利弗（Leaf）观点的批评并不具有说服力。

〔169〕 基于埃癸斯托斯的死亡，利弗得出的论断是令人吃惊的。“我相信，在荷马史诗当中，根本就不存在以血还血的案例”（*op. cit.*, p. 124）。

〔170〕 Il. ix. 632 – 37. 利弗用这一段来证明：在当时，接受赔偿金，而不是流放，才是为社会所认可的行为。

〔171〕 *Gräco – italische Rechtsgeschichte*, pp. 330 ff.

〔172〕 在前面我们已经对这一案例进行过详细讨论，*supra*, p. 21.

述荷马史诗的第497行所证明的那样，民众对这一审判的兴趣是显而易见的。但是，如果我们假设一下，这一审判场景是和先前的一场血腥斗争联系在一起的，那么，人们对这一审判的巨大兴趣就不难理解了。这样，第二种解释就出场了，也就是说在这一审判之前曾经发生过这样的事情：一个人被杀死了，紧接着是一场复仇斗争，但是双方最终达成了赔偿协议来解决这场斗争。而这一审判场景中所争论的正是这一赔偿协议是否已经被执行。被告说他已经将赔偿金全部给付，而原告则否认他曾经收到任何东西。[173] 考虑到我们将在本章中讨论的其他问题，似乎只有这个解释才是正确的。

人们对希腊语单词ἵστωρ[174] 的理解各种各样，有的理解为证人，有的理解为国王，有的理解为γέροντες的主席。史诗的注释者认为它应被解释为“一名证人”，利弗（Leaf）最初的时候也遵循了这一理解（1883），并将上述第501行翻译为“每个人都高兴地从证人的言辞中寻找对自己有利的方面”。近来，这一理解为特雷斯顿（Treston）所重申，[175] 他认为就这一诗句和它的背景的关系来看，这一希腊语单词很明显应该被理解为“一名证人”。他认为在当时的审判中证人就和普通的百姓站在一起，只是他们时不时地被传唤上前就赔偿金是否已经履行作证。所以，从实际效果来看，他们的确是地地道道的证人。但是，达雷斯特（Dareste）的一个反对意见却给了这种理解致命一击。[176] 他认为，如果这一案件将仅仅依靠一名证人的证词来作出判断的话，那么何来让当事人依次陈请或者长老们依次发言讨论的必要？在1902年，达雷斯特将这一希腊语单词理解为“独任审判官”（the sole judge），而长老们则只是审判官的助手。[177] 尽管荷马史诗

---

〔173〕 这一观点也为格洛茨、利普西斯、邦纳、卡尔豪、特雷斯顿、梅因和布伦希尔所遵循。特雷斯顿对利普西斯存有误解（Lipsius, *op. cit.*, p. 39，以及其他相关之处）。他把利普西斯的观点归结为：审判的焦点是一场凶杀，是关于犯罪嫌疑人到底是有罪还是无罪的决定；法庭上的两塔兰特黄金是给予受害人家属的赔偿。诚然，利普西斯认为那些黄金是给予受害人家属的赔偿，但是关于案件的本身，利普西斯的观点却并非如此。

〔174〕 这一希腊语单词的意义是“专家”、“知道之人”。如此一来，它就可以被理解为作出判决的人或者是证人。

〔175〕 *Op. cit.*, p. 43. Cf. Gardikas, *op. cit.*, p. 210.

〔176〕 *Annuaire des études grecques*, 1884, pp. 94 ff.

〔177〕 *Nouvelles études d'histoire du droit* (1902), p. 11. Cf. Meyer, *op. cit.*, II, 357.

并未提及在仲裁当中存在一名领导长老们的官员，不过，这种解释似乎也是可行的。[178] 伊多梅纽斯在和阿伽克斯的争议当中，提议由阿伽门农来充当他们的仲裁者；而梅尼劳斯在和安提罗科斯的争议当中，则提议将问题交给“证据性誓言”来解决。[179] 但是达雷斯特先前的解释（1884）似乎是最令人满意的解释，他认为ἐπὶ ἵστορι仅仅意味着“通过仲裁”（by arbitration）。[180] 利弗在其后来的写作当中也采用了这一观点（1892 和 1902），而且自那以来，这一观点也已经为邦纳（Bonner）、布叟尔特（Busolt）、卡尔豪（Calhoun）、利普西斯（Lipsius）[181] 和史达恩温特（Steinwenter）[182] 等所采纳。

第 506 行也有令人费解的地方，尽管那种关于这一行是在描写诉讼当事人的说法已经基本上被抛弃，也就是说，下面的这种说法已经基本上过时了：“他们（当事人）依次向前，诉说自己的陈请。”在过去，这种说法为杜达赖恩（Doederlein）和海恩（Heyne）所采纳。诚然，ἤισσον 更加适合心情急切的当事人，而不是负责裁断的长老们，但是针对此种解释的两个反对意见也是无法回避的：首先，这一解释将会导致主语的急剧转换；其次，这一解释要求将 δί καζον 和 δικά ζοντο 视作具有相同的意义，但据考证，δικάζω在主动语态当中从不以当事人的意思出现。[183] 而且，为了维持这一规则，梅尼劳斯在同一案件中就必须被解释为既是原告又是法官。[184] 在这

---

[178] 在波利安人（Pylians）人对伊利斯人（Eleans）人进行了成功的劫掠之后，波利安人的国王挑选了一部分战利品来补偿他在以往因为伊利斯人的劫掠所遭受的损失。长老们又担当起类似赔偿法院的职能，将剩余的战利品划分给了那些也曾遭受财产损失的人。如果在此国王也加入长老们当中，主持了财产划分的话，他同长老们并没有多大区别。（*Il.* xi. 670 ff.）

[179] Il. xxiii. 485, 573.

[180] *Annuàire des études grecques*, XVIII, p. 95; Lipsius, *Leipziger Studien* [1890], p. 231.

[181] 利普西斯认为希腊语单词“ιστωρ”是指负责审判的长老们。米瑞斯提出了一个非常奇怪的理论，他认为这一希腊语单词是指作出最后决定的人，并且，他还认为正如第 508 行所表明的那样，这一作最后决定的人只是集会上普通的一员，他自愿给予长老们以帮助，并且长老们认为他的决定优于自己的决定，从而加以采纳。

[182] *Op. cit.*, p. 36.

[183] Cf. Laurence, “Judges and Litigants,” *Jour. of Philol.*, VIII (1879), 125 ff.

[184] *Il.* xxiii. 570. Cf. *supra*, p. 28.

一盾牌画面当中，诗人试图描述和一次公开审判相关的一系列事件。我们很难想象他会把唯一的一行描写案件进程的诗句贡献给一个与当事人的实质请求比较起来无关紧要的小程序。但，万幸的是，不管这一诗句如何解释，不管它描写的究竟是当事人还是断案的长老，它对我们对本段的法律研究都无实质影响。史诗的注释者则认为这一行描写的是断案的长老们。

另外一个争论的焦点就是关于那两塔兰特黄金的多寡和目的。利普西斯认为这些黄金是被告交纳给法庭的抵押金，如果他赢了案件，便可以重新取回，如果输了，这些黄金便归原告所有。[185] 不过，利普西斯也承认，两塔兰特黄金对于人命案件来讲是一个过小的数目。在唯一的另外一个涉及人命赔偿金的案件当中，赔偿的数量据说很大："有的人接受了杀害了兄弟或者儿子的凶手的厚礼，就让凶手安居在自己的家园。"[186] 有人认为，在后一案件当中，赔偿金的数额之所以比较大是因为原告和被害人的关系非常近，父子或者是兄弟。但即使我们承认这一假设，认为在这一审判当中，原告只是被害人的一个远房亲戚，两塔兰特的赔偿金仍然是一个非常小的数额。两塔兰特黄金只是战车大赛当中给予第四名的奖励，而给予第一名的是一只大鼎和一名女子，给予第二名的是一匹母马，给予第三名的是一口大锅。一名具有自由民身份的男性自然要比一名女性奴隶的身价要高。[187] 实际上，一名女子或者是一只大鼎是战车比赛当中常用的奖品；[188] 而一口大锅或者是一只大鼎则是日常微小纠纷当中常用的赌注，正如阿伽克斯和伊多梅纽斯之间的争执所展现的那样。[189] 即使是再远的亲戚，他们会如此贱卖一条人命吗？显然，数额如此少的赔偿根本不足以抵消加害者所应遭受的终生放逐。布叟尔特认为如果把凶手的财产状况、个

---

〔185〕 Lipsius, *Das Attische Recht*, p. 4; Busolt – Swoboda 也赞同利普西斯的观点, *op. cit.*, p. 333。

〔186〕 *Il.* ix. 632 ff.

〔187〕 *Il.* xxiii. 262 – 70. 这些女奴不仅擅长手工活，而且还非常具有魅力（*Il.* ix. 130）。

〔188〕 *Il.* xxii. 164. Ridgeway 对这一问题进行过比较详细的讨论（*Jour. of Philol.*, X, 30 ff.）。在他后来的一篇文章当中（*Jour. of Hellenic Studies*, VIII, 133），他又对荷马时代的一塔兰特黄金的实际价值进行过调查，调查表明对优秀的法官而言，两塔兰特黄金并不是很重的报酬。他的调查表明一塔兰特黄金大体上与一头牛的价值相等。这些研究结果都进一步表明：对人命而言，两塔兰特的赔偿似乎是远远不够的。

〔189〕 *Il.* xxiii. 485.

人品质、被害者与原告的关系以及凶杀所发生的具体情况等全部考虑进去，就可以合理地解释赔偿金数额为何如此小的事实。认为赔偿金的数额与加害者的财产多寡相关很可能是有道理的，但是，正如我们前面所说的那样，没有任何证据表明凶杀的具体情况会被考虑在内。

关于这些黄金的另外一种解释是认为它们是交纳给法庭的诉讼费用。格洛茨即坚持这种观点。[190] 特雷斯顿[191]则认为这些黄金是当事人预先存放在法庭的给予辩护人的报酬，以鼓励辩护人恰当地解释部落里的非成文法。按照这种说法，必然要求存在辩护人，因而，特雷斯顿进一步认为在长老们中间应该有两位长老在充当辩护人的角色。米瑞斯（Myres）[192] 则认为这些黄金是给予集会现场的任何人的，只要他能自告奋勇地为案件提供一个合理的判决，并且这个判决被长老们认为优于他们自己的判决并予以采纳。如果我们认为这些黄金是给予长老们的报酬，那么我们就不得不面临一种随之而来的困难，即，如何决定这些黄金应归哪位长老，米瑞斯所提出的理论显然不得不面对这一困难。梅因（Maine）把这一审判程序和古代罗马法当中的“立誓”（sacramentum）支付程序进行了比较。“立誓”是一种赌博，这一赌博经原告发起、被告同意而成立，最终赌注则归国家所有。但是，“立誓”的数额一般非常微小，而在荷马史诗所描写的这一审判中，涉及的数额却相对巨大，针对这一区别，梅因认为这是因为在荷马时代，这一做法只是偶然事件，并未以法律的形式固定下来。因而，根据这一理论，这两塔兰特黄金是由当事人预先交纳给法庭的押金，用来酬谢那位“能够最令观众满意地阐释判决理由”的法官。[193] 然而，我们似乎有必要将可以领取酬金的法官的范围限制在一定的范围之内，也就是说，只有那些和最终判决意见相一致的法官才有权利参加对酬金的竞争，否则，群众很可能会选出一位对最终判决持反对意见的法官，而这样的结果将会严重地损害法律裁断的意义，也使判决对民意的影响难以发挥。此外，这一理论不得不面对的一个问题就是：如果这些黄金是给予一位与多

---

〔190〕 *Solidarité*, p. 128; *La Cité*, p. 57.

〔191〕 *Op. cit.*, p. 89.

〔192〕 *Op. cit.*, p. 207.

〔193〕 *Ancient Law*, p. 386. Cf. the scholiast; Brehiér, *Rev. historique*, LXXXIV, 29.

数意见一致的法官的酬金，那么，如何决定给予其中的哪一位？在一个主要争议与事实有关的案件当中（也就是说，本案争议的焦点是一个事实：赔偿金是否已经像被告所声称的那样如数给付），持多数意见的法官们的判决理由很可能大同小异，很难说有什么优劣之分。劳伦斯（Laurence）[194] 就强调了该理论的这一弱点，并对这一点进行了温和地嘲讽。他认为如果这一理论是正确的，那么，在当时就至少会有两场审判：第一场审判决定当事人的争议，第二场审判则决定各个法官的判决的优劣。此外，观众们在选择自己认为合理的判决的时候也极有可能会意见纷纭，这就很难想象他们会有义务来给予法官酬谢。最后，酬金的数量和长老们所提供的服务也不成比例。毫无疑问，正是为了应付这些前后矛盾的地方，梅因及其追随者们，如雷斯特、利弗等，才草率地认为本案争议的焦点是凶杀事件本身。如果的确如此，那么，我们就很容易找到各种理由来解释这些矛盾的地方，但不幸的是，这又会涉及另外一种性质同样严重的困难，因为，正如我们前面所指出的那样，荷马史诗的一切都在说明被害人的亲属有权决定是否以赔偿金的形式来了结血案。

但是这一行也还有另外一种解释。利普西斯用荷马史诗中词语的用法来说明*δικην εἰπεῖν* 可以被解释为：向法庭陈请（plead a cause）。他引用了 *Ἀχιληα δίκῃ ἠμείψατο*（以主张权利来回应阿基里斯）和*δικας εἴροντο ἄνακτα*（他们正在向国王陈请自己的权利）两个例子来证明自己的观点。其实，对此我们还可以增加另外一个例子：*ἐπὶ ῥηθέντι δικαίῳ*（对权利的正义要求）。从语法的角度看，任何一个解释都是正确的，[195] 但是，利普西斯却在*ς μετὰ τοῖσι* 当中发现了一个具有决定意义的否定意见。*ς μετὰ τοῖσι*仅仅意为“在法庭”。因而，毫无疑问，这两塔兰特黄金应归在法庭上胜诉的当事人。[196]

尽管梅因关于这两塔兰特黄金的归属的观点是错误的，但是，他关于这两塔兰特黄金是某种赌注的观点却毫无疑问是正确的。作为赌注，一塔

---

[194] *Op. cit.*, pp., 125 ff.

[195] 请对照劳伦斯（Laurence）的评论（*op. cit.*, p. 128）。

[196] 参见路西安（Lucian）对这一段的滑稽模仿（*Piscator*, 41）。

兰特黄金并不是过分地多。[197] 比如，在阿伽克斯和伊多梅纽斯的纠纷当中所提及的那些赌注，无论是大鼎还是大锅，其价值就很可能都在两塔兰特黄金之上，这一点我们从战车比赛的奖品名单当中可以很容易地推断得出。[198]

此处的赌注实际上和罗马法当中归胜诉方所有的诉讼担保有相似之处。在雅典法律当中，这种赌注以一种不同的形式，即"诉讼担保"的形式呈现出来，它由原告交纳，在原告败诉的情况下，根据案件的性质，原告交纳的这笔财富要么归于国家、要么归于被告所有。[199] 根据荷马时代的实践，这笔赌注的大小在实际上大体相当于案件涉及的复原和赔偿费用。

因而，关于这一审判场景的最合理的解释似乎应该是这样的：在这场审判之前，有一个人被杀害了，于是他的亲朋好友联合起来为他复仇，而凶手的亲朋好友也团结在凶手的周围为他助威。最终，整个部落的相当一部分人都卷入到了这场纷争之中，有的支持这一方，有的支持那一方。在这种情况下，达成妥协便成了一种明智的选择，于是，一个通过赔偿来解决纷争的协议便达成了。盾牌上的场景正是展现了双方领头人对赔偿问题的争执。一个人声称他已经完整地履行了赔偿义务，而另一个则予以否认。他们就这样在大众场所向自己的支持者互相诉说着自己的理由。最终，其中的一方向另一方挑战说，各自用一塔兰特黄金来做赌注，将这一案件进行仲裁。协议很快达成，双方都发誓会遵守仲裁决定。作为赌注的两塔兰特黄金很快便交到了长老们的面前，长老们都端坐在审判席位上，手持象征司法权威的权杖。双方的支持者在长老们的周围不断喧哗以至于传令官不得不一再要求他们保持安静。双方当事人也都在己方支持者的欢呼和掌声中依次阐述了己方的理由和陈请。作为赌注的两塔兰特黄金最终被授予了胜诉的一方。这种解释的优点在于，它使得这一审判场景可以在最大程度上符合当时通过赌注来解决纠纷的一般实践。

其他对这一审判场景的解释之所以很难被接受就在于它们都不得不创设一种全新的不能为荷马时代的审判实践所印证的审判形式。而我们上面

---

[197] 这一赌注理论也为梅因、邦纳、卡尔豪和芬达所遵循（*op. cit.*, p. 86）。

[198] *Il.* xxiii. 262 ff.

[199] Meier and Schoemann, *Der Attische Process*, 815 ff.

的这一解释则可以符合当时的实践，因为通过赌注来解决问题的方式已经在伊多梅纽斯和阿伽克斯的纠纷当中有很好的说明。通过赌注来支持自己意见的倾向是人所共有的。直至今天，人们仍然时不时地试图像伊多梅纽斯那样，通过打赌来解决问题。而且，更重要的是，以打赌为基础的审判和许多其他的原始审判形式有明显的近亲关系。在以决斗方式进行的审判当中，人们的生命和健康成为赌注。在以证据性誓言方式进行的审判当中，人们也冒着遭受上天惩罚的危险。也就是说，在这三种不同类型的审判当中，人们都在拿某种东西进行冒险。而无论其中的哪一种审判，都和人们的普遍本能息息相关。

在荷马史诗的仲裁当中，并没有提到证人。在希腊语当中，人们以其名义发誓的神灵被称作 *μάρτυροι* 或 *ἐπιμάρτυροι*。不过，他们并不是单纯的证人，他们还是契约和协议的保证人，因为他们还要惩罚那些发伪誓的人。[200] 当然，对那些诚实的人而言，他们则是保护者。宙斯被称作陌生人的 *μάρτυρος*，因为当人们请求他为陌生人所遭遇的不公正作证时，他会惩罚那些有过错的加害者。[201] 这很可能就是我们今天证人和保证人的起源。现在，人像过去的神灵那样，被邀请来见证合同的签订，以确保合同条款的忠实执行。当然，在荷马时代，还远未达到这一阶段。[202] *μάρτυρος* 一词偶尔会被用来指代熟悉事件或者情况的人，[203] 但是这决不意味着他们是受邀去作见证的人，无论是在正式还是非正式的意义上。《奥德赛》中的 *μάρτυρη ἡ* 一词并非是在专业层面上使用的，[204] 尽管离这一层面也并不遥远。

许多学者认为这一案件中冗长的作证程序纯粹只是一种偶然现象。[205] 由证人在赫西奥德（Hesiod）时代已经存在这一事实并不能必然地推论出在荷马时代也存在证人，因为在赫西奥德时代占主流的司法制度远比荷马

---

[200] *Il.* iii. 274 ff.; vii. 76; cf. Nágelsbach, *Homerische Theologie*, p. 265.

[201] *Od.* xvi. 423.

[202] 在 "Song of Demodocus" （*Od.* viii. 266 ff.）当中，波塞冬自愿为阿瑞斯（Ares）担保。这一段出现得比较晚，但也是发展轨迹当中具有衔接前后功能的一环。

[203] *Il.* i. 338; ii. 302.

[204] *Od.* xi. 325.

[205] Gilbert, *op. cit.*, p. 467; Buchholz, *op. cit.*, p. 87.

时代的司法制度要发达。除了当事人双方的陈述以外，荷马时代的仲裁者还不得不依赖吉尔伯特（Gilbert）所称的聪明才智或者是当事人一方自愿进行的发誓来进行裁判。[206]

普通的司法程序是从长老和首领们的仲裁职能发展起来的。已有明确的证据表明，即使早在荷马时代，仲裁已经发展成为一种固定的和常见的程序。奥德修斯在他破损的木船上叙述自已从卡律布迪斯（Charybdis）逃生的经历时说：

> 我终于如愿地
> 看见它出来，大约正有人离开公庭，
> 判完年轻人的争讼，回家进晚餐的时候。[207]

这是非常重要的。首领和长老们，不是只有在被征召的情况下才成为仲裁者，而是或多或少地固定地在公众场所处理那些可能被提交到他们面前的纷争。在一场持续大半天的审判当中，他们可以处理许多案件。许多因素也都迫使当局去为群众寻求仲裁创造便利。在宗教事务方面，荷马时代的社群需要整体行动进行公共祭祀，以获得神灵的保佑。[208] 在战争方面，他们需要互相协调，以反对他们潜在的敌人。而个人之间的争吵和争斗很容易破坏群体的团结。在这种情况下，尽可能地减少威胁群体团结的内部冲突显然就是一种符合公共利益的行为。如此一来，公共舆论自然也会越来越倾向于支持仲裁这种有效的解决问题的办法。更重要的是，促进和支持仲裁也是符合统治阶层利益的。按照这种方式来解决纠纷有利于增进他们的政治权力和提升他们在群体成员眼中的形象。此外，这种情况下的另外一个重要的因素就是习惯和榜样的力量。在经过一定的时间之后，诉诸仲裁的实践会慢慢转化成为公认的惯例；而原始社会当中的惯例又很容易沉淀为习惯法，就像在成文法出现之前发生的一样。

要想准确地断定将纠纷提交仲裁在何时成为强制性义务并不是一件容

[206] Cf. the judgment of Solomon, I Kings 3：16 ff.

[207] *Od.* xii. 439 ff.

[208] *Od.* iii. 5 ff.

易的事情。在公元前7世纪，成文法已经在希腊各地出现。这些成文法的一个典型特征就是规定由行政官员（magistrate）行使司法权。[209] 就司法机构和司法程序而言，这些成文法是当时实践的忠实记录。创新和突破通常只是表现在实体法方面。很明显，在成文法出现之前的一个相当长的时期内，裁断案件这一司法职能是由行政官员承担的。最早的成文法是公元前621年的德拉古希腊法典（The Athenian code of Draco）。此时，专门协助行政官员处理司法事务的司法执政官（thesmothetae）[210] 已经出现。司法执政官的出现意味着一个以行政官员为主导的组织完善的司法体系的建立。[211] 从执政官（archon）保护财产权的宣言中，我们也可以得出类似的结论。[212] 执政官是最重要的行政官员，每次任期一年，这一历史一直可以追溯到公元前682年。执政官兼理司法的职能很可能就是前期的国王们的司法职能的直接延续。如果这一假设是正确的，那么我们可以认为，在公元前7世纪之初的雅典，一个在实际上具有强制性的司法程序已经确立。这一事件大约发生在公元前750年到公元前650年之间，为方便起见，我们可以将这一时期称为赫西奥德时代（the Age of Hesiod）。这一时期的主要史料来自赫西奥德的《工作和时日》（*Works and Days*），以及以赫西奥德的《妇女纲目》（*Catalogue of Women*）为基础的《力士之盾》（*Shield of Heracles*）的序言。这些史料使我们得以窥见赫西奥德眼中的皮奥夏（Boeotian）地区的司法制度的一些主要特征。

赫西奥德揭示了一个比荷马时代更加发达的司法制度。此时，对诉讼当事人而言，用证据来充实自己的诉求已经成为惯例。正如赫西奥德所言："即使对方是你的兄弟，你也应请求一个证人在场，但是要微笑着这样做。"[213] 微笑是为了掩盖尴尬，因为根据当时的具体情况，坚持证人在场很可能被认为是不必要、甚至是侮辱性的。赫西奥德是在同他兄弟打交道的过程中学到这一教训的。证人在作证时很可能需要发誓，我们可以从诗

---

〔209〕 Cf. Meyer, *op. cit.*, II, 572. Cf. *infra*, p. 77.

〔210〕 Cf. *infra*, pp. 85 ff.

〔211〕 Aristotle *Ath. Pol.* iii. 5.

〔212〕 *Ibid.* ivi. 2. Cf. Busolt, *Griechische Geschichte*, II, 169; Lipsius, *Das Attische Recht*, p. 11. Cf. *infra*, p. 62.

〔213〕 Hesiod, *Works and Days*, 371.

人对那些故意作伪证从而损害正义的证人的斥责中得到这一点。“无论是谁，如果故意作伪证，那么，他就抛弃了他自己，伤害了正义和犯下了不可饶恕的罪行，从此以后他的人格也将值得怀疑。”[214] “不诚实的决定总是招来对伪证的惩罚”[215] 这一声明可能是指证人的誓言，也可能是指当事人一方的誓言，无论这些誓言是证据性的还是确认性的（evidentiary or confirmatory）。在当时的皮奥夏地区，一些将司法经常化制度化的条款很可能已经被制定出来。在每一个地区，占贵族绝大多数的小首领们都或多或少地在其中心城市定期举行集会以裁决纠纷。在那里，人们从乡村聚集过来，充当看客或者当事人；法庭开庭之日所呈现的场景肯定和阿基里斯盾牌上所描绘的场景惊人的类似。[216] 另外，值得注意的是，法庭不仅对本国公民开放，而且对外来的陌生人也是开放的。[217] 外来公民对法庭的使用通常由专门条约加以规定。

在当时，好讼之风盛行。赫西奥德就曾警告自己的弟弟应当警惕滥用诉讼的危险：

> 珀尔塞斯（Perses），请把这些东西搁置在你心中，当你窥视、窥探和聆听法庭的纷争时，不要让那耽于悲伤的纷争影响你对工作的热情。那些连一年余粮都没有的人，并不是真心关心法庭和纷争。因为，当一个人聆听了足够多的案件之后，他就有能力提起诉讼，来获得其他人的财产。[218]

在这一描述当中，出现了荷马时代的诉讼所不具有的新元素。集市上的法庭审判已经变得如此普通和常见，那些经常去旁听的看客和听众花费如此多的时间在上面，以至于有疏忽本职工作的危险。当然，这同荷马史诗所揭示的场景也许并非格格不入，但是，描述中提到的人们可以把诉讼

〔214〕 *Ibid*，. 282 ff.

〔215〕 *Ibid.*，219. Cf. Lipsius，*op. cit.*，p. 11，n. 41.

〔216〕 Hesiod，*Works and Days*，27. 诗人的家乡阿斯卡（Askra）隶属于塞斯比阿（Thespiae）（Lipsius，op. cit.，p. 11）。但是，请对照：Steiitz，*Werke und Tage des Hesiods*，p. 32.

〔217〕 Hesiod，*Works and Days*，225 ff.，327；cf. Glotz，*Solidarité*，pp. 220 ff.

〔218〕 Hesiod，*Works and Days*，27 ff.，Evelyn－White 的翻译。

变为一种嗜好，以期获得别人的财产却绝对预示着一种不同的司法体系。在此，人们会情不自禁地忆起那些对好讼者的斥责以及集会对年轻人所产生的恶劣影响。[219] 在一个纯粹自愿的仲裁制度下，一个人很少会期望依靠法律来取得别人的财产。因为，对方只需拒绝将争议提交仲裁就可以了。

那些在集市举行的法庭上进行裁判的人时常被形容为“贪图贿赂的君主”（bribe devouring kings），他们用“歪曲的判决”（crooked decisions）来压榨人民。[220] 诗中这些反复出现的指控肯定不可能只建立在赫西奥德和其兄弟打交道的个人经验之上。毫无疑问，在当时收受贿赂和故意进行歪曲判决都是滥用权力的表现。不过，收受贿赂和进行歪曲判决也不可能是当时贵族们的一种惯常状态，因为，即使少量的腐败案例，如果为公众所知，也会严重损害法庭的权威，干扰审判的进行。如果收受贿赂和进行歪曲判决已经成为法庭的常态，那么，人民就很少会再来寻求法庭的裁断。没有任何社群会自愿把他们的纠纷提交给一些腐败透顶的人来决断。胜利的钥匙就掌握在他们自己手中，因为他们可以很容易地从人民大众当中选出公正的裁决者，以代替贵族们建立的法庭。

赫西奥德和他兄弟珀尔塞斯的诉讼证明：在当时，贵族们的裁决必须被尊重和接受。赫西奥德和他的兄弟已经就遗产进行了划分。但是，珀尔塞斯对这种划分并不满意。依赖他在集市上旁听审判所学到的经验，珀尔塞斯提起了诉讼，并在诉讼当中赢得了更多的遗产份额。法庭的判决，尽管受到贿赂的影响，还是被不折不扣地执行了。

> 须知，我们已经分割了遗产，
> 并且你已获得并拿走了较大的一份，
> 这极大地抬高了乐意审理此类案件热衷于受贿的王爷们的声誉。[221]

---

[219] Isocrates vii. 48; cf. Aristophanes, *The Clouds*, 991; *The Knights*, 1373 ff.; Plato *Theaetetus*, 173c.

[220] Hesiod, *Works and Days*, 220 f; 263 f. 希腊语单词“βα σιλη εϛ”指贵族而不是国王（Steitz, op. cit., p. 33）。参照：*Works and Days*, 38 f., 248 ff.

[221] Hesiod, *Works and Days*, 37 –39.

但即使这样，珀尔塞斯还是不满意，打算继续进行新的诉讼。赫西奥德，没有拒绝再次出席法庭（如果仲裁是完全自愿的话，赫西奥德很可能会这样做），而是请求珀尔塞斯进行庭外和解。[222] 实际上，赫西奥德是在建议用自我协议式的仲裁来代替贵族们的判决。这似乎是对赫西奥德行为的一个合理解释。[223] 即使学者们所提出的其他解释，也与此出入不大。[224] 如果赫西奥德真的相信贵族们经常接受贿赂，从而故意做出歪曲判决，那么，我们就很难理解他为什么会同意让贵族们来充当裁决者。如果荷马时代的观点和实践仍然盛行，他完全可以拒绝接受贵族们的裁决或者另选其他的仲裁者。然而，在实际当中，赫西奥德并没有采取任何上述措施，这似乎由不得我们不相信他在这件事情上实际并无选择的权利。

人们普遍认为赫西奥德时代的司法要比荷马时代的司法发达得多。[225] 但是，史达恩温特反对使用“强制法律程序”（compuslory process of law）一词来概括这一发展。就赫西奥德的《神谱》[226]（*Theogony*）当中的那幅关于主持正义的理想国王的画，史达恩温特作了如下评论：“各方之所以屈服于裁判者的话语，不是出于帝国的国家法律力量，而是屈服于论据的有力和对他人的头衔的畏惧，或者也有可能是出于对君王的畏惧。”[227] 从严格的法律和宪政角度来看，这是确凿无疑的。实际上，如果统治者不把当时的惯例和习惯用文字固定下来，并建立相应的辅助机构，就不可能存在“合法的国家统治权”（Staatsrechtliches Imperium）。但是，如果我们过分坚持用现代的宪政和法律标准来衡量历史，我们就很可能会忽略古希腊司法历史上许多重要的进步。在赫西奥德时代，审判人员所行使的司法权

---

〔222〕 *Ibid.*, 35 – 36.

〔223〕 注释者认为是第二场诉讼仍悬而未决。Cf. Scholium on line 39; Steitz, op. cit., p. 24; Schwartz, Charakterköpfe aus der antiken Literatur, p. 8.

〔224〕 爱伦博格（Ehrenberg）认为是赫西奥德对此案提出了上诉（*op. cit.*, p. 63）。史达恩温特也认为此案是由赫西奥德重新发起的，但是其性质难以定论（*op. cit.*, p. 41）。克尔赤霍夫（Kirchhoff）认为这一案件已经经过审理，但是尚未判决（Hesiodo's *Mahnlieder an Perses*, p. 43）。另，参照：Wilamowitz, *Hesiodos Erga*, p. 46。

〔225〕 Lipsius, *Das Attische Recht*, pp. 10 ff.; Steinwenter, *op. cit.*, p. 42. Bonner, *Class. Phil.*, VII, 17, 首先使用了“强制法律程序”一词。Bréhier, *Rev. historique*, LXXXV, 12 ff.

〔226〕 81 ff.

〔227〕 Steinwenter, *op. cit.*, p. 41.

力并非是由任何至高无上的主权机构所授予的。相反，它们是从惯例、传统和先例当中得来的。最重要的是，皮奥夏地区的农夫们都认可这种权力并愿意接受它的裁判，情况恰如史达恩温特所说：“农夫不得不认可那些受贿的法官所作出的不公正判决，只是因为他（作为低等人）在贵族面前必须屈服，而不是因为法律法规的强制力量。”[228] 这一论断和前述观点并没有实质区别。遗憾的是，我们无法找到恰当的词语来指称赫西奥德所描述的审判形式，以把它和荷马时代的仲裁以及公元前 4 世纪的相对更加发达的雅典法律程序区分开来。由于对现代读者而言，“强制法律程序”这一表达方式容易使他们联想到甚至比雅典法律程序还要发达的法律制度，因而，“强制仲裁”（obligatory arbitration）似乎是一种更加恰当的表达方式。[229] 它不仅强调了这一审判的强制性程度（这种强制性是由日益发展的风俗习惯所导致的，并由公共舆论和政府所支持），而且还继承了深植于仲裁制度核心的公平平等地解决纠纷的精神，而这一精神恰是仲裁与严格的法律裁判相区别的关键。

费心去推测审判程序是如何开始的[230] 以及判决是如何执行的是徒劳无益的。即使在公元前 4 世纪的雅典，执行判决之类的义务也首先落在当事人自身之上。可以说，在荷马时代并不存在确切的保障措施来确保仲裁裁决的执行。即使由誓言和担保所强化的协议也很可能无法得到切实的执行。执行判决的最终力量来自于风俗习惯和公共舆论。不过，在一个人情网络密切交织的古代社会，恐怕任何人都无法轻易地忽视风俗习惯和公共舆论的压力。

通过“证据性誓言”来解决纠纷的方式在当时仍然得到广泛的使用。我们从下面的诗句可以清楚地看到这一点：

> 邪恶的人将伤害正直的人，
> 不仅出言逊，并且发虚伪的誓言。[231]

---

[228] *Ibid.*

[229] Bonner, *Lawyer and Litigants in Ancient Athens*, p. 31.

[230] 有学者认为皇家传令官曾经被用来传召证人和当事人。（Thonissen, *Le droit pénal de la république athénienne*, P. 31).

[231] *Works and Days*, 193 f.; cf. 322.

特塞斯（Tzetzes）解释这一段说：一人占有了另一人的财产，当被要求说明情况的时候，这人发誓说他是清白的，就像赫耳墨斯发誓说他没有盗窃阿波罗（Apollo）的牛群一样。尽管讲述赫耳墨斯和阿波罗纷争的《赫耳墨斯之颂》（*Hymn to Hermes*）成书要大大晚于赫西奥德的诗歌，但是它也完全可以帮助我们更加全面完整地理解赫西奥德时代的法律图景。因为它里面的成文法规主要是对以前盛行的实践的记录。当阿波罗发现自己的牛群被盗的时候，他立即出发去追寻牛群并着手寻找证人来证明罪犯的身份。[232]在当时，证人已经变得如此重要，以至于人们已经开始悬赏征求最终可以寻获罪犯的信息。[233] 一旦获得证人，那么被告人便只有两个选择，要么归还原物并加合理赔偿，要么到法庭去面对几乎是必然的失败。尽管阿波罗没有找到证人为自己作证，他还是满怀信心地对赫耳墨斯提起了盗窃控告。赫耳墨斯为这一控告所激怒，威胁说要将这一案件交给宙斯来审判，并提议说他可以就自己的清白起誓。但是，阿波罗是否像梅尼劳斯那样接受了这一起誓并将其作为最终的决断，诗中并没有明言。不过，无论如何，这一案件被交给了宙斯来审判是确凿无疑的：

> 很快，他们到达了散发着芳香的奥林匹斯山顶，
> 来到他们的圣父，克罗诺斯之子宙斯的面前，
> 因为衡平的判决正在等待他们。[234]

希腊语单词δίκηνς τέ λαντα 通常被解释为正义的尺度，但是瑞基威（Ridgeway）[235] 的解释似乎更合理，他将 τέ λαντα 解释为当事人质押在法庭的一定数量的金钱，就像阿基里斯盾牌上所描绘的那样。然而，在这一案件当中，那几塔兰特黄金并非赌注。当强制仲裁产生以后，人们已经不需要用赌注来吸引不情愿的对方当事人出席法庭。不过，对原始的先民而

〔232〕 *Hymn to Hermes*, 185 ff.

〔233〕 *Ibid.*, 264 ff. Cf. Hesiod Frag., 153，据说此处赫耳墨斯为了测试巴图斯（Battus），答应对其提供的信息给予报酬（cf. *Hymn to Hermes*, 87 ff.）。

〔234〕 *Hymn to Hermes*, 322 ff.

〔235〕 “Homerica,” *Jour. of Philol.* XVII, 111 f.

言，他们很难抛弃长期形成的惯例，所以，最可能的是他们会修改惯例并使其适应新情况。所以，在强制仲裁出现之后，向法庭交纳金钱作为赌注的传统仍然得以延续，尽管事实上它们已经没有存在的必要了。很可能，在一开始的时候，这些赌注仍然会被判给胜诉的当事人作为一种补偿，但是，当贵族们取得了对法庭的控制之后，他们便很快将其转化为交纳给法庭的诉讼费用了。而从此之后，受害者的损失便也由法庭来具体衡量裁断了。[236]

在向法庭交纳金钱之后，阿波罗便向法庭阐述了自己的诉求。赫耳墨斯否认了对自己的指控，并重申自己是清白的，而且还以发誓来加强自己的说服力。[237] 不过，很明显，这并非"证据性誓言"，因为，如果是的话，在发誓之后，他应该被宣布为无罪，但实际上，并没有这样。因而，可见在此处，他的誓言只不过是一种加强己身说服力的方式而已。

在当时，法庭并不能以犯罪是对社会的威胁这一理论为基础来取得对案件的自行审判权。不过，赫西奥德不断声称个人的犯罪必将招致诸神对整个群体的愤怒。[238] 诸如此类的论述以及他所描述的公众对危害正义之人的痛恨都表明公共舆论在当时和在荷马时代同样活跃，并且这种舆论也可以通过集体活动来得到表达。[239] 因而，我们前面讨论的荷马时代的那种作为刑法基础的精神在赫西奥德时代也十分显著，尽管当时还并不存在系统的刑法。[240]

对赫西奥德所提到的各种犯罪，如虐待陌生人、恳请者、父母或者孤儿等，[241] 法律诉讼通常都是最简易的寻求救济的方式。赫西奥德和他兄弟关于遗产划分的纠纷就首先是由法庭来解决的。

但是，协议仲裁和强制仲裁在当时是并行不悖的，并且协议仲裁在当

---

〔236〕 格洛茨认为赫耳墨斯给阿波罗的七弦琴属于赔偿。宙斯在他的判决当中，并未提及赔偿。赫耳墨斯是自己决定将七弦琴给予阿波罗的。对于黄金的用途，这一案件并不能带给我们任何启示（*Solidarité*, p. 149）。

〔237〕 *Hymn to Hermes*, 383 – 84; cf. 274 ff.

〔238〕 *Works and Days*, 240; Thonissen. *op. cit.*, p. 26.

〔239〕 Hesiod, *Works and Days*, 220.

〔240〕 Cf. *supra*, p. 22.

〔241〕 赫西奥德警告他的兄弟切勿触犯这些过错以及通奸。这些过错都会遭到诸神的严厉惩罚（*Works and Days*, 327 ff.）。

时也得到了很大的发展，一如在高度系统化的雅典司法制度下所发生的那样。因而，赫西奥德向他的兄弟建议把他们的纠纷进行协议仲裁，而不是去求助于为“贪图贿赂的贵族”所控制的法庭。[242]

自力救济在当时仍然发挥着重要作用。当一个人受到伤害以后，他总是会寻求亲朋和邻居的帮助。对此，赫西奥德强调说过分倚重亲属是愚蠢的，和邻居搞好关系才是真正重要的。因为只有如此，在危难时刻，邻居们才会迅速出手相救，而亲属们在此时则往往更加行为谨慎。[243] 无论如何，下面的这句话都是对自力救济的一种暗示：有芳邻者从不丢失牛群，[244] 也就是说，他的邻居会运用强力来帮助他收回被盗的家畜。而且，他们还可以作为证人来指证盗贼。而当时的风俗也要求，当失主搜查犯罪嫌疑人的住所时，必须有证人的陪伴。[245]

在通奸的情况下，受到伤害的丈夫很自然地会不通过法庭来寻求补偿，要么像希图斯（Hyttus）那样直接杀死妻子的情夫，[246] 要么像赫菲斯托斯在处置德摩多克斯时那样要求其交纳大笔的赔偿金。不过，直接杀死妻子的情夫通常会引起另一场仇杀。而在协议赔偿的情况下，如果双方协议的赔偿金没有完全支付，那么，最终很可能还是不得不诉诸诉讼，就像盾牌上的那个审判场景一样。

在凶杀案件当中，荷马时代的做法仍然被一如既往地遵循着。因此，当安菲特律翁（Amphitryon）杀死他的岳父埃勒克特律翁（Electryon）之后，他便被放逐了。他的妻子阿尔斯墨涅（Alcmene），也就是埃勒克特律翁的女儿伴随着他。后来，他的妻子又劝说丈夫为她的兄弟们报仇。似乎在被放逐之后，安菲特律翁便不会再受到被害人亲属的追杀。因为只有这样我们才能解释，为什么一方面阿尔斯墨涅有为其兄弟报仇的强烈欲望，

---

〔242〕 *Ibid.*, 35 f.

〔243〕 *Ibid.*, 342 ff; cf. Glotz, *Solidarité*, pp. 193 ff.

〔244〕 *Works and Days*, 348.

〔245〕 阿波罗对玛雅（Maia）的住所进行了详细搜查（*Hymn to Hermes*, 246 ff.）。赫耳墨斯反对说这一搜查没有证人的陪伴（*ibid.*, 372; cf. 385 f.）；另参见：Glotz, *op. cit.*, pp. 203 ff.

〔246〕 Hesiod *Frag.*, 144.

另一方面却同时对自己的杀父仇人保持忠诚。[247] 所有的凶杀都被认为是类似的，因而，处理方法也相同。所以海埃图斯（Hyettus）在杀死和自己妻子通奸的摩洛如斯（Molurus）之后，也被迫从阿尔戈斯（Argos）流亡到了奥尔科墨诺斯（Orchomenus），尽管他有充足的理由去杀死摩洛如斯。[248]

从以上论述，我们可以很明显地看到，至少在整个赫西奥德时代，凶杀仍完全被视为被害人亲属们的个人私事。而另一方面，从远古时代起，人们便日益认为任何危害良好秩序和国家福祉的行为都应该得到国家的惩罚。显而易见，当凶杀仍完全被视为家庭私事的时候，刑法的起源还根本谈不上。也许，犯罪的概念和刑法的起源根本就不是从人们对凶杀的反应开始的。[249] 不过，尽管如此，仍然有两个和凶杀相关的问题值得我们考虑。第一，和凶杀相伴的玷污原则（the doctrine of pollution）是在何时开始盛行的？第二，国家为何要介入凶杀案件的处理？

凶杀和玷污相伴的观念在荷马时代还并不存在，但是，到德拉古（Draco）时期却已经牢固地确立了。现在，我们几乎没有证据去证明这一原则确切是在这两个时期之间的何时出现的，又确切是在何时获得发展的。但毫无疑问的是，到埃斯库罗斯（Aeschylus）时期，这一观念已经被认为是一个古老的原则。由此我们可以推断得出，这一观念在埃斯库罗斯时期的很久之前一定已经得到广泛传播，否则，我们便很难有上一句的结论。在梭伦（Solon）改革之前所通过的特赦法当中，那些因杀人而被法庭判决流亡的人被明确地排除在特赦范围之外，不能享受特赦的利益。[250] 毫无疑问，将他们排除在外完全是基于这样一个理由，那就是认为他们的存在会玷污阿提卡（Attica）的土地。绝不可能是为了防止仇杀血斗而将他们排除在外，因为，在当时，国家已经取得了对凶杀案件的控制权。在德拉古法典当中，有一个条款，规定任何人都可以控告非法返回阿提卡土地的杀人犯。[251] 毫无疑问，这一条款也是为了防止玷污。玷污原则被明确规定在德

〔247〕 *Shield of Heracles*, 9 ff., 80 ff.

〔248〕 Hesiod *Frag.*, 144. 卡尔豪用这一部分来证明与凶杀相伴随的玷污观念在赫西奥德时代并不盛行（*Criminal Law*, p. 26）。

〔249〕 Cf. Calhoun, *Proceedings*, pp. 87 ff.; *Criminal Law*, pp. 16 ff. and 26 ff.

〔250〕 Plutarch *Solon*, xix. 关于特赦法的讨论，参见：*infra*, pp. 104 ff.

〔251〕 *CIA* i. 61.

拉古法典中的事实表明在当时这一原则已经牢固地确立，并具有相当的知名度。到公元前7世纪的下半叶，这一原则的知名度更是得到了进一步的发展，为越来越多的人所熟悉。也有极微弱的证据表明，由凶杀所带来的道德玷污观念在赫西奥德时代的古希腊人当中已经存在。这一论断是建立在下列论据的基础之上的。《力士之盾》的两个希腊文序言都提到安菲特律翁之所以被放逐是因为当时的一项风俗习惯，这一习惯要求首先挑起杀戮的人必须去经受为期3年的净化（purification）。不过，在诗歌正文当中，并没有任何言辞提及玷污或者净化。[252] 一位《伊利亚特》（ii. 336）的注释者，在讲述赫拉克勒斯对皮洛斯（Pylos）的洗劫时也曾提到净化，并说这一故事是赫西奥德在《妇女纲目》中讲述的。当然，我们并不能由此就断定赫西奥德曾经提及净化。在其对阿克提诺斯（*Arctinus*）的《埃西俄丕斯》（the *Aethiopis*）的总结中，[253] 普罗克洛斯（Proclus）认为阿基里斯之所以被迫流亡到莱斯博斯（Lesbos），是为了从杀死瑟赛蒂兹所导致的玷污当中解脱出来。卡尔豪[254]反对将这一事件作为赫西奥德时代存在玷污观念的证据，因为他认为我们并不知道凶杀是在什么情况下发生的，并且我们也不知道普罗克洛斯是否受到臆测的影响，因为他在阅读更晚时代作家的作品时会不断地读到由凶杀带来的玷污观念。依笔者之见，卡尔豪对这一点的注重似乎有点过头了。因为，不管这一段落如何解释，它都不会在实质上影响论文本身。诚然，如果阿克提诺斯的文献没有被毁灭的话，我们对证据的确信绝对不敢如此肯定。但是，有一点我们是可以肯定的，那就是：普罗克洛斯更可能是在忠诚地叙述故事，而不是根据他后来的阅读在臆测。[255] 无论如何，鉴于到公元前7世纪末期玷污观念已经深入人心，我们基本可以断定：即使道德玷污的观念在赫西奥德时代没有盛行的话，那么，距离其盛行也已经并不遥远。至于具体是在何时开始盛行的，实质上

---

〔252〕 *Shield of Heracles*, Hypotheses △, ll. 13 ff.; E, ll. 12 ff.

〔253〕 Kinkel, Epici Graeci, 33. 9 ff.

〔254〕 *Criminal Law*, p. 28.

〔255〕 Cf. Halliday, review of Calhoun, *Class. Rev.*, XLI, 181.

并无多大研究价值。[256]

国家之所以介入凶杀案件似乎有两个理由。[257] 第一个就是我们刚刚讨论的和凶杀相伴随的玷污观念。当玷污观念在社会上开始盛行之后，国家为了保护自身的利益，在受害人亲属难以作为的情况下，就不得不采取措施来清除杀人犯，以净化土地。

国家介入凶杀案件的第二个动机就是为了防止仇杀血斗。一般情况下，凶杀并不被视为一种危害国家的行为，除非被害人的死亡的确是在某种程度上构成了对国家的危害。显而易见，在荷马时代的贵族社会，一个普通人的死对统治阶级而言根本无足轻重。所以，为死者复仇也就只被视为家庭的私事，即使由此引发出血腥的仇杀血斗，国家也不愿过问。同样，如果被杀害的是贵族家庭的成员，其亲朋好友在固有的团结感情的驱使下，也会为其寻求报复。当然，任何一个家庭都会支持其成员和朋友，所以，复仇斗争很可能会发展成为某种程度的内战，双方都会遭受巨大的损失。但是，毫无疑问，在其中起主导作用的仍然是家庭。很显然，在相当长的时期之内，并不存在任何就凶杀事件进行和平仲裁的念头。萦绕在人们心头的只有一个念头，那就是替死去的家庭成员复仇。当一名重要人物被杀死的时候，人们通常会大量地聚集到某一方的旗下，从而使其成为重要事件，而这很可能就是国家介入凶杀事件的前奏。荷马史诗当中和此最接近的场景就是在奥德修斯杀戮求婚者之后所召开的决定如何处理奥德修斯的公共会议。当然，在此，公众们对凶杀事件的关心完全是由杀人者的个人人格所唤起的。但是，总会有那么一天，尽管我们不能确切地断定是哪一天，曾经长期存在的复仇斗争会被认为是对国家福祉的一个严重威胁。如此一来，国家对凶杀就再也不能袖手旁观了。这一点为欧里庇得斯（Euripides）所谈到的阿尔戈法典（Argive statute）所明确的印证：

---

[256] Cf. Bréhier, *Rev. historique*, LXXXV, 13; Glotz, *Etudes*, pp. 38 ff. 与凶杀相伴的玷污观念以及随之而来的净化仪式是和阿波罗崇拜密切相关的。玷污观念也是和阴曹地府的权力密切相关的，不过，荷马对地府崇拜并无兴趣。法耐尔（Farnell）认为后荷马时代净化仪式的发展和阿波罗崇拜紧密相连的事实说明了前荷马时代曾经存在的鬼神崇拜的复兴（*Greek Cults*, IV, 298）。

[257] Cf. Meyer, *op. cit.*, II, 575.

放逐证明不了，血亲复仇的正当性。
进行血亲复仇的人一样会面临死刑，
而且他的手上沾满的依旧是罪恶的血。[258]

也正是在这时，人们对凶杀开始有了种类上的区分。

〔258〕 *Orestes*, 515 ff.

第二章　阿提卡的统一[1]

在荷马时代，阿提卡按照传统被划分为数个较小的公国，[2] 这些小公国共尊雅典国王为宗，也为了防务目的而相互协作。但是，每个小公国都有自己的政府官员和市政厅，他们有权处理包括司法在内的地方事务，而没有必要接受雅典的领导。不过，推动统一的力量是强大的。[3] 首先，语言和机构设置上的类似极大地方便了以宗教或防务为目的的联盟的形成，比如马拉松（Marathon）、欧恩欧俄（Oenoe）、特瑞欧图斯（Tricorythus）和普柔巴里恩图斯（Probalinthus）就组成了一个四城镇城邦（Tetrapolis）。此外，部落的组织结构也有利于促进统一事业的完成。由于军事组织是建立在整个部落的范围之上的，因而在战争中，在部落首领的统一指挥下，来自不同社群的居民就有了非常多的接触机会。[4] 统一的最后一步是由特修斯（Theseus）完成的，他在没有使用军事力量的情况下成功地把各个社群的贵族带进了雅典城，雅典便名正言顺地成了首都。大多数的劳动人民仍然居住在各处的乡间，[5] 但是却必须到首都进行诉讼以及行使在新的国家中所享有的政治权利。因此，所有的阿提卡居民都变成了雅典人。这就是流传于公元前5世纪的关于阿提卡统一的故事。

在荷马史诗当中，雅典是阿提卡最重要的城市。实际上，它也是在史

---

〔1〕 除了对雅典宪政的历史发展进行描述之外，亚里士多德还对当时最重要的政治变革进行了总结（*Ath. Pol.* xli）。由于法律和宪政变革是紧密交织在一起的，因而亚里士多德的总结也点明了公元前403年民主恢复之前的雅典司法历史的最重要的里程碑。总体上，在后面的章节中，我们将遵循亚里士多德对历史的分期。

〔2〕 根据非洛克鲁斯（Philochorus）的观点阿提卡共有12个城市。Cf. De Santics, *Storia della repubblica Ateniese*^{2}, pp. 26 ff.; Busolt, *Griechische Geschichte*, II^2, 69 ff.; *Cambridge Ancient History*, III, 577 ff.; Busolt – Swoboda, *Staatskunde*, II, 776, n. 4, for bibliography on the *Synoikismos* of Attica.

〔3〕 De Santics, *op. cit.*, pp. 28 ff.

〔4〕 Meyer, *Geschichte des* Altertums, Vol. II, sec. 205.

〔5〕 Thucydides ii. 15. 2. Cf. CAH, III, 579; De Santics, *op. cit.*, p. 23.

诗目录当中唯一的一个被提及的城市。它被描述为一个“建筑良好”，有着“宽阔的街道”的城市。[6] 它的居民是“埃瑞克修斯人”（folk of Erechtheus）。苏尼昂（Sunium）[7] 也被包括在它的版图之内，正像它的希腊语绰号*ἄ κρον Ἀθηνέ ων*所显示的那样。马拉松在《奥德赛》当中也曾经和雅典一起被提及，但是并没有指明它们之间的关系。[8] 当今的考古发现已经证明了荷马史诗关于雅典是当时希腊半岛上最重要的城市的记载。[9] 在阿提卡的政治形式方面，修昔底斯认可传统惯例。他以阿提卡各个城邦之间时常进行相互战争为根据来证明它们之间的相对独立性。[10] 他还认为***ξυνοίκια***这一节日就是由特修斯创立来纪念阿提卡的统一的。亚里士多德接受有关特修斯的传说。虽然他对早期宪制的论述今天只有片段可查，但是在他对雅典宪制转变的总结中，他是从伊昂（Ion）的定居和四部落联盟的形成开始论述的。[11] 有观点认为，***ξυνοίκια***这一节日并不是为了纪念阿提卡的统一，而是为了纪念定居在雅典卫城（Acropolis）及其周围的四个村落联合起来组成雅典城的。[12] 还有人相信“斯诺埃丝伊亚节”（Synoecia）这一节日无论是和雅典的统一，还是和阿提卡的统一都没有关系，它只不过像“阿帕图里亚节”（Apaturia）一样，是一个一年一度的家庭聚会节日而已。[13]

修昔底斯认为阿提卡实现统一的时间非常之早。他认为特修斯完成统一的壮举并非是因为他坐享了长期存在的统一运动的成果，而是他凭着自己的远见和强力一举实现了一个伟大的政治蓝图。根据修昔底斯的看法，

---

〔6〕 *Iliad* ii. 546 ff.; Odyssey, vii. 80.

〔7〕 *Od.*, iii. 278.

〔8〕 *Od.*, vii. 80.

〔9〕 De Santics, *op. cit.*, p. 29.

〔10〕 ii. 15. 关于更多证据，参见：De Santics, *op. cit.*, pp. 24 ff.; Meyer, *op. cit.*, sec. 223.

〔11〕 Aristotle *Ath. Pol.* xli. 2. Cf. *Fragmenta* in the edition of Thalheim (Teubner, 1909), p. 107.

〔12〕 Wachsmuth, *Rheinisches Museum*, XXIII, 181. 他认为修昔底斯所谈的只是在泛雅典娜节（Panathenaea）上所庆祝的一个政治统一。Cf. *Die Stadt Athen*, I, 453. Cf. Wilamowitz, *Aus Kydathen*, pp. 116 ff.

〔13〕 De Santics, *op. cit.*, p. 24.

统一的实现并没有依靠暴力,[14] 尽管特修斯作为强有力的国王的形象可能会使人联想到暴力后盾的存在。不过，现在人们普遍相信，时势造英雄，特修斯的成功只不过是长期存在的统一运动的必然结果。现有的证据表明这一运动很可能早在公元前1000年便开始了，并持续了长达二、三个世纪。[15]

雅典人总是喜欢把特修斯和民主联系在一起。伊索克拉底（Isocrates)[16] 更是走得如此之远，以至于声称特修斯创立了一种新的民主形式；与德摩斯梯尼（Demosthenes）同时代的一名演说者[17] 也持有同样的见解。在《酷刑》（*Supplices*）中,[18] 欧里庇得斯更是把特修斯描述为一个不遗余力谴责暴政和赞美法治的人。不过，狄奥佛拉斯图斯（Theophrastus）的独裁者[19] 则将特修斯指责为国家所有问题的源泉。荷马曾将雅典居民称为"埃瑞克修斯（Erechtheus）的人民"，普鲁塔克（Plutarch)[20] 以此为证据，认为特修斯的确“展现了一种多元倾向，并已经放弃了强力统治。”为了民主事业，民主的宣传者[21] 很好地利用并进一步推动了雅典人的这一传统，就像他们有意夸大梭伦的功绩一样。给民主寻找一种久远并且高贵的血统显然是他们所热切期望的。当时，在政府和法制方面，祖先传下来的历史久远的做法和制度总是容易获得雅典人的普遍尊重。实际上，在世界上的任何其他地方也是如此，并且不管是在今天还是在古代。

阿提卡的统一肯定引起了许多宪政制度的变革。在亚里士多德列举的11条雅典宪制的变化当中，位于第一位的就是特修斯的重组。他将其描述

---

〔14〕 统一是以和平方式进行的，这一点可以得到下列事实的确认，那就是所有的阿提卡居民都变成了新国家的公民；不像斯巴达那样，还存在奴隶。Cf. *CAH*, III, 579.

〔15〕 De Santics, *op. cit.*, pp. 34 ff.; *CAH*, III, 580; Bury, *History of Greece*, p. 170; Meyer, *op. cit.*, sec. 224; Busolt - Swoboda, *op. cit.*, II, 777, 认为应在公元前8世纪中叶。

〔16〕 *Panathenaicus*, 129, 131; *Helen*, 35.

〔17〕 [Demosthenes] lix. 75.

〔18〕 429. 这一段引用在：*infra*, p. 68. Cf. also 352 f.

〔19〕 *Characters* xxix (xxvi). 11. 25 ff.

〔20〕 *Theseus*, xxv. Il. ii. 547.

〔21〕 鲍萨尼阿斯（Pausanias）(i. 3. 3) 就曾看见一幅画将民主、民众和特修斯描述为一类。

为“对绝对君主统治的一次稍稍偏离”。[22] 在普鲁塔克的著述当中，我们可以发现特修斯重组的一些细节，以及他对贵族和社会下层所作出的让步。他自己，作为国王，仍然保留了战争中的军事指挥权以及对法律的监护权；“主持宗教祭祀、选拔地方官吏、教授法律、解释上天意志等权力则委托给高级贵族行使。其他的市民也各自享有相应的大体平衡的权利和利益，贵族们被认为在教养方面具有优越性，农夫们被认为对国家意义非凡，而手工艺人则以其数量取胜。”[23] 普鲁塔克记述中的这种对人数多少的强调以及对社会下层所做的关于平等的承诺都说明他认为当时存在某种形式的群众会议。当时很可能已经存在关于地方群众集会的相关规定，因为当特修斯在社群之间逐一展开游说以求推进自己的事业时，他肯定也会时不时地向集会的当地居民发表演说以寻求支持。普鲁塔克显然很熟悉亚里士多德对特修斯的论述，但是他的主要材料来源是人们对早期雅典历史的传统认识，就像伊斯特鲁斯（Istrus）关于古希腊历史汇编（Atthidographers）的总结一样。[24] 总体来讲，普鲁塔克的论述大体上是可靠的。为了劝说地方首领们放弃独立，特修斯肯定作出了一些承诺，而这些承诺又导致了一种改良的寡头政治的产生。不管普通百姓们到底在多大程度上被允许参与国家事务，[25] 考虑到他们的数量优势，这些权利都将毫无疑问地使他们能够更好地表达自己的愿望和更有效地施加对国家事务的影响。墨涅斯修斯（Menestheus）[26] 在成功取代特修斯时，曾寻求人民的帮助，就是一个很好的证明。

雅典人声称在希腊他们是最先建立常规法律程序的（regular legal processes）。[27] 常规法律程序的基本要求之一就是必须具有强制性。受损害的一方必须有能力迫使对方亲自或者以其他方式出席法庭，而法庭也必须在有需要的时候能够经常开庭。在更早期的雅典，其解决纠纷和惩罚罪犯

---

〔22〕 *Ath. Pol.* xli. 2.

〔23〕 *Theseus* xxiv. xxv（Perrin's translation）

〔24〕 Busolt, *Geschichte*, II, 57.

〔25〕 Plutarch *Theseus* xxv. 1. Aristotle *Ath. Pol.*, Heraclidis Epitoma, 3.

〔26〕 Plutarch *Theseus* xxxii.

〔27〕 Aelian *Vera historia* iii. 38. Cicero *Pro Flacco*, 26, § 62. Isocrates（*Panegyricus*, 40）声称凶杀审判十分古老。

的制度与荷马史诗所描述的制度基本相同：民事纠纷的自愿仲裁，对凶杀行为以及其他伤害人身和财产行为的自救，以及对危害公共利益犯罪的集体防御。

正如前述，在皮奥夏地区，由自愿仲裁向强制仲裁的转变过程似乎是伴随着由英雄时代的君主政体向某种形式的贵族政体的转变而发生的。[28] 同样的情况也发生在阿提卡，我们可以从亚里士多德对早期希腊历史的重构中看到这一点。那时，执政官所发的保持清廉的誓言[29]仍然一如既往，就像在阿卡斯托斯（Acastus）时代执政官们刚刚从国王手里夺得权力时一模一样。执政官们每年所做的保障人民财产权利的承诺[30]至少在公元前683年到公元前682年就开始了，即执政官年度推选制度确立的那一年。[31] 而且，它很可能和执政官们的誓言一样古老。那些先是限制国王权力、继而又废除国王的贵族们显然希望能够得到人民的支持。统治者精心雕琢他们所作的关于君子政府和保障财产权的承诺，也只不过是为了安抚人民中间可能存在的对新政府的不满。同时，对财产权的保障也是组织良好的社会的基石之一。但是，我们很难想象会有政府去保护那些试图推翻它的人的财产和人身权利。因而，执政官们真正想表达的也许是：任何人都不能被无缘由地剥夺财产权利。按照我们现在的说法，就是“非经正当法律程序”。如此一来，我们就不难想象政府会采取措施向代表国家主权的实体起诉那些试图推翻政府的人。实际上，这就相当于要求创立某种形式的由古老的贵族议事会“亚略巴古议事会”（Areopagus）主持的公共审判。[32] 同样，要保障财产权免遭那些如赫西奥德[33]所说的“故意制造事端以图占有他人财产”的人的侵犯，官方的干预就是必需的。让我们来看一个简单的例子——边界纠纷。[34] 一个被邻居侵占地盘的人，如果没有办

---

〔28〕 Cf. *supra*, pp. 44 ff.

〔29〕 Aristotle *Ath. Pol.* iii. 3. *Op. cit.*, vii. 1. *Op. cit.*, lv. 5.

〔30〕 *Op. cit.*, lvi. 2. 关于执政官的早期司法职能，参见：Busolt - Swoboda, *op. cit.*, II, 787 - 88.

〔31〕 Busolt, *op. cit.*, II, 135; Meyer, *Gesch. Des Altertums*, II, sec. 228; Busolt - Swoboda, *op. cit.*, II, 786.

〔32〕 Cf. *infra*, p. 169.

〔33〕 *Works and Days*, 33 f.

〔34〕 *Il.* xii. 421 ff.

法通过温和的方式获得救济，就必须有权利将问题提交给执政官，以寻求救济。执政官当然不能偏听偏信，只凭一方的言辞便作出判断。唯一的选择只能是要求双方都前来说明理由。由此导致的结果便是法律程序和判决。如果判决没有被遵守，仍然还得由官方出面来保障判决的执行。当然，当官员的行政和司法职能还没有具体区分开来，当成文法还不存在的时候，这些法律程序毫无疑问都是非正式的。

另外一个可以证明雅典法律程序十分古老的证据就是在希腊语中将诉讼费称为 *πρυτανεῖα*。利普西斯认为这表明它和曾经位于古希腊城市公共会堂（Prytaneum）的一个古老的法庭有紧密联系，尽管对于这个法庭我们现在已经无法鉴别。[35] 但是，我们也完全可以对这个法庭做比利普西斯更深入的研究。

曾经位于古希腊城市公共会堂的凶杀法庭（homicide court），由国王和部落首领组成，在历史上只不过是一个纯粹的仪式性的法庭。至少在德拉古时期，它已经开始运作，德拉古曾在其关于凶杀的法律当中规定对致人死亡的动物以及其他无生命物体的审判。[36] 由于德拉古的法律肯定是对更古老的实践的一种认可，因而，我们可以合理地断定这个法庭存在的时间肯定十分久远。但是，如果我们这样就想当然地认为这一法庭最初成立的初衷只是为了纯粹的仪式上的目的，就未免显得过于武断。因为，它很显然是更古老的一个权力很大的法庭的残留。它很可能可以一直追溯到爱奥尼亚式（Ionic）部落的成立时期。在地位上，部落首领们很可能会高于荷马时期的依附于雅典国王的元老院。他们同国王的合作也不可能像曾位于古希腊城市公共会堂的法庭那样只局限于宗教和仪式事务。他们很可能在相当大的程度上分享着司法权力。古希腊的城市公共会堂一直是雅典最高

---

〔35〕 Lipsius, *Das Attische Recht*, p. 25; Keil（*Die Solonische Verfassung*, pp. 108 ff.）认为它就是梭伦赦免法当中提到的位于古希腊城市公共会堂的那个法庭，他认为该法庭负责审判那些被控试图推行僭主统治的人。但是，他是错误的。赦免法当中提到的法庭只审理凶杀案件。僭主们由亚略巴古议事会负责审判。Cf. *infra* pp. 104 ff.

〔36〕 鲍萨尼阿斯（Pausanias）（vi. 11. 6）在描述赛西人（Thasians）针对一尊跌落并砸死人的塑像所采取的行动时，记述说赛西人追随的是德拉古的做法，德拉古在他的凶杀法律当中规定，如果一个无生命物体导致了人类的死亡，那么，这个无生命物体应被扔到国界之外。Cf. Treston, Poine, pp. 91, 197 ff., 246 ff. 关于部落首领的早期历史，参见：Busolt – Swoboda, op. cit., II, 792.

官员的办公场所。[37] 当自愿的仲裁为强制的法律程序所代替时，当政府开始为居民提供司法服务时，居于城市公共会堂的国王和部落首领们很自然地会参与其中。他们因此所获得的报酬被委婉地称为“礼物”。它们属于荷马时期社群或者个人给予国王的贡品的一种。[38] 是不是这些贡品都要被冠以“城市公共会堂的”名义，我们并不十分清楚。不过，最可能的是这一术语只适用于诉讼费，因为诉讼费是个人给予城市公共会堂法官的最常见的“礼物”，即使不是唯一的礼物。最初的时候，礼物通常是以食物的形式。当时，克拉克瑞沓（Kolakretae）是管理它们并为官员和国宾准备食物的专门官员。天然的联系很可能会使我们联想到这样一个事实：在公元前5世纪，克拉克瑞沓用来支付审判官员酬金的资金就有相当一部分来自于法庭的诉讼费用。[39] 在此讨论国家介入凶杀案件的动机并不是很合适，当下义我们讨论凶杀法庭的时候一起讨论国家介入的动机会更方便。[40] 但是，有一点是明显的，那就是：亚里士多德时代城市公共会堂的国王和部落首领们的职能代表了文明社会的官员们试图以更积极的介入来调和对社会具有极大危害性的复仇斗争以及防止凶杀玷污社会的最初努力。当胞族的一名成员被杀戮之后，在某些情况下他的近亲会很自然地寻求同胞族的人的建议和帮助。[41] 在德拉古关于凶杀的法律当中，我们可以发现胞族积极参与有其成员被害的凶杀案件的证据。德拉古的法律规定如果一名在逃的杀人犯应当得到被害人亲属的原谅，但是被害人却没有在世亲属的，那么，胞族的成员有权利给予宽恕。同样，胞族的成员也被允许参与对杀人犯的起诉。[42] 有观点认为当凶杀涉及不同部落的成员时，部落首领们也可

---

〔37〕 Aristotle *Ath. Pol.* iii. 5; Thucydides ii. 15.

〔38〕 Schāll, *Hermes*, VI, 23，发展完善了一项建议，该建议由博艾可（Boeckh）最初在他1817年版的 *Staatschaushaltung der Athener*（I，216）中提出，福罗克尔（Fronkel, I, 216）在第3版中也重复了这一建议。将在城市公共会堂的这些法官等同于纳奥克执行委员会的观点是无法被接受的（Meyer, *op. cit.*, sec. 225, A）。关于克拉克瑞沓（Kolakretae）的早期职能，参见：*ibid.*, sec. 209. 关于其后来的历史，参见：Boeckh, *op. cit.* I, 216. 关于 πρυτανεῖα 的含义，参见：Busolt – Swoboda, op. cit., II, 788, n. 1.

〔39〕 Aristophanes *Wasps*, 695, with Starkie's note.

〔40〕 Cf. *infra*, p. 103.

〔41〕 Cf. De Santics, *op. cit.*, pp. 49 f.

〔42〕 Cf. *CIA* i. 61. 21 ff.

能参与进去。[43] 很自然地，在这种情况下国王会成为委员会的当然主席。所有这一切都说明了那个由国王和部落首领们在亚略巴古议事会主持最初的凶杀审判的时代。

普鲁塔克在其对阿提卡统一的描述当中也谈到了一些司法规定。按照这些规定，贵族们变成了司法人员，国王则被赋予了保护人民利益和监护法律的职责。[44] 这些条款和后来的雅典制度具有惊人的类似。关于监护法律的条款始终存在，无论承担监护法律职责的是亚略巴古议事会、诺姆菲拉克斯（Nomophylakes），还是诺姆塞沓（Nomothetae）。在成文法诞生之前，实现对法律的监护的最容易的途径就是非正式地听取民众对不公正判决的控诉。但是，一名由贵族拥立的国王很少会为了百姓的利益而冒着被贵族疏远的危险来纠正贵族们作出的判决。

政治权力向首都雅典的集中以及雅典人口的大规模增长很可能最终加速了某些法律程序的发展。如果我们从执政官的年度宣言中得出的推论是正确的，并且位于城市公共会堂的法庭的发展脉络也的确如我们所言，那么，认为雅典法律程序发育极早的传统看法就基本上是可信的。至少在年度执政官制度的创立时期（公元前 683 年 - 公元前 682 年），甚至在国王和贵族之间还在就建立一个由执政官代替国王行使权力的政府的问题上进行初期斗争的时候，雅典的法律程序就已经开始发展了。[45]

---

〔43〕 Cary in *CAH*, III, 584; cf. Treston, *op. cit.*, p. 91.

〔44〕 Plutarch *Theseus*, xxiv and xxv.

〔45〕 Busolt - Swoboda, *op. cit.*, II, 789.

第三章　立法者

在早期希腊贵族统治时期，还不存在成文法，官员们均依靠非成文的惯例法来审理案件、解决纠纷。但是，由于非成文惯例法在解释和执行上存在不确定性，很容易被有意地曲解以适应统治阶级、也就是赫西奥德所说的贪图贿赂的贵族们的利益。[1]因而，普通的老百姓对此颇有怨言，他们迫切要求以具有普遍适用性的成文法律来代替在很多时候模棱两可的惯例法。成文法的出现也许是民众在每个案件中不断施加压力的结果，也许是贵族们预感到了即将来临的危险从而主动进行改革的结果，但这些都已经不重要了。重要的是，到公元前7世纪，成文法在古希腊诞生了。[2]当时的人们对成文法的必要性以及成文法的实施所带给社会的影响众说纷纭，一方以赫西奥德为代表，他来自社会的下层，并且曾遭受过司法不公；另一方则以阿尔凯奥斯（Alcaeus）和西奥格尼斯（Theognis）为代表，他们是在新的法律制度下特权受损的贵族。西奥格尼斯的看法很好地代表了贵族们对普通民众在这场法律变革中所获得的利益和权利的态度。他认为，一个将贵族的权力予以剥夺并将其转交给民众的城市是没有希望的：

> 我们的城邦仍然保有原来的模样，
> 但是我们的人民却已经不再依旧。
> 他们曾兽皮裹身穿着粗鲁，
> 他们也从不劳神费力思考法律。
> 想过往，他们像牛群涌进牛圈一样涌进这个城市，

---

〔1〕 *Works and Days*, 38 f.

〔2〕 在古希腊的司法发展中，法典的编纂是如此重要的一步，因而，要更好的理解德拉古的工作，就必须首先对立法者们的工作予以讨论，立法者们的工作反映了德拉古时代古希腊其他地区的情况。关于立法者们在刑法发展方面的贡献，可参见：Calhoun, *Criminal Law*, pp. 107 ff.

而今天，在新的权利规则下，他们却成了聪明和勇敢的人，
    而我们，这些其余的人，
(我们曾是最好的，但在今天，我们的境况和他们相比只不
    过是徒有虚名)，
却被贬低、被退化，成了胆怯而又低下的人！
这幅图景，谁忍心去看？
他们举止粗鲁，笑声肆意，
时常冷嘲热讽、肆意吹捧并诱惑欺骗！
在他们的言行中，你找不到对与错，
也找不到真理和荣耀！[3]

西奥格尼斯的抱怨其实是有个人原因的，因为他的财产曾被没收。[4]欧里庇得斯的观点典型地代表了公元前5世纪的人们对成文法的看法：

世界上没有事情比暴君掌控下的国家更悲惨，
在他的掌控下，首先，普遍适用的法律是天方夜谭，
只有一条规则，并且还在他私人的魔掌之下，
那就是这条法律：这就是平等和正义，无需多言。
但是法律一旦成文，那么，弱者
和权贵都将获得相似的平等。
是啊，即使弱者也可以起诉别人的嘲讽，
来自富人的嘲讽，只要他遭受了辱骂；
而且，在权利的帮助下，弱绝对可以胜强。[5]

在从单纯的历史角度出发来研究这一事件的现代作者当中，梅因认为成文法是一种防止惯例法在不断的适用中走向退化和腐败的手段。而波洛克（Pollock）则认为，成文法在某些历史时刻实质上阻碍了法律的正常发

---

〔3〕 53 ff. （Frere's translation）. Cf. Alcaeus, *Frag.* 59（Hiller - Crusius）.
〔4〕 Cf. 1197 ff.
〔5〕 *Supplices*, 429 ff. （Way's translation）.

展，他引用的一个比较典型的例子就是古罗马的十二铜表法（the Roman Twelve Tables），他认为十二铜表法“在很大程度上使一套古老的形式主义的程序得以固化”。[6]

成文法首先在殖民地而不是在希腊大陆出现并不是偶然的。殖民者们，远离了家乡保守主义的束缚，自然更激进和更愿意进行政治和社会改革。更重要的是，殖民地的不同社会地理环境也使对母国的法律进行修正和增补成为必要。在现代具有自治权的殖民地当中，澳大利亚和新西兰就是很好的进行政治和社会革新的例子，这两个国家都在民主方面作出了重大贡献。[7] 在古希腊的殖民地，制定成文法律有时也是必需的，因为殖民者往往来自不同的城市，有着不同的惯例法。[8] 因此，没有任何一套惯例法可以得到全体居民的一致认可。

有趣的是，成文法首先是在西方的殖民地，而不是在东方的殖民地出现的，无论是在与希腊的距离上还是在航程的险恶程度上，西方的殖民地都远超东方的殖民地。西方的殖民地居住着爱奥尼亚人（Ionians）、多里安人（Dorians）和亚该亚人。他们都有自己的立法者：亚该亚洛克里斯的扎莱约库斯（Zaleucus in Achaean Locris），[9]爱奥尼亚卡塔纳的卡隆达斯（Charondas in Ionian Catana），以及多里安锡拉库扎的狄奥克莱斯（Diocles

---

〔6〕 Maine, *Ancient Law*, with notes by Pollock, pp. 16 and 25.

〔7〕 Cf. Bryce, *Modern Democracies*, II, 166 and 329.

〔8〕 有时立法者也会被委托制定宪法。Cf. *infra*, p. 134.

〔9〕 亚里士多德（*Pol.* 1274a. 25）认为洛克里斯人（Locrian）的立法者是奥诺玛克利托斯（Onomacritus），他被一些人错误地当作（信息可能来源于埃福罗斯；Cf. Newman, *The Politics of Aristotle*, II, 377）第一名立法者。实际上，他可能是佩西斯特拉托斯时代的神谕传播者。Cf. Newman, *op. cit.*, II, 379.

in Dorian Syracuse)。[10]卡隆达斯的法律还被意大利和西西里（Sicily）的爱奥尼亚人的城市所采用，亚里士多德就曾特别提到这一点。[11] 这些城市包括西西里的纳克思（Naxos）、赞科莱（Zancle）、迈利（Mylae）、希米拉（Himera）以及意大利的里奇乌姆（Rhegium），此外，希米（Cyme）也很可能包括在内。扎莱约库斯的法律也曾被希巴利斯（Sybaris）所采用，狄奥克莱斯的法律也在其他的西西里城市被采用。卡隆达斯的法律被爱奥尼亚人的殖民地所采用的事实说明，扎莱约库斯的法律也很可能被亚该亚人在西方的其他殖民地所采用，狄奥克莱斯的法律也同样可能被多里安人的殖民地所采用。此外，按照狄奥多洛斯（Diodorus）的说法，混合殖民地图里（Thurii）（建立于公元前443年）所采用的也是卡隆达斯的法律。但另有一些权威说法认为图里采用的是扎莱约库斯的法律。不过，由于图里的邻近殖民地希巴利斯所采用的是扎莱约库斯的法律，因而，似乎后一种说法更有可能是正确的。[12]

产生于西方的一些法律在后来都成功地扩展到了东部的希腊本土（Hellas）。卡隆达斯的法典甚至被引进到了科斯岛（Cos）[13] 和卡帕多西亚（Cappadocia）[14] 的马扎卡城（Mazaka）。斯阿塞（Thrace）的哈尔斯基人（Chalcidians）据说还曾经从也是由哈尔斯基人居住的里奇乌姆征召安德如达玛斯（Androdamas）来帮助他们制定法律。安德如达玛斯很可能

〔10〕 Diodorus xii. 19; xiii. 35. 关于立法者们的生平资料，Cf. Meyer, *Geschichte des Altertums*, II, 566 ff. Cf. also articles "Charondas," "Diokles," "Lykurgos," "Drakon," in Pauly – Wissowa; Busolt – Swoboda, *Staatskunde*, pp. 369 ff. For Zaleucus and Charondas, cf. Mŭhl, "Die Gesetze des Zaleukos und Charondas," *Klio*, XXII, pp. 105 ff., 432 ff.; Adcock, "Literary Tradition and Early Greek Codemakers," *Cambridge Historical Journal*, II, No. 2, 95 ff. 扎莱约库斯和卡隆达斯的法律通常被认为是最古老的希腊法律。它们应当制定于公元前7世纪中期之前。同样属于公元前7世纪的还有安德如达玛斯、菲劳伦斯、菲登和德拉古（传统看法为公元前621年）。庇塔库斯和梭伦属于公元前6世纪早期。关于对狄奥克莱斯立法日期的争议，参见：Freeman, *History of Sicily*, III, 722 ff. 根据狄奥多洛斯的说法，后来的斯拉尤散人（Syracusan）的立法者只不过是狄奥克莱斯立法的解释者而已，因为狄奥克莱斯立法是用古代方言写成的。

〔11〕 *Pol.* 1274a. 23 ff.; cf. Heracl. Pont. *de reb. pub.* 25. 4.

〔12〕 Diodorus xii. 11; Athenaeus xi. 508a.; Suidas *s. v.* Zaleucus. 关于该问题的详细讨论，cf. Busolt, *Geschichte*, III, 534, n. 1.

〔13〕 Herondas 2. 46 ff.

〔14〕 Strabo xii. 2. 9.

把在本邦实施的法律，即卡隆达斯的法律，引了进来。值得注意的是，在历史上，安德如达玛斯的名字是和凶杀法律联结在一起的，尽管在卡隆达斯的法典当中并没有提及这一点。[15] 其他的位于小亚细亚和诸多海岛的城市都产生了它们自己的立法者。米蒂利尼（Mytilene）的庇塔库斯（Pittacus）为它的母邦创制了法律，[16] 现今也有一些证据表明阿里斯蒂德斯（Aristides）为塞欧斯（Ceos）创制了法律。[17] 今天，最为我们所熟知的法律来自于克利特岛的格尔蒂（Gortyn），[18] 但这位伟大立法者的名字——如果这部法律的大部分都是由一人完成的话——并不为我们所知。

位于希腊本土的许多城市都有它们自己的立法者。斯巴达（Sparta）法律制度的创制在很大程度上归功于莱克格斯（Lycurgus），但遗憾的是斯巴达的法律并没有形诸文字。[19] 现在人们普遍认为雅典的第一部法律诞生于德拉古之手。[20] 科林斯（Corinth）的菲劳伦斯（Philolaus）为底比斯人（Thebans）制定了法律，[21] 而科林斯人（Corinthians）自己的法律则是由

---

〔15〕 Aristotle *Pol.* 1274b. 23 ff.

〔16〕 *Ibid.*, 1274b. 18; cf. Plutarch *Sept. Sap. Conv.*, 13; Alcaeus, frag. 42.

〔17〕 Heracl. Pont., 9.

〔18〕 Collitz - Bechtel, SGDI, 4991; Comparetti, *Monumenti Antichi*, III, 93 ff.; Dareste, Haussoullier, Reinach, *Recueil des inscriptions juridiques grecques*, I, 352 ff.; Michel, *Recueil d' inscriptions grecques*, 1333; Solmsen, *Inscriptiones Graecae ad inlustrandos dialectos selectae*, 30; Kohler and Ziebarth, *Das Stadtrecht von Gortyn*; Buck, *Greek Dialects*, pp. 261 ff.; Gertrude Smith, *The Administration of Justice from Hesiod to Solon*, pp. 32 ff.

格尔蒂法典主要属于公元前5世纪。但是，其中的一些片段则可以追溯到公元前7世纪。而且，克利特，像斯巴达一样，只是一种有限发展。即使在埃福罗斯和亚里士多德时代，城邦的政治和社会结构也仍然还充满着大量古代残余。格尔蒂法典看起来似乎只是对更早时期的法典的修改和添加。因而，从发展的观点来看，将其与公元前7世纪和公元前6世纪的法律制度进行比较是合理的。值得注意的是，该部法典也没有提到凶杀。也许法典的其他部分，并非现存的这一部分，会对凶杀问题有规定。或者，也可能，对凶杀当时仍然奉行自助行为，国家对这一领域尚未取得控制。关于早期法典当中有关凶杀赔偿的规定，参见：*infra*, p. 79. Cf. Wyse, in Whibley, *Companion to Greek Studies*, p. 379.

〔19〕 关于与莱克格斯有关的各种理论，Cf. Ehrenberg, Neugrŭnder des Staates, pp. 7 ff.

〔20〕 古代作者认为诉讼是由雅典人发明的（Aelian *V. H.* iii. 38; cf. Lipsius, *Das Attische Recht*, p. 1, and *supra*, p. 61）。但是，这并不意味着他们是最早拥有成文法律的希腊人。根据Strabo, vi. 1. 8，西洛克里斯人是最早制定成文法律的希腊人。Cf. Scymnus of Chios, 312 ff.

〔21〕 Aristotle *Pol.* 1274b. 2.

菲登（*Pheidon*）制定的。[22] 关于美嘎拉（Megara）的具体情况我们并不熟悉，但是根据西奥格尼斯的叙述，[23] 我们可以断定美嘎拉在当时已经存在某种形式的民主政体，并且正是在这一民主政体期间美嘎拉人民拥有了第一部成文的法律，尽管立法者的名字我们尚不知晓。

立法者们的出身各种各样，来自于各个社会阶层，但是绝大多数立法者都出身于社会的中间阶层。很自然地，贵族们都反对编纂法律，因为这将导致他们丧失许多特权。亚里士多德认为最好的立法者来自中间阶层。为了证明他的这一观点，他还举出了许多具体的例子，比如梭伦、莱克格斯和卡隆达斯。[24] 关于扎莱约库斯的出身存在互相矛盾的说法。根据一种说法，他所制定的法律是由雅典娜托梦给他的，当时他还只是一个贫穷的牧羊人。[25] 但是在狄奥多洛斯的描述当中，他则被描述成为ἀνὴρ εὐγενὴ καὶ κατὰ παιδείαν τεθαυμασμένος。[26] 庇塔库斯本人并非出自贵族之家，但是他的妻子却是僭主潘特黑鲁斯（Penthilus）的女儿。

在一些情况下，立法的重任往往会被委托给一位经过特别筛选的公民。偶尔，他还会被同时授予较高的官职。所以，在公元前621年的雅典，也就是当德拉古被委派在总体上进行立法的时候，他也成为当时的特别执政官。同样，当梭伦在被选定负责进行修改法律和宪制的时候，也被任命为执政官。[27]庇塔库斯也是一个极好的例子，他的经历生动地说明了一位非凡的裁判官员是如何被委托制定法律的。他被任命为城邦的最高统治者，为期10年，以图恢复城邦的和平。不过，就总体而言，我们并不知道其他的立法者在这方面的具体信息，他们是在何种情况下被授予官职的，以及他们被授予的具体职位，我们都不得而知。此外，我们也很难想象那些被

---

〔22〕 *Ibid.*, 1265b. 12 ff.

〔23〕 289 ff. Cf. 53 ff., quoted *supra*, p. 67.

〔24〕 *Pol.* 1296a. 18 ff.; cf. *Ath. Pol.*, v; Plutarch *Solon*, I, xiv, and xvi; *Lycurgus*, iii; *Cleom.*, x.

〔25〕 Scholiast, Pindar *Olymp.* 10. 17.

〔26〕 xii. 20.

〔27〕 Cf. F. D. Smith, *Athenian Political Commissions*, pp. 13 f., 从这两位立法者的身上看到了代理原则的端倪。

延请来帮助立法的外国人会被授予任何政治权威。[28]

最早时期的法律都在总体上被认为是来源于神。[29]例如，克利特人的法律被认为来源于宙斯，因为迈诺斯和拉达曼提斯（Rhadamanthus）是直接从宙斯那儿获得的启示。[30]西洛克里斯人的法律据说也来源于雅典娜，[31]在扎莱约库斯被委托制定法律之后，她托梦给了扎莱约库斯。

也有许多传说表明，立法者们在制定法律的时候，曾经广泛游历各国，研习参考它们的具体制度，无论是不成文的惯例还是成文的法律。例如，根据埃福罗斯（Ephorus）的说法，扎莱约库斯就曾经借鉴来自于克利特人、斯巴达人（Spartan）以及雅典人的法律。[32]按照普鲁塔克的说法，[33]莱克格斯也曾经悉心研习克利特岛、爱奥尼亚和埃及的法律制度，并且，也很可能还研习过利比亚（Libya）、伊比里亚（Iberia）和印度的制度。希罗多德（Herodotus）声称斯巴达的制度来自于克利特岛。[34]在开始他的

---

〔28〕比如，安德如达玛斯，他来自里奇乌姆，但是却负责为斯阿塞的哈尔斯基人制定法律。

〔29〕当时似乎总是存在这样一种感觉，那就是认为总会有人得到神启来制定法律。参见 *Crito*，50a. ff 中著名的法律化身。

〔30〕Plato *Laws*, 624. Beloch（*Griechische Geschichte*, I, 1, 350）认为所有这些早期法典都可以被归之于神灵，甚至德拉古的也不例外。因此，克利特人把他们的法律归诸迈诺斯；当他从神还原为英雄之后，人们又传说他的法律来自于宙斯。古代斯巴达人（Lacedaemonians）认为他们的法律来自于光神的启示。提尔泰奥斯（Tyrtaeus）认为他们的法律来自特尔斐（Delphi）。这是因为在莱克格斯被还原为英雄之后散布在人们中间的一个传说，该传说认为他的法律来自于特尔斐的神谕。同样，扎莱约库斯被视为"Hellstrahlende"，卡隆达斯被视为"Hellāugige"，两个都是太阳神。锡拉库扎的狄奥克莱斯本身即是神灵，因为他在锡拉库扎有享庙，在底比斯也被当作英雄来崇拜。菲劳伦斯也是神话中的人物。雅典最古老的法律被归于蛇神德拉古，他在雅典卫城以埃瑞克修斯和刻克洛普斯（Cecrops）的名义享受崇拜，并且被认为是国家的创始人。参见 Mŭhl（*op. cit.*, pp. 107 f.）对 Beloch 的批评。

〔31〕Scholiast, Pindar *Olymp.* 10. 17. Cf. Plutarch, *De se ips. laud.*, 11.

〔32〕Strabo, vi. 1. 8. 梅耶（Meyer）认为在这一点上，埃福罗斯是错误的。但，吉尔伯特（Gilbert, Beitrāge, pp. 478 f.）争辩说埃福罗斯的论断是正确的，因为在克利特法律和洛克里斯人的法律以及雅典法律和洛克里斯人的法律中都可以发现同样的条款。但是，如果这种推理模式是正确的，那么，所有的早期法律都可以被认为是互相关联的，因为类似的条款在它们中间大量存在。

〔33〕Lycurgus, iv.

〔34〕i. 65 ff.

立法之前，卡隆达斯也曾经研习各城邦的法律，并最终择其善者而从之。[35]

早期的法律毫无疑问是建立在传统习惯法之上的。[36] 早期法律对传统习惯法的这种继承和依赖关系，在程序法方面尤为明显。比如，就关于凶杀的法律而言，当时肯定存在一种遵循现实惯例的倾向，因为它往往是和宗教仪式联结在一起的。宗教的保守性将阻碍革新的产生。德拉古在其关于凶杀的法律当中遵循了当时的惯例，这一点是十分明确的。[37] 很可能适用于希米地区的关于凶杀案件的程序，即带有誓言帮手的证据性誓言（the evidentiary oath with oath helpers），[38] 就只不过是传统习惯法的一种记录，立法者们所做的只不过是掌握了这一惯例并将其引入了法典。我们在凶杀案件当中所见的这种遵循和使用传统程序的做法也极有可能扩展到其他类型的案件当中。与传统习惯法背道而驰的做法极其少见。但是，在另一方面，也有证据表明，早期的立法并不仅仅是传统习惯法的不折不扣的记录。立法者们在总体上被认为是受"神启"的这一特点也暗示着他们的法律肯定有别于传统的习惯法。此外，包括新的社会和政治形势在内的新情况也要求新的法律来与其相适应。因此，据说卡隆达斯就曾经发明过许多新的

---

〔35〕与这些传说类似的是罗马十执政官立法时期罗马向雅典派出的所谓的大使。当今，主流观点长久以来已经认为历史上根本就不存在这名大使。但，另一方面，西塞罗（Cicero）曾提到罗马十执政官采用过梭伦的一项立法（*De leg.* 2. 25. 64："Quam legem（Solonis）eisdem prope verbis nostril decemviri in decimam tabulam coniecerunt." Cf. 2. 23. 59）。其他的一些古代作者则接受关于罗马大使的传说，例如：Dionys. Hal. *Antiq. Rom.* x. 51 ff.；Livy iii. 31。Hofman（*Beitrāge zur Geschichte des griechischen und rōmischen rechts*, pp. 1ff.）令人信服地证明了希腊对十二铜表法的影响，他的观点也为皮奥切特（Beauchet）所接受（*Histoire du droit privé des Athéniens*, I, xxiii.）。Cf. Jefferson Elmore, "The Purpose of the Decemviral Legislation," *Class. Philol.*, XVII, 138.

〔36〕有时，也有一些书面材料可供立法者利用。例如，司法执政官的工作很可能就为德拉古提供了一些书面材料来作为其立法工作的基础。司法执政官的工作通过司法决定的形式在一定程度上得以保留。Cf. *Infra*, p. 85.

〔37〕Cf. *infra*, p. 111.

〔38〕Cf. *infra*, p. 79. Cf. Gertrude Smith, *Administration of Justice from Hesiod to Solon*, pp. 79 f.

法律规定。[39]

希腊人之所以不愿意更改、甚至批评他们自己的法律很可能与他们所持有的一种普遍信念有关，即他们认为法律来源于神。无论如何，在许多法典当中都存在一些特殊条款，使法律的更改变得极为艰难。在洛克里斯地区，存在这样一条规定，如果任何人想引进新的法律或者变更旧法，他必须脖子上带着绞索在千人大会（the Council of One Thousand）上进行争辩。如果千人大会投票反对这一变更，他将被当场绞死。[40] 在200年的历史当中，只有一条法律通过这种方式得到了变更。[41] 狄奥多洛斯认为在卡隆达斯的法律当中也存在着类似的条款。[42] 他说在图里只有3条法律以此种方式得到了变更。在雅典人当中，也存在着同样的不愿意更易法律的倾向，从公元前4世纪的关于法律修改和更替的繁琐的程序当中，我们可以清楚地看到这一点。[43] 变更法律是否为明智之举，当时的法理学家和政治学者曾经进行过热烈的辩论。毕达哥拉斯（Pythagoreans）认为遵循古制方为更加明智之举。[44] 在希罗多德所记载的那场著名的政治大辩论当中，僭主反对者们对僭主的指控之一就是僭主们变更祖制。[45] 因而，克里昂（Cleon），以及修昔底斯等演说者们，都认为还是保存法律不被变更为好。[46] 演说者们认为起源的久远和未被更易这一事实本身就是法律的优点。[47] 不过，当时的法学家们也的确赞成在某些特殊情况下应该修改法律。亚里士多德反对长时期不对法律进行损益。但是，他也承认如果变更旧法所能带来的利益极其微小的话，那么，还是保持原有的法律不被变更为好。频繁的法律变更会助长人们对法律的轻视，并导致不服从行为的

---

〔39〕 Diodorus xii. 11. 根据亚里士多德（*Pol.* 1325a），立法者有责任检讨他的国家和人民所处的状态，以及同邻国的关系，以更好地通过法律来满足人民的需要。

〔40〕 Demosthenes xxiv. 139; Polybius xii. 16; Stobaeus *Flor.* 44. 21.

〔41〕 Demosthenes xxiv. 139 ff.

〔42〕 xii. 17.

〔43〕 关于涉及的程序，cf. Gilbert, *Constitutional Antiquities*, pp. 301 ff.

〔44〕 Aristox. *Frag.* 19; Mŭller, *Fr. Hist. Gr.*, II, 278.

〔45〕 iii. 80.

〔46〕 iii. 37. 3; i. 71. 3.

〔47〕 Antiphon v. 14; vi. 2.

发生。[48]

"书写"的发明和传播使立法者们的工作成为可能。[49] 法律被定期记载在一些公共建筑的墙壁上，或者在公共场所树立的独立的石柱上。现存的德拉古法典的片段来自于公元前5世纪，但是，在更早的时期，德拉古的法律，像梭伦的一样，是刻在被称为*κύρβεις*或*ἄξονες*的木柱或者青铜柱上的。按照后来的希腊学者的描述，*κύρβεις*是三角形的，而*ἄξονες*则是四角形的。前者记述的是宗教法律，后者记述的则是平民的法律。[50] 但是，从更早期的作者那儿我们可以看到，这两者之间并无区别，它们的名字也可以互换使用，*κύρβεις*用来指代它们的形状，而*ἄξονες*则用来说明它们可以翻转。[51] 外斯（Weiss）认为当时的法律是刻在柱廊的石头上的，但是这些法律的原本则是刻在木头上并储藏在城市公共会堂之内的。[52] 除德拉古之外的，其他的一些古老的法律也是刻在石头之上的。亚略巴古议事会的法律被高高地立起，因而，当法庭开庭审案的时候，法律便近在眼前、一望即知。格尔蒂的法律也是通过原始的石刻为我们所认识的。这些较早时期的原始石刻很可能是阿波罗神庙墙壁的一部分，因为它们是在神庙的废墟中被发现的。而到更晚的时候，法律则被普遍认为是刻在一种特殊类型的法庭的内壁上的。[53] 除了石质和木质的版本以外，很可能还存在其他形式的版本。一份关于卡隆达斯法律的演唱记载，[54] 以及另一份关于马扎卡（卡隆达斯的法律被引进到了马扎卡[55]）的*νομῳδός*的记载，都说明在许多城邦都有关于定期教习法律的条款，以达到使臣民熟悉法律的目的。[56] *νομῳδῶς*似乎还像雅典的*ἐξηγητός*那样，对法律进行了进一步的

---

〔48〕 *Pol.* 1268b ff. Cf. Plato, *Laws*, 634; *Polit.*, 295e ff.

〔49〕 Maine, *op. cit.*, pp. 12 f.

〔50〕 *Etymologicum magnum* and Suidas under *κύρβεις*. Cf. Sondhaus, *De Solonis Legibus*, p. 4, with diagram.

〔51〕 Aristotle *Ath. Pol.*, vii; Plutarch *Solon*, xxv.

〔52〕 Egon Weiss, *Griechisches Privatrecht*, I, 34 ff. Cf. Gilbert, *op. cit.*, pp. 140 ff.

〔53〕 Cf. Wyse, in Whibley, *Companion to Greek Studies*, p. 466.

〔54〕 Athenaeus 14. 619b.

〔55〕 Strabo xii. 2. 9.

〔56〕 弗里曼（Freeman, *op. cit.*, II, 60）认为法律经常以韵文的形式出现，这样它们更容易记忆。

解释。

整体而言，我们所能从这些法典当中所获得的关于司法的信息是非常微薄的。不过，现存的这些片段表明，司法功能在当时被分配给了一般行政官员和特殊的司法官员，一般行政官员在助理的辅助下开展工作。在梭伦之前关于由多名法官组成的法庭的唯一记载存在于卡隆达斯的法典之中，[57]但是直到今天，对于这一法庭的具体组织和管辖范围我们仍然一无所知。存在于民主政体的群众集会和存在于寡头政体的参议会很明显地也在某种程度上参与到了刑事案件当中。例如，雅典的亚略巴古议事会就同时具有行政和司法的双重职能。现存的德拉古法典和格尔蒂法典这两部法典的片段几乎都是关于司法程序的记载，根据这一事实，我们可以在相当程度上断定，程序在这两部法典当中具有相当重要的地位，是强调的重点。亚里士多德就曾特别提到卡隆达斯法典当中所谓的ἐπίσκηψις，并把它和伪证相联系。[58] 根据波利比奥斯（Polybius），在奴隶被拐带的情况下，扎莱约库斯允许人们诉诸自助行为。[59]

这一时期非常值得注意的一点就是刑罚的固定化，因为这是该时期的新生事物。从此以后，刑罚就不再取决于法官们的恣意擅断。[60] 和后世的刑罚相比，这一时期立法者们所规定的刑罚还异常残酷。[61] 德拉古法典的残酷性已经是众所周知。狄马德斯（Demades）就曾说，德拉古的法律不是用墨水，而是用鲜血写成的。[62] 卡隆达斯法典规定的刑罚的残酷性也是无与伦比，我们可以从该法典关于携带武器进入集会的惩罚当中清楚地看到这一点。他本人触犯了这一法律，从而被迫自杀。[63] 同样的故事也发生在锡拉库扎的狄奥克莱斯身上，锡拉库扎的刑罚也同样以残酷著称。[64] 但是，另一方面，格尔蒂法典所规定的惩罚却通常是罚金。卡隆达斯也对各

---

〔57〕 Aristotle *Pol.* 1297a. 21 ff.

〔58〕 *Pol.* 1274b. 7.

〔59〕 xii. 16. Calhoun. *op. cit.*, p. 117，认为无论是扎莱约库斯还是卡隆达斯都没有对刑法的发展作出明显贡献。

〔60〕 Strabo vi. 1. 8.

〔61〕 Aristotle *Pol.* 1274b. 17.

〔62〕 Plutarch *Solon*, xvii.

〔63〕 Diodorus xii. 19.

〔64〕 Diodorus xiii. 33 and 35.

种不法行为使用罚金。他试图以罚金来迫使臣民们履行他们的陪审职责，并且，在这一方面，他对富人规定了比穷人更多的罚金。[65] 在海隆达斯（Herondas）的一出喜剧当中，就曾经提到卡隆达斯的法律对骚扰女奴的自由民的惩罚。[66] 自由民所应遭受的惩罚是他对女奴所造成的伤害的两倍。而对同样的不法行为，格尔蒂的法律所规定的惩罚仅仅是 5 个银币的罚金。[67] 在他的同一部喜剧当中，海隆达斯还曾提到一个罚款列表，其中即包括对伤害、侵入住宅以及纵火的惩罚：

ἢν θύρην δέ τις κόψῃ,
μνῆν τινέτω, φηέ· ἢν δὲ πὺξ ἀλοιήσῃ,
ἄλλην πάλι μνῆν, ἢν δὲ τὰ οἰκί᾽ ἐμπρήσῃ,
ἢ ὅρους ὑπερβῇ, χιλίας τὸ τίμημα
ἔνειμε, κῆν βλάψῃ τι, διπλόον τίνειν

这一规定很好地说明了卡隆达斯法律细致入微的特点，对此亚里士多德曾做过评论。[68] 惩罚通常是报复性的。例如，根据扎莱约库斯的法律，通奸者将被弄瞎双目。[69] 而卡隆达斯的法律则规定，逃亡者应身穿女人的衣服被放于集市中三天。好讼者也必须头戴怪柳（tamarisk）编成的帽子，公开示众。[70]

从现存的当时的法律片段来看，在当时，人们并没有打算按照调整对象来将法律分门别类。民事法律、刑事法律、宗教法律以及那些仅仅和人

---

〔65〕 Aristotle *Pol.* 1297a. 15 ff. Cf. Mühl, *op. cit.*, p. 115. 关于对未能参加会议的人的罚款惩罚，cf. Ath. Pol. iv. 3; xxx. 6. 一些现代国家也试图尝试通过强力手段来迫使人们履行公民义务，可参见阿根廷的强制投票制度（Bryce, *op. cit.*, I, 196）。

〔66〕 2. 46 ff.

〔67〕 2. 9.

〔68〕 *Pol.* 1274b. 7.

〔69〕 Aelian *V. H.* xiii. 24.

〔70〕 Diodorus xii. 12.

们的道德相关联的规则都被毫无区别地编排在一起。[71] 值得注意的是，在现存的法典残余之中，大多数法典都没有就凶杀问题作出相关规定。这种情况的出现也许只是一种偶然。但，另外的一个可能就是，在当时的许多地方，凶杀仍然被认为是个人恩怨，由受害者家属替他寻求报复，国家并不介入。不过，关于凶杀的相关规定没有在当时最完备的格尔蒂法典当中出现，却很可能是因为我们今天所看到的法典已经残缺不全，因为在比它更早的法典当中，已经有关于凶杀赔偿的规定。今天，我们唯一知悉的关于凶杀的规定来自于伟大的雅典立法者德拉古的法律。[72]

当时，有些立法者已经就婚姻问题制定了相关规定。安德如达玛斯就女性继承人问题进行了立法，格尔蒂法典当中也有类似的规定。在卡隆达斯的法律当中，有这样一条，女性继承人可以向与她亲属关系最近的男性主张婚姻权利。如果这位男性亲属不能与她结婚，他将被迫赔偿女性继承人500个银币作为嫁妆。后来，又对这条规定进行了修改，修改为男性亲属必须与她结婚。允许女性自由离婚和自由选择她喜欢的人进行同居的法律后来也进行了修改。[73] 在格尔蒂法典当中，还有各种各样的关于离婚妇女的社会地位和相关权利的规定。[74]

在保护儿童利益方面，当时的法律也进行了相当努力。虽然父母们仍然被允许遗弃婴儿，但是对于那些没有被遗弃的婴儿的权利，法律给予严

---

〔71〕 德摩斯提尼将法律分为两类：处理人们相互之间关系的法律和处理人们和国家之间关系的法律（xxiv. 192）。根据亚里士多德（*Pol.* 1267b. 22）的观点，希波丹姆（Hippodamus）将法律分为三类，对应着三类行为：侵犯人身、侵犯财产以及死亡。Maine（*op. cit.*，p. 13）认为十二铜表法的分类倾向也是由于古希腊的影响。

〔72〕 除了安德如达玛斯为斯阿塞的哈尔斯基人制定的法典以外，其他的任何立法者制定的法典都没有对凶杀问题作出规定。亚里士多德曾提到一项古老的希米法律，该法律对凶杀案件中的发誓问题作了规定（*Pol.* 1269a.）。意大利的希米是一个哈尔斯基人的城市，并且，根据亚里士多德的说法，所有的哈尔斯基人的城市采用的都是卡隆达斯的法律。因而，如果亚里士多德所说的是意大利的希米，而不是小亚细亚的希米（也是一个哈尔斯基人的城市），那么，这个法律很可能就是卡隆达斯法典的一部分，不管是直接的引用，还是根据希米的情况作了修改。如果这是真的，那么，安德如达玛斯关于凶杀的法律很可能也来源于此。

〔73〕 Diodorus xii. 18.

〔74〕 2. 45 ff.；3. 44 ff.；8. 20 ff.；11. 46 ff.

格的保障。卡隆达斯被认为非常重视家庭的价值，将其视为国家的基础。[75]将继母迎进家门的鳏夫在当时被禁止参加国家的议事会议。[76] 孤儿的财产由父亲一方的亲属代管，而孤儿本人则由母亲一方的亲属抚养。人们相信，父亲一方的亲属会竭尽小心地管理孤儿的财产，因为如果有任何不幸发生在孤儿身上，孤儿的财产将归他们所有。根据卡隆达斯法典的规定，国家所有的自由民的儿子的教育费用由国家承担。[77] 在格尔蒂法典当中，女性继承人的财产则由父方的叔伯和母方的舅舅共同管理。[78]

当时，还有许多关于公民人口数量的规定。菲登这位科林斯人制定的法律就对家庭的数量和公民的数量作出了限制性规定。[79] 在底比斯，相关的规定也被通过，用来保证家庭的数量不发生变化。[80]莱克格斯也制定了相关法律，限制家庭和家族的数量，但是，却显然并不限制公民的数量，因为斯巴达实行的是鼓励人口增长的法律。[81]

奴隶在国家生活当中的日益重要使得关于奴隶的立法成为必要。在殖民地地区，奴隶毫无疑问是一个非常重要的问题，因为，当地被征服的人都被迫沦入受奴役的状态。随着制造加工业的发展，希腊本土的宗主城市也被迫大量输入奴隶，因为，自由劳动者的数量已经远远不能满足制造加工业发展的需要。[82] 但是，关于具体的奴隶立法我们知之甚少。扎莱约库斯允许人们通过自助行为来恢复被盗取的奴隶，[83] 卡隆达斯和格尔蒂法典都为强奸女奴的行为规定了固定惩罚。[84] 这似乎表明奴隶在当时已经日益被认可为一种非常重要的财产，以至于不得不制定特定的法律来对其加以保护。自由民在当时也有被绑架并被当作奴隶出卖的危险，因而，当时的

---

〔75〕 Aristotle *Pol.* 1252b. 14.

〔76〕 Diodorus xii. 12. 1.

〔77〕 *Ibid.*, xii. 12. 4.

〔78〕 Gortyn code 12. 28 ff.

〔79〕 Aristotle *Pol.* 1265b. 12 ff.

〔80〕 Cf. Newman. *op. cit.*, II, 381. 他赞同海尔曼（Hermann, *Gr. Ant.*, III, sec. 65, 2），认为通过将收养合法化，菲劳伦斯实际上在底比斯引进了遗嘱制度。

〔81〕 Plutarch *Agis* v. 1; Aristotle *Pol.*, 1270b; Plato *Laws*, 740d.

〔82〕 Cf. Bury, *History of Greece*, p. 118.

〔83〕 Polybius xii. 16.

〔84〕 Herondas 2. 46 ff.

许多法典当中也包含相应的条款来处理这一问题。卖身为奴以偿还债务在当时为法律所认可，但是，对于卖身偿债的人，一旦他还清了所有债务，他作为自由民所应享有的权利和利益将立即恢复。被赎回的人如果无法偿还自己的赎金，也将被迫沦为奴隶。[85] 在雅典，卖身偿债这一罪恶的陋习最终被梭伦废除。[86]

当时，也已经存在少量关于财产的流转和处置的法律。在较早的时期，有一种明显的倾向，那就是试图将财产保留在既得利益阶级手中。因而，一项洛克里斯人（Locrian）的法律[87]禁止出卖私有财产，除非财产所有人能够证明他遭受到了足够巨大的不幸以至于使出卖财产成为必要。在梭伦之前的雅典，单纯通过遗嘱从亲属处取得财产是不可能的。当时所有关于继承和收养的规定都是为了防止财产从家庭外流。梭伦允许人们通过遗嘱处分财产的规定反映了随着时间的流逝人们在这件事情上所发生的态度变化。梭伦还对一个人所能拥有的最大土地数量作出了限制性规定。[88] 在格尔帝法典当中，也存在许多关于赠品的最大数量的规定。[89]

时代的需要也使当时出现了一些关于商业诉讼的法律。许多此类规定都归功于扎莱约库斯。[90] 卡隆达斯法典规定，如果出借方被剥夺了对无法偿付款项的当事人提起诉讼的权利，那么，这一借贷协议就将是无效的。[91]庇塔库斯的一项法律则规定如果没有裁判官员作为证人，合同便不具有约束力。[92]

当时还存在一些限制奢侈消费的立法，立法者们制定这些法律一方面是希望能够本着民主的精神防止富裕家庭的炫耀攀比，另一方面也是希望能够提高广大人民的道德风貌。一块古老的亚该亚石刻[93]对尸体的装饰和

---

〔85〕 Gortyn code 6. 46 ff.

〔86〕 Cf. Grote, *History of Greece*, III, 94 ff.

〔87〕 Aristotle *Pol.* 1266b. 19; cf. Bůchsenschůtz, *Besitz und Erwerb*, p. 32, n.

〔88〕 Cf. Aristotle *ibid.* 直到后来，在理论立法者们所建议的条款当中才提到财产平等问题。Cf. *ibid.*, 1266a. 39 ff.

〔89〕 10. 15 ff.

〔90〕 Diodorus xii. 21.

〔91〕 Stobaeus *Flor.* 44. 22.

〔92〕 *Ibid.*

〔93〕 Dittenberger, *Sylloge*, No. 468.

葬礼的排场都作出了明确的规定。此外，当时还存在许多关于酗酒和交友不慎的规定。类似的规定也可以在卡隆达斯发现。[94] 庇塔库斯[95] 规定了对醉酒的人犯错比对清醒的人犯错加重惩罚的规定，试图以此来阻止醉酒行为。扎莱约库斯还试图限制人们对衣服的装饰。[96] 此外，当时还有许多关于妇女的行为举止的法律。扎莱约库斯曾立法限制在公众场所出现的妇女携带仆人的数量，并禁止妇女在天黑以后离开城市。[97] 塞欧斯的阿里斯蒂德斯，也制定有类似的规定。[98]

---

〔94〕 Diodorus xii. 12. 3.

〔95〕 Aristotle *Pol.* 1274b. 19 ff.

〔96〕 Diodorus xii. 21.

〔97〕 *Ibid.*

〔98〕 Heracl. Pont. , 9.

第四章 梭伦之前的司法制度

德拉古，这位雅典立法者，“使他的法律适应已有的宪法”。[1]对于德拉古之前的政治形势亚里士多德作了如下描述：

> 官员之选任都以门第和财富为准。而且，他们最初是终身制，后来方改为10年一任。无论是从重要性还是从产生时间上来看，最重要的官员是国王，军事执政官（Polemarch）和执政官（Archon）。最早产生的是国王，这从远古时期就开始了。其次，由于一些国王不善于指挥战争，所以又增设了军事执政官；正是由于这一原因，伊昂（Ion）在危难时刻受邀担当了这一职位。三个职位当中最后诞生的是执政官，权威人士大都认为它诞生于麦东时期，其他人则认为它产生于阿卡斯托斯时期，并用9名执政官所发的誓言“像阿卡斯托斯时期那样”执政这一事实来证明他们的观点，因为这似乎暗示正是在阿卡斯托斯统治时期科德罗斯（Codrus）的后裔以退出王位来换取了赋予给执政官的特权。不管如何，两者在时间上的差异并不大；在3个职位当中，执政官的产生是最晚的，这一点应当是毫无疑问的，因为执政官在古老的祭祀仪式当中没有角色，而国王和军事执政官则有，只是在后来产生的一些祭祀仪式当中，执政官才有自己的角色。因而可见，只是在相对较晚的时期，执政官这一职位经过世代的权力累积才变得举足轻重。许多年后，当这些职位都变成年度任用制时，司法执政官才被任命。增设这一职位的目的是使他们能够公开地记录和保存一切法律问题的决议，以利于诉讼案件的解决。他们的任期从不超过1年。总之，在日期上，上面这些国家官吏职位的

〔1〕 Aristotle *Politics*, p. 1274b.

出现早于其他职位。

在那时，9 名执政官并不生活在一起。国王居住在城市公共会堂（Prytaneum）附近，即今天被称为布厝里官邸（Bucolium）的建筑里；我们可以看到，直至今日，国王的妻子和酒神狄俄尼索斯（Dionysus）的婚礼还在此举行。执政官居住在城市公共会堂内，军事执政官则在爱培利官邸（Epilyceum）。爱培利官邸原来叫作军事执政官官邸（Polemarcheum），但爱培利库斯(Epilycus) 在担任军事执政官期间对它进行了重建修葺，此后便改称为爱培利官邸。司法执政官居住在司法执政官官邸(Thesmotheteum)。然而，到梭伦时期，他们都住进了司法执政官官邸。那时他们可以根据自己的意见对案件作出最终的裁决，而不是像今天这样只进行初步的查证。这就是当时的裁判官员的设置。亚略巴古议事会（The Council of Areopagus）承担宪制赋予他们的维护法律的义务，可事实上他们掌管着国家政府中最重要的部分，可以随心所欲地对违法的个人处以罚款或者其他人身处罚。实际上，这也是执政官依门第财富产生和亚略巴古议事会由曾经担任过执政官的人组成的必然结果；也正是由于后一个原因，使得亚略巴古议事会的成员成为唯一延续至今的终身制的职位。〔2〕

除了国王的政治职能之外，3 位执政官还从国王那里继承了司法职能，并且与其他职能相比，这种司法职能在一定程度上成为一种压倒性的职能。〔3〕司法权力在裁判官之间存在划分是希腊法制的典型特征。执政官不是作为一个整体来审理案件，而是由每一位执政官单独审理分配给他的案

〔2〕 *Ath. Pol.*, iii. 根据凯尼恩（Kenyon）的翻译版本。

〔3〕 这一点在军事执政官上可以得到很好的印证。在克里斯提尼之前就曾有几名雅典将军在战场上代替军事执政官行使职责（Thompson, "The Athenian Polemarch," *Transactions of the American Philological Association*, 1894, p. xviii.）。在马拉松战役中，军事执政官已经只是一个名誉头衔，只是他过去所拥有的权力的一种残留和象征。司法权使他难于离开城市。当雅典人开始商业探险和殖民扩张时，实权肯定已经为将军们所掌握。汤普森认为虽然军事执政官到底在何时失去实权无法确定，但是 *στρατηγια* 的发展肯定在公元前 7 世纪末就已经开始了。

件。[4] 从某种意义上说，他们具有终审权力，因为直到梭伦改革，法律方规定可以将他们的裁决上诉到陪审法庭（Heliaea）。[5] 在后来的执政官的就职宣誓当中，我们还可以发现他们曾经享有的广泛的司法权力的遗迹，这一就职宣誓的大意是“不论人民在他就职之前拥有什么，在他就职之后，人民都仍然有权拥有和保留，直至他的任期结束”。[6] 执政官主要审理涉及家庭的案件，比如关于受到伤害的双亲、孤儿或者继承等案件。此外，他的裁决权也涉及民事案件，尤其是与财产有关的案件。军事执政官负责处理外国人的案件，就像执政官负责处理公民的案件一样，而王者执政官（archon basileus）则负责处理与宗教相关的案件。另外，值得注意的是，他还主持对凶杀案件的审理，因为这类案件由于牵涉到“玷污”而具有宗教性质。

对于司法执政官的起源和建立，亚里士多德是唯一的重要权威。设立司法执政官的目的是*ὅπως ἀναγράψαντες τὰ θέσμια φυλάττωσιπρὸς τὴν τῶν ἀμφισβητούντων κρίσιν.*[7] 实际上，这并不是很清晰的陈述；亚里士多德很可能在探溯该词的语源。现代学者们认为司法执政官的职责要么是负责代表国家来编纂惯例法，将他们形诸文字；要么是负责总结纪录他们自己以及其他司法官员所作出的裁决背后的司法原则。[8] 但是，这两种观点都有困难。也可能存在这样的情况，即他们不但是裁判官，而且也是某种意

〔4〕 后来，执政官们开始集体履行职能。Cf. *Ath. Pol.* iii. 5; also lxiii. 1.

〔5〕 *Ath. Pol.* ix. 1. Cf. *infra*, p. 151.

〔6〕 *Ibid.*, lvi. 2; cf. Bury, *History of Greece*, p. 171; Busolt – Swobada, *Staatskunde*, pp. 783ff; Meyer, *Geschichte des Altertums*, II, 348.

〔7〕 *Ath. Pol.*, iii. 4. 相似的论述还出现在 *Lexica Segueriana*（Bekker, Anecdota, I 264）和 *Harpocration*, *s. v.* *θεσμοθέται*。

〔8〕 Cf. Lipsius, *Das Attische Recht*, p. 12, n. 44; Busolt, *Geschichte*, II, 177; Ziehen, *Rheinisches Museum*, LIV, 335ff.; Wilamowitz, *Aristotles und Athen*, I, 245; Sandys, on Aristotle, *ad loc.*; Botsford, *Athenian Constitution*, p. 129; Bury, o. cit., p. 176; Ledl, *Studien zur älteren Athenischen Verfassungschichte*, p. 269; *CAH*, III, 596; Meyer, *op. cit.*, II, 347; De Sanctis, *op. cit.*, p. 133; Busolt – Swoboda, *Staatskunde*, pp. 802 f.; Ehrenberg, *Die Rechtsidee im frühen Griechentum*, p. 107.

义上的立法者。[9]随着城市的扩张和司法事务的增加，社会自然需要增加额外的裁判官员来处理不属于任何一位执政官的审判范围的诉讼。[10]为减轻执政官的负担，司法执政官组织[11]成立了，主要负责接手审理那些与3位执政官职责不相关的案件。[12]司法执政官组织的设立代表着专门的由司法官员组成的组织的诞生，从此以后，负有司法职能的就不再仅仅是那些具有司法职能的行政官吏。实际上，这也是一次试图将司法推向更高的制

---

〔9〕 关于司法执政官的最初职责并没有定论。德·桑克蒂斯（De Sanctis, *op. cit.*, p. 133）认为："（他们的主要职责是司法，而非立法。）"。而布叟尔特（*Staatskunde*, pp. 802, n. 2.）认为："（司法执政官是否曾独立运作值得怀疑）"，并声称他们最初的职责是双重的：（1）纪录 θέσμια；（2）保卫 θέσμια。第二重职责与亚略巴古议事会密切相关，这一职责也解释了他们的任职为什么能够年复一年地延续。布叟尔特关于这一部分的观点不是很具说服力，因为他似乎表明在公元前621年（德拉古立法）至公元前594年（梭伦立法）之间司法执政官无事可做。在立法之后，梭伦征得人民的准许，保持他所制定的法律在十年内不变。此时，我们也被进一步明确地告知法律的维护权掌握在亚略巴古议事会手中。在此种情形下，除非司法执政官有其他的职能，否则将很难解释司法执政官职位的延续。德·桑克蒂斯（De Sanctis）注意到，如果司法执政官组织只是一个立法机构，那么令人不解的是我们现今为何没有任何关于他们活动的纪录。麦瑞斯（Myres, *The Political Ideas of the Greeks*, p. 219）认为关于司法执政官的纪录最初未被发表。亚里士多德认为司法执政官最初独享审判权，到梭伦时代，其他执政官才加入他们。这清楚地表明亚里士多德认为这9名执政官中的每个人都具有全部的司法权。

〔10〕 至今提出的司法执政官的人数和起源的各种理论都与此毫无关联。有观点认为，司法执政官最初是其他政府官员的助理，后来才被任命为司法官员来接管政府官员的一部分司法事务。Cf. Gilbert, *Constitutional Antiquities*, p. 113; Lecoutēre, *L'archontat athénien*, p. 114; Meyer, *op. cit.*, p. 215. 这一理论同后期司法执政官作为整体开展活动的事实不相符。拜瑞（Bury, *History of Greece*, p. 176）认为"成员数为6是各种力量互相妥协的结果：3名世袭贵族，2名格奥哥（Georgi）和1名德漠格（Demiurgos）。"德·桑克蒂斯（De Sanctis, *op. cit.*, p. 137）认为最初的成员数并不是6，其数量是随着案件的数量和重要性的与日俱增而增加的。

〔11〕 德·桑克蒂斯（De Danctis, *op. cit.*, p. 136）宣称司法执政官组织不是作为整体而行动，而是各自行动。他进一步争辩说6这个偶数与他们作为集体而行动的观点是相悖的。格罗特认为司法执政官有时集体行动，有时单独行动（*History of Greece*, III, 74）。利普西斯（Lipsius, *op. cit.*, p. 68, n. 60）认为司法执政官只作为整体而行动的观点是正确的。

〔12〕 司法执政官很有可能是在执政官之职被定为一年制时才产生的。布叟尔特（Busolt, *Geschichte*, II, 177）认为司法执政官不可能是在公元前7世纪以前建立的，那么，亚里士多德将它的出现认定为是在执政官职位被定为一年制之后就是正确的。由于公元前630年，共有9名执政官（Thucydides i. 126），如此一来，司法执政官就一定是在大约公元前7世纪中叶左右建立的。

度化的尝试。此外，这也是其他希腊司法制度所共有的特点。比如在格尔蒂法典中，首席行政官（chief magistrates），就具有专门的司法职责。首席行政官在担当司法职能的时候和军事执政官十分类似。除了首席行政官之外，还存在其他的被称为 δικασταί 的专门的司法官员。大致上，他们和司法执政官相当，因为他们也是专门的司法官吏。实际上，随着国家职能的扩张和随之而来的诉讼的增多，这也是一种必然的发展。

通过将惯例法适用到具体案件并记录判决结果，司法执政官在某种意义上实际发挥着立法者的功能，因为，正如前面提到的那样，“在没有成文的法律时，那些宣布并解释法律的人，就是实际上的立法者”。[13] 在司法执政官初创时期，记录法律裁决还是一项新的实践，因而，他们的名字很可能就是来源于这项被后来所有的裁判官员所遵循的惯例在当时的新颖性。亚里士多德使用 θέσμια 一词。它的更为常见的形式 θεσμοί 相当于荷马笔下的 θέμιστες，同时包括一般的法律（general law）和具体的判决（particular sentences）[14]。两者在当时实际上并没有明确的区别。只是当被运用到具体的案件的时候，“一般的法律”这一概念才有意义。“因此，司法执政官名字的由来不单单是因为他们以执行法律的方式来制定法律，而且是因为他们是第一个以书面判决的形式将这些法律记录下来的人。”[15]

此种解释的好处在于它诠释了司法执政官在后来的公元前 4、5 世纪所发挥的双重职能。除了负责审理大量的案件之外，他们还负责监督法律并支持法律的年度修订。[16] 这些新职责是他们在早期负责裁决和记录案件的职能的自然发展和延伸。在公元前 4、5 世纪，司法执政官主要负责处理刑事案件。民事案件一般由四十人法团（the Forty）和 εἰσαγωγεῖς 审理。在早期，那些和公众利益密切相关的案件一向是由最能代表公众意愿的机构来审理。因此，在荷马时代，公众集会是最常见的表达民意的方式。[17] 在梭伦前的雅典贵族制度下，亚略巴古议事会则是表达公共意愿的最合适的

〔13〕 Thirlwall, *History of Greece*, II, 17, 此处转引自桑迪（Sandys, *op. cit.*, p. 8）。

〔14〕 Grote, *op. cit.*, III, 75.

〔15〕 Kenyon, *Aristotle's Constitution of Athens*, p. 8. Cf. De Sanctis, *op. cit.*, p. 133.

〔16〕 Gilbert, *op. cit.*, p. 302.

〔17〕 Cf. *supra*, p. 22.

机构。现在，司法执政官的司法权，必然介于执政官和亚略巴古议事会之间，不但包括刑事案件，而且包括民事案件。[18]

国家的主权由代表统治阶级的贵族议事会掌握。早自亚里士多德时期起，人们便已开始探讨这一议会是否和亚略巴古议事会具有同一性。一些学者认为亚略巴古议事会是由梭伦建立的，而另外一些人则认为它源于荷马时代的元老院（Homeric Council of Elders）。[19]

> 关于梭伦，很多人认为他是个值得肯定的立法者，他结束了寡头政治，解放了人民，建立了古老的雅典民主制度，并且促进了社会中不同部分的和谐。根据这一观点，亚略巴古议事会属于寡头政治，官员的选举制则具有贵族性质，只有法院才具有民主性质。然而，真实的情况似乎是这样：亚略巴古议事会和官员的选举制早在梭伦之前即已存在，梭伦只不过是把它们予以保留，但是，他以人民为基础建立了法庭，这就是梭伦所建立的民主的真实面目，这也是他为什么会偶尔受到指责的原因。

由于古代史实记载的相互矛盾和考证的困难，这一问题在现代引发了很多争论。[20] 不过，由于史实记载大多都产生于亚里士多德之后，因而当

---

〔18〕 亚里士多德关于 τὴν τῶν ἀμφισβητουντων κρίσιν（*Ath. Pol.* iii. 3）的观点，表明司法执政官最初审理的主要是民事案件，德·桑克蒂斯也持这一观点（*op. cit.*, p. 136）。这一发展很可能是偶然的结果，随着诉讼的增加，司法执政官的业务也日渐繁重，为了分担压力，他们总是倾向于把刑事案件留给自己，而把民事案件转交给其他官员来审理，最初是交给 δικασταὶ κατὰ δήμους，后来是交给其他的一些官员，即四十人法团（the Forty）和 εἰσαγωγεῖς。Cf. *infra.* p. 348. 巡回法官在公元前 453 – 公元前 452 年的复兴很明显是为了减轻其他官员审理民事案件的压力（cf. De Sanctis, *op. cit.*, p. 136）。其中的许多案件原本是属于司法执政官的管辖范围的。Calhoun, *Criminal Law*, pp. 102 f.，认为发生于公元前 5 世纪前半期的刑法的扩张和系统化是司法执政官不再审理民事案件的原因。

〔19〕 Aristotle *Politics*, 1273b ff. 根据吉欧维特（Jowett）的翻译版本。

〔20〕 关于将亚略巴古议事会主要作为凶杀法庭的古代材料，cf. *infra*, p. 92. 关于对这一主题的后期研究的总结，c. f. Busolt – Swoboda, *Staatskunde* p. 794, n. 2. 关于对这一主题的现代理论的总结，cf. Ledl, *op. cit.*, pp. 286 ff. Cf. also Treston, *Poine*, *A study in Ancient Greek Blood – Vengeance*, pp. 269 ff.

亚里士多德的《雅典宪制》被寻获以后，现代学者们的证据以及他们对这个问题的推测便都被取代了。亚里士多德的《雅典宪制》证实了他在《政治学》当中的论述，如果还需要证实的话。在他对德拉古之前的宪制的描述中，亚里士多德对亚略巴古议事会作了如下描述：

> 亚略巴古议事会承担宪制赋予他们的维护法律的义务，可事实上他们掌管着国家政府中最重要的部分，可以随心所欲地对违法的个人处以罚款或者其他人身处罚。实际上，这也是执政官依门第财富产生和亚略巴古议事会由曾经担任过执政官的人组成的必然结果；也正是由于后一个原因，使得亚略巴古议事会的成员成为唯一延续至今的终身制的职位。[21]

在梭伦之前只存在一个议事会，同时具有司法和协商（deliberative）职能。[22] 这个议会是对荷马时代的议事会（boulé）的直接继承。[23] 至于这一议会在其建立早期是否被叫作ἡ ἐν 'Αρείῳ πάγῳ βουλή并不重要。[24] 极有

[21] *Ath. Pol.*, iii. 6. 根据凯尼恩（Kenyon）的翻译。因为这段描述与梭伦时代的亚略巴古议事会极为相似，因而，那些否认亚略巴古议事会在梭伦时代前就已存在的学者们认为这段文章是对历史的篡改，不值得接受。

[22] Cf. *Ath. Pol.*, iv，关于所谓的德拉古议事会（Draconian council）. Cf. *infra*, pp. 136 ff.

[23] 事实上，作为贵族统治阶级中最具代表性的组织，这一议会和荷马时代处理危害公众利益事务的集会十分相似。这表明雅典的贵族议会在一定程度上同时具有古议事会的仲裁权和当时的公众集会的司法权。例如，它对一些案件如凶杀、叛国和不敬神灵等具有天然的管辖权。在古老的传统中，亚略巴古议事会是著名的审理凶杀案件的法庭。

[24] Cf. Headlam, *Class. Rev.*, VI, 295："后来的亚略巴古议事会是一个更古老的议会的延续，尽管这一更古老议会的起源已无从考证，但它的前身肯定是荷马时代的元老院。但是，我们是否应该像亚里士多德一样用它后来的名字来为这一更古老的议会命名，却不一定。如果，表面上看来这也极有可能，当时只存在一个议会，那么，它理应被叫作ἡ βουλή；并且它很可能和Αρειος πάγος密切相关；如果真的是这样，那么，这个名字就是不正确的；但是，如果我的假设，即在梭伦之前没有更古老的权威，是正确的，那么，亚里士多德对更早时期使用的这一名字除了表明它的持续存在以外，就再没有多大意义，根本就不能告诉我们任何更多的信息。如此一来，即使我们不接受在亚略巴古议事会之后该古老议会一直以亚略巴古议事会命名的观点，我们也照样可以断定亚略巴古议事会和那个更早期的古老议会几乎是一致的。"

可能的是，当第二个议会成立时，元老院便被改称为后来我们所知的亚略巴古议事会。另一种可能就是亚略巴古议事会得名于梭伦时代，并且正是由于这一原因，它的成立也被归功于梭伦。然而，在雅典人当中存在一种明显的倾向，那就是他们倾向于将所有的古代机构的建立都归功于梭伦，因而，亚略巴古议事会是由梭伦建立的这一观点也很可能是这一倾向的产物。[25]

在阿提卡统一之前，地方首领们并不事事依赖来自雅典的指示，[26]“除了国家面临危险的情况，他们并不需要征求国王的意见”。但是当特修斯解散地方议会和在首都建立中央议会的时候，中央议会的常任成员便肯定大幅度地增加了。它不仅包括阿提卡的国王们，而且肯定还包括相当一部分（如果不是全部的）地方议会的成员。该议会由此所获得的权力和声望也最终使它用贵族制的寡头政治取代了国王们的统治，这种贵族制的寡头政治由一些执政官员领导，而这些官员则由议会的成员组成。这些执政官员在任期届满的时候，将自动恢复他们原先在议会中的成员资格。这说明了后来的执政官们，尽管他们已经不再从亚略巴古议事会中产生，但是在任期结束的时候却会成为亚略巴古议事会的成员。随着商业贸易的发展，土地不再是财富的唯一形式。暴发户（nouveaux riches）在政治上的崛起使得他们能够和世袭贵族一起分享国家的官职。因此，议会成员的选拔也开始不再仅仅依据门第出身，而是同时依据门第出身和财富。[27]

这种对于亚略巴古议事会起源的解释同国家机构设置的历史延续性充分相符，并且依据的是亚里士多德的材料。亚里士多德对雅典国家机构的历史有着独到的批判性见解，这使得他同任何其他研究亚略巴古议事会历史的古代作者相比，都更可信和更具权威。

可以对上述论断进行反驳的主要证据是波利克斯（Pollux）的观点，他认为德拉古设立了爱菲塔委员会（ephetae）并由委员们主持全部的5个

---

〔25〕 Busolt - Swoboda, *Staatskunde* pp. 794 ff.，认为在希腊寡头政治时代的元老院自然延续到了民主时代，并和民主时代的议会一起作为一个司法和行政机构继续发挥着作用。因而，在雅典，这一古老的议会也继续以亚略巴古议事会的形式而存在，和四百人委员会一起发挥着作用。Cf. De Sanctis, *op. cit.*, pp. 140 ff.

〔26〕 Thucydides ii. 15.

〔27〕 Aristotle *Ath. Pol.* iii. 6.

审理凶杀案件的法庭；在此之外，梭伦又设立了亚略巴古议事会：*Δράκων δ' αὐτοὶς κατέστησεν ἀριστίνδην αἱρεθέντας ἐδίκαζον δὲ τος ἐφ' αἵματι διωκομένοις ἐν τος πέντε δικαστηρίοις. Σόλων δ' αὐτος προσκατέστησε τὴν ἐ ξ Ἀρείου πάγου βουλήν.*[28] 在这一论断的基础上，莱德尔（Ledl）[29]对亚略巴古法院（court of areopagus）和亚略巴古议事会进行了区分，并宣称波利克斯的观点是正确的，波利克斯认为亚略巴古法院在前德拉古时代和德拉古时代就已存在，但是亚略巴古议事会的设立却的确应归功于梭伦。不过，他同时也承认波利克斯将爱菲塔委员会成员视为城市公共会堂法庭的法官是错误的。鉴于波利克斯将城市公共会堂法庭视为由爱菲塔委员会成员组成的法庭（ephetic court）的错误，与其像莱德尔那样试图帮助波利克斯自圆其说，还不如直接说波利克斯关于亚略巴古法院的看法是错误的更好，因为到最后莱德尔不得不承认爱菲塔委员会成员从未主持过亚略巴古法院。相反，主持亚略巴古法院的是一个前梭伦时代的议事会（a pre-Solonian council），后来它的职能被梭伦划分给了亚略巴古议事会和四百人委员会（council of Four Hundred），其中，它的司法权力主要被划分给了亚略巴古议事会。莱德尔没有意识到梭伦时代的亚略巴古议事会无非是由前梭伦时代的这个议会发展而来的，亚略巴古议事会的职权包括由前梭伦时代的这个议会所行使的全部司法权力，莱德尔也承认这一点，以及一部分行政管理的权力。由于没有意识到这种连续性，莱德尔拒绝接受亚里士多德的观点，转而倾向于支持可信度更低的波利克斯的观点，而波利克斯关于德拉古时期亚略巴古法院由爱菲塔委员会成员构成（ephetic composition of areopagus）的论断明显是错误的。如此一来，当他的另一观点，即关于梭伦建立了亚略巴古议事会的观点，同亚里士多德的《政治学》和《雅典宪制》中的观点都不一致的时候，我们就没有理由去接受。莱德尔在拒绝承认这个法院也是国家的议会时过于谨慎。因为希腊国家的一个典型特征就是：司法和政府紧密相联，行政官员和统治机构也经常会担当司法职能。因而，如果在亚略巴古的确曾存在过一个法院的话，那么，这个法院极有可能同时也是一个政治机构。

---

〔28〕 viii. 125.

〔29〕 *Op. cit.*, 296 f.

亚略巴古议事会审判凶杀案件的历史非常久远，这可以从将其描述为凶杀法庭的神话传说当中得到印证。在赫兰尼库斯（Hellanicus）当中，收集了几乎全部的据信发生于亚略巴古议事会关于凶杀案件的审判。〔30〕类似的叙述还可以在帕罗斯大理石（on the Parian Marble），〔31〕欧里庇得斯，〔32〕德摩斯梯尼〔33〕和鲍萨尼阿斯（Pausanias）处发现。〔34〕这座山之所以得名也是因为阿瑞斯（Ares）是第一个在此受审的人。〔35〕普鲁塔克认为亚略巴古议事会在梭伦之前就已经存在了：

如今，大多数作者都认为亚略巴古议事会是由梭伦建立的。他们的观点似乎能够得到下列事实的强烈支持：德拉古从未提及亚略巴古议事会议员（Areopagite），当涉及凶杀案件的时候，他也总是诉诸于爱菲塔委员会成员（ephetai）。然而，梭伦的立法当中却有这样一条："在梭伦执政之前，所有被剥夺了权利的人，都可以恢复他们的权利，除非：他们的判决是由亚略巴古议事会、爱菲塔委员会或者城市公共会堂法庭中的国王们作出的，并且他们被指控的犯罪是谋杀、凶杀或者是试图建立独裁，并且当这条法律颁布的时候正在流亡之中。"这条法律很明显地说明，亚略巴古议事会在梭伦成为执政官和进行立法之前就已经存在了。否则，如果梭伦是第一个授予亚略巴古议事会司法权的人的话，那么，在梭伦之前，它又怎么可能对人作出判决？当然，也许是因为资料当中存在模糊或者疏忽，它真正想表达的意思是：那些被判决有罪，在法律颁布的时候，其有罪判决又为亚略巴古议事会、爱菲塔委员会和城市公共会堂法庭的法官所认同的人，应该继续被剥夺权利，而那些被指控所有其他犯罪的人则可以恢复权利。

〔30〕 Scholiast on Euripides *Orestes*, 1648.

〔31〕 *Ep.* 3.

〔32〕 *Electra*, 1258ff. 在《欧墨尼得斯》（*Eumenides*）中，为了更富戏剧效果埃斯库罗斯改变了其他作家所给出的顺序，声称该法庭是为了审讯俄瑞斯忒斯而设立的。

〔33〕 xxiii. 65f.

〔34〕 i. 28. 5.

〔35〕 Pausanias, *ibid.* Cf. Suidas, " Αρειος πάγος .

然而，到底这一解释有多大可信性，读者们只好自己决定了。〔36〕

有学者试图解释我们前面引用的波利克斯的观点，猜想在德拉古时期所有的凶杀案件都由爱菲塔委员会审理，而梭伦恢复了亚略巴古议事会对有预谋的凶杀案件的审理权。但这几乎是不可能的，因为德拉古不可能把如此重要的职能从国家的主要统治机构移走。雅典人在牵涉宗教的事务上极端保守，根本就没有可能这样做。〔37〕因而，从上述证据我们所能得出的结论就是：在德拉古时期以及德拉古之前，亚略巴古议事会除了对传统上属于它管辖的案件有管辖权之外，还有权审理有预谋的凶杀案件。〔38〕国王是它的会议的当然主持人。相应的，那些继任国王的人也极有可能充当过它的议事主持人。关于这一点，我们可以从王者执政官（king archon）对亚略巴古议事会作为一个凶杀法庭时的参与当中得到印证，无论是在协商还是在控告当中，都有他们的身影。关于赦免的法律也表明王者执政官不仅主持关于凶杀案件的审判，而且也主持其他类型案件的审判。〔39〕这一做法显然是过去时代的一种残留，当国王和他的议会负责司法的时代的残留。保守主义说明了行使皇室特权的为什么是王者执政官，而不是执政官。

议事会这个名字本身清楚地表明亚略巴古议事会首先是一个议事机构，不过，至今我们没有关于其会期的任何资料。当它作为议事机构的时候，很可能是由一名执政官领导下的一个执政官委员会来集体主持，就像后来的五百人议事会执行委员会（prytaneis of the Senate of Five Hundred）。当然，另外的可能性也是存在的，但是鉴于我们在这一方面缺少材料，任何推测都将是徒劳的。〔40〕

---

〔36〕 Solon, xix. 根据派瑞恩（Perrin）的翻译版本。毫无疑问，普鲁塔克了解的只是公元前409－公元前408年修改后的凶杀法律。

〔37〕 Cf. Freeman, *The Work and Life of Solon*, p. 55："有一定把握的最大胆的猜测就是认为亚略巴古议事会将对有预谋的凶杀案件的管辖权委托给了一个由51名亚略巴古议事会成员组成的法庭，而梭伦重新恢复了以前的法令，要求由亚略巴古议事会自身作为一个整体来审理此类案件。"关于对波利克斯错误信息来源的解释，cf. *infra*, p. 100.

〔38〕 Cary in *CAH*, IIIV, 590，认为亚略巴古议事会的司法职能只限于刑事案件。

〔39〕 Cf. *Infra*, p. 109; cf. Vinogradoff, *op. cit.*, p. 181.

〔40〕 *CAH*, III, 589－90. 关于 *βουλη*名字的保留，cf. Busolt－Swoboda *Staatskunde*, p. 795; De Sanctis, *op. cit.*, p. 143.

除了亚里士多德所说的“亚略巴古议事会负责管理政府中最大和最重要的事务”之外，我们并没有关于亚略巴古议事会的功能的更多资料，无论是其议事、行政还是司法的职能。它负责选举官员，并且通过监护法律的权力，肯定也能对在职的官员行使一定程度上的监督职能。在对外关系方面，包括条约的签订、战争与和平的决定等，肯定已经顺理成章地包含在“政府中最大和最重要的事务”之中。此外，它对国家财政的控制权力，如提供和分配战争资金、提供建设公共建筑的费用、宗教庆祝活动的费用以及其他一些公共服务的费用等，也肯定同样包含在这一条款之中。亚略巴古议事会在萨拉米斯战争前夕的作为表明，它在一定程度上已经重新开始行使先前在公元前 5 世纪赋予五百人议事会（Council of Five Hundred）的财政职能。亚里士多德对这一事件有精彩的描述。当将军们在危机面前不知所措并向众人宣布各自为战的时候，亚略巴古议事会及时地提供了资金，并给每位船员每人分发了 8 个银币，从而得以成功地劝说他们重新上船。这一及时的行动，使得雅典人得以进行萨拉米斯之战。[41]

官员们是否能够公正地执行法律一直是一个非常重要的问题。[42] 在前梭伦时代的雅典，确保官员公正执行法律的职责被授予给亚略巴古议事会，它“具有宪制赋予给它的监护法律的职责”。它通过加以适当的惩罚或者施以合适的痛苦来履行这一职责，通过或多或少的正式质询来决定一个人的清白或者罪过。对于亚略巴古议事会审理的非凶杀案件，我们至今还没有发现有关其程序的材料。我们只能大致地推测，亚略巴古议事会很可能是根据它的一名成员的调查来采取行动的。最原始的信息来源肯定是那名受到官员不法对待的人。如果他出席亚略巴古议事会的审理的话，那么，他肯定是控方证人，亚略巴古议事会成员只是名义上的检察官。这一推测可以和德拉古法典中的一个条文相互印证。这一条文规定亚略巴古议事会有职责确保“官员们依法而治”。任何受到不公正对待的人都可以向亚略巴古议事会举报，指出哪一条法律被违反了。[43] 这是一项相当重要的权利，甚至可以和后世的诉愿权相媲美。它意味着那些蒙受冤屈的人不需要

---

〔41〕 *Ath. Pol.* xxiii. 1. Cf. *infra*, p. 251.

〔42〕 自梭伦时期开始，各地的官员开始宣誓尊重支持法律。

〔43〕 *Ath. Pol.* iv. 4. Cf. *infra*, p. 166.

通过引起亚略巴古议事会成员的注意和努力来寻求正义，他们有权利亲自向亚略巴古议事会控告并陈明自己的冤屈。这是德拉古采取的确保其法律得以执行的重要措施。[44] 这样，德拉古也就认可了蒙受冤屈的人对自己的案件亲自采取行动的权利。

此时，人们会立即想到这样一个问题，那就是亚略巴古议事会的监督权力是否包括对官员所作出的司法判决的监督权力。亚里士多德认为，"执政官们有权根据自己的意见对案件作出最终判决，不像今天这样，只有初步听证的权力。"[45] 这是凯尼恩（Kenyon）的翻译。不过，包含在亚里士多德的论述当中的信息远不是一句简单的翻译所能涵盖的。很明显，亚里士多德是在把梭伦之前的执政官和他所处的时代的执政官进行比较。在亚里士多德所处的时代，执政官只不过是一介胥吏。作为法官，他只能在自己的权力范围内审理案件；他的决定并不影响案件的核心问题。αὐ τοτελες κρίνειν 必须被当作 προανακρί νειν 的对立面来理解。因此，我们可以想见，当时肯定还存在关于整个案件的独立的裁决。当时，没有条文明确规定人们对每一个案件的上诉权利，就像梭伦后来所做的允许人们将案件上诉到一个常设的具有宪政地位的上诉法庭那样。但是，亚里士多德的论述也绝不意味着亚略巴古议事会，在行使它的监护法律的职责的时候，不能废除或者更改官员们的违法裁决。任期只有 1 年的这些官员和其他的统治者，比如国王等的区别就在于他们必须对其行为承担全部责任。在雅典，用任期 1 年的官员取代终身制的国王的意义就在于这些官员们必须对国家的最高机构，也就是亚略巴古议事会，负全部责任。没有证据表明，当时的贵族政体已经像后来的民主性质的政体那样发展出一套详细的追究责任的程序；但是，即使当时追究官员职责行为责任的方式并不十分正式，我们也不能想当然地认为这些措施在效力性上会更差。

亚里士多德的论述还表明亚略巴古议事会也有权处理违反善良道德的行为。此外，伊索克拉底的论述也表明了同一个意思，他说早期的雅典人赋予亚略巴古议事会以确保市民行为端正的义务。[46] 为了更好地实现这一

---

〔44〕 这是古代立法者都极度关心的问题。

〔45〕 *Ath. Pol.* iii. 5.

〔46〕 Areop.，46. 关于亚略巴古议事会对委员会的使用，cf. *infra*, p. 258.

目的，城市被划分为行政区（wards），乡村被划分为德莫（demes）。亚略巴古议事会成员们负责检查每位市民的生活，并将那些行为不端者交给亚略巴古议事会处理。亚略巴古议事会或对他们提出警告，或对他们加以恫吓，或对他们直接施以惩罚。这在相当程度上只是一幅想象的图景，不过它反应了传统的观点，即亚略巴古议事会具有检查权力。但是，亚略巴古议事会绝不仅仅是一个道德审查机构；它还是一个刑事法院。在赦免法律当中，曾经提到亚略巴古议事会是审判那些试图建立独裁的人的法庭，但是，除此以外，没有关于亚略巴古议事会法庭职能的其他记载。〔47〕不过，毫无疑问，它肯定也有权审判叛国和其他危及国家安全的犯罪。

如此一来，亚略巴古议事会和那个由荷马时代的元老院发展而来的古老的贵族会议也就并无多大区别。它所具有的政治和司法双重职能也和其他国家正在流行的制度十分相似。比如，克利特的元老院，就不但具有国家议会的职能，而且也具有法院的功能。〔48〕在斯巴达，元老会议（Gerousia）的功能主要是政治功能，但同时也具有审理刑事案件的职能。〔49〕

要讨论亚略巴古议事会就不可避免地涉及对爱菲塔委员会的起源和性质的探讨，爱菲塔委员会在帕拉度姆（Palladium）、代尔菲尼姆（Delphinium）和法莱图（Phreatto）负责对凶杀案件的审理。由于研究资料的缺乏，要详细地确定这一机构的起源以及它与亚略巴古议事会的关系极为困难。〔50〕一份古老的资料曾经提到爱菲塔委员会成员的年龄限制，认

---

〔47〕利普西斯（*op. cit.*, pp. 23 and 33）对赦免法持有不同的观点（cf. *infra*, p. 106）。德·桑克蒂斯（De Sanctis, *op. cit.*, p. 149）对赦免法中的亚略巴古议事会的观点是正确的。

〔48〕Cf. Gilbert, Griechische Staatsaltertůmer, II, 221.

〔49〕Cf. Gilbert, *Constitutional Antiquities*, p. 80.

〔50〕On the ephetae, cf. Lange, "Die Epheten und der Areopag vor Solon," *Abhand. d. sāchs. Gesellschaft d. Wissen.*, 1874, pp. 178ff.; Philippi, *Der Areopag und die Epheten*; De Sanctis, *op. cit.*, pp. 169ff.; Busolt - Swoboda, *Staatskunde*, pp. 803 ff.; Gilbert, *Beitrāge*, pp. 491 ff.; Miller, article "Ephetai" in Pauly - Wissowa; Lipsius, *op. cit.*, p. 15; Treston, *op. cit.*, pp. 263ff.; Glotz, *Solidarité*, pp. 299ff.; Myres, *op. cit.*, p. 227; Vinogradoff, *op. cit.*, pp. 187 ff.

为爱菲塔委员会成员的年龄必须在 50 岁以上。〔51〕此外，鉴于当时也存在一些关于 50 岁以上的男人可以享受某些优先权利的例子，因而，许多学者都接受了认为爱菲塔委员会的成员必须在 50 岁以上的观点。在梭伦的法律中，我们就可以发现一个这样的例子，它规定在民众会议上，年龄超过 50 岁的人有优先发言的权利。〔52〕另外，它还规定超过 50 岁的男人可以被优先选为外交使者。〔53〕但是，鉴于负责审理大多数最严重的凶杀案件的亚略巴古议事会对其成员并没有这样的资格限制，我们也很难想象负责审理更加轻微的凶杀案件的爱菲塔委员会会有这样的限制。事实上，也只有后世的两位词典编纂者曾经提到这一年龄限制。最有可能的是，这一年龄限制的得出是由于把它和爱菲塔委员会的人数相混淆的结果，有人把爱菲塔委员会的人数限制误认成了年龄限制，而且，现已无可争议地证实在德拉古时期爱菲塔委员会的人数为 51 人。〔54〕混淆一旦发生，那么，在和其他的年龄限制进行比较的时候，也就很容易得到想当然的确认。

关于爱菲塔委员会的起源，存在一个相当简单但自然的解释。爱菲塔委员会其实是亚略巴古议事会的一个委员会。它的成员是单数这一点，会立刻使人们想到它和后来的大众法庭，如 201 人法庭（two hundred and

〔51〕 Suidas and Photius, s. v. .

〔52〕 Aeschines Tim. xxiii. Cf. Ctesiph. iv; Gilbert, *Constitutional Antiquities*, p. 294.

〔53〕 Plutarch *Pericles*, xvii; *CIA* i. 40. 17. Poland, *De legationibus Graecorum publicis*, p. 52，曾有法律规定年龄未满 50 岁的人不能出任大使，只是这一法律很快便被废弃。Krech, *De Crateri ψηφισμάτων σμναγωγῆ*, p. 36, n. 48，认为当时绝对不存在这样的法律，但是，让老年人出任大使的确属于一般的风俗习惯。如果当时的确存在这样的法律的话，那么，石刻当中就没有必要包括有关年龄的说明。

〔54〕 *CIA* i. 61. Zonaras, p. 926，错误地将人数误认为 80 人。没有确切的历史材料说明爱菲塔委员会成员为何是 51 人，学者提出了各种各样有趣的解释。郎格（Lange, *op. cit.*, pp. 204 ff.）认为亚略巴古议事会由 4 个前克里斯提尼时代的部落各选出 15 人组成，爱菲塔委员会的组成也与亚略巴古议事会类似，只是要减去其中的 9 名执政官。穆勒（Mŭller, Introduction to Aeschylus' *Eumenides*）认为爱菲塔委员会由克里斯提尼时代的 10 个部落各自产生 5 人组成，外加王者执政官。舒曼（Schoemann, *Antiq. Jr. publ.*, p. 171）认为爱菲塔委员会由前克里斯提尼时代的 4 个部落各自选出 12 人组成，外加 3 名神职人员（exegetae）。舒曼（Schoemann）理论的一个变体就是用王者执政官和他的两名助手（paredroi）来取代 3 名神职人员（exegetae）。认为爱菲塔委员会就是纳奥克执行委员会的观点基本上没有得到学界的赞同。

one）和501人法庭（five hundred and one）等的类似之处。[55] 即使政治环境发生了根本的变化，机构还是会以或多或少的修正形式而存在。因而，爱菲塔委员会无疑就是后来的大众法庭的原形。它的成员之所以是单数是为了防止在审判案件的时候陷入僵局。现在，我们还不十分确定王者执政官到底是爱菲塔委员会的51名成员之一，还是他仅仅只是充当着主持人的功能。鉴于前面我们曾经提到王者执政官在亚略巴古议事会中有投票权，为了跟这一观点保持一致，我们似乎可以认为他在爱菲塔委员会之中也有投票权。然而，我们不能认为他的投票权是独立于那51个投票权之外的，因为这将使爱菲塔委员会的成员为单数的规定变得毫无意义。因而，如果他的确享有投票权的话，那么，他也是作为一名爱菲塔委员会成员，即爱菲塔委员会的51名成员之一而投票的。当然，另一方面，也有观点认为王者执政官在爱菲塔委员会的法庭上不享有投票权，就像后来的大众法庭的主持人不享有投票权一样。德拉古法典对王者执政官和爱菲塔委员会成员所作的详细区分也使许多人相信王者执政官并不是爱菲塔委员会成员之一。

非洛克鲁斯（Philochorus）的记载也曾暗示爱菲塔委员会是从亚略巴古议事会当中选拔得到的。

> *ἐκ γὰρ τῶν ἐννέα καθισταμένων ἀρχόντων Ἀθήνησι τοὶς Ἀρεοπαγίτας ἔ δει συνεστάναι δικαστάς, ὥς Φησιν Ἀνδροτίων ἐν δευτίρᾳ τῶν Ἀ τθίδων ὕστερον δὲ πλειόνων γὲγονεν ἡ ἐξ Ἀρείου πάγου βουλή τουτ έ στιν ἐξ ἀνδρῶν περιφανεστέρωνπεντήκοντα καὶ ἑνόε. Οὐ παντὸς ἀ νδρὸς ἦν εἰς τὴν ἐξ Ἀρείου πάγου βουλὴν τελεῖν ἀλλ᾽ οἱ παρ ρ᾽ Ἀ θηναίοις πρωτεύ οντες ἔν τε γενει καὶ πλούτῳ καὶ βίῳ χρηστῷ, κ. τ. λ.*[56]

---

〔55〕 海德莱姆（Headlam, *Class. Review*, VI, 252 and 297）认为由51名爱菲塔委员会成员组成的法庭肯定为后来的由奇数构成的民众法庭树立了榜样。不过，无论是海德莱姆本人还是后来的学者都没有认识到这一建议对解决爱菲塔委员会的建立这一难题的重要性。Cf. Wilamowitz, *Aristoteles und Athen*, I, 251, n. 137; Gilbert, *Griechische Staatsaltertümer*, I, 137, n. 1.

〔56〕 *F. H. G.* (ed. Müller), I, 394.

很明显，昂德拉逊（Androtion）知道爱菲塔委员会的原始人数，尽管爱菲塔委员会在他所处的时代已经为民众法庭（dicastic courts）所取代。此外，他还认为亚略巴古议事会的成员是51名，并试图对爱菲塔委员会和亚略巴古议事会进行区分。不过，无论如何，这一段都表明昂德拉逊认为爱菲塔委员会成员同时也是亚略巴古议事会成员。[57]

爱菲塔委员会不太可能是由51名具体的个人组成的。因为，由于疾病等原因，由51名具体的个人所组成的组织很难保证可以随时履行职责。[58]保证51人同时出席的唯一方法就是，当需要出现的时候，再从一个更大的组织当中进行挑选。很明显，这一更大的组织就是亚略巴古议事会。在波利克斯的记述当中我们可以发现对这一点的确认，他认为在梭伦之前爱菲塔委员会在亚略巴古议事会审理案件 ἐ δί καζον δὲ τοῖς ἐφ' αἵματι διωκομένοις εν τος πέντε δικαστηρί οις。[59] 因而，如果爱菲塔委员会是从亚略巴古议事会选拔得到的话，那么，波利克斯在亚略巴古议事会上所犯的错误就是十分自然的了。至于选拔的具体方法，则极可能是抽签，在寡头政治之下，抽签是一种常用的方法。[60]

---

〔57〕海德莱姆（Headlam, *op. cit.*, p. 251）认为这一段对亚略巴古议事会和爱菲塔委员会作了明确的区分。爱菲塔委员会是在前执政官当中产生的。爱菲塔委员会和亚略巴古议事会是不同的。弗里曼（Freeman, *op. cit.*, p. 53）遵循着海德莱姆的观点，认为"根据昂德拉逊，爱菲塔委员会是从前执政官当中选择产生的，也就是说，是从亚略巴古议事会中选择产生的。"不过，弗里曼没有注意到爱菲塔委员会实际上是亚略巴古议事会的委员会的理论，这一理论由海德莱姆首先提出，由格特鲁德·史密斯（Gertrude Smith）发展完善，*The Administration of justice from Hesiod to Solon*, p. 17. Cf. S. B. Smith, "The Establishment of the Public Courts at Athens," *TAPA*, LVI, 110. 根据特雷斯顿（*op. cit.*, pp. 269 ff.），梭伦之前的亚略巴古议事会和爱菲塔委员会还无明显区别。

〔58〕如果规定在得票相等的情况下被告将被无罪释放的法律真的存在，奇数有时就是不必要的。Cf. *infra*, p. 239.

〔59〕Pollux viii. 125. 五个凶杀案法庭分别是亚略巴古议事会、帕拉度姆、代尔菲尼姆、法莱图和城市公共会堂法庭。

〔60〕爱菲塔委员会的成员组成可能处在不断的变化之中，因为亚略巴古议事会成员的人数一般都会多于200人。Cf. S. B. Smith, *op. cit.*, p. 114, n. 39.

ἐφέτης通常的词源并不支持这一解释。[61] 不过，它的另一个语源——ἐ φεσθαι——似乎可以支持。如果按照被动意义来理解，它的意思是从一个更大的机构"被挑选出来组成委员会的人"。但是，按照被动意义来理解这一单词也存在困难，因为以 -της 结尾的名词指代主体，往往都是以主动形态出现。当然，也有可能它是从以 -τος 结尾的动词形式演化来的，在其他以 -της 结尾的官员名字的影响之下，最终由ἐ φετος演变成了ἐφέτης。这一解释可以得到ἀφέτης的佐证，它以被动形态出现，意为"被解放的奴隶"。[62]

在波利克斯和昂德拉逊的论述中，还可以见到关于爱菲塔委员会的成员的阶级限制的论述。波利克斯认为爱菲塔委员会的成员是被选举出的ἀριστίνδην，他的这一论断很可能是从德拉古的法律规定当中得到的。[63] 不过，如果真是这样的话，那么他显然是误解了德拉古的法律：τούτους δὲ οἱ πεντήκοντα καὶ εἱς ἀριστίνδην αἱρεῖσθων。ἀριστίνδην 在这里并非指选举产生爱菲塔委员会的阶级，而是指选择产生一定数量的氏族成员的阶级。如果波利克斯的论断从表面上看具有什么价值的话，那么它也只暗示着：在暴发户（nouveaux riches）成为贵族的组成部分之前，爱菲塔委员会就已经存在了。但是，由于暴发户在德拉古之前就已经可以为官，所以他们也

---

〔61〕 在埃斯库罗斯的《波斯人》（*Persae*）（79）中，这个单词的意思是长官，但是，这一意思在此并无帮助。波利克斯认为爱菲塔委员会是一个上诉法庭，它的名字起源于ἐφέσιμος。利普西斯则认为无论从语义学来看还是从案件的事实来看，上述观点都不可接受（*op. cit.*, p. 15, n. 53）。他认为该词起源于ἐφίεσθαι（与ἐφετμή相关），即相当于后来的ἐξηγητής。早先的时候，舒曼（Schoemann）已经对该词提出相同的语源解释，但是将其解释为他们在单个案件之中如何处理被告的决定（*De Areopago et ephetis*, pp. 7f.）。但是，菲力比（Philippi）已经证明这一名称也可以用于指代其他任何法官团体的决定（*Der Areopag und die Epheten*, p. 213）。他本人接受朗格的观点（*De ephetarum Atheniensium nomine*, pp. 11 ff.），认为该词是ἐπί和ἔται的组合，即"处理人与人之间关系的民众代表"。然而，根据这一理论，他们就不仅是凶杀法庭，而且也是行政机构，而我们知道事实不是这样的。没有证据表明爱菲塔委员会除了凶杀法庭的职能之外，还有其他职能。德·桑克蒂斯认为他们有权许可进行宗教净化的观点，不值得认真考虑（De Sanctis, *op. cit.*, pp. 169f.）。Ledl, *op. cit.*, pp. 335f.，认为该词来源于ἐφιέναι，意为爱菲塔委员会许可被告对原告就被告行为的定性进行抗辩，即，爱菲塔委员会决定被告将以何种指控受到审判，故意杀人、过失杀人还是正当防卫。

〔62〕 Athenaeus, 271 F.

〔63〕 Pollux viii. 125.

不可能被排除在亚略巴古议事会之外。如此一来，前述解释就必须修正为：在暴发户可以担任爱菲塔委员会成员之后，旧有的资格限制仍然适用，但是，这一资格限制已经被重新解释为包括所有的贵族，而无论他们是凭借出身还是凭借财富而获得的贵族资格。

今天我们已经无法确定到底是每一个案件都需要重新选择产生一个全新的爱菲塔委员会，还是只是重新选择少数成员来填补由于死亡、疾病或者是其他原因所造成的缺位，以尽可能地保持原有的成员不变。爱菲塔委员会和后来的民众法庭的近似性也无助于我们理解这一点，因为，每个时代都有每个时代的不同实践。[64]

根据普鲁塔克的记述，阿尔克迈翁（Alcmaeonidae）因为涉及诅咒塞伦（Cylon）而受到全部由贵族组成的300人法庭的审判。[65] 这使一些学者相信在当时的雅典还存在着另一个法庭，这个法庭由300名成员组成。[66] 但是，除上面的记述以外，我们并没有发现关于这个法庭的任何其他活动的证据，因而，那种认为它只是一个为重要案件而组成的特别法庭的假设似乎就更加合理。[67] 维纳格鲁道夫（Vinogradoff）认为，"在一定意义上，这一由300名贵族代表所组成的法庭可以被认为是爱菲塔委员会的一个扩大的特别委员会，负责审判塞伦的同谋者或者杀死他们的凶手。"[68] 不过，既使将亚略巴古议事会的所有成员都整个包括在内，也不足以组成如此庞大的法庭，因而，维纳格鲁道夫的论断似乎应被理解为：除了一定数量的亚略巴古议事会的代表之外，许多其他的贵族也被选任进这个法庭，从而使人数达到了300名。

德拉古关于凶杀的法律最早提及爱菲塔委员会。这一资料和梭伦关于赦免的法律[69] 都表明在当时对凶杀案件已经有所区分，并且为了处理这些不同种类的凶杀案件，至少在德拉古时代就已经存在5个法庭。波利克

〔64〕 Cf. Lipsius, *op. cit.*, pp. 137f. Cf. *infra*, p. 242.
〔65〕 *Solon*, vii.
〔66〕 Cf. Philippi, *op. cit.*, pp. 240ff.
〔67〕 Cf. Wilamowitz, *op. cit.*, II, 55.
〔68〕 *Op. cit.*, p. 181.
〔69〕 Plutarch *Solon*, xix, quoted *infra*, p. 105

斯[70]将爱菲塔委员会的设立归功于德拉古；但是，由于德拉古是第一个编纂法律的人，因而，许多在他之前就已经毫无疑问地存在的实践也被归功于他。爱菲塔委员会很可能就是如此。实际上，爱菲塔委员会的产生年代十分久远，这可以从他们居中审理案件的法庭的久远性上得到证明。人们对不同的凶杀案件进行区分和对可以宽恕的情节进行鉴别的渴望即是国家介入的动机。宗教则是另外一个推动国家介入的因素。一旦凶杀会带来“玷污”的观念得以确立，凶手就会被视为公共威胁，如此一来，在被害人的家族拒绝采取措施的情况下，社会便会采取措施来消除这种威胁。[71]发展的过程很可能是这样的：那些非故意或者感觉到自己有正当理由犯下凶杀行为的人开始诉诸宗教场所寻求庇护或者净化，并以此为理由寻求保护；但是，后来，随着诉讼和政治活动的增加，要召集整个议事会来处理每一个案件变得十分困难。因而，后来，议事会议便只负责审理最重要的凶杀案件，即那些有预谋的凶杀案件，对于那些相对较轻的凶杀案件则只由部分成员组成的小组来审理。[72]现场审理案件是十分自然的。因而，这些小的委员会经常到嫌疑人寻求庇护的现场去审理案件。当佛丢斯(Photius)将爱菲塔委员会描述为*ἄνδρες οἵτινες ερια ὀντες ἐδίκαζον*时，他显然就是说的这一点。[73]就像在后来每一个陪审法庭都可以代表整个审判团一样，爱菲塔委员会也可以代表整个亚略巴古议事会。佛丢斯的一段论述可以很好地支持这一点，他将爱菲塔委员会描述为*βεβιωκέναι ὑπόληψιν ἔχοντες*。作为亚略巴古议事会的成员，他们都是前执政官（ex－archons），这也就意味着他们在就任之前都成功地通过了资格审查（dokimasia）和审计。如此一来，这一描述就应按照它本来的意思去理解，而不能像惯常的看法那样认为它是对波利克斯的*ἀριστίνδην*的曲解。[74]

---

〔70〕 Pollux viii. 125

〔71〕 Cf. *supra*, pp. 53 ff. Cf. Glotz, *Solidarité*, pp. 227.; Gilbert, *Beiträge*, pp. 508 ff. 特雷斯顿（Treston, *op. cit.*, p. 263）认为雅典各式各样凶杀法庭的建立和阿提卡的村镇联合有关。麦瑞斯（Myres, *op. cit.*, p. 108）认为国家对凶杀案件的管辖与城邦的发展有关。

〔72〕 当时可能存在不同的审判小组，但是这些审判小组不可能同时开庭审理案件，因为各个小组每次开庭审案的时候，王者执政官都必须出席。

〔73〕 *S. v.* *ἐφέται.*

〔74〕 Cf. Myres, *Geschichte des Altertums*, II, 579.

城市公共会堂法庭，这一第五凶杀法庭，在梭伦之前的雅典的主要活动证据存在于所谓的“赦免法律”之中，这些赦免法律是在梭伦改革之前通过的。根据公元前405年在伊哥斯波塔米（Aegospotami）战役之后仿照帕特罗克莱德斯法令（the decree of Patrocleides）重新颁布的赦免法，以及保留于普鲁塔克的著作中的梭伦时期的赦免法，我们可以在相当大的程度上推定赦免法的原文。帕特罗克莱德斯法令中包含着这样的条文：

πλὴν ὁπόσα ἐν στήλαις γέγραπαι τῶν μὴ ἐνθάδε μεινάντων, ἢ ἐξ Ἀρείου πάγου ἢ τῶν ἐφετῶν ἢ ἐκ Πρυτανείου ἢ Δελφινίωι ἐδικασθη ἢὑπὸ τῶν βασιλέων, ἢ ἐπὶ Φόνῳ τς ἐστι φυγὴἢ θάνατος κατεγνώσθη ἢ σθαγεῦσιν ἢ τιράννοις.[75]

这一法律已经被明确地指出是波斯战争前夕所通过的赦免法的复制品。后半部分很明显与梭伦时期的法律一致。普鲁塔克对梭伦时期的法律是这样描述的：

ἐπιτίμους εἶναι πλὴν ὅσοι ἐξ Ἀρείου πάγου ἢ ὅσοι ἐκ τῶν ἐφετῶν ἢ ἐκπρυτανείου καταδιασθέντες ὑπὸ τῶν βασιλέων ἐπὸ φόνῳ ἢ σφαγαῖσιν ἢ ἐπὶ τυραννίδι ἔφευγον ὅτε ὁ θεσμς ἐφάνη ὅδε.[76]

这些法律基本上是一致的。也许，对于这一条款的确切描述应该是这样的：

πλὴν ὁπόσα ἐν στήλαις γέγραπται τῶν μὴ ἐνθάδε μειντων, ἢἐξ Ἀρείου πάγου ἢ τῶν ἐφετῶν ἢ ἐκ πρυτανείου ἐδικάσθη ὑπὸ τῶν

---

〔75〕 Andocides i. 78.

〔76〕 Solon, xix. 古代作家在引用的时候一般不会逐字逐句地引用，而只是用自己的语言来转述被引用的内容。普鲁塔克也不例外。Cf. Flickinger, *Plutarch as a Source of Information on the Greek Theatre*, pp. 10 ff. 因而，安多基德斯（Andocides）中的段落很可能是对原文的直接引用，而普鲁塔克的文字则只是对原文的转述，并非对原文的准确引用。

> *βασιλέων, ἢ ἐπὶ φόνῳ τίς ἐστι φυγὴ ἢ θάνατος κατεγνώσθη ἢ σφαγεῦσιν ἢ τυράννοις*.[77]

这一条款可以翻译为：

> 不管石柱上刻的是什么名字，那些正在流亡且为亚略巴古议事会、爱菲塔委员会或城市公共会堂法庭在国王们的主持下所判决的人，也就是说，如果因为谋杀、凶杀或者是僭主统治被判处流放或者是死刑的人，一概除外。

有确切的资料表明，亚略巴古议事会具有审理凶杀案件的职能，[78] 尽管希腊语词语*ἐκ τῶν ἐφετῶν* 指代的是三个法庭——帕拉度姆、代尔菲尼姆和由 51 名爱菲塔委员会成员主持的法莱图。在安多基德斯（Andocides）时代，这一词语不可能作其他解释。解释上述法律的主要问题在于决定名为城市公共会堂法庭的法庭的功能和组成。对此，存在三种理论。第一种理论主要建立在字词的顺序上。首先提及的犯罪肯定会分配给首先提及的司法机构，即亚略巴古议事会和爱菲塔委员会。那么，城市公共会堂法庭就自然而然地成了审理僭主案件的机构。希罗多德[79]曾说在塞伦叛乱时期，执掌雅典事务的是纳奥克莱瑞执行委员会（prytaneis of the naucraries），这一说法导致有的学者相信城市公共会堂法庭就是由这些执行委员会成员组成的，尽管他们通常只具有行政管理职能，但是在革命等非常时刻他们

〔77〕 关于偏离安多基德斯（Andocides）原文的原因，参见：Gertrude Smith，"The Prytaneum in the Athenian Amnesty Law，" *Class. Philol.*，XVI，346 ff.

〔78〕 上文已经表明亚略巴古议事会在梭伦之前的时期一直存在并发挥作用。普鲁塔克关于亚略巴古议事会在梭伦之前根本不存在的论断导致了许多关于这一机构的争论。关于普鲁塔克是否读过《雅典宪制》这一问题，可参看：G. H. Stevenson，"Ancient Historians and Their Sources，" *Jour. Philol.*，XXXV，219 ff.

〔79〕 Herodotus v. 71.

也拥有司法权。梅耶（Meyer）是这一理论的最坚定的支持者。[80] 他认为这一委员会即是希罗多德所说的执行委员会，也就是赦免法律当中所提到的城市公共会堂法庭。但是，即使我们承认希罗多德所说的是事实，也没有证据表明纳奥克莱瑞执行委员会是一个司法机构。塞伦的追随者毫无疑问要接受审判，但是，没有任何，哪怕是十分微弱的证据表明希罗多德认为纳奥克莱瑞执行委员会将负责这一审判。[81]

另外一些学者也持有类似的观点，他们也认为叛国案件是由位于城市公共会堂的一个法庭审理的。但是，他们坚持认为这一法庭是由 9 名执政官组成的。利普西斯认为 9 名执政官组成的机构是天然的处理政治案件的机构。[82] 按照他的观点，这一机构很可能并不仅仅是一个特别法庭，而是一个常设法庭。然而，遗憾的是，现实中没有任何证据表明执政官们曾担任法庭职务。修昔底斯描述塞伦事件的那些语言也根本就没有暗示任何审判的存在。

> ἀναστήσαντες δὲ αὐτοὺς οἱ τῶν Ἀθηναίων ἐπιτετραμμένοι τὴν φυλακήν, ὡς ἑώρων ἀποθνήσκοντας ἐν τῷ ἱερῷ, ἐφ᾽ ᾧ μηδὲν κακὸν ποιήσουσιν, ἀπαγαγόντες ἀπέκτειναν· καθεζομένους δέ τινας καὶ ἐπὶ τῶν σεμνῶν θεῶν τοῖς βωμοῖς ἐν τῇ παρόδῳ ἀπεχρήσαντο.[83]

布叟尔特认为此处提及的城市公共会堂法庭跟后来的城市公共会堂法庭一样是由王者执政官（*king archon*）和部落首领（*phylobasileis*）组成的，但在较早的时期，它是重要的国家法庭，负责审判包括试图推行暴政在内的严重的政治犯罪。在帕特罗克莱德斯法令中，曾经反复提到该法庭的这一职能，然而，布叟尔特认为这只是一种形式上的重复，因为在那时（公

---

〔80〕 *Geschichte des Altertums*, II, 354. ff. Cf. Schöll, "Die Speisung im Prytaneion zu Athen," *Hermes*, VI, 21; Müller, Eumenides, p. 157, n. 13. Gilbert, *Constitutional Antiquities*, p. 123, n. 2 (cf. P. 125)，认为城市公共会堂法庭的法官就是纳奥克执行委员会或是德拉古的新议会的常务委员会成员。

〔81〕 关于纳奥克莱罗以及希罗多德论断的正确性问题，cf. *infra*, pp. 129 ff.

〔82〕 *Op. cit.*, p. 24. Cf. Philippi, *op. cit.*, pp. 217 ff., and Lange, *op. cit.*, pp. 223 ff.

〔83〕 i. 126.

元前404年）此类案件是由民众大会（*popular assembly*）或者是民众法庭（*popular court*）负责审判的。[84] 在梭伦之前的时期，它具有非常广泛的权力，但是到公元前4世纪，它已经变成一个只具有装点意义的法庭了。布叟尔特坚持认为赦免法中的城市公共会堂法庭就是在亚里士多德时期负责审判无名杀手、动物以及其他导致人类死亡的无生命物体的法庭，在这一点上，他毫无疑问是正确的。[85] 因为，除了这个由王者执政官和部落首领组成的法庭之外，没有证据表明还有任何其他的被称为城市公共会堂法庭的法庭存在。布叟尔特在下面的这个观点上也是正确的，那就是他认为城市公共会堂法庭尽管在历史的发展中逐渐变成了一个纯粹的仪式法庭（*ceremonial court*），只涉及凶杀案件，但是在最初的时候它肯定是一个非常重要的国家法庭（*state court*）。[86] 它权力的减损发生于德拉古立法之前，它的许多重要职能都为亚略巴古议事会所取代。那种认为梭伦的立法参考了这一法庭声名显赫时期的做法的观点，是不太可靠的。

在雅典的5个凶杀法庭当中，有4个，即亚略巴古议事会和3个爱菲塔委员会法庭，曾经在赦免法当中被提到，无论是直接或者是间接的。照此推论，城市公共会堂法庭肯定就是其中的第5个。在多个凶杀法庭并存的情况下，德拉古之后的任何立法者在使用城市公共会堂法庭一词去指代其他同名但却具有不同职能或者不同组成人员的法庭时，都不可能不把它和其他的凶杀法庭相区别。而且，按常理判断，城市公共会堂法庭也不大可能会被一个规定何种人不能享受赦免待遇的条款所忽略，因为，它所处理的是一些无名杀手案件，这在当时绝对不是一种无足轻重的犯罪。

在古代的希腊社会，试图推行僭主统治是最严重的政治犯罪。塞伦事件表明，雅典人和其他普通的希腊人一样对那些试图颠覆政府的人不抱好感。当时负责处理这类犯罪的肯定是城邦中最权威的机构，任何其他的设想都是徒劳的。根据亚里士多德的观点，在较早的时期负责这类案件的机构是亚略巴古议事会：

---

〔84〕 *Staatskunde*, p. 793.

〔85〕 Cf. Lelyveld, *De infamia iure Attico commentation*, pp. 57 ff.; Verdam, *De senatu Areopagitico*, pp. 18 ff.

〔86〕 Cf. *supra*, p. 64, and *infra*, p. 117.

> 亚略巴古议事会具有宪制所赋予的保护法律的职责；但在实际当中，它负责处理政府中最大也是最重要的事务，它也有权对所有行为不端的人实施肉体上的惩罚或者给予罚款。[87]

很明显，亚略巴古议事会在当时有权处理所有的犯罪行为。亚里士多德还明确指出亚略巴古议事会在梭伦时期有权处理那些试图颠覆政府的人。

> 梭伦授予亚略巴古议事会以监护法律的职责，所以，它仍像以前那样充当着总体上的宪政监护人的角色。在所有的最重要的事件当中，它都有权对市民们实施监控并纠正他们的违法行为，也有全权对其实施肉体上的惩罚或者是给予罚款。它所得到的罚款都上缴到雅典卫城，而对于受处罚的人则不需要给予任何理由。它还有权审理那些合谋推翻政府的人，梭伦还发展出了一套弹劾程序来处理此类罪犯。[88]

根据亚里士多德的描述，在公元前 462 年，地米斯托克勒斯（*Themistocles*）曾预料自己将会在亚略巴古议事会前受审。[89] 这种预料在后来成为了他参与反对亚略巴古议事会的权力的动机。[90] 在喀罗尼亚（*Chaeronea*）战争之后，亚略巴古议事会也曾经逮捕和处死政治犯（*political wrongdoer*）。[91] 如果亚略巴古议事会的确有权力，看起来似乎也是毫无疑问的，处理试图推翻现行秩序的人，那么，就没有必要在城市公共会堂法庭另设除了凶杀法庭之外的法庭。因为，潜在的僭主可以由亚略

〔87〕 *Ath. Pol.* iii. 6（Kenyon 的翻译版本）。这一段指的是德拉古之前的时期。

〔88〕 *Ibid.*，viii. 4.

〔89〕 *Ibid.*，xxv.

〔90〕 参考 Didot，*Orators Attici*（II. 484）对这个故事的阐述。

〔91〕 Lycurgus *Con. Leocratem*，52.

巴古议事会审判。[92]

关于"国王们"（*the kings*）的身份存在多种理论。有的学者把ὑπὸ τῶν βασιλέων仅仅解释为ἐκ πρυτανείου，认为它并不包含其他的法庭。[93] 根据这种解释，此处的"国王们"所指的只是构成城市公共会堂法庭的仪式法庭（ceremonial court）的王者执政官和部落首领。[94] 在德拉古的凶杀法律当中可以发现支持这一观点的证据，在那里，τοὺς βασιλέας指的是城市公共会堂法庭法庭活动之外的王者执政官和部落首领。[95]

接着，赦免法列举了那些不能享受赦免待遇的罪犯，他们包括那些因为凶杀而被5个凶杀法庭中的任何一个判处流放的人和那些因为试图推翻政府而被亚略巴古议事会判处流放的人。按照这种叙述，亚略巴古议事会就具有了双重职能：凶杀法庭的职能和审理严重政治犯罪的法庭的职能。[96]

在梭伦之前的雅典，关于凶杀法庭的情况可以大致总结如下：亚略巴古议事会负责审理谋杀案件，并且，至少是在后来，也负责审理故意伤害和纵火案件。[97] 帕拉度姆由51名爱菲塔委员会成员主持，负责审理没有预谋的凶杀；代尔菲尼姆则负责审理牵涉正当杀人的案件；法莱图则负责

---

〔92〕 Vinogradoff, *op. cit.*, p. 181："在公元前405年的帕特罗克莱德斯法令中，亚略巴古议事会被委任以起诉那些图谋推行僭主统治的人的职责。"他说此类审判由王者执政官主持。

〔93〕 Cf. Verdam, *op. cit*.

〔94〕 *Ath. Pol.*, lvii. 撒奥坡（Sauppe）关于国王们的解释颇具新意。部落首领们具有审理过失杀人罪的职责。这类案件在帕拉度姆审理。因此，由于梭伦的法律和公元前404年的法令都没有提及帕拉度姆，那么，该词一定指的是帕拉度姆，紧随其后的ἐπὶ φόνῳ τίς ἐστι φυγὴ则一定是指过失杀人。为使这种说法更加合理，撒奥坡（Sauppe）保留了ὑπό τῶν βασιλέων前的ἢ，同时删除了ἐπὶ φόνῳ前的ἢ。法令的剩余部分则是民众法庭对国内争斗和试图推行僭主统治的人的判决。*Symbolae ad emendandos oratores atticos additae sunt*（Göttingen, 1874）.

〔95〕 Cf. *infra*, p. 118. 在德拉古法典之中，它只是作为一个凶杀案件开庭之前的审前调查程序中的咨询机构而被提及。

〔96〕 斯塔尔（Stahl, *Rhein. Mus.*, XLVI (1891), 250, 481）声称亚略巴古议事会成员负责审理僭主案件，但是他们行使这一职能的场所是城市公共会堂法庭。伍尔代姆（Verdam, *op. cit.*）对此持不同的观点，他认为这里所提及的亚略巴古议事会仅仅负责在亚略巴古议事会审理政治案件。按照他的观点，亚略巴古议事会并没有被提到具有凶杀法庭的职能。

〔97〕 Aristotle, *Ath. Pol.*, lvii; Pollux viii. 117 – 20.

审理那些因犯下没有预谋的凶杀而被放逐的人所犯的有预谋的凶杀。第5个凶杀法庭，即城市公共会堂法庭，负责审理无名凶手、动物以及其他导致人类死亡的无生命的物体。这一仪式法庭由王者执政官和部落首领组成。[98]

德拉古关于凶杀的法律是我们了解他那时和他之前时期的雅典凶杀法庭的实践和程序的主要信息来源。实际上，对于德拉古的法律，除了涉及凶杀的那部分之外，我们知之甚少。这是由于，尽管德拉古制定了一整套法典并一直使用至梭伦改革，但是，梭伦废除了德拉古除凶杀之外的所有法律。[99] 故而，这些凶杀法律得以沿用，并于公元前409－公元前408年得以重修和重新颁行。由于这些法律同宗教的紧密联系以及雅典人著名的宗教保守主义，我们可以十分肯定地断定重修的范围并不大，只是在必要的范围内对法律进行修正以使其同已经变化了的司法制度相适应。石刻已经遭到严重毁坏，但是在德摩斯梯尼[100] 的记述的辅助之下，我们还是可以

---

〔98〕 古代许多作家都曾经试图确定各个法庭的成立日期。鲍萨尼阿斯（Pausanias）（i. 28. 8 ff.）认为帕拉度姆成立于特洛伊勇士们从特洛伊归来的时候，代尔菲尼姆成立于特修斯时期，与帕拉度姆和他儿子的被杀有关，位于法莱图的法庭建立于特莱约塞（Treucer）为他杀戮阿伽克斯的指控辩护时，城市公共会堂法庭则起源于审判用来在宙斯神坛（Zeus Polieus）屠杀公牛的斧头的宗教仪式。不过，鲍萨尼阿斯在描述赛西人针对砸死人的塞恩艮俄斯（Theagenes）雕像所采取的行动时（vi. 11. 6），似乎把城市公共会堂法庭的建立归功于德拉古，德拉古在他关于凶杀的法律当中规定致人死亡的无生命物体应被抛弃到边界之外。鲍萨尼阿斯毫无疑问已经意识到德拉古在此只是把已有的实践付诸了文字而已。

〔99〕 Aristotle, *Ath. Pol.* vii. 1. Cauer in 1989（"Uber die Gesetzgebung Drakons" Verhandl. der 40. *Philol. Vers. Zu Gōrlitz* [1890]）认为德拉古的功绩仅仅限于凶杀法律。Linforth, *Solon the Athenian*, p. 276，也同意这种观点。另外一些学者则认为德拉古完全是传说中的人物，被描绘为具有司法执政官的职能。Garofalo, Les Nóuol de Dracon. Cf. Glotz, *Solidarité*, p. 301, n. 2.

〔100〕 xxiii. 28, 37, 44, 51, 53, 60；xliii. 57.

相当确定地还原这些石刻的主要部分。[101] 还原的法典表明，其中的处置无预谋的凶杀和正当杀人的部分是如此的完善以至于从控告到判决都有相应的程序可循。

在相当大程度上，德拉古的立法仅仅只是把他那时在雅典流行的实践形诸文字而已。[102] 这可以从以下事实当中看出，那就是他的法典忽略了许多极为关键的事情。例如，他没有对受害者亲属在发起控告时所发的誓言的性质和目的作出规定。说明这种誓言在当时肯定已经在现实中存在。[103] 此外，他没有就向所谓的杀人犯宣布的禁令的措辞作出规定的事实也说明这一禁令在当时已经为人们所知悉和运用。[104] 同样，他没有提到王者执政官对这一禁令的参与的事实也进一步说明了这一点。[105]

恢复后的文件的原文是这样的：[106]

Διόγν[ε]τος φρεάρριος ἐγραμμάτε[υε

Διοκλε̂ς ἐρχε

῎Ε]δοχσεν ε̂ι βαυλε̂ι καὶ τо̂ι δέμο[ι]' ᾿Ακα[μ]αντ[ὶς ἐπρυτάν]ευε,

[Δι]ό[γ-

νετος ἐγραμμάτευε, Εὐθύδικο[ς ἐπεσ]τάτε, [Χσ]ε[νοφ]-

---

〔101〕 *CIA* i. 61; Dareste, Haussoulier, Reinach, *Recueil des inscriptions juridiques grecques*, II (No. 21), 1; Michel, *Recueil*, No. 78; Dittenberger, *Syllogy*, No. 52; Roberts - Gardner, *Introduction to Greek Epigraphy*, II, 25; Konler, *Hermes*, II, p. 27; Philippi, *Jahrb. F. Phil.*, CV, 577; *Der Areopag und die Epheten*, pp. 333 ff.; Hicks and Hill, *Greek Historical Inscriptions*, No. 78; Bergk *Philologus*, XXXIII, 669; Ziehen, *Rhein. Mus.*, LIV, pp. 321 ff.; Ledl, *Wiener Studien*, XXXIII, 1 ff. Cf. Treston, *op. cit.*, pp. 192 ff. 关于对德拉古法律的讨论，Cf. Busolt - Swoboda, *Staatskunde*, pp. 805 ff.

〔102〕 Busolt - Swobada, *Staatskunde*, p. 808，指出尽管德拉古的立法依赖于古老的实践，但是，和荷马时代相比，进步巨大。

〔103〕 *CIA* i. 61. 16 ff.

〔104〕 *Ibid.*, 11. 20 ff. 当然，标准的禁令措辞在那时很可能并不存在。Cf. Demosthenes, xx. 158; Pollux viii. 66.

〔105〕 *Ibid.*, 11. 20 ff. 亚里士多德明确的表明禁令由王者执政官负责宣布（*Ath. Pol.* lvii. 2; cf. Pollux viii. 90）。鉴于凶杀法庭在程序上的保守特征，亚里士多德的看法很可能也适用于较早的时期。

〔106〕 此处的引用是根据 Dareste（*op. cit.*）。这一引用文本在总体上也为 Dittenberger（*op. cit.*）所遵循。

άνες ε[ἴ]πε' [τ]ὸ[ν Δράκοντος νόμον τὸμ περὶ τ ô Φ[όν]ο ἀν[α]γρα[Φ]σά[ν]τ[ον οἱ ἀ]ν[ά- γρ]αφê- ς τõν νόμον, παραλαβόντες παρὰ τô [βασιλέος μετὰ τô γραμμ]ατέο ς τε̂ς βουλε̂ς ἐστέλει λιθίνει κα[ὶ κ]α[τ]α[θ]έ[ν]τ[ονπρόσθεν τ] ε̂[ς] στο ᾶς τε̂ς βασιλείας, οἱ δὲ πολεταὶ ἀ[π]ομ[ισθοσάντον κατὰ τὸν νό]μ- ν, οἱ δὲ ἑλλενοταμίαι δόντον τὸ ἀ[ργύριον.

Πρôτος ἄχσονν´

Καὶ ἐὰμ [μ'] ἐκ [π]ρονο[ία]ς[κ]τ[ένει τς τινα, Φεύγεν, δ] ι- κάζεν δὲ τὸς βασιλέας αἰτ[ι] ô[ν] φό[νο] ε̂ [ἐὰν τις αἰτιᾶται hος βου]λ- εύσαντα, τὸς δ[ὲ] ἐφέτας διαγν[ô ναι' Αἰδέσασθαι δ'ἐὰμ μὲν πατὲρ]ε̂- ι ε̂ ἀδελφὸ[ς] ε̂ hυε̂ς, hάπα[ντας], ε̂ τὸ[ν κ]ο[λύοντα κρατε̂ν´ ἐὰν δὲ μὲ ho]ῦ- τοι ὀσ[ι, μ]έ[χ]ρ' ἀ [ν]εφ[σι]ότ[ε]τος κ[αὶ ἀ νεφσι ô, ἐὰν hάπαντες αἰδέσα]σ- θαι ἐθέλοσ[ι], τὸν hό[ρκ]ον [ὀμόσαντας´ ἐὰν δὲ τούτον με δ' hε̂ς ε̂ι, κτε- νει δὲ ἄκο[ν], γ[ν]ôσ[ι δ]ὲ h[οι πεν]τ[έκοντα καὶ hε̂ς hοι ἐφέται ἄκοντ κτε̂ναι, ἐσέσθ[ο]ν θέ[κα hοι φράτερες ἐὰν ἐθέλοσιν´ τούτος δ]ὲ [hο- ι πεντέκο[ν]τ[α καὶ] hε̂ς ἀρ[ι]σ[τίνδεν hαιρέσθονν´ Καὶ hοι πρό]τε[ρ- ον κτέ[ν]α[ντες ἐν τ]ô[ιδε τ ôι θεσμ ôι ἐνεχέσθον. Προειπε̂ν δὲτôι]κ-

τέ[ναντι ἐν ἀ]γορ[ᾶ ι, ἐντ]ὸ[ς ἀνεφσιότετος καὶ ἀνεφσι ὅ' συνδιόκε]ν

δὲ[καὶ ἀνε]φσ[ιὸς καὶ ἀνεφσι ὂν παῖδας καὶ γαμβρὸς καὶ πενθερὸ]ς [κ-

αι φ[ρά]τ[ε]ρ[ας ……

……τὸς πεκτέκοντα κα]ὶ

ἐνα hὸν ἂν φ]όνο

hε[λ]ὸσ [ι Ἐὰν δέ τις]τ-

ὸ[ν ἀνδροφόνον κτένει ἒ αἴτιος ἐι φόνο, ἀπεχόμενον ἀγορᾶς ἐφ]ο-

ρί [α]ς καὶ ἄθλον καὶ hιερῶν ἀμφικτυονικῶν, ὅσπερ τὸ ν Ἀθεναῖ]ον [κ-

[τέναντα ἐν τοῖς αὐτοῖς ἐνέχεσθαι' διαγιγνόσκεν δὲ τὸς ἐφ]έτα[ς.

Τὸς δὲ ἀνδροφόνος ἐχσεῖναι ἀποκτένεν καὶ ἀπάγ ἐν]τε̑[ι]ἐμε[δ-

[απεῖ, λυμαίνεσθαι δὲ μέ, μεδ' ἀποινᾶν, ἒ διπλῶν ὀφέλεν hόσ]ο-[ν ἂνκ-

[αταβλάφσει……

Ἐὰν δέ τις ἄρζαντ]α χε[ρ-

ὸ[ν ἀδίκον κτένει ἐὰν] ἀέκον κ-

έ[νει, δικάζεν δὲ τὸς βασιλέας αἰτι ὂν φόνο, διαγνῶναι δ]ὲ τὸς ἐ-

[φέτας. Καὶ κατὰ ταὐτὰ φόνο δίκας εἶναςδὸλον κτέναντι] ἒ ἐλεύθ-

ε[ρ]ο[ν. Ἐὰν δέ τις φέροντα ἒ ἄγοντα βίαι ἀδίκος εὐθὺς ἀμυν]όμεν-

ο ς κτ[ένει, νεποίνει τεθνάναι.

………………………………………………………………………………

……hὸς ἂν……………………………………… ἒ μετ]απ[ο] έ-

σει]……

法莱阿胡斯（Phrearrhus）的狄奥格内图斯（Diognetus）是秘书
狄奥克莱斯（Diocles）是执政官

议会（senate）和民众集会（assembly）的决议。部落阿卡曼提斯（Acamantis）是当值主持的部落（the prytanizing tribe），狄奥格内图斯为秘书，伊由塞迪卡斯（Euthydicus）为主席（chairman），色诺芬尼（Xenophanes）提出的动议。让委员们从国王和议事会的秘书那儿获知德拉古关于凶杀的法律，并将其刻在石柱之上。让他们把这根石柱立在国王的门廊之前。让颇莱塔（Poletae）依法雇人从事这项工作，让海伦诺塔弥阿（Hellenotamiae）提供所需的金钱。

第一个轴突（first axon）。

尤预谋杀人者以及被判试图杀人者，应被流放，由国王们（the kings）决定凶杀的性质，由爱菲塔委员会给出判决。

死者的父亲、兄弟和儿子可以决定宽宥凶手，如果他们一致同意。否则，不同意的人可以阻止宽宥。但是，如果死者没有上述亲属，那么死者的第一代表兄弟、堂兄弟以及其他更近的亲属（the relatives up to and including first cousins）可以行使宽宥的权利，如果他们一致同意，并且就此起誓。但是，如果上述亲属皆不存在，并且犯下无预谋凶杀的人和51人法庭（the Fifty－one），也就是爱菲塔委员会，都认为他犯的是无预谋凶杀，那么，则让10名胞族成员（ten phratry members）接纳其回乡村，如果他们一致同意。这10名胞族成员由51人法庭以生日为基础进行挑选。那些在本法颁布以前犯下凶杀的人也应按照本法承担责任。

死者的第一代堂兄弟、表兄弟以及其他更近的亲属应在集市上宣读对凶手的禁令。

堂兄弟、表兄弟（cousins）以及他们的子女（children of cousins）以及女婿（sons－in－law）以及岳父和家翁（fathers－in－law）以及氏族的成员可以参加控告（prosecution）。

杀死杀人犯的人以及其他对杀人犯的死负有责任的人，将面临和杀死普通雅典人一样的惩罚，如果杀人犯被杀死的时候并没有进入边界市场（border markets）、竞赛（games）或者联盟仪式（Amphictyonic rites）。判决由爱菲塔委员会作出。在自己的地盘上，人们可以杀死杀人犯或者将其捆绑至法庭，但是不允许借机对杀人犯进行虐待或者敲诈。如有违反，将以双倍损失惩罚违反的人。

如果一人杀死另一人，且另一人是主动攻击者（比如，在争吵当中）……如果这一凶杀是非预谋的，由国王们决定凶杀的性质，由爱菲塔委员会给出判决。无论被杀死的是一名奴隶还是一名自由民，都遵循同样的程序。

如果一人在保护自己的过程中当场杀死另外一人，且另外一人正试图当场不正当地强行夺取其财产，那么，对这一杀戮不加惩罚。

审理非预谋的凶杀的第一步就是在集市上进行公告，禁止被告人进出集市和庙宇。这一禁令的目的在于防止公共场所和宗教仪式被玷污。这一公告由王者执政官应死者的近亲属的请求而作出。法典在此并未提及王者执政官，但是亚里士多德曾明确地指出在他所处的时代负责进行公告的就是王者执政官。〔107〕鉴于凶杀法庭在程序方面的保守性，亚里士多德的论断很可能也适用于较早的时期。法典之所以在这件事情上保持沉默，是因为王者执政官在德拉古之前就已经开始负责宣布这一公告以及类似的关于具有玷污性质的人的公告。〔108〕公告的措辞之所以被忽略，毫无疑问也是因为它年代久远并已经为人们所熟知。公告的大体内容在几处地方都有记载。〔109〕

---

〔107〕 *Ath. Pol.* lvii. 2. Pollux viii. 90，明显引用的是亚里士多德的论述。菲力比（Philippi）在亚里士多德的论文被发现之前，对波利克斯的观点提出反对，并解释说亲属们只有在向王者执政官提出控告并获得许可之后才可以宣布禁令。

〔108〕 *Supra*, p. 111.

〔109〕 Demosthenes xx. 158. Cf. Pollux viii. 66.

到底在多大范围内的亲属才被允许发起诉讼，对此存在一些争议：***προειπὲν δὲ τôι κτέναντι ἐν ἀγορᾶι ἐντὸς ἀνεφσιότετος καὶ ἀνεφσιô***.[110] 但是，利普西斯的解释似乎是最合理的。以德摩斯梯尼的一段论述为基础，***ἐὰν δὲ μηδετέρωθεν ᾖ ἐντὸς τούτων***，[111] 他认为***ἐντός***意为"至于并包括"（up to and including）。[112] 在此，***ἐντός***等于先前论述***ἐὰν δὲ μὴ ὦσι πρὸς πατρὸς μέχρι ἀνεψιῶν παίδων***中的***μέχρι***。卫塞（Wyse）已经雄辩地证明***μέχρι***可以、而且在某些时候必须被解释为"至于并包括"。如此一来，那些可以发起诉讼的人就包括：父亲（father）、兄弟（brother）、儿子（son）、兄弟姐妹的子女（the children of brothers and sisters）、叔伯舅（uncle）以及第一代堂兄弟和表兄弟（first cousins）。在***ἀνεφσιότετος***后增加比较具体的***ἀνεφσιô***显然是为了限制抽象的***ἀνεφσιότης***的意义，因为如果不加限制，它会很容易被理解为比第一代堂兄弟和表兄弟更广的关系。尽管对最初的参与起诉的限制是比较严格的，但是，所有的亲属，甚至氏族的成员，都可以自由地参加控告：***συνδιόκεν δὲ καὶ ἀνεφσιὸς καὶ ἀνεφσιôν παῖδας καὶ γαμβρὸς καὶ πενθερὸς καὶ φράτερας***.

在宣布禁令之后，国王们[113]便开始对案件进行审前调查，以初步判断凶杀的种类，因此，也决定由哪个法庭来审理该案：***δικάζεν δὲ τὸς βασιλέας αἰτιôν φόνο***。[114] 现在我们已经确知，在晚些时候，会进行持续3个月的3种调查，而案件的审判则在第四个月的最后三天进行。[115] 在公元前4、5世纪，这种初步的调查被称作***προδικασίαι***。案件到底由哪个法庭审理就是根据审前调查所获得的证据来决定的。在实际的审判当中，由51名爱菲塔委员会成员担任法官：***τὸς δὲ ἐφέτας διαγνôναι***。

---

〔110〕 20 ff.

〔111〕 xliii. 51. Lipsius, *op. cit.*, p. 557; *Jahresbericht ǔber die Fortschritte der klassischen Altertumswissenschaft*, XV, 291.

〔112〕 *The speeches of Isaeus*, pp. 566 ff. 菲力比认为*ἐντός*只有两种意思：即"在……范围之内"和"达到但不包括"，在这一段落中，应按第二种意思进行理解（*Der Areopag*, pp. 70 ff.）。Cf. Busolt, *Geschichte*, II, 230; Dareste, *op. cit.*, p. 15; De Sanctis, *op. cit.*, 181.

〔113〕 "国王们"（the kings）应被理解为王者执政官和部落首领们。Cf. *infra*, p. 117.

〔114〕 11 f. Cf. Philippi, *op. cit.*, p. 85.

〔115〕 Antiphon vi. 42; Pollux viii. 117.

关于在此提到的国王们（the kings）的具体身份，存在四种理论：（1）包括9名执政官，至少是前3名；[116]（2）部落首领或者说克里斯提尼之前的部落的国王们；[117]（3）仅仅指王者执政官；[118]（4）包括王者执政官和部落首领。[119]针对第一种理论，一个反对意见就是：在执政官被确定为一年任期之后，在正式的官方文件中将其称为国王是不可想象的。如果在公元前409–公元前408年，当法律被刻在石柱上以方便运用的时候，这一词语真的是如此解释的话，那么，它的词义肯定是被修正过的，因为在那时的实践当中，王者执政官负责主持凶杀法庭，人们看到这一词语的时候也很自然地只会想到王者执政官。对此种理论的另一个反对意见就是，一个由王者执政官主持的由9名执政官组成的法庭是不可想象的。因为，在这样的情况下，当然的主持人会是名年执政官*（archon eponymous）。至于这四种理论中的第二种，则几乎可以忽略不计，因为无论是王者执政官单独主持还是他和部落首领联合主持，他们都会包括在内。第三种理论从语法的角度看也不值得接受，尽管有学者试图将其中的复数解释为“继任的王者执政官们”。[120]一些学者之所以相信这种理论是因为安提福恩（Antiphon）在其晚期的一次演讲中曾经明确地指出王者执政官在凶杀案件当中负责初步的调查。[121]在他的这段演讲当中，并没有提及部落首领。然而，这并不能绝对地表明在凶杀案件当中负责审前调查的只是王者执政官自己。即使部落首领参加了这一调查，但最后作出决定并将案件交付法庭的仍然是王者执政官。从这一意义来讲，也可以说王者执政官是单独负责

---

〔116〕 Curtius, *Berichte d. Berl. Akad.* （1873）, pp. 288, 290.

〔117〕 Wachsmuth, *Stadt Athen*, I, 469 ff.

〔118〕 Köhler, *Rhein. Mus.*, XXIX, 8; Lange, *op. cit.*, p. 43; Philippi, *op. cit.*, pp. 233 ff.; Busolt, *Geschichte*, II, 159, n. 1; Gilbert, *Beiträge*, p. 489, n. 2.

〔119〕 Schoemann, *Jahr. f. kl. Phil.*, CXI, 153 ff.; CXIII, 16 ff.; Lipsius, *Das Attische Recht*, p. 26; Treston, *op. cit.*, pp. 195 ff.

* 在雅典的9名执政官包括1名各年执政官、1名王者执政官、1名军事执政官、6名司法执政官。其中，各年执政官位居9大执政官之首，又称首席执政官。雅典人纪年用的是各年执政官的名字。——译者注

〔120〕 在柏拉图的《美涅克赛努》（*Menexenus*, 238 D）中，复数形式的βασιλῆς通常被认为指的是王者执政官们。Cf. Shorey, *Class. Philol.*, V, 361.

〔121〕 vi. 42.

调查的，安提福恩在其演讲中所指的恐怕也是这一点。第四种理论，也就是认为王者执政官和部落首领相结合的理论，可以得到语法上的复数的支持，并且这一复数除了王者执政官和部落首领之外也不可能指代其他的主体。因而，大致的发展过程也许是这样的。至少在阿提卡统一之时，部落首领已经成为元老院（Council of Elders）的成员，但是作为一个集体，它在元老院中远比其他成员更加重要。此外，在爱奥尼亚式部落形成之时，部落首领们也演变成为一个重要的国家法庭，很可能是为了处理部落间的纠纷。他们由国王传召，并在国王的主持下处理案件。远在国家大规模介入凶杀案件之前，据推测由部落首领们组成的法庭已经开始审理涉及来自不同部落的成员的凶杀案件。这样一来，他们就同凶杀案件有着十分确切的早期联系。作为元老院的成员，国王很自然地会就那些准备交付元老院的事项征求他们的意见，这些事项包括各种各样的国家事务，在许多时候，也不可避免地会涉及与凶杀有关的各种事项。就这一点而言，部落首领们类似于一个咨询委员会。随着玷污观念的产生和国家对凶杀案件的大规模介入，许多具体的法庭就被建立起来以处理不同种类的凶杀案件。[122] 部落首领们在审前调查当中继续充当着咨询委员会的角色；也就是说，他们帮助决定凶杀的性质，并进而帮助决定案件的具体审理法庭。而王者执政官，则继续像他们先前的王室先驱一样，负责将案件在适当的准备之后交给亚略巴古议事会或者某一个新建的法庭。

某些类型的凶杀案件根本就没有机会走上法庭。如果凶手不能确定或者死亡是由动物或者无生命物体导致的，纯属意外，那么，案件就不可能再继续下去。在这些案件上，不可能存在名副其实的审判。部落首领们作为一个整体负责决定死亡的原因是否由动物或者无生命物体所导致。因而，他们也负责宣判那些已经被玷污的动物或者无生命物体，并将其运至边境以外。此外，对那些不知名的杀手，他们也负责宣布禁令。在王者执政官主持之下的以这种身份出现的部落首领们就是第五凶杀法庭：城市公共会堂法庭。

德拉古并没有具体说明非预谋的凶杀在何处审判，但是毫无疑问应是

---

〔122〕 参见荷马时代与凶杀有关的审判场景，*supra*，p. 32。

在帕拉度姆进行，就像后来那样。*τῶν δ' ἀκουσίων καὶ βουλεύσεως, κἂν οἰκέτην ἀποκτείνῃ τις ἢ μέτοικον ἢ ξένον οἱ ἐπὶ Παλλαδίῳ.*[123]对非预谋凶杀的惩罚是一种无固定期限的流放。被放逐的人不仅不能进入阿提卡，而且也必须远离泛希腊集会（pan - Hellenic gatherings）：*ἄθλων καὶ ἱερῶν*。在某些特定情况下，放逐可以被中止。[124] 如果被害人有父亲、兄弟或者儿子，如果他们一致同意，他们可以宽宥杀人者，重新接纳其回到城邦。但是，如果没有上述亲属，可以将亲属的范围扩大到第一代堂兄弟、表兄弟（first cousins）。不过，在这种情况下，凶手如想得到宽宥，也必须得到上述亲属的一致同意。而且，在后一种情况下还存在一个额外的规定，那就是，受害者的亲属们必须起誓。誓言的性质法律没有具体规定，毫无疑问是因为这种誓言已经长期存在，为人们所熟知。誓言的目的很明显是为了证实起誓人和受害者的亲属关系[125]，因为当受害者没有任何亲属时被挑选出来行使宽宥权利的氏族成员并不需要起誓。[126] 当受害人没有任何亲属的时候，由51名爱菲塔委员会成员挑选出来的10名氏族成员负责考虑是否宽宥凶手。关于宽宥的条款也具有溯及力，无论是在德拉古的法律颁布之前还是之后被流放的人，都可以平等运用这个条款给予宽宥。[127] 对于那些被判有罪的凶手以及那些因被怀疑涉及凶杀而为禁令所限制的人，[128] 只要他们不私自返回并远离雅典人经常光顾的集会场所，他们就可以像其他生活在国外的雅典人一样获得生命安全保障。任何将其杀死的人在返回雅典的时候都必须面临和普通凶杀一样的惩罚。但是，如果任何被放逐的人在

---

〔123〕 Aristotle *Ath. Pol.* lvii. 3; Demosthenes xxiii. 71; Harpocration, *s. v.* *βουλεύσεως*; Philippi *op. cit.*, pp. 29 ff.

〔124〕 Cf. Demosthenes xliii. 57.

〔125〕 在后来的凶杀案件当中，控告方也需要作类似的宣誓（Demosthenes xlvii. 72）。

〔126〕 *CIA* i. 61. 16 ff. 即使是被害人的亲属也不能对有预谋的凶杀给予宽宥。对有预谋凶杀的惩罚是死刑或*ἀειφυγία*。

〔127〕 把这一条款和格尔蒂法典的规定相比十分有趣，格尔蒂法典在任何情况下都不具有溯及力。

〔128〕 德摩斯梯尼（Demosthenes xxiii. 29 ff.）认为这一段当中的*ἀνδροφόνους*仅仅指“被判有罪的杀人犯”。但是这一观点不仅不能得到吕西亚（Lysias）（x. 7）对该词的用法的支持，而且德摩斯梯尼本人在同一讲演（80）的后面的一部分也对该词有不同的用法。Cf. Lipsius, p. 943, n. 4.

其放逐被终止以前返回阿提卡，他也将面临死刑的惩罚。

对于法典的这一部分，存在一些误解。很久以前，海莱尔图斯（Heraldus）提出建议说，被放逐的人只有在抗拒逮捕的情况下才可以被杀死。[129] 这一建议是由于这样一种信念，即认为文明的雅典人不会在没有正当和充足理由的情况下，残酷地进行杀戮。泰尔汉姆（Thalheim）[130] 也惊奇地发现，尽管在当时杀戮是允许的，但是虐待却是被禁止的。一些学者[131] 认为ἀπάγειν 意为“使成为奴隶”。另外一些学者则认为杀死或者逮捕流放者的权利只限于被害人的亲属。在这一部分法律中并存着原始的对待不法分子的方法，即当场杀戮的方法和较为文明的对待不法分子的方法，即在逮捕和询问之后再行处罚的方法，这种并存是导致误解的重要原因。从流放中非法返回是应处死的罪行。按照古老的传统，任何人都可以执行这一刑罚，如果他愿意冒险去杀死一个身处绝境的人。另外，任何人也都可以将非法返回者送交给合适的官方机构，在适当的询问之后再行处罚。我们可以肯定，即使在德拉古所处的时代，也很少有人愿意冒险，去直接处死非法返回者。德摩斯梯尼在讨论这一部分法律时曾明确地暗示，在公元前4世纪，对非法返回者执行死刑的人通常是司法执政官。由于此时的处罚针对的并非是原来的杀人行为，而是从流放中非法返回的行为，因而，处罚的权利绝对不可能只限于被害人的亲属。[132] 同样，当时也绝对不会存在将流放者变为奴隶的可能，因为，作为杀人凶手，他已经被玷污了。[133]

从雅典司法史的角度来看，关于法典这一部分的讨论都模糊了当时雅典司法的一个重要特征。允许任何公民杀戮非法返回的流放者，德拉古显然是在他的法典中包含了一个非常古老的做法。但是，他同时规定的允许

---

〔129〕 Kennedy, *Demosthenes*, *Orations*, III, 176, n. 2, 引自海莱尔图斯（Heraldus）的说法。

〔130〕 Rechtsalterthǘmer, p. 50. 虐待在当时被禁止，因为虐待很可能被用来实施敲诈。

〔131〕 Dareste, Haussoullier, Reinach, *op. cit.*, I, 18. Cf. Usteri, *Aechtung und Verbannung im Attischen Recht* (1903), p. 9.

〔132〕 Dareste, Haussoullier, Reinach, *op. cit.*, I, 18. 这种看法已基本上被抛弃。Cf. Lipsius, *op. cit.*, p. 604; Usteri, *op. cit.*, p. 9.

〔133〕 Desmosthenes xxiii. 31－32，认为ἀπάγω意为“通过简洁的ἀπάγωγή程序囚禁并将其交给当局”。Cf. Gilbert, *Constitutional Antiquities*, p. 387; Lipsius, *op. cit.*, p. 604.

人们将非法返回者先行逮捕，然后再由官员进行审判的做法却无疑是一个明显的进步。这一进步显然是为了适应一个更加文明的时代的要求。此时，国家介入并惩罚非法返回者的原因不再是因为他们的原始犯罪——凶杀，而是因为，由于已经被玷污，他们已经成了公共威胁。不过，乌斯泰瑞（Usteri）认为国家的介入是因为另外的原因。他认为，非法返回者之所以受到惩罚是因为蔑视法律，从而激怒了社会。[134]但无论如何，所有处在放逐中的杀人犯总是被排除在赦免[135]之外的事实都说明“玷污观念”是国家介入的重要原因。一旦流血会导致玷污的观念在社会上流行起来，社会成员就肯定会采取充分措施来避免和杀人犯之间的近距离接触，以保护自己。德拉古的规定所体现的正是当时的公共利益在这件事情上的反映。对罪犯进行逮捕和控告的人代表的是整个社会。这是当时社会上占统治地位的规则，即只有受害者才能提起控告的规则的一个特例。

有一种反对意见认为，通过送交有关官员来将犯罪分子绳之以法的人并不是真正的控告者，只不过是举报人而已，因为被放逐者已经在法庭上被判有罪。但是，问题在于被放逐者私自返回阿提卡，已经触犯了新的法律。相应地，有关当局在对其进行定罪的时候肯定也会采取相应措施来证实被逮捕的人的确已经触犯了法律。这至少要证明被逮捕人的真实身份，而且，在他否认的情况下，还要证明他的确是在阿提卡的领土范围内被逮捕的。这一查证过程，无论多么简单多么非正式，都毫无疑问是一场审判。将犯罪嫌疑人逮捕送官并证明相关事实的人无疑就是实质意义上的代表整个社群的控告者。由此产生的诉讼也毫无疑问地具有标准的公共诉讼的所有核心特征。[136]

有迹象表明，这并不是法典当中唯一偏离普遍规则（即只有受害人才

---

〔134〕 Usteri, *op. cit.*, p. 9

〔135〕 关于波斯战争前夕和伊哥斯波塔米战役之后梭伦赦免法的重新颁行（Andocides i. 78.），cf. Plutarch（*Solon*, xix）。在推翻三十寡头（the Thirty）之后，杀人犯罪被排除在赦免之外（Aristotle *Ath. Pol.* xxxix. 5.）。Cf. Bonner, *Class. Philol* XIX, 175.

〔136〕 格特鲁德·史密斯（Gertrude Smith, *Class. Philol.*, XVII, 197）第一次使人们开始关注德拉古法典的这个特征。Cf. Adcock in *CAH*, IV, 30 f.：“如果被放逐的杀人犯返回阿提卡后仍不被宽宥，那么他将被处死或被拉去接受审判，但他不会遭到伤害或者敲诈。”卡尔豪对此有不同观点，cf. *Criminal Law*, p. 68, n. 42.

能对加害者提出控告的规则）的规定。法律禁止对被放逐的人进行虐待或者敲诈，否则，将不得不面临其所造成损害的双倍惩罚。在这一部分石刻的缝隙（lacuna）上（l. 31），对这一程序显然作了阐明（有 79 个字母已经遗失）。在德摩斯梯尼所引用的版本中，规定是这样的：εἰσφέρειν δ' ἐς τοὺς ἄρχοντας，ὧν ἕκαστοι δικασταί εἰσι，τῷ βουλομένῳ. τὴν δ' ἡλιαίαν διαγιγνώσκειν.[137] 由于对陪审法庭有所提及[138]，这表明它显然不属于德拉古立法，而且，也不属于梭伦法典。如果这一规定是真实的，那么，它肯定来自克里斯提尼之后的一次修订。但无论如何，原始的版本肯定和这一规定相差不大。暴行（即原始杀戮行为）的受害者由于已经受到玷污和ἄτιμος，被禁止出席法庭以请求赔偿。在这种情况下，最好的选择就是允许任何人都可以提出控告，就像德摩斯梯尼时的法律所规定的那样。我们可以进行大胆地猜测，认为那些著名的话语 τῷ βουλομένῳ，κ. τ. λ.，的确存在于原始的规定之中；但是，鉴于它们在第一部分当中并未出现，尽管它们本来可以很自然地跟在ἐξεῖναι 之后，故而，这一猜测未免过于大胆。不过，无论如何，结果都是一样的。控告人可以被视为是受害人的代表，如果以赔偿金形式出现的罚款是为了受害人的利益的话，但是，在本质上，他是整个社会的代表。在这类案件当中，公共利益是至关重要的。因为，如果被放逐的人接受了敲诈，他便有可能无限期地逃脱被逮捕的命运，从而也就可以继续出席集会，给社会带来玷污。

法典的下一部分处理的是正当杀人问题。对于亲属的起诉和控告权，这一部分没有再进行重复。提到的第一类案件是正当防卫：ἐὰν δέ τις ἄρξαντα χειρῶν ἀδίκων κτένει.（l. 33）。凶杀的种类由“国王们”（kings）决定。爱菲塔委员会则负责审判，并完全按照审理非预谋凶杀的程序来判定被告人罪行的有无和大小。

接下来的法律条文也是争论的焦点。这一部分唯一剩余的字母是位于第 36 行末尾的 ε ελευθ。科勒（Kōhler）认为它规定的是杀死奴隶的问题，并将其复原为：καὶ κατὰ ταὐτὰ φόνου δίκας εἶναι δοῦλον κτείναντι ἤ

---

〔137〕 Demosthenes xxiii. 28. Cf. Drerup, “Uber die bei den attischen Rednern eingelegten Urkunden,” *Jahrb. für class. Philo.*, XXIV, Suppl., 268.

〔138〕 陪审法庭的建立在德拉古之后。

ἐλεύθερον，即，审判也须遵循如上所述的程序。博格（Bergk）则认为它处理的仍是正当杀人问题；实际上，这似乎更加合理，因为它的前一部分处理的也是相同种类的杀人问题：καὶ ἐὰν ἐπὶ δάμαρτι ἢ ἐπὶ παλλάκῃ, ἣν ἂν ἔχῃ ἐπὶ]ἐλευθέ[ρ]ο[ις παισὶ ἢ ἐπὶ μητρὶ ἢ ἐπὶ ἀδελφῇ ἢ ἐπὶ θυγατρὶτιμω]-ρούμενος κτ[είνῃ, τούτων ἕνεκα μὴ φεύγειν κτείναντα. 它是一个规定人们可以杀死通奸者的条款，如果通奸的行为被当场发现。[139] 根据这种观点，在杀戮通奸者之后，一场类似于吕西亚（Lysias）的第一次演说所描述的审判也将展开，在那次演讲当中，吕西亚力图为一位在妻子的房间中杀死埃拉托色尼（Eratosthenes）的丈夫进行辩护。不过，基于 ελευθ 之前的希腊字母是 ε 这一点，达雷斯特拒绝接受这一看法。如果我们接受科勒的观点的话，那么，就必须存在一场确认杀人者是否出于自卫的审前调查，就像我们在前述案件当中所讲的那样，必须存在一场官方调查，以确认到底是谁首先发动的攻击以及杀人的行为是否正当。在后来，关于正当杀人的案件都由代尔菲尼姆审理；这样推测起来，在德拉古的时代，这类案件也应在那审理。[140]

目前现存的石刻并没有提及何类案件由城市公共会堂法庭和法莱图审理，就像在公元前 5 世纪和公元前 4 世纪所发生的那样。有观点认为，末尾已经遗失的那些石刻包含着对这两类由城市公共会堂法庭和法莱图审理的案件的描述。[141] 但是，也有反对意见认为，石刻上根本就没有足够的空间来规定这类问题。目前看来，要复原石刻几乎是不可能了，除非像μεταποιήσῃ的残迹所大概表明的那样，石刻上的法律是以德摩斯梯尼所引用的那个规定结尾的：ὃς ἄρχων ἢ ἰδιώτης αἴτιος ᾖ τὸν θεσμὸν συγχυθῆναι τόνδε, ἢ μεταποιήσῃ αὐτὸν ἄτιμον εἶναι καὶ παῖδας καὶ τὰ ἐκείνου.[142]

正如我们对石刻的大略回顾所显示的那样，石刻上的法律并没有提及

---

〔139〕 Cf. the Gortyn code ii. 28 ff.

〔140〕 由于求婚者会在一个特定的圣所避难，因此最初的地点很可能是偶然的。Cf. *supra*, p. 103.

〔141〕 城市公共会堂法庭和位于法莱图的法庭在审理方式上很可能和后来的审理方式类似。城市公共会堂法庭主要是仪式性的（cf. Hyde, *Amer. Jour. of Philol.*, XXXVIII, 152 ff.）。这两个法庭都不是经常开庭。

〔142〕 xxiii. 62.

有预谋的凶杀，虽然德拉古向以第一个将凶杀区分有预谋的凶杀、无预谋的凶杀和正当的杀人而著称。在这一背景之下，石刻的引言部分引起了许多争论，因为正如它所显示的那样，它显然不是一系列法律的引言，καὶ ἐὰμ μή。一种解释认为，德拉古法典的开始部分实际上包含着对有预谋的凶杀的规定，只是当把法律刻在石柱上时，它被刻在了另一根单独的石柱上。如果这一理论是正确的，那么，我们就必须认为，每根石柱上都重复刻有本根石柱开始的那个大众法令和轴突的编号，然而，这显然不是一个令人满意的假定。另外一种解释认为，德拉古关于有预谋的凶杀的法律规定在后世的立法当中被取消了，所以，也就不再存在。吉尔伯特认为，在德拉古原本的法律当中，在现在的文本之前还有这样一句话：ἐὰν ἐκ προνοίας κτείνῃ τίς τινα, ἀποθανεῖν (ἢ φεέγειν καὶ τὰ ἐκείνου ἄτιμα εἶναι).〔143〕如此一来，这一段在 φεύγειν 之后的残存部分，规定的就应是两类凶杀案件所通用的审判程序，即由国王决定具体的审判法庭，但是对两类案件的审判则都由爱菲塔委员会负责。吉尔伯特的这一理论来源于他的一个假设，即他认为在德拉古时代爱菲塔委员会负责审判有预谋的凶杀案件。但是，事实上，在德拉古时代，负责审判这类案件的是亚略巴古议事会。〔144〕

要发现原始的可信材料，来重构梭伦和德拉古时代之前的亚略巴古议事会的具体运作程序几乎是不可能的。〔145〕在希腊神话当中，有好几次都讲到在雅典进行的对凶杀案件的审判，审判是在一个专门为此类案件设立的法庭进行的。而且，在一些案件当中，当事人并不都是雅典人。这些神话传说似乎表明，在很早的时候，雅典就已经制定了审理凶杀案件的条款，

---

〔143〕 Gilbert, *Beiträge*, p. 490.

〔144〕 Cf. *supra*, pp. 91 ff. Treston, *op. cit.*, pp. 248 and 225，认为德摩斯梯尼（Demosthenes xxiii. 20）中关于亚略巴古议事会的法律就是德拉古的法律。

〔145〕 公元前4、5世纪的亚略巴古议事会负责审判谋杀、故意伤害、纵火、投毒致人死亡等罪行（Demosthenes xxiii. 22; Aristotle, *Ath. Pol.* lvii. 3; Pollux viii. 117; Philippi, *op. cit.*, pp. 23 ff.）。审前调查与紧接无预谋杀人案件之后的程序相同。控告人必须就他有权进行控告和被告确有罪过进行起誓；随后，被告也应就自己的清白起誓（Antiphon v. 11; v. 16; Lysias x. 11; Demosthenes xxiii. 67）。被告和原告都可以作两场发言，在第一场之后被告可以自愿流亡（Demosthenes xxiii. 69; Pollux viii. 117）。如果原被告双方得票相等，被告将被宣布无罪（Antiphon v. 51）。王者执政官可以摘掉花冠、暂时放弃自己官员的身份，在这种情况下，他可以参加投票（Aristotle *Ath. Pol.* lvii. 4; Pollux viii. 90）。

并且由于该法庭的良好声誉，连外国人有时也乐意将自己的案件交给它审理。[146] 诚然，当对象为外国人的时候，判决并不能被强制执行，但是，当案件的焦点是宗教问题而不是法律问题的时候，法院的管辖权问题就变得无足轻重了。在所有的这些神话传说当中，执行这一职能的法庭都是亚略巴古议事会。[147] 不过，遗憾的是，除了对俄瑞斯忒斯的审判之外，所有的这些神话传说都没有描述具体的审判实践和程序。埃斯库罗斯在《欧墨尼得斯》（*Eumenides*）中描述了对俄瑞斯忒斯的审判，他记载说雅典娜为了审判俄瑞斯忒斯在雅典建立了一个凶杀法庭。审判是在亚略巴古议事会进行的，这也是由古老的传统所导致的。[148] 埃斯库罗斯认为雅典娜所建立的新法庭就是历史上的亚略巴古议事会。不过，一些现代学者则拒绝接受这一传统看法，因而，关于审判到底发生在何处存在许多争论[149]。然而，无论如何，这一问题对我们目前的研究并无影响。埃斯库罗斯对这个新建立的法庭的描述语焉不详，从他的描述当中，我们看不出这个法庭和其他的凶杀法庭有何区别。诉讼首先以审前调查开始，由雅典娜担当主持人，就像后来王者执政官担当这个角色时一样。[150] 厄里尼厄斯（Erinyes）首先受到询问。他们报出了自己的姓名，并陈述了对俄瑞斯忒斯的控告。

φονεὺς γὰρ εἶναι μητρὸς ἠξιώσατο.

雅典娜进一步询问是否存在情有可原的情节，但是，厄里尼厄斯对这一问题避而不答，而是反问说，俄瑞斯忒斯既不会主动发具有证据效力的誓言，也不会被动地接受这类誓言。此时，雅典娜转而询问俄瑞斯忒斯，问话涉及他的姓名、经历以及他出庭的权利等。俄瑞斯忒斯回答说，他已经不再是一个受玷污的人，因为他已经在特尔斐（Delphi）的阿波罗神庙接受了净化。接着，他又描述了自己的行为，并请求雅典娜考虑它的正当

---

〔146〕 古代作家认为法庭和审判始于雅典人。Cf. *supra*, p. 61.

〔147〕 Hellanicus, quoted by the scholiast on Euripides, *Orestes*, 1648; *Electra*, 1258 ff.; Demosthenes xiii. 66; Pausanias i. 28. 5; Parian Marble, *Ep.* 3; Bekker, *Anecdota*, I, 444.

〔148〕 Aeschylus *Eumenides*, 687 ff.; Euripides *Electra*, 1258 ff.; *Orestes*, 1650; *Iph. Taur.*, 961.

〔149〕 Ridgeway, "The True Scene of the Second Act of the *Eumenides* of Aeschylus," *Class. Rev.*, XXI, 163 ff. Cf. Verrall, *The Eumenides of Aeschylus*, p. 184.

〔150〕 *Eumenides*, 397 ff.

性。雅典娜说自己不能单独决定这一问题，并决定从自己最优秀的臣民当中选出一些人组成一个永久的审判凶杀的法庭。[151]诉讼双方也都被要求提供他们自己的证人和其他证据。

正式的审判仍然由雅典娜主持。一名传令官用吹喇叭的方式宣告了这一集会。当人们正在聚集的时候，雅典娜建议说就在这一集会上宣布这个新法庭的建立，但是他的话被阿波罗的到来打断了。审判开始了，建立新法庭的命令就没有马上宣布。在俄瑞斯忒斯的要求下，阿波罗作证说俄瑞斯忒斯的确已经经受了净化，并解释说自己应该对俄瑞斯忒斯的行为负责。于是，雅典娜用传统的技术性辞令 *εἰσάγω τὴν δίκην* 宣布了法庭审判的开始。厄里尼厄斯所代表的控方首先被要求提出控诉。控告包括对俄瑞斯忒斯的质问。[152]俄瑞斯忒斯把过错推给了阿波罗，同时还质问厄里尼厄斯为什么不控告他有罪的母亲。厄里尼厄斯对此提出的反驳是他的母亲和被她所杀死的人并不属于同一血统（not of the same blood）。接着，俄瑞斯忒斯又要求阿波罗为自己作证。阿波罗作证说他从宙斯那里得到神谕，要求他引导俄瑞斯忒斯去为父报仇。克吕泰墨斯特拉鉴于她自己的所作所为，实在是死不足惜。接着，厄里尼厄斯又反驳说，宙斯本人也曾把他自己的父亲置于镣铐之中，但是，考虑到在俄瑞斯忒斯的案件中，一个父亲的死远比一个母亲的死更加重要，阿波罗反驳说，镣铐可以重新解开，但是流出的鲜血却永难回复。阿波罗在此提出的是最主要的辩护理由，即在当时只有父亲才被看作真正的血缘来源。在法庭辩论结束之后，雅典娜将案件交给了陪审团，阿波罗提醒陪审团的成员别忘了自己的誓言。此时，雅典娜也正式宣布将永久地设立亚略巴古法庭。在投票过程当中，厄里尼厄斯和阿波罗也分别向陪审团发表演说，试图赢得他们选票的支持。从严格的法律角度来看，程序显得非常混乱。在清点票数之前，雅典娜宣布说她将投票给俄瑞斯忒斯，因为她也认为父亲比母亲更加重要，接着又说，如果双方得票相等，那么，俄瑞斯忒斯应被宣告无罪。

---

〔151〕 欧里庇得斯（Euripides *Orestes*, 1650 ff.）与埃斯库罗斯不同，因为他让神灵充当陪审员。

〔152〕 在公元前4、5世纪的雅典法庭，发言者可以向他的对手提问，法官也可以打断发言者并向他发问。

νικᾷ Ὀρέστης, κἂν ἰσόψηφος κριθῇ.[153]

关于这一点，存在一些争论，学者们提出了两种解释：（1）如果陪审团投给双方的票数相等，那么，由于雅典娜将把她的票投给俄瑞斯忒斯，所以，俄瑞斯忒斯应被宣告无罪；（2）如果把雅典娜和陪审团的选票都计算在内，控诉双方得到的票数相等，在这种情况下，俄瑞斯忒斯应被宣告无罪。不过，后一种观点似乎和埃斯库罗斯所讲的选票正好被平分相矛盾。[154]

埃斯库罗斯是个戏剧家，不是法律史研究人士。因此，设想他会本着一丝不苟的研究精神来在舞台上重现德拉古之前的审判是不现实的。[155] 但是即使他只满足于根据当时的现实大概地反映过去，他也不可避免地要在戏剧中引入一些为当时受过教育的雅典人或多或少地所知悉的古代成分，就像埃斯库罗斯本人那样，他们也很有可能会知悉关于亚略巴古议事会的传统。亚略巴古议事会的程序带有宗教仪式的性质，变化将会非常缓慢。我们所知悉的从梭伦到德摩斯梯尼的关于凶杀法庭的历史就从侧面证明了这一点，尽管这一时期的跨度接近300年，尽管在这期间法庭的组织结构发生了一些变化，但是，法庭的程序却基本上是一样的。

埃斯库罗斯并没有完整地复制当时雅典凶杀法庭常用的四步辩论法（the regular four set speeches）。认为埃斯库罗斯之所以没有这样做是因为这一程序不适合戏剧是不够的。欧里庇得斯已经表明分步的控诉和辩论可以很轻松地被运用到戏剧当中。埃斯库罗斯的方法分明是在回顾过去的时代，那时的审判是在一个具有最终管辖权的官员面前进行的。当时，每位诉讼当事人都主要是通过回答法官问话的方式来陈述自己的理由，当然，也时不时地需要回应对方当事人的抗议或者质问。这样一来，埃斯库罗斯所呈现给我们的就是一场古老的由一名法官主持的审判。

戏剧中的亚略巴古议事会成员的数量，学者们认为通常是12名，在此

---

〔153〕 Eumenides 741. Cf. Euripides *Iph. Taur.*, 965; *Electra*, 1265 ff.

〔154〕 费罗尔（Verrall, *op. cit.*, p. xxix）认为从埃斯库罗斯的论述可以推断出在他那个时代亚略巴古议事会的成员数为偶数，并且根据雅典的先例，主持审判的王者执政官永远投票给被告一方，因而在原被告双方得票相等的情况下，就会认为被告获胜。

〔155〕 费罗尔（Verral, *op. cit.*, p. xlvi）认为《欧墨尼得斯》（*Eumenides*）实质是宗教题材而不是法制题材的戏剧，因此该书作为法律和法制史料的可信性值得怀疑。

并不是我们研究的对象。根据雅典娜曾宣布说她将挑选陪审团来审理这一案件的事实，费罗尔（Verrall）争辩说亚略巴古议事会从未作为一个集体来审理案件，而只是由相关官员从中选择出一个陪审团来审理案件，每发生一个案件都要重新选择。[156] 他认为强迫亚略巴古议事会的所有成员都参加案件的审理是不可想象的，同样，是否参加案件的审理完全取决于亚略巴古议事会成员的个人兴趣也是不可想象的。费罗尔的观点似乎表明他认为雅典娜是从一个既存的陪审员组织当中挑选陪审团的，但是，他忘记了雅典娜是以公民为基础去建立一个全新的法庭的。[157]

在那时的政府当中包含着一些被称为纳奥克（naucrars）或者纳奥克莱罗（naucraroi）的官员。希罗多德在讨论发生于公元前630年的塞伦政变时，首先提及了这一机构。[158] 当时，阿提卡被划分为48个区域，这些区域被称为纳奥克莱瑞（naucraries）。每个区域的首领都被称为纳奥克（naucrar）。在执行委员会的领导下，这48名首领组成了一个行政机构。在那场政变当中，每个区域提供了一艘船和两名骑兵。在军事执政官的指导下，纳奥克有权召集和领导本区域的军事力量。此外，他们还有权征收和管理公共事务资金。同时，在当时地方自治的背景之下，纳奥克莱瑞（naucrary）还是一级行政单位。这可以从克里斯提尼（Cleisthenes）的做法当中得到印证，他废除了纳奥克莱瑞，而以德莫行政官（demarchs）领导下的德莫取而代之。[159] 即使在统一之后，阿提卡的人民仍然依附在自己

〔156〕 P. 182.

〔157〕 根据欧里庇得斯（Euripides）在《俄瑞斯忒斯》（*Orestes*）中的描述，俄瑞斯忒斯未被获准从阿尔戈斯流亡，而是接受审判（46 ff.，430，443，870 ff.）。但是，我们不应该认为欧里庇得斯力图在此对阿尔戈（Argive）的凶杀法庭进行描述。然而，他的描述，作为在公民大会上而不是法庭上进行的凶杀审判，是十分有趣的。在该剧的第一部分，审判的中心是决定如何对俄瑞斯忒斯执行死刑，而不是他是否真的有罪。但在后来的对审判的描写当中，审判的中心问题是决定俄瑞斯忒斯是否应被处死。阿尔戈人显然是全体出席了这次公民大会。一名传令官宣布了公民大会的开始。接着是4个人作的4次发言，两名赞同原告，两名支持被告。至此，欧里庇得斯一直遵循着雅典凶杀法庭上的4次发言的程序。但是，俄瑞斯忒斯在此时插进了程序，发言为自己辩护。

〔158〕 Herodotus v. 71. 关于塞伦政变的时间，cf. Busolt - Swoboda, *Staatskunde*, p. 599, n. 1; *CAH*, IV, 661. 关于纳奥克莱罗及其职责，cf. Busolt - Swoboda, *op. cit.*, pp. 817 ff.; How and Wells, *A Commentary on Herodotus*, *ad loc.*

〔159〕 Aristotle *Ath. Pol.* xxi. 5.

的土地上。因而，他们所组成的社群也不可避免地会保留有某些自治权利。为了巩固统一大业，以防他们过于留恋过去曾有过的独立，将这些社群重新组织成为新的地方自治单位就是必要的。同时，还可以方便地将这些单位作为征召军事力量和征收公共费用的组织。这类改革毫无疑问是由那些用贵族制（aristocracy）取代君主制（monarchy）的贵族们发动的，他们的改革提高了行政效率，同时，也削弱了破坏阿提卡政治大一统的力量。为了协调纳奥克所同时肩负的地方和中央职能，他们被组织成为一个独立的机构，机构内同时还有一个被称为纳奥克执行委员会（prytaneis of the naucrars）的行政委员会。他们的职能大体和克里斯提尼时的五百人议事会（the Cleisthenean Senate of Five Hundred）中的执行委员会相当。

纳奥克不但是本区域的首席行政官，而且还是军事执政官之下的国家军事力量的指挥官。此外，在执行委员会的主持下，作为一个集体，他们肯定还有权掌管从他们所在地区征收的公共资金的分配和开销。从纳奥克同国家财政和军事管理的紧密联系可以看出，他们在当时肯定具有相当的权威。[160] 希罗多德甚至声称，公元前 630 年塞伦发动政变的时候，负责统治雅典的是纳奥克执行委员会。但是，希罗多德是不正确的。修昔底斯在描述那场政变时，曾经明白无误地指出“在那时 9 名执政官负责处理国家的大部分公共事务”。很明显，修昔底斯不仅知悉希罗多德的描述，并且是在纠正希罗多德的描述。[161] 公元前 630 年，塞伦在一些雅典支持者的帮助下，夺取了雅典卫城，试图建立僭主统治。但是，与其所期望的普遍支持相反，他遭到了全国范围的激烈反抗。显然，建立僭主统治的时机尚未成熟。阿提卡的人民从乡村涌入城市，开始围攻雅典卫城。但是，他们渐渐厌倦了长期的围攻，大部分选择了离开，“将围城的任务交给了 9 名执政官，同时也授予他们全权以自己认为最好的方式来处理整个事件；因为在那时 9 名执政官负责处理国家的大部分公共事务。”塞伦悄悄潜逃了，他的追随者绝望至极，只好前往位于雅典卫城的祭坛避难。但是他们最终被虚假的承诺引离了祭坛，他们曾得到承诺说只要他们离开祭坛便不会被处死。

---

〔160〕 i. 126.

〔161〕 Cf. Lipsius, *op. cit.*, p. 12, n. 46.

最终，承诺没有得到遵守，他们被处死了。普鲁塔克对该政变的描述[162]与修昔底斯的描述一致。对于希罗多德和修昔底斯之间的不一致，人们给出的通常的解释是修昔底斯，或者是他所依据的著作，试图通过嫁祸于另一些官员来掩盖执政官迈加克利斯（Megacles）亵渎神灵的罪名。[163]这很可能是正确的，因为当时的确存在一些容易导致误传（如果不是误解的话）的成分。

修昔底斯的记载为希罗多德版本的最初起源提供了一个很好的解释。当围攻变得旷日持久，而处在包围中的人的最终投降也是不可避免的时候，大多数被征召来的士兵选择了撤离，而把解决事件的整个权力交给了9名执政官，允许他们以自己认为最好的方式来全权处理整个事件。很明显，如果9名执政官没有得到授权来处理整个事件的话，处理事件的权力应在军事当局的手中。当时，最高的军官是军事执政官。在其之下是纳奥克。并且，从乡村之中征召士兵来收复被入侵者和反叛者占领的大本营的也正是他们。如果这些武装力量仍然留在战场，纳奥克们，或者是他们的执行委员会，以及军事执政官在军事行动当中肯定就会顺理成章地成为拟订接受投降的条款和负责监管反叛者的人。这样一来，也就不难理解那种认为纳奥克应对亵渎神灵负责的说法为何会流行起来，甚至取得人们的信任。责任从军事当局向民事当局的转移在此被遗忘或者忽略了。修昔底斯对这一错误的来源显然十分清楚，所以才会不遗余力地指出这一点，尽管仍然带有他特有的保留和克制态度。不过，即使我们全盘抛弃希罗多德的说法，也仍然有证据表明纳奥克在当时是一个重要的设置。这一点可以为下列事实所证明：当这一制度难以为继的时候，纳奥克的职权被划分给了新部族制度下的德莫行政官和五百人议事会（the Senate of Five Hundred）。但是，没有理由表明这些职权里面包括司法权。梅耶认为纳奥克执行委员会具有司法职能。[164]他之所以得出这一结论是因为他把纳奥克莱瑞执行委员会和王者执政官以及部落首领主持下的城市公共会堂法庭等同的结果。诚然，

---

〔162〕 *Solon*, vii.

〔163〕 How and Wells, *op. cit.*, on Herodotus v. 71.

〔164〕 *Geschichte des Altertums*, II, 335; cf. Lipsius, *op. cit.*, p. 24, n. 79; and Busolt, *op. cit.*, p. 811, n. 1.

城市公共会堂法庭，正如我们前面所说的那样，在早期的时候的确具有刑事和民事司法的职能，但是梅耶把两者相联系在一起的观点根本就不具有说服力。一般认为，有幸逃脱屠杀的塞伦的追随者是被一个名为ἐκ πρυτανείου的法庭审判和放逐的。据信，梭伦赦免法当中所暗示的那些因试图推行僭主统治而被放逐的人指的就是塞伦的追随者。[165] 但是，正如以上所指出的那样，负责审判试图推行僭主统治案件的是亚略巴古议事会，而不是城市公共会堂法庭。[166]

在凶杀法律方面，德拉古在很大程度上只不过是把当时已经存在的实践形诸文字而已，尽管我们必须承认他也在一定程度上修改和发展了当时的法律。[167] 在其他法律方面，和凶杀法律的情况肯定只是大同小异，但是，关于其他的法律，我们知之甚少。[168] 他所制定的法律的严酷性早已是众所周知，亚里士多德甚至于认为这种严酷性是他的法律的唯一的明显特征。[169] 很明显，他使死刑成为了一种普遍适用的刑罚，而无论人们的罪过是大还是小。对懒惰的惩罚，直到公元4世纪这种惩罚还存在，通常就被归功于德拉古。根据一些材料来源，他对懒惰处以死刑；[170] 但是，根据另外一些材料，则是处以ἀτιμία。[171] 不过，无论如何，人们大致同意在梭伦时代ἀτιμία已是对犯罪的惩罚。此外，还有各种各样的法律也被归功于德拉古，但他们的真实性值得严重怀疑。例如，关于青少年教育的法律[172]、宗

---

〔165〕 Cf. Scholium on Aristophanes *Knights*, 445.

〔166〕 Cf. *Supra*, p. 108. 与纳奥克（naucrars）紧密相关的是克拉克瑞泰（kolakretai），他们在国王的管理下，主管公共祭祀和宴会。另外，他们还担当皇家财务官。后来，他们成了纳奥克的财务官员。Cf. Wilamowitz, *Aristotles und Athen*, I, 52. 这些官员没有司法职能，但是在公元前5世纪他们负责管理民众陪审员的薪水事务。Cf. Scholium on *Wasps*, 695, 724.

〔167〕 Cf. Busolt - Swoboda, *Staatskunde*, p. 816，断言德拉古绝不可能从头制定了整部法典，他的法典只不过是对已有法规的补充和修改。

〔168〕 关于对此的总结，cf. Busolt - Swoboda, *op. cit.*, p. 814.

〔169〕 *Pol.* 1274b. 16; *Rhet.* 1400b. 21; Demands in Plut. *Solon*, xvii.

〔170〕 Diog. Laert. i. 55; Plut. *Solon*, xvii.

〔171〕 *Pollux* viii. 42.

〔172〕 Aeschines *Con. Tim.*, 7.

教法律[173]以及法官应听取当事人双方意见的法律[174]等都被归功给他；但是，其真实性值得我们怀疑。[175]

附 录

所谓的德拉古宪法

在某些情况下，立法者肩负着双重任务：一方面，是立法；另一方面，就是对宪制进行重组。这就是米蒂利尼的庇塔库斯所面临的情况。[176] 莱克格斯据说也曾对斯巴达的宪法进行过修改。而希米的菲登及其继任者普罗米修斯（Prometheus）所面对的首要任务就是对宪法进行改造。[177] 在雅典，编纂法律的要求终于导致德拉古被任命为特别司法执政官（thesmothete）。[178]

在德拉古立法之前的很长一段时间之内，在人民大众之中蕴藏着巨大的不满。亚里士多德曾经这样描述小农阶级的悲惨处境：

> 整个国家为少数人所控制，如果承租人无法交付租金，他们将被迫卖身为奴，连他们的子女也不能幸免。所有的借贷都有举债人的人身作为担保，这一惯例一直延续至梭伦时代，他是第一个以人民领袖身份出现的人。但是，在人民大众的眼中，宪制当中最残酷最悲惨的部分还在于他们所处的农奴状态。同时，他们也对自己遭遇的各个方面充满不满：因为，总体上说，他们既无权参

〔173〕 Porphyr. *De abstin.* 4. 22; Schol. *Ven B. Il.* xv. 36（誓言包括对神灵的尊崇）.

〔174〕 Lucian. *Calumn.* , 8.

〔175〕 Cf. Busolt – Swoboda, *op. cit.* , p. 814, n. 2.

〔176〕 Cf. Aristotle *Pol.* , 1274b; Bury, *History of Greece*, p. 187.

〔177〕 Heracl. Pont. , 11; Holm, *History of Greece*, I , 270.

〔178〕 Cf. Bury, *op. cit.* , p. 179, and Pauly – Wissowa, article on Draco。史密斯（F. D. Smith, *Athenian Political Commissions*, p. 13）指出德拉古，以特别司法执政官身份出现时，有绝对权力处理某些事务，而在民主制度下，这些事务应交给一个由多人组成的直接对人民负责的委员会。

与也无权分享任何东西。[179]

阶级之间的冲突是由许多因素导致的。首先，在统治阶级内部存在着派系。这样一来，就毫不奇怪会有人试图建立僭主统治。塞伦，在一个贵族派系的支持下，占据了雅典卫城。而另一个派系的首领，阿尔克迈翁，则负责招降和抓捕塞伦及其党羽，尽管塞伦本人得以成功脱逃。波兹福德将塞伦的企图视为寡头政治的反动运动，也就是说，他们试图镇压 πλῆθος 和更加温和的寡头执政者，以古代为模本建立僭主政治。[180] 不过，无论如何，这一事件都表明在统治贵族的内部存在着不安和斗争。[181] 再次，财富成为家庭出身的强有力竞争者，与身份一样都变成了进入统治阶级的基础。商人阶层由于其巨量财富变得日益重要。商业的发展对社会的影响是双重的。一方面，它促进了民主。对外贸易需要赤贫的人来操纵船只，他们因此获得了一定的重要性，这有助于使他们在政治上获得承认。[182] 另一方面，商业的发展也加剧了农民的悲惨。商人能够以比本地更低的价格进口粮食，而在本地也许根本就不可能以如此低廉的价格来生产谷物。[183] 此外，制造业和商业取得了比农业更重要的地位。最终，货币的引入以及在商人手中的集中（而在此之前债务的支付都以实物进行）意味着经济危机的到来。在塞伦事件之后暴发的与美嘎拉的战争也进一步加剧了乡村人民的苦难，因为阿提卡的一些地区遭到了洗劫，并且原有的美嘎拉市场也不复存在了。

当时的具体情况，我们已经无法知道。可能是广大的农民阶级，在一些具有相当影响的领袖的帮助下，要求采取措施来减轻他们的苦难，也可能是统治贵族们认识到了如果不进行救济便会面临很快到来的迫在眉睫的

---

〔179〕 *Ath. Pol.*，ii. Kenyon's translation. 关于日佣阶层的贫困状况和依附地位，cf. Plutarch，*Solon*，viii。

〔180〕 *The Athenian Constitution*，p. 135.

〔181〕 瑞格特（Wright，*The Date of Cylon*）认为塞伦政变发生于德拉古立法之前，今天他的结论已经得到普遍接受。Cf. Freeman，*The Work and Life of Solon*，p. 164；Busolt－Swoboda，*Staatskunde*，p. 800. 然而，科尼利厄斯（Cornelius）相信这一事件发生于佩西斯特拉托斯家族（Peisistratidae）时期（Die Tyrannis in Athen，pp. 36 ff.，44）。

〔182〕 Cf. Bury，*op. cit.*，pp. 177 ff. 关于这一时期希腊城邦的经济状况，cf. Busolt－Swoboda，*op. cit.*，pp. 798 f.

〔183〕 Cf. Botsford，*The Athenian Constitution*，p. 141.

危险。[184]无论如何，在公元前621年，德拉古被任命为特别司法执政官（thesmothete），负责编纂法律和将法律用文字记录下来。

我们可以提出这样的疑问：德拉古的法律是否真的有利于普通的人民大众，而这些法律又是如何成功地安抚他们的，即使只是一种短暂的安抚，因为亚里士多德明确地指出人民大众受奴役的状态，这也是他们最痛恨的，并没有因为德拉古的立法而得以减轻。这些法律显然是有利于统治阶级的。例如，关于债务人的法律非常严厉。一直到梭伦时期，债权人都可以要求以债务人的人身来偿还，如果他没有其他办法来偿还债务的话。不过，同时我们也应注意到，统治阶级的权力被明文规定这一点也给予了人民大众更大的安全感。在以前的旧制度下，富有和出身高贵的人可以拿走他们任何想要的东西，穷人并没有成文的法律可以依靠，来保护自己的权利。实际上，他们甚至连法律是什么都无从知道。很明显，不管当时存在什么客观作用，这种作用都只是心理上的，因为日佣（thetes）在实际当中并没有被授予任何权利。人民的满意只是短暂的，这一点为下列事实所印证：立法之后不到30年，人民大众便揭竿而起反对贵族的统治，这一起义最终导致了梭伦改革。

古代学者的著作，包括亚里士多德所写的《政治学》在内，大都认为德拉古并没有对宪制进行改革，因而，这些学者也往往把从阿提卡统一到梭伦改革这段时期当作一个政治时期来对待；也就是说，在这一时期之内，宪制并没有发生明显的变化，尽管随着国家的成长也出现过一些自然的演进和国家职能的扩张。但是，亚里士多德在总结雅典宪制的变化时，却把德拉古宪法列为雅典宪制发展的第三步，[185]在其论著的第四章，他还给出了这部所谓的宪法的条文。自从这一文件得以恢复以来，这部宪法的真实性就一直是学者们争论的热门话题。[186]

---

〔184〕 弗里曼（Freeman, *op. cit.*, p. 50）认为由于人民在当时仍未获得宪法地位，在经济困难的压力下，他们举行非正式的集会来表达他们的不满。

〔185〕 *Ath. Pol.*, xli.

〔186〕 关于争论双方的参考文献，cf. Busolt – Swoboda, *op. cit.*, I, 53, n. 2。关于对反对这部宪法的原因的具体讨论，cf. Freeman, *op. cit.*, pp. 34 ff.; Ledl, *Studien zur älteren athenischen Verfassungsgeschichte*, pp. 18 ff. Linforth, *Solon the Athenian*, p. 76.

这就是，大概而言，第一部宪法，但是在上面记述的事件不久之后，在阿里斯忒克穆斯（Aristaichmus）执政时期，德拉古颁布了他的法律。如下所示就是他的宪法。公民权给予所有的人，只要他们能够为自己配备一套军事装备（military equipment）。9名执政官和财政官员（Treasurers）由这一团体从至少拥有10明那*不受限制的（unencumbered）财产的人当中选举产生，职务较低的官员则从所有能够为自己配备一套军事装备的人当中选举产生，军事将领（Strategi）和骑兵指挥官（Hipparchi）则从至少拥有100明那不受限制的财产，并且具有在合法婚姻中所生的超过10岁的子女的人当中选举产生。这些官员必须允许卸任的主席（Prytanes），军事将领（the Strategi）以及骑兵指挥官（Hipparchi）在审计之前交保离职，接受和军事将领以及骑兵指挥官同等级的4个保证人。国家当中还存在一个委员会，包括401名成员，通过抽签的办法从拥有公民权的人当中选举产生。在选举这些委员和其他官员的时候，抽签都在30岁以上的人当中进行；在所有的人都轮流一遍之前，没有任何人可以任职两次，在所有的人都任职一遍之后，抽签重新开始。当召开委员会会议或者是民众大会的时候，如果委员会的任何成员没能参加会议，他必须缴纳罚款，如果他是五百斗者（Pentacosiomedimus），罚款的数量为3德拉克马*，如果他是骑士（Knight），罚款的数量为2德拉克马，如果他是双牛者（Zeugites），罚款的数量则为1德拉克马。亚略巴古议事会负责监护法律，并且负责监督官员以确保他们能够依法办事。任何感觉自己受到冤屈的人都可以向亚略巴古议事会陈诉，并声明在自己的冤屈当中哪条法律遭到了违反。但是，正如前面所说的那样，在当时，债务最终是以债务人的人身作为担保的，土地也只是控制在少数人手中。[187]

---

* 明那（minas），古希腊的重量和金额单位。——译者注

* 德拉克马（drachma），古希腊银币单位。——译者注

[187] 原文和翻译均根据凯尼恩（Kenyon，1920）。

但是，除此之外，没有任何其他作者曾说德拉古制定过宪法。[188] 实际上，亚里士多德自己在《政治学》[189] 当中也曾说德拉古是根据已有的宪法来制定法律的。他还认为德拉古的法律除了刑罚严酷之外，没有什么其他值得提及的特征。有学者曾经对《政治学》当中的这段论述的真实性提出过疑问。[190] 但是鉴于其他学者也未曾提及德拉古宪法，拒绝接受《政治学》当中的这一段落是危险的，且不管它是亚里士多德本人的原作还是他的某一个弟子的杜撰。由于《政治学》和《雅典宪制》之间存在的不一致，对德拉古宪法的真实性的真正考证就只能依赖于我们目前讨论的《雅典宪制》的这一段落自身的逻辑和证据。德拉古宪法的要点大致如下：

1. 赋予能够为自己配置军事装备的人以公民权（hoplitic franchise）的做法已经存在。2. 执政官、财政官、将军、骑兵指挥官以及执行委员会都由具有公民权的人选举产生，出任上述官职有明确的财产限制。此外，还曾提及对官员的审计以及在选举某些官员时对抽签的运用。3. 有一个由401 名成员组成的委员会，委员从 30 岁或者以上的具有公民权的人当中通过抽签选举产生，职位实行轮流制。4. 对没有参加委员会会议或者民众大会的委员会成员给予数量不等的罚款。5. 规定了亚略巴古议事会的职责。

一开始，德拉古宪法就宣布公民权在此之前已经给予那些能够为自己配备一套军事装备的人。如果我们保留原稿当中希腊语单词*ἀπεδέδοτο* 的过去完成时态的话，这是唯一可能的解释。不过，凯尼恩认为如果这一授予公民权的行为的确发生在德拉古宪法之前的话，那么，对这一事实的描述就应该出现在上一个章节之中，因为那个章节详细描述了德拉古之前的国家事务。因此，他将其翻译为：“公民权给予（was given）……”。[191]

---

〔188〕 有两段记载似乎表明德拉古制定了一部新的宪法（Plato *Axiochus*, 363 D 和 Cic. *De republ.* ii. 1. 2）。但是，这两段都出现较晚，不应牵强附会。

〔189〕 ii. 12（1274b）. Cf. *CAH*, III, 593：“德拉古调整了现行的机构而不是创造了新的机构”。

〔190〕 关于这一段当中的前后矛盾以及怀疑它并非亚里士多德真作的原因，cf. Newman, *The Politics of Aristotle*, II, 376 f. 他总结说：“亚里士多德很可能只是留下了一些关于梭伦的写作片段以及一些粗疏的有待插入的资料，在他死后不久，他的学派的成员尽最大努力完成了他的作品。”

〔191〕 混淆*ἀποδίδωμι* 的现在时和完成时的情况是十分普遍的。例如，比较吕西亚（Lysias, i. 30）对亚略巴古议事会的描述。Cf. *infra*, p. 330.

桑迪（Sandys），遵循皮斯特（Poste）的翻译，认为这一过去完成时态的运用意味着授予公民权的行为发生在德拉古宪法之前，因此，这一语句也并不属于所谓的德拉古宪法。[192] 皮斯特还进一步评论说，这一解释正好和《政治学》当中认为德拉古没有修改宪法的论断相吻合。政治革命早已经发生，德拉古的任务只不过是调整法律使其适应已经变化了的形式而已。不过，塞拉门尼斯（Theramenes）及其同党在公元前411年所建议的宪法的重要特征之一就是给予能够为自己配置军事装备的人以公民权。[193] δοκοῦσι δὲ καλῶς πολιτευθῆναι κατὰ τούτους τοὺς καιρούς, πολέμου τε καθεσ－τῶτος καὶ ἐκ τῶν ὅπλιτείας οὔσης. 这是德拉古宪法和公元前411年的宪法的惊人相似处之一，有些学者认为这些相似证明德拉古宪法中的这一规定很可能被弄错了年代。海德莱姆（Headlam）对此有详细的论述[194]，布叟尔特也指出德拉古宪法似乎是根据只有在公元5世纪下半叶才存在的情况制定的。[195] 当时制定这一文件的背景是ζευγῖται，由于战争的艰难，无法再为自己配备军事装备。因而，παρεχόμενοι τὰ ὅπλα 才为ζευγῖται 所取代。在高级官员方面，πεντακοσιομέδιμνοι 和ίππεῖς也不再掌握足够准确的财产调查和统计（proper property census）。因而，具体的财产资格限制才被制定出来。

和梭伦宪法进行比较也不能使我们有什么收获。根据梭伦宪法，公民权被授予所有能够达到日佣等级（thetic census）[196] 的人，这一标准显然比德拉古宪法中的能够为自己配备军事装备来得低。梭伦宪法的这一条款可以被看作是梭伦的创新，也可以被看作是对德拉古宪法中的相关条款的延伸，如果我们接受所谓的德拉古宪法的话。然而，鉴于德拉古宪法和公元前411年的宪法之间的许多其他的惊人相似之处，将德拉古宪法中的这

---

〔192〕 Sandys, *Aristotle's Constitution of Athens*, *ad loc*.

〔193〕 Aristole *Ath. Pol.* xxxiii. 97; Thucydides viii. 97; Xenophon *Hell.* ii. 3. 48.

〔194〕 *Class. Rev.*, V, 168.

〔195〕 Busolt – Swoboda, *op. cit.*, 56.

〔196〕 Aristotle *Ath. Pol.* vii. 3.

一条款看作是年代错乱的结果似乎毫无问题。[197]

宪法的下一部分规定的是官职以及他们的任职资格和选任方法。所有的ὅπλα παρεχόμενοι 都被描述为有权参与官员的选举;[198] 执政官和财政官被要求必须拥有至少 10 明那的财产，并且无债务负担;[199] 较低级的官员可以从任何拥有公民权的人当中选举产生；将军和骑兵指挥官则必须从至少拥有 100 明那不受限制的财产，并且其婚生子女已经超过 10 岁的人当中选举产生。在介绍梭伦宪法之时,[200] 在详细地介绍了梭伦所引进的选举官员的方法之后，亚里士多德继续说："这就是梭伦关于 9 名执政官的立法；然而，在早期，亚略巴古议事会根据自己的判断选择合适的人并将其委任到下年度的不同职位上。"这一描述和第三章当中对前德拉古时期的宪制的描述完全一致，在那里，亚里士多德说当时的执政官以财富和家庭出身为基础产生，并且亚略巴古议事会也是由前执政官们组成。在此，亚里士多德丝毫没有提及第四章当中所描述的介于其间的德拉古的选任官员的方法，不免令人奇怪。再次，德拉古宪法中的财产资格也是最为值得怀疑的疑点之一。尽管凯尼恩表示认可宪法的这一部分，但是他也承认执政官和财政官的财产资格实在低得出奇。海德莱姆[201] 认为在那时衡量财富的尺度不是金钱，而是谷物。根据普鲁塔克的观点,[202] ζευγίτης必须拥有至少能够每年出产 200μέδιμνοι 谷物的土地；在那时 1μέδιμνος谷物大约相当于 1 德拉克马。当然，这一方法只能衡量土地的大概价值。海德莱姆认为任职的资格限制至少应是 2000 德拉克马，即 20 明那。根据德拉古宪法，拥有价值 10 明那（1000 德拉克马）的土地便可以被选任为执政官。这一资格限制，远低于 ζευγίτης的任职资格，在梭伦时期肯定不足以满足出任

---

[197] 这一观点已经被许多学者采纳，例如：E. Meyer, *Forschungen*, I, 237 ff. ; De Sanctis, *op. cit.*, pp. 161 ff. Wilcken, *Zur Drakontischen Verfassung*, p. 85. 波兹福德（Botsford, *op. cit.*, p. 146）争辩说在荷马时代，集市会议由那些负有军事义务的人组成。雅典的情况也是这样。因而，德拉古并没有采取任何措施来扩大公民的范围。

[198] Cf. Keil, Die Solonische Verfassung, pp. 114 ff.

[199] Busolt – Swoboda, *op. cit.*, p. 54, n. 1, 认为执政官很可能在同时拥有可观的被抵押的财产。

[200] *Ath. Pol.*, viii.

[201] *Op. cit.*, p. 167.

[202] Solon, xviii.

任何官员的资格。正是认识到了这一点，汤普森（*Thompson*）[203] 才解释说此处的 δέκα 应理解为 ἑκατόν。这样，执政官的任职资格和将军的任职资格便处在同一水平。那些接受德拉古宪法的人时常会被迫作一些这样的争论，即认为这样的假设是不可能成立的：德拉古降低了出任执政官的财产资格，而梭伦又大幅地提高了这一资格将出任执政官的权利只局限于第一阶级。当然，在德拉古之前很久已经存在某些形式的财产资格限制是毫无疑问的。在第三章中，亚里士多德就曾说，“执政官在财富和出身的基础上选举产生。”

这一段的另外一个疑点就是它对官员的列举。修昔底斯曾说在塞伦政变时期，国家的主要权力由 9 名执政官掌握。[204] 在此之前的很长一段时期之内，军事执政官已经是战争中的最高统帅。[205] 但是，在德拉古宪法之中，将军和骑兵指挥官却似乎是比执政官更加重要的官员。布叟尔特认为这表明德拉古宪法是公元前 5 世纪的文件，那时，执政官的地位已经不是很重要。[206] 此外，值得怀疑的是，在早期的阿提卡历史当中作用巨大的纳奥克莱罗和克拉克瑞沓在此丝毫未有提及。而值得注意的是，这些官员在公元前 411 年才不再存在。[207] 关于 στρατηγοί，海德莱姆作了如下评论：

1. 当时没有关于 στρατηγοί的其他记载。在第二章当中，列举了相当多的官员，但是对此也没有提及。

2. 规定任职必须有孩子的条款十分新颖。

3. 如果他们是 στρατηγοί，他们肯定只是低级官吏，难以解释为何会有如此高的财产资格限制。[208]

对这一段落的决定性的反驳是梭伦并没有提到那些在德拉古宪法当中显得十分重要的官员。此外，在公元前 411 年所建议的宪法当中曾提到将

---

[203] *Class. Rev.*, V, 223 f.

[204] 1. 126. 8.

[205] *Ath. Pol.* xxii. 2.

[206] *Op. cit.*, p. 57.

[207] Busolt – Swoboda, *op. cit*.

[208] 值得注意的是，在后来也有类似的资格限制。Cf. Deinarchus Contra Dem., 71. 很可能，στρατηγοί的发展就是在德拉古立法之后不久开始的（cf. *supra*, p. 84, n. 2），但是梭伦的宪法当中没有提到他们的事实表明到那时他们已经变得无足轻重。

军和骑兵指挥官，并且在当时还是非常重要的职位。他们的服务是无偿的，这显然暗示着担任此类职位要具备一定的财产资格。[209] 在伯罗奔尼撒战争（Peloponnesian War）时期，执政官和纳奥克执行委员会是唯一的领取报酬的官员。这意味着担任这类官职并不需要非常高的财产限制。对担任将军的财产资格限制非常高，而对担任执政官的财产限制则比较低，这在公元前5世纪的雅典是非常自然的。

这些官员被要求担保在其之前的那一年任职的主席（Prytanes），军事将领（Strategi）以及骑兵指挥官（Hipparchi），直到他们的账户经过审计之后为止。[210] 在后来，雅典所有的常设官员都必须接受审计，实际上，此类审查在德拉古立法很久之前可能就已经存在。在第三章中，似乎暗示这属于亚略巴古议事会的职权范围。[211] 但是，这一段对执行委员会的提及却令人迷惑；它很可能指的是执政官们，因为直到梭伦之前执政官们很可能一直被称做执行委员会成员。[212] 然而，正确的解释似乎是应将其解释为后来的委员会和民众大会的主席，并把这一段看作是受公元前411年的寡头党（oligarchic party）启发而写成的。[213] 如果亚里士多德，在公元前4世纪进行创作的时候，用这一个词指代的是委员会主席以外的人，那么，他肯定会给予更加具体的描述。[214]

宪法的下一部分规定的是401人委员会。这十分新奇。在第八章当中，亚里士多德说设立了一个400人委员会，每个部落产生100人。动词ἐποίησε似乎暗示亚里士多德认为梭伦设立的是一个全新的委员会，并且他似乎还在把这个400人委员会和先前早已存在的亚略巴古议事会作对比。

---

〔209〕 *Ath. Pol.* xxx. 2; cf. xxix. 5.

〔210〕 另一种解释（cf. Sandys, *ad loc.*）认为新的官员需要为自己交纳保证金，直到他们经过审计为止。这样，διεγγυᾶσθαι 在此处就是被动语态。

〔211〕 凯奥（Keil, *op. cit.*, pp. 114 ff.）认为在德拉古时期由亚略巴古议事会负责审计。

〔212〕 Cf. Sandys, *ad loc.*

〔213〕 在此，值得注意的是，在公元前411年的一部宪法当中，同时出现了纳奥克执行委员会和执政官们（*Ath. Pol.* xxix. 5）。

〔214〕 Cf. Keil, *op. cit.*, p. 96; Busolt - Swoboda, *op. cit.*, p. 54, "die Vorsitzenden des Rates"; Fronkel, *Rhein. Mus.*, XLVII (1892), 481; Schöffer, *Jahresb. über Fortschritte d. kl. Altertumsw.*, LXXXIII (1895), No. 1. 197.

德拉古设立的委员会并没有被其他任何作者所提及。实际上，普鲁塔克认为是梭伦首创的400人委员会。[215] 针对这一表面矛盾，凯尼恩解释说，梭伦只是把委员会的成员从401人改成了400人而已。波兹福德设想在德拉古之前，除了亚略巴古议事会之外，还存在一个某种形式的议事会，因而德拉古对401人委员会没有任何创新之处。[216] 维拉莫维茨（Wilamowitz）则认为401这个奇数本身就可以表明文件的真实性。[217] 凯奥（Keil）则把这个奇数和以前出现的其他奇数，诸如9名执政官，51名爱菲塔委员会成员，以及十一人委员会（the Eleven）等进行了对照。[218] 另一方面，这个奇数也和民主制度下的201人法庭和501人法庭相呼应。[219] 而且，这一部分的规定还和公元前411年出现的一部宪法的某个条文十分相似：*βουλεύειν μὲν τετρακοσίους κατὰ τὰ πάτρια, τετταράκοντα ἐξ ἑκάστης φυλῆς, ἐκ προκρίτων οὓς ἂν ἕλωνται οἱ φυλέται τῶν ὑπὲρ τριάκοντα ἔτη γεγονότων.*[220] “应设立一个400人委员会，一如古时的宪法，每一部落50人，由部落成员从年满30岁的候选人当中选出。”此外，官职的轮流制度在公元前411年也已经存在。[221] 不过，海德莱姆坚持认为这一制度是发达的民主社会的标志，因而，在德拉古时代不可能存在。此外，德拉古宪法当中关于委员会成员和低级官员的抽签制度的规定也是惊人的。即使在梭伦时期，是否已经像亚里士多德所宣称的那样通过选举和抽签相结合来产生官员仍然还是一个值得争论的问题。[222] 但是，也有理由表明抽签的运用远比

---

〔215〕 *Solon*, xix.

〔216〕 Botsford, *op. cit.*, p. 146. 根据波兹福德的观点，影响宪法的两个主要因素是公民权和公元前401年的委员会。如果德拉古的确没有对这两个关键因素进行变革，那么，亚里士多德在《政治学》中所说的德拉古使自己的法律适应已有的宪法就是正确的。但是，波兹福德根本就没有证明第四章中所给出的宪法就是前德拉古时代的宪法。

〔217〕 *Aristoteles und Athen*, I, 88, n. 25.

〔218〕 *Op. cit.*, p. 96.

〔219〕 Cf. Busolt – Swoboda, *op. cit.*, p. 57.

〔220〕 *Ath. Pol.* xxxi. 1. Cf. xxx. 2.

〔221〕 xxxi. 3.

〔222〕 *Ath. Pol.*, viii.

梭伦要早。[223]

宪法的第四部分引入的主题是对没能参加委员会会议和民众大会的委员会成员的罚款，在这一背景之下，三个据信属于梭伦时代的财富等级被提及。在讨论梭伦的时候，亚里士多德详细地描述了这三个阶级的组成，这一事实使得这一部分值得严重怀疑，尽管在讨论梭伦的那一部分，亚里士多德也曾说："他按照财产把人们划分为 4 个等级，就像以前的划分一样。"[224] 就针对没有参加会议的罚款而言，雅典历史上唯一的另外一个规定对不参加会议者处以罚款的例子见于 400 人宪法（the constitution of the Four Hundred）。[225]

宪法的最后一段规定的是亚略巴古议事会。此处对这一机构的描述与第三章中对其在德拉古之前的情况的描述的唯一区别在于它的某些司法特征。这些特征很可能规定在德拉古法典当中，对此，我们已经在相应的部分作过讨论。[226]

从以上论述，我们可以清楚地看到，由于第四章当中存在的前后矛盾和年代错乱，它里面所描述的宪法根本不可能是在德拉古时期确立的。就宪制而言，似乎德拉古只是对已有的机构进行了调整，而没有创建新的机构。至于这一段是否真的为亚里士多德所著也一直存在争议。诚然，《雅典宪制》当中的其他几个段落也曾暗示亚里士多德认为德拉古制定过宪法。比如，在第三章的开始，亚里士多德作了如下论述："德拉古之前的古代宪法的形式是这样的……"如果的确如此的话，那么，这句话毫无疑问暗示着德拉古曾经对宪法作出变更，且不论是形式上的变更，还是仅仅

---

〔223〕 Cf. Headlam, Election by Lot at Athens, p. 183. 关于执政官选任中的分配机制的引入，cf. "The Oligarchic Revolution at Athens of the Year 103 – 2 B. C.," *Klio*, IV, 1 ff. Cf. S. B. Smith, "*The Establishment of the Public Courts at Athens*," *TAPA.*, LVI, 113.

〔224〕 vii. 3.

〔225〕 xxx. 6.

〔226〕 Cf. *supra*, p. 95. 那些认为该宪法曾被篡改的学者在关于亚略巴古议事会的结束部分是否也属于篡改结果的问题上存在分歧。海德莱姆（Headlam, *Class. Rev.*, V, 168）认为该部分是真实的，将其翻译为："德拉古颁行了他的法典，但是亚略巴古议事会保留了自己的地位，并且担负起监护（新）法律的职责。任何遭受冤屈的人都可以向亚略巴古议事会提出控告，并表明哪一条（新）法律遭到了违反。"Busolt – Swoboda, *op. cit.*, p. 57，则认为它是被篡改的结果。Cf. Wilcken, *op. cit.*, p. 93.

只是把宪法用文字记录下来了而已，就像他在立法时所做的那样。在这一点上，另外一个值得注意的地方就是第 41 章（xli.）的一部分，那里详细列举了雅典宪法所经历的各种各样的变化。亚里士多德指出，到他所处的时代，雅典宪法已经经历了 11 次变革。他又接着说：

> *πρώτη μὲν γὰρ ἐγένετο μετάστασις τῶν ἐξ ἀρχῆς, Ἴωνο καὶ τῶν μετ' αὐτοῦ συνοικησάντωνν· τότε γὰρ πρῶτον εἰς τὰς τέτταρας συνενεμήθησαν φυλὰς καὶ τοὺς φυλοβασιλέας κατέστησαν. δευτέρα δὲ καὶ πρώτη μετὰ ταύτην, ἔχουσα πολιτείας ἄξιν, ἡ ἐπὶ θήσεως γενομένη, μικρὸν παρεγκλίνουσα τῆῆς βασιλικῆς. μετὰ δὲ ταύτην ἡ ἐπὶ Δρακοντος, ἐν ᾗ καὶ νόμυς ἀνέγραψαν πρῶτον. τρίτη δ' ἡ μετὴ τὴν στάσιν ἡ ἐπὶ Ξόλωνος, ἀφ' ἧς ἀρχὴ δημοκρατίς ἐγένετο. τετάρτη δ' κ. τ. λ.*

值得注意的是，德拉古的宪法并没有被给出明确的编号。一些学者[227]坚持认为这 11 次变革不包括伊昂（Ion）宪法，因为它是最早的宪法的原创，而不是变革。因而，特修斯宪法才是第一次变革。这使得德拉古可以被认为是第二次变革，尽管它并没有获得编号；那么，梭伦宪法就是第三次；佩西斯特拉托斯宪法，第四次；以此类推。另外一些学者则坚持认为伊昂（Ion）时期的宪法是第一次，特修斯宪法是第二次，梭伦宪法是第三次。因而，此外关于没有编号的德拉古宪法的描述只不过是著作被篡改的结果，是为了和对第四章的篡改相呼应。[228] 这一段认为德拉古宪法的首要特征就是他作为立法者所进行的工作，这显然和第四章的描述不一致。[229]不过，其他的一些类似的不一致之处在《雅典宪制》当中并不罕见。比如，第八章和第十二章对克里斯提尼之前的执政官的选举的描述就明显互相矛盾。[230]

---

〔227〕 Cf. Kenyon, *ad loc.*

〔228〕 Cf. Sandys, *ad loc.*

〔229〕 Cf. Headlam, *Class Rev.*, V, 167.

〔230〕 viii. 1, and xii. 5.

另外一个值得怀疑的地方是对梭伦改革的描述："他以财富为基础将人民划分为四个等级，就像以前的划分那样，即划分为五百斗者（Pentacosiomedimni）、骑士（Knights）、双牛者（Zeugitae）和日佣（Thetes）。"[231] 除了日佣之外，其他的3个等级在德拉古宪法之中都有提及，也就是在规定对没能参加委员会会议和民众大会的委员会成员处以罚款的时候。"就像以前的划分那样"这句话既可以被看作是后世的篡改，也可以被看作是证明德拉古宪法真实性的证据。[232]

紧跟德拉古宪法的第五章是这样开始的：*τοιαύτης δὲ τῆς τάξεως-οὔσης ἐν τῇ πολιτείᾳ*……（"既然这，就是那时的宪法结构，多数人是少数人的奴隶，人民揭竿而起反对上层阶级"。）桑迪评论说，如果第四章是篡改的结果，那么此处使用的 *τάξεως* 词就值得怀疑，"除非我们乐于认为亚略巴古议事会的权力和向其申冤的权利足以构成 *τάξις*，或者是符合宪政秩序的事情。"当然，对于第四章的结尾部分，桑迪是接受的。[233] 不过，另一方面，如果认为第四章是篡改的结果，那么也就很容易理解第三章当中那些描述过去的话。

显而易见，所有的这些段落都可以从两个方面来理解，无论是那些认为对德拉古宪法的记载的确是出自亚里士多德之手的人，还是那些认为它只是杜撰的人都可以从这些段落当中找到证据。然而，鉴于所有以上讨论的段落，似乎那种认为这一段落的确出自亚里士多德之手并且他也的确认为德拉古制定了一部宪法的观点比那种认为这一段落是由一个非常熟练的篡改者杜撰出来的观点更加明智。在亚里士多德之后，没有任何篡改者会有兴趣在他的著作之中加进一部宪法或者是加进其他的任何描述来与这部宪法相呼应。如果这的确是亚里士多德的作品，那么，他又是从何处得知的呢？以上的论述已经表明，这部宪法的几乎每一行都值得怀疑，并且它也绝对不可能是由德拉古创立的。此外，以上的论述还进一步表明这部宪

---

〔231〕 vii.

〔232〕 讨论过的三段文字全部用括号的形式收录在布拉斯—泰尔汉姆（Blass - Thalheim）的版本之中。而，凯尼恩（Kenyon）在其牛津版本（1920）和他的评注版本以及翻译中则对它们予以全盘承认。最近的图依布纳（Teubner）版本（Blass - Thalheim - Oppermann）则对此没有提及。

〔233〕 *Ad loc.*

法当中的几乎每一个条款都和公元前 411 年的那些宪法条款相类似。因而，实际的情况似乎是这样的：亚里士多德在四百人委员会时期的政治家所写的小册子中发现了一份年代错乱的文件，该份文件声称描绘的是一部古代宪法的条款。于是，亚里士多德将其当作德拉古宪法收录在了自己的著作当中。实际上，这一段当中，也只有关于亚略巴古议事会的部分与德拉古时期的实际状况相符。

第五章　梭伦的司法改革

梭伦的司法改革是雅典历史上具有里程碑意义的重要事件，它保证了广大民众对司法的最低限度的参与，也为民主制度的建立奠定了基础。然而，尽管希腊的政治学者和改革者对这段历史一直具有浓厚的兴趣，但是，我们今天所能发现的具体材料却十分有限。最好的材料来源无疑是梭伦本人的诗作。亚里士多德和普鲁塔克就都曾大量引用这些诗作。

在梭伦被选为立法者之前，他已经积累了一些关于法律和司法的经验。在雅典和美嘎拉关于萨拉米斯（Salamis）的归属的争议当中，他代表雅典出席了这场由斯巴达仲裁者主持的裁决。为了证明他的观点，他不仅引用了荷马史诗，[1] 而且还引用了一些阿波罗的神谕，在这些神谕当中，阿波罗谈到了爱奥尼亚的萨拉米斯。此外，他还提出考古证据来证明这个岛屿上的古墓属于雅典人，而不是美嘎拉人："美嘎拉人在埋葬死者的时候头朝东，而雅典人则是头朝西。"[2] 当阿尔克迈翁和塞伦之间旷日持久的派系争论有将整个城邦拖进内战的危险的时候，梭伦成功地劝说阿尔克迈翁[3] 接受司法裁决，从而也表明了他对法制的有效性的信心，在他的诗作当中，他也曾对法制提出赞扬。

梭伦认为城邦内部的民事纷争来源于富人的贪婪和傲慢，[4] 不过，也正是这些纷争使梭伦被选为立法者和执政官。富人们只知寻求自己的利益，却不顾他人的利益。因而，不法主义盛行。"他们既不放过诸神的珍宝，也不放过国家的财产，他们像强盗那样，你争我夺。而对于神圣的坚如磐

---

[1] *Iliad* ii. 557 – 58.

[2] Plutarch, *op. cit.*, x, translated by Perrin.

[3] Plutarch, *op. cit.*, xii.

[4] Aristotle *Ath. Pol.* v. 2. Cf. Plutarch, *op. cit.*, xiv; *Ath. Pol.* v. 3.

石的正义，他们没有丝毫的留意和尊敬。"[5] 不法行为[6]是城邦祸患的主要源泉。用债务人的人身自由作担保的债务已经充满罪恶，然而，裁判官员在执行法律时所作的歪曲判决更是进一步加剧了这种罪恶。在许多时候，债务人都会被不公正地罚为债权人的奴隶。[7]

然而，在法律的统治之下，歪曲的判决将被拉直，富人的嚣张傲慢也将被在相当程度上磨平。[8] 梭伦所起草的法律，试图公平地对待每一个人，无论他们是穷是富。[9] 但是，仅有法律是不够的；法律还必须被公正地执行；否则，法律就会像阿那卡雪斯（Anacharsis）[10] 所说的那样，“变成蜘蛛网，总能网住穷人和弱者，但却很容易为强者和富人所挣脱”。因而，梭伦在“组织人民”的时候总是本着一项基本原则，那就是给人民足够的权力来保护他们自身的权益[11]和支持法制，但是，也只是给他们这些权力而已，绝不多给。这类从梭伦的诗作当中得出的关于他的司法改革宗旨的暗示对于我们理解包含在其他材料当中的更加具体的信息具有十分重大的意义。

关于梭伦改革，人们可以发现在亚里士多德的《雅典宪制》（*Constitution of Athens*）和《政治学》（*Politics*）[12] 当中有许多明显的自相矛盾的描述，学者们对此提出了各种各样的解释。但是，如果人们能够谨记亚里士多德是怀着不同的态度用不同的方法来写作这两部书的，那么，这两部书之间的矛盾之处便可以迎刃而解。实际上，这些矛盾也是不可避免的。在《雅典宪制》当中，亚里士多德运用编年史的方法一步一步地描述了雅典宪制的发展，但是在《政治学》当中，他却只是把雅典的宪政实

---

〔5〕 *Elegy* 2. 11 ff., translation by Linforth.

〔6〕 *Ibid.*, 31 f.

〔7〕 Solon *Frag.* 32. 8 ff.

〔8〕 *Elegy* 2. 33 ff.

〔9〕 Solon *Frag.* 32. 18 ff.

〔10〕 Plutarch *Solon*, v.

〔11〕 Solon *Frag.* 32. 1 f. （关于此处给出的原文，cf. Linforth, *Solon the Athenian*, p. 136.） Cf. Frag. 3. 1.

〔12〕 Page 1273b, quoted *supra*, p. 88. 一些学者认为这一段属于伪作。但是，这些观点并不能令人信服。Cf. S. B. Smith, "The Establishment of the Public Courts at Athens," *TAPA*, LVI, 107, n. 5.

践当作材料来引用，以说明他的政治理论，而对于这些宪政实践的源起和发生年代则很少关注。

在《雅典宪制》当中，亚里士多德对梭伦司法改革的描述是贫乏的和令人失望的。在一个简单的句子当中，亚里士多德告诉我们，社会的最低阶层也可以参加政府，但只限于参加民众大会（popular assembly）和法院（law courts）。[13] 但是，无论是对于民众大会，还是对于法院，亚里士多德都没有告诉我们其具体的组织和功能。所以，在两个章节之后，当我们读到他的另一个声明，即向法院上诉是梭伦政制的三大民主特征之一的时候，我们难免会感到惊讶和突兀。[14] 此时，我们还必须求助于普鲁塔克才能最终明白向该法院上诉的范围只限于地方官员所作出的决定。当然，那些足够细心的读者，如果还能够记住亚里士多德早先的陈述，即 **κύριοι** δ' ἦ*σαν καὶ τὰς δίκας αὐτοτελεῖς κρίνειν καὶ οὐχ ὥσπερ νῦν προανακρίνειν*,[15] 即使不依赖普鲁塔克，也可以独立地得出这一结论。但是，对于普通的读者而言，恐怕就永远也做不到这一点了。相反，普通的读者会自然而然地得出结论，认为所有的司法决定都可以同样地被上诉到这一法院。法院的这种复审权力据说是人民最终得以控制宪法的起点。法院的掌控者最终变成了政府的掌控者。[16] 此外，据说，梭伦所制定的法律的模糊性也促进了法院权力的增长。法律在意义上的模糊不清，会导致争议。而一旦有争议，便需要权威的解释。有建议认为梭伦是故意把法律制定得模糊不清的，亚里士多德对此发表了中肯的评论，他说，我们“不应该仅仅从今天的实际社会效果出发来判断梭伦的本意，而是应该从他的立法的整体大意出发来进行判断”。[17] 亚里士多德十分警惕政治学者们那种把梭伦所建立的制度一切后来的发展都归功于梭伦本人的倾向。[18]

然而，在《政治学》当中，亚里士多德不再关注人们是如何通过控制司法而控制政府的这类程序细节，相反，在此他所感兴趣的是他所处的时

---

〔13〕 *Ath. Pol.* vii. 3.

〔14〕 *Ibid.*, ix 1.

〔15〕 *Ibid.*, iii. 5.

〔16〕 *Ibid.*, ix. 1.

〔17〕 *Ibid.*, ix. 2.

〔18〕 Cf. Isocrates *Areopagiticus*, 16. Also *Antidosis*, 232; and Aeschines iii. 257.

代的宪法所表现出来的具体的结果。在这种精神的指引下，对于一个政治学者而言，要做到事事精确是不容易的。因为，人们总会自然而然地倾向于把过多的司法体制的特征归功于梭伦，即使这些特征根本上并不属于那个时代。毕竟，梭伦是这个制度的建立者，而且从某种意义上说，他还必须为这个制度在后世的发展负责，即使在创立的时候不存在任何可能可以让他预见这些未来的发展。因此，《政治学》的读者们在阅读该书的时候就必须对这种倾向保持警惕，比如，亚里士多德声称在梭伦时期，对地方官员的稽查权力掌握在人民手中。但是，鉴于亚里士多德本人在《雅典宪制》当中的声明，以及梭伦自己的话语，我们可以知道，在实际当中这是不真实的。〔19〕 在希腊，无论是在理论层面上还是在实践层面上，司法都是政府的重要功能。亚里士多德相信对立法和司法功能的参与是公民资格所要求的对政府的最低限度的参与权利。〔20〕 因而，当梭伦从经济上解放社会最低层的人民时，他也给予了他们相应的政治权利，允许具备资格的低层人民参与到民众大会和法院当中。此处，像演说者们那样，亚里士多德使用的是法院的复数形式（law courts），但是，在另外的两个段落当中，他使用的则是单数形式，使人觉得他所指的只是一个单独的机构。〔21〕 普鲁塔克〔22〕使用的也是单数形式。有学者曾经讨论过为何在此使用的是单数形式。〔23〕 但是，鉴于亚里士多德在《政治学》当中曾经交叉使用单数形式和复数形式来指代梭伦时期的上诉法院，所以在《雅典宪制》当中出现的

---

〔19〕 Cf. *infra*, p. 164. Cf. Newman 对 *Pol.* 1273b. 35. 的精彩讨论。

〔20〕 Aristotle *Pol.* 1275 a. 22.

〔21〕 *Ath. Pol.* vii. 4，复数；ix. 2，两次单数。在《政治学》（*Politics*, 1273b and 1274a）中，出现过两次复数，一次单数。史密斯（S. B. Smith, *op. cit.*, pp. 106 ff.）已经正确地反驳了那种认为梭伦建立了一个伟大的有固定人数的由自愿担任此职务的 30 岁以上的公民通过抽签方式组成的法庭的观点。

格罗特（Grote, *op. cit.*, IIIV, 128 ff.）对那种认为梭伦创立了民众法庭（dicastery）的观点进行了不遗余力的反驳。在亚里士多德的《雅典宪制》刚刚被发现的时候，人们急促地得出结论认为格罗特的批评者们对其理论予以全盘否定是正确的；许多学者认为正是梭伦为公元前 4 世纪的民主司法制度的主要特征奠定了基调。史密斯对这些极端的观点表示怀疑。他指出在公元前 6 世纪的雅典，根本就不需要大量的法庭，而且当时也没有足够多的城市居民来为法庭服务。

〔22〕 *Solon*, xviii.

〔23〕 Gilbert, *Greek Constitutional Antiquities*, p. 139, n. 1.

单数形式可能并不具有特殊含义。然而，人们期望当中的上诉法院，尤其是对于民众法院而言，似乎应当是一个机构，而不是数个机构。亚里士多德在《政治学》当中所描述的希波丹姆（Hippodamus）宪法，[24] 以及柏拉图的《法篇》（*Laws*）[25] 所构想的都是一个单一的上诉法院。自然，梭伦也几乎不可能认为需要建立多个上诉法院。目前，有众多证据表明，梭伦时期的上诉法院是一个单一的机构，被称作ἡλιαία。[26] 吕西亚的一位当事人[27] 曾经引用过梭伦的一条法律，里面使用了一个过时的词语，被引用的法律如下：**δεδέσαι δ' ἐν τῇ ποδοκάκκῃ ἡμέρας πέντε τὸν πόδα, ἀὰν προστιμήσῃ ἡ ἡλιαία**。格罗特（Grote）[28] 对这条法律的真实性表示怀疑，因为波利克斯曾经说过梭伦使用ἐπαίτια 而不是 **προστιμήματα**。不过，吕西亚和波利克斯一样，都是相当可信的权威。所以，在今天，这条法律已经基本上被接受为是真实的。[29] 很明显，ἡ ἡλιαία 和亚里士多德所称的 **τὸ δικαστήριον** 就是同一个机构。

后来，民众法院这一称呼基本上取代了ἡλιαία。但是，ἡλιαία 和它的一些派生词却并没有完全消失，而是在一些有趣和重要的用法上得以保存了下来。比如，在阿里斯托芬（Aristophanes）的戏剧《黄蜂》（*Wasps*）中，当巴德理塞仑（Bdelycleon）宣布开庭，开始他对狗的滑稽审判时，他模仿着传令官的样子，说：

εἴ τις θύρασιν ἡλιαστής, εἰσίτω.

---

〔24〕 1267b. 39.

〔25〕 Page 767 C.

〔26〕 Busolt – Swoboda（*Staatskunde*, 1151, n. 3）列举了ἡλιαία 的出现次数。参见罗杰（Roger）对阿里斯托芬的介绍（*Wasps*, pp. xix ff）。

〔27〕 x. 16.

〔28〕 *Op. cit.*, III, 128, n. 1.

〔29〕 Busolt, *Geschichte*, II, 285; Busolt – Swoboda, *Staatskunde*, p. 1151, n. 3; Meyer, *op. cit.*, II, 659; Wilamowitz, *op. cit.*, p. 60, n. 1; *CAH*, IV, 56; S. B. Smith, *op. cit.*, p. 107, n. 6，对其表示反对的主要根据就是波利克斯的记载以及演说家总体上在古代历史方面的不可靠性。但是利普西斯（Lipsius, *op. cit.*, p. 440, n. 9）已经证明波利克斯的记载不能作为证据。

从此可以看出，传令官们在审判人员被称为δικασταί很久之后，仍然还在沿袭使用旧的开庭套语。[30] 另外，具有保守特性的宗教也在集会开始的祷告中保留了ἡλιαία 这一用法：εἴ τις θύρασιν ἡλιαστής，εἰσίτω。

德摩斯梯尼[31]之所以引用这一祷词，显然是为了遵循传令官们在此类场合的传统套语，因为听众对传令官的这一套语非常熟悉。一名演讲者也很少会冒险去修改措辞，用现代词汇来代替传统的技术性词语。宗教在语言方面的保守性可以在陪审法庭的誓言上得到进一步说明。这一誓言通常被描述为τῶν ἡλιαστῶν ὅρκος或ὁ ἡλιαστκὸς ὅρκος。[32] 在这一誓言当中，我们可以发现 ἡλιαία 的一个派生词：οὐδὲ δῶρα δέξομαι τῆς ἡλιάσεως ἵνεκα。[33] 此外，我们还可以在阿里斯托芬的喜剧当中发现ἡλιαία 和它的派生词。[34] 这在相当程度上是由于群众语言的保守性，而喜剧恰恰力图模仿群众的语言。但在大多数时候，阿里斯托芬是想通过这类词的运用来传达一种古老的韵味。因而，一个古老的喜剧预言调侃说，总有一天当希腊人出席法庭的时候，他们会得到每天 5 个银币的报酬。[35] 当ἡλιαστής被用来指代法官的时候，它显然暗含着该法官年龄极大的意思，这也是阿里斯托芬非常喜爱的一种调侃方式。[36] 德摩斯梯尼在他的演讲当中引用过一些法律条文，其中也出现过ἡλιαία 一词，用来指代除了由司法执政官主持的法院以外的法院，这很可能就是该词在官方文件中的用法。[37] 另外，ἡλιαία 和ἡλιαστής在公元前 5 世纪的石刻当中也有出现。[38]

当梭伦所创立的上诉制度被抛弃之后，[39] 所有的案件都开始由民众法

---

〔30〕 *Wasps*, 890. 参见英美法庭开庭时对古法语词汇 *oyez*, *oyez* 的运用。

〔31〕 xxiii. 97.

〔32〕 Hypereides *Euxenippus*, 40.

〔33〕 Demosthenes xxiv. 149.

〔34〕 Knights, 897 ff. 注释者将ἐν ἡλιαίᾳ 理解为一个特定的法庭。但实际上，它的意思只是“在法庭”。

〔35〕 Knights, 798. 在《黄蜂》（*Wasps*, 772）中，阿里斯托芬用ἡλιάσει 代替 δικάσει，正像注释者指出的那样，以取得双关的效果。

〔36〕 *Knights*, 255. *Wasps*, 195.

〔37〕 Lipsius, *op. cit.*, p. 169, n. 12.

〔38〕 *CIA*, I, 37; 266, as restored by Koehler; IV (1) 27. Hicks and Hill, *Greek Historical Inscriptions*², No. 40, l. 75.

〔39〕 Cf. *infra*, p. 195.

庭一审，单个的法庭已经不能满足需要。在陪审法庭的人员支持的基础上，更多的法庭开始被建立。这些新建的法庭被称作民众法庭（dicastery）。但是，由司法执政官所主持的法院仍然沿袭了陪审法庭的名称。这很可能是由于新的法院审理案件的场所仍然是在陪审法庭的旧址。[40] 在职能上，司法执政官法院负责审判一些最重要的公共案件。500 人一组的审判组织经常集会以审判特殊重要的案件。有一次，在司法执政官法院审理案件的民众陪审员甚至达到了6,000 人。[41] 参加审判的人数如此众多，自然也要求宽敞的审判场地。哈朴克莱钦（Harpocration）和佛丢斯将ἡλιαία 定义为“雅典最大的法庭，它由1,000 或1,500 名审判人员组成，负责审判公共案件。”[42] 很明显，任何由2 组或者更多组审判人员所组成的法庭的集会地点都是在陪审法庭。在公元前4 世纪，还出现了对陪审法庭的进一步划分，将它二分为“次级法庭”（the lesser courts）和陪审法庭。[43]

格罗特认为[44]“ἡλιαία的原始和确切的意义是公众集会（public assembly）。”它和德拉古法典中的ἡλιαία 的近似性绝不是偶然的，且不论它们之间到底具有何种性质的关系。

梭伦解放了社会的下层人士。他所面临的问题在于必须给予这些下层人士足够的权力以使他们能够通过宪政手段保卫自身的政治和经济权利。古老的荷马式的集会在当时仍然通过贵族和国王政体得以幸存下来。[45] 但是和后来的更完善的城邦公民大会（ecclesia）相比，它显得非正式和缺乏组织，不过，梭伦通过自己的经验清楚地知道它里面孕育着可能性。正是

---

〔40〕 Demosthenes xlvii. 12. *Lexica Segueriana.*

〔41〕 Andocides i. 17.

〔42〕 Harpocration, *s. v*, ἡλιαία. Aristotle *Ath. Pol.*, lxviii.

〔43〕 Haupt, “Excerpte aus der Rede des Demades,” *Hermes*, Vol. XIII, p. 494, excerpt 52.

〔44〕 Grote, III, 128, n. 1. Cf. Rogers, Introduction to *Wasps*, pp. xix – xx. 古代学者已经对该词的来历进行了研究。注释者（*Knights*, 255）认为该词和希腊语单词的太阳（ἥλιος）有关，因为公民大会是在露天进行集会的。阿里斯托芬（Aristophanes, *Wasps*, 772）则认为该词可能来源于它的双关语ἡλιάσει πρὸς ἥλιον。

〔45〕 Meyer, *op. cit.*, II, sec. 219. Cf. Gilbert, *Beiträge*, p. 446. 德·桑克蒂斯（De Sanctis, *op. cit.*, p. 148）认为公民大会在开始的时候有权对亚略巴古议事会所判处的死刑给予认可或者拒绝。但是，后来逐渐丧失了这项权力。

在一个非正式的市场集会上，梭伦朗诵了他的《萨拉米斯》，并向人民道歉说，请原谅他带来的是一首诗而不是一场演讲。[46] 选梭伦为执政官的决定也很可能是在一个代表对社会不满的群众的集会上被通过的。后来，梭伦正是对这一原始的被称作陪审法庭的机构进行了改革和改造。[47] 社会最低层的市民获准进入了会议，并且，一个四百人委员会（a Senate of Four Hundred）也被建立起来以主持大会。普鲁塔克认为，"这个四百人委员会的功能是在群众大会召开之前进行协商，在没有经过四百人委员会协商之前，任何议题都无法进入群众大会。"[48] 由此看来，普鲁塔克似乎认为这个四百人委员会和后来出现的五百人议事会（Senate of Five Hundred）具有相同的职能。不过，毫无疑问，如果没有有效的组织和监控，没有任何民众大会能够有效运转。缺少了会议程序和主持人员，它将和一群暴民没有区别，不但没有效率，而且相当危险。[49]

梭伦力图在社会两极之间建立一种平衡的制度。

> 对于社会中的普通人，我已经给予了他们能使其感到满足的权利，既没有剥夺他们已有的权利，也不会再让他们期望更多的权利；同样，对于那些有权势和因富有而被高看一眼的人，我也替他们作了周详的考虑，小心翼翼地以使他们免遭歧视。[50]

和民众大会有着密切关系的四百人委员会是保持社会两极平衡的极好的工具。一直以来，执政官们一直和古老的贵族会议亚略巴古议事会关系密切。因而，如果主持民众大会的不是四百人委员会，而是执政官们的话，

---

〔46〕 Plutarch *Solon* viii. 2.

〔47〕 Aristotle *Ath. Pol.* xii. 4.

Cf. Busolt – Swoboda, *Staatskunde*, p. 828.

〔48〕 Plutarch *Solon*, xix. Busolt – Swoboda, *op. cit.*, p. 846，接受普鲁塔克的观点，但是认为执政官像荷马时代的国王一样负责主持会议。

〔49〕 梭伦（Aristotle *Ath. Pol.* xii. 2）本人曾对他心中的对待人民的正确方法作解释说，"既不能让他们太自由，也不能让他们有太多的束缚。"

〔50〕 亚里士多德（*Ath. Pol.* xii. 1）引用的梭伦本人的论述。在《政治学》中（1273b. 35 ff.），亚里士多德曾把亚略巴古议事会、行政官员、梭伦宪法中的寡头成分与组织起来的人民行使的司法职能进行比较。

社会两极之间的这种平衡将会在很大程度上被打破。

民众大会代表着雅典的主流民意，梭伦允许人们将行政官员的决定上诉到这一机构。[51] 在民众大会上，上层阶级的自信和经验在很大程度上可以被下层阶级的数量优势所抵消。民众大会不但具有议事权，而且还具有司法权：从一种职能来看，它是一个议会；而从另一种职能来看，它则是一个法院。不管是亚里士多德，还是普鲁塔克，都没有提到陪审法庭的主持者。普鲁塔克很明显地暗示梭伦所引进的ἔφεσις α 和罗马的向民众申诉制度（provocatio ad populum）十分类似。在把梭伦和普布利卡拉（Publicola）进行比较时，他说："普布利卡拉给予了被告向人民上诉的权利，就像梭伦给了他们向陪审员上诉的权利。"[52] 如果这一陈述属实的话，那么，人民的议事和司法职能之间也就只具有微小的区别。上诉可以由议事会发起。议事会的成员将主持这一司法审判，恰如他们主持讨论行政事项的会议一样。在公元前5世纪，当城邦公民大会（ecclesia）开始审理案件的时候，从议事会当中选出的执行委员会负责主持审判，就像他们负责主持日常的会议一样。布叟尔特认为主持审判的是行政官员自己，他们自己主持对自己决定的上诉。[53] 一些后期的实践也支持这一观点，根据这些实践，行政官员可以在自己的管辖范围内主持对案件的审理。此外，当涉及到对由行政官员作出的罚款决定的上诉时，该行政官员也可以主持对上诉案件的审理。[54] 如果这一切都属实，那么，这一实践很可能是对所有的行政官员的决定都可以上诉的历史时代的遗留。

---

〔51〕 Aristotle *Ath. Pol.* ix 1：. Steinwenter（*Streitbeendigung durch Urteil*, *Schiedsspruch und Vergleich nach Griechischem Rechte*［Mǔnchen, 1925］, p. 70），有不同观点，他认为ἔφεσις并非现代意义上的上诉。赫默尔（Hommel, "Heliaia" *Philologus Supplementband*, XIX［1927］, Heft, II, 149）也对此表示赞同。但是，这一观点并不能令人信服。维拉莫维茨（Wilamowitz）之前的时候（1880）也声称在阿提卡法律当中不存在上诉，但是在《亚里士多泰莱斯和雅典》（*Aristoteles und Athen*（1893）, I, 59－60）当中，他修正了自己的这一观点。

〔52〕 诚然，罗马时代的向民众申诉制度或者马其顿人上诉到军队的权利只涉及非常严重的犯罪（cf. *CAH*, IV, 56）。但是，此处的比较点并不是上诉案件的种类，而是上诉法院的特点，即集合起来的人民。

〔53〕 Busolt－Swoboda, *Staatskunde*, p. 1151.

〔54〕 Cf. *infra*, p. 279.

但是，这并非最后的结论。一个明显的反对理由就是一名法官不应该以任何形式参与对自己决定的上诉的审理。但是，也有意见认为作为主持人的行政官员实际上对案件的结果没有任何影响。不过，从后期实践来看，这是不够真实的。[55] 因而，在梭伦时代就更不可能是真实的。陪审法庭的上诉权是为了给人民一个机会，保护他们自己免受行政官员“故意歪曲的判决”之害。因而，梭伦根本就不可能冒着损害他的新措施的危险允许行政官员以任何方式参与对他们自身决定的上诉。即使行政官员对上诉的参与不会构成对上诉者的任何不利，它也会激起人们对梭伦的诚意的怀疑。

至于到底是何者在主持陪审法庭，对这个问题的回答在很大程度上依赖于陪审法庭的组织结构。如果陪审法庭无论是在执行司法职能的时候，还是在执行议事职能的时候，它的人员组成都是相同的，那么，我们就没有理由认为在这两种类型的职能之间，它的主持人会有什么不同。甚至，在组织宣誓的时候，其主持人也很可能还是这些来自议事会的官员。但另一方面，司法执政官和陪审法庭的密切关系，以及由司法执政官主持的法庭仍被称作陪审法庭等这些事实似乎都在暗示在梭伦的政体之下，司法执政官很可能是陪审法庭的司法审理职能的主持者。不过，这也将导致一个非常问题的产生，因为司法执政官将不得不同时主持对它自身以及对行政官员决定的上诉。因而，更好的答案似乎是这样的：司法执政官负责组织和在必要的时候召集陪审法庭，而由行政官员来主持对他们自身决定的上诉的审理。这可以很好地解释司法执政官和陪审法庭之间后来的关系，以及行政官员的主持者身份。

今天，我们所能掌握的关于陪审法庭作为法庭时的组织和人员构成的材料非常少。当今关于这一问题的那些理论都是从后来的实践推理得到的。与立法机构相比，司法机构的一个重要特征就在于宣誓和秘密投票。没有直接证据表明陪审法庭的成员在履行法官职能的时候需要宣誓。在较晚的时期，阿提卡地区地方会议的成员在履行司法或者半司法的职能时已经需要宣誓。[56] 不过，城邦公民大会在审理案件的时候，仍然不需要宣誓，尽管它的投票是秘密进行的。然而，审判人员的誓言被称为ὅρκος ἡλιαστικός

〔55〕 Lipsius, *op. cit.*, p. 55.

〔56〕 Haussoullier, *La vie municipale en Attique*, p. 43.

或ὅρκος τῶν ἡλιαστῶν 的事实表明在陪审法庭的历史当中誓言已经存在。无论如何，不可能晚于克里斯提尼时代的 δικαστήρια，甚至在梭伦时代既已出现。后来出现的审判人员集体宣誓的实践更是毫无疑问地可以追溯到陪审法庭成员集体行使权力的梭伦时代。

没有证据表明梭伦改革涉及年龄方面的资格；[57] 事实上，也不可能存在这样的资格限制。实际上，根据亚里士多德的描述，民主的批评者们对梭伦的攻击之一就是他允许所有智力水平和所有年龄段的人都能参加到司法之中。[58] 亚里士多德《政治学》当中的一个声明[59] 还曾被引用来证明陪审法庭成员的选任是通过抽签决定的。不过，我们应当注意亚里士多德的这个声明也是引用自梭伦的批评者，而这些批评者倾向于把民主所有恼人的缺点都归咎于梭伦。根据梭伦的批评者的描述，我们并没有办法判明当时使用抽签的目的何在。那么，到底抽签这种方式是被用来限制成员的人数，还是被用来确保成员的人数呢（强迫那些中签的人到陪审法庭履行义务）？从梭伦的角度来看，他既然给予了人民大众最底限度的政治权利，那么，却又通过年龄资格或者抽签的方式来限制参加的人数就变得毫无意义。当然，随着民主的进一步发展，这种限制会变得必要。但是，在一开始的时候，数量是被渴望的；它有利于建立人民的自信和令对手产生敬畏。对人数限制的最早记录——6, 000 人——来自阿里斯托芬。[60] 这一数字可以追溯到克里斯提尼建立贝壳放逐法（ostracism）的时期，但是并没有证据表明在更早以前也存在人数方面的限制。为何将人数设为 6, 000，而不是其他的数量，对此，还没有任何解释。并且，这一数字和梭伦时期的陪审法庭的人数似乎也没有任何联系。

雅典在公元前 6 世纪早期的社会和经济状况使它不大可能（如果不是

---

〔57〕 在亚里士多德笔下的德拉古宪法中（cf. *supra*, p. 137），议事会成员的年龄必须为 30 岁或者以上。鉴于克里斯提尼时代的五百人议事会也要求成员年满 30 岁，人们自然倾向于认为梭伦时代的议会也会存在类似的要求，但是在史料当中并没有提及。Busolt – Swoboda（*Staatskunde*, pp. 850 and 1150 ff.）认为当时存在年龄限制，维拉莫维茨（Wilamowitz, *Aristoteles und Athens*, II, 63）也秉承这种观点。

〔58〕 *Pol.* 1282a, 31.

〔59〕 *Ibid.*, 1274a. 5. Busolt – Swoboda（*op. cit.*, p. 850）没有给出结论。

〔60〕 *Wasps*, 662. 关于对 6, 000 这一数字重要性的讨论，cf. *infra*, p. 194.

根本不可能）拥有6,000名30岁以上的男人可以定期为司法职能服务〔61〕。那种认为当时存在对参加陪审法庭的司法审理的限制的假设，无论是年龄的限制，还是单纯的人的数量的限制，都难以得到任何支持。

在梭伦政体之下，亚略巴古议事会仍然像以前那样参加司法活动。〔62〕亚里士多德对它的权能的描述实际上也只是对它在前梭伦时代的职能的描述的一种重复。它仍然充当着法律监护者和宪政看护者的职能。在履行这些职能的时候，它有全权去处罚那些违反者。此外，它也仍然一如既往地充当着道德看护人的角色。它在行使罚款权力的时候，无须说明当事人具体的过错，便可以决定罚款并将罚款充入国库，这种武断地行使权力的方式说明它不仅具有一个常规刑事法院的职能，而且还具有国家的监察职能。〔63〕但到底是陪审法庭，还是亚略巴古议事会具有审查即将离任的地方官员账目的职能则是众说纷纭。在《政治学》的两个段落当中，〔64〕亚里士多德明确地表明梭伦给予了人民要求地方官员进行说明的权力：*τὸ τὰς ἀρχὰς εὐθύνειν*。很明显，他是在技术层面上使用 *εὐθύνειν* 和 *εὔθυνα* 两个词的。在《雅典宪制》当中，他说亚略巴古议事会有权 *εὐθύνειν τοὺς ἁμαρτάνοντας*。〔65〕不过，亚里士多德在此是否仍像在前一个关于假托的德拉古宪法的章节中那样在技术含义上使用 *εὐθύνειν* 一词，则是值得怀疑的。〔66〕*τοὺς ἁμαρτάνοντας*并不能被理解为是地方官员在一个监督机构面前进行说明，相反，它应被理解为是违法者。〔67〕如此一来，*Εὐθύνειν* 就应被理解为“惩戒”或者“惩罚”，就像梭伦本人的用法一样。〔68〕但即使 *εὐθύνειν* 不是在技术层面上使用的，我们也没有理由否认亚略巴古议事会作为一个监督机构的地位。当然，我们不应将此理解为梭伦成功地设计了一个与公元

---

〔61〕 S. B. Smith, *op. cit.*, pp. 107 ff.

〔62〕 令人奇怪的是，亚略巴古议事会在梭伦时期对凶杀案件的管辖权力并没有在这一时期的史料当中被提及。这一权力暗含在普鲁塔克所讨论的赦免法之中（*Solon*, xix），但是这一古老的特权似乎不应该被这样轻描淡写。Cf. Lipsius, *op. cit.*, p. 13.

〔63〕 Cf. Lipsius, *op. cit.*, p. 13.

〔64〕 Pages 1274a and 1281b.

〔65〕 viii. 4.

〔66〕 iv. 2.

〔67〕 Busolt – Swoboda, *op. cit.*, p. 848, n. 1. Cf. Wilamowitz, *op. cit.*, I, 49, n. 14.

〔68〕 *Elegy* 2. 37.

前4世纪的完备的 *εὔθυνα* 相类似的机构。实际上，亚略巴古议事会的权力极为广泛，足能对地方官员的职务行为进行强力监督，因而，一个专门的离任审计似乎显得没有必要。*ὥσπερ ὑπῆρχεν καὶ πρότεον ἐπίσκοπος οὖσα τῆς πολιτείας, καὶ τά τε ἄλλα τὰ πλεῖστα καὶ τὰ μέγιστα τῶνπολιτκῶν διετή ρει καὶ τοὺς ἁμαρτάνοντας ηὔθυνεν κυρία οὖσα καὶ ζημιοῦν καὶ κολάζειν.*〔69〕另一方面，陪审法庭通过审理上诉，拥有要求地方官员公正执法的权力。诚然，这种权力只是偶尔行使，并且必须由遭受冤屈的当事人发动，但是，正如有学者所指出的那样,〔70〕此时的“上诉”正是后世的“审计”赖以产生的源泉。如此一来，我们就可以顺理成章地得出这样的结论：地方官员对社区的责任是由亚略巴古议事会和陪审法庭共同保障的。分别代表国家内部两大政治力量的这两个机构之间的这种权力划分和梭伦的总体政策，即保持宪政的平衡、不允许任何一个政治力量单独控制政府的政策是一致的。〔71〕同样的原则也在上诉设计方面得以执行。上诉的范围只限于地方官员的决定；而亚略巴古议事会和爱菲塔委员会的裁决则继续是终极的决定。

关于对账目的审计，亚略巴古议事会似乎是整个国家内部唯一的一个可以有效地执行这一职能的机构。〔72〕账目不可能由一个民众大会来审计。议事会可能也会核对地方官员们的开销，并向大会报告，以采取正式行动来执行他们的建议。但是，由于议事会本身也有开支，因而，它自身的账目也必须得到监控。亚略巴古议事会有权力“监控国家最重要的事务”,〔73〕所以，它完全可以凭借这项权力实施审计职能。暂时来看，在保证地方官员履行职责方面，亚略巴古议事会似乎起到了比陪审法庭更重要的作用。但是，它之所以能够这样是因为宪政向着民主方向的发展，以及人民赢得了对司法的控制权，其中就包括对审计权力的控制。因而，在《政治学》中,〔74〕当亚里士多德更加关心结果而不是过程的时候，他毫不

---

〔69〕 Aristotle *Ath. Pol.* viii. 4.

〔70〕 Gilliard, *Juelques reforms de Solon*, p. 288.

〔71〕 Solon *Frag.* 3. (Aristotle *Ath. Pol.* xii. 1.)

〔72〕 Cf. Wilamowitz, *op. cit.*, I, 49.

〔73〕 Aristotle *Ath. Pol.* viii. 4.

〔74〕 1274a. 11 ff.

犹豫地说道：在梭伦时代，人民负责审计，因为审计是由向陪审法庭的上诉权发展来的，而不是由亚略巴古议事会的监督权和看护权发展来的。

梭伦作为法律改革者对其同领域的前辈所欠下的债务一直没有被人们充分认识，不论是古代的历史学家、政治理论家，还是今天的学者都是如此。人们似乎感到这样的认识会损害梭伦的高大形象。但人类制度的变化绝不仅仅是由灵感造就的，而是也同样取决于制度的进化。梭伦的法律改革也不例外。它绝不是从梭伦的脑袋中一下子蹦出来的，就像雅典娜是从宙斯的脑袋中蹦出来的一样。梭伦法典的重要一部分——关于凶杀的法律——就是对德拉古法典的相应部分的模仿和再现。他的陪审法庭也基本上是对荷马时代的市场集会的复兴和改造。梭伦的伟大功绩在于他能按照他的需要来改造古代的机构和现实的实践。他所关心的核心内容在于如何确保人民能够保有他们刚刚获得的政治和经济自由。最终，他发现实现这一目的的途径在于给予人民起诉的权利，并允许他们将冤屈上诉到公民大会。不过，梭伦的这些做法并非凭空产生，而是有先例可循的。在较早的宪制当中，虽然上诉权还没有像梭伦时期那样得到明确的承认，但是，由于亚略巴古议事会拥有监护法律以及认定地方官员违法犯罪的权力，所以，在某些案例当中，亚略巴古议事会肯定不可避免地要纠正一些由地方官员所作出的错误的裁决。[75] 如果亚里士多德关于德拉古政体下的亚略巴古议事会的评论，即亚略巴古议事会处理的是司法问题而不是宪政问题，果真是德拉古法典的一部分，那么，上诉之门在当时就是开放的，任何被地方官员冤枉的人，无论是在司法方面还是在行政方面，都可以提出上诉，只要他所上诉的地方官员的行为是和法律相抵触的。毫无疑问，在实际当中，大多数的“故意歪曲的判决”都是和这条或那条法律相抵触的。因而，梭伦的贡献就仅仅在于把上诉的权利加以明确化，并且将其从亚略巴古议事会延伸到公民大会，以执行其“给予人民足能使其感到满足的权利”的政策。在英雄时代，人们在市场上举行集会，以处理那些犯错的个体，因为他们的行为对整体的安全构成了威胁。不过，这类行为具有本能和自发的性质。在当时，没有任何理论准确地说明到底何种行为可以被视为对社会

〔75〕 Cf. *supra*, p. 95.

的威胁。但是，这里面却孕育着未来的萌芽。在这类行为当中，谁具有召集公众会议的权力并不重要。

νῦν δὲ τίς ὧδ' ἤγειρε; τίνα χρειὼ τόσον ἵκει ἠὲ νέων ἀνδρῶν, ἢ οἵ προγενέστεροί εἰσιν;[76]

那个熟知详情、最活跃又最有力的人很自然地将在这类非正式的程序当中充当起检察官和控告人的角色。

继英雄时代的君主政体之后，走上历史舞台的是贵族政体，在这种体制下，元老院（在雅典，是亚略巴古议事会）代表着统治阶级。当它进行罚款和惩罚的时候，它既是为了个人的利益，也是为了群体的利益。对违法犯罪者的实际控告是由亚略巴古议事会的成员承担的，只要察觉到有违法犯罪存在，亚略巴古议事会的任何成员都可以对其提出控告。在开始的时候，受到违法犯罪侵害的人并不能直接向亚略巴古议事会提出控告，他只能通过唤起亚略巴古议事会的成员的注意来达到自己的目的。直到德拉古改革，他才获得了出席亚略巴古议事会并向其控告违法损害他的地方官员的权利。[77]

起初，社会并没有介入对凶杀案件的处理。直到凶杀会导致“玷污”的观念产生之后，国家才介入进来，力图确定凶犯并迫使其接受净化或者对其进行惩罚，以保护社会成员。但是，对凶杀案件的审理仍然被视为私人诉讼，只有受害者的亲属才可以提出控告。然而，一旦凶手走上放逐之路，无论是自愿的还是因为法庭的裁决，如果他又胆敢非法返回的话，那么，任何人都可以对其采取措施。如此一来，凶杀便由私人事务转化成了对社会的威胁。发现非法返回的流亡者的人会把流亡者拖到地方官员的面前，国家正是通过这些单个的人来采取行动，惩罚那些非法返回雅典土地的流亡者。受害者亲属们所专有的对加害者的控告权消失了。流亡者也不再以杀人凶手的身份来接受审判。他已经又触犯了另外一种反社群的罪名。

---

〔76〕 Homer *Odyssey* ii. 28 – 29.

〔77〕 Aristotle, *Ath. Pol.* iv. 4.

但是，如果发现非法返回的流亡者的人不是把流亡者拖到地方官员的面前，而是趁机以威胁或者拷打的手段进行敲诈，那么，一种完全不同的情况就会发生。流亡者，由于已经被玷污，因而无法走进法庭寻求法律所提供的救济和保障。因而，如果德拉古法典的这一条款真要得到切实执行的话，那么，就必须依赖ὁ βουλόμενος。这就是梭伦的ἐξεῖναι τῷ βουλομένῳ的先例。[78] 因为这些案例同梭伦所面对的一类案件十分相似。梭伦所面临的问题是：如何才能保证那些禁止将儿童或者债务人卖为奴隶的法律的执行？在传统的实践中，只有成年的受害者本人才被授予采取行动的权利，然而，作为受害人的本人往往已经丧失了人身自由，因而，他们也就难以通过自己的行为来寻求救济。将自己的孩子卖为奴隶的父母，由于本身即是错误的参与者，所以，也会很自然地拒绝作为受害儿童的法律代表出席法庭。同样，被迫卖身为奴的债务人，由于已经被剥夺了人身自由，也不能单靠自身发动诉讼来赢回丧失的人身自由。很自然的，对这类问题的解决应当效法德拉古法典的做法，当受害者不能通过自身来获得救济的时候，允许第三方的介入。梭伦对德拉古法典了如指掌，他对德拉古法典关于凶杀的法律的继承就是一个典型的证明。亚里士多德[79] 和普鲁塔克[80] 都认为梭伦给予人民的起诉自由似乎是有限的，只局限于那些有具体的个人受到伤害的案件。但是，研究表明在梭伦制定的法律当中，也有一些法律处置的是不影响具体个人、但却危害整个社群的犯罪。比如，图谋推翻政府的行为就不损害具体的个人，它影响的是整个社群。反对奢侈浪费的法律所针对的行为，也根本不损害具体个人的利益，即使它所损害的社会利益，也只是在很久远之后才能见效。[81] 如果没有志愿的起诉人，所有的这类法律都将难以执行。

梭伦也采取了有效措施来保护宪制，他用尽可能宽松灵活的措辞使亚略巴古议事会对叛国行为的传统的管辖权更加明确化。他还特别授权亚略

〔78〕 Cf. *supra*, pp. 120 ff.

〔79〕 *Ath. Pol.* ix. 1.

〔80〕 *Solon*, xviii.

〔81〕 *Ibid.*, xxi. 4 – 5.

巴古议事会对那些试图推翻宪制的人行使管辖权[82]。这一条款被称作 νόμος εἰσαγγελίας。由于在宪制遭到破坏的时候，没有任何人会比另一个人受到更多的损害，受到损害的是社会本身，因而，在这类案件当中，挺身而出充当控告者的只能是那些自愿的社区代表ὁ βουλόμενος。就像起诉和上诉的权利能够为受到损害的个人提供保障一样，当国家安全面临图谋和暴力的威胁时，通过授予起诉权利，νόμος εἰσαγγελίας也能对国家起到同样的保障作用。

梭伦的新宪制在当时并不为统治阶层所完全接受，并且由于高层官员都是从统治阶层产生的，因而，这些产生于统治阶层的官员很可能会通过消极执行法律来破坏新的宪制，在这种情况下，对此采取一些必要的预防措施就是顺理成章的。梭伦试图通过要求官员宣誓的方式来消除这种危险，他要求他们宣誓忠于法律，否则，将被罚一部金铸的法典。[83] 如果当时的确在努力地执行这一誓言，或者的确努力地去惩罚那些违反誓言的人，亚略巴古议事会本身就有能力做到这一点。它可以自主采取行动，也可以根据任何声称由于官员的违法行为而遭受冤屈的公民的控诉而行动。

很明显，梭伦清楚地知道整个社会可能会因为它其中的一名成员受到伤害而受到伤害。亚里士多德[84]曾引用他的一句话说："我把所有的人民聚集在一起"（συνήγαγον δῆμον）。希腊语单词 συναγω 并不仅仅意味着把人民聚集在一起，它意味着把人民组织在一起形成一个具有特定功能的政治共同体。对古老的民众集会的复兴的一个不可避免，从梭伦的角度看也是一个值得期望的结果就是能在人民的脑海中形成一种团结和互相依存的感情。起诉的自由正是提供了一种表达和促进这种感情的方式。梭伦对ὁ βουλόμενος的角色的构想很好地体现在普鲁塔克所引用的他的一句话当中："为了保证社会当中的弱势平民的更大的安全，梭伦给予了他们控告伤害自己的行为的权利，……通过这一点，他希望使社会中的人们能够互相同

〔82〕 *Ath. Pol.* viii. 4.

〔83〕 Aristotle, *op. cit.*, vii. 关于法典，cf. Sandy's note. 亚里士多德时代的誓言的内容不仅包括发誓不收受贿赂，而且还包括不违反法律（*ibid.* lv. 5.）。

〔84〕 *Ath. Pol.* xii. 4.

情和互相体会彼此的苦痛，看起来真正地像一个集体的成员。"[85] 普鲁塔克还曾引用梭伦，不过，引用的不是梭伦的诗作，而是梭伦对别人的回答，那人问他什么城市才是最好的城市，"这样的城市才是最好的，"梭伦回答说，"在这个城市里，那些没有受到损害的人和那些受到损害的人一样，都疾恶如仇，都迫不及待地要起诉和惩罚那些作奸犯科的人。"梭伦的这些话语明确地说明他一直在根据这样的信念而行动：那些伤害个人的行为也很可能会伤害整个社会。[86] ὁ βουλόμενος在梭伦政体之中的地位就好比是一个自愿的主管刑事法律的国家检察官。梭伦的伟大之处并不在于引进了一个新的司法机构，他的伟大之处在于归纳并应用了一项新的原则，即针对个人的特定类型的犯罪，尽管至今它们仍被视为受害者的个人事务，但是它们同时也有害于社会，因而，必须有人来代表整个社会对这类犯罪行为进行惩罚。

希腊语单词 γραφή意为公共诉讼，是与私人诉讼（δικη）相对应的一个概念，它的使用表明在较早的时期便已存在关于公共诉讼的记录，至少也可以表明一种不同于私人诉讼的司法记录的存在。将判决记录下来的做法是由司法执政官引入的。[87] 梭伦关于特赦的法律表明在某些案件当中，司法判决的记录应当被保留。这些案件既包括私人案件，也包括公共案件，说得直白一点也就是关于凶杀和暴政的案件。在梭伦时期的上诉体制之下，将所有的裁决，无论是关于私人案件的，还是关于公共案件的，一概记录下来是必要的。因为，如果没有这些记录，上诉法庭是没有办法运转良好的。在当时，仅仅根据判决的记录，还难以将公共案件和私人案件明确地划分开来。公共案件和私人案件之间的一个最根本的区别就在于在公共案件当中存在第三方。很可能公共案件的这一特征最终导致了地方官员在公共案件开始之初必须以书面形式进行通知的要求。私人诉讼仅仅牵涉到两方当事人，即原告和被告，因而私人诉讼的判决本身即是对案件相关事实的充分记录；然而，在公共诉讼当中，尤其是在上诉案件当中，在案件之

---

〔85〕 *Solon*, xviii, Clough's translation.

〔86〕 对比美尼涅斯·哀格利巴（Menenius Agrippa）对那些离去的罗马平民所讲的寓言（Livy ii. 32. 7）。

〔87〕 Cf. *supra*, p. 85.

初将控告人的名字记录下来就是十分有意义的，如果不是必需的话。很可能就是地方官员的这种预先通知最开始把公共诉讼命名为 γραφή的。[88]

亚里士多德[89]对梭伦所规定的起诉自由的描述语焉不详：τιμωρεῖν ὑπὲρ τῶν ἀδικουμένων。这一描述意为暴力和惩罚。普鲁塔克[90]曾举例证明梭伦所秉承的对过错的定义，但是这些例子也并不能给我们多少启发。这些例子都和暴力有关：καὶ γὰρ πληγέντος ἑτέρου καὶ βιασθέντος ἢ βλασθέντος ἐξῆν τῷ δυναμένῳ καὶ βουλομένῳ γρ ἦφεσθαι τὸν ἀδικοῦντα καὶ διώκειν, ὀρθῶς ἐθίζοντος τοῦ νομοθέτου τοὺς πολίτας ὥσπερ ἑνὸς μέρους συναισθάνεσθαι καὶ συναλεῖν ἀλλήλοις. 普鲁塔克的脑海中是否存在δίκη αἰκείας、δίκη βιαίων 和δίκη βλάβης，甚至于 γραφὴ ὕβρεως这样的具体犯罪行为十分值得怀疑。[91] 普鲁塔克[92]曾经引用过梭伦的一条法律，该条法律规定对强奸具有自由民身份的女性的犯罪的处罚是100个银币的罚金：ἐὰν δ' ἁρπάσῃ τις ἐλευθέραν γυναῖκα καὶ βιάσηται, ζημίαν ἑκατὸν δραχμὰς ἔταξεν。βιάσηται 意为δίκη βιαίων,[93] 它适用于那些侵犯人身和强行夺取奴隶的行为。对于造成身体伤害的案件，通过δίκη αἰκείας来进行纠正,[94]这也是对侵犯人身行为的最常见的处罚。对侵犯财产的案件，则通过δίκη βλάβης。[95] πληγέντος意为身体伤害，βλαβέντος则很可能是指对财产的损害。这些都是私人诉讼，即民事诉讼。在刑法上，对侵犯人身行为的处罚是 γραφὴ ὕβρεως。但是，它只适用于那些“严重侵害”的案件。并且，在这类案件当中，必须要证明当事人不但心怀恶意，而且还具有要

---

〔88〕 Cf. Calhoun, *Criminal Law*, pp. 104ff. 当亚里士多德说亚略巴古议事会判处罚款并将其上缴国库，但是却没有记录判决的时候，他是在谈论文字在记录判决方面的重要性（*Ath. Pol.* viii. 4）。

〔89〕 *Ath. Pol.* ix. 1.

〔90〕 *Solon* xviii. 5.

〔91〕 Calhoun, *op. cit.*, pp. 73 ff.

〔92〕 *Solon*, xxiii. Cf. Sondhaus, *De Solonis legibus*, p. 47.

〔93〕 Lipsius, *op. cit.*, pp. 637 ff.

〔94〕 *Ibid.*, pp. 643 ff.

〔95〕 *Ibid.*, pp. 652 ff.

使受害人蒙受耻辱的故意。[96] 不管当时梭伦的立法采取了何种形式，τῷ βουλομένῳ一词毫无疑问已经出现。这可以从该词的流行性上得到证明。例如，在《普鲁托斯》（*Plutus*）中，阿里斯托芬[97]就讲述了一个善于溜须拍马的人，他吹嘘说自己从事着一份高屋建瓴的职业ὁ βουλόμενος，在司法中发挥着重要功能。此外，演讲家海波伊迪斯（Hypereides），[98] 在请求允许讼师们代表市民出庭时，也曾把他们所能发挥的作用和梭伦时的ὁ βουλόμενος相提并论。人们可能会期望梭伦把如此重要的一个规定写在法律当中，并用显著的形式来引起人们的注意，比如以单行法的形式来对ὁ βουλόμενος有权采取行动的犯罪行为进行列举或者是定义出一个大概的由其管辖的犯罪的类型。不过，正如已经指出的那样，[99] 这样做的结果就相当于给“犯罪”下定义，而在公元前7世纪这几乎是一个不可能的任务。因而，唯一的选择就是在每项法律当中都设置一个总体的起诉条款，以方便在必要的时候对作为或者不作为行为处以惩罚。

在英美法系，刑事诉讼的进行并不妨碍在同一事件上再进行民事诉讼。在雅典，在一些案件当中，受害方可以选择要求民事补偿或者是刑事救济。盗窃和人身侵犯就是非常典型的例子。但是，原告绝不能既要求民事补偿又要求刑事救济。在后来，代表社区进行控告的志愿者更是没有权利进行选择，他们只能主张刑事救济。在梭伦时代，公共诉讼甚至还没有专门的名称，因而，情况也不会有根本的区别，志愿者的行动将毫无疑问地使受害者的行动权利归于消灭。在米迪亚斯（Meidias）一案中，德摩斯梯尼可以选择进行民事诉讼或者是刑事诉讼。最终，他像其他所有的志愿者一样，选择了代表社区进行刑事诉讼。在一些案件当中，代表社区进行控告的志愿者的介入将无可避免地导致受害者的索赔权利的丧失。但是，正如德摩斯梯尼[100]所评论的那样，“立法者们认为加害人的行为不但损害了被侵害人，而且也损害了国家，对加害人的刑事惩罚也是对受害人的充分补偿。”

---

〔96〕 Aristotle *Rhetoric* i. 13. 10; cf. Kennedy, *Demosthenes' Orations*, III, 73; Lipsius, *op. cit.*, p. 425.

〔97〕 918.

〔98〕 *Eux.* 11. 8.

〔99〕 Calhoun, *op. cit.*, p. 75.

〔100〕 Xxi. 45, Kennedy's translation.

梭伦还对誓言在法庭上的应用作出了创造性的革新。当既没有口头证据，又没有书面证据的时候，地方官员们被授权要求双方进行发誓。δοξσταί κριταί εἰσιν οἱ διαγιγνώσκοντες πότερος εὐορκεῖ τῶν κρινομένων. κελεύει γὰρ Σόλων τὸν ἐγκαλούμενον, ἐπειδὰν μήτε συμβόλαια ἔχῃ μήτε μάρτυρας, ὀμνύναι, καὶ τόν εὐθύνοντα δὲ ὁμοίως。[101] 这条法律引起了诸多争论。根据词典编纂者所给出的定义，希腊语单词 κελεύει 似乎意味着案件中的双方当事人都需要发誓。另外，根据整体的定义来判断，似乎我们可以得出同样的结论。根据双方都需要发誓的假设，罗德（Rohde）[102] 提出了一种新的理论，他认为当时的发誓并不是司法性质的，而是宗教性质的。立法者们的目的是为了保证那些犯错的人即使逃过了人间的惩罚，也不会逃过神灵的惩罚。但是，对这一观点的一个明显的反驳就是它无法解释为何发誓只用在那些缺少证据的案件当中。[103] 我们都知道，当缺少证据的时候，当事人便成了案件的唯一的信息来源，而正是根据这一基本看法，希泽尔（Hirzel）[104] 提出了另外一种理论，认为由于当事人双方的描述具有天生的不可信性，所以，他们被要求发誓，这样也许他们会更好地认识到如实回答法官问话的必要性。对这一观点的一个反驳就是它过分地强调了当事人双方的证人角色。而我们知道，在后来的实践当中，当事人双方根本就不允许为自己作证。实际上，在梭伦立法之前已经有两种形式的誓言在法庭上存在：凶杀案件中由双方当事人所发的庄重誓言（solemn oath）[105] 和古老的证据性誓言当中的具有证据效力的誓言（evidentiary oath）[106]。后者在一开始的时候纯属自愿，也不具有司法性质。它是一种可以排除罪责的誓言，由被告人本人自愿发誓或者应原告的要求而发誓。最终，有人建议也应该给原告以同样的待遇，允许原告发誓并也

---

〔101〕 *Lexica Segueriana*, Bekker, *Anecdota Graeca*, I, 242.

〔102〕 *Psyche*, I, 268, n. 2.

〔103〕 Gilbert, *Beiträge*, p. 466; Hirzel, *Der Eid*, p. 128, n. 2.

〔104〕 桑德豪斯（Sondhaus, *op. cit.*, p. 58）也同意希泽尔（Hirzel）的观点。

〔105〕 尽管在现存的公元前5世纪的德拉古法典的片段当中并没有提及，从各个方面来看，这些誓言都十分古老。Cf. Gilbert, *Greek Constitutional Antiquities*, p. 386; Lipsius, *op. cit.*, p. 833.

〔106〕 关于证据性誓言（evidentiary oath）的历史，参见：Gertrude Smith, "The Evidentiary Oath and Oathhelpers," *The Administration of Justice from Hesiod to Solon*, pp. 55 ff.

承认其证据效力。柏拉图将这一变化归功于希腊的神灵拉达曼提斯。认识到他那个时候的人普遍信仰神灵，他构思出了让神灵而不是人自身来充当法官的方式："通过要求双方当事人就案件的争议事实进行发誓的方式，他保证了判决的及时和可靠。"[107] 拉达曼提斯的方法十分简单。他给予双方当事人以发誓的机会，同时，他深信其中的一方当事人将因为害怕神的报复而拒绝发誓。如此一来，另外发誓的一方则将很自然地赢得案件。

但是，到公元前6世纪，事情就远没这么简单了。那时，已经有大批的人随时准备发伪誓，不过，下面的这种假设仍然是合理的，那就是当时仍然有相当数量的诉讼当事人在面对伪誓问题的时候，会临阵退缩，拒绝发伪誓。而梭伦的法律的合理之处也正在于此，因为在相当数量的案件当中，法官可以根据当事人是否敢于发誓的情况来作出正确的判决。即使双方当事人都同意发誓，那也决不意味着这一案件的审理会受到损害，因为法官正可以趁机观察当事人在面对发誓考验时的行为和风度。在不知道梭伦的法律的具体内容和誓言的范围的情况下，要断定梭伦这一法律的性质和目的是十分困难的。例如，到底诉讼当事人是被要求发誓证明他们在诉讼当中所说的都是事实，还是像希泽尔所认为的那样被要求发誓表明他们在诉讼过程中将如实回答法官的问题，"回答整个事实或者只回答事实"，毫无疑问，这类信息对我们极为有用。但是，对梭伦的立法意图的一个更好的理解就是认为他试图通过授权法官使用誓言来促进司法，因为证据性誓言在他那时只有当双方当事人都同意的时候才可以使用，并以此为基础进行判决。如果按照这一思路来理解，那么，梭伦的革新无疑是证据性誓言向公元前4、5世纪的当事人宣誓（party oath）发展过程中的重要一环。安提福恩[108]对希腊语单词$\delta o \xi \alpha \sigma \tau \alpha i$的用法表明他们并不是专业的法官。与其说地方官员们，是"证据的法官"（judges of the evidence），还不如说是"事实的推测者"（surmisers of the truth）。

在梭伦关于誓言的立法之后不久，初步的当事人宣誓便诞生了。当事人各方在每一个案件当中都要就自己的陈述的真实性进行发誓，而不管这一案件的证据是多还是少。关于这一做法的目的和重要性，存在许多不同

[107] Plato *Laws*, 948b.

[108] v. 94.

意见。[109] 柏拉图对这一做法提出强烈谴责，他认为这是在强迫雅典一半的当事人发伪誓。在《法篇》当中，[110] 他建议废除所有的当事人宣誓。“既然人们关于神灵的观念已经变化了，那么，法律也应该相应地进行调整。”因而，最合理的解释也许是这样的，最开始，梭伦只是将当事人宣誓的做法运用到部分案件当中，但是到后来这一做法被扩展到了所有的案件当中，因为人们希望它能够对那些没有根据的指控起到防止作用。在这一点上，索福克里斯（Sophocles）[111] 的一段话被引用的十分恰当：

ὅρκου δὲ προστεθέντος ἐπιμελεστέρα
ψυχὴ κατέστη· δισσὰ γὰρ φυλάσσεται
φίλων τε μέμψιν κεἰς θεοὺς ἁμαρτάνειν.

最终，当事人宣誓变成了一种纯粹的形式，恰如现代法庭当中的“无罪”请求。[112]

起诉和上诉的权利在当时都被精心设计以确保能够对违法犯罪者施加惩罚。有权和有钱的人也无法指望通过贿赂或者威胁受害人来逃脱惩罚，因为任何公民都可以发起诉讼来控告他们。他们也无法通过与对上层阶级有同情心理的官员相串通来逃脱惩罚，因为他们的案件可以被上诉到一个人数众多并且平民在其中占数量优势的机构。在当时，正是由于这种和权贵以及官员相比时的数量优势使得平民们能够有足够的手段来捍卫正义。每一个平民都是潜在的检察官，而且每一个平民也同时是上诉法院的成员。但是，由于缺少梭伦政体的司法记录，我们很难判断当时的上诉比例到底有多大，甚至一个大概的估量我们都难以做到。普鲁塔克[113] 指出说，在实

---

〔109〕 Cf. Meyer, Schoemann, Lipsius, *Der attische* Process, p. 889; Gilbert, *Beitrāge*, pp. 464 ff.; Lipsius, *Das attische Recht*, p. 833. 在希腊其他的地区，也存在当事人誓言。关于具体的例子，参见：Gilbert, *op. cit.*, p. 466, n. 2.

〔110〕 948d.

〔111〕 Frag. 431 (Nauck), cited by Hirzel, *op. cit.*, p. 134, n. 4.

〔112〕 应当谨记的是，在一些问题复杂或者需要对法律进行解释的案件中，当事人可以合理地提出不同观点而丝毫不存在违反誓言的故意。在这种情况下，当事人不构成真正的伪誓。Cf. Philippi, *Der Areopag*, p. 92.

〔113〕 *Solon*, xviii. Cf. Vinogradoff, *op. cit.*, p. 77.

际中只有少量的上诉。“开始的时候，社会下层阶级对司法的参与几乎可以忽略不计，但是，后来却变得最为重要，因为绝大多数的纠纷都最终上诉到了民众陪审员（dicast）的面前。”当普鲁塔克说绝大多数案件都是由民众陪审员审理的的时候，他很明显说的是更晚的时期。但是，他接下来的论断[114]却令人感到迷惑。他把民众陪审员的重要性的增加完全归功于允许对地方官员的决定提出上诉的法律规定。然而，这一论断只在一定意义上是正确的，那就是梭伦的措施是使民众最终得以完全控制司法的宪制改革的第一步。单就梭伦的措施本身而言，其意义不大，但它是伟大的万里长征的第一步。

亚里士多德对上诉权利实际效果的评论就更加模糊。“通过这一措施（即上诉权利的建立），他们认为，民众获得了力量，因为，当民众成为选票的主人的时候它也就同时成了宪政的主人。”他在这句话当中使用了完成时态，这表明他所说的是梭伦立法对公元前4世纪的宪政的影响。亚里士多德对梭伦立法的所谓的模糊特征的描述导致了一些对梭伦时期的情况的误解。“此外，由于法律条文不够简洁和明确，争议将不可避免，这样法庭就不得不在每个案件当中进行判断，不管是公共案件还是私人案件。”[115]这里，再一次，亚里士多德所谈到的并不是梭伦时的具体情况，而是公元前4、5世纪当民众控制了政府时的情况。在他紧接下来的论述中，我们可以很清楚地看到这一点。在反驳那种认为“梭伦故意将法律定得比较模糊，从而可以使人民掌握最终的决定权”的观点时，他评论说，对此“我们必须根据他的立法的总体意思来判断他的意图，而不应该根据他的法律在今天所产生的实际效果来进行判断。”[116]此外，亚里士多德认为“法庭不得不在每个案件当中进行判断，不管是公共案件还是私人案件”的声明也明显地暗示了他的上述观点。值得注意的是，我们今天并没有关于地方官员介入法律解释的文献。当然，毫无疑问，他们肯定也解决过一些由于对法律理解不同而产生的争议。梭伦离开雅典的原因之一就是

---

〔114〕 *Loc. cit.*

〔115〕 *Ath. Pol.* ix. 1; Plutarch *Solon*, xviii.

〔116〕 *Ath. Pol.* ix. 2.

为了避免民众们要求他回答问题或者对其法律提出批评，[117]“因为他认为他留下来解释法律是不合适的”。在解释法律方面，没有任何地方官员的权威能和立法者本人相比，但是肯定也有一些诚实的人从地方官员那儿得到了对法律的满意的解答，因为地方官员的职责之一就是理解并适用法律。人们在所有时期对私人仲裁的倚重，以及确立于公元前 5 世纪末期的公共仲裁人员的经济高效都说明梭伦时期的地方官员曾经满足过许多当事人的愿望，成功地为他们解决了纠纷。亚里士多德在讨论相关内容的时候并没有提到这一点，这表明他所谈论的是更晚的时期，在那时，地方官员们已经停止审理案件，而只是为案件的审理做必要的准备。

其他的一些理由也可以支持亚里士多德和普鲁塔克持有的认为当时的上诉案件并不多见的观点。每一位当事人通常都会被要求出席法庭，陈述自己的请求和观点。[118] 在由地方官员主持的法庭，这并不是一件严重的事情，但是当面临的法庭是陪审法庭时，许多当事人肯定会临阵退缩。普通的雅典市民缺少当众演讲的经历。作为艺术的讲演术对他们而言更是闻所未闻。由于没有经过学校的艰苦训练，他们根本不可能知晓如何演讲。即使到后来，当所有的正式演讲的素材都公之于众之后，许多当事人仍然觉得出席由民众陪审员组成的陪审法庭是一种煎熬。因而，对普通的市民而言，要劝说他们把自己的案件上诉到由和他们类似的公众组成的大会议式法庭，就需要一种强有力的诱因。而在通常情况下，只有当他们相信他们遭受到了极为严重的不公的时候，这种诱因才会足够强劲。

当时似乎还存在这样一条法律，规定在某些案件当中，如果当事人上诉不成功，那么，他将面临更严重的惩罚。吕西亚的一名当事人[119]曾引用梭伦的一条法律，那条法律授权陪审法庭可对当事人处以额外的刑罚，将

---

〔117〕 *Ibid.*，xi.

〔118〕 关于公元前 5 世纪的证据方面的实践，比较：Quintilian ii. 15. 30。一般认为，要求每个当事人都必须亲自处理案件的规则在梭伦时代就已经存在。这是一个合理的观点。该规则是每个人都必须依赖自己的时代的规则的残余。无论是发动进攻还是进行防守，当事人都必须亲自行动。他的朋友可能会从旁协助，但是，主动权却只能靠他自己来掌握。

〔119〕 x. 16. 维拉莫维茨（Wilamowitz，*Aristoteles und Athen*，I，60）对此持不同观点。他认为当行政官员准备处以超出他权力上限的罚款时，他必须把他的判决上交给民众法庭。

当事人置于枷锁中监禁5日。虽然，这一引用并没有提到过错的具体性质，但是根据德摩斯梯尼的一个段落[120]来判断，它应该是盗窃犯罪。由于陪审法庭在梭伦的体制之下并没有原始的管辖权，因而，这一案件必然是上诉而来的案件。在演说家时代（in the time of orators），对于德莫会议（deme assembly）关于公民资格以及权利和义务的案件（citizenship case）的判决，当事人可以选择上诉到陪审法庭，但是法律规定如果当事人的上诉不成功，那么，上诉人将被卖为奴隶，这一规定在当时大大地阻碍了当事人的上诉愿望。[121] 同样，如果当事人对审核小组（auditing committee）的决定不服，也可以上诉到地方会议，但是如果上诉不成功的话，他也将面临额外的惩罚，毫无疑问，这条规定也同样阻碍了人们的上诉愿望。[122] 我们也可以在现代法制当中发现类似的规定。比如，英国的刑事上诉法院就被授权在确认下级法院判决正确的情况下可以增加对当事人的刑罚。

不过，民事诉讼不可能也遵循这样的做法。没有证据表明那种如果当事人无法获得至少1/5的支持票便将遭到惩罚的做法源自梭伦。一般而言，只有当案件牵涉到大笔的金钱或者案件会受到公众的广泛关注时，当事人才会斗胆上诉。牵涉到不动产或者女性继承人的案件即是这类案件中的典型。[123]

---

〔120〕 Demosthenes xxiv. 105. Cf. Lipsius, *op. cit.*, p. 440, n. 79; *CAH*, IV, 56.

〔121〕 Isaeus, xii.

〔122〕 Haussoullier, *La vie municipale en Attique*, pp. 80 ff.

〔123〕 Cf. Aristotle, *op. cit.*, ix. 2. Cf. Aristophanes *Wasps*, 583 ff.

第六章 佩西斯特拉托斯家族的统治

我们所掌握的能重构梭伦和佩西斯特拉托斯之间的这段历史的材料非常少。[1]在梭伦执政后的第5年，党派斗争又重新爆发。执政官之职是争夺的焦点。在整整两年里，都无执政官被选举产生。这就是那段所谓的“无政府时代”（anarchia）。接下来，达姆斯阿斯（Damasias）试图恢复专制，在他的执政官任期届满之后仍然又在职位上把持了1年零2个月。不过，专制的危险使人们达成了妥协，根据这一妥协，5名世袭贵族（eupatrid）、3名农人（georgoi）和2名手工业者（demiurgoi）被选举为新的执政官。[2] 此外，这一妥协还牵涉到对梭伦确定的社会阶层划分方式的变更，至少是部分的变更。对广大的市民不再以财富为基础进行划分，而是按照出身和职业。那些因为贫穷而堕入第三阶级的世袭贵族也被允许恢复他们在贵族中的地位。尽管这种变化在很大程度上只是一种文字游戏，但是它象征了政治势力的重组。经过这一重组，3种势力日益壮大。这3种势力是：（a）那些对梭伦的宪制感到满意的人，（b）那些想恢复和加强梭伦之前的贵族政体的人和（c）那些认为梭伦的改革还不够深刻，还不能满足人民愿望的人。无论哪一种人，他们的关注点都是经济，而非政治，但是，如果不通过政治手段，他们的愿望就无法实现。

专制的时机成熟了。梭伦没有抓住时机，像其他人那样使自己成为专制统治者，这遭到了当时的群众的广泛诟病，[3] 尤其是在埃维亚（Euboea）和米蒂利尼两地。[4] 社会的下层阶级倾向于专制统治，因为他

---

〔1〕 Aristotle, *Ath. Pol.*, xiii.

〔2〕 学者们提出了各种各样的理论来解释这10名执政官。布曳尔特（Busolt, *Geschichte* II, 302）认为其中包括7名司法执政官。艾德考克（Adcock, *CAH*, IV, 60）认为“最自然的解释是这10名执政官被选举出来在达姆斯阿斯任期的最后一年的剩余的10个月中轮流执政。”

〔3〕 Plutarch *Solon*, xv.

〔4〕 *CAH*, IV, 57; Plutarch, *op. cit.*, xiv.

们觉得专制统治或多或少地可以为他们提供更好的针对贵族的保护。塞伦失败的原因在于他没有唤起大众的激情。梭伦则向人民展示了一个强势人物能够为低层的群众带来多大的利益。作为群众中激进分子的代表，达姆斯阿斯也许可以长久地把持执政官的职位。但，无论如何，佩西斯特拉托斯在普通群众的支持下最终获得了权力并开始实施专制统治。不过，民主也在继续发展。那个投票为佩西斯特拉托斯配置 1 名保镖（bodyguard）的民众大会也仍然是宪制的重要组成部分。〔5〕

大体上，在这一专制时期，梭伦的法律和宪制仍然得以保留。佩西斯特拉托斯仍然保留了原来的宪制形式，并且表示继续执行原来的法律。在 50 年之后，当专制统治者们最终被驱逐的时候，梭伦的法律仍然充满活力，可以再度实施。

梭伦的宪制在这段混乱和冲突的时期是如何演进的，我们不得而知。实际上，梭伦的司法改革并不具有根本性。他并没有建立新的司法机构；他只是允许人们享有起诉和上诉的自由。实际上，即使没有上诉的权利和志愿控告者的介入，司法的运转也可以一如既往。但是，他的改革的功绩在于：即使单纯的上诉权利，也可以对地方官员们的枉法行为形成警告。志愿控告者只是作为备选项之一而存在。如果受害者本人已经采取了行动，那么就不存在其他人介入的必要。民众大会仍然发挥着重大作用，正如在涉及佩西斯特拉托斯的事务上所展示的那样。民众大会听取了佩西斯特拉托斯关于人身保护的请求，并为其配备了 1 名保镖。在这段无政府时期，司法工作肯定在一定程度上陷于停顿。但是，雅典人信赖仲裁的传统肯定使他们即使在没有司法的情况下，也不会为紧急事务所困。另外，亚略巴古议事会的名声和经验也肯定有利于它帮助国家度过无政府时期的劫难和化解党派纷争。当亚里士多德对亚略巴古议事会作如下评论的时候：***καὶ τά τε ἄλλα τὰ πλεῖστα καὶ τὰ μέγιστα τῶν πολιτικῶν διετήρει***,〔6〕出现在他脑海中的很可能就是这一时期的情况。在佩西斯特拉托斯统治时期，亚略巴古议事会在审理凶杀案件方面十分活跃，由此推断，它一定是在这之前就已经如此了。

---

〔5〕 *Ath. Pol.* xiv. 1.

〔6〕 *Ibid.*，viii. 4.

佩西斯特拉托斯是通过暴力夺取雅典政权的，但是他却选择“依宪”而治，而不是进行“暴虐”统治。[7] 不过，他小心谨慎地确保所有的重要职位都由他的亲属或者追随者担任，[8] 并且采取措施使人民忙碌而满足，“以确保他们既没有闲暇也没有愿望去参与公共事务”。根据希腊人的思维，司法也包括在公共事务之内。没有任何专制统治者（甚至从没有人像他那样倾向于“依据固定的法律”而进行统治）可以安心允许一个民众集会来复核代表他而非代表人民的地方官员的决定。通过废弃上诉权利和恢复受其控制的地方官员们的“凭借自身权威，最终决定案件”的权力，他可以轻而易举地摒弃陪审法庭的司法集会。[9] 同时，让那些实际上由他任命的地方官员和司法官吏来审理案件，对他而言几乎没有危险。实际上，有学者就认为他事实上加强了地方官员的权力以对抗亚略巴古议事会的反对，亚略巴古议事会当时是反对他的中心。[10] 佩西斯特拉托斯在很大程度上是依靠人民的力量而上台的，因而，他为了人民的利益，允许以非正式的方式复核一些不公正的判决也是可能的。让地方官员们认识到佩西斯特拉托斯一直在关注他们的工作，无论是行政性的还是司法性的，会对地方官员们的行为产生良性影响。佩西斯特拉托斯作为专制统治者所经历的起起伏伏表明他时刻需要保持最高度的警惕。他在国内各地四处奔波“解决纠纷”的习惯表明了他对司法的兴趣：**καὶ αὐτὸς ἐξῄει πολλάκις εἰς τὴν χώραν, ἐπισκοπῶν καὶ διαλύων τοὺς διαφερομένους**。[11] 希腊语单词**διαλύων τοὺς διαφερομένους**会使人们首先想到仲裁。不过，这也并不奇怪，在根据事实作出判决并依靠他作为专制统治者的权威强制执行判决之前，他首先肯定会竭力对纷争进行调解。他在这些情况下所获得的经验肯定会使他想到一种进一步执行他的政策的方法，即，任命法官到各个村落去巡回审案，而让人民留在他们的田庄里。[12] 由他审理的案件主要是民事

〔7〕 *Ibid.* xvi. 2.

〔8〕 Thucydides vi. 54.

〔9〕 Aristotle *Ath. Pol.* iii. 5.

〔10〕 Calhoun, *Criminal Law*, p. 96.

〔11〕 Aristotle *Ath. Pol.* xvi. 5.

〔12〕 *Ibid.* 科尼利厄斯（*Die Tyrannis in Athen*, p. 53）认为德莫瑞切特（Demenrichter）取代了一些原本由贵族控制的乡村法庭。

案件，就像 τοὺς διαφερομένους 所暗示的那样。这些 δικασταὶ κατὰ δήμους，正如其名称显示的那样，和佩西斯特拉托斯本人相同，都首先是仲裁者而非法官，只有当他们对案件进行的友好调解失败之后他们才被授权作出有效力的判决。他们的具体数量并不明确。当公元前 453 – 公元前 452 年，他们被重新恢复的时候，由于同三分区（trittyes）的联系，他们共有 30 人。在此，佩西斯特拉托斯也获得了难得的殊荣，成为公共仲裁（public arbitration）——公元前 4 世纪的雅典法制最显赫的特征之一——的先创者。[13]

德·桑克蒂斯（De Sanctis）拒绝接受亚里士多德关于佩西斯特拉托斯建立了乡村审判制度的说法。他的一个反对理由，即在那时它们还不能被当作 κατὰ δήμους，是微不足道的，因为尽管直到克里斯提尼改革德莫才被作为独立的政治单位，但是它们是十分古老的划分，远比纳奥克莱瑞还要古老。对他的另一个反对理由，即难以理解克里斯提尼为什么要废除它们，下面的回答就足够了：废除一个自己厌恶的政权所创造的制度是再自然不过的，特别是当新的制度鼓励人民进入城市而不是留在农庄的时候。他最后的反对理由[14]是就当时的司法状况而言，在对亚略巴古议事会进行重组从而需要把更多的责任转移给陪审法庭之前，并不需要设置新的法官。的确，这一理由具有合理性。但是，我们必须注意，佩西斯特拉托斯的政策是基于政治考量，而不是基于司法考量而决定的。

在专制僭主的统治之下，亚略巴古议事会继续发挥着审理凶杀案件的职能。佩西斯特拉托斯本人也曾因为被指控凶杀而被传唤到亚略巴古议事会面前。只是由于控告人没有现身，所以这个指控被放弃了。[15] 在梭伦的宪制之下，亚略巴古议事会是最重要的刑事法庭。它“矫正罪犯，有全权判处罚款或者人身惩罚”。在 νόμος εἰσαγγελίας 下，亚略巴古议事会也有全权审理那些被指控“图谋推翻政府”的人。[16] 只需要用平常心，更不

〔13〕 *Infra*, p. 348.

〔14〕 *Storia della reppublica Ateniese*, p. 313. Cf. also De Santics' review of Calhoun's *Criminal Law*, in *Rivista di Filologia*, N. S., VI, 149 ff.

〔15〕 Aristotle *Ath. Pol.* xvi. 8.

〔16〕 *Ibid.*, viii. 4.

用说用小人之心，来揣测这条法律，我们就可以得出这样的结论：如果亚略巴古议事会比较顺从的话，专制统治者就很可能利用这条法律来打击异己，保护自身。凭借着每年增加 9 名有利于自己的前执政官（ex-archon）的机会，专制统治者们很可能希望在数年之内能在亚略巴古议事会当中建立听命于自己的小机构。而且，在 20 年之内，“法庭的全部人员都将被彻底更新”。[17] 不过，即使在法庭的人员得以全部更换的很久之前，专制统治者也会发现亚略巴古议事会并不难于驾驭。因为，每年都会有他的 9 名追随者，即前执政官，被增补进去，这将使他很快便能在亚略巴古议事会当中获得多数。不过，从专制统治者和他的敌人的早期斗争来看，亚略巴古议事会不但没有为其提供有效帮助，而且也没有能力这样做。仅仅 5 年之后，他便被平原党（the Plain）和海岸党（the Coast）的党派联合驱逐下台。在和海岸党的领袖迈加克利斯达成一项协议之后，他又很快得以复辟。但是，他的第二个任期更是寿命短暂。未出 1 年，他便再次被驱逐下台，直到 10 年之后，他才依赖在帕勒涅（Pallene）的决定性胜利击败了他的对手，牢固地确立了他的权力。[18] 只有在这时，如果一定要选一个时期的话，亚略巴古议事会才开始完全服从于专制统治者的利益。

对于普通的刑事案件，地方官员，如司法执政官和十一人委员会等，可以进行审理。亚里士多德认为佩西斯特拉托斯 τοῖς ἁμαρτάνουσι συγγνωμονικός。[19] 这可能是指他对普通司法审判的介入，以上诉或者行使行政赦免权的方式来减轻或者撤销地方官员的裁决。但也可能指的是一种更直接、更为自私地对诉讼程序的参与，以此反对那些图谋推翻专制统治的人。希庇亚斯（Hippias）自己也参与了对杀害希帕切斯（Hipparchus）的亚里斯托盖通（Aristogeiton）的审讯。审讯和使用酷刑的目的都是为了逼取同谋者的姓名。本来打算如何处置亚里斯托盖通不得而知，因为希庇亚斯在盛怒之下亲手杀害了他。[20] 亚里斯托盖通和他的同谋，如果有的

---

〔17〕 S. B. Smith, *op. cit.*, p. 114, n. 39.

〔18〕 Bury, *History of Greece*, pp. 192 ff.

〔19〕 Aristotle *Ath. Pol.* xvi. 2.

〔20〕 *Ibid.*, xviii. 6.

话，本来应该在亚略巴古议事会接受涉嫌凶杀的审判，但似乎专制统治者们更倾向于用简洁的方式，可能是十一人委员会，来对付那些试图运用暴力的敌人。[21] 而对于佩西斯特拉托斯的凶杀指控则可能是由于他参与了对一名试图谋害他或者涉嫌政治阴谋的敌人的非正式审判和处决。[22]

---

〔21〕 在僭主统治的最后数年间，大量公民遭到屠杀或者流放。参见：Aristotle *Ath. Pol.* xix. 1.

〔22〕 吕西亚（Lysias，xii）试图将谋害他兄弟波勒马库斯的责任归咎于埃拉托色尼，三十寡头之一，吕西亚对埃拉托色尼的逮捕是私自进行的。

第七章　克里斯提尼的司法改革

克里斯提尼的改革发生于驱逐僭主和波斯战争最终胜利之间（公元前510－公元前480年）。将僭主驱出雅典的是斯巴达人的干涉，而不是群众起义。正如他们的敌人所声称的那样，流亡的阿尔克迈翁家族无法武力驱逐佩西斯特拉托斯家族，便试图通过行贿传神谕者来获得斯巴达人的帮助。[1]实际上，当时的人民大众并没有对佩西斯特拉托斯家族的统治感到反感。相反，那实际上是一段和平与繁荣的时期。“因此，”亚里士多德说，“佩西斯特拉托斯统治时期通常被人们比作克罗诺斯（Cronus）时代”，即黄金时代。[2]但是在之后的年月里，出于民族自豪感，雅典人无视斯巴达人的帮助，将单纯由于个人原因杀害希帕切斯，佩西斯特拉托斯家族成员之一，的哈摩迪乌斯（Harmodius）和亚里斯托盖通奉为民族英雄。阿尔克迈翁家族和佩西斯特拉托斯家族之间的派系之争也被看作是民族自由斗争的组成部分。赖普斯德乌姆饮酒歌（Leipsydriumdrinking－song）在当时也极为流行，在民众中间仅次于著名的哈摩迪乌斯和亚里斯托盖通之歌。在这种情况下，人们对克里斯提尼改革的意见自然就会众说纷纭。一种极为流行的观点认为，他只不过是恢复了梭伦的体制而已。[3]另外一些人则将他看作是民主的真正缔造者。[4]这两种观点都有一定的真实性。

推翻僭主统治之后，贵族们希望恢复梭伦以前的贵族统治而不是梭伦体制。毫无疑问，正是出于这种期望，斯巴达国王克莱奥梅尼

---

〔1〕 Aristotle *Ath. Pol.*, xix. Cf. De Sanctis, *op. cit.*, pp. 322 ff.

〔2〕 *Ath. Pol.* xvi. 7. 尽管佩西斯特拉托斯儿子们的统治变得更加严酷，但是并没有导致大规模的起义。希庇亚斯（Hippias）建议加筑穆尼契亚要塞以便作为避难所，表明他害怕会有起义发生（*ibid.*, xix）。

〔3〕 Isocrates vii. 16. Aristotle *Ath. Pol.* xxii. 1. Aristotle *Pol.* 1273b. 35 ff.

〔4〕 Aristotle *Ath. Pol.* xxix. 3.

(Cleomenes) 才进行干预。[5] 但是旧有的政治斗争也得以重新开始，并形成了两大主要派别。伊萨哥拉斯（Isagoras）是那些曾经向僭主们妥协的贵族们的领导者。他的对手是克里斯提尼。冲突最初表现为领导权之争。伊萨哥拉斯占据了上风，在一些政治集团的支持下成为了执政官，执政官的职位在当时仍然是各政治派别争夺的焦点。虽然身为僭主斯西恩（Sicyon）的孙子，克里斯提尼却是阿尔克迈翁家族的一员。在无数的政治风浪之中，该家族都或多或少地对人民更为友善。在这种情况下，克里斯提尼大胆地向人民请求帮助，请求的时机也刚好成熟。在驱逐僭主们之后，对公民名单进行了修改，修改特别针对的是那些佩西斯特拉托斯家族的追随者，他们是通过讨好佩西斯特拉托斯家族而获得的公民权。[6] 通过这次修改，很多人被剥夺了公民权。而对于广大的享有公民权的人，克里斯提尼承诺让他们有全权参与国家的议会和政治活动。这一承诺表明他要进行一项民主改革，既是为了满足人民大众的愿望，也是为了确保他自己的领导地位。

在人民的支持下，克里斯提尼轻易地赢得了上风并进行了一系列改革，其中就包括将公民重新划分为10个而非4个部落，以及设立五百人议事会(Senate of Five Hundred)。伊萨哥拉斯向斯巴达人请求帮助。在他的建议下，斯巴达人再次提出了对阿尔克迈翁家族已经遭受玷污的指控。伊萨哥拉斯取得了暂时的胜利。克里斯提尼和700多名议院领袖遭到流放。但是斯巴达国王试图成立一个300人的寡头统治政府的企图却遭到了议院和人民的一致反对。斯巴达人和他们的雅典支持者们被迫逃到雅典卫城寻求庇护。但仅仅在三天之后，他们便被迫投降。在事件的发生顺序上，亚里士多德的叙述和希罗多德的叙述有所不同。希罗多德认为克里斯提尼上任后立刻推行了他的改革，而亚里士多德则似乎认为克里斯提尼是在斯巴达人

---

〔5〕 关于克里斯提尼的胜利和改革的材料主要来自希罗多德（Herodotus, v. 66, 69 -70, 71 -73）和亚里士多德（Aristotle, *Ath. Pol.*, xx - xxi）。亚里士多德大体上遵循着希罗多德的观点。

〔6〕 Walker, *CAH*, IV, 145 - 146. Aristotle *Ath. Pol.*, xiii. 5.

被赶出城市以后（该事件发生于驱逐僭主三年之后）才进行改革。[7]就某些方面而言，希罗多德的说法更为可信。他的说法对议事会的反抗行动和具体身份做出了解释。如果五百人议事会在当时已经组成，那么它对克莱奥梅尼的反抗也就很容易理解。否则，将很难解释旧的梭伦式四百人议事会的反抗。[8]

关于克里斯提尼的地位或者说是职位存在着一些疑问。一些学者认为公民大会授予了他类似梭伦一样的立法特权。[9] 亚里士多德的一些说法被引用来支持这种观点，尽管亚里士多德[10]本人曾明确地表示他是ἡγεμὼν καὶ τοῦ δήμου προστάτης。实际上，克里斯提尼甚至从来没有担任过执政官。[11]克里斯提尼的改革在一个重要方面与其他立法者的改革不同，即这项工作不是一次性完成的，而是经过了数年的时间才完成。贝壳放逐、议事会誓言和十将军委员会（the Board of the Ten Generals）等等制度就都是在对部落进行重组数年之后引进的。鉴于克里斯提尼改革的这一特点，贝洛赫（Beloch）[12]认为他很可能是一个立法委员会的首领。根据他的观点，一人独掌乾坤的立法制度属于政治发展的初级阶段，在当时已经不合时宜了。后世的革命也大都有立法委员会相随。但是，与克里斯提尼改革更为相似的不是公元前 411 年和公元前 404 年改革之时成立的正式的立法委员

---

〔7〕 德·桑克蒂斯（De Sanctis, *op. cit.*, p. 329, n. 2）遵循着贝洛赫（Beloch, *Griechische Geschichte*（2d ed.）, I, 399, n. 1; Ehrenberg, "Kleisthenes und das Archontat," *Klio*, XIX, 106 ff.）。沃克（Walker, *op. cit.*, IV, 139 – 140）倾向于亚里士多德的叙述，并且认为此处的议事会（*Ath. Pol.* xx. 3）就是梭伦时期的四百人议事会。克劳彻（Cloché, "La boulè d'Athènes en 508 – 507 avant J. – C.," *Rev. d. etudes grecques*, XXXVII [1924], 1 ff.）也坚决支持认为此处的议事会就是梭伦时期的四百人议事会的观点。

〔8〕 沃克（Walker, *op. cit.*, p. 140, n. 1）提出了此处的议事会就是亚略巴古议事会的假设。但是伊萨哥拉斯是绝对不会同意亚略巴古议事会的解散的（*Ath. Pol.* xx. 3）。因为议事会在克里斯提尼的计划中非常重要（cf. *infra*, p. 342）。

〔9〕 Busolt – Swoboda, *Staatskunde*, p. 869, n. 5.

〔10〕 *Ath. Pol.* xx. 4; xxi, 1.

〔11〕 De Sanctis, *op. cit.*, p. 229, n. 2. 对照爱伦博格的观点（Ehrenberg, *op. cit.*, p. 107），他认为克里斯提尼有可能是公元前 509 到 508 年之间的执政官。维拉莫维茨（Wilamowitz, *Aristoteles und Athen*, 1, 6）则认为克里斯提尼担任执政官的时间应该在公元前 508 到公元前 507 年之间。

〔12〕 Beloch, *op. cit.*, p. 396 n. 对照爱伦博格的观点（Ehrenberg, *op. cit.*, p. 107），他反对贝洛赫（Beloch）的观点。

会，而是受厄菲阿尔特（Ephialtes）领导或者启发的改革家们在反抗亚略巴古议事会时所发起的一段民主运动。和厄菲阿尔特一样，克里斯提尼好像在改革发起之后很快便从政治舞台上消失了，[13]是其他人用立法的形式把他的工作继续推向前进，以满足人民的愿望。这些人民在驱逐僭主、反对斯巴达人的侵略以及击败波斯人方面都曾取得巨大的成功。总之，这是一段快速变革的时期。[14]任何在驱逐僭主之后立刻成立的立法委员会或者个人立法者都无法跟得上时代的脚步。

克里斯提尼并不像梭伦那样是一个信念执着的政治改革家，而仅仅是一名试图保住人民支持的精明的政治家。像所有受欢迎的领导人一样，他最关心的是如何保住自己的位置。他看到达到这一目的的唯一方式就是阻止僭主们归来，并通过将权利交给人民以削弱贵族。像克里斯提尼这样的社会和政治出身的政治家，是不太可能提出关于民主改革的全面方案的。即使他拥有梭伦那样的远见，他的过于精明也使他绝无可能想象到一个完全没有政治经验的民族能够运作好一个全面的民主体制。民主运动至少持续了25年之久。其中因亚略巴古议事会的威望的复兴曾出现过挫折。亚略巴古议事会在国家政治领域的至上性开始于萨拉米斯战争，据说一直持续了17年。[15] 在25年的民主进程中，可能采取过大量的措施，但可惜的是在现有的资料中都没有提及。这些新措施也可能就包含在亚里士多德所提到的新法律之中。[16] 不过，虽然亚里士多德将这些新法律都归功于克里斯提尼，但是他到底统治了多久或者说他何时去世都已经无从可考。在与皮奥夏和埃维亚的战争方面，没有任何关于他的记录，这似乎说明他的统治时间可能为期短暂。沃克（Walker）[17]曾经指出克里斯提尼的波斯政策是致使他倒台的原因。面对来自斯巴达、皮奥夏和哈尔斯基的威胁和被迫三方作战的现实，他派出使团前往波斯寻求帮助。波斯人要求雅典向其进贡

---

〔13〕 Cf. *infra*, pp. 252 f. 史料中没有任何关于克里斯提尼的助手或者追随者的名字的记录，除非凯弄奴斯是其中的一名（Cf. *infra*, p. 205.）。

〔14〕 亚里士多德（*Pol.*, p. 1274a）认为这段时期的民主发展是由于“巧合”(accident)，而不是“人为的设计”(design)。

〔15〕 Aristotle *Ath. Pol.*, xxiii (479 – 462).

〔16〕 *Ibid.*, xxii. 1.

〔17〕 *Op. cit.*, *pp.* 167 – 168.

土地和水作为臣服的象征，并以此作为和雅典结盟的条件。根据希罗多德的说法，大使们“自作主张”，同意了这一要求。但和波斯的联盟在雅典最终遭到了拒绝，大使们也受到了严厉的批判。[18] 据说克里斯提尼也因此名誉受损。如果这是真的，那么许多“新法”可能就是由克里斯提尼一派的其他领导人制定的。他们非常明智地看到了民主的长处，并分享民主所带来的胜利果实。

对部落进行重组和用德莫取代纳奥克莱瑞等政治措施的目的是为了分解贵族的权力并加快吸收新公民。[19] 新的部落以德莫为单位，而不是以氏族为单位。在德莫体系中，地方协会取代了由亲属关系组成的团体。部落、三分区（trittyes）和德莫体系非常复杂并且纯粹是人为的创造。其目的是为了削弱反对国家民主化的贵族们的权力，就这一点而言，它和美国著名的、被称为“蜥蜴脚尾”（gerrymander，意为：为获取胜利而不公正地改变选区的划分）的伎俩颇为类似。[20] 阿提卡的德莫大致划分为三类：首先是城市及其市郊；其次是沿海地区；再次是内陆地区。以上提到的三类德莫又都被划分为10个叫作“三分区”的群体，每个地区又各出一个三分区合起来组成一个部落。在此，部落已经不再是一个地理上的单位，而是包含了来自城市、沿海和内陆三个地区的居民。

一个新的议会也成立了，新议会由500名成员组成。由每个部落各选出50名成员组成。组成部落的各个德莫的大小和人口数量各不相同，但是当时已经设计出一套方法来在同一个部落的各个德莫之间分配议员的数量。议会的成员是用抽签的方式从一个由各个德莫提名的较大的群体中选出的，他们应至少年满30岁。今天，我们已经不可能知道在该议会后来所具有的职权当中有多少可以归功于克里斯提尼。不过，议会的誓词毫无疑问是由他引进的，直到亚里士多德时代，这一誓词仍在适用。从根本上说，该议会只是公民大会的一个委员会，负责为公民大会准备议事日程。它对于在

---

〔18〕 Herodotus v. 73.

〔19〕 Walker, *op. cit.*, pp. 142 ff.; Aristotle, *op. cit.*, xxii.

〔20〕 马萨诸塞州州长格里（Gerry）被认为应对1812年该州国会议员选举区的重新划分负责，他的这一划分使他所在的党可以在选举中获得不公正的优势。其中一个选举区像龙一样又细又长，这使他的一名政治对手想到了“蜥蜴脚尾”（gerrymander）一词，用它来描述将市级单位在选区之间进行的不公正分配。

僭主统治时期没有机会获取政治经验的人民大众来说相当于一所极好的培训学校。由于委员会的成员不得任职超过两次，所以据估计很可能有三分之一的公民在他们生命的某段时间都曾担任过委员会成员的工作。[21] 显然，纳奥克莱罗的职责在当时被划分给了该委员会以及新设立的德莫长官，该委员会的执行委员会也是模仿纳奥克执行委员会设立的。

在描述完由克里斯提尼所直接倡导的宪政变革之后，亚里士多德又记载说，克里斯提尼引入了“新法”来取代梭伦的法律，实际上，梭伦的法律在僭主执政时期已被放弃使用。[22] 这些新的法律具有宪法性质。[23] 这点从贝壳放逐法作为其中的一项就可以看出。在佩西斯特拉托斯家族统治时期，宪法性质的法律是唯一被废弃的法律。一般的民事和刑事法律都像以前一样得以继续执行，只是执行机构发生了变化而已。此外，归功于克里斯提尼的其他新措施还包括议会的新誓言以及由部落选举10名将军组成委员会等。[24]

贝壳放逐法是一种可以保护人民免受僭主统治的新颖而又智慧的措施。[25] 贝壳放逐法在希腊各城市中具有不同的形式，以不同的面貌出现，但有充分理由可以断定所有的这些变体都源自雅典。[26] 城邦每年都会对是否在当年实行贝壳放逐法进行投票。如果投票结果支持贝壳放逐法，那么，在随后的集市（agora）会议上，便以部落为单位秘密投票选出将被放逐的人。得到大多数票数的人将被放逐十年。[27] 人们对贝壳放逐法所需要的6,000票的性质究竟是多数票，还仅仅只是一个法定票数一直争论不休。

---

〔21〕 亚里士多德对于该议会的组织结构陈述很少。Cf. *Ath. Pol.* xxi. 3; xxii. 2. Cf. Walker, op. Cit., pp. 149 ff.; Bulsolt - Swoboda, op. Cit., pp. 882 ff.

〔22〕 Aristotle *Ath. Pol.* xxii. 1. Cf. Calhoun, *Criminal Law*, pp. 88 ff.

〔23〕 Carcopino, *Histoire de l' ostracisme athenien*, p. 98.

〔24〕 Aristotle *Ath. Pol.* xxii. 2.

〔25〕 贝壳放逐法很快便沦为政争的工具（De Sanctis, *op. cit.*, p. 372）。直到公元前4世纪，贝壳放逐法这一政争工具才为新的政争工具所取代（Bury, *History of Greece*, p. 462）。Cf. Sanguinetti（*Notas para un ensays sobre el ostracismo* [Buenos Aires, 1922]），认为贝壳放逐法并不是政争工具。

〔26〕 Walker, *op. cit.*, p. 151.

〔27〕 我们对贝壳放逐法流程的信息来源于非洛克鲁斯（Philochorus, *Fragmenta Historicorum Graecorum*, 1. 396）。这段文字是桑迪在给亚里士多德（*Ath. Pol.* xxii. 1）加注时所引用的。

显然，随后时代的希腊人对此也迷惑不解。普鲁塔克[28]十分肯定地认为这个数字 6,000 是法定票数。然而，非洛克鲁斯据说却支持多数票理论。διαριθμηέντων δὲ (τῶν) ὅτῳ πλεῖστα γένοιτο καὶ μὴ ἐλάττω ἑξακισχιλίων τοῦτον ἔδει .... ἐν δὲκα ἡμέραις μεταστῆναι τῆς πόλεως ἔτη δέκα. ὕστερον δὲ ἐγένοντο πέντε.[29] 实际上，这一证据值得怀疑。比如，它记载的放逐时间在后来减为五年的说法就是错误的。这一段由佛丢斯引述的话毫无疑问经过了削减和压缩。在这过程中，意思也很容易发生改变。现代观点对此一直存在分歧。双方的争论曾经旗鼓相当，陷于僵局。直到有人指出同样的原则除了可以解释贝壳放逐法和所谓的 νόμοι ἐπ' ἀνδρί所要求的最低 6,000 张选票之外，还应当可以解释每年被挑选出来服务于陪审法庭的 6,000 名陪审员时，人们才终于认识到 6,000 肯定只是一个法定票数。[30] 在以上的情况当中，6,000 都被认为是雅典人民的代表。

贝壳放逐法是一项行政行为而不是司法行为。无须经过控告和辩护，便可以将一个人放逐。当在公民大会中有人提出进行贝壳放逐法的时候，不会有任何辩论，也不会提及任何人的名字。[31] 亚里士多德[32]说投票只能在第六部团期（prytany）的 κυρία ἐκκλησία 中进行。法律明确要求议会将贝壳放逐法的议题放在议事程序当中。议会别无选择。下面的讨论[33]似乎非常强烈地表明 κυρία 和其他大会之间的差异就在于 κυρία ἐκκλησία 中要求 6,000 作为法定票数。不过，明显的是，尽管贝壳放逐法不是一种司法行为，但是当时的人对此肯定也是极为慎重，以确定民意是否支持实行贝壳放逐法以及到底应该放逐什么样的人。

根据我们的估计，在驱逐僭主之后，当时的人们肯定会立刻引入措施来保护城邦，以免在将来再次遭受僭主统治。然而，现有的记录却表明，

---

〔28〕 *Aristeides* vii. 8.

〔29〕 *FHG* I. 396.

〔30〕 关于支持法定票数理论的根据的完整论述，cf. Bonner, "*The Minimum Vote in Ostracism*," *Class. Phil.*, VIII, 223－25。Busolt－Swoboda, *op. cit.*, p. 885, n. 2 肯定了以上论述的可靠性。

〔31〕 Carcopino, *op. cit.*, p. 129.

〔32〕 *Ath. Pol.* xliii. 5.

〔33〕 Pp. 217 ff.

一直到公元前487年，也就是许多年之后，都不曾有人被放逐。那时，马拉松战役已经取得胜利，民主也已经稳固地建立起来，人们所有的对佩西斯特拉托斯家族会武力复辟的预料或恐惧也肯定已经逐渐消散。那么，如何解释亚里士多德的记载呢？他记载说根据贝壳放逐法实行的第一次放逐发生于公元前488年至公元前487年之间。对此，一个比较合理的解释就是他的信息来源是公元前480年艾尔塞斯（Xerses）入侵前夕所颁发的召回所有被放逐公民的特赦令。因为放逐的期限是10年，所以，在公元前490年之前放逐的人都没有在特赦令中出现。[34]

在驱逐僭主和伯里克利（Pericles）时期之间的某段时间内，陪审法庭停止了作为上诉法庭的功能，而成为一个一审（first resort）法庭。很明显，一个单个的法庭肯定无法应付当时整个社会的诉讼案件。于是，一个由陪审法庭的成员组成的被称为“民众法庭”的新的法庭制度应运而生。地方行政长官不再行使法官的职责，他们只负责准备案件以便交付审判并在开庭的时候作为主持者。没有一个古代作家曾经提到陪审法庭的这次重要重组，这次重组使民主完全控制了司法，不过在一般情况下这通常被认为是克里斯提尼的功绩。[35] 这一变化很可能是由亚里士多德曾提到的一项“新法”导致的。但普遍接受的观点是认为是上诉数量的增加导致了这一变化。那种认为克里斯提尼有着包括建立民众法庭在内的完整改革计划的理论似乎倾向于这种说法。但是，没有任何关于克里斯提尼的信息可以证明他是一个有着某种使命的人。更确切地说，他只是一名能够意识到人们的政治愿望，并且有着足够的政治智慧能推断出人们是否适合享有更大的政治权力的政治家。这也完全适合当时的情况：一群刚刚经历了长达半个世纪的僭主统治的人们还不适合立即接管国家事务。他们需要训练和积累经验。克里斯提尼和他的直接下属或继任者的功绩就在于，他们成功地认识到了这种情况并在可靠的基础上推行民主，根据人们的需要和他们所表

〔34〕 Mathieu, *Aristote*, *Constitution d'Athenes*, p. 56. 沃克（Walker, *op. cit.*, p. 152）认可马修（Mathieu）的解释。对马修的观点的一个明显的反对意见就是亚里士多德本人肯定能够认识到公元前480年的特赦令并非充足的证据。Cf. Carcopino, *op. cit.*, pp. 103－7；Busolt－Swoboda, *op. cit.*, p. 886，也表达了与卡厝皮诺（Carcopino）相似的观点。

〔35〕 Lipsius, *op. cit.*, p. 32. Cf. Busolt－Swoboda, *op. cit.*, p. 883.

现出来的承担政治责任的能力逐步地推行改革。由于我们缺少这段时期的诉讼记录，所以我们无法作更深的推断。但是，毫无疑问，当时以正规的宪政政府取代僭主统治的努力肯定会导致许多重大的变革，在这一巨变的时刻所必须做的调整肯定又会涉及大量的诉讼。这样一来，上诉案件的数量自然也会随之增加。如果当时的人们普遍试图通过法律程序来重新夺回被佩西斯特拉托斯家族没收〔36〕的土地，那么，必将会有大量的诉讼和上诉。最后，持续不断的上诉终将导致行政官员的裁决成为一种纯粹的形式。〔37〕

但是行政长官司法职责上的改变也可能是以一种完全不同的方式发生的。有证据表明，在驱逐僭主之后不久，公民大会，也就是陪审法庭便开始作为一审法庭行使职责，开始审理那些不在行政官员正常司法权限之内的案件。如果是在梭伦体制下，这类案件将会交给亚略巴古议事会审理。公民大会这种对司法领域的介入并不是对行政长官职权范围的侵犯。它与普通案件的上诉体制的继续运行并不存在冲突。这更像是将重要的司法权力自然地转给国家的最高统治机构。公民大会行使这些司法职能的一个必然结果就是进一步鼓励和促进了这种要求（如果不是直接引起了的话）：所有案件的一审都应该由人民来进行。

第一例得到证实的由公民大会审判的案件〔38〕是米尔泰德斯案，他于公元前 489 年被以欺骗人民罪指控。〔39〕他向雅典人要求 70 艘船只，并承诺如果他的请求得到允许，他将使雅典人变得富有。他拒绝透露探险的目的是去帕罗斯岛（Paros）。当他失败归来时，他的行为遭到了大量的指责。桑提波斯（Xanthippus）以欺骗人民罪在公民大会中指责他。最终，他勉强逃脱了起诉者所要求的死刑，被处以 50 塔兰特的罚金。

另外还有两件可能也是由公民大会审判的案件。早在公元前 493 年，

---

〔36〕关于放逐贵族和没收其财产，cf. Busolt, *Geschichte*, II, 327 – 29; cf. Cornelius, *Die Tyrannis in Athen*, p. 52.

〔37〕即使上诉制度在梭伦和佩西斯特拉托斯之间的时期失败了，在接近半个世纪的僭主统治之后，这种失败的记忆也很可能已经消失。对于克里斯提尼来说，在最开始的时候，最为自然的举措就是重新恢复梭伦的上诉制度。

〔38〕Lipsius, *op. cit.*, p. 180.

〔39〕Herodotus vi. 136.

米尔泰德斯就因在切索尼（*Chersonese*）推行专制统治而在雅典受到审判。[40] 人们可能会猜想为什么一个雅典人会因为在雅典以外对野蛮人实行专制统治而被审判。对此，最合理的解释就是他也将他的专制统治强加给了那些居住在切索尼的雅典人身上。[41] 亚里士多德[42] 曾引用过一项温和的、在公元前6世纪的雅典实行的、反抗专制统治的法律。在更早的时期，唯一能够执行这项法律的是亚略巴古议事会。但是在克里斯提尼体制之下，尽管亚略巴古议事会仍然具备此一法律资格，审判僭主的合理机构已经是通过实行贝壳放逐法来帮助社会防范潜在僭主的机构，即公民大会。尽管希罗多德曾说案件是由 δικαστηριον 审理的，但是如果就此断定希罗多德是在技术层面上（technical sense）使用 δικαστηριον 一词，将是危险的。[43] 鉴于该案件的特殊性质，它不可能通过正常的法律程序来处理，尽管陪审法庭在当时已经存在。除其他的措施以外，弹劾（impeachment）在当时被特别用来处理一般刑法中没有规定的案件。此外，因为米尔泰德斯在公元前489年曾由于欺骗人民罪被公民大会审判，所以在公元前493年他基本不可能会因推行僭主统治而受到民众法庭的审判。

在米尔泰德斯因僭主统治被审判的同年，另一件更不寻常的案件也在雅典开审。公元前494年米利图斯（Miletus）的倒台对雅典人造成的影响极为深刻，这表现在他们对弗里尼库（Phrynichus）的憎恨之中，憎恨其将米利图斯的不幸当作悲剧的主题。所有观众在观看剧目时都禁不住痛哭流涕，雅典人最终对弗里尼库处以罚款1,000德拉克马并禁止该戏剧再次上演，因为弗里尼库使他们重新记起了曾深深伤害过他们的不幸。[44] 有学者认为弗里尼库被指控的罪名应该是不虔诚，因为观众的泪水亵渎了神的节

---

〔40〕 *Ibid.*, 104.

〔41〕 沃克（Walker, *op. cit.*, IV, 171）认为对米尔泰德斯的两次审判都是阿尔克迈翁和费莱德（Philaidae）两个派别之间斗争的结果。门罗（Munro, *CAH*, IV, 232）认为米尔泰德斯在公元前493年并没有遭到审判，而是被剥夺了公职，因为他曾经是僭主，因而被认为可能对雅典构成威胁。

〔42〕 *Ath. Pol.* xvi. 10.

〔43〕 Busolt - Swoboda, *op. cit.*, p. 884, n. 1.

〔44〕 *Herodotus* vi. 21.

日。[45] 但是不管指控的罪名是什么，起诉背后的动机毫无疑问是政治性的。[46] 公民大会是审判这类案件的当然法庭。禁止继续创作戏剧的禁令也只能来自同时具有行政和司法职能的机构。

卡莫斯（Charmus）的儿子希帕切斯也曾由于涉及叛国罪被公民大会传唤。[47] 由于没有听从传唤，他在缺席的情况下被判以死刑。由于他于公元前488年已经按照贝壳放逐法被放逐，[48] 他很可能，像地米斯托克勒斯[49]一样，是在放逐期间接受的审判。另一方面，如果他在公元前480年仍然健在的话，并且在特赦令颁布之后和其他放逐者一起回到了祖国，那么他也可能是在公元前480年之后的某段时间里经受的审判。

还有另外一个关于公民大会早期司法行为的可能案件。根据希罗多德版本的记载，[50] 当斯巴达国王克莱奥梅尼被允许从雅典卫城安全撤退时（公元前508－公元前507年），他的希腊盟友被投入监狱执行死刑。如果批注者们在阿里斯托芬的《利西翠妲》（*Lysistrata*）[51] 所做的批注是正确的话，那么，死刑就是由公民大会以法令的形式授权的。他们在城门内与敌人商讨联合的时候被当场发现，愤怒的人们立刻就作出了回应。在这种情况下，公民大会自然是人民大众的天然代表。

从这些案例中得出的结论是：公民大会是在当时已有的法律程序不能给人们提供足够的救济的情况下取得独立司法审判的权力的。[52] 我们可以确定的公民大会最早的司法行为发生于公元前493年，但是使大会能够独立采取司法行动的宪政改革应该更早。

---

〔45〕 Meyer, *Geschichte des Altertums*, III, 313.

〔46〕 Walker, *op. cit.*, IV, 172. How and Wells, *A Commentary on Herodotus*, VI, 21, n. 2.

〔47〕 Lycurgus *In Leocratem*, 117.

〔48〕 Aristotle *Ath. Pol.* xxii. 4.

〔49〕 Bury, *op. cit.*, pp. 334－35.

〔50〕 Herodotus v. 72.

〔51〕 Line 273. 亚里士多德（*Ath. Pol.* xx. 3）记载说克里斯提尼的所有敌人都被释放。Cf. Mathieu, *op. cit.*, pp. 55－56. Busolt－Swoboda, *op. cit.*, p. 1007，认为人民用法令处死了伊萨哥拉斯和他的同伙。

〔52〕 Cf. Lipsius, *op. cit.*, p. 33.

司法是政府最重要的职能之一。[53] 克里斯提尼意识到没有独立的司法权力，公民大会就不能成为国家的最高统治机构。权力的优势就可能会落在亚略巴古议事会或新成立的五百人议事会（Council of Five Hundred）手中。[54] 议事会和公民大会之间的紧密关系似乎表明公民大会的独立司法权力开始于公元前502年和公元前501年之间对议事会的惩罚权力的限制，当时，“他们第一次要求五百人议事会宣誓，并且后来一直沿用至今”。[55]

现在已知有3项古代法律是关于公民大会的司法权力的。其中一项是关于议事会和城邦公民大会的，但已经残缺不全。[56] 尚存的版本属于公元前5世纪后期，但它显然模仿的是更早的法律。

第一部分

Line $_{21}$: [πεντ]ακοσιο

Line $_{23}$: καὶ τῷ δή[μῳ]

Line $_{24}$: δ]εμίαν

Line $_{25}$: κεκλημ[έν]ο

Line $_{26}$: [ἄνευ τοῦ δήμου τοῦ Ἀθηναίων] πληθύοντος [μὴ]

Line $_{28}$: [ἐπιψ]ηφιῶ ἐμ [β]ουλῇ

Line $_{29}$: ἐπιψηφίζω

Line $_{31}$: βουλεύειν τοὺ[ς] πεντα[κ]ο[σί]ου[ς]

Line $_{32}$: [πεντ]ακοσίας δραχ[μάς]

Line $_{33}$: ……αν δ' ὁ δ[ῆ]μο[ς] πληθ[ύω]ν

Line $_{34}$: ἐν τῷ βουλευτηρίῳ

Line $_{36}$: [ἄνευ τοῦ δήμου τοῦ Ἀθηναίων πληθύοντ]ος μὴ εἶναι

---

〔53〕 Aristotle *Ath. Pol.*, ix.

〔54〕 认为克里斯提尼通过法律手段限制了亚略巴古议事会的司法权力是没有道理的。Cf. *infra*, p. 251.

〔55〕 Aristotle *Ath. Pol.* xxii, 2. 关于对议事会的惩罚权力的限制，cf. *infra*, pp. 335 ff.

〔56〕 *CIA* i. 57.

πόλεμο[ν]

Line$_{37}$: [ἄνευ τοῦ δήμου τοῦ'Αθηναίων πλη]θύοντος μὴ εἶναιθ-άν[α]το[ν]

Line$_{38}$: [ἄνευ τοῦ δήμ]ου τοῦ'Αθηναίων πλη[θύοντος μὴ]

第二部分

Line$_{2}$: [ἐντ]ὸς τριάκοντα ἡμερῶν, ἐπειδ[άν]

Line$_{3}$: ['Αθηνα]ίων μηδὲ ἑνὶ μή[τε] βουλῆ μήτε

Line$_{4}$: [ἄνευ τοῦ δήμου τοῦ Αθηναίων πληθύο]ντος μὴ εἶναι θωὰν ἐπιβαλεν ['Αθη]ναίων μηδὲ[ἑνὶι]

Line$_{5}$: ……ε βούλησιν ἄνευ

Line$_{6}$: ὅπως ἂν δοκῇ

Line$_{8}$: [τ]οὺς πεντακοσίους πρὶν παύεσθαι τῆς ἀρχῆς

Line$_{9}$: [τῷ δάμῳ τῶ]ι'Αθηναίων πληθύοντι, ὅτι ἂν βούληται

Line$_{10}$: ……τῶν δημοσίων ἐπάναγκες εἶναι τῇ βου[λῇ]

Line$_{11}$: δεύτεραν πρεσβείαν, τρίτον δημο……

Line$_{12}$: πρός τοὺς πρυτάνεις καὶ βουλε……

Line$_{13}$: ……αι τοῦ πολέμου πέρι καὶ τῶν τρ……

Line$_{14}$: ……να τῷ δήμῳ ἐντὸς ἓξ ἡ[μερῶν]

Line$_{15}$: [γνώμην συ]μβάλλεσθαι τὴν βουλήν

Line$_{16}$: ἐκκλησίᾳ καὶ ε……

Line$_{17}$: ἐκκλ[ης]ίᾳ τῆς……

根据《文集》(*Corpus*)的编者的记载，这项法令是关于议事会和城邦公民大会的相关权力的。维拉莫维茨[57]从其中发现“议事会传达了一项指示给城邦公民大会的主席”。支持这种说法的根据可以在第二部分的第10行到第13行找到，这部分文字规定的似乎是议事会处理问题和将问题

〔57〕 *Op. cit.*, II, 195, n. 9.

提交城邦公民大会的程序，其中就包括派遣大使和战争的问题。在文件的第一部分中，希腊语单词ἐπιψηφιῶ（I. 28）像是议事会议员们的宣誓用语。希腊语单词 πεντακοσίας δραχμάς（I. 32）的出现很容易使人想到那个著名的对议事会的惩罚权力的限制，其惩罚权力被限制在 500 德拉克马的罚款以内。[58] 但是，至今为止这个文件最有趣、并且没有得到人们应有关注的特点是它对 δῆμος πληθύων 的提及。[59] 某些事务只能由 δῆμος πληθύων 决定。其中包括战争、判处死刑以及处以罚款等，不过，罚款可能指的是高于规定数目——500 银币——的罚款（I. 37；II. 4）。[60] 此外，还存在一些其他的专有事项，正如ἄνευ τοῦ δήμου τοῦ Αθηναίων πληθύοντος在这些残缺的片段中出现了不少于七次的事实所表明的那样。在讨论 κυρία ἐκκλησία 时，我们还会再次提及这一问题。但就目前而言，我们只需了解只有“全体参加的公民大会”（full assembly）才可以决定战争与和平问题（I. 36）以及行使司法权力就足够了。这些权力是一个国家的最高统治机构的最重要的权力。议事会及其执行委员会似乎受到法令和誓言的限制而只能将这些问题以及其他重要的问题交于 δῆμος πληθύων 处理。但文件中没有任何关于 δῆμος πληθύων 的定义。第二部分的最后两行提到的ἐκκλησία 似乎表明当时存在着两种公民大会。很显然，ἐκκλησία 和 δῆμος πληθύων 之间的区别在于后者要求法定人数。既然连实行贝壳放逐都需要 6, 000 张选票，那么，我们就没有理由认为对公民处以死刑、流放或者剥夺公民权需要的选票会更少。

《文集》（*Corpus*）的编者注明这一法律的颁布时间正好是在刚刚推翻四百人议事会之后。在这段时间，法律曾进行修改。[61] 四百人议事会曾经支持（如果不是具体实行的话）将公民的数量减少至 5, 000 人，将公民权只赋予那些能够为自己配备军事装备的人。革命者的使者在萨摩斯（Samos）对军队所说的城邦公民大会的出席人数从未超过 5, 000 也许的确

---

〔58〕 关于该法令的颁布日期以及它对议事会的权力的影响，cf. *infra*, p. 339.

〔59〕 Cf. Glotz, in Daremberg – Saglio, *s. v.* “Ekklesia,” p. 525.

〔60〕 介于死刑和罚款之间的惩罚是放逐和剥夺公民权。

〔61〕 Busolt, *op. cit.*, III, 2, 1538.

包含着一点真实的成分。[62] 在战争的压力下，对法定人数要求的执行很可能不是很严格。对法律进行修订，并更加严格地执行法律，详细地规定哪些事项必须交由全体公民大会表决，将使未来的革命者们丧失建议限制公民权的理由。学者们对考证该法律的具体制定时间并没有多少兴趣。他们大体上都接受编者的观点，认为这是一部古代法律。史沃博达（Swoboda）[63] 认为该法律的制定时间可能是厄菲阿尔特改革时期。但是这一提议遭到了克劳彻（Cloché）的反驳，因为他认为厄菲阿尔特改革是增加了而不是限制了议事会和城邦公民大会的权力。克劳彻认为该法律应该产生于克里斯提尼就职和第二次波斯战争之间。[64] 早在公元前 479 年，城邦公民大会就已经有权缔结和平协定了。当马德修斯（Mardonius）在普拉蒂亚（Plataea）战争前夕向雅典人建议，希望他们能远离战争的时候，他的使者就出现在了议事会上。阿尔斯达斯（Alcidas）建议议事会接受这一提议，并将其交给人民表决。许多议员和其他人都被阿尔斯达斯的这一举动所激怒，他们开始攻击阿尔斯达斯，并用石头将他打死了。[65] 这个过程是符合通常惯例的。建立在其掌握的信息的基础上，议事会提出了一项动议（senate made a probouleuma）。如此一来，鉴于它涉及的是公民大会缔结和平协定的权力，那么，就没有任何理由可以证明这一法律不是产生于公元前 479 年之前（I. 36）。

另外一个关于这一文件产生年代的线索可以在亚里士多德[66] 的记述中发现，他说在公元前 502 年至公元前 501 年，五百人议事会第一次启用直至他生活的时代仍然在使用的誓言。在那时，议事会所使用的誓言要么是从零创立要么是经过了重大修改。亚里士多德将这件事遴选出来加以论述本身已经说明了它的重要性。文件当中的希腊语单词ἐπιψηφιῶ（I. 28）似乎就是来自于某种誓言的措辞，并且很可能就是来自于议事会的誓言。公元前 446 年，希腊语单词 οὐδ᾽ ἐπιφσηφιῶ就曾出现在批准居住在埃维亚的

〔62〕 Thucydides viii. 72.

〔63〕 Hermes, XXVIII, 597.

〔64〕 Cloché, "Le conseil athénien des cinq cents et la peine de mort," *Rev. d. études grecques*, XXVIII, 32.

〔65〕 Herodotus ix. 5.

〔66〕 Aristotle *Ath. Pol.* xxii. 2.

雅典人和哈尔斯基人之间关系的和解法案的议事会的誓言当中。[67] 这份文件当中的议事会似乎受到誓言的限制，誓言要求它只能将关于某些特定事项的动议提交给"全体"公民大会表决。这样，确保法定票数得以满足的义务就落在了执行委员会身上。这段议事会誓言在其他的记载中并没有提及，但是我们并不需要因此而产生怀疑，因为完整的誓言并没有得以流传。这份文件和议事会誓言是如此紧密地结合在一起，以至于我们可以认为它们大体是在相同的年代产生的，即公元前 502 年至公元前 501 年。[68]

同时，城邦公民大会也获得了选举十将军的权力。[69] 这样，民众就在某种程度上控制了国家的军事政策。在国家的权力体系中如此举足轻重的一个机构，不可能满足于自己不享有司法权力的状况。

这一法令，正如克劳彻[70] 所指出的那样，授予了"全体"公民大会中的人民以死刑管辖权。此外，"全体"公民大会还具有处以罚款的权力。这一法令的目的无非是为了调整和限制先前的法律，即公元前 508 年至公元前 507 年贝壳放逐法被引进时的"新法"，所授予的权力的行使。[71] 数年的经验积累肯定会使人们想到进一步完善法律。此一法律在公元前 410 年被重新颁行的事实似乎表明它是一个相当完善的立法，能够有效地确保议事会和公民大会权力的行使并很好地协调它们之间的关系。

另外一项关于公民大会司法职能的早期法律就是所谓的"凯弄奴斯法令（decree of Cannonus）"。[72] 这一法令的原始性质表明它很可能就是最先授予民众会议独立司法权力的那道法令。这一法令的条文，根据色诺芬的描述，[73] 是这样的：

ἴστε δέ, ὦἄνδρες Ἀθηναῖοι, πάντες ὅτι τὸ Καννωνοῦ ψήφισμά

〔67〕 *CIA* iv. (1) 27 a. 10; Hicks and Hill, *Greek Historical Inscriptions*, No. 40. Cf. Robertson, *The Administration of Justice in the Athenian Empire*, pp. 39 – 40.

〔68〕 Cf. Cloché, *Rev. d. études grecques*, XXXIII, 34. Cf. *infra*, p. 344.

〔69〕 Aristotle *Ath. Pol.* xxii. 2.

〔70〕 *Op. cit.*, p. 29.

〔71〕 关于贝壳放逐法引入的时间，cf. Carcopino, *op. cit.*, p. 106. Cf. *supra*, p. 195.

〔72〕 Busolt – Swoboda, *op. cit.*, p. 884, n. 1.

〔73〕 Xenophon *Hell.* i. 7. 20.

ἐστιν ἰσχυρότατον, ὃ κελεύει, ἄν τις τὸν τῶν Ἀθηναίων δῆμον ἀδικῇ, δεδεμένον ἀποδικεῖν ἐν τῷ δήμῳ, καὶ ἐὰν καταγνωσθῇ ἀδικεῖν, ἀποθανεῖν εἰς τὸ βάραθρον ἐμβληθέντα, τὰ δὲ χρήματα αὐτοῦ δημευθῆναι καὶ τῆς θεοῦ τὸ ἐπιδέκατον εἶναι. κατὰ τοῦτο τὸ ψήφισμα κελεύω κρίνεσθαι τοὺς στρατηγοὺς καὶ νὴ Δία, ἂν ὑμῖν γε δοκῇ, πρῶτον Περικλέα τὸν ἐμοὶ προσήκοντα· αἰσχρὸν γάρ μοί ἐστιν ἐκεῖνον περὶ πλείονος ποιεῖσθαι ἢ τὴν ὅλην πόλιν.

遵循通常的惯例，色诺芬用自己的措辞对该项法令进行了转述，而没有忠实地照录法令的原文。当阿里斯托芬在他的《公民大会妇女》(*Ecclezíazousae*)[74] 中谈到凯弄奴斯法令时，他使用的是 ***διαλελημμένον***，而不是 ***δεδεμένον***。因而，色诺芬可能用 ***δεδεμένον*** 取代了这一法令原文当中不常用的 ***διαλελημμένον***。也已经有观点认为 ***δεδεμένον*** 是对法令原文的曲解。[75] 不管怎样，阿里斯托芬所使用的 ***διαλελημμένον*** 似乎才是真正的原文。那些曾在舞台上看到过被两名古代妇女一边一个包围着的年轻小伙子的观众将能对 ***διαλελημμένον*** 的含义了如指掌。这种监禁囚犯的方法显然是古代的一种残留。在原始社会当中，犯有公共过错的人会被指控者随便地拖到集市中，去面对愤怒的人群，直到人们决定如何处理他为止。[76] 他的辩解理由也需要向看守着他的指控者诉说。将犯人抛入深渊（barathron）的死刑执行方法无疑是非常古老的。它很可能是最原始的惩罚方法——乱石砸死（stoning）——的一种更加便利的替代方法。在公元前

---

〔74〕 1089－90.

〔75〕 Bamberg, Hermes, XIII, 510. 罗斯（Rose, "*Das Psephima des Kannonos*," *Commentations Philologicae*, pp. 83 ff.）完整地引用了古代史料以及 1891 年之前的文献。利普西斯（*op. cit.*, p. 43, n. 132）认可拜姆博格（Bamberg）的 *διαλελημμένον*，但更倾向于罗斯（Rose）所说的 *διειλημμένον*。他之所以倾向于 *διαλελημμένον* 不仅仅是因为它曾出现在阿里斯托芬的作品中，而且还因为它古代的分词形式同不常见的 *ἀποδικεῖν* 更加符合上下文的背景。

〔76〕 关于对斯农（Sinon）的逮捕和审讯，Cf. Vergil *Aeneid* II. 57－58.

5世纪，芹叶钩毒（hemlock）在很大程度上已经取代了抛入深渊的执行方法，[77]但是它从未被彻底废除。在有特别法令授权的情况下，仍然可以使用它来执行死刑。[78] 并且，抛入深渊的方法也一直被用来处理某些特定类型罪犯的尸体。法令所使用的语言本身，就我们目前所能复原的来看，就很好地证明了法令的古老，因为它使用了一个非常少见（如果不是彻底过时的话）的词语ἀποδικεῖν，以及一种非常少见的形式 διαλεληιμμένον，而不是 διειλημμένον。只有在古代的文献中才会使用此处的ἀποδικεῖν。[79]

雅典人对凯弄奴斯法令非常熟悉。"你们都知道，雅典人，"欧里普托勒摩斯（Euryptolemus）说，"凯弄奴斯法令是严酷无比的。"阿里斯托芬随意地开着玩笑，似乎这一切对他的观众来说都非常熟悉；并且当《经济人》（*Oeconomicus*）[80] 中的伊斯马库斯（Ischomachus）半开玩笑地对苏格拉底（Socrates）说他的妻子在不同的场合是如何惩罚他的时候，他所使用的 διειλημμένως一词显然表明他想到了凯弄奴斯法令：ἤδη δ' ἔφη，ὦ Σώκρατες，καὶ διειλημμένως πολλάκις ἐκρίθην ὅτι χρὴ παθεῖν ἢ ἀποτῖσαι. ὑπὸ τοῦ ἔφην ἐγώ，ὦ' Ἰσχόμαχε；ἐμὲ γὰρ δὴ τοῦτο ἐλάνθανεν. ὑπὸ τῆς γυναικός，ἔφη.

这一法令，像德拉古法典一样，之所以声名显赫部分是因为它的惩罚的严酷性，部分是因为它的古老。法令所使用的语言以及原始的逮捕和惩罚罪犯的方法都反应了古代社会对付公共犯罪分子的通常方法。

---

〔77〕 三十寡头在执行死刑时使用一种毒药：芹叶钩毒（hemlock），　（Lysias vii. 17）。利普西斯（*op. cit.*，p. 77，n. 101）认为芹叶钩毒也是由三十寡头首先引进的。但是在安提福恩案件中，安提福恩被禁止埋葬于阿提卡领土的事实似乎表明他喝了芹叶钩毒。被扔进深渊处死的罪犯也不允许被移到任何地方安葬。Cf. Plato *Republic*，439 E. Cf. Hager，"How Were the Bodies of Criminals Disposed of after Death?" *Jour of Philo.*，VIII，1 ff. 阿里斯托芬提到 κώνειον，这表明了它在公元前405年是一种众所周知的自杀方式（*Frogs*，123 ff）。

〔78〕 关于这类法令的例子，参见 Lycurgus i. 121 and Deinarchus i. 62. Cf. Thonissen，*Le droit penal de la république athénienne*，pp. 97 ff.；Thalheim，*s. v.* "Barathron，" in Pauly－Wissowa；Caillemer，*s. v.* "Barathron" in Daremberg－Saglio.

〔79〕 苏伊达斯（Suidas）指出阿里斯托芬使用ἀποδικεῖν 而不是ἀπολογεῖσθαι。现在人们普遍认为安提福恩是有意使用这个词的。安提福恩经常使用古语或是富有诗意的词语来增强他演讲的感染力。Cf. Rose，*op. cit.*，p. 89.

〔80〕 xi. 25. Cf. Rose，*op. cit.*，p. 87.

米尔泰德斯审判中的一些特征就是对凯弄奴斯法令的一种反映。根据柏拉图的记载,[81] 如果米尔泰德斯最终被判处了死刑的话，那么，他就将被以投入深渊的方法执行死刑。“雅典人投票决定将米尔泰德斯，这位马拉松的英雄，抛入深渊致死，幸好他又为人所救。”米尔泰德斯被指控欺骗人民（ἀπάτη τοῦ δήμου）,[82] 而凯弄奴斯法令则是针对ἀδικία颁布的。不过，ἀπάτη 显然只是ἀδικία 的一种变体。由于米尔泰德斯身患重伤，是在睡椅上被抬进公民大会的，所以对其没有采取通常的囚禁措施。

如果这些论述是正确的，那么，此一法令的颁布日期就不会晚于公元前 489 年，即审判米尔泰德斯的那一年,[83] 并且有可能早至公元前 508 年至公元前 507 年，也就是当贝壳放逐法以及其他的新法律被引进的时候。如果一方面允许公民大会有权放逐试图推行僭主统治的人，而另一方面却不允许它有权审判那些实际损害社会的人，将会显得十分奇怪和不合逻辑。

凯弄奴斯法令规定城邦公民大会有权审理那些“对人民做坏事”（doing wrong to the people）的人。对人民做坏事这一规定非常宽泛，意在使它能够涵盖所有的能够想象得到的犯罪。法律本身并没有给出对人民做坏事的定义。而是将其留给城邦公民大会来决定到底何种犯罪可以定义为对人民做坏事。不过，在随后颁布的其他一些法律当中却列举了一些明确的犯罪。例如，米尔泰德斯就是因为“欺骗人民”而受到审判的。[84] 这一特定种类的犯罪肯定可以为对人民做坏事这一概念所涵盖。但是德摩斯梯尼也曾提到一条古老的法律，该法律规定用虚假承诺来欺骗人民的人应受到审判。案件由城邦公民大会审判，法定惩罚是死刑。[85] 这毫无疑问就是米尔泰德斯所受到的指控，而且利普西斯认为德摩斯梯尼所提到的法律在那时仍然有效。这完全是有可能的，制定特别法律来处理对社会危害特别严重的犯罪是法律发展的自然趋势。νόμος εἰσαγγελτικός的历史就很好地说明了这种趋势。但是，德摩斯梯尼所给出的关于欺骗人民犯罪的法律的

〔81〕 Gorgias, 516 E.

〔82〕 Herodotus vi. 136.

〔83〕 罗斯（Rose, *op. cit.*, p. 93）认为对米尔泰德斯的审判是根据凯弄奴斯的法令进行的。

〔84〕 Cf. *supra*, p. 197.

〔85〕 Demosthenes xx. 135; xlix. 67.

版本基本不可能是法律的原文，如果它属于克里斯提尼时代的法律的话：*νόμος ὑμῖν ἄν τις ὑποσχόμενός τι τὸν δῆμον ἢ τὴν βουλὴν ἢ δικαστήριον ἐξαπατήσῃ τὰ ἔσχατα πάσχειν.*[86] 因为那时存在的是ἡλιαία而不是δικαστήριον。退一步讲，即使当时已经存在民众法庭，欺骗法庭的情况在当时也绝不可能已经如此普遍以至于严重损害公共利益，需要以特别法加以规定。大规模的说谎者是在后来才出现的。但也可能是这样的情况：原先的法律——*ἄν τις ὑποσχόμενός τι τὸν δῆμον ἢ τὴν βουλὴν ἢ δικαστήριον ἐξαπατήσῃ*——在后来经过了修改，所以议事会和陪审法庭也出现在了其中。

现在我们再回到城邦公民大会所要求的法定票数的问题上，在据说是色诺芬所写的一篇关于雅典民主的散文当中，我们可以发现 πλήρης δῆμος 一词，并且在那里该词语显然是在技术层面上被使用的。[87] 作者并没有给出该词的定义，但是已经令人满意地指出它和 δῆμος πληθύων 相同。[88] 那篇散文认为和寡头政府相比民主政府显得既不负责任也不可靠。它们总是试图以其他国家为借口来开脱自己的责任。那篇文章的原文在某个关键地方已不可辨认，但有一点是清楚的，那就是某些措施只有全体公民大会才可以采取。文中提到的誓言 συμμαχίαι，συνθῆκαι 以及希腊语词汇 συγκείμενα ἐν πλήρει τῷ δήμῳ（用来描述所采取的措施）表明这些措施包括缔结条约和联盟，批准这些措施时都需要以人民的名义发誓。[89] πλήρης在当时肯定和 πληθύων 同义，并且往往在技术层面上和 δῆμος联用。

在《公民大会妇女》中，[90] 阿里斯托芬使用了 πλήρης δῆμος一词。

［第二名妇女］

（稍微扭动了一下，当公民大会的成员进入 πληρουμένης τῆς

〔86〕 xx. 100. Cf. Lipsius, *op. cit.*, p. 180.

〔87〕 (Xenophon) *Ath. Pol.* ii. 17.

〔88〕 Műller – Strűbing, "Ἀθηναίων πολιτεία, Die attische Schrift vom Staat der Athener; Untersuchungen, neue Textrecension und Paraphrase." *Philologus*, IV (1880), Supplementband, 1 ff. 卡林卡（Kalinka, *Die Pseudoxenophontische Ἀθηναίων πολιτεία*, p. 239）将法定票数设为6,000，但是将要求法定票数的场合限制于实行贝壳放逐和 *νόμοι ἐπ' ἀνδρί*时。

〔89〕 Cf. Kalinka, *op. cit.*, p. 235, with notes.

〔90〕 88 – 97, Roger's translation.

ἐκκληδίας的时候。)

普拉萨格拉（Praxagora）：

满足吗？可怜的女人！

第二名妇女：当然，为什么不呢？

奥，我可以边扭动边聆听，没问题的！

普拉萨格拉：

在想象中扭动吧！当没有必要的时候

即使再细微的扭动也可以被人发现。

（传来一声细微的刮擦声，当公民大会的所有成员 εἰ πλήρης τύχοι ὁ δῆμος ὤν 的时候，

一些女人爬上她们的座位，并且把

她们的衣服歪在一边，以让人们看明白她是一名女人。）

很明显，希腊语单词 πληρουμένης和 πλήρης是以普通的字面含义出现的。会议的召开以及会议的主题，περὶ σωτηρίας，已经提前宣布。巨大的人群集中到了会议场所。女性的在场似乎足够说明人群为何如此巨大，但是布莱普鲁斯（Blepyrus）和克利米斯（Chremes）的话似乎又说明该词是在技术层面上使用的。

布莱普鲁斯：

到底是什么问题聚集了

这么多的人在如此早的时刻？

克利米斯：

已经决定

将这个问题交付公民，

“怎样才是挽救国家的最好方法”［περὶ σωτηρίας］。[91]

一场辩论，περὶ σωτηρίας，是一件能够引起公众巨大兴趣的事情，也

〔91〕 *Ibid.*，394－97.

是很少见的事情。在《蛙》（*Frogs*）当中，狄俄尼索斯（Dionysus）要求欧里庇得斯和埃斯库罗斯表达自己 *περὶ τὴν πόλεως σωτηρίαν*。[92]

伊索克拉底[93]在他出版的散文中将 *Λόγος ᾿Αρεοπαγιτικός*称作假借公民大会 *περὶ σωτηρίας*演讲的外衣。维拉莫维茨[94]也设想在公元前 411 年所任命的政治委员会曾被授权采取措施 *περὶ τῆς σωτηρίας*。但是“公共安全”并没有在残存的法令（CIAi. 57）或者亚里士多德[95]所列举的公民大会常规会议的议题当中出现。当然，以上的两种情况都是不完整的列举。国家安全这个议题毫无疑问会很自然地吸引公众的极大注意，尤其是当涉及宪制变革的时候，要求任何宪制变革都必须经过全体公民大会的同意也是十分合理的。

有点奇怪的是，在其他的文学作品和碑文当中并没有提及法定票数问题。不过，有些材料曾经对此有所暗示。福罗克尔（Fronkel）[96] 认为在某些特定的情况下“所有雅典人”和“6,000 雅典人”是相等的。他引用德摩斯梯尼[97]的授予特赦的一段话来证明他的观点，在那里 *μὴ ἔλαττον ἢ ἑξακισχιλίων ψηφισαμένων* 等同于 *εἰ πᾶσιν ᾿Αθηναίοις ἐδόκει*。他发现的另外一个在技术层面上使用“所有雅典人”一词（意为 6,000 雅典人）的例子见于公元前 406 年城邦公民大会对将军们的审判。城邦公民大会要求议事会制定一部关于该审判的法律。由凯利谢奴斯（Callixenus）引进并最终获得通过的法律当中包含着这样的词语：*διαψηφίσασθαι ᾿Αθηναίους πάντας κατὰ φυλάς*。[98] 另外一个福罗克尔没有注意到的在技术层面上使用“所有雅典人”一词的非常好的例子见于吕西亚。在伯罗奔尼撒战争末期，寡头政治家们在一个腐朽的议事会的帮助下试图清洗那些著名的民主派对手。阿格拉图斯（Agoratus），一名不道德的告发者，在他们的引诱下

---

〔92〕 1435 – 36.

〔93〕 vii 1.

〔94〕 *Op. cit.*, I, 102.

〔95〕 *Ath. Pol.* xliii. 4.

〔96〕 *Die attischen Geschworenengerichte*, pp. 16 ff.

〔97〕 xxiv. 46 and 48.

〔98〕 Xenophon *Hellenica* i. 7. 9.

在议事会上提出了对民主人士不利的信息。[99] 议事会决议让他在“于穆尼契亚（Munychia）剧院举行的城邦公民大会上”[100] 再次重复他的信息。城邦公民大会最终投票决定将受到控告的民主人士交给由2,000名民众陪审员组成的法庭来审判。但是在案件按照预先的决议开审之前，三十寡头（the Thirty）取得了政权，被控告的民主人士便由议事会进行了审理和定罪。在民主恢复之后，阿格拉图斯因导致了这些民主人士的死亡而遭到审判。检察官在对阿格拉图斯进行盘问的时候评论说：**καί μοι ἀπόκριναι, ὦ' Αγόρατε· οὐ γὰρ οἶμαί σε ἔξαρνον γενήσεσθαι ἃ ἐναντίον 'Αθηναίων ἁπάντων ἐποίησαι.**[101] 希腊语单词 **'Αθηναίων ἁπάντων** 显然是指当阿格拉图斯在城邦公民大会控告民主人士时那些在场的雅典人。在后来的演说中，检察官还提到了对一个叫蒙尼斯特拉图斯（Menestratus）的人的赦免。他也在城邦公民大会上遭到了阿格拉图斯的控告。并且，在遭到控告之后，他立即被议事会当局监禁了起来。[102] 不过，当“城邦公民大会在穆尼契亚剧院召开会议的时候”，他的同乡克利蒂亚斯（Critias）的亲戚哈格诺都拉斯（Hagnodorus）替他获得了赦免，但是在那之后，他和阿格拉图斯一样也成了控告者，被控告人的名单又加长了。原文并没有明确说明授予蒙尼斯特拉图斯赦免权的那次公民大会就是阿格拉图斯在上面提出控告的那次公民大会。但是，我们有理由相信它们是相同的。[103] **ἡ ἐκκλησία Μουνιχίασιν ἐν τῷ θεάτρῳ** 的说法在两种场合都曾出现的事实[104] 表明处理这两件事情的是同一次会议。这样以来，就只有由至少6,000人组成的大会才能授予赦

〔99〕 Lysias viii. 18 – 36 for the case against Agoratus.

〔100〕 *Ibid.*, 32

〔101〕 *Ibid.*, ἐναντίον 'Αθηναίων ἁπάντων 在演讲的后半部分（86）的重复出现似乎明确地表明“尽可能广泛的公开”这一措辞并非是偶然和无意的结果，而是有意使用和技术考量的结果。

〔102〕 *Ibid.*, 55. 只有将军和部落长（taxiarchs）的名字被提交给城邦公民大会，其余的由议事会处理。

〔103〕 Cf. Boerner, *De Rebus a Graccis inde ab Anno* 410 *usque ad Annum* 403 *A. Chr. N. Gestis*, p. 48; Grote, *op. cit.*, VIII, 210; Meyer, *op. cit.*, IV, p. 666; Thalheim, note on Lysias viii. 55.

〔104〕 Lysias xii. 32 and 55.

免。[105] 这样，我们也就可以发现另外一个“所有雅典人”等同于“6,000雅典人”的例子。此外，另外一个福罗克尔在此没有提到的例子见于哈朴克莱钦，*πάντες ὤμνυον 'Αθηναῖοι τόν ὅρκον τὸν ἡλιαστικόν*。[106] 诚然，由于*δικασταί*存在年龄方面的限制，6,000 名*δικασταί*并不能等同于 6,000 名*ἐκκλησιασταί*;[107] 但是，由于它们都代表各行各业的全体人民，因而都可以被称为*πάντες 'Αθηναῖοι*。在哈朴克莱钦那一段话中，*πάντες 'Αθηναῖοι* 的意思不可能是“全体雅典人”，因为只有那6,000 名满足必需的年龄要求的人才可以发誓。

安多基德斯（Andocides）[108] 一项颁布于公元前 410 年的法律，规定“所有的雅典人”都应以部落和德莫为单位发誓他们会尽最大努力去击败民主的破坏者。*ὀμόσαι δ' Ἀθηναίους ἅπαντας καθ' ἱερῶν τελείων, κατὰ φυλὰς καὶ κατὰ δήμους ἀποκτενεῖν, κ. τ. λ.* 这里的希腊语单词*Ἀθηναίους ἅπαντας*既不是严格的专业词汇，也不是纯粹的字面意思。该法律所要求的宣誓实际上是一种对刚刚恢复的民主制度的忠诚的表白。当时的统治阶层自然希望参加宣誓的人越多越好，全部都参加自然就更好。因而，这种宣誓往往会在城邦公民大会或者德莫的集会上进行。但是，这种宣誓并不涉及法定人数或者宪政合法性问题。每个发誓的人都受到誓言的制约，无论参加宣誓的人是多还是少。因而，在一定意义上，可以说“所有的雅典人”这一词组是按照其字面意思来使用的，只不过其中也包含着一定的专业层面的意义，而福罗克尔的理论也正是在这一点上获得再次印证。该法律条文同凯利谢奴斯法令在措辞上的类似恐怕也不是偶然的。[109] 吉尔伯特[110] 认为福罗克尔的理论值得怀疑，因为这一理论所能获得的材料上的支持十分有限。因此，笔者希望这些额外的“所有的雅典人”等同于

---

〔105〕 Demosthenes xxiv. 46.

〔106〕 Froākel, *op. cit.*, pp. 19 – 20. 民众陪审员所需要做的就是自愿服务并且证明他具备所必需的条件。在这一意义上，民众陪审员可以被看作“所有的雅典人”。但是，他们之所以是所有的雅典人，更是因为在司法事务上，他们代表雅典人民。

〔107〕 Cf. Bruck, “Uber die Organisation der Athenischen Heliastengerichte im 4. Jahrh. v. Chr.,” *Philologus*, LII, 314; Bamberg, *Hermes*, XIII (1878), 505.

〔108〕 i. 97.

〔109〕 Xenophon *Hellenica*, i. 7. 9.

〔110〕 *Op. cit.*, p. 308.

"6, 000 雅典人"的例子能够有助于减少，如果不是消除，对这一理论的怀疑。

在通过发誓来批准条约和其他公共协议方面，雅典人在实际中的做法并不一致。但是，至少在一个案例当中，代表雅典的是它的 6, 000 名公民，即当年的 6, 000 名民众陪审员。[111] 在公元前 446 年的关于哈尔斯基（位于埃维亚）的定居法案当中，所有的成年男性哈尔斯基人都被要求宣誓效忠，而雅典人则仅由其议事会成员和民众陪审员（6, 000 人）作代表宣誓，发誓尊重哈尔斯基人的某些特定权利。一些学者争辩说议事会成员和民众陪审员的宣誓只约束他们自己，目的就是为了使公民大会免受约束，以便在以后临机行事。该种观点可以获得一定的支持，比如誓言的内容涉及的主要是法律事务。但是，正如所指出的那样，[112] 誓言的第一个条款所涉及的事务就完全不属于议事会和民众陪审员的职权范围。它所涉及的不是以法院判决的形式对个人的放逐，而是对一个巨大的社群的放逐，这显然需要以城邦公民大会法令的形式来作出。而且，既然哈尔斯基的所有公民都必须宣誓，那么，雅典人也自然应该由一个能够真正代表他们的组织来宣誓。这样的一个组织在人数方面自然应该和城邦公民大会所要求的法定人数相一致。而与城邦公民大会的其他成员相比，6, 000 名民众陪审员显然更容易鉴别和召集。

雅典当局所做的确保城邦公民大会出席人数的努力似乎都是为了满足法定人数的要求。在公元前 425 年上演的阿里斯托芬的《阿卡耐人》(*Acharnians*) 当中，[113] 迪卡奥波里斯（Dicaeopolis）抱怨说，尽管那天上午是一月当中"主要的"(principal) 公民大会聚会的日子，但是会场的座位却空空如也，人们仍然在市场上交互攀谈，匆匆忙忙地躲避着涂有朱红涂料的绳子。注释者针对这一段评论说，***τοῦ ἐκ ἀνάγκης αὐτοὺς εἰς τὰς ἐκκλησίια συνιέναι τοῦτο ἐμηχανῶντο καὶ πολλὰ ἄλλα***。阿彻斯（Archers），

---

〔111〕 CIA iv. （1）27a. Hicks and Hill, *op. cit.*, No. 40; Dittenberger, *Sylloge*, I, 17. Cf. Robertson, *op. cit.*, pp. 36 – 47, 对宣誓的主旨和目的进行了讨论。Cf. Fronkel, *op. cit.*, pp. 45 and 51. 议事会、将军和行政官员需要定期宣誓。Cf. Dittenberger, *op. cit.*, I, 36. 关于此案改变的原因，见 Fronkel, *op. cit.*, pp. 50 – 51.

〔112〕 Robertson, *op. cit.*, pp. 40 f. 关于誓言的措辞，cf. *infra*, p. 340.

〔113〕 19 – 20.

在6名会议监督官（lexiarchs）的指引下以及他们的30名助手的帮助下，关闭了集市上的货摊，堵塞了所有非通向普尼克斯公民大会会场（Pnyx）的道路，拿着涂有涂料的绳索，试图把市场上的游荡者赶往城邦公民大会的会场。[114] 注释者认为，那些被涂料染到身上的人将会面临罚款的处罚。[115] 劝说人们参加城邦公民大会的艰难在一定程度上导致了对参见会议者给予报酬制度的产生。亚里士多德记载说：

> 起初他们拒绝向出席公民大会的人支付报酬，但由此导致的结果是人民不再参加公民大会。因此，执行委员会在徒劳的尝试了许多措施之后，为了诱导人民［τὸ πλῆθος］参加会议、进行投票（ratify the votes），阿格瑞乌斯（Agyrrhius）制定了每天一个奥波尔（obol）的规定。[116]

不管希腊语单词τὸ πλῆθος的意思到底是“人民”，还是“人数”[117]，即“法定人数”，这一段留给读者的总体印象都是急需采取措施来确保有尽量多的人出席会议。希腊语词组πρὸς τὴν ἐπικύρωσιν τῆς χειροτονίας明确表明在明知投票无效的情况下，也可以举行投票。因而，可见，两者的区别就只不过是一个人数问题。

至今没有证据可以表明在通常情况下参加公民大会的人数是多少。有一块石刻曾经记录了一次有3,616人参加的投票。[118] 在公元前411年的革命胜利之后，曾经有一个委员会被派到萨摩斯去向军队说明革命者的目的。在试图为他们将公民人数限制在5,000的建议辩护时，他们曾说“由于军

---

〔114〕 Pollux viii. 104, and the scholiast on Aristophanes' Acharnians, 22. Cf. Gilbert, *Greek Constitutional Antiquites*, p. 289. 关于对涂有染料的绳子的不同解释，参见：Wilamowitz, *Aus Kydathen*, p. 165, n. 77.

〔115〕 在罚款方面，注释者肯定是错误的，因为既然参加并不是必须的，那么，就不应再有惩罚。

〔116〕 *Ath. Pol.* xli. 3.

〔117〕 马修（Mathieu）和海奥叟利尔（Haussoullier, Budé edition），认为τὸ πλῆθος意为人数。凯尼恩（Kenyon）、凯贝尔（Kaibel）和起斯林（Kiessling）将τὸ πλῆθος分别翻译为“大众”和“民众”。

〔118〕 Thalheim, in Pauly – Wissowa, *s. v.* *δικασταί*.

事远征以及其他国外活动，参加会议的雅典人从来没有超过5,000。”[119]这种说法只不过是一种宣传手段、是一种对事实的夸张。“从来没有”这种语气过于强烈。在斯巴达人入侵初期，许多乡村居民被赶进了城市。城市的常住人口远远超过了它的容纳能力。德凯利亚（Decelea）的陷落又进一步迫使边远德莫的剩余人口到城市寻求避难。尽管军事服务和战争伤亡会导致城市人口减少，但是，能够出席城邦公民大会的人数会比和平时期更少这种说法还是值得怀疑，因为在和平时期乡村的百姓都住在农庄里，只是偶尔才到城市中去。安多基德斯也曾提到一个公元前415年的由6,000人组成的民众法庭。[120] 此外，公元前418年对海帕波拉斯（Hyperbolus）[121]所实行的放逐也需要至少6,000人出席。一些史料表明在希腊其他地方的一些公民大会当中也存在对最低出席人数的要求。在马格尼西亚（Magnesia），[122] 此类的公民大会被称为 *κυρία*，要求的法定人数为600。在一些特尔斐石刻当中，诸如 *σὺν ψάφοις ταῖς ἐν νόμοις*和 *σὺν ψάφοις τᾶ ἐν νόμω*之类的措辞时常可见。由于 *νόμαιος*和*ἔννομος*被认为是 *κύριος*的同义词，[123] 那么在特尔斐也存在类似的法定人数的要求就是极有可能的。不过，具体的人数并没有提及。

在雅典，某些特定的公民大会被称为 *κυρίαι*。鉴于众所周知的雅典人不愿意出席城邦公民大会的特点，为确保法定人数，当局对这种倾向肯定不会放任自流。我们很难想象执行委员会在制定会议程序的时候会考虑不到这一点，让问题的决议依赖于会议的出席人数。如果真是那样，那么，这种管理公共事务的方式不但是危险的，而且也是不可忍受的。由此所导致的后果，如果出席会议的人不足法定人数的话，也将是严重的。这一危险在一定程度上得以避免，是因为一个特定类型的定期举行的公民大会的存在，这类大会的主题就是讨论如何确保有足够的人数出席公民大会，并且大会的议题也只限于此。在前面所提到的石刻当中，[124] 就曾经提到两类

[119] Thucydides viii. 72.

[120] Andocides i. 17.

[121] Carcopino, *op. cit.*, p. 221.

[122] Thalheim, *op. cit.*, p. 2170.

[123] *Ibid.*, p. 2165.

[124] *CIA* i. 57. Cf. *supra*. P. 201.

公民大会。一类只是被简单地称为ἐκκλησία；另一类被称为 δῆμος πλήθύων。有证据表明，在公元前5世纪，那种定期举行的讨论如何确保法定人数的公民大会就是 κυρία ἐκκλησία。

即使在古代，人们也不是很清楚到底何类公民大会才可以被称为 κύριαι。注释者和词典编纂者对这件事情的观点也互相矛盾。[125] 一种观点认为，在每个部团期（prytany）所举行的多种公民大会当中，只有一种可以被称为 κυρία。但另外一种观点则认为，在每个部团期定期举行的四种公民大会都可以被称为 κύριαι，以区别于特别会议。亚里士多德[126] 似乎明确地认为只有第一公民大会才可以被称为 κυρία。词典编纂者的观点建立在亚里士多德的信息之上，他们也秉承这种观点。但是，这一观点并不能令所有人信服，现实情况是复杂的。亚里士多德在描述定期举行的公民大会的议题时说，在第三和第四公民大会上讨论大使问题。这似乎和阿里斯托芬的描述存在冲突，在《阿卡耐人》当中，[127] 阿里斯托芬描述说雅典大使们在一个名为 κυρία 的公民大会上报告工作。因而，有人试图将亚里士多德的记载解释为：亚里士多德认为四个定期举行的公民大会都可以称为 κύριαι。[128] 但是，鉴于亚里士多德[129] 后续的记载，即自从给出席城邦公民大会者支付报酬的制度确立之后，出席 κυρία ἐκκλησία 可得到 9 个奥波尔的报酬，出席其他的会议（ταῖς ἄλλαις ἐκκλησίαις）也可得到 6 个奥波尔的报酬，这一努力无疑是徒劳的。κυρία ἐκκλησία 所指代的不可能是四种定期举行的公民大会，ταῖς ἄλλαις ἐκκλησίαις 所指代的也基本不可能是特别会议（σύγκλητοι）。

---

〔125〕 阿里斯托芬的《阿卡耐人》（19）的注释者认为每个部团期的三个定期的会议叫做 κύριαι。关于对所有的注释者和词典编纂者在此一问题上的总结，参见：Reusch, "Die diebus contionum ordinariarum apud Athenienses," *Dissertationes Philologicae Argentoratenses*, III, 50 – 51.

〔126〕 *Ath. Pol.* xliii. 4. 每个部团期有四个会议，其中一个叫作 κυρία。注释者提到的三个会议属于后来的 12 部落时期（Busolt – Swoboda, *op. cit.*, 987, n. 4）。

〔127〕 第 61 行是关于被派到波斯的雅典大使的报告。的确，由国王派出的一个使团在进一步确认这个报告。第 134 行是关于被派到西塔尔塞斯（Sitalces）的大使的报告。亚里士多德（*Ath. Pol.* xliii. 6）似乎讨论的是外国使臣而不是雅典大使。

〔128〕 Van Leeuwen, *Acharnians*, 19.

〔129〕 lxii 2.

尽管某些特定的重要事项只能由ἐκκλησία κυρία来处理，但这绝不意味着其他的一些被亚里士多德归到其他会议上的措施不能放在κυρία上来讨论。例如，尽管有明确的条款规定大使问题在两个普通的会议上讨论，但没有证据表明该问题不能在“最高的”公民大会上提出，就像阿里斯托芬在《阿卡耐人》中所描述的那样。[130] 从石刻上所获得的证据支持那种认为在每个部团期所举行的公民大会当中，只有一种可以被称为κυρία的观点。石刻没有表明有任何部团期存在一个以上的κυρία ἐκκλησία。[131] “最高的”公民大会和其他的公民大会相比，其区别自然在于参加人数的多少。最高的公民大会有最低法定人数的限制。

没有证据表明κυρία，这种定期举行以确保法定人数的会议，是在何时产生的。对这一会议的最早的文学记载见于阿里斯托芬[132] 的《阿卡耐人》，该剧上演于公元前425年。此外，在一个具体年代不详的（可能略早于《阿卡耐人》）石刻残余当中也有相关记载。[133] 在石刻（CIA i. 57）当中出现的δῆμος πληθύων和亚里士多德所描述的κυρία ἐκκλησία具有总体的相似性。[134] 但是亚里士多德所运用的诸如προβολή，συκοφάντης之类的专业术语表明他所依据的有关公民大会议题的组织和分配的法律并非是在克里斯提尼时代制定的，而是可能来自于厄菲阿尔特改革，那次改革扩大了城邦公民大会的权限。无论如何，这一点可以很好地解释δῆμος πληθύων和πλῆρς在文献中的消失。它们已经被更新和更方便的κυρία ἐκκλησία所取代，即使κυρία ἐκκλησία在官方文件和学术论文之外很少使用。历史学者和演讲家在谈到公民大会所通过的措施时，都没有费力地去专门标明通过这些措施的是“最高的”公民大会。

雅典人对于设置于各个德莫的κυρία公民大会和法定人数要求也十分

---

〔130〕 Rennie, Acharnians, 19. 阿里斯托芬并非毫无理由地背离宪法的规定。Cf. Rogers, *Introduction to the Acharnians*, xxvii，他争辩说在阿里斯托芬时代，定期的公民大会被称为κύριαι，每月举行3次（Scholia, Demosthenes xxiv. 20）。到亚里士多德时代，已经增加到4次，因而，通过出席会议而获得更多的报酬可以起到救济穷困的公民的作用。词典编纂者们引用的对象是亚里士多德，因而，他们所谈的正是这一时代。

〔131〕 Reusch, *op. cit.*, pp. 66 f.; Gilbert, *op. cit.*, p. 285. n. 5.

〔132〕 Line 19.

〔133〕 *CIA* i. 25. Cf. *Reusch*, *op. cit.*, p. 68.

〔134〕 *Ath. Pol.* xliii. 4.

熟悉。文献中有一份关于ἀγορὰ κυρία的记载。[135] 两名艾可斯奥尼（Axione）公民因为在公共服务方面的贡献受到了ἐν τῇ ἀγορᾷ τῇ κυρίᾳ所通过的法令的表彰，但文献当中并没有任何关于ἀγορὰ κυρία的定义的记载。此外，还有一份文献曾经提到关于在米尔希奴斯（Myrrhinus）这个德莫所实行的法定人数要求。对于审计人员（auditor）的决定可以上诉到由至少30名本德莫公民所组成的公民大会。[136] 在其他的德莫也极有可能存在法定人数的要求，只不过按照本德莫人口的多寡对具体人数要求有所调整而已。没有证据表明ἀγορὰ κυρία和其他类型的公民大会的区别在于对法定人数的要求不同。当公民大会履行司法职责的时候，对法定人数的要求是可以理解的，但是，当公民大会讨论的只是表彰性议题的时候，这些议题似乎就没有那么重要，不是非要求有法定人数出席不可。[137]

值得注意的是，在该石刻（CIA i. 57）的现存部分当中并没有提及δικαστήρια。鉴于该石刻的相当一部分已经遗失，仅仅根据现存部分来做出任何判断都是危险的，但是该石刻的主旨表明它所记载的绝对不是总体的司法情形。除总体的司法法案之外，任何其他的规定都不足以处理诸如司法职责由行政官员向陪审法庭的转移之类的如此复杂的问题。对行政官员在预先听证（preliminary hearing）方面的新职责必须有明确的规定。并且，在新的制度下，也并不是所有的案件都由陪审法庭审理。王者执政官有权将某些案件交由亚略巴古议事会审理。[138] 对诸如此类的问题也必须有明确的规定。此外，还涉及对民众法庭的重组。当时的人们肯定很快便预见到一个单一的法庭，陪审法庭，根本就不足以应付整个社会的诉讼。设想该石刻的遗失部分会对诸如此类的细节问题作出规定是极为危险的。δικαστήρια存在的最早证据见于公元前462至公元前461年，这表明它的出现绝不晚于这一时期。在那一年，厄菲阿尔特“剥夺了亚略巴古议事会

[135] *CIA* ii. 585. 1-2. 海奥叟利尔（Haussoullier, *La vie municipale en Attique*, p. 6）认为所有定期举行的公民大会都是κύριαι。

[136] *CIA* ii. 578. 21. ff.

[137] 在马格尼西亚关于授予荣誉的法令中，偶尔会提到某某荣誉的授予被以法定人数通过。似乎法定人数不是必需，但是却可以增加荣耀的价值。Cf. Kern, *Die Inschriften von Magnesia am Maeander*, Nos. 2 and 4.

[138] 亚略巴古议事会继续负责审理ἀσέβεια案件。Cf. *infra*, p. 260.

赖以监督宪法的所有特权，并将这些特权中的一部分分配给了五百人议事会（Council of the Five Hundred），其他的则分配给了公民大会和法庭（law courts）［δικαστήρια］”。[139] 从亚里士多德的字里行间，根本看不出民众法庭是新近设立的。相反，其反面也许才是正确的。为了破坏亚略巴古议事会在人民心中的形象，厄菲阿尔特“通过对其成员在职责方面的过错发动诉讼的方式毁掉了它的许多成员”。这些诉讼肯定是在 δικαστήρια 进行的，这场运动肯定也持续了相当长的时间。

早在公元前 462 - 公元前 461 年之前的一段时期，来自海外的诉讼想必就已经构成了诉讼总量的相当一部分。规定为缔约城邦[140]（contracting states）之间的公民提供诉讼的条约出现的非常之早。早在提洛同盟（Delian League）形成之前，雅典肯定就已经同一些更重要的商业城邦签订了类似协议。提洛同盟形成于公元前 478 年。在后期的一些希腊联盟当中，建有一些中央司法机关来确保对联盟各国的控制。但是，提洛同盟并不存在这样的情形，它没有自己的最高法院。当联盟成员拒绝交纳联盟费用时，负责联盟军事行动和征收相关费用的雅典舰队司令（admirals）便会通过起诉和惩罚的方式来向相关城邦施加压力。[141] 一般认为，在雅典法庭遭到起诉的会是那些鼓动城邦拒绝交纳联盟费用的人，无论他们是行政官员还是其他的政客。因为，起诉其他的任何人都不能达到追求的目的。提洛同盟后来逐渐演变成了雅典帝国对其他弱小城邦的统治。变化是从两个方面发生的。较小的那些城邦，在波斯人的威胁得以消除之后，对军事服务变得日益厌倦，于是便改以交纳金钱来代替军事服务，这样一来，这些城邦也就变成了雅典的附属国。这种地位上的变化虽然是自愿的，但是肯定也涉及到对这些城邦司法权力的限制。无论是在古希腊的理论还是实践中，政治主权都和对司法权力的控制不可分割。而一些较大的城邦，则出于对其军事力量的自信，试图脱离联盟。但是，这种企图很快便遭到了雅典人的阻止。在规定雅典和这些被征服的城邦的未来关系的定居法案当中，这些城邦的司法管辖权也一律遭到了极大限制。按照规定，它们无权判处死刑、

〔139〕 *Ath. Pol.* xxv. 2.

〔140〕 Cf. Robertson, *op. cit.*, pp. 9 ff., and Lipsius, *op. cit.*, pp. 965 ff.

〔141〕 Plutarch *Cimon*, xi. Cf. Robertson, *op. cit.*, pp. 27 f.

放逐或者剥夺公民权。[142]所有的这类案件都必须在雅典进行审判。雅典是在何时开始限制这些海外城邦的司法管辖权，又是在何时使它自身的法庭成为帝国法庭的，对于具体的时间，我们已经无从考证。萨索斯（Thasos）是在公元前470年-公元前469年进行反叛的，但是它绝对不是第一个对所承担的联盟义务不满的成员。对不满者的弹压肯定在联盟初期就已经开始了。当西蒙（Cimon）在联盟的军事行动当中声名显著的时候，他停止了对不满者的强迫，开始允许那些不满的城邦用金钱来代替在联盟军事力量中的人身服务。[143] 西蒙是公元前476年收复塞斯托斯（Sestos）和将鲍萨尼阿斯（Pausanias）赶出拜占庭（Byzantium）时的主帅，公元前471年在地米斯托克勒斯被放逐之后，他成了整个雅典军事力量的统帅。[144] 早在萨索斯于公元前470年进行反叛之前的数年间，源于阿提卡地区之外的案件已经大量进入雅典法庭。随着城邦的增长和繁荣，雅典本身的案件日益增多，再加上联盟内部那些反抗城邦和附属城邦的案件，一个原始的由行政官员初审、并可上诉于公民大会的体系根本不足以应付数量如此巨大的案件。代替行政官员而出现的陪审法庭，这个一审法庭，也不足以应付。实际上，没有任何一个单一的机构可以应付数量如此巨大的案件。只有民众法庭才能做到。

无论民众法庭的设立是因为对行政官员的裁决的上诉日益增加，还是因为人民希望能够更多地参与司法（后者的可能性更大），公元前487年-公元前486年发生的在选举行政官员的方法上的变化[145]与对行政官员的司法职能的限制和调整在时间上都不会相差太久，即使这两件事不是以“毕其功于一役”的方式完成的。[146] 那些认为日益增加的上诉破坏了行政官员的名声的人未免过分看重行政官员的司法职能了。实际上，更有可能

---

〔142〕 关于定居法案的例子，参见：Dittenberger, *Sylloge*^{2}, No. 27; Hicks and Hill, *op. cit.*, No. 40 (II. 71-76).

〔143〕 Plutarch Cimon, x.

〔144〕 Busolt, *op. cit.*, Vol. III, i, p. xvi, and p. 113 n.

〔145〕 Aristotle, *op. cit.*, xxii. 5.

〔146〕 关于公元前488-公元前487年之前执政官的重要性，cf. Rosenberg, “Parteistellung des Themistokles,” *Hermes*, LIII, 314 f. Cf. Ehrenberg, “Kleisthenes und das Archontat,” *Klio*, XIX, 110.

的是，作为最高公民大会执行和管理机构的议事会的权力日益增大，从而削弱了行政官员的行政权力，也进而降低了他们的声望。无论如何，希腊民主的发展趋向在于尽可能把所有的权力都交给公民大会来行使。[147] 因为凭借个人能力或政治权威得以当选的行政官员往往被视作实现民主理想的障碍。民主不容分散权威。到底行政官员制度向民主制度所作的调整是由一个综合性法案一鼓作气实现的，还是由一系列法律逐渐实现的，都已经无足轻重。今天我们基本可以断定行政官员所承担的司法职能的变更大致发生于公元前 487 年 – 公元前 486 年或者附近。

当陪审法庭不再被作为上诉法庭，而是作为审理所有案件（除凶杀和一些涉及亵渎神灵的案件）的一审法庭的时候，由于案件数量的庞大，它的成员显然已经不可能作为一个整体来逐一审理每个案件。解决这一困难的方法是把它的成员组成一些称为民众法庭的小组，分头审理案件。通过这一方法，陪审法庭所承担的公共服务，当时还是无偿的，就得以合理分担，对数个案件的审理也可以同时进行。当然，这一方法也并不是把陪审法庭的所有成员都划分到某个小组，而只是每年从中选取 6,000 人来担任民众陪审员。这一数字是否准确已经有人表示过怀疑。有学者认为，在公元前 5 世纪中叶以前，维持如此庞大的民众陪审员数量既无必要，也无可能。[148] 不过，至少有三份材料证明 6,000 这一数字在公元前 5 世纪已经存在。[149] 在阿里斯托芬的《黄蜂》[150] 中，巴德理塞仑（Bdelycleon）就提到过 6,000 这一数字，并认为 ***κοὔπω πλεῦους ἐν τῇ χώρᾳ κατένασθεν***。不过，如果从这些话当中引申出“具体数字不是固定的”这一结论，便是对其讽刺性幽默的误解。其真实的含义应是“没有人能够断定未来将会怎样，但是迄今为止我们还未曾有过超过 6,000 名的政治家的追随者”。罗杰（Roger）的版本把这一点说的十分清楚。“6,000 名法官，全部加起来，迄今为止在我们土地上还未曾比这更多。”

有证据表明，公元前 415 年在调查对赫尔墨雕像（Hermae）的毁损时

---

〔147〕 Headlam, *Election by Lot*, pp. 26 ff.

〔148〕 S. B. Smith, *TAPA*, LVI, 109.

〔149〕 Cf. Fronkel, *op. cit.*, p. 13; Lipsius, *op. cit.*, p. 135.

〔150〕 Line 662. Cf. Starkie, *The Wasps of Aristophanes*, Excursus VI, p. 399.

也曾存在过整整6,000人的民众陪审员。[151] 那是一个群情激奋的年代。有人提议将里奥格拉斯（Leogoras），安多基德斯的父亲，以及其他一些人交付审判。里奥格拉斯，通过 γραφὴ παρανόμων，对此提出了一个宪政层面也是技术层面上的反对。一般而言，γραφὴ παρανόμων 不会引起人们的太多注意。但是普通的雅典人，根据其对诉讼的了解，极端憎恨案件中横空出世的技术问题，因为这些技术问题似乎是专为阻碍民意而设计的。把相对重要案件交付给由几个小组联合组成的民众法庭来审判也是当时实践中的通常做法。民主理论认为审判组织越大越保险，[152] 因为大的审判组织既不容易被贿赂，也不容易被恫吓。尽管里奥格拉斯的反对，6,000人的审判组织还是顺利建立，这表明人民希望民意能够得到伸张。另外一个关于6,000这一数字的证据就是，在实践中民众陪审员也被称为"六千人"(The Six Thousand)。[153] 上述证据也可以为亚里士多德的《雅典宪制》所印证，[154] 如果印证还需要的话。实际上，即使把所有的这些明确的文献记载都去掉，也仍然还有足够的证据能够证明民众陪审员的总体数量是6,000。

尽管民众陪审员需要分组审理案件，但是他们却作为一个整体进行年度改选，也作为一个整体集体宣誓就职。任何 δοκιμασία 都无权考察他们是否适合担当这一职位，他们也不会因为自身的行为而受到 εὔθυνα 的审判。[155] 他们不是人民的公仆，因为他们就是人民。一位作者在谈到雅典人的宪制时所说的话就是指的这一点，他说联盟的成员必须将它们的案件交给法庭审判，"而这个法庭不是别的，正是雅典人民自身"。[156] 因而，演说家们在发表演说的时候也是把他们的听众民众陪审员当作ὦ ἄνδρες Ἀθηναῖοι 来看待的。城邦公民大会的所有法令和措施也都可以归结到他们

〔151〕 Andocides i. 17.

〔152〕 Cf. Grote, *op. cit.*, V, 237 ff.

〔153〕 Scholiast on Plato Laws, xii. Cf. Suidas, *s. v.* πρυτανεῖαι. 此处引自 Rogers, *Introduction to the Wasps*, p. xxi.

〔154〕 *Ath. Pol.* xxiv. 3.

〔155〕 Aristophanes *Wasps*, 587.

〔156〕 (Xenophon) *Ath. Pol.* i. 18.

身上。在司法职能方面，他们代表着人民；他们是 δῆμος πληθύων。[157] 因此，他们的数量也必须是6,000。

6,000 名民众陪审员被划分为许多小组。通过一种奇特和便利的法律想象，6,000 名民众陪审员作为一个整体所具有的代表性人格也被延伸到这些小的委员会身上。每一个小组都是一个微型的陪审法庭，在它的职权范围内是至高无上的。它的判决是最终的，不受任何检查或者上诉的约束。当然，在把审判人员划分为小组方面并非陪审法庭所首创，而是已经有众多先例，比如，当时那些较小的凶杀法庭就是由从亚略巴古议事会所分别征召的51 名成员组成的。[158] 在一个重要方面，这6,000 名民众陪审员和6,000 名随机挑选的城邦公民大会的普通成员不同，即民众陪审员必须年满30 岁。这一条件可能是遵循的议事会的先例，因为议事会的成员也必须至少年满30 岁。此外，组成这些小组的人数，通常是500 人，也和议事会相同，实际上，议事会也可以看作是城邦公民大会的委员会之一。不过，议事会不具有民众法庭所具有的那种独立的、专断的司法权力。

我们现今所掌握的材料并没有说明给民众陪审员支付报酬的做法是在何时引入的。普鲁塔克认为伯里克利在同西蒙作斗争的时候，发现自己难以同西蒙的慷慨大度相比较，便采纳了达蒙尼德斯（Damonides）的建议，"着重于分配人民自己的财富……并且很快他便用各种各样的节日赠品、陪审费用以及其他各式各样的赏赐和补助收买了大批的人群，并利用他们来反对亚略巴古议事会。"[159] 在关于达蒙尼德斯的建议方面，普鲁塔克所引用的权威证据来自于亚里士多德。据此判断，他肯定对亚里士多德关于向民众陪审员支付报酬的论述非常熟悉。在此，普鲁塔克非常肯定地断定向民众陪审员支付报酬这种做法的引入是在对亚略巴古议事会的攻击之前。很可能，他认为在这一时间问题上他是遵循的亚里士多德的观点。

尽管向民众陪审员支付报酬的做法被归功于伯里克利，但是，首先提出这一建议的是阿里斯提德（Aristeides）。[160] 当雅典的水军（Jack Tars）

---

[157] Cf. *supra*, p. 202. Lofberg, *Sycophancy in Athens*, pp. 10 f.

[158] Cf. *supra*, pp. 99 ff.

[159] Plutarch *Pericles*, ix. Aristotle *Ath. Pol.* xxvii. 3.

[160] Aristotle *Ath. Pol.*, xxiv.

在萨拉米斯战役中取得胜利的时候，帝国的建立实际上是民主的意愿。[161]建立这一帝国组织的核心人物是阿里斯提德。认识到只有让人民分享利益，才能使帝国的政策获得至关重要的民主支持，他“建议人民牢牢掌握帝国联盟的领导权，离开乡村，定居于城市”。他指出所有的人都可以在城市当中找到谋生之道，一些可以服务于军队，一些可以担当城市的守卫，另外一些则可以参加公共事务；[162]并且通过这种方式他们就可以牢固地掌握领导权。他的这一建议得到了采纳。“并且当人民取得了最高控制权之后，他们开始以更加帝国主义的方式来对待帝国的联盟，不过开俄斯人（Chians）、莱斯博斯人（Lesbians）和萨摩斯人（Samians）除外。”其中一个相当重要的控制附属城邦的手段就是司法。公元前424年，伪色诺芬（Pseudo – Xenophon）在为雅典人所进行的司法控制辩护时解释说，由于联盟成员都需要到雅典进行诉讼，所以“雅典人坐在家里就可以管理联盟的城邦。在法庭上，他们就能够挽救自己的朋友，击败他们的敌人。”[163]阿里斯提德的建议是在公元前487年联盟建立到公元前467年他去世之间的某一个时间提出的。[164]亚里士多德的论述表明雅典人很快便采纳了他的建议。随之而来的第一个效果就是对联盟成员和附属城邦的更加严格的控制。曾有资料提到，在公元前463年之后，即在萨索斯的反叛遭到镇压之后，开俄斯（Chios）、莱斯博斯和萨摩斯是仅有的3个自由的联盟成员。[165]根据亚里士多德的记载，6,000名民众陪审员是阿里斯提德所倡导的计划的受益者，并且，向民众陪审员支付报酬的做法应当在公元前463年之后不久便已开始实行。在《政治学》[166]的一个段落当中，亚里士多德把对亚略巴古议事会的权力的限制归功于厄菲阿尔特和伯里克利，把向民众陪审员支付报酬的做法归功于伯里克利。但是，亚里士多德在这里的论述比较

---

〔161〕 Cf. *CAH*, V, 111.

〔162〕 Aristotle, *op. cit.*, xxiv. 阿里斯提德（Aristeides）肯定想到了这一组，并且他实际上就是首先创造向陪审团支付报酬这一观念的人。

〔163〕 (Xenophon) *Ath. Pol.* i. 16.

〔164〕 Busolt, *op. cit.*, Vol. III, i, p. 112 n. 2.

〔165〕 *Ibid.*, Vol. III, i, xix.

〔166〕 1274a, 7.

笼统，并没有像在《理想国》（*Politeia*）[167]中那样把两次攻击区分开来。在《理想国》当中，他记载了两次对亚略巴古议事会的攻击，第一次发生于公元前462年–公元前461年，由地米斯托克勒斯和厄菲阿尔特发起；第二次发生于公元前451年–公元前450年，由伯里克利发动。在两次记载当中，亚里士多德都把向民众陪审员支付报酬制度的引入放在了对亚略巴古议事会的权力的限制之后。但问题是，这些事件并不一定是按照年代顺序排列的。实际上，在《理想国》当中，他就曾把对向民众陪审员支付报酬制度的介绍放在了对爆发于公元前432年–公元前431年的伯罗奔尼撒战争的描述之后。显然，此处的记载根本不可能是按年代顺序进行的。伯里克利[168]第一次声名鹊起是因为他对西蒙的指控，他指责西蒙在于公元前464年–公元前463年之间进行的对萨索斯战争期间收受贿赂。他所提倡的向民众陪审员支付报酬的做法几乎不可能发生在这一日期之前。后来，向民众陪审员支付报酬的做法曾遭到相当多的指责。[169]可以断定，这个建议在提出的时候肯定也遭到过不少反对。只有在社会上举足轻重的人才能够成功地推进这一激进，当然也是顺理成章的措施。此外，如果伯里克利的确是曾借助这一手段来赢得大众支持以反对西蒙的话，那么，这一措施的实行应不晚于公元前461年，即西蒙被放逐的那一年。

普鲁塔克[170]认为向民众陪审员支付报酬的做法不晚于对亚略巴古议事会的攻击，但是他并没有明确说明该攻击是发生于公元前462年–公元前461年的第一次攻击，还是发生于公元前451年–公元前450年的第二次攻击。正如前面所指出的那样，许多人都卷入了这场攻击，首先是在厄菲阿尔特的领导下，后来是在伯里克利的领导下。当然，伯里克利是厄菲阿尔特的追随者之一。亚里士多德在这件事情上的沉默并无关大局。因为其他的证据已经使我们足可以断定这一做法很可能早在公元前463年–公元前

---

〔167〕 xxv and xxvii. 此处给出的日期依据的是泰尔汉姆（Thalheim）版的《雅典宪制》。

〔168〕 Bury, *op. cit.*, p. 343; Busolt, *op. cit.*, Vol. III, i, p. 254; Aristotle *Ath. Pol.* xxvii. 1. 关于普鲁塔克在《伯里克利》中对伯里克利的描述，Cf. Sandys' notes on *Ath. Pol.* xxvii. 1.

〔169〕 Aristotle *Ath. Pol.* xxvii. 4. Cf. Plato *Gorgias*, 515 E.

〔170〕 Pericles, ix.

462 年就已经开始实行。[171]

然而，也有相当的理由表明实行这一做法的日期很可能晚至公元前 451 年，即西蒙从放逐中短暂返回的时期，也就是伯里克利对亚略巴古议事会的攻击即将开始之前。公元前 453 年 - 公元前 452 年，乡村法官（rural justices）的职位被重新恢复。[172] 总共 30 名。30 名这个数字是根据三分区的数量制定的，三分区介于德莫和部落之间，起着中介连接作用。除了根据他们在佩西斯特拉托斯统治时期的前任和他们的后任（四十人法团）进行推测之外，关于这些巡回法官的详细情况，我们几乎一无所知。不过在相当程度上，我们可以断定这些法官管辖的是民事而不是刑事案件，如果没有他们，负责审理这一部分案件的将会是陪审法庭。可以想象得到，即使在厄菲阿尔特的改革进一步扩大陪审法庭的管辖权之前，它们实际上已经不堪重负。而乡村法官的设立毫无疑问将会有助于减轻它们的负担。不过，人们在此难免会产生这样的疑问：那些部分或者全部依赖国家谋求生计的人能够心平气和地看着乡村法官这一措施顺利实施吗？因为这一措施无疑将削减他们参与审判从而获得报酬的机会。然而，如果当时向民众陪审员支付报酬的制度还尚未引入的话，那么，情况就会完全不同。没有报酬的服务对人们不会具有特别的吸引力。因而，乡村法官的设立也就不会激起人们的反对。按照这一思路，向民众陪审员支付报酬的制度似乎应是在较晚的那个时间才引入的。但是，两相权衡，还是较早的那个时间更有可能。如果伯里克利在公元前 462 年已经如此显赫，可以对西蒙提起指控，那么，他肯定也参与了对亚略巴古议事会的第一次也是最猛烈的攻击；他也绝对不可能会忽视掉诸如向民众陪审员支付报酬之类的极为有效的推进民主的措施。[173]

代表全体人民行使司法职能的这 6, 000 名公民是用抽签的方式每年一次从所有合格的公民当中选举产生的。亚里士多德在谈到他所在的时代时

---

〔171〕 布叟尔特（Busolt, *op. cit.*, III, 1. 263）认为支付报酬发生于对亚略巴古议事会的最早的攻击之前，厄菲阿尔特和伯里克利都参加了这次攻击。

〔172〕 Aristotle *Ath. Pol.* xxvi. 3.

〔173〕 关于向民众陪审员支付报酬对民主的必要性，cf. Busolt - Swoboda, *op. cit.*, p. 897.

说："所有年满30岁的人都有资格担任民众陪审员，只要他们不欠国家债务并且拥有公民权。"〔174〕 这一资格限制最迟可以追溯到公元前5世纪。一块石刻表明，在官方登记当中，民众陪审员是以部落为单位进行排列的。〔175〕 这一点可以佐证那种认为6,000名民众陪审员是由每个部落挑选600人组成的推论。对此，已经有学者正确地指出，民众陪审员像议事会成员一样，在同一个部落的不同德莫当中也是根据官方所登记的德莫的大小和人口〔176〕按比例分配的。

关于公元前5世纪实行的具体的选举民众陪审员的方法，我们知之甚少。亚里士多德，在讨论向民众陪审员支付报酬的制度时，通过引用对伯里克利的批评的方式对这一制度的效果作评论说："一些人指责他的这一措施导致了民众陪审员人格的下降，因为在这一措施实行之后那些愿意充当民众陪审员的人都来自社会的下层，而不是社会当中那些有地位的人。"〔177〕 据此判断，民众陪审员很可能是从志愿者当中选择产生的。〔178〕 作为提洛同盟的主人，雅典人要恪守他们对联盟的军事承诺，〔179〕 但是，同时他们面临的诉讼也越来越多，这使得同一个人不可能同时既充当民众陪审员又充当士兵。在公元前5世纪的司法体系当中，每一个民众陪审员都会被分配到一个特定的法庭去服务1年。〔180〕 当必须动员军队的时候，民众陪审员们总是会被或多或少地从各个法庭撤出，因为他们是以阶级为基础进行动员的。〔181〕 解决这个问题的最简单的方法就是豁免民众陪审员的军事义

---

〔174〕 *Ath. Pol.* lviii. 3.

〔175〕 *CIA* iv. 1. 35b. 舒埃尔（Schoell, *Sitzungsberichte ber Bayerischen Akademie*（1887）, p. 6）首先把人们的注意力引到了石刻证据上。Cf. Teusch, *De sortitone apud Athenienses*, p. 59, and Thalheim in *Pauly - Wissowa*, V, 566, *s. v.* *διασται*. 至今发现的陪审团入场券都属于公元前4世纪。Cf. *infra*, p. 368. 每名陪审员应当还有某种形式的身份证明。Hommel, "Heliaea," *Philologus*, XIX, Supplementband, Heft 11, p. 110, n. 275.

〔176〕 Wilamowitz, *Aristotles und Athen*, I, 201. Cf. Teusch, *op. cit.*, p. 60.

〔177〕 Aristotle *Ath. Pol.* xxvii. 4.

〔178〕 Gilbert, *op. cit.*, p. 391, n. 4; cf. Teusch, *op. cit.*, p. 60.

〔179〕 公元前459－公元前458年，有一个部落的伤亡高达176人，这是由两条战线的6场战役导致的。*CIA* i. 433. Dittenberger, *op. cit.*, No. 9; Hicks and Hill, *op. cit.*, No. 26.

〔180〕 Cf. *infra*, p. 235.

〔181〕 Gilbert, *op. cit.*, pp. 315 ff.

务。今天我们已经知道，在当时的某些特定情况下，不但议事会成员和其他的一些官员可以被豁免军事义务，甚至商人有的时候也可以被豁免。[182]不过，至今我们并没有发现民众陪审员可以被豁免军事义务的证据。

阿里斯托芬的描述不断给人传达这样一种印象，即所有的民众陪审员都是年迈的老人，并且喜欢吹嘘自己在过去的战争中的事迹。不过，现代学者倾向于把这种关于民众陪审员年龄的喜剧式的描述看作是一种对民众陪审员的不满和讽刺，因为，他们认识到这可能不是当时的真实情况，比如很少有参加过公元前478年拜占庭包围战（Siege of Byzantium）[183]的人到公元前422年还能身体如此健康，可以为国家服务。此外，也有证据表明在公元前5世纪的民众陪审员当中并不乏年轻人。比如，安提福恩的一名当事人[184]就曾明确地提到民众陪审员中的那些年轻人。就连阿里斯托芬本人也曾被引用来证明担任民众陪审员的并非都是老年人。斯瑞西阿德斯（Strepsiades）第一次担任民众陪审员的时候，他的儿子费迪皮迪兹（Pheidippides）才6岁。[185]《黄蜂》[186]当中的另外一些民众陪审员据说也是膝下尚有幼子。但不管怎样，按照阿里斯托芬的说法，绝大多数的民众陪审员明显都是已经超过军事服务年龄的老年人。

在设计司法制度时，雅典人并没有忽略军事考量。这一点可以从当公共仲裁制度被引进的时候对公共仲裁员的任命上看得很清楚。任何人在年

---

〔182〕 *Ibid.*, p. 318, n. 1. 史料当中也曾提及议事会成员和纳税的农民也在豁免之列。根据推理，行政官员也应在豁免之列，否则法庭将无法开庭。

〔183〕 Aristophanes *Wasps*, 235－39. Cf. Grote, *op. cit.*, V, 406. 关于公元前476年纳克思包围战的情况，cf. *Wasps*, 354。其他的关于老年民众陪审员的材料，cf. *Wasps*, 219－20.

〔184〕 v. 71.

〔185〕 Aristophanes *Clouds*, 863－64.

〔186〕 Lines 248 ff. and 291ff. 子女的年龄并非是判断父亲年龄的绝对可靠的标准。人们的印象是当斯瑞西阿德斯结婚的时候，他已经不再年轻。布鲁克（Bruck，"Uber die Organisation der athenischen Heliastengerichte im. 4 Jahrh. v. Chr.，" *Philologus*,（LII），312）引用了演讲家们好几个讨论年轻民众陪审员的段落（Isaeus vii. 13；Demosthenes xix. 280；Demosthenes lix. 30）。但是，公元前4世纪的陪审团和公元前5世纪的可能存在重大不同。

满60岁的时候都会被征召担任为期1年的仲裁员。[187] 这一做法显然是为了防止这个新设立的司法职位占用那些适合从事军事服务的年轻人，而这也正好佐证了我们的推论，即在挑选民众陪审员的时候雅典人肯定也会采取措施以避免占用过多的适合从事军事服务的人员。要做到这一点，一个做法就是可以让那些年满60岁并且志愿充当民众陪审员的人自动当选，直接进入民众陪审员的行列。只有当这些年满60岁的人不足以凑够法定的6,000个名额时，才再从自愿充当民众陪审员的年轻人当中进行选择。如果真如阿里斯托芬所说的那样，老年人在民众陪审员当中占绝对多数，那么，这就是最好的解释。因为，如果民众陪审员是从全体成员当中随机选择产生的话，在民众陪审员当中根本就不会存在如此高比例的老年人，即使有大批的老年人比年轻人有更多的闲暇、也更愿意从事民众陪审员的工作。

阿里斯托芬并没有提及当时法庭的庭期。不过，巴德理塞仑在《黄蜂》当中对民众陪审员的收入进行估算的时候是以每年工作300天为基础的。这显然是一种夸张，但是它所暗示的当时的法庭十分繁忙这一点却是毫无疑问的，这一点可以为伪色诺芬的话所印证，他在讨论包括诉讼在内的公共事务的繁忙程度时说："即使现在法庭一年到头不停地审案，但是由于人口数量的庞大，它们也难以压制犯罪。"[188]

我们现今所掌握的材料并没有提及当时是否存在一套资格审查规则来审查民众陪审员是否真正符合担当这一职位的资格。在亚里士多德所处的时代，至少民众陪审员自己有责任确保他本人的确具有担任民众陪审员的资格。"如果任何不具有资格的人担任了民众陪审员一职，一旦有人告发，他就将面临审判；如果被控有罪，负责审判他的民众陪审团就会酌情给予其相应的惩罚或者罚款。"[189] 这一程序似乎是和风险自负的时代、而不是和公元前5世纪相适应的。因为在公元前5世纪民众陪审员是以抽签的方

---

〔187〕 Aristotle *Ath. Pol.* liii. 4. 军事服务的最后一年可以用充当仲裁员来代替。作为惯例，介于50岁至60岁之间的男人不被派到阿提卡地区以外服务。Cf. Gilbert, *op. cit.*, p. 316.

〔188〕 Aristophanes, *Wasps* 661 ff.; Pseudo - Xenophon, *Ath. Pol.* iii. 6.

〔189〕 Aristotle *Ath. Pol.* lviii. 3.

式从志愿者当中选择产生的。此时，有责任确保当选者具备担任民众陪审员资格的是官员们。年龄资格很容易得到证明，可以通过查阅名年执政官掌管的军事服务人员名单的方式解决。在选择公共仲裁员的时候，这一做法也得以遵循。[190] 年龄也是考量的事项之一。

在通常情况下，民众陪审员都被划分为不同的小组，分头审理案件。据载，只在一个案件当中，6,000 名民众陪审员曾作为一个整体来审理案件。[191] 因为当时的情况非比寻常，因而由此基本可以断定这 6,000 名民众陪审员绝少集体审理案件。每个小组通常包括 500 名民众陪审员。根据公元前 4 世纪的实践来判断，他们很可能是被划分为 10 个由 500 人（501）组成的小组和 1 个由另外的 1,000 人组成的预备小组。[192] 这些由来自各个部落和德莫的民众陪审员所组成的小组代表着当时的民意。不过，到底公元前 5 世纪总共有几所法院我们还不是很肯定。利普西斯[193]对这个问题没有进行深入探究。布叟尔特[194]似乎倾向于认为在公元前 5 世纪共有 10 所法院。我们现已知道除了陪审法庭，即司法执政官法院之外，公元前 5 世纪的材料还曾提到 5 所法院。他们是 *παράβυστον*，即十一人委员会法院（the court of the Eleven）；[195] *καινόν*；[196] *ᾠδεῖον*；*πρός τοῖς τειχίοις*和执政官法院（the court of the archon）。[197] 在此之外还应增加 3 个分别位于代尔菲尼姆、帕拉度姆和法莱图的次级凶杀法院，公元前 5 世纪中叶以后，民众陪审员取代爱菲塔委员会成员成为了这些法院的审判人员。[198] 这样，我们就一共获知了 6 所法院和 3 个次级凶杀法院。在当时，同一所法院的设施很可能为一个以上的审判组织所共同使用。

划分小组的工作每年进行一次，一旦划分完毕，便在一年的时间内保

---

〔190〕 Bruck, *op. cit.*, p. 297.

〔191〕 Andocides i. 17.

〔192〕 Lipsius, *op. cit.*, p. 136.

〔193〕 *Op. cit.*, p. 168.

〔194〕 Busolt – Swoboda, *Staatskunde*, p. 1154. Cf. Hommel, *op. cit.*, p. 111, n. 281.

〔195〕 Harpocration, *s. v. παράβυστον*. Antiphon *Frag.*, 42. Cf. Aristophanes *Wasps*, 108 – 9.

〔196〕 *τὸ καινόν* Aristophanes, *Wasps*, 120 – 21.

〔197〕 关于主持官员的信息，我们一无所知。Cf. Lipsius, *op. cit.*, p. 137, n. 11.

〔198〕 Cf. *infra*, p. 270.

持不变。[199] 在阿里斯托芬的《黄蜂》当中，费罗克莱恩（Philocleon）和那些组成合唱队的年老的民众陪审员就都是同年服务于同一所法庭的人。他们都是民众陪审员同事（fellow - dicasts），日复一日地出入同一所法庭。他们也曾明确地谈到前一天他们在法庭上所做的无罪宣判，费罗克莱恩和他们都是该案的民众陪审员。[200] 并且，在那一天他们也都被要求前往法庭去出席对赖锡斯（Laches）的审判，据说赖锡斯以侵吞公共财物的方式积累了巨额财富。[201]《黄蜂》中所描述的民众陪审员们的各种各样的活动并非完全一致，但是这并不妨碍它们在刑事案件和司法执政官法院方面所带给我们的启示价值。安提福恩的一个段落[202]也明确地表明同一个审判小组会日复一日地在同一个法庭审理案件。合唱团的指挥（choregus），也是安提福恩的当事人，因为合唱团内一个小男孩的死而受到审判时，曾对民众陪审团说控告他的人之一费罗克拉特（Philocrates）也曾在司法执政官法院出现并指控他应对其在训练中死去的弟弟负有责任。合唱团的指挥在当时和在第二天都在同一个民众陪审团面前作了答辩。整个诉讼程序非常不正式。费罗克拉特对合唱团指挥提出杀人指控的目的是为了使他被宣布为"被玷污的人"，从而阻止他第二天再次在这些民众陪审员面前出现，以防他有机会指控那些犯错的人。费罗克拉特也正是在这些犯有错误的人的诱导下才在司法执政官法院对合唱团指挥提出杀人指控的。

不管在公元前 5 世纪到底存在多少法庭，一般认为，当时的民众陪审员被划分为 10 个由 500 人组成的小组，另外的 1,000 人则类似于一个储备库，用来补足各个法庭因为死亡、疾病以及其他不可避免的原因所导致的缺员，当有重大案件发生的时候也可以用来组成一个由 1,000 名或者 1,500 名民众陪审员组成的较大的审判组织。有学者认为，实现这一目的的方式是划分给每个法庭 600 人。[203] 从表面上看来，这一分配毫无问题。但是，当我们深入考察和这一划分相伴随的工作机制时，就难免会产生怀疑。设

---

[199] Aristophanes *Wasps*, 400.

[200] Aristophanes *Wasps*, 281 - 84.

[201] *Ibid.*, 240.

[202] vi. 21 - 23. Cf. Lipsius, *op. cit.*, p. 138.

[203] Lipsius, *op. cit.*, pp. 136 ff.

想中的工作机制是这样的：每天，天尚未放亮，组成每个小组的600名民众陪审员，除缺席者外，便会向法庭赶去。当进入法庭的民众陪审员达到500名时，法庭的大门便会关闭，数以十计的迟到者，即使不是100名的话，便会被拒之门外。[204] 支持这一设想的唯一证据来自阿里斯托芬的《黄蜂》。在《黄蜂》里面，合唱团中的老民众陪审员们在天亮很久之前便会召唤费罗克莱恩，催促着急忙向法庭赶，争取“于天亮之前”到达，[205] 因为所有在法庭的开庭信号发出之后到达的人都将无法获得3个奥波尔（obol）的报酬。[206] 在对狗进行审判的那个案件当中，费罗克莱恩听到这样的宽慰时似乎特别高兴，“即使你睡到日上三竿，在此也不会有执政官将你拒之门外。”[207] 但是，要解释这些描述，也并不一定非要作这样的假设：合唱团是由600名民众陪审员组成的，由于法庭只需要500人，所以他们才互相竞争着赶向法庭。

合唱团的成员之所以急急忙忙地要在天亮前赶到法庭也可能是因为法庭，像城邦公民大会一样，每天都开庭很早，他们被要求必须提早到达。[208] 而上述描述的幽默之处就在于将这种情形进一步夸大，让其早得完全没有必要和过于荒谬。从巴德理塞仑与一名帮助看管老民众陪审员的奴隶的对话当中，可以很清楚地看到这一点。[209]

巴德理塞仑：他的同事将会从此经过，唤其同行。

奴　　隶：为什么这么早，先生？天还未亮呢！

巴德理塞仑：早?！天啊！我还在思量他们今天为什么这么晚呢！正常情况下子夜刚过他们便会擎着蜡烛来到这里。

合唱团中的每一个人都像费罗克莱恩一样，梦想着夜以继日地守候在法庭旁边，甚至梦想着死后也埋葬在那里。在房前担任守卫的一名奴隶对

[204] Teusch, *op. cit.*, pp. 62 – 63.

[205] *Wasps*, 245.

[206] *Ibid.*, 688 – 90.

[207] *Ibid.*, 774 – 75.

[208] *Ibid.*, 242 – 43.

[209] *Ibid.*, 214 ff.

此有精彩的描述：

> 我将告诉你老主人身患何病。
> 他热爱法庭，无人能比。
> 审案就是他的热爱……
> 夜晚他难以入眠，哪怕是一点点。
> 即使偶尔打个再小不过的盹，他的灵魂
> 也一定在睡梦中围着水钟打转。
> ……
> 晚饭尚未吃完，他便呼唤准备鞋子，
> 星夜赶到法庭，然后再睡，
> 像海底的吸附动物一样牢牢地粘在那个地方。[210]

如果院中的公鸡偶尔没有及时将他唤醒，他便会抱怨公鸡肯定是拿了被告的贿赂。[211] 他执着地恳求，在他试图逃跑的时候如果万一遇到不幸，也但愿被埋葬在法庭的栅栏之下。[212]

民众陪审员被要求按时到达法庭，如果“在法庭的开庭信号发出之后”再到达便无法得到报酬，但这并不意味着当时的制度是“先到先得”(first come first served)。[213] 相反，这段话蕴涵的含义是所有的人都可以进入法庭并领取报酬，只要他们能按时到达。审判狗的那个案件仿照的完全是正式的审判程序，在那里面，扮演传令官的巴德理塞仑宣布说：

> 还有任何审判人员在外面吗？让他进来。
> 但审判一旦开始，他将不会再被接纳。[214]

---

[210] *Ibid.*, 87 - 93, 103 - 5.
[211] *Ibid.*, 100 - 103.
[212] *Ibid.*, 385 - 86.
[213] *Ibid.*, 689 - 90.
[214] *Ibid.*, 891 - 92.

可见，门外的人之所以被拒绝进入，不是因为审判组织已经满员，而是因为审判程序已经开始。其实，巴德理塞仑在此真正想说的是，尽管民众陪审员们必须准时到达，否则将得不到报酬，但是为他们的主人克里昂辩护的律师，即使他选择晚到，也照样可以领取报酬。[215] 整个诉讼都被延迟，就是为了他的方便。而与此同时，民众陪审员们，像《阿卡耐人》中的迪卡奥波里斯一样，只能耐心地坐在那里等候。实际上，这也是他们所受奴役的一部分。

在此，还有另外一种情况值得注意。如果真的是600名民众陪审员竞争法庭中的500个座位的话，那么合唱团的成员们为什么还会等待同伴，为什么还会要求释放被关押的同伴以便可以一同前往，这难免让人觉得奇怪。如果他们真的是需要竞争法庭中的座位的话，或者他们真的是需要尽早赶到法庭前面去排队的话，那么，更有可能的是他们会静悄悄地单独前往。他们的歌唱也只会把住在沿途的那些民众陪审员唤醒，加入竞争的行列。并且，当民众陪审员们到达法庭附近的时候，也没有证据表明他们排成长龙、数以小时计地站在那里等待法庭开门。相反，我们发现那名老民众陪审员在悠闲的交谈，当被告们对其极尽吹捧以求赢得他的支持的时候，他还表现出极大的满足。[216] 无论是费罗克莱恩还是其他的民众陪审员们都没有表现出哪怕是丝毫的惊慌，唯恐别人在他们之前到达法庭，抢了他们的报酬。他们唯一关心的是，担心那天法庭可能不会开庭。[217] 费罗克莱恩想坐前排座位也并不奇怪，因为他唯恐自己错过审判的任何部分。他想来得最早，走得最迟。[218]

如果民众陪审员们真的必须在天亮很久之前便赶到法庭，在法庭开庭之前很久便不得不排起长龙以争取座位，我们实在无法想象巴德理塞仑会

---

〔215〕 *Ibid.*，686 ff.

〔216〕 *Ibid.*，551 ff. 据说，费罗克莱恩到法庭去睡觉，“像门钉一样牢牢钉在门柱上”。这并不是说他想排在队列的前面。这仅仅表明他对法庭充满狂热，以至于他想大半个晚上都睡在法庭的大门边（II. 104－5）。

〔217〕 *Ibid.*，302－5.

〔218〕 *Ibid.*，89－90，754－55.

没有注意到这种竞争座位的方法的不公平性。[219]想必，除了奴隶身份之外，他也不会有更好的证据来支持这种做法。在古代雅典，解决这一困难的最自然的方法就是抽签。但是，无论是在《黄蜂》中，还是在其他的地方，都没有证据表明抽签在这种情况下的存在。[220]

在当时，为了审判重要案件，有时还需要设立由1,000名或者更多民众陪审员组成的法庭，这一点使我们所研究的审判小组的划分问题进一步复杂化。通常认为，这些较大的法庭由两个或者三个审判小组构成。[221]如果当时的确存在10所法院，并且每所法院配有600名民众陪审员，那么，要组成这种大法庭就必须从分配给其他法院的民众陪审员中抽调人员。有学者已经注意到这种困难，并认为当时可能只存在5所法院，每所法院配有两组审判人员，轮流审案。[222]这样，就可以有5组审判人员可供随时抽调以组成重要案件所需要的大法庭。

那种认为每个审判小组都有100名储备人员的理论是建立在下列假设之上的，即每次开庭的时候都必须有足额的500名（501）民众陪审员到场参加审判。这并不是一个不合理的假设，但是这一假设也存在诸多困难。古雅典一直存在着这样的一条古老的法律，即当原被告双方获得的票数相等的时候，应当作出有利于被告的判决。[223]因为如果原告不能劝说多数民众陪审员支持他的请求，那么，就说明他没有充分的证据来证明他自己的请求，该请求也应被驳回。在公元前5世纪的雅典，该法律仍然有效。比如，安提福恩的一名当事人[224]就曾在陪审法庭的一次法庭辩论中将该规定

---

〔219〕赫默尔（Hommel, *op. cit.*, p. 114）是唯一的一个注意到这种制度的不公平性的人，那种认为那些没有获得座位的人只能责怪自己的观点绝不是什么充足的理由，因为，不管民众陪审员们到达法庭的时间有多早，总会有人（从1人到100人不等）迟到。

〔220〕特裕史（Teusch, *op. cit.*, p. 62）已经表明阿里斯托芬在《黄蜂》里描述的情形不允许使用抽签。

〔221〕Pollux viii. 123. Cf. Demosthenes xxiv. 9; Bruck, *op. cit.*, p. 405.

〔222〕Hommel, *op. cit.*, pp. 111 – 12.

〔223〕Aeschylus, *Eumenides*, 741; Euripides, *Electra*, 1268 – 69; Aristophanes, *Frogs*, 685.

〔224〕Antiphon v. 51. 该案是在十一人委员会的主持下在陪审法庭审理的（Blass, *Attische Beredsamkeit*, I, 176）。作为陪审法庭的实践行为，民众陪审员们肯定熟悉这一规则。

当作一个约定俗成的规则来援用。由此可见，在公元前 5 世纪的陪审法庭上一定存在原被告双方票数相等的可能。而这又进一步意味着当时的法庭在审理案件的时候可能并不必须要求足额的民众陪审员全体出席。众所周知，议事会的成员就经常缺席会议，而议事会有时也会行使司法职能。[225]所以，绝不可能有其他的解释。因为，没有任何 500 名年满 30 岁的人能够一年如一日地按时出席每次审判。由于疾病以及其他的原因，缺席是不可避免的。根据学者的估算，常年出席审判的人可能平均只有 400 名左右。[226]如果仅仅 400 名议事会成员就有权作出判决，那么，我们认为陪审法庭也可以无需 500 名民众陪审员全体出席就可以作出判决就是合理的。公元前 4 世纪，在提洛同盟和伊奥斯岛（Ios）的一名居民之间的诉讼中，所投出的票数就总共只有 499 票。[227] 而在公元前 4 世纪，如果法庭满员的话，应该有 501 名民众陪审员。利普西斯[228]认为在这一审判中之所以缺少两票是因为有两名民众陪审员因为这样或那样的原因没有投票。当由于民众陪审员的原因导致原被告双方所获得的票数相等的时候，那条古老的关于选票相等情况的法律便会适用。利普西斯认为上述审判中缺少的两票意味着当时的法庭在审理案件的时候并不需要全体民众陪审员一起出席，即使出席的人不满员，法庭也照样可以作出有效判决。到底缺少的两票是因为有两名民众陪审员没有出席，还是出席了却没有投票，从法律的角度看无足轻重。既然 400 名挂零的议事会成员时不时地可以代表五百人议事会作出决定，那么，499 名民众陪审员可以代表全体的 501 名民众陪审员作出有效判决，就不值得奇怪。当然，最好是全体民众陪审员都参加投票。并且，当时的人们也一直为此而努力。但是，这种努力是否一直能够成功却存在疑问，因为难免会有民众陪审员因为各种各样的原因想避免投票。传令官的经典台词“谁还没有投票？请站起来”，似乎就意味着有民众陪

---

〔225〕 Demosthenes xxii. 36.

〔226〕 Schoemann, *Griechische Alterthŭmer*, I, secs. 399 and 463. 并无史料提到议事会需要法定出席人数。

在 120 天中，芝加哥一所公立高中的教师的每日缺勤率平均为 2.3%。如因生病而缺勤，每天的惩罚是 2.5 美元。如因其他原因而缺勤，惩罚是扣掉所有缺勤时间的工资。

〔227〕 *CIA* ii, No. 778（825）B.

〔228〕 *Op. cit.*, p. 158.

审员想逃避投票。[229] 但是，另一方面，费罗克莱恩总是想最后一个投票的愿望表明他至少相信他可以知道其他的人是否已经全部投票完毕。[230] 但是还有另外一种可能性利普西斯没有注意到。那就是即使制度是百分之百完美的，足以保证每次庭审开始的时候都能有满员的民众陪审员出席，但是在庭审的过程当中也难以保证不会有民众陪审员因病而被迫退出审判。并且，一旦有民众陪审员因病退出审判，他所造成的空缺根本不可能被弥补，因为新补进的民众陪审员必然会错过已经进行的那部分质证。在现代的审判当中，12 名民众陪审员中一旦有人因病退出，现实中已经不乏这样的案例，审判便必须重新开始。但是，并没有证据表明古雅典也存在这样的做法。因而，我们不得假设在古雅典即使发生这种情况，审判也会继续进行，尽管民众陪审员已经不再满员。

能够支持审判的时候民众陪审员必须满员出席的证据之一就是从希腊语单词 **πληροῦν** 的用法中引申得到的。[231] 据说官员们 **πληροῦν τὰ δικαστήρια**，并且 **τὰ δικαστήρια ἐπληρώθη**。但是已有研究表明 **πληροῦν** 和满员出席的概念并无联系。[232] 比如阿里斯托芬的《公民大会妇女》中的措辞 **πληρουμένης τῆς ἐκκλησία** 就可以很好地说明这一点。[233] 其意思只是“当城邦公民大会正在聚集的时候”，并不一定意味着所有的成员都必须或者将要出席。即使我们承认 **πληροῦν** 在某些时候的确具有专业含义，意为“为法庭配备足额的人员”，而不是仅仅意为“召唤”或者“召集”，那么这一理解也只适用于公元前 4 世纪的民众陪审团。阿里斯托芬[234] 笔下的 **καθίζειν τὸ δικαστήριον** 只是意为“召集”或者“举行庭审”；**πληροῦν** 在这种情况下并没有出现。

公元前 4 世纪和公元前 5 世纪的这种差异是有原因的。因为，在后期，

---

〔229〕 Aristophanes *Wasps*, 751 – 55.

〔230〕 Cf. *infra*, p. 377. 在亚里士多德时代，民众陪审员如果没有投票，便不能领取报酬。

〔231〕 Lipsius, *op. cit.*, p. 159.

〔232〕 Bruck, *Philologus*, LII, 414. 利普西斯（Lipsius, *ibid.*）拒绝采纳布鲁克（Bruck）的结论。

〔233〕 Line 89.

〔234〕 *Wasps*, 305.

每逢开庭的日子，所有能参加审案的民众陪审员都必须聚集在一起。这样，要给每个法庭挑选和配备足额的人员来审理案件就变得十分容易。[235] 但是，在早期，情况就完全不同，因为在那时民众陪审员们都是每年一次被直接分配到某个具体的法庭。

在此值得注意的是，在讨论公元前 5 世纪的民众陪审员配额的时候，没有任何学者曾经关注次级凶杀法庭的情况，该法庭先是由 51 名爱菲塔委员会成员主持，后来则由民众陪审员取代。[236] 即使审判人员只有 51 人，恐怕也难以保证他们能够全年出席所有的审判。缺席在所难免。但是，似乎没有任何学者曾经讨论过如何弥补这类法庭所面临的暂时性的或者永久性的人员空缺。而确保次级凶杀法庭能有足额的审判人员无疑和确保陪审法庭能有足额的审判人员同样重要。爱菲塔委员会的人数是奇数的事实表明当时的人们不希望看到在该类法庭当中出现得票相等的情况。由于爱菲塔委员会是从亚略巴古议事会成员中选拔产生的，[237] 因而，填补这类空缺似乎并不是一件困难的事情，除非空缺是在审判过程当中出现的。

至此，对该理论（那种认为为了确保每次审判都能有足额的民众陪审员出席，所以每个审判小组都有 100 名储备人员的理论）的反对意见可以总结如下。首先，该理论所依据的阿里斯托芬的《黄蜂》中的那段文字，如果按此一理论进行解释，将丧失幽默感。实际上，对这段文字是可以作其他解释的，并且这种解释既具有幽默感又可以符合剧情。其次，希腊语单词 ***πληροῦ ν δικαστήριον*** 在公元前 5 世纪并无“为法庭配备足额人员”之意。即使在较晚的时代，那种认为 ***πληροῦ ν*** 并不仅仅意为“召集”民众陪审员的观点也不能令人完全信服。而且，我们也并不需要完全依赖这一证据，已有足够的证据表明一个不足额的法庭也完全可以像议事会那样作出有效判决。给每个法庭配备奇数的审判人员是为了避免得票相等的情况。但是，规定当得票相等时被告应被无罪释放的法律本身也已表明在陪审法庭上得票相等的可能性是真实存在着的。有学者认为，出现这种情况的原

[235] Cf. *infra*, p. 371. 陪审员由于疾病而不得不在一个案件结案前退出的可能性一直存在。

[236] Cf. *supra*, p. 234.

[237] Cf. *supra*, p. 99.

因是由于有1名或者几名民众陪审员在场但没有投票，但这并不是一个令人满意的解释，因为只要不足额的票数可以作出有效判决，那么，无论缺少的选票是因为有人缺席或者是因为有人在场但没有投票，已经无关紧要。最后，该理论所认为的每个审判小组都有100名储备人员的缺陷在于使得组成较大的审判组织（包括从1,000至2,000名民众陪审员）将无可避免地，至少是在部分上，破坏该理论所支持的审判人员的分配体制。该理论所支持的体制的唯一优点在于可以确保每次审判都能有足额的审判人员出席，而不受疾病、去世等偶然因素的影响。但是，如果法庭可以在审判人员不足额的情况下进行审判的话，那么，人员的缺席与否也就无关大局。在公元前4世纪，为每个法庭配备奇数的审判人员是当时的惯例，比如501、1001、1501等。但是并没有证据表明在公元前5世纪也存在这种惯例。那时，所提到的都是偶数。然而，我们可以假设那时也存在这样的惯例，只是为了方便，才使用偶数。能够支持这一理论的一个事实就是当时有51名爱菲塔委员会成员。不过，就整体来看，五百人议事会和爱菲塔委员会同样都可以作为当时小组划分的范本。在此，值得一提的是，由民众陪审员所组成的委员会，在某些情况下，[238] 会和议事会共同管理帝国城邦所进贡的物品。有石刻曾经记载过一个这样的委员会，其成员共有500人。同样，在推翻400人委员会的统治之后，一个由500名民众陪审员所组成的委员会也曾和议事会一起共同组成一个委员会，负责修订法律。[239] 在安多基德斯所引用的泰撒米奴斯（Teisamenus）法令中就包含着关于这一委员会的证据。[240] 上述数字肯定是准确的。即使在法庭演讲当中出现的数字也远比官方材料当中的数字更可靠。从严格的意义上来讲，这些委员会不同于法庭，但这并不能排除它所具有的参照意义，很少有可能这些委员会的成员是500人，而法庭是501人。不过，在公元前4世纪，情况则完全不同。那时，所有愿意为法庭服务的人都聚集起来，法庭的空缺会在当时当地得到弥补。因而，当法庭开庭审案的时候，要保证足额的审判人员并不是一件什么困难的事情。但在公元前5世纪要为每个案件都保证足额的

---

〔238〕 Robertson, *op. cit.*, p. 48.

〔239〕 *CIA* i. 266. Cf. Lipsius, *op. cit.*, p. 156.

〔240〕 i. 84.

审判人员就困难得多。以阿里斯托芬的《黄蜂》为根据所建立的分配理论，正如我们前面所描述的那样，是如此繁琐和不公平，以至于那些接受这种理论的人也禁不住会生出些许怀疑。[241]

如果每个审判小组的人数是500而不是501，如果法庭在不满员的情况下也可以审理案件，那么，公元前5世纪所面临的如何把6,000名民众陪审员分配到不同法庭去服务的问题将会变得相对简单。可以将民众陪审员们划分为12组，每组500人，每组到一个法庭去服务一年，并且也没有必要再考虑时不时会出现的空缺。要判定公元前5世纪到底有多少法庭已经不太可能。不过，似乎公元前5世纪面临的诉讼压力比公元前4世纪更大。阿里斯托芬曾经夸张地认为所有的民众陪审员每年都工作300天，如斯瑞西阿德斯在《云》(*Clouds*)[242] 中所说的那样，从他的这一夸张当中，人们似乎可以得到古雅典的法庭每天都在开庭的印象。海外诉讼在当时具有相当的重要性，从伪色诺芬[243]的记载中这一点可以看得很清楚，他认为雅典公民从到城市来进行诉讼的海外诉讼者身上获利巨大。另外一个关于当时诉讼压力巨大的证据就是，城邦公民大会举行会议和审理案件都在同一天进行。[244] 而到公元前4世纪，这一做法已经不再存在。[245] 这似乎表明公元前5世纪比公元前4世纪需要更多的法庭。到公元前4世纪，海外诉讼实际上已经停止了。

所有的官员和官方委员会，不论是行政性质的还是司法性质的，都有职责主持审理在其职能范围内的案件。因此，有权主持庭审的官员的数量远远超过审判小组的数量。[246] 所以，当时不可能给每个官员或者官方委员会都分配一个供其专用的审判小组。最实际也是最经济的解决这一问题的

---

〔241〕 赫默尔（Hommel, *op. cit.*, p. 112）对这一包含1,000和1,500人的陪审团的制度的可行性表示质疑，进而（p. 114）也对其不公平性多有指责。利普西斯对审判小组的规模，到底是500还是600不敢确定。

〔242〕 Lines 207–8. Cf. Lipsius, *op. cit.*, p. 168. Cf. *Wasps*, 661 ff.

〔243〕 *Ath. Pol.* ii. 16–17.

〔244〕 Aristophanes *Wasps*, 594–95. Cf. Bamberg, *Hermes*, XIII, 506 ff. Fronkel (*op. cit.*, p. 11, n. 3), followed by Van Leeuwen (note *ad. loc.*), 他认为此处指的只是特别的公民大会。

〔245〕 Demosthenes xxiv. 80.

〔246〕 利普西斯列出了16个有权主持审判的官员和委员会（*op. cit.*, pp. 53–120）。

方式就是将审判小组分配给那些审案任务最重的官员。对于那些只是偶尔或者只是在偶然情况下主持审理案件的官员，可以安排其在需要的情况下几人轮流共用一个审判小组。因为，他们的案件十分有限。这样，有些审判小组可能永远只在同一名官员的主持下审理案件，而其他的审判小组则可能是在两名或者多名官员的轮流主持下审理案件。在公元前5世纪的材料当中，曾经提到6所法院。他们是司法执政官法院、十一人委员会法院、执政官法院、信息官法院（court of the Introducers，εἰσαγωγεῖς）。此外，还有两所法院没有和具体的官员挂钩。一所是 τὸ καινόν，另外一所则被称为 πρὸς τοῖς τειχίοις。[247] 那些和官员挂钩的法院很可能是当时城市中最重要的法院。费罗克莱恩，这位因为民众陪审员服务而获得荣光的人，很自然地会着重提及那些他所认为的比较重要的法院。与此相类似的法院还有军事执政官法庭（Court of Polemarch）、王者执政官法庭（court of the king archon）、三十人委员会法庭（court of the Thirty），以及其他的任何负责审理大部分民事案件的委员会，就像在接下来的那个世纪里四十人法团所做的那样。如果我们假设有6个审判小组被分配给6位官员或者委员会专用，那么，另外的6个小组肯定就会被分配给其他的（包括次级凶杀法庭在内的）[248] 10个或者12个负有审理少量案件职责的委员会按需使用。此外，还可以从这6个富余小组当中征召人员以组成更大的民众陪审团，因为负责审理最重要的政治和刑事案件的司法执政官法院有时会需要这种比较大的民众陪审团。另外，陪审法庭在审理非法立法和弹劾案件时也需要这种大民众陪审团。一条古老的法律要求审理弹劾案件的民众陪审团必须由1,000人组成。[249] 而且，城邦公民大会在将案件交付审判的时候，还可以将这一数字进一步增大。比如，在伯罗奔尼撒战争的第二年，审理伯里克利弹劾案的法庭就是由1500人组成的。[250] 同样，在阿格拉图斯所抨击的将军和部落长（taxiarchs）案件中（发生于三十人委员会设置之前不久），

---

〔247〕 Cf. *supra*, p. 234.

〔248〕 Cf. *supra*, p. 242.

〔249〕 Pollux viii. 53. *Lex. Cantab.* 该法律肯定不是梭伦时期的，因为那时没有陪审法庭。Cf. Busolt - Swoboda, *op. cit.*, 1155.

〔250〕 Plutarch *Pericles* xxxii; cf. Lipsius, *op. cit.*, p. 182, n. 17.

也曾以法令的形式规定该案需由2,000人组成的法庭审理。[251] 此外，在公元前415年，γραφὴ παρανόμων 也曾受到一个6,000人法庭的审判。福罗克尔[252] 认为审理这一案件的实际上是公民大会的全体成员，但这一观点并没有获得学界认可。民众陪审员在数量上的巨大增加反映了神秘事件和赫尔墨雕像损毁事件给公民大会所带来的恐惧和骚动。在这些神秘事件的始作俑者被发现之后，为了在众多的请求者中决定赏金的归属，当时甚至还组织过一个由所有的提出该动议的民众陪审员组成的更大的法庭。当时，负责主持这一法庭的是司法执政官。[253] 类似的由所有参加过某一项运动的民众陪审员所组成的法庭也曾用来审理军事违法案件。[254]

如果有关于公元前5世纪诉讼的更详细记载的话，无疑我们会发现更多的由司法执政官法院审理的使用较大民众陪审团的案件。司法执政官法院一直在梭伦时期的陪审法庭所使用过的宽敞的建筑里审理案件，而它的名字也正是因此而得。似乎大民众陪审团在早期比在公元前4世纪更加普遍。从伪色诺芬关于雅典宪制的文章来看，[255] 设立更多但同时也更小的民众陪审团的建议在当时显然不受欢迎，因为“小民众陪审团很容易被欺骗和贿赂，从而更不利于作出公正的判决。”对古雅典的民主制度颇有研究的格罗特[256] 就曾强调过大民众陪审团在民主方面的价值，它不但能鼓励民主的追随者而且同时也可以震慑那些有权有势的民主反对派。对厄菲阿尔特的谋杀就表明这些民主的反对派是多么地愿意冒险和不择手段。

如果把12个审判小组在那些具有主持法庭审判功能的官员之间做一个划分将会更容易满足各个方面对民众陪审员的各种各样的需求。一些小组可以永久性地划分给那些主要履行，如果不是专门履行，司法职能的官员。对其余的审判小组，一些可以用来供那些偶尔行使司法职能的官员调用；另一些则可以用来组成大的审判组织，供司法执政官法院使用。这样的一

[251] Lysias xiii. 34.

[252] *Op. cit.*, p. 89.

[253] Andocides i, 28.

[254] Lipsius, *op. cit.*, p. 143; Busolt – Swoboda, *op. cit.*, pp. 1127 and 1157. 唯一的一个由所有目睹某一军事犯罪的士兵构成的法庭发生于公元前4世纪（Lysias xiv. 5）。

[255] iii. 7.

[256] *Op. cit.*, V, 237.

种分配，与那种给每个法庭分配600名民众陪审员（实际只需要500名）的制度相比，显然更经济和更具有弹性。

民众陪审员制度也具有十分重要的政治意义。据说，伯里克利就曾通过引进给予民众陪审员报酬的方式来增加他在人民中的政治影响力。根据阿里斯托芬的观点，克里昂也曾被民众陪审员视为主人、保护者和效忠的对象。[257] 如果诉讼案件在民众陪审员们之间分配不均匀的话，那么，他们在政治上的有用性将会大大降低。但是，由于巴德理塞仑在《黄蜂》当中并没有对这一点提出抱怨，我们大概可以推测当时并不存在案件分配不均匀的问题。相反，巴德理塞仑认为所有的民众陪审员一年到头都在忙于审理案件。阿里斯托芬所留给我们的这种印象也可以在伪色诺芬那里得到某种程度的证实。[258] 让海外案件到雅典来进行诉讼的优势之一就是"一年到头都能从法院获得报酬"。包括诉讼在内的公共事务在雅典之所以极其繁忙是因为雅典的节日和假期比任何其他的希腊城邦都要多。"他们所必须面对的各种公私诉讼以及职务审查，甚至比其余的整个世界加起来都要多。"[259] 让各个审判小组到那些案件较多的法庭去轮流当值将会更加有利于案件在民众陪审员中间的平均分配。在此，值得注意的是，那些能够证明审判小组被分配到具体法庭去服务的证据并不能排除这样的一种可能性，即在同一个案件繁忙的法庭很可能会有两个小组定期轮流当值。[260]

在公元前5世纪到底是如何通知民众陪审员关于庭审事项的，对此，我们只有很少的信息或者可以说是基本上没有信息。我们现今所掌握的唯一的一个官方通知，是《黄蜂》中所提到的 *σημεῖον*，它可能与召开城邦公民大会会议时所悬挂出的信号类似。[261] 当程序正式开始的时候，信号便会被取下。在信号被取下之后，任何人也都不再被允许进入。[262] 《黄蜂》

---

〔257〕 克里昂在《黄蜂》(*Wasps*，242) 中被描述为 *κηδεμών*。在《骑士》(*Knights*，255) 中，他号召陪审员向其提供帮助。Cf. Rogers, *Wasps*, pp. xvi ff.

〔258〕 *Ath. Pol.* i. 16.

〔259〕 *Ibid.*，iii. 2.

〔260〕 赫默尔 (Hommel, *op. cit.*, p. 111) 已经提出审判小组轮流当差的可能性。这类法庭，如司法执政官法院、十一人委员会以及三十寡头等肯定日复一日地承担着大量诉讼任务。

〔261〕 *Wasps*, 690. Cf. *Thesmophoriazousae*, 277 - 78.

〔262〕 *Wasps*, 892.

中民众陪审员显然知道当天要审理哪一案件。按照阿里斯托芬的字面意思来理解的话，一共有三件：赖锡斯、[263] 从斯阿塞前线来的一个无名的叛国者[264] 以及得拉克恩提德斯（Dracontides）[265]。在同一天之内，审理几个案件是非常普遍的事情。[266] 民众陪审员们对案件的了解说明他们一定有正式的途径来了解情况。他们可能是通过阅读布告牌来了解的情况，费罗克莱恩曾经如此高兴地徜徉其间。[267] 也可能是在每次庭审的时候都会宣读下一次庭审要审理的案件。很明显，任何对一个案件感兴趣的人都可以在庭审结束的时候亲临法庭，提醒大家在审判某个案件的时候务必到场。这似乎就是克里昂所颁布的命令的内容。[268]

---

〔263〕 *Ibid.*, 240.

〔264〕 *Ibid.*, 289.

〔265〕 *Ibid.*, 157.

〔266〕 Aristophanes *Clouds*, 779 – 80.

〔267〕 Aristophanes *Wasps*, 349. Cf. *ibid.*, 848. Photius, s. v. $\sigma\alpha\nu$ ί $\delta\alpha$. Scholast on Aristophanes's *Wasps*, 349.

〔268〕 *Wasps*, 242.

第八章　亚略巴古议事会和民主

第六次宪政变革，或者更准确地说第六次政治性变革，被亚里士多德称为“亚略巴古议事会的至高无上性”（supremacy of the Areopagus）。亚略巴古议事会的这种至高无上性得益于它在波斯战争中的出色表现为其赢得的巨大声誉，前后共持续了17年（从公元前479年－公元前462年）。在《政治学》中，亚里士多德将这一时期的政府称为 συντονωτέραν。〔1〕在《雅典宪制》〔2〕中，他说“亚略巴古议事会变得十分强大，控制了整个城市”。διῷκει τὴν πόλιν 这一十分模糊的描述是和他对较早时期的亚略巴古议事会的权力的描述相呼应的。但是，当人们试图进一步发现亚略巴古议事会到底拥有何种权力以及它是如何控制城市的时候，人们却只能发现一些概括的描述，如ἐπίσκοπος τῆς πολιτείας〔3〕和 φύλαξ τῶν νόμων〔4〕等。实际上，在波斯战争之后，宪法并没有经历真正的修改，就像 οὐδενὶ δόγματι λαβοῦσα τὴν ἡγεμονίαν 所表明的那样。因此，亚里士多德所有话语的含义也就仅在于说明民主的发展在当时遭到了阻碍，保守的思想和政策开始盛行。在实现了其直接目标之后，由克里斯提尼所发动的民主运动在当时丧失了冲劲，放慢了脚步，这也是自然的。与波斯之间的战争分散了人们的精力和注意力，这使得那些更加保守和谨慎的思想得以抬头。

由于并没有对宪法进行修改，因而，亚略巴古议事会所依赖的毫无疑问就是它在克里斯提尼的民主改革当中所残存下来的权力。值得注意的是，公民大会在弗里尼库和米尔泰德斯事件〔5〕当中所行使的司法职能并没有影响到亚略巴古议事会的司法权力。这一点可以从以下事实看得很清楚，即

---

〔1〕 *Pol.* 1304a. 20.

〔2〕 *Ath. Pol.* xxiii. 1.

〔3〕 *Ibid.*, viii. 4.

〔4〕 *Ibid.*, iv. 4. 关于早期的亚略巴古议事会，cf. *supra*, pp. 88ff.

〔5〕 Cf. *supra*, pp. 197ff.

反对亚略巴古议事会的危机就是由于亚略巴古议事会提议对地米斯托克勒斯以叛国罪进行审判导致的。亚略巴古议事会甚至还准备启动程序对那些试图推翻政府的人进行审判。[6] 但是，亚略巴古议事会在政治上的至高无上性并不仅仅依赖于它的司法权力或者其他的原始权力，这些权力在民主的浪潮中曾经一度停用，而且还依赖于它的成员，即亚略巴古议事会成员，在政治生活当中所扮演的重要角色，如地米斯托克勒斯和阿里斯提德等。厄菲阿尔特的行为可以很好地说明这一点，他所发动的反对亚略巴古议事会的运动采取的就是攻击单个的积极参与公共服务的亚略巴古议事会成员的形式。如果我们按照这种思路来理解亚略巴古议事会的至高无上性的话，那么，就没有理由怀疑亚里士多德将其列为雅典历史的一个独立阶段的必要性。

亚里士多德认为雅典宪制的第七次变革是由厄菲阿尔特发动的，他限制了亚略巴古议事会的权力：ἑβδόμη δὲ ἡμετὰ ταύτην, ἣν Ἀριστείδης μὲν ὑ πέδειξεν, Ἐφιάλτης δ' ἐπετέλεσεν καταλύσας τὴν Ἀρεοπαγῖτινβουλ-ήν。[7] 在较早的时候，他还曾说厄菲阿尔特的改革是在凯农（Conon）任执政官期间完成的，也就是公元前 462 年至公元前 461 年：

> καὶ πρῶτον μὲν ἀνεῖλεν πολλοὺ τς ν' Ἀρεοπαγιτῶν, ἀγῶνας ἐπιφέρωνπερὶ τῶν δι ῳκημένων ἔπειτα τῆς βουλ ῆς ἐπὶ Κόνωνος ἄρχοντος ἅπαντα περιείλετο τὰ ἐπίθετα δι' ὧ ν ἦν ἡ τῆς πολιτείας φυλακή, καὶ τὰ μὲν τοῖς πεντακοσίοις τὰ δὲ τῷ δήμῳ καὶ το ῖς δικαστηρίοις ἀπέδωκεν.[8]

他还进一步说地米斯托克勒斯，尽管是一名亚略巴古议事会成员，也参与了这一颠覆行动。在《政治学》当中，还有如下描述：καὶ τὴν μὲν ἐν 'Ἀρε ίῳ πάγ ῳ βουλὴν Ἐφιάλτηςἐκό λουσε καὶ Περικλῶς。[9]《雅典宪制》的

---

〔6〕 *Ath. Pol.* xxv. 3; cf. *supra*, p. 256.

〔7〕 *Ath. Pol.* xli. 2.

〔8〕 *Ibid.*, xxv. 2.

〔9〕 1274a. 7.

记述明确表明亚里士多德认为厄菲阿尔特和伯里克利的攻击行动是分别进行的，因为他认为由伯里克利对亚略巴古议事会的权力所进行的限制发生于公元前 451 年的公民资格法（citizenship law）通过之后：καὶ γά ρ τῶ ν'Αρεοπαγιτῶν ἔνια παρείλετο。[10] 但普鲁塔克认为这两人是一起行动的：διὸ καὶ μᾶλλονἰσχύσαςό Περικλῆςἐν τῷ δήμῳ κατεστασίασε τὴν βουλήν, ὥστε τὴνμὲν ἀφαιρεθῆναι τὰς πλείστας κρίσεις δι' Ἐφιάλτου。[11] 亚里士多德还曾进一步提到Ἐφιάλτου καὶ' Αρχεστράτου νόμους τοὺς περὶ τῶν' Αρεοπαγιτῶν。[12] 从所有的这些段落来判断，厄菲阿尔特显然被认为是发生于公元前 462 年的攻击行动的领袖，且不论他的同党都有谁。对阿里斯提德的记述表明他曾经发起一场民主运动，而他的这场运动又被厄菲阿尔特的政策进一步推进。毫无疑问，厄菲阿尔特肯定还有其他的影响非凡的民主支持者和助手同其一道奋斗。尽管伯里克利在公元前 452 年曾经发动过一场独立的攻击，但很可能他也参与了公元前 462 年的由厄菲阿尔特所发动的攻击。那时，伯里克利由于控告西蒙而刚刚声名鹊起（公元前 463 年）。作为一名民主领袖，厄菲阿尔特很自然地会将其招至麾下。很可能，在厄菲阿尔特死后不久，伯里克利便取代了他的位置，并倾尽全力继续推进厄菲阿尔特的改革。伯里克利所发动的最后一次攻击，大约在厄菲阿尔特所发动的攻击 10 年之后，正如我们将展示的那样，是他试图赢得民主派支持的计划的一部分。阿彻斯特拉图斯（Archestratus）显然是一名坚定的支持者，无论是对于厄菲阿尔特在公元前 462 年所发动的改革，还是对于伯里克利在公元前 452 年所发动的改革，并且他也以自己的名字提出了一些法律变革。[13]

唯一的一个悬而未决的问题在于亚里士多德的描述，他认为地米斯托

---

〔10〕 *Ath. Pol.* xxvii. 1.

〔11〕 *Pericles*, ix. 关于推翻亚略巴古议事会的其他论述，cf. *ibid.*, vii；Cimon x. xv；*Praec.* Ger. Reip., x. 15；xv. 18；Pausanians I. 29. 15.

〔12〕 *Ath. Pol.* xxxv. 2.

〔13〕 凯尼恩（Kenyon, *ad. loc.*）认为阿彻斯特拉图斯（Archestratus）是厄菲阿尔特的支持者，有些法律是以他的名字出现的。但是布叟尔特（Busolt, *Geschichte*, III, i, 270）则认为这些法律是由阿彻斯特拉图斯提出的，只是伯里克利借这些法律剥夺了亚略巴古议事会的权力。

克勒斯曾经参与过由厄菲阿尔特所发动的改革。由于亚里士多德和修昔底斯在年代记载上的冲突，许多学者都拒绝接受亚里士多德关于地米斯托克勒斯曾经参与厄菲阿尔特的改革的观点，因为根据普遍接受的年代记载，地米斯托克勒斯当时（公元前462年）不可能在雅典，远在数年之前他已经逃亡波斯。对亚里士多德的这段记载，这些学者要么视而不见，要么视其为亚里士多德的笔误。但也有另外一些学者热衷于接受亚里士多德的观点，并为此提出了各种各样有意思的解释。例如，有学者为这一时期提出了一个全新的年代表，但是，在实际中很少有人接受。另一个解释就是厄菲阿尔特的政敌在当时到处宣扬说他只不过是身在海外的地米斯托克勒斯的傀儡。此外，还有一种解释就是将亚略巴古议事会享有至高无上性的时间从17年缩短为7年。

乌尔俄（Ure）试图协调亚里士多德和修昔底斯之间的矛盾记载，他认为地米斯托克勒斯在被放逐之后和逃亡波斯之前曾经于公元前462年短暂返回雅典，帮助组织起了对亚略巴古议事会的攻击，然后又逃亡到了波斯。修昔底斯由于不熟悉这一情况，所以才在年代记载方面犯了错误。但是，乌尔俄的这一理论所面临的主要困难在于他没有注意到在初始阶段对亚略巴古议事会的成员的攻击，并且他也没有注意到组织攻击是一个长期的过程，远不是地米斯托克勒斯于公元前462年返回雅典几个月便可以解决的，而根据他的理论，地米斯托克勒斯返回雅典的时间最长也不过就是几个月。[14] 并且，从《雅典宪制》的第15章来看，厄菲阿尔特所领导的攻击并不仅仅只局限于公元前462年，而是在此之前就已经逐步展开。这也是 **καίπερ ὑποφερομένη κατὰ μικρόν** 唯一可能的解释。该章在后来还记载说，厄菲阿尔特的攻击最初针对的只是亚略巴古议事会的个体成员，此后，他才开始剥夺亚略巴古议事会的权力。对亚略巴古议事会的成员进行攻击，使他们逐渐受到人民的厌恶，这一过程肯定长达数年。当乌尔俄评论说“《雅典宪制》明确地表明攻击直到‘波斯战争之后大约17年’才开始”的时候，他显然没有把这些细节考虑在内。如此一来，可能的情况就是，地米斯托克勒斯在公元前471年被放逐之前曾经帮助厄菲阿尔特策划

〔14〕 Ure, “When Was Themistocles Last in Athens?” *Jour. of Hellenic Studies*, XLI, 165 ff. 关于这一主题的文献，cf. this article, p. 166, nn. 7 and 8.

过一些对亚略巴古议事会的成员的攻击，因而他和厄菲阿尔特同样是这一攻击行为的发起者。但是，对于其后的剥夺亚略巴古议事会的权力的立法行为，地米斯托克勒斯则没有参与。

在克里斯提尼改革过程中，议事会、公民大会和法院都被授予了审判某些案件的权力，而这些案件在此前是专属于亚略巴古议事会的。但同时，亚略巴古议事会对这些案件的管辖权力并没有被完全剥夺，尽管它的这一权力已经很少行使，形同废止。然而，在波斯战争之后，亚略巴古议事会取得了至高无上的地位，这一机构又在实际上重新控制了整个国家。它又重新开始行使大量的权力，既包括司法的也包括行政的。很可能，厄菲阿尔特所着重剥夺的即是这些重新获得的权力。厄菲阿尔特的主要工作也很可能就在于将这些在克里斯提尼宪法下既属于亚略巴古议事会也属于其他机构的权力明确地划归于公民大会、议事会或者某个法院。亚略巴古议事会所保留的权力只限于那些它从未同其他机构分享的权力。其他机构的权力在此以法律的形式得到了明确地界定和保障。以法律形式加以界定的事实表明权力的划分在当时可能涉及十分详尽的细节。[15]

由于厄菲阿尔特对亚略巴古议事会的攻击是从攻击其成员开始的，因而，我们就有必要首先了解当时的亚略巴古议事会的特征。在公元前 487 年，一种新的制度被引进，根据这种制度执政官需用抽签的方式从一个更大的由人民投票选出的群体当中选择产生。但是，直至公元前 457 年，执政官实际上只从社会的前两个阶级当中选举产生。[16] 因而，亚略巴古议事会在相当程度上也就仍然只是一个贵族机构。此外，这一贵族机构由于其在波斯战争后期的出色表现在人民当中赢得了巨大声望；在波斯战争结束之后，它的一些著名成员在政治生活当中也极为活跃，影响力巨大。例如，当时最为著名的阿里斯提德和地米斯托克勒斯就都是亚略巴古议事会的成员。对于任何它认为犯有有害于国家的行为的公共人物，它都有权力进行追究。但是，另一方面，那些怀有民主思想的著名人物对这一机构的贵族性质自然会深恶痛绝，也自然会寻找机会攻击这一机构的著名成员。亚里士多德所讲的关于厄菲阿尔特、地米斯托克勒斯和亚略巴古议事会的故事

---

〔15〕 Cf. Wilamowitz, *Aristoteles und Athen*, II, 186.

〔16〕 *Ath. Pol.* xxii. 5; xxvi. 2.

可以很好地说明当时存在的这种互相攻击，即贵族性质的亚略巴古议事会对社会名流的攻击，以及或多或少地怀有民主思想的社会名流对亚略巴古议事会成员的攻击。

> 在这场革命中，他（厄菲阿尔特）得到了地米斯托克勒斯的帮助，地米斯托克勒斯本身是亚略巴古议事会的成员，但是他又因为被指控与波斯有叛国交易而将受到亚略巴古议事会的审判。但同时，地米斯托克勒斯又担心这场革命会推翻亚略巴古议事会，所以他又警告厄菲阿尔特说亚略巴古议事会计划逮捕他，并在同时通知亚略巴古议事会的成员们说他将向他们揭发一些图谋推翻宪政的人。接着，他又引导亚略巴古议事会派出的代表前往厄菲阿尔特的住处，承诺他们在那里可以发现聚集在一起的反叛者，并以热烈的方式和他们进行交谈。厄菲阿尔特看到这一点极为震惊，不得不乔装打扮，避难于神坛。任何人对事情的进展都感到震惊，不久以后，当五百人议事会集会的时候，厄菲阿尔特和地米斯托克勒斯又都在集会上痛斥亚略巴古议事会。在公民大会上，他们也重复了同样的话，直至成功地剥夺了亚略巴古议事会的权力。[17]

毫无疑问，他们对那些有渎职行为的亚略巴古议事会成员进行了攻击。

在对亚略巴古议事会进行攻击的时候，厄菲阿尔特所遵循的正是亚略巴古议事会的成员们所奉行的战略。他的攻击针对的是亚略巴古议事会成员们在政治和公务领域的污点，[18] 目的是以损害其成员的名誉的方式来削弱整个亚略巴古议事会。不过，对亚略巴古议事会的最终推翻，对其权力的实质限制，是以人民决议的方式来实现的。[19] 厄菲阿尔特改革的成果包含在法律之中，这些法律将亚略巴古议事会原先可以分享的一些权力排他

〔17〕 *Ath. Pol.* xxv. 3, Kenyon's translation.

〔18〕 *Ibid.*, xxv. 2. Cf. Bonner, *Lawyers and Litigants*, p. 100；关于亚略巴古议事会成员的正式活动细节，cf. Wilamowitz, *op. cit.*, II, 93 f.；Busolt, Geschichte, III, 1, 262 f.

〔19〕 *Ath. Pol.* xxv. 4.

性地划分给了其他的一些机构。[20]

亚里士多德用来描述亚略巴古议事会被厄菲阿尔特所削夺的权力的措辞十分值得注意：τὰ ἐπίθετα δι' ὧν ἦν ἡ τῆς πολιτείας φυλακή。[21] 显然，厄菲阿尔特并没有打算将亚略巴古议事会的权力削夺殆尽，他只是试图剥夺亚略巴古议事会所享有的赖以监管宪政的那些特权。在相当程度上，这只涉及亚略巴古议事会的行政权力，当然也不可避免地会涉及亚略巴古议事会的那些和行政以及政治职能有关的司法权力。[22] 因而，厄菲阿尔特基本上不会干涉亚略巴古议事会作为凶杀法庭的职能。

根据德摩斯提尼，τοῦτο μόνον τὸ δικαστήριον οὐχὶ τύραννος, οὐκ ὀλιγαρχία, οἱ δημοκρατία τὰς φονικὰς δίκαια ἀφελέσθαι τετόλμηκεν。[23] 在一本无名作者写的传记中，有记载说修昔底斯曾经在亚略巴古议事会为皮里兰佩斯（Pyrilampes）所遭受的杀人指控辩护。当时的指控者是伯里克利。[24] 关于非洛克鲁斯的一个片段也曾记载说厄菲阿尔特只给亚略巴古议事会保留了审理凶杀案件的权力。[25] 除此之外的一个证据就是雅典人相信亚略巴古议事会审判凶杀案件的权力来自神的赐予。[26] 由凯勒墨尔（Caillemer）提出的另外一点就是，如果亚略巴古议事会在60年前的确已

---

〔20〕 Cf. Wilamowotz, *op. cit.*, II, 188.

〔21〕 *Ath. Pol.* xxv. 2. Cf. Busolt - Swoboda, *op. cit.*, pp. 894 ff.; Wilamowitz, *op. cit.*, II, 186 ff.

〔22〕 Cf. Calhoun, *Criminal Law*, p. 102："此时进行的司法改革，首先和最重要的就是对刑事法律和程序的改革，尤其是后来由司法执政官所适用的刑事法律。"

〔23〕 xxiii. 66. 关于雅典凶杀法律的古老和稳定，cf. Antiphon v. 14 and vi. 2.

〔24〕 *Life of Thucydides* (Didot edition of Thucydides), Part II, p. 10. sec. 19. 由于伯里克利在控告皮里兰佩斯（Pyrilampes）方面的辉煌功绩，伯里克利被选为将军并成为δῶμος的领袖。当然，该事件发生于什么时候难以界定，但是，可以大概断定它界于厄菲阿尔特改革和伯里克利的最后一次改革之间。

〔25〕 *FHG*, I, 407. Cf. Plutarch *Cimon*, xv; *Pericles*, vii; Pausanians i. 29. 15; Xenophon Mem. iii. 5. 20，苏格拉底描述亚略巴古议事会成员说他们基本上都可以合法、秉公断案。曼恩、舒曼（Meier - Schoemann, *Att. Process*, p. 143）认为亚略巴古议事会此时被剥夺了审理凶杀案件的权力，到三十寡头时期才又将这一权力重新归还给它。博艾可和奥·穆勒（O. Mŭller）对此表示赞同。格罗特（Grote, V, 368 n.）对这一观点进行了反驳，并且他的反驳得到了下列学者的赞同：Philippi, *Der Areopag und die Epheten*, p. 265; Caillemer, article on the Areopagus in Daremberg - Saglio, p. 401; Lipsius, op. cit., p. 34；以及其他一些学者。

〔26〕 Cf. Aeschylus *Eumenides*, 684 and Demosthenes xxiii. 66, quoted above.

经丧失了其全部的权力和特权的话，很难想象在公元前 5 世纪末期它还能重新崛起，占据如此重要的地位。它理应彻底消失才对。[27] 亚略巴古议事会对 γραφὴ πυρκαιᾶς 的管辖权是和它对凶杀案件的管辖权紧密联系在一起的，因为纵火也可能会夺去人的生命。因而，这一职能也未受厄菲阿尔特改革的影响。

亚略巴古议事会显然还具有一定的对亵渎神灵的案件的管辖权力。涉及神圣橄榄树的诉讼也一如既往地继续由亚略巴古议事会成员们负责审判。吕西亚的第七次演说讲的就是一个由亚略巴古议事会审理的案件。在他的演讲中，法庭被称为ὡ βουλή，亚略巴古议事会显然还为该案组成了一个特别委员会对案件进行了审前调查。特别委员会把案情报告给亚略巴古议事会，亚略巴古议事会随后进行了审判。[28] 演讲中说得十分明白，当时亚略巴古议事会的一个委员会每月都会视察橄榄树一次，此外，亚略巴古议事会每年还会派出一个特别委员会去视察一次。以此观之，亚略巴古议事会很可能会经常派出委员会来进行调查工作，并且这一做法已经奉行了很久。亚里士多德也曾记载亚略巴古议事会的这种工作方式，比如，当地米斯托克勒斯向亚略巴古议事会承诺会向他们揭发一些潜在的宪政破坏者的时候，亚略巴古议事会就是以这种方式进行工作的。亚略巴古议事会为此目的组成了一个委员会，跟随地米斯托克勒斯前往。[29] 这一点和爱菲塔委员会有类似之处。一般情况下，一名杀人者是不会被从他避难的神殿带走的。因此，亚略巴古议事会便会派出一个委员会到神殿去对杀人者进行审理。爱菲塔委员会的早期创建——发生于德拉古之前的某一时期——表明使用委员会的做法在很早的时期就已经为亚略巴古议事会所采纳。并且，在履行它对宪政的监管职能的时候，亚略巴古议事会很可能已经经常性地使用委员会。当有任何作奸犯科者被举报到亚略巴古议事会的时候，它都会立即组成委员会对此进行调查并提出报告。如果需要进行审判的话，则由整个亚略巴古议事会进行。除此以外，我们很难理解亚略巴古议事会是如何处理这类案件的。可以按此处理的问题包括风纪和教育监督（superintendence

---

〔27〕 Caillemer, *loc. cit*.

〔28〕 Lysias vii. 7, 25.

〔29〕 *Ath. Pol.* xxv. 3.

of morals and education）、渎神以及法律监护等问题。[30]

在亵渎神灵案件方面，厄菲阿尔特改革似乎并没有触动亚略巴古议事会的管辖权，在公元前4世纪归它审判的那些案件，在改革之后，还仍然归它审判，直至未来的某次变革对此作出改变。[31]

此外，亚略巴古议事会还毫无疑问地保留了对宗教事务和公共仪式的总体监管权。在据信是德摩斯提尼的一次演讲中，[32] 讲述了王者执政官西奥吉恩（Theogenes）的故事，他娶了一个不值得敬重的妻子，据传是斯提法奴斯（Stephanus）的女儿。西奥吉恩允许她向狄俄尼索斯（Dionysus）献祭，并允许她主持女神职人员的宣誓。在她的身份被揭穿之后，亚略巴古议事会在其职权范围内尽最大努力对西奥吉恩进行了惩罚。然而，演说者还进一步指出：*οὐ γὰρ αὐτοκράτορές εἰσιν, ὡς ἂν βούλωνται, 'Αθηναίων τινὰ κολάσαι*。这一故事表明亚略巴古议事会的确具有在总体上监管宗教仪式的权力，并可在一定限度内对违反者施以惩罚。除此之外，还有许多类似的故事。比如，根据普鲁塔克的记载，[33] 欧里庇得斯不愿意公开表达他对待神灵的态度，就是因为他害怕遭到亚略巴古议事会的制裁。再比如，西塞罗（Cicero）[34] 讲述过一个梦，其中揭露了一个人曾经偷盗过一个祭祀器皿，这一切为诗人索福克里斯所获知，他向亚略巴古议事会检举了这一案件，该罪犯立即遭到了逮捕。在调查过程中，该罪犯承认了犯罪行为，并且归还了失窃的器皿。

从以上论述可以清楚地看到，在涉及神圣橄榄树的事务上，亚略巴古议事会仍然具有绝对的权力，此外，它还享有对全部宗教事务进行总体监督的权力以及与此相应的一定的惩罚权力。但是，就总体而言，它原先享有的对亵渎神灵案件的管辖权力已经毫无疑问地被转移给陪审法庭了。吕西亚涉及亵渎神灵的其他的一些演讲是在陪审法庭发表的，[35] 安多基德斯

---

〔30〕 关于城市在不同的亚略巴古议事会成员小组之间的划分，cf. Isocrates *Areop.*, 46.

〔31〕 关于处理神圣橄榄油方法上的变化，cf. *Ath. Pol.* xl. 2, 3 and *infra*, p. 363.

〔32〕 lix. 79 ff.

〔33〕 *De plac. Philos.* vii. 2; Didot, *Plutarchi Scripta Moralia*, II., p. 1072.

〔34〕 *De divin.* 1. 25.

〔35〕 Lysias, v and vi.

的演讲《论密仪》(*On the Mysteries*) 也是在一个民众法庭发表的，尽管像所有涉及亵渎神灵的案件一样，这些案件是由王者执政官递交给法庭的。当然，我们没有确切的证据证明亚略巴古议事会这一管辖范围的变化是在厄菲阿尔特改革时发生的，我们只是觉得很有可能，亚略巴古议事会原本对亵渎神灵的案件是有专属管辖权的。[36]

除了其他的宗教职责之外，亚略巴古议事会与其他的机构和官员一道还有权监督*ἱερὰ ὀργάς*和其他的 *τεμένη*。

> *ἐπιμελεῖσθαι δὲ τῆς ἱερᾶς ὀργάδος καὶ τῶν ἄλλων ἱερῶν τεμενῶ ν τῶν' Αθηνησιν ἀπὸ τῆσδε τῆς ἡμέρας εἰς τὸ ν ἀεὶ χρόνον ο ὕς τε ὁ νόμος κελεύει περὶ ἑκάστου αὐτῶν καὶ τὴν βουλὴν τὴν ἐξ 'Αρείου πάγου καὶ τὸ νστρατηγὸ ν τὸ ν ἐ πὶ τὴ ν φυλακῆς τῆς χώ ρας κεχειροτονημένον καὶ τοὺς περιπολάρχουί καὶ τοὺς δημάρχους καὶ τή ν βουλὴν τὴν ἀεὶ βουλεύουσαν καὶ τῶν ἄλλων 'Αθηναίων τὺμ βουλόμενον τρόπῳ ὅτῳ ἂν ἐπίστωνται.*[37]

亚略巴古议事会曾经还有权监督教育和风纪道德。它的这一监督权力可以被一类特殊的案件很好地说明，即涉及游手好闲的案件。有证据表明德拉古曾经制定过一项关于游手好闲的法律，这项法律又为梭伦所继承，直至公元前 4 世纪也仍然还在适用。[38] 有证据表明所有的涉及游手好闲的案件起初的时候都由亚略巴古议事会负责审理。[39] 然而，到演说家(orator) 时代，这类案件已经不再归亚略巴古议事会管辖，而是由陪审法庭审理，[40] 因为它们已经被列为由执政官负责的案件。[41] 无疑，这类案

〔36〕 菲力比 (Philippi, *op. cit.*, pp. 267 f.) 认为厄菲阿尔特的改革并没有涉及与宗教有关的案件。利普西斯 (Lipsius, *op. cit.*, p. 366) 认为涉及神圣橄榄油的案件是唯一的仍然由亚略巴古议事会负责审判的渎神案件。

〔37〕 *Bulletin de correspondance hellénique*, XIII, 434, II. 15ff.; cf. IG, II, Supplement 104a; Dittenberger, *Sylloge*, II, 789; De Sanctis, *Storia della Repubblica Ateniese*, p. 423, n. 3.

〔38〕 *Lex. Cant. s. v. ἀργίας δίκη*, quoting Lysias; Diog. Laert. i. 55, quoting Lysias.

〔39〕 Plutarch *Solon*, xxii; cf. Athenaeus, 168 A.

〔40〕 *Lex. Seguer.* In Bekker, *Anec.* I. 310. 3.

〔41〕 Cf. Lipsius, *op. cit.*, p. 354.

件可以典型地说明亚略巴古议事会在监督道德风纪方面的权力变化。当然，像其他种类的案件一样，亚略巴古议事会仍然具有将这类案件提交当局的权力（实际上任何公民都具有这种权力），但是它显然已经不再具有自行审判的权力。这类案件已经归由执政官处理。在行为方式方面，亚略巴古议事会很可能像伊索克拉底所描述的那样，[42] 按照城市的分区被划分为不同的小组，不同的小组负责不同的区域，每个小组都在自己的区域内负责监察公民的生活情况，并报告那些行为不端的人。在伪柏拉图（Pseudo - Platonic）的《阿克赛欧库斯》（*Axiochus*）中，[43] 有一段有趣的记载，根据这段记载，亚略巴古议事会的一个委员会和*σωφρονισταί*一起享有一定的对爱菲塔委员会的控制权力。不过，它们之间的关系到底如何，这段文字并没有给出说明，而且这段文字本身也令人困惑。吉拉尔德（Girard）[44] 认为爱菲塔委员会的建立最晚不晚于公元前5世纪初期，在厄菲阿尔特改革的时候，亚略巴古议事会丧失了对爱菲塔委员会的监管权力，但是，在三十寡头之后，它又重新获得了一种模糊的权力。因而，《阿克赛欧库斯》的作者很可能是混淆了亚略巴古议事会在前期和在后期在这方面所享有的权力。

在早期，也就是在梭伦及其之前的时期，亚略巴古议事会的职能是在总体上监督法律和宪政的实施：*τὴν δὲ τῶν ᾿Αρεοπαγιτῶν ἔταξεν ἐπὶ τὸ νομοφμλακεῖν, ὥσπερ ὑπῆρχεν καὶ πρστερου ἐπίσκοπος οὖσα τῆς πολιτείας*。[45] 但是，这一条款十分模糊，到底亚略巴古议事会的权力有多广泛并不清楚。根据它后来的活动，最好的解释似乎是此处所描述的亚略巴古议事会的权力仅仅只限于监督行政官员并确保他们职权的行使完全符合法律。如此一来，也就意味着亚略巴古议事会有权随时中止官员们所作出的不合法的决定。在所谓的德拉古宪法唯一一个可以认为是真实的部分中，对这一点讲得十分清楚：*ἡ δὲ βουλὴ ἡ ἐξ ᾿Αρείον πάγου φύλαξ ἦν τῶν νόμων, καὶ διετήρει τὰς ἀρχάς, ὅπως κατὰ τοὺς νόμους ἄρχωσιν. ἐξῆν δὲ τῷ ἀ*

〔42〕 *Areop.*, 46.

〔43〕 367 A.

〔44〕 Daremberg - Saglio, article "Ephebi," pp. 621 f.

〔45〕 *Ath. Pol.* viii. 4.

δικουμένῳ πρὸς τὴν τῶν 'Αρεοπαγιτῶν βουλὴν εἰσαγγέλλειν, ἀποφαίνοντι παρ' ὃν ἀδικεῖται νόμον。[46] 亚略巴古议事会的这一监督官员的功能，显然被厄菲阿尔特剥夺了。根据非洛克鲁斯的观点，[47] 厄菲阿尔特在限制亚略巴古议事会的同时，设立了一个新的称为*νομοφύακες*的包括7名成员的委员会。但是，非洛克鲁斯的这一段记载受到广泛的怀疑，反对的理由各种各样，主要的理由就是直至厄菲阿尔特改革多年之后这个委员会也未在其他的记载中出现，并且在雅典也找不到和“7”这个数字相对应的机构或制度。[48] 根据这一观点，非洛克鲁斯的确是在谈论一个名为*νομοφύακες*的委员会，但该委员会建立于公元前4世纪末，因而，他搞错了该委员会的成立时间。而且，从总体上看，词典编纂者们对此所作的描述也只不过是在复制公元前4世纪的那个委员会的特点。[49] 根据哈朴克莱钦的观点，非洛克鲁斯归于亚略巴古议事会的职能之一就是确保官员们能够秉公执法。现在我们已经知道，三十寡头通过泰撒米奴斯法令把这一权力重新归还给了亚略巴古议事会：*ἐπιμελείσθω ἡ βουλὴ ἡ ἐξ 'Αρειουπάγου τῶν νόμων, ὅπως ἂν αἱ ἀρχαὶ τοῖς κειμένοις νόμοις χρῶνται*。[50] 它的这一权力很可能是在厄菲阿尔特时期被剥夺的。非洛克鲁斯认为*νομοφύακες*设立于厄菲阿尔特改革时期，用来接管一直由亚略巴古议事会行使的监督官员的职能，他在这一点上很可能是正确的。但，另一方面，他也很可能只是在假设在厄菲阿尔特和三十寡头把权力归还给亚略巴古议事会之间存在着与公元前4世纪的*νομοφύακες*相类似的情形。但真相到底如何，已经很难判明。

凯奥，在编辑和解释一个据信包含伯里克利时代历史信息的斯特拉斯堡古本手卷（Strassburg papyrus）时，以关于*νομοφύακες*的一个通告为基础争辩说该七人委员会肯定是在厄菲阿尔特时期被设立的，在三十寡头时

〔46〕 *Ibid.*, iv. 4; cf. *supra*, p. 95.

〔47〕 Mǔller, *FHG*, I, 407. Cf. Lipsius, *op. cit.*, pp. 35 – 36.

〔48〕 Cf. Gilbert, *Greek Constitutional Antiquities*, p. 155; 菲力比（Philippi, *op. cit.*, pp. 185 ff.）认为该机构和厄菲阿尔特改革相关，但是较不重要。与此主题有关的文献，cf. Busolt – Swoboda, *op. cit.*, p. 895, n. 1.

〔49〕 Cf. Mǔller, *op. cit.*; Suidas, *s. v.*; Pollux viii. 94; Harpocration, *s. v.*; Photius, *s. v.*

〔50〕 Andocides i. 84.

期被解散的。[51] 但是，这一古本手卷对解决这一问题并无任何价值，因为它并不像凯奥所想象的那样包含着伯里克利时代的历史信息，相反，它只不过是附在一部德摩斯提尼传记前面的一个内容列表。凯奥的解释有许多部分已经被证明是错误的，因而，这份文件的可信度很低。[52]

非法立法（illegal legislation）以 *γραφὴ παρανόμων* 的方式进行处理，这一做法毫无疑问建立于厄菲阿尔特时期。[53] *γραφὴ παρανόμων* 案件从公元前5世纪开始就已经存在，但是关于它的动因和程序，我们知之甚少。但是，它是一个如此令人恐惧的程序，以至于四百人委员会采取的首要措施之一就是终止它的适用，再连同其他措施，以保护他们自己可以随心所欲地引进他们想创立的法律：*ἔπειτα τὰς τῶν παρανόμων γραφὰς καὶ τὰς εἰσαγγελίας καὶ τὰς προσκλήσεις ἀνεῖλον*。[54] 如果 *γραφὴ παρανόμων* 一旦被民主派掌握，用作反对寡头政治的武器，他们将很难运用法律来推行自己的计划。因此，最保险的方式就是废除所有的可以被民主派用来攻击他们的程序。从修昔底斯对这一时期的描述当中，我们可以清楚地看到这一点：

> *καὶ ἐσήνεγκαν οἱ ξυγγραφῆς ἄλλο μὲν οὐδέν, αὐτὸ δὲ τοῦτο, ἐξεῖναι μὲν Ἀθηναίων ἀνατεὶ εἰπεῖν γνώμην ἣν ἄν τις βούληται· ἢν δέ τις τὸν εἰπόντα ἢ γράψηται παρανόμων ἢ ἄλλῳ τῳ τρόπῳ βλάψῃ, μεγάλας ζημίας ἐπέθεσαν.*[55]

---

〔51〕 *Anonymus Argentinensis*, pp. 170 ff. ; cf. Lipsius, *op. cit.* , p. 35 and Vinogradoff, *Outlines of Historical Jurisprudence*, Vol. II, pp. 136 ff.

〔52〕 Cf. Cary, *Documentary Sources of Greek History*, p. 4. 德・桑克蒂斯（De Sanctis, *op. cit.* , p. 439）认为 *νομοφύλακες* 不是由厄菲阿尔特引进的，只是属于公元前4世纪。

〔53〕 Cf. Busolt – Swoboda, op. cit. , p. 896; Schulthess, *Das attische Volksgericht*, p. 22; Fronkel, *Die attischen Geschworenengerichte*, p. 66; Schreiner, *De corporeiuris atheniensium*, p. 18; Lipsius, *op. cit.* , p. 36; Botsford, *The Athenian Constitution*, p. 222; *CAH*, V, 100; Wyse in Whibley, *Companion to Greek Studies*, p. 357; Wilamowitz, *op. cit.* , II, 193, 认为 *γραφὴ παρανόμων* 是由梭伦创立的。Cf. Loedgberg, *Animadversiones de actione παρανόμων* (Upsala, 1898), pp. 63 f.

〔54〕 *Ath. Pol.* xxix. 4.

〔55〕 viii. 67.

在四百人委员会之前的民主制度下，*γραφὴ παρανόμων* 演变成了一个非常重要的程序，这一事实说明，尽管不是绝对肯定，这一程序的设立应当是在此前的宪政改革的末期，即厄菲阿尔特改革时期。如果厄菲阿尔特的确剥夺了亚略巴古议事会监督官员的权力并将其交给了人民，那么，他肯定会设计某种程序，让人民来行使他们监督法律的权力。不管公元前5世纪是否存在前述七人委员会，都不影响这一点。

现在已知的最早的 *γραφὴ παρανόμων* 案例发生于公元前415年，即在赫尔墨雕像毁损和神秘亵渎事件之后。斯珀西波斯（Speusippus）在议事会中建议将被指控参与神秘亵渎事件的一些人交予法院审判，其中就包括安多基德斯的父亲里奥格拉斯。里奥格拉斯转而通过 *γραφὴ παρανόμων* 控告斯珀西波斯，由6,000名民众陪审员组成的法庭审理了这一案件。斯珀西波斯获得的票数连200票都不到。[56] 支持斯珀西波斯的选票如此之少说明民众陪审团肯定认为他的建议严重违法，但基于何种动因，我们不得而知。

公元前406年，在阿吉纽西（Arginusae）战争之后，参与战役的8名将军因被指控没有挽救沉船上的士兵而遭到罢免，并被召回雅典。有6名回到了雅典，在议事会的建议之下，他们被交予公民大会审判。在公民大会进行的第一次审判无果而终，因为有人提议说天黑会影响举手投票。同时，议事会被要求准备一份关于如何审判将军们的决议并将其提交大会。在凯利谢奴斯的提议下，一个 *προβούλευμα* 动议获得通过并被交付大会，其大意为，以公民大会在前次会议中已经获得的信息为基础，所有的雅典人都应以部落为单位进行投票，决定将军们是否有罪。

Ἐπειδὴ τῶν τε κατηγορούντων κατὰ τῶν στρατηγῶν καὶ ἐκείνων ἀπολογουμένων ἐν τῇ προτέρᾳ ἐκκλησίᾳ ἀκηκόασι, διαψηφίσασθαι 'Αθηναίους ἅπαντας κατὰ φυλάς. θεῖναι δὲ εἰς τὴς φυλὴν ἑκάστην δύο ὑδρίας· ἐφ' ἑκάστῃ δὲ τῇ φυλῇ κήρυκα κηρύττειν, ὅτῳ δοκοῦσι ἀδικεῖν οἱ στρατηγοὶ οὐκ ἀνελόμενοι τοὺς νικήσαντας ἐ

[56] Andocides i. 17.

ντῇ ναυμαχίς, εἰς τὴν προτέραν ψηφίσασθαι, ὅτῳ δὲ μή, εἰς τὴν ὑστέραν.

该 προβούλευμα 动议还列举了将军们被定有罪时所应遭受的严厉惩罚：ἂν δὲ δόξωσιν ἀδικεῖν, θανάτῳ ζημιῶσαι καὶ τοῖς ἕνδεκα παραδοῦναι καὶ τὰ χρήματα δημοσιεῦσαι, τὸ δ' ἐπιδέκατον τῆς θεοῦ εἶναι. 公民大会中各式各样的成员们立即对这一动议提出了挑战，并提议对这一动议的提出者凯利谢奴斯以 γραφὴ παρανόμων 罪进行审判。[57] 色诺芬并没有说明当时的大会成员为何会提出这一挑战，但是，有许多原因是不言自明的。首先，人们要求议事会决定的是如何对将军们进行审判。但是，议事会没有做到这一点，而只是提出了一个决议，让人们仅仅根据前次集会所获得的信息进行投票，决定将军们的罪过与否。而前次集会并非真正意义上的审判，充其量只是一次审前调查。将军们也没有得到足够的时间来为自己准备辩护。此外，根据议事会的决议，公民大会被要求立即举行投票，就所有将军们的前途进行公决。而根据雅典法律，每个人都有权接受单独审判。有趣的是，指控凯利谢奴斯引进非法动议的公民大会成员各式各样，很明显这意味着指控他的人遍布整个公民大会，并且这些人一读到议事会的决议便立即跳起来对其进行指责。这肯定是对当时事实的最合理解释，据说，在当时有好几个人都提出了对凯利谢奴斯的控告。然而，公民大会并没有让这些指责阻碍动议的执行，因为吕西克列斯（Lysicles）提议说将那些提出控告的人也包括在议事会的决议之中，这迫使人们撤回了对凯利谢奴斯的控告。但是在其他的一些案件当中肯定发生过动议因为控告被阻止的情况。

在三十寡头发动的民主放逐期间，演说家吕西亚对民主事业十分积极。在三十寡头被驱逐（公元前 403 年）和民主回归之后不久，有人在公民大会中提议授予吕西亚以公民资格。五百人议事会在那时还尚未重新建立，因此，也就不存在与这一动议有关的 προβούλευμα。以此为理由，有人对这一动议的发起者提出了 γραφὴ παρανόμων。[58] 缺少 προβούλευμα 始终都

〔57〕 Hellenica i. 7. 9 ff.

〔58〕 （Plut.）X Oratorum Vitae 835 F.

是提出 *γραφὴ παρανόμων* 的理由。这个故事从头至尾都是怀疑的对象。然而，杰伯（Jebb）[59] 认为鉴于传记作者曾明确地引证吕西亚与此相关的一次演讲，因此，它的真实性不容怀疑。

有学者认为，亚略巴古议事会对建筑物的监管权力得以保留，这很可能是正确的。[60] 然而，绝不应将此理解为亚略巴古议事会有权审理违反建筑物管理法规的案件，至少在厄菲阿尔特之后应是如此。这类案件将交予法庭或者人民进行审判。例如，在伪色诺芬的《雅典政制》（*Constitution of Athens*）中，作者在列举由法庭负责审判的案件的种类时写到：*δεῖ δὲ καὶ τάδε διαδικάζειν εἴ τις τὴν ναῦ ν μὴ ἐπισκευάζει ἢ κατοικοδμομεῖ τι δημόσιον.*[61] 正如卡林卡（Kalinka）在他的版本中针对这一段所作的评论那样，*διαδικάζειν* 在此似乎只应被理解为将案件交付法庭，而不应被理解为它在先前时期所具有的专业含义。作者在此所描绘的是城市中公共事务的拥堵以及寻求解决纠纷的困难。很可能亚略巴古议事会在起初的时候，与其对建筑物的总体监管权力相适应，的确具有自行审理违反建筑物管理法规的案件的权力，但是，在厄菲阿尔特改革之后，它只保留了总体的监管权力，审理该类案件的权力则转移给了法庭。从伊斯金尼斯（Aeschines）的演讲中的一段话来看，似乎至少在公元前 4 世纪，情况的确如此，在该段演讲中，根据提马库斯（Timarchus）引进的一项关于普尼克斯公民大会会场房屋的决议，亚略巴古议事会不得不在公民大会上向人民说明情况。[62] 至于这项决议的具体内容到底是什么，已经无法断定，但是它所针对的显然是主要由政府进行的对普尼克斯公民大会会场建筑的翻新。就像在监督人民的道德风纪方面一样，亚略巴古议事会在建筑物监管领域也丧失了审判相应案件的权力，而只保留了一种总体上的监督权力。

在梭伦时代，亚略巴古议事会和对行政官员的监督和审计也存在一定程度的联系。[63] 学者们普遍相信，直至厄菲阿尔特改革，亚略巴古议事会

---

〔59〕 Attic Orators, I, 149.

〔60〕 Cf. Philippi, *op. cit.*, p. 268.

〔61〕 iii. 4.

〔62〕 Aeschines *Tim.*, 80 ff.

〔63〕 Cf. *supra*, p. 164.

仍然还在行使这两项权力。[64] 由于这是两项非常重要的权力，厄菲阿尔特很自然地会对此进行剥夺。对执政官的监督权被交给了议事会，[65] 而对其他官员和审计者自身[66] 的监督权力则被交给了法院。因而，三十审计官委员会（the Board of Thirty Logistae）的设立很可能也在这一时期，早在公元前 454 年该机构已经十分活跃。[67] 该委员会的成员在公元前 4 世纪缩减为 10 人，它和由 501 名民众陪审员组成的民众陪审团一起活动。[68]

和监督官员相联系，亚略巴古议事会，这一负有在总体上监督人们行为的机构，在较早的时期很可能还具有监督审查男孩子们的职能。在亚里士多德写作《雅典宪制》的时代，在各个德莫对男孩子们进行初步登记之后负责履行这项职能的是五百人议事会。[69] 亚里士多德的描述似乎和阿里斯托芬在《黄蜂》中所呈现的年长民众陪审员们在参与对男孩子们的审查时的高兴情景相矛盾：

παίδων τοίνυν δοκιμαζομένων αἰδοῖα πάρεστι θεᾶσθαι.[70]

已经有许多学者试图调和这两段互相矛盾的描述。在上面所引用的段落中，亚里士多德曾说如果德莫的审查者因为一个男孩不是自由民出身而拒绝他，那么，他有权将此上诉于民众法庭。有学者认为阿里斯托芬所谈的正是这种上诉。[71] 桑迪也认为，尽管亚里士多德没有明确提到，但是当

---

〔64〕 Cf. Lipsius, *op. cit.*, p. 37; Wilamowitz, *op. cit.*, II, 188 ff.; Schulthess, *op. cit.*, p. 22.

〔65〕 Cf. Busolt – Swoboda, *op. cit.*, p. 1045.

〔66〕 Cf. *ibid.*, p. 895.

〔67〕 Cf. Gilbert, *op. cit.*, p. 225，及其所引用的石刻证据；cf. Busolt – Swoboda, *op. cit.*, p. 1077 and § 128.

〔68〕 Cf. Aristotle *Ath. Pol.* liv. 1, 2; Gilbert, *op. cit.* 当时也存在一个由 10 人组成的议事会委员会，称做 *λογισταί*。这个委员会负责对官员进行月度审查，因而，与负责对官员进行年度审计的审计官委员会（the board of logistae）不同。Cf. Busolt – Swoboda, *op. cit.*, p. 1032.

〔69〕 *Ath. Pol.* xlii. 1. Cf. the scholiast on *Wasps*, 578.

〔70〕 Line 578. Cf. 斯塔尔克（Starkie）对这一行的注释。

〔71〕 Cf. Sandys on Aristotle, *ad. loc.*

一个男孩因为未在适当年龄而遭到拒绝的时候，他也可以上诉。[72] 利普西斯[73] 则认为阿里斯托芬所提到的是对孤儿进行的青春期审查，这一审查发生于他们在德莫进行登记之前。

在早期的时候，没有证据表明亚略巴古议事会的成员自身也必须经受审计。但是，在后来，有证据表明他们必须经受。[74] 不过，到底多长时间发生一次，我们就难以断定了。也就是说，他们是在刚进入亚略巴古议事会的时候就必须通过审计呢？还是此后的每一年他们都必须接受审计？还是他们作为一个组织必须整体通过审计？这些问题都已经难以断定了。

与这些问题相关的是，有学者认为[75] 亚略巴古议事会在梭伦时代所享有的终审权力也遭到了剥夺，对它的决定也可以提出上诉。度吉特（Dugit）甚至认为从此之后连亚略巴古议事会对凶杀案件的判决也可以提出上诉，但是基于宗教原因以及当时社会的保守特点，这基本上不可能。

在西蒙从放逐中返回之后（公元前457年），他曾试图废除厄菲阿尔特的改革，恢复亚略巴古议事会的权力，但是没有成功。[76] 相反，在公元前451年-450年，伯里克利，为了讨好人民，进一步剥夺了亚略巴古议事会的权力。[77] 除了对凶杀案件的管辖权之外，在厄菲阿尔特改革之后，亚略巴古议事会的权力实际上已经所剩无几。因而，当人们试图研究伯里克利对亚略巴古议事会的改革时，人们很自然地就会把他们和亚略巴古议事会剩余的审理凶杀案件的权力联系在一起。尽管厄菲阿尔特对亚略巴古议事会的权力在各个领域都进行了限制，但是对亚略巴古议事会审理凶杀案件的权力却基本上是完封未动。后来，当伯里克利推行改革时，[78] 他唯一能做的改变恐怕就是用民众陪审员来取代在爱菲塔委员会法庭坐堂审案的亚略巴古议事会委员会，同富有的西蒙进行竞争时，为了取得人民的欢心，伯里克利建立了向民众陪审员支付报酬的制度，这也是他对亚略巴古

〔72〕 Cf. Zielinski, *Philologus*, LX, 11.

〔73〕 *Op. cit.*, p. 284.

〔74〕 Lipsius, *op. cit.*, p. 288.

〔75〕 Dugit, *Etude sur l'Areopage athénien*, p. 147.

〔76〕 Plutarch *Cimon*, xv.

〔77〕 Aristotle *Ath. Pol.* xxvii. 1.

〔78〕 Aristotle, *ibid*,; cf. Plutarch *Pericles*, ix.

议事会的审理权限进行改革的充分动机。因为要想增加国家支付给民众陪审员的报酬，一个很自然的方式就是扩大民众陪审员的审理权限。[79] 亚里士多德在记述这段时期的历史的时候，并没有提到审判权限由 3 个凶杀法庭向陪审法庭的转移，不过，这是很容易理解的。3 个凶杀法庭的法官，即爱菲塔委员会成员，就是亚略巴古议事会的成员。因而，这一审理权限的转移很自然地会被包括在亚略巴古议事会权力的稀释过程中。从梭伦时代，雅典宪政前进的大方向就是将越来越多的权力交给陪审法庭。而用民众陪审员来取代爱菲塔委员会成员就是这一前进过程中自然和非常重要的一步。

然而，更加流行的观点认为：在爱菲塔委员会主持的法庭，爱菲塔委员会成员在此时并没有为民众陪审员所取代，直到德拉古的法律在公元前 409 年 – 408 年被修改之后不久才取代。现在我们已经可以肯定在伊索克拉底于公元前 402 年或者公元前 399 年发表反对卡利马科斯的演说的时候，这一取代已经发生。因为，在这一演说中曾提到 500 名民众陪审员在帕拉度姆坐堂审案。[80] 在德摩斯提尼于公元前 4 世纪中叶左右发表的一次演讲中也曾提到有 500 名民众陪审员在帕拉度姆审理案件。[81] 吕西亚的第一次演讲，肯定发表于推翻三十寡头之后，是在代尔菲尼姆发表的，根据这次演讲判断，那里的法庭肯定是由民众陪审员组成的。[82] 首先，法庭的成员被称为ὦ 'Αθηναῖοι，这意味着组成法庭的肯定不是亚略巴古议事会的部分人员，而是一个可以代表民众的民众陪审团。其次，演讲者演讲的内容也表明他面对的是一个庞大的、可以代表雅典人民的群体。例如，他告诉听众说他们的选票是这个城市中最重要的力量：πάντων τῶν ἐν τῇ

---

〔79〕 劳陈斯坦（Rauchenstein, *Philologus*, X, 603）说此时伯里克利将爱菲塔委员会的权力仅仅限制为判定一个案件是有预谋的还是无预谋的凶杀。Cf. Lipsius, *op. cit.*, p. 26, n. 83; cf. Wyse, in Whilbley, *op. cit.*, p. 391: “这一古老的机构（爱菲塔委员会）在发展了的民主制度下是否还仍然存在都是问题。”

〔80〕 xviii. 52. 54. 布拉斯（Blass）认为该演讲的发表时间为公元前 399 年，而杰伯认为是公元前 402 年。关于民众陪审员的人数，cf. Lipsius, *op. cit.*, p. 158, n. 76.

〔81〕 lix 10.

〔82〕 关于具体时间，cf. Thalheim, *Lysias*, p. xxxvi。Sandys, Aristotle’ s *Constitution of Athens*, p. 230.

πόλει κυριωτάτη。[83]不过，尽管在帕拉度姆和代尔菲尼姆审理案件的已经不再是爱菲塔委员会，而是民众陪审团，但是，有证据表明用爱菲塔委员会成员（ephetae）来称呼在这些法庭审案的民众陪审员的做法却继续得以保留。比如，德摩斯提尼，在公元前352年发表的一次演讲中，就仍然称呼这些新的民众陪审员为爱菲塔委员会成员。[84]再比如，亚里士多德在讨论他所处的时代的雅典凶杀法庭的时候，也将在帕拉度姆、代尔菲尼姆和法莱图审案的民众陪审员称为爱菲塔委员会成员。[85]此外，以德摩斯提尼和亚里士多德为信息来源的词典编纂者们也一直使用爱菲塔委员会这个词语。[86] 仅仅因为民众陪审员的挑选方式发生了变化，便改变他们的称呼实在是没有多大必要。

这些记载无可争辩地表明，到公元前4世纪初爱菲塔委员会成员已经为民众陪审员所取代。现代的大多数学者都认为这一取代不可能发生在这一日期之前很久，因为他们认为，如果在对德拉古法律进行修订的时候，民众陪审员已经取代了爱菲塔委员会的话，那么，爱菲塔委员会这一用法就不可能再在德拉古凶杀法律的修改版本中出现（公元前409年－公元前408年）。[87] 然而，鉴于我们上面所引证的事实，即已经有无可争辩的证据证明在德摩斯提尼和亚里士多德时代民众陪审员已经取代爱菲塔委员会，但是爱菲塔委员会这个称呼却继续在官方文件中得以沿用，那么，这一论据就显得没有什么意义。[88]在主要根据德摩斯提尼的演讲中所提到的法律

---

〔83〕 i. 36. Cf. 30, 34.

〔84〕 xxiii. 38. 关于名字的保留，cf. Keil, *Die Solonische Verfassung*, p. 107。宗教保守主义就足以说明为何原先的名字得以保留。Cf. Suidas 和 Photius, *s. v.* εφέται。

〔85〕 *Ath. Pol.* lvii. 4. 在此，希腊语单词 εφέται 是恢复得到的，但是它似乎是唯一正确的答案，因为哈朴克莱钦是从亚里士多德那里获得爱菲塔委员会的相关信息的，并且这是唯一的可能出现该词的一段话。在他最近的版本中，凯尼恩（Kenyon）也将其复原为 εφέται。最近的图依布纳（Teubner）版本则没有对此进行恢复。

〔86〕 Cf. Harpocration, Photius, Suidas, *s. v.*, Pollux viii. 125, Scholiast on Aeschines ii. 87.

〔87〕 Lipsius, *op. cit.*, p. 40; Keil, "Griechische Staatsaltertůmer," in Gercke – Norden, *Einleitung in die Altertumswissenschaft*, III, 350; Lécrivain, article "Ephetai" in Daremberg – Saglio; Miller, *op. cit.*; Philippi, *op. cit.*, pp. 318 ff.

〔88〕 有趣的是，坚持这一论点的学者同时承认爱菲塔委员会这个名字直至公元前4世纪仍在使用（Cf. Miller, *op. cit.*）。

加以修复的石刻当中，曾经4次提到爱菲塔委员会。石刻的开始有这样一项关于审理无预谋凶杀案件程序的条款：*καὶ ἀμ[μ'] ἐκ [π]ρονο[ία]ς[κ]τ[ένει τίς τινα, φεύγεν, δ]ικάζεν δὲ τὸς βασιλέας αἰτ[ι]ô[ν] φό[νο] ἒ [ἐάν τις αἰτιᾶται hὸς βου]λεύσαντα, τὸς δ[ὲ] εφέτας διαγν[ôναι*。[89] 后来，*τοὺς εφέτας διαγνῶναι* 这一表述在法典中又多次出现，一次是在一个关于如何处理杀死遵守流亡规定的流亡者的人的段落当中，另一次是在一个关于正当杀人的条款当中。[90] 在法典的其他部分，在一个关于当受害人没有亲属时如何对被放逐的杀人者给予宽恕的条款中，有如下句子：*ἀν δὲ τοὑ τον μεδ' hêς ἐι, κτένει δὲ ἄκο[ν], γ[ν]ôσ[ι δ]ὲ h[οι πεν]τ[έκοντα καὶ hες hοι ἐφέται ἄκοντα κτêναι, ἐσέσθ[ο]ν δέ[κα hοι φράτερες ἐὰν ἐθέλοσιν. τοὑ τος δ]ὲ [hο]ι πεντέκο[ν]τ[α καὶ] hες ἀρ[ι]σ[τίνδεν hαιρέσθον*。[91] 值得注意的是，在这部法典当中，只有这个案件明确给出了爱菲塔委员会成员的数量。此处所明确提到的爱菲塔委员会成员的数量，即51名，肯定别有深意。[92] 提到爱菲塔委员会成员数量的这个段落处理的并不是实际的对凶杀案件的审判，而是审判之后的活动。一名杀人凶手，在经受了一段时间的放逐之后，很可能会得到被害人亲属的宽恕。当被害人没有亲属的时候，他也仍然可以获得宽恕。如果由51名爱菲塔委员会成员组成的审判组织，在对原先的判决进行复查之后，进一步肯定原先的判决，认为原先的杀人行为的确属于无预谋的凶杀，那么，由这一组织挑选的10名胞族成员可以决定是否允许正在流亡中的杀人者返回故土。不过，这一石刻并没有提到凶杀审判所需要的爱菲塔委员会成员的数量。要解释以上情况是十分容易的。以上所描述的情况为我们提供了一个典型的关于雅典国家机构发展趋向的例子，那就是雅典的国家机构具有很强的历史惯性，它们总是能够以或多或少的修正方式一代一代地流传下来。原始的爱菲塔委员会法庭由从亚略巴古议事会选出的51名成员组成，类似于亚略巴古议事会的委

〔89〕 Lines 11 ff. 关于对法典的各个条款的解释，cf. *supra*, pp. 110 ff.

〔90〕 Lines 26 ff. ; 33 ff.

〔91〕 Lines 16 ff.

〔92〕 Cf. Hicks and Hill, *Greek Historical Inscriptions*, No. 78, 1. 14 and *supra*, p. 112.

员会。[93] 在于公元前409－408年对德拉古的法律进行修改之前的某个时期，爱菲塔委员会被民众陪审员所取代。只在凶杀案件的一个特殊阶段，即对处在放逐中的杀人凶手给予宽恕的问题上，一个由51名爱菲塔委员会成员组成的机构仍然得以延续。[94] 从这一点上看，公元前409－408年的雅典人的确是对德拉古法典进行了实质性的改革，在大批的民众陪审员接管凶杀法院之后，没有盲目地追随德拉古时代由51名爱菲塔委员会成员组成法庭的传统。

这种关于德拉古法律修订时的爱菲塔委员会法庭构成的观点和其他出现过爱菲塔委员会的段落是一致的。在公元前405年伊哥斯波塔米战役之后通过的赦免法，被许多人视为是和德拉古法典同等重要的证据，它们都可以证明民众陪审员是在较晚的时代才被引入爱菲塔委员会法庭的。[95] 但是，此处的 τῶν ἐφετῶν 同样可以只被视为是一种残存。它很可能只不过是一种指代帕拉度姆、代尔菲尼姆和法莱图法庭的简捷方式，尽管这些法庭已经为民众陪审员所接管。

安提福恩的演讲可以确认对爱菲塔委员会法庭的改造发生于公元前409年－公元前408年之前。题为《克莱特斯》（*Choreutes*）的演讲毫无疑问是在帕拉度姆发表的。[96] 在演讲中，出现了两种不同的称呼民众陪审团的方式：ὦ ἄνδρες δικασταί[97] 和ὦ ἄνδρες。[98] 像ὦ ἄνδρες δικασταί这样的称呼方式基本不可能用来称呼民众陪审员之外的审判人员。[99] 但是，关于第一场演讲到底是在亚略巴古议事会发表的，还是在帕拉度姆发表的，却

〔93〕 *Supra*, pp. 99 ff.

〔94〕 爱菲塔委员会在该案中的功能主要是宗教性质的。在这一特殊案件之中，爱菲塔委员会仍然是从亚略巴古议事会中选拔人员组成的，对这一观点，无学者持反对态度。

〔95〕 Andocides 1. 78. 关于此处给出的原文，cf. *supra*, p. 105. 利普西斯（Lipsius, *op. cit.*, p. 40）用该法律来证明变革是在欧几里得斯执政期间发生的。

〔96〕 Lipsius, *op. cit.*, p. 918, n. 66; Blass, *Attische Beredsamkeit*, I, 195. 布拉斯（Blass, *ibid.*, I, 187－88）认为“继母”案件也是在帕拉度姆审判的，但是利普西斯（Lipsius, *op. cit.*, p. 126）认为是在亚略巴古议事会审判的。

〔97〕 vi. 1.

〔98〕 vi. 7, 16, 20, etc.

〔99〕 Cf. Blass, *op. cit.*, p. 195, 他认为对克莱特斯的审判是在帕拉度姆由民众陪审员进行的。

存在疑惑。[100] 尽管，称呼民众陪审团的方式ὦ ἄνδρες和ὦ δικασταί，用在任何法庭都无问题。但是，诸如 τοῦ τουγε ἕνεκα καὶ δικασταί ἐγένεσθε καὶ ἐκλήθητε[101] 之类的词语描绘的绝不是亚略巴古议事会成员，亚略巴古议事会成员之所以成为法官不是因为选举或者选择，而是自动当选的，因为他们都是前执政官，有着良好的官方记录。相反，这类词语十分适合描述这样的审判组织：虽然它的成员是从民众陪审员中产生的，但是在官方用语中他们仍然保留了爱非塔委员会成员的称呼。这些发表于公元前 411 年之前的演说是现今发现的最早的能够证明民众陪审员在爱非塔委员会法庭审理案件的证据。将民众陪审员分配至陪审法庭审理案件这件事肯定发生于这些演讲之前的某些宪政改革中。将它和对亚略巴古议事会的改革，尤其是和伯里克利所实行的决定性措施联系在一起是再自然不过的事情。[102]

不过，尽管亚略巴古议事会由于厄菲阿尔特和伯里克利的改革丧失了许多权力，但是亚略巴古议事会却从未丧失它的非凡声誉，也似乎从未变成一个无足轻重的机构。这一点可以为后来的无数事实所证明，在后来，亚略巴古议事会又曾经无数次地突然显示出它的巨大力量。在不止一种情况下，人们重新对其委以重任或者将其作为咨询机构。这样的例子包括：

在伊哥斯波塔米灾难所导致的慌乱中，亚略巴古议事会就曾被允许参与谋划国家的安全问题：πραττούσης μὲν τῆς ἐν Ἀρείῳ πάγῳ βουλῆς σωτηρια。[103] 这很容易使人想起亚略巴古议事会在波斯战争结束之后不久所取得的显赫地位；当然它对社会的影响和权力已经远不如那时广泛，在那时，如果我们所依赖的权威可靠的话，[104] 它实际上已经成为整个社会的独裁者。据信，亚略巴古议事会在伊哥斯波塔米灾难之后所获得的权力与它在

---

〔100〕 关于正反双方的论据，Cf. Lipsius, *op. cit.*, p. 124, n. 10; p. 126, n. 16; Blass, *op. cit.*, I, 187f.; Gernet, *Antiphon* (Budé edition), introduction to the first oration.

〔101〕 Antiphon i. 23.

〔102〕 格耐特（Gernet, review of Gertrude Smith, "The Dicasts in the Ephetic Courts," *Class, Phil.*, XIX, 353 ff., in *Rev. des études grecques*, XXXIX, 464）声称那种认为用民众陪审员来取代爱非塔委员会的做法发生于伯里克利时期的理论有吸引力，但是不能令人完全信服。

〔103〕 Lysias xii. 69. Cf. Frohberger, *ad loc.*

〔104〕 Aristotle *Ath. Pol.* xxiii. 1. Cf. *supra*, p. 251.

喀罗尼亚战争之后所承担的职责大体相当。[105] 但是，在这一时期它到底具有哪些权力，今天已经很难判明。在当时，它和其他力量一道反对塞拉门尼斯对权力的无限要求，[106] 因而，它在当时主要关心的可能也是如何保持已有的民主制度，以防公元前 411 年所发生的那一幕重演。亚略巴古议事会当时可能是以特别委员会的形式来承担这项职权的。在混乱动荡和面临灾难的时候，人们自然会寻求亚略巴古议事会的帮助，因为它不但一直享有美好的声誉，而且过去的历史也证明它十分有效，值得信任。并且，当时的亚略巴古议事会肯定已经在很大程度上丧失了它往日的贵族化特征，因而，人们也就不再对此感到恐惧。相反，人们很可能还认为它是一个支持民主和主持正义的机构。由于它的这些特征，亚略巴古议事会很可能在许多时候都曾被委以特定的任务，在某些特定时刻，很可能还具有相当大的权力，尽管在厄菲阿尔特和伯里克利改革之中，它的日常职能遭到了相当程度的限制。[107]

在三十寡头牢牢地掌握权力之后，他们所采取的首要措施之一就是废除厄菲阿尔特关于亚略巴古议事会的法律。这实际上就等于为亚略巴古议事会恢复其曾经享有但又被厄菲阿尔特剥夺掉了的那些特权。这也和三十寡头所采取的按照古代宪法进行统治的政策相一致。[108] 当然，三十寡头的目的很明显是通过消灭极端民主所导致的某些弊端的方式来取悦人民。三十寡头对民众法庭深恶痛绝。因而，他们很自然地会让亚略巴古议事会恢复审理某些最重要的案件的权力，如 *δοκιμασία*，*ε ἔθυνα*，*γραφὴ παρανόμων* 等等。[109] 此外，亚略巴古议事会成员在当时很可能还恢复了以法官的身份在次级凶杀法庭坐堂审案的权利，尽管我们很难断定在恐怖统治开始之后，亚略巴古议事会是否还能真正开展工作。不过，最可能的情况是，它并没有被停止运行。[110]

---

〔105〕 Cf. *infra*, p. 365.

〔106〕 Lysias xii. 69. Cf. Philippi, *op. cit.* p. 184.

〔107〕 这一时期的赦免法（Andocides i. 78），实际是对梭伦时期的法律的重复。Cf. *supra*, pp. 104 ff.

〔108〕 Aristotle, *op. cit.*, xxxv. 2（cf. Sandys, *ad loc.*）.

〔109〕 Cf. *infra*, p. 331.

〔110〕 关于三十寡头时期的亚略巴古议事会的地位，cf. *infra*, pp. 328 ff.

在三十寡头之后重新恢复的民主制度下，亚略巴古议事会又被泰撒米奴斯法令授予了监督法律的职权：*ἐπιμελείσθω ἡ βουλὴ ἡ ἐξ Ἀρείου πάγου τῶν νόμων, ὅπως ἂν αἱ ἀρχαὶ τοῖς κειμένοις νόμοις χρῶνται*。[111] 但凯勒墨尔认为，这一职权似乎不可能被授予给一个实质上的贵族机构。这一贵族实质，再加上在公元前4世纪的历史材料中并没有任何地方曾提到这一授权，使得凯勒墨尔对泰撒米奴斯法令的真实性提出严重怀疑。[112] 然而，他的反对意见并非天衣无缝、无懈可击。在公元前5世纪末期，亚略巴古议事会显然又取得了相当的权力，因而，如果它监督宪政的古老特权在某种程度上得以恢复根本就不足为怪。有趣的是，鉴于亚略巴古议事会的可信和正直在历史上曾一再得到人们的承认，因而，无论是寡头政治，还是劫后余生的民主政治都曾或多或少地倚重这一机构。[113]

〔111〕 Andocides i. 84.

〔112〕 *Op. cit.*, p. 402; cf. Thalheim in Pauly – Wissowa, II. 631.

〔113〕 关于亚略巴古议事会在公元前4世纪的声望和活动，cf. *infra*, pp. 362 ff.

第九章　行政官员的司法职能

自陪审法庭被改造成为主要的法庭之后，行政官员的司法权力便遭到严重压缩。和现今纯粹的行政官员相同，他们保留了对那些以不服从或者反抗的方式阻碍其执行行政或者司法职能的人处以小额罚款的权力。曾有资料提到宗教官员（hieropoioi）和立法会议主席（proedroi of the boulé）所享有的罚款权力的上限是50个德拉克马。[1]一般而言，其他官员所享有的罚款权力的上限不会比这低。此外，德莫行政官所作的罚款决定还必须得到法庭判决的确认。[2]这一情况以及吕西亚的一名当事人所说的话使得许多学者相信所有官员的罚款决定都必须得到法庭判决的确认。但是，已有证据明确表明执政官所作的罚款决定只有在超过其法定上限的情况下才需要法庭的确认。[3]至于那些被处以限额以内罚款的人是否也享有上诉的权利，则一直存在争议。与此相关的主要事件是吕西亚为一名士兵波利艾努斯（Polyaenus）[4]所做的辩护演说。他因为诽谤而被将军处以罚款。由于某种原因，他没有缴纳罚款，因而，导致了诉讼。被告的主要辩解理由就是财务官推迟了对罚款的征收。如果说存在什么过错的话，那么，也是财务官的过错。[5]但是，被告的论据却主要依赖于导致罚款的原因本身。梭伦的法律禁止人们在公共办事处诋毁官员。然而，波利艾努斯的评论并不是在公共办事处发表的，而是在一个储蓄场所发表的，只是有人将此报告将军们之后，将军们才对其处以罚款，而且并未费力去收取罚款；同时，

---

〔1〕 Lipsius, *Das Attische Recht*, p. 54, n. 3; Thalheim in Pauly – Wissowa, *s. v.* ἐπιβολή.

〔2〕 *CIA*, ii. 573b.

〔3〕 Demosthenes xliii. 75.

〔4〕 ix.

〔5〕 *Ibid.*, 7. 财政官员无权豁免罚款是毫无疑问的。他们这样做是必须承担风险的。

也没有采取措施去获取法庭的确认。[6]

在这一案件当中，波利艾努斯没有提出上诉。这一点是毫无疑问的。[7]但是，他曾明确地暗示将军们有义务将案件交给法庭。[8] 而且，他并没有主张将军们的罚款超过了其法定权限，从而需要得到陪审法庭的确认。有学者认为当被处罚者拒绝缴纳罚款时，行政官员们必须将案件交给法庭处理。[9]从实际效果来看，这是一种上诉，尽管提起上诉的是行政官员自己。这一建议已经获得普遍认同，并且在阿里斯托芬的一个段落当中还可以发现更多的证据：

> **巴德理塞仑：** 很好，如果这些真是能够令你高兴的事情，你为什么还需要去那里（法庭）？为什么不就留在家里，当着家人的面坐地宣判呢？
>
> **费罗克莱恩：** 愚蠢！宣判什么？
>
> **巴德理塞仑：** 和你在那所做的一样。假设你正好撞见你的女仆偷偷打开房门：你可以因此对其罚款1个德拉克马。这和你每次坐在那里所做的事情一模一样。[10]

在此，以费罗克莱恩为代表的民众陪审员们正投票决定对一名女佣的罚款问题。此处的希腊语单词ἐπιβολή是在专业层面上使用的，泛指行政官员所做的罚款。某个具有权威的人对女佣作出了小额罚款的决定。她对此提出了上诉，要求法庭的确认。鉴于单词ἐπιβολή的原因，观众们在此理应

---

〔6〕 *Ibid.*, 6. *Ibid.*, 11.

〔7〕 Siegfried, *De multa quae ἐπιβολή dictitur*, p. 50; Pabst, *De oratione Lysiaca "Pro milite,"* p. 14.

〔8〕 Compare passages quoted in note 1 above.

〔9〕 Lipsius, *op. cit.*, pp. 53–54. 齐格弗里德（Siegfried, *op. cit.*, p. 51）认为当时不存在上诉。泰尔汉姆（Thalheim, op. cit.）不赞同流行观点，而倾向于赞同他的观点，但是理由不同。Lysias（vi. 21）中的ἐξ ἐπιβολῆς εἰσαχθεὶς εἰς τὸ δικαστήριον可能说的是行政官员在自己的职权范围内收取罚款的行为。齐格弗里德（Siegfried, *op. cit.*, p. 53）则认为它说的是超出行政官员罚款上限的罚款。这一点，是值得争论的。

〔10〕 *Wasps*, 764 ff. Roger's translation.

大笑。为什么笑呢？齐格弗里德（*Siegfried*）[11] 认为观众们之所以会笑是因为对如此小额的罚款根本不能提出上诉。但是这一解释和剧本原文难以协调，原文中表达的意思是：他每天在法庭所做的和对女佣处以小额罚款没有什么实质不同。

> 这和你每次坐在那里所做的事情一模一样。[12]

实际上，对行政官员罚款的上诉只占当时法庭案件的一小部分。而且，如果按这种解释进行理解，那么，这一幽默将过于复杂，即使是当时的雅典民众也难以领会。注释者们提出了一个更加简单的解释。在此，ἐπιβολή 一词意为由法庭施加的"罚款"。[13] 斯塔尔克（*Starkie*）在解释为何选用这一词语时说，这一词语很可能带有色情暗示。[14] 这的确是阿里斯托芬的风格。显而易见，每当有女性出现或者提到女性的时候，双关的表达方法是经常被使用的。

然而，即使当时不存在对行政官员的罚款决定可以提出上诉的规定，那些感觉因行政官员罚款遭受冤屈的人仍然可以寻求法庭的救济，在那里，他可以唤起人们对行政官员武断行为的注意，从而最终将案件交由陪审法庭审理。如果胜诉，罚款便可以得到豁免。很明显，正是为了避免遭受这类攻击，在吕西亚的第 9 场演讲中的将军们才没有对那名士兵强行征收罚款，尽管他们已经将这一罚款提交给审核人员。从最终效果来看，拒绝缴纳罚款和提出上诉的结果是相同的。

上古的时候，行政官员对在其职权范围内的所有案件都具有作出最终决定的权力，这一权力发展到此时的一个残余就是一些行政官员和委员会有权对涉及 10 个德拉克马或者更小数额的案件作出终局决定。有些学者认

---

〔11〕 *Op. cit.*, p. 54.

〔12〕 *Wasps*, 770.

〔13〕 Scholiast on *Wasps*, 769.

〔14〕 *Wasps of Aristophanes*, note on line 769. 范·李文（Van Leeuwen）持有相同的观点，并且还引用了《阿卡耐人》（*Acharnians*, 275）和《鸟》（*Birds*, 1215）。

为，所有的行政官员、司法官员和委员会都享有此项特权。[15] 亚里士多德[16]只提到四十人法团和财务总长（*the Receivers - general*）具有这项权力。但亚里士多德对行政官员司法权力的描述并非是完全列举；因而，其他的官员也很可能享有此类权力。不过，值得注意的是，四十人法团和财务总长（*the Receivers - general*）处理的主要是争议数额明确的案件。因而，很容易判定一个案件所涉及的金钱数量是在 10 个德拉克马以上还是以下。而其他行政官员所审理的案件，涉及损害赔偿、罚款以及其他各种惩罚等，即使这些惩罚和当事人的痛苦可以用金钱来估量，在审判之前也很难判定，如果不是完全不可能，这些案件到底是属于 10 个德拉克马以上还是以下。这很可能会成为只有四十人法团和财务总长享有终局决定权，而其他官员不享有此类权力的原因。除了以上内在逻辑方面的原因以外，我们曾引用和讨论过的《黄蜂》[17] 的一个段落似乎也可以证明小额案件照样可以上诉到法庭。巴德理塞仑建议他的父亲在家里审案，惩罚那些有过错的仆役。他还建议对那些有微小过错的仆役处以 1 个德拉克马的罚款。在此，我们没有必要深究到底是哪一名行政官员具有这项权力。它很可能属于司法执政官的管辖范围。但不管怎样，它绝不可能属于四十人法团或者财务总长的管辖范围。πάντως δὲ κἀκεῖ ταῦτ' ἔδρας ἑκάστοτε表明少于 10 个德拉克马的罚款也应由法庭决定。如果所有的行政官员和委员会都可以凭自己的权威决定 10 个德拉克马或者更少数量的罚款的话，那么，这一情况就不太可能存在。因而，仅仅根据现有的资料便贸然断定除四十人法团和财务总长之外的官员，在其享有的一般罚款权力之外，也同样享有这种有限的终局决定权是危险的。

审前调查（Anakrisis）是前梭伦时代的独任审判制的残余，在独任审判制下，案件的审理由一名法官主持，他的裁决也是终局的。很自然，在这类审判中，所有的证据都必须在法庭上展示。后来，梭伦允许对这种判决提出上诉，但是，并没有影响到证据规则。当事人仍然必须提交所有已掌握的证据，因为，负责审判的行政官员仍必须根据案件本身的是非曲直

---

〔15〕 Lipsius, *op. cit.*, p. 53.

〔16〕 *Ath. Pol.* liii. 1; lii. 3.

〔17〕 Cf. *supra*, p. 280.

来作出一个相应的判决。但是，当行政官员、司法官员以及各种委员会的职责改变为只负责将案件引入法庭并主持审判之后，关于证据的规则就在相当程度上被修改了。

现在还存在一些关于在审前调查中仍然必须出示证据的误解，这些误解一方面是由于人们错误的相信，从一开始，证据就是以书面形式提交的；另一方面则是由于人们混淆了审前调查和仲裁的区别。现在我们已经知道在长达一个世纪的时间内，在陪审法庭上证据都是以口头形式出现的。[18] 同时，自亚里士多德的《雅典宪政》被发现以来的研究也证明，他所描述的仲裁和审前调查并不能等同。[19] 然而，先前误解而导致的影响并没有完全消失。在《阿提卡律法》(*Das attische Recht*) 中，[20] 利普西斯在审前调查一章的开始，说道："所有的当事人为了替自己辩护，必须在审前调查中提供有所帮助的解释和证据。这种性质的初步审查就是所谓的审前调查。"通过对这一描述的引申，读者们自然会认为在审前调查当中，诉讼当事人有义务提交所有的证据。但是，在该章节稍微靠后点的地方，他又承认："另一方面，并没有证据显示，人们在审前调查中必须提供全部物证。"

现存的关于审前调查的证据规则的材料非常之少。在史料中，证据和审前调查这两个主题很少会被放在一起讨论。在这些史料中，没有任何证据表明在审前调查阶段存在必须提交证据的要求。相反，在演说家们的演讲中，倒是有大量的资料表明当审判开始的时候再提交证据并没有任何问题，而且这似乎是当时普遍的做法。这类"新"证据（即没有在审前调查阶段提交的证据）的一个典型的例子就是一方当事人提交给法庭的证言，但是当事人又不知道这位提供证言的证人是否愿意为他作证。如果这位证人出庭作证并且承认证言，那么，证言就会宣读给民众陪审员。[21] 如果证人拒绝作证，那么，他需发誓否认这一证言。肯尼迪（Kennedy）[22] 认为

---

〔18〕 Bonner, *Evidence in Athenian Courts* (1905), pp. 54 ff. Cf. Leisi, *Der Zeuge im attischen Recht* (1908), p. 85, n. 2.

〔19〕 Bonner, *Evidence in Athenian Courts*, p. 48. Cf. Lipsius, *op. cit.*, p. 838.

〔20〕 Pages 829 (cf. p. 54) and 838.

〔21〕 Bonner, *Evidence in Athenian Courts*, p. 51.

〔22〕 Smith, *Dictionary of Antiquities*, *s. v.* "Martyria".

这类证言很可能是在审前调查阶段就已经向法庭作了备案，因而，在审判的时候并不是第一次提交，但即便如此，在那时它也不是任何意义上的证据，只有在得到证人的承认之后，它才成为证据。

在这一时期的诉讼记录中，很少有记录涉及口头证据的提交。但是，普鲁塔克[23]却保留了一个非常具有启发意义的诉讼事件，那场事件涉及一名即席证人阿里斯提德。阿里斯提德的堂兄弟卡利亚斯（Callias）面临着一桩死刑指控。在审判中，控告人试图引起民众陪审员对卡利亚斯的反感，便超出指控范围指责他说，尽管他很富有，但是却无比吝啬，连自己亲属最基本的需要也拒绝援助，其亲属即是著名的阿里斯提德。卡利亚斯认识到这一指控将会导致民众陪审员对自己的偏见，便要求传召阿里斯提德来为自己作证。阿里斯提德听从传召，在法庭作证说自己曾经多次拒绝卡利亚斯的经济援助。在伊索克拉底反对卡利马科斯（Callimachus）的演讲中，我们还可以发现另外一个非凡的直至开庭才第一次提交证据的例子。[24]卡利马科斯的一名妻弟同一位名叫克拉提诺斯（Cratinus）的人发生争吵，继而发展成为打斗。在打斗中，伤到了一名女奴。事后，这名女奴被隐藏了起来，然后，街头巷尾便开始流传一个故事，大意为克拉提诺斯的过错导致了这名女奴的死亡。接着，克拉提诺斯便以杀人罪被起诉。王者执政官主持举行了要求的 3 次审前调查。最终，案件被交给了法庭。然而，克拉提诺斯十分清楚这是一个阴谋，并且他也已经成功地找到了那名女奴；但是，为了揭穿这一阴谋，他并没有走漏半点风声。直到审判的那天，他才举证说女奴不但活着而且生活得很好，这导致了控方的极度混乱，因为控方已经提供了 14 名证人来证明女奴的死亡。以上的这些案件清楚地表明在审前调查阶段，案件当事人并没有义务提供证据。在卡利马科斯一案中，如果被告在审前调查阶段便提交了全部证据的话，那么，根本就不会有后来的审判。

在以上的几个例子中都有在审前调查阶段没有提交的证据，但除了以上几个具体的例子之外，还有一些证据表明在诉讼阶段，当事人可以向其对手发起挑战，要求他提供证据来反驳自己或者证明特定主张。比如，苏

〔23〕 Aristeides, xxv.

〔24〕 xviii. 52 – 54.

格拉底为了让人们注意到控方无法提供任何年轻人的亲属来证明他腐蚀了年轻人，就曾向控告他的人发起挑战，要求他们在当时当地便举出几个证据来，而这些时间本来是分配给他作自我辩护的。[25] 在演说家们的演说中，有许多类似的要求对手提供各式各样的证据的挑战。简单地认为这只是一种辩论技巧，对解决问题没有任何帮助。固然，没有任何人会期望对手接受此一挑战。但是，苏格拉底向对手所建议的也并不是什么法律不允许的事情，也就是说，即使此类挑战所涉及的证据在审前调查阶段未曾提出过，在审判阶段再提出也不违法。苏格拉底挑战对手，要求其在审判阶段提供证据的行为肯定是十分必要的，因为，这将减少他能获得的为自己辩护的时间。

诸如“我听见”“我听见我的对手说……”之类反复出现的措辞并不仅仅是一种提前反驳对手的辩论技巧。显然，在审前调查阶段，当事人双方并没有获得足够的关于对方的信息，对于对方的辩护或者攻击方式，他们尚不清楚。如果在审前调查阶段，双方的辩护或者攻击思路就已经十分明确，并提交了所有证据的话，那么，审判中的这种情况就不会发生。下面的这些话也可以更好地证明在审判当中当事人可以提出对手完全不知的证据：“如果他依靠这种论调，那么，他就必须提出证据证明阿里斯塔克斯（Aristarchus）的确立有遗嘱……”[26] “如果他们主张迪卡奥吉斯（Dicaeogenes）遗忘了他的物品并被我们捡到，那么，他们就必须举出证据来证明这一点。”[27] 这些以及其他类似的例子明确表明当时并不禁止在审判当中提出新的证据。因为，即使只是简单的辩论技巧，也不会冒险建议对手去做法律所禁止的事情。否则，在一群像雅典民众陪审员这样通晓法律的人面前，向对手作此类建议，无疑是自找倒霉。

很明显，即使在经过审前调查之后，当事人对自己的案件也并不是总能了如指掌。在德摩斯梯尼的《文集》（*Corpus*）中，我们可以发现一个极好的例子。卡利斯特拉图斯诉奥林匹奥多罗斯（Callistratus vs.

---

〔25〕 Plato, *Apology of Socrates*, 33d.

〔26〕 Isaeus x. 23. Cf. Bonner, *Evidence in Athenian Courts*, p. 52.

〔27〕 Isaeus v. 4. Cf. ix. 9. Cf. Isocrates xvii. 38.

Olympiodorus)[28] 一案的原告，在讲述先前的一场诉讼时说，在那场诉讼中，他和奥林匹奥多罗斯在审前调查之后突然发现对即将到来的庭审手足无措，因为突然出现了大量的权利主张者。

> *καὶ ἐπειδὴ ἀνεκρίθησαν πρὸς τῷ ἄρχοντι ἅπασαι αἱ ἀμφισβητήσεις καὶ ἔδει ἀγωνίζεσθαι ἐν τῷ δικαστηρίῳ ἀπαράσκευοι ἦμεν τὸ παράπαν πρὸς τὸ ἤδη ἀγωνίζεσθαι . . . . διὰ τὸ ἐξαίφνης ἐπιπεπτωκέναι ἡμῖν πολλοὺς τοὺς ἀμφισβητοῦντας.*

他们当时的处境是如此艰难，以至于他们千方百计地寻找理由，试图拖延案件的审理。他们最终没有成功，以缺席审判的形式输掉了案件。如果案件所涉及的所有证人都已经寻获，他们的所有证词也都已经形诸文字，那么，准备法庭演讲词就将不是一件困难的事情。然而，这是不现实的，因为，案件的棘手之处在于突然出现的大量的权力主张者。他们需要时间来修改计划，以应付他们未曾遇见的意外情况。为了应付这种意外情况，他们肯定需要更多的证人，这些证人的证词也将不经过审前调查而直接呈交给法庭。总之，这场审判所揭示的各种关于新证据的情况都表明当时不太可能存在要求所有的证据都必须在审前调查阶段提交的规则。

但是，在仲裁中，情况则完全不同。在仲裁中，所有的证据都必须提交，因为他如果没有成功地说服对方当事人来达成妥协的话，仲裁人员将会根据案件本身的是非曲直来作出裁决。如果需要上诉，证据也会被密封在一个名为*ἐχῖνος*的容器中一同上交。这是一个十分合理的要求，因为上诉判决一般也是建立在原始证据基础上的。但是，对于非仲裁的案件，就没有必要提出同样的证据要求。但是，由于许多学者，像亚里士多德那样，没有将仲裁和审前调查明确区分开来，因而，导致了一些对审前调查的性质和目的的误解。例如，泰尔汉姆，在他的文章《审前调查》(*anakrisis*)[29] 中，就将两者相等同，并将亚里士多德对仲裁的描述误以为对审前调查的描述。词典编纂者们也犯了同样的错误。哈朴克莱钦就将

〔28〕 xlviii. 23. Cf. Bonner, *Evidence in Athenian Courts*, p. 50, and Leisi, *op. cit.*, p. 83.

〔29〕 Pauly – Wissowa, *s. v.* ἀνάκρισις.

ἐχῖνος定义为：ἄστι μὲν ἄγγος τι εἰς ὃτὰ γραμματεῖα τὰ πρὸς τὰς δίκας ἐτίθεντο· Δημοσθένης ἐν τῷ πρὸς Τιμόθεον. μνημονεύει τοῦ ἄγγους τούτου καὶ 'Αριστοτέλης ἐν τῇ 'Αθηναίων πολιτεία。[30]苏伊达斯（Suidas）实际上也是如此。他们将亚里士多德作为其权威信息来源的事实说明在描述审前调查的时候，他们只不过是挪用了对仲裁程序的描述。这类错误在近几年才为人们所注意。有研究证明在演说家们的演说中，除与仲裁有关的情况以外，都没有提及ἐχῖνος。[31]

雅典法庭和英美法庭的证据规则存在根本的不同。在雅典法庭，所有能够支持当事人请求的证据都由当事人自己向法庭陈述。证人偶尔被传召到法庭作证的目的也只是为了确认当事人的陈述。这一点，从下列表述中可以看得很清楚：καὶ ὡς ἀληθῆ λέγω, ἀναγίγνωσκε τὴν μαρτυρίαν, τούτων δ' ὑμῖν μάρτυρας παρέξομαι。而在现代法庭，陪审团直接从证人那里获取所有的信息。只要详细研读证据，便可以熟悉案件的事实。但是，从我们现在所掌握的信息来看，呈递给雅典法庭的证据通常不足以使人们了解案件的细节。许多事实都只能依赖当事人自己及其律师的发言来证实。因而，当我们试图重构审前调查的证据规则，尤其是所有证据都采取口头形式时期的审前调查的证据规则时，记住这一点十分重要。实际上，和相对正式的当事人陈述比较起来，对证人的询问和证人的陈述只不过是一些起补充作用的片段而已。在审前调查阶段，当事人正在准备法庭演说，如果要求他在此时便陈述整个案情，也会勉为其难。而且，行政官员又有何必要去聆听整个案情呢？他似乎不具有任何权威去排除违法的证据。他关于双方争议的意见在法庭上也没有任何作用。为了民众陪审团能够更好地了解案情，所有的证据到了法庭仍然还要重复一遍。因而，即使要求当事人在审前调查阶段提供所有的证据，它也只不过是一场彩排而已。

不过，尽管雅典的行政官员只有有限的司法职能，但是这一职能却是十分必要的。他必须决定一个案件是否具有可受理性。[32] 这涉及如下问题：原告具备出席法庭的资格吗？被告具备答辩的资格吗？如果被告没有

〔30〕 所有的文件材料，不论是仲裁的还是审前调查的，都被封存在ἐχῖνος之中。

〔31〕 Bonner, *Evidence in Athenian Courts*, p. 48. Cf. Lipsius, *op. cit.*, p. 838, n. 34.

〔32〕 Caillemer, *Anakrisis*, Daremberg and Saglio, I, 262. Cf. Leisi, *op. cit.*, p. 84.

出席的话，他是否已经得到了应有的传唤？原告或者被告的法律文书写作是否得体？双方的争议事项是否具有可诉性？所选择的起诉形式是否合适？行政官员对此是否具有管辖权？起诉是否处在法律规定的时限以内？争议事项是否属于已决事件？对于这其中的一些问题，通过当面询问双方当事人已经足够。因而，当时的行政官员肯定有权拒绝相信当事人未经证实的声明。从实际效果来看，这就等同于要求当事人发誓或者提供书面证明。不过，此类证据只是为了审前调查的目的，在审判阶段也许并不需要。也就是说，此类证据只是为了方便行政官员决定该争议是否具有可受理性。民众陪审团们通常对这个阶段的事务没有兴趣。因为，它已经在审前调查阶段解决了。

希腊语单词ἀνάκρισις表明行政官员裁决的基本根据在于当事人对其问题的回答。在凶杀案件当中，审前调查被称为προδικασία。它着重强调的是调查的目的，而不是开展调查的手段。当事人是否需要传召证人来为自己向行政官员作证取决于多种考量。但是，无论如何，行政官员所做决定的基本根据在于当事人自己的陈述。这是合理的。即使在法庭审判阶段，法律都不要求当事人必须传召证人来证明自己的观点，在审前调查阶段，又有什么理由强迫他这样做呢？

在雅典的诉讼记录当中只保留了一个审前调查阶段的场景。和我们的期望相比，它显得支离破碎，但是，它也的确可以为我们提供一些有价值的信息。

> 当调查［ἀνακρίσεις］在执政官的主持下开始的时候，我们的对手向法庭缴纳了一定的金钱，以支持他们的主张，他们认为这些年轻人是欧克德门（Euctemon）的婚生儿子，但是，当我们问道谁或者谁的女儿是他们的母亲时，他们却无法回答，尽管我们对此提出抗议，执政官也命令他们按照法律如实回答。[33]

接着，他们又声称这些年轻人的母亲是一名利姆诺斯人（Lemnian），

〔33〕 Isaeus vi. 12, translated by Forster（"Loeb Library"）.

并请求延期调查。到底是什么原因使他们的延期请求得以获准，记录中没有给出答案。不过，很明显，他们肯定是请求给予更多的时间以从利姆诺斯（Lemnus）获取信息。但是，当调查重新开始的时候，他们又更改了陈述，声称年轻人的母亲是卡利俄伯（Calliope），即皮斯多谢奴斯（Pistoxenus）的女儿，如此一来，他们就对“谁或者谁的女儿是他们的母亲”这一问题作出了回答。故事的讲述者要求对方提供亲属的证明或者奴隶的证词来证明其主张。但是，对方没有提出任何证据。针对对方拒绝在审前调查中提供证据这一点，故事的讲述者严肃地评论说：*τὰ ἀνάκρισιν μόνον δεῖ πορίζεσθαι [ὀνόματα], ἀλλὰ τῇ ἀληθείᾳ γεγονότα φαίνεσθαι καὶ ὑπὸ τῶν προσηκόντων καταμαρτυρεῖσθαι*。[34] 这一评论并不代表当时存在一项法律要求当事人在审前调查阶段提供证据来证明自己的主张。它只是想传达这样一种意思，即如果没有证据支持的话，对方的声明完全不可信。总之，这段对审前调查的描述明确地表明在审前调查阶段，当事人可以自由决定是否提供证据来证明自己的主张。位于记载结尾的一段话也可以证明这一点：

> 总之，让安德鲁克里斯（Androcles）举出证据来证明这些孩子是婚生的吧，就像你们在同样情况下也会做的那样。仅仅提到一名母亲的名字是不足以证明的，要想证明他所讲的是事实，他就必须举出那些知晓她和欧克德门是合法夫妇的亲属来加以证明。[35]

在诉讼当中，预先发现对方准备使用的辩护或者攻击策略是极为重要的。要达到这一目的，没有比审前调查更好的信息来源了，因为审前调查为当事人提供了一个获知对方证据和主张的极好机会。在审前调查当中，一名机智的熟悉己方形势的当事人肯定会竭尽全力去分析和研究对方的证据，以获取有用的信息和启示。可以预见，在或多或少带有非正式色彩的

---

〔34〕 *Ibid.*, 15.

〔35〕 *Ibid.*, 64.

审前调查当中，当事人有权向对方发问，在这种情况下，他们肯定会为了自己的利益去竭力引诱对方透露对自己有用的信息和证据。但是，没有证据表明曾有当事人在审前调查当中成功地获取到对方的辩护或者攻击策略。在仲裁当中，由于当事人必须提交所有的证据，因而，仲裁在记载当中时常会被作为一个获取对方策略的手段来提及，但是，审前调查在记载当中却从未以此面貌出现。这肯定不是偶然的。并且，这也可以很好地证明在审前调查阶段提交证据的确不是必须的。

在要求提交书面证词而不是口头陈述的法律颁布之后，对待证据的方式也随之发生了变化。〔36〕证人的证言，像其他的证据一样，一律改为在当事人要求的情况下由法庭的职员宣读。为实现这一目的，在通常情况下，所有的证据肯定必须在审判开始以前就向法庭备案。当然，也有例外。由于各种各样的原因，证人时常会拒绝作证。在审判开始的时候，这类证人会被传唤到法庭，对一份已经事先为其准备好的证词发表意见，承认或者发誓拒绝。这类证人的承认书或者拒绝书肯定无法事先递交给法庭。它们可以在任何时候呈交给法庭的职员。有时，在审判当中，还会发现与案件有关的新的事实。这些新的事实肯定也被允许呈交法庭，并可以举出新的证据加以证明。在阿波罗多罗斯诉阿瑞图斯乌斯（Apollodorus vs. Arethusius）一案中，〔37〕我们可以发现一个极好的例子，这是一个因伪证而引起的刑事案件。在审前调查结束之后的一个晚上，阿波罗多罗斯在从比雷埃乌斯（Piraeus）回城的路上遭到了被告的恶意攻击。没过几天，案件便开审了。由于这场攻击以及其他的严重情形，民众陪审团倾向于运用死刑来惩罚被告。毫无疑问，阿波罗多罗斯向法庭提供了新的证据，即那些当其遭到攻击时听到其喊叫而来挽救他的人。否则，民众陪审团一般不至于使用如此严重的惩罚。

泰尔汉姆〔38〕显然知道这一点，因而，他认为审前调查程序不仅包括当事人和行政官员所举行的或多或少的正式会议，而且还包括当事人可以在审判之前随时造访行政官员的办公室，向行政官员备案包括书面证词在内

〔36〕 关于该法律的日期（378－377 B.C.），cf. *infra*, p. 357.

〔37〕 Demosthenes liii. 17－18.

〔38〕 *Berliner Philologische Wochenschrift*, 1905, p. 1575.

的证据。但是，对这一观点也存在许多反对意见。并且，在阿波罗多罗斯诉阿瑞图斯乌斯（Apollodorus vs. Arethusius）[39] 一案中曾经明确地提到对阿波罗多罗斯的攻击发生于审前调查结束之后。显然，在这一案件中，原告并不认为提供新的证据便等同于重开审前调查程序。

审前调查，正如这一名字所展示的那样，是行政官员对当事人的一种非正式询问，目的是决定该案件是否应被受理。它绝不是对案件的实质审理。但这一程序是开放的，当事人双方都可以参加。为审前调查目的所提供的证据，包括证人证词以及其他文件，不会向任何一方隐瞒，他们都可以知晓。但是，在好几个地方，当事人的话语似乎也明确地暗示他并不完全知晓对方所提供的证词。不过，现在学者们已经普遍承认为避免使一方当事人遭受证据空袭而将证据备案的行为不属于审前调查的组成部分。实际上，这些证据第一次出现便是在法庭上，不管它们是何时何地被提交的。总之，将证据备案的行为与提供证据来证明自己对行政官员的回答符合事实的行为有实质不同，不能被认为属于审前调查的组成部分。

---

〔39〕 Demosthenes liii. 17. 接下来是对攻击行为的生动描述。

第十章 弹 劾

εἰσαγγελία（Eisangelia）这个词语的大意是任何种类的“信息”。然而，在古代雅典的法律实践当中，它专门被用来指代在政治组织当中所进行的诉讼，如亚略巴古议事会（早期）、五百人议事会和公民大会等都是这类政治组织。为方便起见，这一词语可以被翻译为“弹劾”，因为，就像当今社会的弹劾一样，它是由政治组织所进行的审判。[1]词典编纂者们给出了“弹劾”的定义，并且还对”弹劾”的种类进行了一些描述。哈朴克莱钦将“弹劾”描述为*δημοσία δίκη*，并且列举了它的3种类型：

> *ἡ μὲν γὰρ ἐπὶ δημοσίοις ἀδικήμασι μεγίστοις καὶ ἀναβολὴν μὴ ἐπιδεχομένοις, καὶ ἐφ' οἷς μήτε ἀρχὴ καθέστηκε μήτε νόμοι κεῖντι τοῖς ἄρχουσι καθ' οὓς εἰσάξουσιν, ἀλλὰ πρὸς τὴν βουλὴν ἢ τὸν δῆμον ἡ πρώτη κατάστασις γίγνεται, καὶ ἐφ' οἷς τῷ μὲν φεύγοντι, ἐὰν ἁλῷ, μγισται ζημίαι ἐπικῖνται, ὁ δὲ διώκων, ἐὰν μὴ ἕλῃ, οὐδὲν ζημιοῦται, πλὴν ἐὰν τὸ έ μέρος τῶν ἀψήφων μὴ μεταλάβῃ· τότε γὰρ χιλίας ἐκτίνει. τὸ δὲ παλαιὸν καὶ οὗτοι μειζόνως ἐκολάζοντο. ἑτέρα δὲ εἰσαγγελία λέγεται ἐπὶ ταῖς κακώσεσιν· αὗται δ' εἰσὶ πρός τὸν ἄρχοντα, καὶ τῷ διώκοντι ἀζήμιοι, κἂν μὴ μεταλάβῃ τὸ έ μέρος τῶν ψηφων. ἄλλη δὲ εἰσαγγελία ἐστὶ κατὰ τῶν διαιτητῶν· εἰ γάρ τις ὑπὸ διαιτηοῦ ἀδικηθείη, ἐξῆν τοῦτον εἰσαγγέλλειν πρὸς τοὺς δικαστάς, καὶ ἁλοὺς ἠτιμοῦτο.*

不过，对于我们后续的讨论而言，第二种和第三种类型都无足轻重，

[1] Cf. Bonner, *Lawyers and Litigants in Ancient Athens*, pp. 34 and 26 ff.

因为它们都不是在政治组织中进行的。[2]

波利克斯将“弹劾”定义为：

> εἰσαγγελία: ἡ δ' εἰσαγγελία τέτακται ἐπὶ τῶν ἀγράφων δημοσ ί ων ἀδικημάτων κατὰ τὸ ν νόμον εἰαγγελικὸ ν ἢ εἰαγγελτικόν· ἀ μοτέρως γὰρ λέγουσιν· ὅς γέγει· περὶ ὧν οὐκ εἰσὶ νόμοι, ἀδικεται δέ τις ἀλίσκεται ἢ ἄρχων ἢ ῥήτωρ, εἰς τὴν βουλὴν εἰσαγγελία δί δοται κατ' αὐτοῦ. κ ἂν μέν μέτρια ἀδικὶν δοκῇ, ἡ βουλὴ ποιεῖται ζημίας ἐπιβολή ν, ἂν δὲ μείζω, παραδίδωσι δικαστηρίῳ, τὸ δὲ τί μημα, ὅ τι χρὴ παθεῖν ἢ ἀποτῖσαι. ἐγίγνοντο δὲ εἰσαγγελίαι καὶ κατ ὰ τῶων καταλυόντων τὸ ν δῆμον ἢ ῥητόρων μὴ τὰ ἄριστα τῷ δήμ ῳ λεγ ό νφρούριον ἢ στρατιὰ ν ἢ ναῦς, ὡς θεόφραστο ς ἐ ν τῷ περὶ νό μων.[3]

简单地说，波利克斯的观点就是，除他所列举的几种特定犯罪之外，“弹劾”还可被用于所有严重的反国家罪行，只要这些罪行没有特定的法律规定该如何处理。然而，在《剑桥修辞词典》（*Lexicon rhetoricum Cantabrigiense*）当中，对“弹劾”的描述却有所不同。

> εἰσαγγελία · κατὰ καινῶν καὶ ἀγράφων ἀδικημάτων. α ὕτη μὲν οὖν ἡ Καικιλίου δόξαό Θεόραστος δὲ ἐ ν τῷ τετάρτ ῳ περὶ νόμων φησὶ γενέσθαι, ἐά ν τις καταλύῃ τὸ ν δῆμον ἢ ῥήτωρ μὴ τὰ ἄριστα συμβουλεύῃ χρήματα λαμβάνων, ἢ ἐάν τις προδῷ χωρίον ἢ ναῦς ἢ πεζ ὴ ν στρατιὰν ἢ ἐά ν τις εἰς τοὺς πολεμίους ἀφικνῆται (ἄνευ τοῦ πεμφθῆναι παρὰ τοῦ δήμοὺ) ἢ ἐ νοικῇ πα ρ' αὐτοῖς ἢ στρατεύηται μετ' αὐτῶν δῶρα λαμβάνων. — Καικίλιος δὲ οὕτως ὡρίσατο·

---

〔2〕 κ άκωσις是对涉及虐待女性继承人、父母和孤儿的诉讼的称呼。很自然的，像哈朴克莱钦所说的那样，这类案件归执政官管辖。关于通过“弹劾”来反对仲裁者的程序，可参见：Demosthenes（xxi. 87）. Cf. scholiast on Plato *Laws*, 466.

〔3〕 viii. 51, text as given by Hager, “On the Eisangelia,” *Jour. of Philol.*, IV, 76.

εἰσαγγελία ἐστὶν ὃ περὶ καινῶν ἀδικημάτων δεδώκασιν ἀπενεγκεῖν οἱ νόμοι. ἔστι δὲ τὸ μελετώμενον ἐν ταῖς τῶν σοφιστῶν διατριβαῖς.〔4〕

此处给出的狄奥佛拉图斯（Theophrastus）和凯奇利乌斯（Caecilius）的观点与前述定义大为不同，因为狄奥佛拉图斯认为“弹劾”只适用于特定种类的案件，而凯奇利乌斯则认为它只适用于刑法当中没有规定的新型犯罪。〔5〕

词典编纂者们普遍认为“弹劾”对某些特定类型的犯罪而言是强制性的，必须适用。但是，在他们的描述当中，并没有任何暗示说明“弹劾”只适用于这类案件。由此推断，“弹劾”肯定也可以适用于那些奇特和严重的犯罪，比如词典编纂者们所说的新型和法律尚无规定的犯罪。一个典型的例子就是在阿吉纽西战争之后对将军们的审判。学者们普遍认为，在这一奇特的案件当中适用的就是“弹劾”程序。

“弹劾”在后来变得十分流行，因为与普通程序相比，原告不但可以免受技术性细节的束缚，而且还可以免受某些惩罚的危险。此外，这一程序可以使案件以最快的速度进行。再次，“弹劾”程序对善于演讲的人十分有利，〔6〕因为这一程序首先是在议事会或者公民大会进行的。通过“弹劾”程序审理的案件，法庭无权过问，除非议事会或者公民大会决定将案件交由法庭审判，因而，由此导致的结果就是这类案件难以被公正审理。这一点，再加上此类案件的被告没有时间准备审判，就可以很好地解释为什么在关于此类案件的记载中很少提到有人被无罪释放。〔7〕最后，至少在“弹劾”产生之初，即使原告所得票数少于1/5，他也不会面临1000德拉克马的罚款。由于所有的这些原因，“弹劾”被应用得越来越广泛，到后来甚至一些极为微小的案件也开始运用这一程序，海波伊迪斯对这一

〔4〕 *S. v.*, εἰσαγγελία, Hager's text.

〔5〕 关于其他词典编纂者与上述观点相近的评论，cf. *s. v.* εἰσαγγελία, Bekker, *Anecdota Graeca*, I, 244; scholiast on Plato *Laws* viii. 517.

〔6〕 Cf. Hypereides *Lyc.* 12.

〔7〕 Cf. Hypereides *Eux.* 2; Hager, “On the Eisangelia,” *Jour. Of Philol.*, IV, 108.

程序的滥用就曾经作过描述。[8] 或许正是为了限制对这一程序的滥用，像在其他的案件中一样，在所有的“弹劾”案件中也开始对获得选票少于1/5的人征收1000德拉克马的罚款。这就是波利克斯对狄奥佛拉图斯的声明所提出的解释，狄奥佛拉图斯曾说在“弹劾”中如果没有获得足够的票数也将被处以罚款：

> ὅτι ὁ δὲ εἰσαγγείλας καὶ οὐχ ἑλὼν ἀζήμιος ἦν, Ὑπερείδης ἐν τῷ ὑπὲρ Λυκόρονός φησι. καίτοι γε ὁ Θεόφραστος τοὺς μὲν ἄλλας γραφὰς γραψαμένους χιλίας τ' ὀφλισκάνειν, εἰ τοῦ πέμπτου τῶν ψήφων μη μεταλάβοιεν καὶ προσατιμοῦσθαι· τοὺς δὲ εἰσαγγέλλοντας μὴ ἀτιμοῦσθαι μέν, ὀφλεῖν δὲ τὰς χιλίας. ἔοικε δὲ τοῦτο διὰ τοὺς ῥᾳδίως εἰσαγγέλλοντας ὕστερον προσγεγράφθαι.[9]

其他的词典编纂者也认为存在这一罚款。哈朴克莱钦[10] 曾说：ὁ δὲ διώκων ἀν μὴ ἕλῃ, οὐδὲν ζημιοῦται, πλὴν ἀν τὸ πέμπτον μέρος τῶν ψήφων μὴ μεταλάβῃ. τότε χιλίας ἐκτίνει· τὸ δὲ παλαιὸν καὶ οὗτοι μειζόνως ἐκολάζοντο.《剑桥修辞词典》(*Lexicon rhetoricum Cantabrigiense*)[11] 当中的记载也明确地认为这一罚款可以适用于“弹劾”：περὶ δὲ τῆς εἰσαγγελίας, ἐὰν τις μὴ μεταλάβῃ τὸ πέμπτον μέρος τῶν ψήφων, οἱ δικασταὶ τιμῶσιν. 如果这一罚款真的存在，那么，相关的授权法律肯定颁布于公元前338年左右。在海波伊迪斯为吕哥弗隆（Lycophron）所作的演讲中，有两个段落可以明确地说明在演讲发表时并不存在这一罚款：οἱ μὲν γὰρ διὰ τὸ ἀκίνδυνον αὐτοῖς εἶναι τὸν ἀγῶνα ῥᾳδίως ὅ τι ἂν βούλωνται λέγουσι[12] 和ἵνα πρῶτον μὲν ἀκίνδυνος εἰσῄς εἰς τὸν ἀγῶνα.[13] 当然，在该演讲发表的时候，针对控告人的罚款在任何情况下都不存在。我们可以把这两个段落与德摩斯提尼的

〔8〕 Eux. , 1. ff.
〔9〕 viii. 52, 53.
〔10〕 *S. v.* εἰσαγγελία.
〔11〕 *S. v.* πρόστιμον.
〔12〕 Lyc. 8.
〔13〕 *Ibid.* , 12.

演讲《论王冠》（*On the Crown*）中的一个段落进行比较：***οὐκοῦν ἐν μὲν οἷς εἰσηγγελλόμην, ὅτ' ἀπεψηφίζεσθέ μου καὶ τὸ μέρος τῶν ψήφων τοῖς διώκουσιν οὐ μετεδίδοτε, τότ' ἐψηφίζεσθε τὰ ἄριστά με πράττειν.***〔14〕这一段落似乎表明当时在“弹劾”案件中已经存在罚款，如果控告人没有获得1/5的选票。但是，对于首先由政治机构审理的案件而言，这一点十分奇怪。因为当议事会或者公民大会决定将案件交给法庭的时候，案件的主动权就已经不在原告手中了。在这种情况下，国家再对那种没能获得 1/5 选票的人处以罚款似乎是不可能的事情。〔15〕对原告豁免权的丧失，唯一的解释就是国家希望限制对“弹劾”程序的使用，尽可能地将其只应用于重要的政治案件。然而，如果这的确是国家追求的目的的话，罚款对这一目的的实现毫无帮助，在海波伊迪斯的演讲中，演讲者就曾代表欧谢尼朴斯（Euxenippus）对“弹劾”程序所处理的案件的琐碎性提出抱怨。这一演讲至少和德摩斯提尼的演讲《论王冠》（*On the Crown*）一样晚，甚至很可能更晚。〔16〕不过，德摩斯提尼的声明并不必然意味着当时存在这一罚款。他也可能只是想通过说明他的对手没能获得 1/5 选票来表明他的胜利是何其巨大。那些提到这一罚款的词典编纂者们也很可能是受到了德摩斯提尼的声明的误导。

“弹劾”程序在雅典的存在十分久远。在所谓的德拉古宪法中，〔17〕“弹劾”的动词形式（***εἰσαγγελλειν***）就已经出现：***ἐξῆν δὲ τῷ ἀδικουμένῳ πρὸς τὴν τῶν Ἀρεοπαγιτῶν βουλὴν εἰσαγγελλειν, ἀποφαίνοντι παρ' ὃν ἀδικεῖται νόμον.*** 此处所规定的诉讼由亚略巴古议事会审理，但是，在后来，这类案件改由五百人议事会审理。〔18〕此处规定的诉讼相当于对官员渎职的

〔14〕 xviii. 250.

〔15〕 在一个类似安提福恩的案件之中，将军们被命令提出控告，并且任何人都可以加入这一控告，在这种情况下，谁来交纳罚款呢？*X Oratorum Vitae*, 833 E。所有的此类控告都需获得 ψήφισμα 的批准（Lysias xiii. 35）。

〔16〕 关于演讲的时间，请参见：Blass, *Attische Beredsamkeit*, III[1], 419; III[2], 56，他认为《论王冠》发表于公元前 330 年，海波伊迪斯的演讲发表于公元前 330 年至公元前 324 年之间。

〔17〕 *Ath. Pol.* iv. 4.

〔18〕 *Ibid.*, xlv. 2.

指控。关于此类“弹劾”案件，在安提福恩为合唱团指挥[19]所作的演讲中我们可以发现一个很好的例子，在那里，合唱团指挥就某些人（其中就包括司法执政官的书记）偷盗公共基金的问题向议事会提出了“弹劾”诉讼。

梭伦颁布了一项“弹劾”法律，用以镇压那些试图推翻政府的人：*εἰσαγγελία / τοὺς ἐπὶ καταλύσει τοῦ δήμου συνισταμένους ἔκρινεν（ἡ τῶν Ἀρεοπαγιτῶν βουλή），Σόλωνος θέντος νόμον εἰσαγγελίας）περὶ αὐτῶν.*[20] 也正是这一法律，开创了*νόμος εἰσαγγελκός*的历史。当时，“弹劾”只被视为一种镇压推翻宪政企图的方式。[21] 很自然地，在梭伦时代主持审理“弹劾”案件的是亚略巴古议事会。在梭伦之前，亚略巴古议事会一直是国家中至高无上的机构，在梭伦宪制中，它仍然是极为重要的机构，负有保护宪法的特殊职责。[22]

克里斯提尼致力于将政治和司法权力从亚略巴古议事会这一贵族机构转移给民主机构，即议事会和公民大会。显然，他同意将试图推翻政府的“弹劾”案件交由这些民主机构审理。在厄菲阿尔特之前，有好几个案件都是由人民审理的。其中的第一个是米尔泰德斯案件，在对帕罗斯（Paros）的放逐计划失败之后，米尔泰德斯在公民大会上以欺骗人民罪受到审判。最后，他侥幸逃脱了死刑的惩罚，被处以巨额罚款。[23] 利普西斯[24]认为米尔泰德斯时代的法律规定欺骗人民将被处以死刑，德摩斯提尼所记述的也正是这一时代的法律。[25] 很可能，公元前 493 年针对米尔泰德斯在切索尼推行暴政所进行的审判也是由人民审理的。[26] 弗里尼库因在他

---

〔19〕 vi. 12, 35.

〔20〕 *Ath. Pol.* viii. 4.

〔21〕 弗里曼（Freeman, *The Work and Life of Solon*, pp. 132 f.）认为梭伦的法律可能还包括试图推翻政府以外的罪行，并且并不是所有的罪行都由亚略巴古议事会负责审理。不过，他也认为海波伊迪斯中的法律针对的只是这一罪行，这一点十分重要。关于对海波伊迪斯所引用的法律的完整性的讨论，cf. *infra*, p. 306.

〔22〕 *Ath. Pol.* viii. 4.

〔23〕 Herodotus vi. 136. Cf. *supra*, p. 197.

〔24〕 *Op. cit.*, p. 180.

〔25〕 xx. 135; xlix. 67.

〔26〕 Cf. Herod. vi. 104; *supra*, p. 198.

的戏剧中唤起了人民对米利图斯时期的不幸遭遇的回忆而受到审判。毫无疑问，这一案件也是由人民审理的。[27] 另一个由人民审理的案件是希帕切斯案件，他因 προδοσία 而受到弹劾，由于没有出庭为自己辩护，他被以缺席判决的方式判处死刑。[28] 这一审判发生在公元前487年他被流放期间或者是之后。地米斯托克勒斯同样也被人民以缺席判决的方式判处死刑，他被指控参与了鲍萨尼阿斯的反叛活动。[29]

由此推断，克里斯提尼当时肯定已经颁布法律，允许人们将此类性质的案件向议事会或者公民大会提起。很可能，他只是复制了梭伦的法律，同时在亚略巴古议事会之外又另外增加了议事会和公民大会作为审理该类案件的机构。亚略巴古议事会没有丧失审理该类案件的权力是确定无疑的。根据亚里士多德的记载，[30] 地米斯托克勒斯就希望自己能在亚略巴古议事会接受审判，他被指控与波斯人进行叛国交易。同时，他主动提出可以向亚略巴古议事会揭发一些试图推翻政府的人，以达到对他们进行逮捕和审判的目的。亚里士多德关于地米斯托克勒斯记载的真实性不无争议，但无论如何，这一段记载都表明在当时叛国案件有时会由亚略巴古议事会主持审理。[31]

厄菲阿尔特很可能对"弹劾"制度进行了进一步变革，为了推行他的政策，他剥夺了亚略巴古议事会对这类案件的所有审判权，将其完全交给议事会和公民大会。规定议事会和公民大会可以决定将案件交由法庭审判的规定很可能产生于厄菲阿尔特之前的克里斯提尼改革时期，那时，议事会的惩罚权力被大幅度削减。凡是超出议事会被授予的惩罚权（即500德拉克马罚款）的案件，议事会都必须将其交予法庭审理。[32] 毋庸置疑，公民大会肯定也曾将许多自己接收的案件交由法庭审理。亚里士多德曾说

---

〔27〕 Herod. vi. 21; *supra*, p. 199.

〔28〕 Lycurgus *Con. Leoc.* 117.

〔29〕 Thuc. i. 135, 138.

〔30〕 *Ath. Pol.* xxv. 3.

〔31〕 关于此时地米斯托克勒斯是否在雅典的争论，cf. *supra*, p. 254.

〔32〕 关于对整个"弹劾"程序的精彩描述，cf. Hager, *op. cit.*, pp. 98 ff.; cf. Gilbert, *Greek Constitutional Antiquities*, pp. 305 ff.

如果有“弹劾”案件被诉至公民大会，案件将由 *κυρία ἐκκλησία*[33] 审理。不过，鉴于该程序日益流行，*κυρία ἐκκλησία*（每月集会一次）实在难以应付所有的案件。在这种情况下，最好的选择就是在对案件进行初步听证以决定案件是否值得审理之后，将其交给法庭解决。然而，在阿吉纽西战争之后对将军们进行的审判表明，公民大会在任何时候都可以重新行使它对某一案件的管辖权。早在公元前 422 年，事务繁忙的议事会和公民大会就已经经常性地将“弹劾”案件交由法庭审理，阿里斯托芬的《黄蜂》中的一个段落可以证明这一点：

> *ἔτι δ' ἡ βουλὴ χ ὡδῆμος ὅταν κρῖναι μέγα πράγμ' ἀπορήσῃ ἐψή φισται τοὺς ἀδικοῦνται τοῖσι δικασταῖς παραδοῦναι.*[34]

在厄菲阿尔特改革之后的一段时期内，很少有“弹劾”案件被提到，直到该世纪末才有数个关于试图推翻政府的案件出现。公元前 446 年的一条法令[35]规定，如果发生损毁派拉尔吉肯雕像（Pelargikon）的案件，王者执政官应当向议事会提出“弹劾”性质的控告，对此类违法行为的惩罚是罚款 500 德拉克马，即议事会可以决定的最严厉的处罚。就性质而言，这属于宗教事务。在伯罗奔尼撒战争开始之后不久，狄欧皮赛斯（Diopeithes）提出了一条同样属于宗教性质的法令，该法令规定那些忽略宗教和讲授新的关于神的理论的人应当受到弹劾。伯里克利就曾面临这一指控：*καὶ ψήφισμα Διοπείθης ἔγραψεν εἰσαγγέλλεσθαι τοὺς τὰ θεῖα μὴ νομ ι ζοντας ἢ λόγους περὶ τῶν μεταρσίων διδάσκοντας, ἀπερειδόμενος εἰς Περικλέα δι' Ἀναξαγόρου τὴν ὑπόνοιαν.*[36] 后来，在得拉克恩提德斯的提议下，另一项法令获得通过，该法令要求伯里克利在执行委员会就其账目进行说明。此外，根据哈格农（Hagnon）的一项修正，任何控告都应由 1,500 名民众陪审员组成的陪审团进行审理。很可能，这类控告就是以

[33] *Ath. Pol.* xliii. 4.

[34] 590 f.

[35] Dittenberger, *Sylloge* ², No. 20, 59 ff.

[36] Plutarch *Pericles*, xxxii.

“弹劾”的形式提出的，只是在后来才交由法庭审判。[37] 在亚西比德（Alcibiades）出发前往西西里之前，在公民大会和议事会都有人指控他曾经参与毁损赫尔墨雕像事件和神秘渎神事件，试图推翻民主。[38] 尽管亚西比德希望在舰队出发之前能为自己辩护，但是审判并没有进行，于是他出发前往西西里。不过，在他缺席的时候，塞萨卢斯（Thessalus）又提出了对他的弹劾。塞萨卢斯所提出的弹劾信息被普鲁塔克记录了下来。[39] 它只包括亵渎神灵，即神秘渎神事件。“塞萨卢斯，西蒙和拉斯阿（Lacia）之子，提供消息说亚西比德，克雷尼阿斯（Cleinias）和斯堪波尼代（Scambonidae）之子，犯有亵渎神灵得墨忒耳（Demeter）和珀尔塞福涅（Persephone）的罪行，他用嘲笑的口吻讲述神圣的事物，并且在自己的房子中向自己的同伴演示，在那里，他身着大主教（chief priest）的袍服，并且封自己为大主教，封波里钦（Polytion）为火炬手（torch - bearer），封泰奥多勒斯（Theodorus）为传令官；并且将其他人作为初入的信徒。所有的这一切都和关于主教、传令官以及牧师的法律与制度相抵触。”最终，亚西比德被判有罪，他的财产被没收，并且还判令所有的牧师和神职人员都应对其进行诅咒。

在四百人委员会被推翻之后，演说家安提福恩被以叛国罪进行弹劾。[40] 很可能，“弹劾法令”（nomos eisangeltikos）的通过就在这时，该法令与海波伊迪斯为欧谢尼朴斯所作的演讲中所出现的几乎一模一样。在那场演讲中，海波伊迪斯说该法律规定“弹劾”程序适用于下列案件：

ἐάν τις τὸν δῆμον τὸν Ἀθηναίων καταλύῃ ἢ συνίῃ ποι ἐπὶ καταλύσει τοῦ δήμου ἢ ἑταιρικὸν συναγάγῃ ἢ ἄν τις πόλιν τινὰ προδῷ ἢ ναῦς ἢ πεζὴν ἢ ναυτικὴν στρατιάν, ἢ ῥήτωρ ὢν μὴ λέγῃ τὰ ἄριστα τῷ Ἀθηναίων χρήματα λαμβάνων.[41]

---

[37] Cf. Lipsius, *op. cit.*, p. 182, n. 17.

[38] Thucydides vi. 28 ff.; Andocides i. 11 ff., 37; Isocrates xvi. 6.

[39] Alcibiades xxii. 学者们普遍认为该案件是由公民大会负责审判的。Cf. Lipsius, *op. cit.*, p. 182.

[40] *X Or. Vit.*, 833 E.

[41] 7 and 8.

此处给出的法律包括3个不同的条款，每一个条款都针对一种不同形式的背叛雅典国家的犯罪：（1）推翻政府；（2）出卖军事力量（betrayal of the military forces）；（3）作为演讲家却接受贿赂。关于这一法律的通过时间，有3种观点，即：公元前411年，在四百人委员会倒台之后；[42] 公元前403－公元前402年，欧几里得斯（Euclides）改革之时；[43] 公元前4世纪中叶。[44] 为了确定这一法律通过的确切日期，我们就必须既考察该法律是何时在文献中首次出现的，也考察哪一时期和该法律最为适应。

认为这一法律产生于四百人委员会倒台之后的民主时期的重要原因之一就是法律的第一部分包含着**ἑταιρικὸυ σμναγάγη** 一词。寡头俱乐部在公元前411年推翻民主的行动中发挥了非凡的作用。实际上，在很长时期以来，他们已经被认为是雅典政治生活的重要特征，但是在四百人委员会的寡头革命中，他们才第一次被公认为明显的威胁。[45] 根据伊索克拉底发表于公元前397年的一次演讲，当亚西比德还在雅典时，他所遭受的指控就包含下列措辞：***συνάγοι τὴν ἑταιρεíαν***。[46] 这很容易使人联想到海波伊迪斯所使用的措辞，也很容易使人得出结论，认为该条款在西西里远征（Sicilian expedition）之前的法律中就已经存在。然而，这似乎并不正确。密谋推翻宪政的观念实际上早在梭伦时代就已经被写于法律之中了。伊索克拉底是由于知道亚西比德与其他人的密谋，并且也熟悉"弹劾法令"当中的措辞，才使用此种形式的指控的。伊索克拉底的描述给人留下的印象是在西西里远征之前亚西比德就已经面临正式起诉：***ἀμφοτέρας ταύτας συνθέντες τὰς αἰτíας εἰσήγγελλον εἰς τὴν βουλήν, λέγοντες ὡς ὁ πατὴρ μὲν συνάγοι τὴν ἑταιρεíαν ἐπὶ νεωτέροις πράγμασιν, κ. τ. λ.*** 但是下一部分的

---

〔42〕 Thalheim, Hermes, XXXVII, 339 ff.; article "Eisangelia" in Pauly－Wissowa.

〔43〕 Caillemer, article "Eisangelia" in Daremberg－Saglio. 波姆（Bohm, *De Eisangelia ad comitia Atheniensium deltatis*）将法律发展区分为三个阶段，第一阶段至三十寡头的倒台；第二阶段至同腓力比（Philip）的战争，海波伊迪斯引用的法律即属于这一阶段；第三阶段至雅典独立的终结。

〔44〕 Lipsius, *op. cit.*, p. 192; Busolt－Swoboda, *Staatskunde*, II, 1008, n. 6.

〔45〕 Cf. Calhoun, *Athenian Clubs in Politics and Litigation*, p. 21.

〔46〕 xvi. 6.

描述表明这些早期的指控并非正式的控告：*νομίζων δεινὰ πάσχειν, ὅτι παρόντα μὲν αὐτὸν οὐκ ἔκρινον, ἀπόντος δὲ κατεγίγνωσκον.* 因而，伊索克拉底想传达的信息实际上和修昔底斯想传达的信息并无二致，修昔底斯的描述更加详尽：*ἐμεγάλυνον καὶ ἐβόων ὡς ἐπὶ δήμου καταλύσει τά τε μυστικὰ καὶ ἡ τῶν Ἑρμῶν περικοπὴ γένοιτο καὶ οὐδὲν εἴη αὐτῶν ὅτι οὐ μετ' ἐκείνου ἐπράχθη, ἐπιλέγοντες τεκμήρια τὴν ἄλλην αὐτοῦ ἐς τὰ ἐπιτηδεύματα οὐ δημοτικὴν παρανομίαν.*〔47〕 在亚西比德离开雅典之后，对他所进行的弹劾似乎只是以亵渎神灵为基础的。〔48〕

在四百人委员会取得政权之后，"弹劾"和其他的程序一样被废弃了：*ἔπειτα τὰς τῶν παρανόμων γραφὰς καὶ τὰς εἰσαγγελίας καὶ τὰς προσκλήσεις ἀνεῖον.*〔49〕 因而，当民主恢复之后，最早的行动之一很可能就是重建这一程序。鉴于国家所刚刚经历的混乱政治局面，在民主恢复之后，颁布法律以确保该程序可以适用于叛国罪行更是非常自然的。因此，在民主恢复之后，旧的被废弃的法律得以重新确立，旧的程序也得以重新恢复。〔50〕

该法律的第二项条款处理的是与盟国的关系。在雅典帝国瓦解的前夜（公元前 404 年），存在这样的一项条款是十分自然的，因为它可以被用来消除对联盟的背叛行为。在四百人委员会革命之初，佩塞恩德（Peisander），在从萨摩斯回雅典的途中，在他所经过的一些城市废除了民主制度，建立了寡头政治。同样，欧恩欧俄也被寡头政治家们出卖给了皮奥夏人。〔51〕 在这一系列事件之后，该法律的颁布也就格外适宜。有学者反对说，这一条款并不适用于第一雅典帝国，而是第二雅典帝国。但是，在第二帝国的各个城邦并没有建立卫戍部队，〔52〕 因而，这一条款似乎并不适用。而且，吕西亚的一个段落明确表明这一条款早在公元前 399 年就已经

---

〔47〕 Thucydides vi. 28.

〔48〕 Plutarch *Alcibiades* xxii.

〔49〕 *Ath. Pol.* xxix. 4.

〔50〕 *CIA* i. 57；i. 61. 此时有专门的委员会来负责对法律的总体修改。Lysias xxx. 2；cf. F. D. Smith, *Athenian Political Commissions*, p. 74.

〔51〕 Thucydides viii. 64, 65, 98.

〔52〕 *CIA* ii. 17；iv（2）. P. 10；Hicks and Hill, *Greek Historical Inscriptions*, No. 101. 21 f.

为人所知：*ἄξιον δὲ καὶ τόδε ἐνθυμηθῆναι, ὅτι εἰ μὲν τις φρούριόν τι προύδωκεν ἢ ναῦς στρατόπεδόν τι, ἐν ᾧ μέρος τι ἐτύγχανε τῶν πολιτῶν ὄν, ταῖς ἐσχάταις ἂν ζημίαις ἐζημοῦτο.*[53]

该法律的第三项条款在公元前 5 世纪末期以前的文献中也曾经被明确地提到：*δεινὸν δέ μοι δοκεῖ εἶναι, εἰ τοῖς εἰποῦσι .... μὴ τὰ ἄριστα ὁ μηδὲν εἰπὼν ταὐτὰ πείσεται.*[54]

从前面的论述我们可以清楚地看到，在公元前 5 世纪末期以前，海波伊迪斯所给出的该法的所有三项条款都已经为人们所知，并且该法和后来的海波伊迪斯时代的规定几乎完全一致。不过，尽管主体是一样的，但公元前 411 年，在民主恢复之后也很可能对这些法律进行过微小调整。例如，如果在未能获得 1/5 选票情况下实行的 1, 000 德拉克马的罚款的确在“弹劾”案件中适用过，那么，这一规定就很可能是在海波伊迪斯的《为吕哥弗隆辩护》（*Pro Lycophrone*）和德摩斯提尼的演讲《论王冠》之间的某一次法律修正当中填加进去的。

利普西斯认为“弹劾法令”形成于公元前 4 世纪下半叶的主要理由（这一理由为布叟尔特所遵循）就是他发现在“弹劾”案件中，下半叶所作出的处罚比以前更加严厉，比如，同样的案件，在该世纪上半叶遭受的处罚可能只是罚款，而在下半叶则是死刑和禁止在雅典下葬。[55] 而且，他还发现弹劾法令明确无误的第一次适用是在海波伊迪斯诉费罗克拉特（Hypereides vs. Philocrates）一案。[56] 但是，遗憾的是，利普西斯所引用的所有段落都无法确切地证明弹劾法令规定在“弹劾”案件中可以适用死刑。相反，这一案例似乎证明特定的法律被通过以决定对特定犯罪的惩罚，而这些犯罪通常是通过“弹劾”程序处理的。[57]

显然，“弹劾”是一个政治程序，主要被用来针对那些损害国家利益

---

〔53〕 xxxi. 26. 有一些人，如杰伯（Jebb）的《雅典演说家》（*Attic Orators*）认为这一演讲的发表日期要提前数年。

〔54〕（Lysias）xx. 10；cf. also 5 and 13。此演讲约发表于公元前 410 年。

〔55〕 Cf. Demosthenes xix. 180；xxiii. 167；Aeschines iii. 51；Aristotle *Rhet.* ii. 1380b. 10；Hypereides *Lyc.* 20；*Eux.* 14，18；Aeschines iii. 252；Lycurgus *Leoc.* 150.

〔56〕 Cf. Hyp. *Eux.* 29 f.，39 f.

〔57〕 Cf. *CIA* ii. 65；Thalheim，*Hermes*，XXXVII，352.

的人。自然的，“弹劾”可以适用于所有的这类案件，以及那些法律明确规定适用该程序的案件。因而，即使法律已经为某类案件设定了具体的程序，在涉及重要政治利益的情况下，许多特别严重的案件，甚至并没有多么严重，也可以通过“弹劾”程序来处理。故而，这一程序也会时不时地适用于ύσέβεια 或 δειλία，而这些案件通常是由 γραφὴ ἀσεβείας或 γραφὴ δειλίας来处理的。[58] 如此一来，欺骗人民罪（根据德摩斯提尼[59]所引用的一项古老法律该罪可被处以死刑），可以通过“弹劾”程序来审理就是非常自然的。此外，任何突然或者严重的犯罪以及法律未明确规定审理程序的犯罪[60]也可以很自然地运用“弹劾”程序来进行审理。

有学者认为海波伊迪斯所引用的法律是不完整的。海格（Hager）[61]增加了两项条款，一项关于海军事务，是从石刻中获得的：ἐάν τις ἀδικῇ περὶ τὰ ἐν τοῖς νεωρίοις;[62] 另一项关于商业事务，是从狄纳尔科斯（Dinarchus）的一次演说的题目中获得的，但是该演说已经遗失：κατὰ Πυθέου περὶ τῶν κατὰ τὸ ἐμπόριον εἰσαγγελία.[63]泰尔汉姆[64]则认为在公元前4世纪早期，除了“弹劾法令”中规定的之外，还有3类犯罪也被纳入“弹劾”程序，即：（1）向人民作虚假承诺；（2）欺骗大使；（3）危及雅典海上联盟的任何行为。最后一项毫无疑问指的是第二雅典联盟。[65]上述学者之所以认为“弹劾法令”的规定是不完整的，是因为他们认为“弹劾法令”的出台是为了限制“弹劾”程序的适用范围。然而，已知的

---

〔58〕 Cf. Lysias x. 1.

〔59〕 xx. 100, 135. Cf. xix. 103; xlix. 67; Hager, “How Were the Bodies of Criminals at Athens Disposed of after Death?” *Jour. Of Philol.*, VIII, 7, n. 2.

〔60〕 Lexicographers, *s. v.* Eisangelia; Pseudo – Xenophon *Ath. Pol.* iii. 5.

〔61〕 *Jour. Of Philol.*, IV, 83 f.

〔62〕 *CIA* ii. 811c. 140 ff.; Boeckh, *Urkundenǔber das Seewesen des attischen Staates*, p. 536.

〔63〕 Dion. Hal. *De Din.* 10. 海格（Hager）很可能认为这类犯罪属于政治性质，因而，应通过“弹劾”程序进行审判。在其他的地方，他曾说“因而，我得出结论，认为‘弹劾’不仅仅适用于‘弹劾法令’中明确列举的案件，而且也适用于其他的犯罪，但是，当适用于其他犯罪时，这些犯罪必须是应受法律制裁、并且应当在某一项已经列名的犯罪的名义下进行追究的犯罪”（*Jour. Of Philol.*, IV, 78）。

〔64〕 *Hermes*, XXXVII, 346 ff.

〔65〕 Cf. *CIA* ii. 17, 51 ff.

许多“弹劾”案例却并不属于该法律的任何规定范围。但是，如果我们能够接受本文的论调，即认为“弹劾法令”之所以出台只不过是为了确保“弹劾”程序在特定政治案件上的适用，那么，上述困难将会立即烟消云散。[66]

当有弹劾案件在议事会或者公民大会被提起的时候，可能会出现几种情况。议事会或者公民大会可能会拒绝采取任何行动。一个典型的例子就是在亚西比德出发前往西西里之前对其进行的弹劾。根据安多基德斯的说法，尽管议事会和公民大会都收到了对亚西比德的弹劾，但是都没有进行审判。[67] 如果议事会和公民大会感觉到应对诉至其面前的弹劾进行处理，那么，还可能会有各种观点的冲突和长期的争论，以决定如何更合适地处理案件。在阿吉纽西战争之后对将军们所进行的审判正是如此，当时共存在 3 种意见：（1）应该在公民大会上立即对将军们进行审判；（2）应该在公民大会上根据凯弄奴斯法令对将军们进行审判；（3）应当根据抢劫庙宇和背叛国家的法律在法庭上对其进行审判。最终，第一种意见被采纳。一旦关于案件的决定获得通过，此类辩论便会终止，决定会指明到底是由某一政治机构还是某一法庭来对案件进行审判。现存的一些这类决定可以使我们窥探到它们的一些细节。例如，关于安提福恩一案的决定不仅指明了要对安提福恩的何种行为进行审判以及何人必须出庭答辩，而且还列明了控告人以及被告人被定有罪时的惩罚。如果决定将案件交给法庭审理，被告被定有罪时的刑罚通常是事先列明的，波利克斯的论述可以证明这一点：***εἰσαγγελία***：***κἂν μὲν μέτρια ἀδικεῖν δοκῇ, ἡ βουλὴ ποιεῖται ζημίας ἐπιβολὴ ἂν δὲ μείζω, ἱν δὲ μείζω, ὅ τι χρὴ παθεῖν ἢ ἀποτῖσαι.*** 此外，这类决定还很可能会列明负责对被告进行审判的法庭的规模：***εὐθέως κρίσιν τοῖς ἀνδράσι τούτοις ἐποίουν ἐν τῇ βουλῇ, ὁ δὲ δῆμος ‘ἐν τῷ δικαστηρίῳ ἐν***

［66］ 海格（Hager, *op. cit.*, pp. 79 ff.）对有关“弹劾”的案件进行了有益的收集和分类。但是，海格没有兴趣关注海波伊迪斯记载的法律的颁布日期，因此，他试图把所有的案件塞进他的分类，而不关注法律的具体颁布日期。他记载的第一个案件，即对亚西比德因亵渎神灵而展开的弹劾，就是在法律颁布之前判决的。正如前面所说，对亚西比德的弹劾是政治性的也是宗教性的，因而，如果该案真的发生在这一法律通过之后，也必然会通过“弹劾”程序来处理。

［67］ Cf. *supra*, p. 301.

διοχιλίοις' ἐψήφιστο.[68]

因而，“弹劾法令”的历史至少从梭伦时代开始，并贯穿整个公元前4世纪。根据海波伊迪斯所记载的该法律的形式来看，它不可能产生于四百人委员会革命之前，不过，它的产生也应当在民主恢复之后不久。由海波伊迪斯的记载来看，它应当是对梭伦时代的法律的修正和扩充，毫无疑问，梭伦的法律在公元前5世纪曾经经受过数度修正。“弹劾法令”从未规定它列举之外的案件不能用“弹劾”程序进行审判，它只是规定它所列举的案件应当用“弹劾”程序进行审判。大量的证据表明对那些突发或者严重的行为通常都会按照此种程序进行处理。到公元前4世纪中叶，甚至更早，即使十分微小的案件也开始广泛地应用这一程序。

〔68〕 Lysias xiii. 35. 这些案件属于“弹劾”案件，这可以为吕西亚（Lysias xii. 48）所证明。

第十一章　雅典帝国的司法体制

雅典帝国的司法受到两股不同思潮的影响。[1]一方面，在商业事务方面，雅典想使其盟邦获得安全感和平等感。因此，在商业诉讼方面，雅典奉行互惠政策。在商业案件的解决制度上，雅典的盟邦和雅典人几乎是完全平等的。[2]不过，另一方面，雅典又倾向于使用强力，将所有的实质权力向雅典集中。这一政策在刑事案件的处理上十分明显。在此类事务上，雅典实施严密的监控，并尽可能地把司法控制手段集中到自己的手中。因而，对于商业案件和刑事案件，我们必须分别论述。

要了解雅典帝国在商业案件方面所实行的制度，我们就必须了解此前的与外国人有关的希腊司法实践。在荷马时代，外国人似乎无法寻求司法救济。但是，到赫西奥德时代，[3]外国人已经被允许，至少在某些类型的案件中，使用当地法庭。随着商业的进一步发展，向外国人提供服务，使他们能够借以收取债务以及获得一些明确的人身和财产保障，就变得十分必要。正因为如此，不同的国家之间才开始普遍地缔结条约，为双方的公民提供诉讼服务，以保护双方利益。现存的最早的这类条约仅仅保障在一定程度内免受剥夺财产的危险。[4]为实现这一目的，还规定有相应程序，即，被损害的一方可以实施报复或者要求官员介入。最终，这类条约的范围逐渐扩大，开始涉及合同的履行以及其他的商业纠纷，在实质上，已经

---

〔1〕为了研究的完整，在此对雅典帝国的司法做一个总结，尽管这一主题和研究的宗旨似乎不是完全一致。关于完整的论述，请参见：Robertson，"University of Toronto Studies in History and Economics，" Vol. IV, No. 1: *The Administration of Justice in the Athenian Empire*，这篇文章和此处的总结紧密相连。

〔2〕Thucydides i. 77; cf. Bonner, *Class. Phil.*, XIV, 284 ff. Antiphon, v. 78; cf. Robertson, *Class. Phil.*, XIX, 368.

〔3〕*Works and Days*, 225.

〔4〕对比查雷恩（Chaleion）和欧塞斯阿（Oceanthea）之间的条约（IG ix. 333; Hicks and Hill, *Greek Historical Inscriptions*, No. 44），这一条约大约签定于公元前440年。

演变成为完全的司法互惠。在提洛同盟形成的时候，雅典和其他主要的希腊商业城邦之间就肯定存在此类条约。按照这类条约审理的案件在当时被称为“条约案件”（δίκαι ἀπὸ συμβόλων）。

雅典帝国司法的一个最重要的特征就是按照条约（σύμβολα）来审理雅典人民和其他盟邦人民之间的商业纠纷。[5]罗伯逊（Robertson）把他对这类条约（σύμβολα）和按照这类条约进行审理的案件（δίκαι ἀπὸ συμβόλων）的发现作了如下总结：[6]

1. 条约由司法执政官主持下的陪审法庭批准。[7] 条约可以同帝国内部的其他城邦缔结，也可以同帝国以外的城邦缔结，但前者是主流。在联盟内部，条约既可以同自治城邦缔结，也可以同附属城邦缔结，甚至同因反叛而又被征服并且其土地已经被划分给雅典人的城邦之间也可以缔结条约，尽管在这种情况下缔结的条约很可能对这些城邦更加不利。

2. 在这些条约中，有两项事务得以确保：免受剥夺财产，以及在特定案件审判上的互利互惠。条约规定的这些案件都是从商业合同案件发展来的，尽管它们所涉及的事务比单纯的商业合同案件范围更广，并且处理程序也大不相同。条约的互利互惠性受到“原告就被告”（actio sequitur forum rei）原则[8]的有效保障，只有当案件的一方当事人是城邦的时候才可能构成该原则的例外，在这种情况下，案件可能会被移交第三方城邦。

3. 条约案件的审理，至少是部分条约案件的审理，不遵循任何缔约方的法律，而是遵循条约所规定的一种特定制度。[9] 关于具体的程序细节，我们知之甚少，但是，它很可能与雅典的程序类似，这不仅因为雅典是帝国的首都，占据优势，而且还因为其他城邦的程序往往与雅典的大同小异。条约案件中的外国当事人极有可能不要求 πρόξενος或 προστάτης。审理条

〔5〕 这些案件也被称为δίκαι ἀπὸ συμβολαῖαι，这种称呼非常容易引起歧义，因为συμβολαῖος既可以意为条约，也可以意为商业合同。此外，许多案件既是“受条约规范的案件”，同时也是“与商业合同相关的案件”的事实也会使得两者更难区分。

〔6〕 *The Administration of Justice in the Athenian Empire*, p. 22.

〔7〕 Aristotle *Ath. Pol.* lix. 6; Pollux viii. 88. Cf. Lipsius, *op. cit.*, p. 968.

〔8〕 Stahl, *De sociorum Atheniensium iudiciis commentatio*, p. 8.

〔9〕 Stahl, *op. cit.*, p. 8; Hitzig, *Altgriechische Staatsverträgeŭber Rechtshilfe*, p. 53; Busolt, *Geschichte*, III, 234; Wilamowitz, *Hermes*, XXII, 240.

约案件的法院和审理只涉及本国人的案件的法院以及审理不属于条约调整范围的外国人案件的法院均不相同。条约案件的审理总是由司法执政官主持，[10] 当然，莱斯博斯的案件除外，因为主持此类案件的是雅典居民的行政官员。[11]

4. 最后，还规定有保障措施，[12] 当发生违反条约的情况时以确保结盟城邦能够获得救济。

雅典在这些案件上的宽宏大量显然是出于鼓励贸易发展的愿望。

在政治和刑事案件方面，雅典奉行的是完全不同的政策。在此，它所追求的只有限制和臣服。由于提洛同盟是在战争的大背景下产生的，因而，联盟的权力毫无疑问地被分配给了业已存在的官员和机构，而不是新设立的组织。故而，大量的行政权力便落入了联盟领袖，也就是雅典人的手中。在联盟形成之初，人们似乎并未怎么注意可能产生的司法纠纷。再者，雅典人是联盟军队的首领，他们的将军有权处理任何军事领域的案件。这样，他们的权威便很容易扩展到其他的阻碍实现联盟目的的各个方面。[13]

当结盟城邦对履行联盟义务越来越不感兴趣的时候，建立一个统一的联盟司法制度便变得日益重要。此时，雅典已经开始奉行帝国主义政策。它必须确立一种制度，以迫使结盟城邦履行义务。因而，与其说是雅典人篡夺了联盟议事会的权力，还不如说是雅典人因应时势，从头建立了这一制度。总之，雅典人迅速地利用了当时的形势，把重要案件的审理从联盟转移到了雅典自己的法庭。当反叛城邦被征服之后，这些城邦的司法也会被置于雅典的控制之下。

结盟城邦大体可以分为 3 类：保持独立的城邦、因反叛遭到征服从而被降到从属或者附属地位的城邦、以及那些自愿接受管理的城邦。第一类城邦在司法事务上的地位我们知之不多，但是这类城邦只占联盟的一小部分，到最后只剩两个，即开俄斯和美图姆那（Methymna）。第二类城邦无

---

〔10〕 Aristotle, *op. cit.*, lix. 6.

〔11〕 *CIA* iv (1). 96.

〔12〕 *CIA* ii. 11; Hicks and Hill, *op. cit.*, No. 36; Dittenberger, *Sylloge*², No. 72. 雅典官员对按照条约不应由雅典管辖的案件所作出的判决无效，并且作出这类判决的雅典官员将被处以 10,000 德拉克马的罚款。

〔13〕 Plutarch *Cimon* xi.

论是在政治还是司法上都毫无疑问从属于雅典。尽管和每个反叛城邦之间也需要制定单独法令来分别确定它们和雅典之间的关系，[14] 但是这些单独法令毫无疑问都大同小异，因为它们都必须遵循雅典的总体政策和总体管理规定。第三类城邦是雅典帝国的主体，但雅典似乎不可能和这些微型城邦之间一个一个地签订单独协议。

对这类案件的处理可以大致总结如下：[15]

1. 这些案件的处理都必须服从一些总体的管理规定，并且这些总体的管理规定在整个帝国范围内都具有效力。

2. 涉及雅典公民和其他城邦公民的基于不法行为而产生（ex delicto）的案件应首先在雅典进行审理。

3. 不涉及雅典的基于不法行为引起的案件可以在当地进行审理；但是，如果案件涉及死刑、放逐或者剥夺公民权，那么，该案件必须上交雅典。[16] 似乎有的时候这一规定还被进一步扩展至涉及100德拉克马以上的案件。地方法院的绝对管辖权只限于罚款案件。

4. 被判处永久放逐的人应被流放到帝国边界以外。

5. 某些司法权力由雅典的海外官员行使。

6. 保证盟国可以获得由合适司法机构进行的法律审判。

由雅典法庭负责审理的一组重要的案件就是因贡品评估而产生的案件，[17] 这包括盟国因对贡品评估不满而提起的上诉，以及对盟国未交纳贡品这类反叛行为提起的控告。如果对贡品评估不满，盟国可以上诉至雅典

---

〔14〕 关于艾瑞斯拉（Erithrae）的法令（介于公元前470年至公元前450年之间），*CIA* i. 9；Hicks and Hill, *op. cit.*, No. 32；Dittenberger, *op. cit.*, No. 8. 关于米利图斯（Miletus，公元前450至公元前447年），*CIA* iv（1），22A。关于哈尔斯基（公元前448年），*Ibid.*, iv（1）. 27 A；Hicks and Hill, *op. cit.*, No. 40；Dittenberger, *op. cit.*, No. 17. 相关讨论和参考文献，见Robertson, *op. cit.*, pp. 31 ff.

〔15〕 Robertson, *op. cit.*, p. 46.

〔16〕 严格来讲，将案件上交不同于上诉。在上诉的情况下，被告可能会选择不行使他的上诉权利，而选择接受地方法院对他的越权惩罚。但是，从安提福恩认为地方城市不能判处死刑的论断来看，该案件似乎并不是这样（v. 47）。他的论断似乎表明判处特定刑罚的判决必须得到雅典法庭的确认。被告人是否同意接受该惩罚根本无足轻重。Cf. Steinwenter, *op. cit.*, pp. 74－75.

〔17〕 *CIA* i. 37；Hicks and Hill, *op. cit.*, No. 64，可见碑文证据。

法庭；这类案件由 εἰσαγωγεῖς审理，属于“月度诉讼”（monthly suits）。[18] 第二类案件由ἐπιμεληταί主持下的雅典法庭审理，也属于“月度诉讼”。[19]

根据以上对雅典帝国司法制度的描述，可见盟国地方法庭的管辖权十分有限。基于契约而产生的（ex contractu）案件一般被当作条约案件来审理。基于不法行为而产生的所有案件，如果涉及雅典人和其他结盟城邦的公民，也必须在雅典审理；尽管只涉及其他结盟城邦的案件可以在当地审理，但是如果案件涉及死刑、放逐或者剥夺公民权，也还是需要上交雅典。所有的关于贡品的案件也都由雅典审理。即使由盟国地方法庭所保留的少数案件，案件的审理也很可能受到雅典海外官员的监督。而且，一般而言，案件的审理也需要遵循雅典的一般司法程序。当然，条约案件的审理程序是由条约预先设定的。其他结盟城邦的人民会亲自把自己的案件诉至陪审法庭，尽管他们像雅典公民一样，可以寻求职业演说家的帮助。

在以亚里士多泰莱斯法令（Aristoteles decree，公元前 478 年 – 公元前 477 年）为基础组成的第二次联盟之中，[20] 条约案件继续按照互利互惠的原则进行审理，恰如第一帝国时一样。[21] 联盟的政治事务由雅典当局和一个由其他结盟城邦组成的委员会共同管理。联盟会议在雅典举行；雅典是联盟的行政首领。[22]

亚里士多泰莱斯法令没有对联盟的司法制度作出总体规定。但无论这一疏忽是故意的还是偶然的，在实践当中雅典联盟都不得不面对这样或那样的司法问题。根据亚里士多泰莱斯法令，如有任何人建议采取任何措施或者试图通过投票来废除该法令的任何条款，负有责任的人，无论他是一名普通人还是一名官员，都必须接受审判ἐν 'Αθηνα ίοις καὶ τοῖς συμμάχοις。[23] 对此的惩罚是放逐到雅典以及其他结盟城邦的领土范围以外，或者是禁止在雅典以及其他结盟城邦下葬。不过，到底由什么法院来负责审判这类案件，

〔18〕 Cf. Lipsius, *op. cit.*, pp. 85 and 901.

〔19〕 *CIA* i. 38; iv (1). 38 A.

〔20〕 *CIA* ii. 17; Hicks and Hill, *op. cit.*, No. 101; Dittenberger, *Sylloge*^{2}, No. 147.

〔21〕 (Dimosthenes) vii. 9 – 13. 证明在第二联盟解体之后，δίκαι ἀπὴ συμβόλων 仍然得以继续。

〔22〕 Diodorus xv. 28. Cf. Marshall, *The Second Athenian Confederacy*, p. 28.

〔23〕 *CIA* ii. 17, 56 – 63.

我们并不清楚。〔24〕 负责审判的有可能是一个由雅典和其他结盟城邦的代表组成的法庭。实际上，亚里士多泰莱斯法令只是一个政策性声明，而不是规划中的联盟的总体章程。许多细节都有待于联盟正式成立之后，在结盟城邦的协作之下进行制定。组织设立一个联盟的最高法院很可能就是这样的细节之一。比如，公元前 447 年 - 公元前 446 年成立、并一直持续至公元前 387 年 - 公元前 386 年的皮奥夏联盟的重要特征之一就是最高法院的存在。另一方面，也很可能是犯罪的雅典人由雅典负责审判，犯罪的其他城邦人则由联盟委员会进行审判。〔25〕 但是，无论是雅典还是联盟城邦都不可能有足够的权威执行放逐和禁止在联盟范围内下葬的刑罚。只有一个最高法院才能行使对整个联盟的领土的管辖权。这种双重司法体系会导致一定的困难，但是也很容易解决，只要把所有的反叛案件都汇报给由雅典和其他各城邦所组成的大会即可。这样，无论是雅典还是其他城邦所作出的判决都可以通过联盟的认可而在整个联盟范围内生效。这似乎是一种更加可取的观点。〔26〕

尽管亚里士多泰莱斯法令的否定，雅典还是会侵犯其他城邦的司法独立。塞欧斯反叛之后，负责的领导遭到了惩罚。那些声称自己清白的被控告者都在塞欧斯和雅典遭到了审判：***ἐξεῖναι αὐτοῖς δίκαι ὑποσχεῖν κατὰ τοὺ ς ὅρκους καὶ τὰς συνθήκας ἐνΚέῳ καὶ ἐν τῇ ἐκκλήτῳ πόλει 'Αθήνησ.*** 〔27〕 这句话似乎意味着案件首先在塞欧斯进行审判，然后提交雅典进行确认。严格来讲，这不属于上诉。〔28〕 因为案件之所以被提交到雅典并非出于被告人的选择，而是由于雅典法律的规定。在另一个对塞欧斯施加贸易限制的法令中，有这样的话语：***εἶναι δὲ καὶ ἔφεσιν'Αθήναζε καὶ τῶι φήναντι καὶ τῶι ἐ***

〔24〕 关于各种不同意见，参见：Robertson，"The Administration of Justice in the Second Athenian Confederacy," *Class. Phil.*，XXIII，30ff.

〔25〕 Cf. Lipsius，*Berichte d. Kònig. Sāch. Gesellschaft d. Wissenschaft. Zu Leipzig*，1898，pp. 154 ff.，and *Att. Recht*，p. 975.

〔26〕 其他的可能性包括由联盟成员进行审判，但是其判决需上交或者上诉到雅典进行确认，或者雅典和联盟成员进行联合审判。战争与和平问题的决定程序可以被引用来支持雅典和盟邦独立并行审判的观点。但是，和其他的程序相比，这个程序过于繁琐和复杂。Cf. Robertson，*op. cit.*，p. 32.

〔27〕 CIA iv（2）. 54 B. Cf. Lipsius，*Att. Recht*，pp. 976 f.

〔28〕 关于上诉问题，cf. Steinwenter，*op. cit.*，pp. 75 ff.

νδείξαντι.[29] 此外，在一项关于纳克思[30]的 法令中，其中的 *τὰς ἐφεσίμους δίκας*也表明某些案件必须被提交给雅典。这些案件有大有小，从仅涉及 100 德拉克马的案件直至更加重要的刑事案件。这些条款的规定使得当时的司法制度似乎又回到了第一雅典帝国时期。

〔29〕 *CIA* ii. 546.

〔30〕 *Ibid.* , iv（2）. 88d.

第十二章　阿提卡乡村地区的司法

修昔底斯详细记载了阿提卡人民在离开家乡、迁入城市以躲避伯罗奔尼撒入侵时的不情愿情景：

> **那时，因为他们已经在乡村地区相对独立地生活了无数年，绝大多数的早期雅典人民以及他们的后代直到战争之前都一直不间断地生活在那块地方，由于习惯的力量，即使在政治上与城市实现统一之后，他们仍然继续居住在他们的乡村住所。**[1]

阿提卡实现政治统一的时候解散了雅典之外的许多委员会和行政机构。但是存在于基层社群的社会、政治和宗教组织似乎并未遭到压制。地方自治的某些因素肯定或多或少地在乡村社区中得以保留下来。当时，为了征收赋税和征发兵役的目的，这些乡村社区一共被划分为48个纳奥克莱瑞。纳奥克莱瑞执行委员会在公共生活中的地位十分重要，以至于希罗多德认为在塞伦试图推行僭主统治期间它是国家最高权威机构。[2] 所有的雅典官员都具有一定的司法职能。在自己的领地范围内，每位纳奥克也很可能都享有一定的司法职能；但是在现存的史料中并未提及他们的这种权力。

在任何时候，雅典人都乐于通过仲裁来解决他们不太重大的纠纷。由此来看，仲裁在乡村生活当中肯定也起着重要作用。当佩西斯特拉托斯推行送“正义”下乡的时候，他很可能就是试图用其追随者来取代乡村的仲裁员，以加强他对人民的控制。[3] 在僭主们被驱逐之后，克里斯提尼控制了雅典，他废除了纳奥克莱罗和乡村司法。在乡村地区，他重新组织起了

---

〔1〕 Thucydides ii. 16, Smith's translation.

〔2〕 Cf. *supra*, p. 130.

〔3〕 Cf. *supra*, p. 184.

居于“德莫行政官”之下的名为“德莫”的自治单位。[4] 这些政治组织在国家生活之中发挥着重要作用。

公民权取决于在德莫卷轴上的登记。[5] 公民所生的儿子由他们的父亲当着德莫大会的面进行登记。对这种登记，人们有充分的反驳机会。自然公民们（naturalized citizens）都选择在本德莫进行登记。任何人都可以通过 *γραφὴ ξενίας*在法庭当中对另一个人的公民权提出质疑。[6] 有时德莫大会还会对公民名单进行大规模的修正。这一程序被称为 *διαψήφισις*。[7] 海奥叟利尔（Haussoullier）[8] 认为这并非司法程序。但是，这一观点并不十分正确。[9] 诚然，这一程序没有像正式的司法程序那样为原告和被告设定时限。但是，任何人都可以代表自己或他人向大会发表演说，而且所有的成员都由秘密投票选出，并且必须宣誓。这些都是法庭审判的典型特征，这些特征使得 *διαψήφισις*和普通的德莫大会存在明显区别。任何被剥夺公民权的人都可以向陪审法庭提出上诉。如果上诉遭到拒绝，上诉人将被当作奴隶出售。[10]

雅典完善的公共帐目审计制度也为各个德莫所复制，尽管存在些许修改。在一处关于一个名叫米尔希奴斯（Myrrhinus）的德莫的石刻中，我们可以发现详细的官方审计规定。甚至组成审计委员会的 3 类官员所发的誓词，也被记录在内。在进行审计的时候，审计员和会计师，在公共利益的监护者西尼格罗伊（synegoroi）的辅助下，当着集会起来的德莫群众的面对材料进行审计。不过，审计员主持下的审计委员会所作出的决定并不直接具有法律效力，还需要得到 10 名本德莫人的批准，而这 10 名本德莫人

---

〔4〕 Aristotle *Ath. Pol.* xxi. 5.

〔5〕 Haussoullier, *La vie municipale en Attique*, p. 13.

〔6〕 Lipsius, *Das Attische Recht*, p. 412. 吸收新公民的行为受到严格审查。通过严格控制公民的数量，公民获得的实体利益可以大大增加。阿里斯托芬（*Wasps*, 718）就曾经嘲笑过在发放谷物时所引起的诸多诉讼。Cf. Plutarch *Pericles* xxxvii.

〔7〕 Lipsius, *op. cit.*, pp. 414 – 15.

〔8〕 *Op. cit.*, p. 44.

〔9〕 Gilbert, *Greek Constitutional Antiquities*, p. 208.

〔10〕 伊塞奥斯（Isaeus, xii）和德摩斯梯尼（Demosthenes, lvii）是关于这些上诉的主要信息来源。Cf. Lipsius, *op. cit.*, p. 415.

需由德莫大会选举产生并且必须向德莫行政官宣誓。[11]

该程序最有趣和最引人深思的特征是规定对于审计决定在发誓后可以立即上诉于正在集会的德莫人民，如果当时至少有30名本德莫的人在场。对米尔希奴斯而言，30是一个法定多数，就像对整个雅典公民大会而言，在某些情况下6,000可以构成法定多数。[12] 斯赞托（Szanto）[13] 认为如果只有刚好构成法定多数的人在场，那么，他们必须全体一致才可以改变审计决定，但是，他的这一观点既不能为石刻记载也不能为与雅典实践的类比所支持。石刻当中特别表明，那10名由德莫大会选出的德莫人只要多数一致，便可以改变审计人员的决定。因而，如果只有法定多数的人全体一致才可以改变这10名德莫人的决定，那么，这一奇特的要求就肯定不会为石刻所遗漏。显然，整个审计过程都是当着德莫人民的面进行的，他们可以看见和听见整个审计过程，因而，如果在场的人构成法定多数的话，投票立即便可以进行；否则，便需要延迟投票。当然，上诉之路也并非毫无风险，如果上诉失败，罚款将会增加50%。在公元前4世纪的另一份材料当中，[14] 还保留了关于一个名为艾可斯昂尼（Aexone）的德莫和一些欠款的公共土地承租人或者公共财产的借款人之间的仲裁的规定，本来这一纠纷是应由陪审法庭审理的。在这一仲裁中，当事人需要发誓遵守仲裁决定，并不再寻求诉讼方式来解决纠纷。德莫行政官在其助手的帮助下，对所谓的欠款人进行起诉。这样，一件滑稽的事情便发生了：德莫行政官不但是案件的当事人，而且是案件的法官。不过，将案件提交仲裁是自愿的。

德莫行政官并不具有实质性的司法权力。但是，像雅典的行政官员负责主持民众陪审团的审判一样，德莫行政官也可以主持由德莫大会所进行的司法审判以及宣誓活动。但是，他的这一职能并不具有特别的意义，因为所有种类的德莫大会都由其主持。此外，像所有的雅典行政官员一样，他有权对妨碍其履行职责的本德莫的人处以罚款。[15] 作为德莫的核心官

---

〔11〕 *CIA* ii. 578；Haussoullier, *op. cit.*, pp. 80 ff.

〔12〕 Cf. *supra*, pp. 194 ff.

〔13〕 Untersuchungen ŭber das attische Bŭrgerrecht, p. 36.

〔14〕 Haussoullier, *op. cit.*, pp. 87 ff.

〔15〕 Schoeffer, article "Demarchoi" in Pauly - Wissowa, IV, 2708. 德莫行政官所作出的罚款决定必须获得民众法庭的认可。Cf. *supra*, p. 279.

员，德莫行政官在所有德莫为一方当事人的诉讼中代表德莫。因而，当有被剥夺公民权的人对德莫大会修改公民名单的决定向陪审法庭提起上诉时，德莫行政官，在挑选出的5名助手的辅助下，需进行应诉。[16]

现存的一份石刻[17]表明当时德莫行政官的助手享有特别荣誉，以表彰他们为德莫所作的服务。毫无疑问，像城市中的官员助手一样，他们也领取报酬。

无论是在现代还是古代，对于德莫行政官在查封和剥夺债务人和犯罪分子财产方面所扮演的角色一直存在争议。除了词典编纂者和注释者以外，只有两个段落曾经提及这方面的内容。在公元前410年通过的对安提福恩和阿彻皮托勒穆斯（Archeptolemus）的死刑和没收财产的判决中，他们各自所在德莫的德莫行政官被要求对二人的财产进行鉴别。[18] 伪普鲁塔克（Pseudo - Plutarch）所引用的这份材料可以追溯到克拉特鲁斯（Craterus）。在阿里斯托芬的《云》当中，[19] 斯瑞西阿德斯对他的儿子抱怨说由于他在一些案件中败诉，因而，他作为抵押的一些动产、杂物很可能会被剥夺。在回答他儿子他为何在床上辗转反侧的询问时，他回答说：*δάκνει με δήμαρχός τις ἐκ τῶν στρωμάτων.* 这明显暗示着由于他未能偿还债务，因而，他担心斯恩纳（Cicynna）的德莫行政官将会造访。

这些段落对德莫行政官在此类情形下所担当的角色语焉不详。根据词典编纂者[20]以及阿里斯托芬的《云》（37）的注释者，德莫行政官不仅对本德莫的不动产进行登记，而且对抵押财产也有登记，以保证债务的履行。在不动产登记方面，词典编纂者们极有可能是正确的。[21]但是，并没有足够的证据可以证明德莫行政官对抵押的动产也有登记。不过，无论如何，有一点是清楚的，那就是为了判决的执行，德莫行政官的确以某种方式介

〔16〕 Aristotle, *Ath. Pol.* xlii. 1. Cf. *CIA* iv. 2. 583b.

〔17〕 *CIA* ii. 581.

〔18〕 Pseudo - Plutarch, X *Oratorum Vitae*, 834 A.

〔19〕 Line 33 ff.

〔20〕 Suidas; and Harpocration, *s. v.* δήμαρχος.

〔21〕 泰尔汉姆（Thalheim, *Lehrbuch der griechischen Rechtsalterthümer*, p. 57, n. 1）接受词典编纂者们的论断。利普西斯对认为当时已经存在由德莫行政官主持的不动产登记制度的观点表示怀疑（Lipsius, *op. cit.*, p. 302, n. 12），但是他认为德莫行政官陪同当事人前去查封和剥夺对方当事人财产的行为非常普遍（p. 950）。

入到了对财产的查封和征收当中。在德摩斯提尼的一次演讲中,[22] 详细地描述了对一名被判负有债务和杀死女佣的人的财产的剥夺过程，但是，在这一过程当中对德莫行政官却未有任何提及，这一事实似乎表明在财产的剥夺过程中德莫行政官所担负的全部义务只不过是将债务人住处和财产告知于债权人。

〔22〕 xlvii. 53 ff.

第十三章 寡头政治家的反扑

公元前5世纪发生的所有雅典革命都对雅典的民主司法制度进行了根本性修改。因为，雅典的民众司法制度是雅典民主的防波堤。[1]雅典的宪政历史在很大程度上就只不过是对各种各样的加强和扩大民众司法权力的法令的记载，如对亚略巴古议事会的权力的限制，对五百人议事会惩罚权力的制约，以及关于弹劾和向民众陪审员支付报酬的法律等等。这些改革并非一帆风顺，而是阻力重重。尤其是当伯里克利引进向民众陪审员支付报酬的制度时，他所遭到的批评格外猛烈。对此，亚里士多德记述说：

> 伯里克利是第一个决定向民众陪审员在法庭的服务支付报酬的人，他这样做是为了对抗西蒙的富有，以赢得人民的支持……一些人指责他的这一措施导致了民众陪审团成员人格的下降，因为在这一措施实行之后那些愿意充当民众陪审员的人都来自社会的下层，而不是社会当中那些地位更高的人。[2]

有观点认为亚里士多德在写作这一段的时候肯定清楚地知道柏拉图的评论，在《高尔吉亚篇》（*Gorgias*）中[3]柏拉图曾记述苏格拉底的话说：

> 我渴望知道究竟雅典人是因为伯里克利而变得更好了呢，还是，相反，因为受其腐蚀而变得更坏；因为我听说他是第一个向人民支付报酬的人，从而使他们变得更加懒散和懦弱，并且鼓励他们崇尚空谈以及金钱。

〔1〕 Aristotle *Ath. Pol.* ix. 1.
〔2〕 *Ibid.*，xxvii. 3 – 4.
〔3〕 515 E.

卡里克利斯（Callicles）反驳说苏格拉底肯定是从费洛－斯巴达阵营（Philo－Spartan set）那里听来的这种评论，这表明这些评论代表的是保守派的观点，这些人即使没有公开反对民主，也至少强烈反对雅典发展起来的极端的民主形式。毫无疑问，这种情绪可以一直追溯到公元前5世纪。

没有多少公元前5世纪的建设性的批评流传至今。实际上，只要那种认为在政治上居于统治地位的人也应当负责司法的观点仍然还在流行，这种建设性的意见也就不可能会有很多。除非人们愿意将大部分司法权力授予给那些经过专门训练、同时也具有合适品性能够理智地行使这一权力的人，否则，便不可能存在真正的进步。当然，在公元前4世纪也存在一些先进的观点，而且类似的观点在伯里克利时代很可能就已经出现。在《理想国》（*Republic*）中，[4]柏拉图宣称不能把司法工作交给屠夫、面包师和蜡烛制造者。他的这一论断显然远远走在时代的前列。但是，在《法篇》（*Laws*）[5]这一部更加实际的论文集中，他又重新回到了普通希腊人的观点：

> 在审理损害国家的犯罪时，人们应该有权参与，因为当国家受到损害时也就意味着他们每个人都受到了损害，如果他们不被允许参加此类案件的决定，他们的抱怨是合理的。……在私人诉讼当中，也应当尽最大可能允许他们参与；因为如果一个人被禁止参与司法，那么，他很容易想象为自己在这个国家中根本就没有任何参与权利。

不过，柏拉图走得更远，他甚至建议设立一个最高上诉法院。上诉这一概念并非柏拉图的发明。在公元前5世纪和公元前4世纪的实践中，就存在各种各样的上诉。上诉也是梭伦改革的最重要特征之一。但是，柏拉图的计划的独创性在于他所建议的法院的独特特征。因为，它在实际上是

〔4〕 397D.

〔5〕 768 A, Jowett's translation.

一个由专家组成的机构。[6] 在《申辩》(*Apology*)中,[7] 苏格拉底建议说应该花费更长的时间，甚至不惜多花费若干天，来审理死刑案件。这是针对当时实践的一种批评。

伊索克拉底，在写于公元前355年的作品中，指控他所在时代的法庭纪律涣散，主张重新回到亚略巴古议事会作为法律和宪政监护者时代的 **πάτριος πολιτεία**:

> 在那时，当审理收回借款的案件时，他们不偏袒债务人，而是遵从法律，他们更加愤怒于那些力图逃避债务的人而不是受害者，因为他们相信如果借贷信用遭到破坏，受到伤害的将会是穷人，而不是富人。[8]

在公元前5世纪，无论是对保守派还是改革者 **πάτριος πολιτεία** 都是一个非常受欢迎的口号。伪色诺芬，在公元前424年写道：“雅典人在他们的法庭中更加关心自身的利益而不是正义”，而且“在民主体制下，坏人更容易逃脱正义的惩罚”。[9] 他拒绝那种通过设立更多审判小组来解决法庭拥堵问题的观点，因为他认为小的审判小组将更容易被贿赂。

> 除非以民主为代价，否则，任何大的修正都是不可能的。无疑人们能够发现许多改进宪政的权宜之计，但是如果问题是既要改进宪政同时又要保持民主制度不变，我敢说这绝非容易之事。[10]

这类论述明确地说明改进司法的唯一途径就是废除民主。《雅典宪制》的记载表明，当时已经提出限制诉讼的问题。在列举了一大堆各种各样的

---

〔6〕 *Laws* 767 C.

〔7〕 37 A.

〔8〕 *Aeropagiticus* 34. Cf. Antidosis 142.

〔9〕 *Ath. Pol.* i. 13; ii. 20, Dakyns' translation.

〔10〕 *Ibid.*, iii. 8 ff.

案件之后，作者质问说："我们不是必须认可解决所有这些问题的必要性吧？否则，干脆让每个人都提一件好了，但是问题的解决将无法保证。"〔11〕一些批评者认为梭伦法律的不确定性是导致大量非必要诉讼产生的原因。〔12〕亚里士多德没有发现可以证明这种批评的证据，但是对于公元前5世纪的保守人士而言，他们对这一批评肯定是耳熟能详。当革命者控制政府之后，他们所采取的措施似乎也表明他们对这种批评深信不疑。

在公元前5世纪的最后25年中，寡头政治家们曾有两次机会把这类改进司法的建议付诸实施。在公元前411年和公元前404年，寡头政治家们委任了一个三十人委员会来起草以 πάτριος πολιτεία 为基础的宪法，试图用宪政的方式来推翻民主。根据修昔底斯的记载，〔13〕公元前411年的委员会只是建议废除议事会。这样便可以摧毁宪政的最大保障，让法庭无能为力。所有的建议都可以提交给公民大会。政府则由四百人委员会掌握，他们取代了议事会的职能，并大量任命自己的追随者为官员。

刑事案件由四百人委员会审理，作为议员，他们甚至有权力判处死刑。安多基德斯〔14〕就是在四百人委员会遭到审讯的，他被控向萨摩斯的军队供应谷物和船桨，而这些军队曾经支持过民主事业。从专业角度讲，他遭到的控告是与敌人进行贸易。起初，委员会决定对其处以死刑，但最后只判其入狱。根据修昔底斯，〔15〕一名与弗里尼库谋杀案有牵连的阿尔戈（Argive）人也是被四百人委员会逮捕并在那被迫遭受"四百人委员会的酷刑"的。施用酷刑的目的是为了获取供认。除此以外，没有其他的关于四百人委员会行使司法权的记载。但是，在他们掌权的4个月中，他们的确曾经判处一些人死刑，一些人监禁，另一些人流放。〔16〕

史料中没有提及对凶杀案件的审判，但是没有证据表明亚略巴古议事会在当时已经不再具有凶杀法庭的职能。四百人委员会对弗里尼库谋杀案件的介入不过是为了获取证据。

---

〔11〕 *Ibid.*, iii. 6.

〔12〕 Aristotle *Ath. Pol.* ix. 2.

〔13〕 viii. 67. Cf. Aristotle *op. cit.*, xxix. 4.

〔14〕 ii. 13 ff.

〔15〕 viii. 92.

〔16〕 *Ibid.*, viii. 70. 2.

史料中也没有提及当时的民事案件如何处理。民众法庭肯定可以从五千人委员会（Five Thousand）招收成员，但是我们有充分理由相信直至四百人委员会被推翻、公民大会投票决定将政权交给五千人委员会，这个机构的存在只不过是纸面上的。不管亚里士多德所描述的那些宪法到底是属于寡头政治时期还是属于寡头政治被推翻之后的过渡时期都无足轻重，因为它们都没有包含关于司法的明确条款。过渡时期的临时宪法规定设立一个四百人委员会。“对于所有有关法律的事务，对于官员账目的审计，以及其他的事务，它都可以根据本身的意愿采取行动。”〔17〕宪法的这一部分规定毫无疑问使得该委员会具有了自由组织司法体系的权力。在最后的、实际上也从未生效的宪法当中，更是没有任何地方提及司法制度。

对现代读者而言，这是一个奇怪的疏忽。对此，有两种解释。要么是亚里士多德在他的综述中遗漏了这一问题，要么是该委员会，在规定了政府的运作机制之后，有意地将这一问题及其细节留给新成立的政府去解决。实际上，这也是柏拉图在《理想国》当中所秉承的观点。

> 高素质的公民应当自己发现必要的规章制度，以调整集市贸易、讨价还价、与手艺人的合同、侮辱和伤害以及案件应以何种程序进行审理，而法官又应以何种程序进行任命。〔18〕

公元前404年的三十人委员会，没有像公元前411年委任的委员会一样，将报告提交给公民大会，而是无限期地推迟了报告。同时，把大量的追随者委任到行政机构和议事会。当他们觉得需要制定法律的时候，便直接向议事会报告，寻求批准。〔19〕色诺芬〔20〕将克利蒂亚斯以及查理克勒斯（Charicles）称为νομοθετης。其含义为这些人，由于他们的显赫地位，三十寡头时期所推行的所有立法几乎都是由他们发动的。由于三十寡头执政

〔17〕 Aristotle, *op. cit.*, xxxi. Cf. Smith, *Athenian Political Commissions*, p. 66; Ferguson, “The Constitution of Theramenes,” *Class. Phil.*, XXI, 72.

〔18〕 425, Jowett's translation.

〔19〕 Aristotle *op. cit.*, xxxvii.

〔20〕 *Memorabilia* 1. 2. 31. Cf. Demosthenes xxiv. 90.

的时间较长以及他们对当时形势的更加严密的控制，无论是在当时还是在之后，三十寡头的影响都比四百人委员会更加深远。因而，流传至今的史料也更多，也使我们可以更好地重建当时的历史。他们所制定的一些被称为“新法”（new laws）[21] 的法律针对的是司法问题。这些法律很可能被规定在当时政府公布的宪法之中，亚里士多德在记述四百人委员会的时候曾对当时的宪法规定进行过综述。[22] 这些法律在两个方面对当时针对民主司法制度的批评作出了密切回应。

他们修改了那些比较模糊从而被认为引起了大量非必要诉讼的梭伦立法。他们公开宣称这些修改的目的是为了“不让那些职业诉讼者有任何漏洞可钻”。亚里士多德[23] 曾作为一个例子来引用说，他们“让那些立遗嘱的人可以随心所欲地按照其意愿处理他们的财产，废除了原有的各种限制，如过于年老、精神错乱以及受女性过多影响等等”。他承认梭伦的立法的确在很多地方不够“明确和简洁”，并曾引用关于继承的法律来予以说明。但是，他拒绝承认那种天真地认为梭伦故意如此“以便最终的决定权可以掌握在人民手中”的观点，而是认为梭伦的立法之所以比较模糊是因为“当在总体上制定法律的时候，没有办法可以达到完美的程度”。[24]

另外一项禁止在 *λόγων τέχνη*[25] 传道授业的法律实质上是对法庭的一个沉重打击。色诺芬认为这是一项由克利蒂亚斯发动的针对苏格拉底的措施，因为克利蒂亚斯对苏格拉底的憎恨由来已久。然而，如果这项法律被长期执行，不仅会毁掉所有的高等教育，而且还将导致年轻人无法得到足够的训练从而无法出席法庭。而一旦没有了称职的起诉者，任何法庭都将无法有效运转。

三十寡头还废除了厄菲阿尔特和阿彻斯特拉图斯关于亚略巴古议事会的法律。据说，厄菲阿尔特“剥夺了亚略巴古议事会的所有使其成为宪政监护者的特权，并把其中的一部分分配给了五百人议事会，另外的一些则

---

〔21〕 Xenophon *Hellenica* ii. 3. 51.

〔22〕 Aristotle *op. cit.*，xxx 和 xxxi.

〔23〕 *Ibid.*，xxxv. 2.

〔24〕 *Ibid.*，ix. 2. Cf. Aristotle *Politics* 1282b.

〔25〕 Xenophon *Memorabilia* 1. 2. 31. Cf. Grote，*op. cit.*，VIII，257.

分配给了公民大会和法庭”。数年之后，伯里克利 τῶν' Αρεοπαγιτῶν ἔνια παρείλετο.[26]

史料中没有提及任何由亚略巴古议事会或者其他凶杀法庭审理的案件。因此，有观点认为三十寡头废除了亚略巴古议事会作为凶杀法庭的职能。为证明这一观点，一些学者还引用了公元前 403 年的赦免协议（amnesty agreement）中的一个条款，亚里士多德曾描述过这一条款。[27] 公元前 5 世纪和公元前 4 世纪的雅典司法制度的批评者们都没有觉得亚略巴古议事会作为法庭有任何问题。相反，他们对此无一例外地给予赞誉和肯定。[28] 由于亚略巴古议事会的司法职能实际上是和宗教交织在一起的，因此，即使是最粗心大意的革命者也不会对其轻举妄动。三十寡头在其掌权时期恢复了亚略巴古议事会被厄菲阿尔特所剥夺的那些古老特权，他们对待亚略巴古议事会的态度在此已经表现得很清楚。因而，只有最清楚不过的证据才能使我们相信三十寡头一方面恢复了亚略巴古议事会的政治权力，而另一方面却又剥夺了它半宗教性质的职能。因为，他们根本就不能从这样的做法当中获得任何好处。

在最近的版本中，亚里士多德[29] 对赦免协议中的那个条款是这样描述的：τὰς δὲ δίκας τοῦ φόνου εἶναι κατὰ τὰ πάτρια, εἴ τίς τινα αὐτοχειρίᾳ ἔκτεινεν ἢ ἔτρωσεν, τῶν δὲ παρεληλυθότων μηδενὶ πρὸς μηδένα μνησικακεῖν ἐξεῖναι, κ. τ. λ. 这一条款和我们对赦免协议或者宣言的预期恰好一致。凶杀会带来玷污。因而，赦免不应该惠及那些杀人凶手，不论他们是出于何种原因在三十寡头统治时期得以逃脱惩罚的。在此之前的赦免宣言也都将杀人凶手排除在外。[30] 公元前 403 年实行的这次赦免自然也不应例外，正如这一条款所显示的那样。根据这部分赦免协议，任何人在三十寡头统治时期所犯下的 αὐτοχειρίᾳ 凶杀罪行都不能获得赦免。αὐτοχειρίᾳ 一词的目的

〔26〕 Aristotle *Ath. Pol.* xxv and xxvii. Cf. *supra*, pp. 252 ff.

〔27〕 Aristotle *op. cit.*, xxxix. 5. Lipsius, *op. cit.*, p. 42, n. 129.

〔28〕 色诺芬（Xenophon, *Memorabilia* iii. 5. 20）记载说苏格拉底曾向年轻的伯里克利发问说“他是否知道任何法官，其判决能比亚略巴古议事会的判决更加优秀，更加符合法律，更加受人尊重或者更加正义。”

〔29〕 *Op. cit.*, xxxix. 5.

〔30〕 Andocides 1, 78. Cf. *supra*, p. 104.

是为了把普通凶杀犯和寡头政治家们所进行的司法谋杀（judicial murders）相区别，因为在后一类案件当中，寡头政治家们总是力图将尽可能多的人拉下水，比如辅助犯、教唆犯以及从犯等。[31] 有了这种区分之后，逮捕雷恩（Leon）的人，以及其他相同境遇的人，就可以得到充分的保护。进行司法谋杀的责任应由三十寡头以及赦免协议中列举的其他人来承担。这些人要么接受审计（audit），要么走上了自愿流亡的道路。如，埃拉托色尼（Eratosthenes），[32] 被控的主要罪名是谋杀波勒马库斯（Polemarchus，三十寡头的受害者之一），就接受了审计。总之，赦免协议提供了足够的防护来保障公民免受杀人凶手玷污的危险。如果赦免协议的这一部分的确如此解释，那么，建立在吕西亚记载基础上的认为三十寡头废除了亚略巴古议事会作为凶杀法庭职能的理论就不再能够获得支持。[33] 在不知发表于何时的一段谈话中，吕西亚的一名当事人曾谈论亚略巴古议事会说：*ᾧ καὶ πάτριόν ἐστι καὶ ἐφ' ἡμῶν ἀποδέδοται τοῦ φόνου τὰς δίκας δικάζειν.* 如果坚持将*ἀποδέδοται*翻译为“已经被恢复”（has been restored），对这一段话的自然解释就是：在恐怖统治时期，亚略巴古议事会作为凶杀法庭的职能在实际上而不是在法理上被停止了。在恐怖统治时期，出于自我保护和自私自利等原因，公民们毫无疑问会竭力避免提出凶杀控告。而当民主恢复之后，人们自然会重新行使那些在以前只能处于休眠状态的权利。我们没有理由怀疑德摩斯提尼的论断的正确性：*τοῦ το μόνον τὸ δικαστήριον οὐχὶ τύραννού, οὐκ ὀλιγαρία, οὐ δημοκρατία τὰς φονικὰς δίκας ἀφελέσθαι τετόλμηκεν.*[34]

通过各种各样的这类方式，三十寡头*τὸ κῦρος ὃ ἦν ἐν τοῖς δικασταῖς κατέλυσαν*。[35] 这一目的的实现一方面是依靠简化法律从而消除导致诉讼的一些原因，另一方面则是依靠把陪审法庭的一些功能和特权分配给其他

---

〔31〕 Plato *Apology* 32c.

〔32〕 Lysias xii. 根据赦免协议，这些案件应由产生自 3 个上层财产阶级的成员组成的特别陪审团来审判。Wilamowitz, *Aristotles und Athens*, II, 217 ff. Lipsius, *op. cit.*, pp. 293 ff.

〔33〕 i. 30. Cf. Sandys, *Aristotle's Constitution of Athens*, p. 142.

〔34〕 xxiii. 66.

〔35〕 *Ibid.*, xxv. 2.

的机构和官员。不过，到底是哪些功能和特权，我们就只能进行大概的推测了。在民主时期，诉讼的最重要来源是 δοκιμασίαι，εὔθυναι 和 γραφαὶ παρανόμων。没有什么事情能比将所有的和行政官员以及法律有关的事情转交给亚略巴古议事会更容易的了，因为亚略巴古议事会在 πάτριος πολιτεία 有 τὴν τῆς πολιτείας φυλακήν.[36]

史料中也有关于三十寡头时期的 εἰσαγγελία，ἔνδειξις，φάσις，和 ἀπογραφή的一些记载，但是史料并没有表明这些案件，一个案例除外，是由哪个法庭负责审理的。在十寡头（the Ten）统治时期（他们曾在三十寡头之后有过短暂统治），王者执政官帕特罗克勒斯（Patrocles）正好撞见自己的私敌卡利马科斯携带有相当数量的钱财。帕特罗克勒斯立即将其拦住并声称卡利马科斯所携带的金钱属于公共财产。[37] 争执之中，十僭主之一的瑞农恩（Rhinon）出现了。在听取了争执细节之后，他把争执双方带到了自己的同事们面前，大概是为了进行审前调查。最终，案件在议事会以 φάσις的形式进行了审理，并最终作出了有利于国库的判决。在此，帕特罗克勒斯显然充当了控告者的角色。在三十寡头统治之初，对好讼者（sycophants）进行审判并大量将其处死的也是议事会。此种审判是以何种形式进行的，我们不得而知。不过，很可能是 εἰσαγγελία，因为这是对好讼者进行审判的常用程序。此外，ἔνδειξις在一些案件当中也有使用。[38] 在推翻民主之前不久，组织严密的寡头政治家们就曾经逮捕斯特罗姆毕德斯（Strombichides）以及其他著名的民主人士，指控他们图谋推翻政府。议事会将其交给了已经屈服于淫威的公民大会，公民大会投票决定组成一个由 2,000 人组成的法庭来对其进行审判。在三十寡头掌权之后，他们又转而让议事会来负责审判。吕西亚曾引用过议事会免除告密者阿格拉图斯同谋罪行的判词。[39] 至今，我们没有发现ἀπογραφή案件，但是这一程序应当和 φάσις相似，因为二者都由议事会负责审判。

三十寡头自身也具有司法职能。像民主制度下的行政官员和委员会一

---

〔36〕 Aristotle *op. cit.*, xxxv.

〔37〕 Isocrates xviii. 5 ff.

〔38〕 Lofberg, *Sycophancy in Athens*, p. 92.

〔39〕 Lysias xiii. 35 ff.

样，他们也负责进行审前调查和主持审判。此外，一项“新的法律”还授权三十寡头可以处死任何名字未列于三千公民（the Three Thousand）之中的雅典人。最初，负责对塞拉门尼斯进行审判的是议事会；但是当事实证明议事会很可能不会判塞拉门尼斯有罪之后，克利蒂亚斯便撤销了案件，接着，他又将塞拉门尼斯的名字从公民当中删除，这样最终由三十寡头对其进行了定罪处罚。〔40〕毫无疑问，三十寡头统治时期的大多数死刑案件都与他们自身有关，这也使得他们的统治成为恐怖统治。

史料中没有关于民事案件的记载。实际上，伊索克拉底的一位当事人曾说当时的法庭已经停止运转：***πρὸς δὲ τούτοις, ἀκαταστάτως ἐχόντων τῶν ἐν τῇ πόλει καὶ δικῶν οὐκ οὐσῶν τῷ μὲν οὐδὲν πλέον ἦν ἐγκαλοῦντι. κ. τ. λ.***〔41〕当然，这句话并不必然意味着在整个寡头统治时期都不存在关于民事审判的法律规定；它很可能只是想说明在三十寡头统治后期，由于人们都忙于内战，因而，法庭审判无法进行。即使在民主统治之下的战争时期，这种情况也偶尔会出现。德摩斯提尼〔42〕曾引用过民主恢复之后的一项法律，大意为：***ὁπόσα δ' ἐπὶ τῶν τριάκοντα ἐπράχθη ἢ δίκη ἐδικάσθη, ἢ ἰδίᾳ ἢ δημοσίᾳ, ἄκυρ εἶναι.*** 在此，不论被引用的这项法律是真是假都无足轻重，因为演说的原文表明它和取消“三十寡头统治时期的所作所为”有关。〔43〕下列话语可以证明这里面肯定包括“已决案件”（res judicatae）：***πότερον（φησομεν）τὰ δικαστήρια, ἃ δημοκρατουμένης τῆς πόλεως ἐκ τῶν ὀμωμοκότων πληροῦται, ταῦτ' ἀδικήματα τοῖς ἐπὶ τῶν τριάκοντ' ἀδικεῖν***；德摩斯提尼的话语并没有说明三十寡头时期的法庭的组织结构。其成员被含蓄地称为***δικαστήρια***，但是，毫无疑问，他们和民主时期的***δικαστήρια***是不同的。福罗博格（Frohberger）将其称为“从三千公民（the Three Thousand）之中征召成员组成的审判小组”（*rechtswidrig zusammengesetzte Dikasterien*）。用来镇压好讼者的措施表明除议事会之外三十寡头肯定规划

〔40〕 Xenophon Hellenica ii. 3. 51.

〔41〕 xxi. 7. 鉴于这一演讲的真实性存在疑问，因而，对当时法庭没有开庭的论断不应过于信任（Drerup, Isocratis opera omnia, I, cxix）。

〔42〕 xxiv. 56 ff.

〔43〕 *Ibid.* 57.

过某种形式的大众法庭，因为只有在存在大量法庭的情况下好讼者们才能找到茁壮成长的土壤。三千公民和贵族们一起组成法庭，对厄琉西斯（Eleusinians）进行了审判和定罪；[44]但是，他们并没有被用来审判斯特罗姆毕德斯以及其他活跃的民主人士，尽管有法令规定应当组成一个由2,000人组成的法庭来对这些民主人士进行审判。[45]对厄琉西斯的审判实际上是一场正义的滑稽剧，三千公民之所以被要求参与这场审判是因为寡头们想把他们一起拖进罪恶之中。

当时很可能会仿照梭伦之前的制度来制定民事案件的裁决规则，在梭伦之前，行政官员们对民事案件有权作出具有法律效力的裁决。这种做法可以得到回到 πάτριος πολιτεία 之类理由的支持。但是，没有任何史料提及这一时期的行政官员曾行使此类司法职权。

吕西亚的话语[46]表明在三十寡头统治时期，对仲裁的应用十分广泛。吕西亚的一名当事人是由三十寡头指定的三千公民之一。因而，当民主恢复之后，有人以此为理由认为他是反民主人士，反对他担任行政职务。他坚称自己过去的行为无可指责，尽管只要他愿意他曾经有大把的机会可以为非作歹。例如，他辩解说，自己未曾逮捕过任何人，未曾将任何人放逐。

这一声明不仅暗示着仲裁在当时曾经是解决纠纷的重要途径，而且也暗示着三十寡头的追随者们习惯于干涉仲裁，为自己或者亲友谋取利益。由于公共仲裁（public arbitration）[47]在当时还尚未建立，因而，我们很难想象三十寡头及其追随者是如何对自愿仲裁进行实质性干预，从而为自己和亲友谋取利益的。也许三十寡头，像佩西斯特拉托斯一样，授权官方仲裁者，在无法劝说双方达成妥协的情况下，可以作出有约束力的决定。而且，三十寡头时期的乡村法官（首次出现于公元前453－公元前452年）就是实现这一目的的上好工具。[48]

---

〔44〕 Xenophon *Hellenica* ii. 4. 9 – 10.

〔45〕 Lysias xiii. 35.

〔46〕 xxv. 16.

〔47〕 Cf. *infra*, pp. 346 ff.

〔48〕 关于对30名乡村法官的职能的推测。Cf. *infra*, p. 352.

第十四章　五百人议事会[1]

五百人议事会是由克里斯提尼创建的，大约建立于公元前 508 - 公元前 507 年，即伊萨哥拉斯和克里斯提尼进行斗争以及斯巴达国王克莱奥梅尼进行干涉之时。[2]在公元前 6 世纪的剩余时间里以及在整个公元前 5 世纪，该议事会一直发挥着重要作用。在公元前 411 年和公元前 404 年所发生的两次寡头革命中，它经历了一些重要变革。公元前 411 年的议事会，只包括 400 名成员，具有一些独特的特征。它是国家的最高权力机构，不受任何外来的干涉。在这一点上，它和民主制度下的议事会是不同的，在民主制度下，议事会不享有最高地位，而是和公民大会、陪审法庭分工协作。在四百人委员会被推翻之后，民主模式下的五百人议事会得以恢复，并且在后来的三十寡头统治时期，它的成员数量也没有再发生变化。因而，三十寡头统治时期的五百人议事会与民主时期的议事会，而不是四百人委员会统治时期的议事会，更加相似，因为它被迫服从于三十寡头的权威，在国家当中不享有崇高地位。克劳彻对此有精彩的评论，他说：四百人委员会和三十寡头自身而不是三十寡头之下的议事会更加相似，因为四百人委员会和三十寡头都是各自政权体系中的最高权威。[3]

有观点认为，公元前 403 年民主恢复之后的议事会与公元前 5 世纪民

---

〔1〕 为了更加清晰和连贯，把关于议事会的资料单独作为一章，比零散地放在各个时期来讨论要更好。

〔2〕 在前面我们已经大致推断认为此时给予克里斯提尼如此巨大的帮助的是新的克里斯提尼式的五百人议事会（boule of five hundred），而不是梭伦式的四百人议事会（boule of four hundred）。实际上，梭伦式的议事会在当时是否还仍然存在，都值得怀疑。

〔3〕 Cloché, “Les pouvoirs de la bloulē d'Athēnes en 411 et en 404 avant J. - C.”, Rev. d. études grecques, XXXVII, 412 ff. 关于四百人议事会时期的议事会的司法活动，cf. *supra*, p. 326.

主时期的议事会相比，无论在名声还是权力方面都已经极大下降。[4]这一观点建立在认为公元前403年的改革严重削弱了议事会的权力的假设之上。但是，克劳彻已经令人信服地证明，议事会的权力在公元前4世纪和在公元前5世纪一样大，无论是在立法、政治、一般行政管理，还是指导公民大会方面都是如此。[5] 似乎在其整个存在期间，议事会都一直是重要的行政和政治机构，并且一直是民主性质的（只有在革命时期存在短暂的例外）。[6]

议事会也具有重要的司法职能。根据亚里士多德的记述，议事会还曾一度享有判处监禁、死刑和罚款的全面权力：*ἡ δὲ βουλὴ πρότερον μὲν ἦν κυρία καὶ χρήμασιν ζημιῶσαι καὶ δῆσαι καὶ ἀποκτεῖναι.*[7] 不过，他并没有详细说明议事会是在何时享有这种权威的。亚里士多德的这一论断可能仅仅指的是议事会在三十寡头统治时期以及之后的一段时间内所享有的广泛权力。众所周知，在三十寡头统治时期，议事会判处了许多死刑案件，[8]并且，在公元前403年民主恢复之后，它也没有立即停止这一权力的行使。比如，在推翻三十寡头之后不久，阿士奴斯（Archinus），在试图阻止人们对赦免法令的惊人漠视时，就曾经将一名罪犯拖到议事会面前并使其被判处死刑*ἄκριτος*。[9] 在这里，*ἄκριτος*的意思并不是“未经审判”，而是“未经正当法律程序”，这表明议事会对其进行审判并判处此种刑罚是超越权限的行为。*ἄκριτος*一词意为“未经正当法律程序”时，经常用于那些由议

---

〔4〕 Cf. Cavaignac, “Le conseil athénien des cinq - cents,” *Rev. d, cours et conferences*, 1909, pp. 230 f. ，认为在公元前4世纪，议事会几乎无足轻重。到底他认为在公元前5世纪议事会有多大权力，我们并不清楚。Cf. Wilamowitz, *Aristotetles und Athen*, II, 195 ff. ，认为在公元前5世纪，议事会的作用极其重要。

〔5〕 “L'importance des pouvoirs de la boulē athénienne aux Ve et IVe siēcles avant J. - C. ,” *Rev. d. études grecques*, XXXIV (1921), 233 ff.

〔6〕 Cf. Cloché, “Le conseil athénien des cinq - cents et les partis,” *Rev. d. études grecques*, XXXV, 269 ff.

〔7〕 *Ath. Pol.* xlv. 1.

〔8〕 Cf. Lysias xiii. , 38; Isocrates xvii. 42; Xen. *Hell.* ii. 3. 24 ff. ; Andocides i. 115.

〔9〕 Aristotle *Ath. Pol.* xl. 2.

事会判决但却未经陪审法庭认可的案件。[10]从技术层面讲，议事会并不具有判处死刑的权力，尽管在推翻三十寡头之后并没有任何法律规定剥夺它的这种权力。雅典人想当然地认为在民主恢复之后，议事会像其他的民主机构一样，应当回到三十寡头革命前的状态。但是，阿士奴斯为了快速达到自己的目的，又像以前的寡头政治家们那样毫无迟疑地利用了议事会。当时很可能还存在其他的类似案件，正如亚里士多德所讲的一个故事所表明的那样，不过，对于这一故事，我们只能把它当作奇闻逸事来看。故事中讲到，利西马库斯（Lysimachus）被议事会判处了死刑，并且已经被交给刽子手。但是，欧墨尼得斯又把他救了出来，并声称未经民众法庭审判，任何人都不应该被判处死刑。[11] 于是，案件又由陪审法庭重新审理，利西马库斯最终被无罪释放。在亚里士多德的眼中，这个故事直接导致了限制议事会惩罚权力的法律的重新颁布。根据这一法律，议事会的权力受到了明确的限制。从此以后，如果议事会认为由它审理的案件应被处以超出其惩罚权限的刑罚，它可以提出合适的惩罚建议，但是必须得到司法执政官主持下的陪审法庭的认可，否则，该建议不产生法律效力。[12]

今天，我们已经难于判定议事会的司法权力是在何时开始受到第一次限制的。首先，议事会方面似乎总是存在一种明显的不尊重对其司法权力的宪法限制的倾向。[13]吕西亚的一名当事人，也就是公元前 387 - 公元前 386 年控告谷物商人的那位，在试图抵制将被告越权处死的建议时曾说，他惟恐议事会已经养成了越权行事的习惯。[14] 有证据表明这并非一味的夸

〔10〕 Lysias xxii. 2. 希腊语单词*ὑ μας οὐδεν ἡττου ἡμων γνώσεσθαι τἀδίκαια*表明议事会在建议将谷物商人处死的时候*ἄκριτος*，并不是建议在未经审判的情况下将其处死，只是打算不再寻求陪审法庭对其判决的确认而从速处死谷物商人。

〔11〕 Aristotle *Ath. Pol.* xlv. 1.

〔12〕 Aristotle *Ath. Pol.* xlv. 1. ; Lipsius, *Das attische Recht*, p. 45, n. 137.

〔13〕 议事会的越权倾向也许能够解释阿里斯托芬的一个段落，这个段落有时会被引用来证明在公元前411 年，即《庆祝地母节的妇女们》（*Thesmophoriazousae*）上演的时候，议事会有权把犯人囚禁于栅栏之中。姆尼丝洛克斯（Mnesilochus）乔装打扮混进了地母节（Thesmophoria）庆祝之中。被发现之后，议事会命令将其关入栅栏之中，作为对其亵渎神灵行为的惩罚（l. 943）。很难想象对议事会越权行为的描写会起到什么喜剧效果，但是，鉴于反方面的考虑，仅仅依靠这一段便得出结论认为在当时议事会可以在不经正式审判的情况下将犯人囚禁于栅栏之中也是危险的。

〔14〕 Lysias xxiv. 2 ff. 关于日期，cf. Blass, *Die attische Beredsamkeit*, I, 472.

大其辞。

毫无疑问，在许多案件当中，议事会都感觉到自己超越法律限制的行为可以获得相当大的民意支持，因而，才有恃无恐。阿士奴斯一案的情况肯定就是这样。此外，建议超越权限处死谷物商人的行为也大抵如此。对所有的雅典人来说，保证足够的价格合理的谷物供应都是一件十分重大的事情。任何企图减少供应或者操纵价格的行为都会立即激起巨大的民愤，在这种情况下，议事会所采取的果断行为很容易获得人民的谅解，人们甚至会主动要求议事会这样做。议事会，作为一个由500人组成的机构，作为一个通过抽签方式从公民当中选举产生的机构，肯定会乐意对不断变化的民意潮流作出反应。而且，更重要的是，即使议事会逾越了对其权力的宪法限制，他们所面临的风险也十分微小。从总体上看，雅典的宪法保障措施远远不足。诚然，每年年度结尾进行的审计[15]可以提供某种程度的矫正，但是，受害者的亲友根本就没有可能指望像吕西亚在埃拉托色尼一案中一样，在这种场合对议事会的几百人所犯下的司法谋杀进行控告。[16]可能令议事会的成员最恐惧的东西也无非是荣誉的丧失。利西马库斯的困境以及好讼者的最终遭遇都表明，在当时的雅典，没有像今天的人身保护令、法院禁令、暂停执行之类的保护措施供受害者们利用。

确定对议事会的权力进行限制的原始日期的另一个困难在于该项限制法律很可能像其他的古老法律一样，经过了多次的重新颁布或者修改以满足日益发展的宪政的需要。

维拉莫维茨[17]认为该法律产生于公元前4世纪的某个时期；但是，他的观点已经遭到了利普西斯[18]淋漓尽致的反驳，以至于已经没有必要在此再引用他的观点和总结利普西斯对他的反驳。利普西斯认为该法律产生于公元前5世纪，但是他并没有给出更加确切的时间。

在亚里士多德时代，对议事会权力的限制已经存在。回顾议事会的历史，我们可以发现早在公元前387－公元前386年，类似限制已经存在，在

---

〔15〕 Gilbert, *Greek Constitutional Antiquities*, p. 267.

〔16〕 Lysias xii.

〔17〕 *Op. cit.*, II, 195 ff.

〔18〕 *Op. cit.*, p. 46, n. 142.

那时的谷物商人一案中议事会表现出了忽视对其权力的限制的倾向。[19] 再次，阿士奴斯案的受害者据说被越权处死的事实也表明早在公元前 403 年已经存在对议事会惩罚权力的限制。毫无疑问，此类限制在三十寡头之前已经生效存在。我们前面曾经引用过的一处残缺不全的石刻也可以证明这一点。[20] 石刻的第一部分曾提及五百人议事会和 500 个德拉克马，第二部分列举了一些只能由全体公民大会处理的事项，这些事实使一些学者相信这是一项有关议事会和公民大会的法令，它剥夺了议事会的许多重要职权，并将其交给了公民大会。根据编者的观点，该项法令大约产生于公元前 410 年，也就是推翻四百人委员会之后不久。在四百人委员会的短暂统治期间，五百人议事会遭到废除。修昔底斯曾绘声绘色地讲述过四百人委员会在支付了议事会当年剩余时间的报酬之后是如何将其解散的。[21] 在四百人委员会被推翻之后，曾对法律进行大规模修正。毫无疑问，该法令的颁布就属于这一时期。但是，一些古代用法的出现，如用 *θωάν* 指代惩罚，使得许多学者相信公元前 410 年的这项法令是对更早期的一项法律的复制，用来规定在推翻四百人委员会之后重新建立的议事会和公民大会的权力和特权。该法令把议事会和 500 个德拉克马相提并论的事实使学者们相信该法令将议事会的惩罚权力限制于 500 德拉克马的罚款。

那么，该法令所仿效的版本又颁布于何时呢？一项与公元前 446 年变为雅典殖民地的哈尔斯基有关的法令证明，它的颁布应早于公元前 446 年。该石刻的第一部分规定的是雅典的议事会成员和民众陪审员们就他们对待

---

〔19〕 Cloché, “Le couseil athénien dcs cinq cents et la peine de mort,” *Rev. d. études grecques*, XXXIII, 36 f.

〔20〕 CIA i. 57. 克劳彻（Cloché, *op. cit.*, pp. 28 ff.）认为该石刻在决定对议事会的权力进行限制的时间方面极为重要。吉尔伯特（Gilbert, *op. cit.*, p. 277, n. 1）认为它可能指这一事件；利普西斯（Lipsius, *op. cit.*, II, 195）认为该石刻在此十分重要，尽管他没能确定该石刻上的规定是在何时首先颁布的。奥勒尔（Oehler, Pauly – Wissowa, article “*Boulé*”, pp. 1030 ff.）认为该石刻记载的是议事会权力的丧失。维拉莫维茨（Wilamowitz, *op. cit.*, II, 195）相信议事会在整个公元前 5 世纪以及公元前 4 世纪早期都有正式的判处死刑的权力，一直到公元前 386 年和公元前 352 年之间的某个时间为止。布叟尔特（Busolt – Swoboda, *Staatskunde*, II, 1046）对上述观点进行了竭力反驳，认为对议事会权力的限制发生在公元前 411 年之后。布叟尔特认为该石刻毫无疑问和当时对法律的修订有关。

〔21〕 viii. 69.

哈尔斯基人的行为所发的誓言。誓言的内容是这样的：

> *κατὰ τάδε τὸν ὅρκον ὀμόσαι 'Αθηναίων τὴν βουλὴν καὶ τοὺς δικαστάς· οὐκ ἐχσελῶ χαλκιδέας ἐχ Χαλκίδος οὐδὲ τὴν πόλιν ἀνά στατον ποήσω, οὐδὲ ἰδιώτην οὐδένα ἀτιμώσω οὐδὲ φυγῆι ζημιώσω οὐδὲ χσυλλήφσομαι οὐδὲ ἀποκτενῶ οὐδὲ χρήματα ἀφαιρήσομαι ἀκρί του οὐδενὸς ἄνευ τοῦ δήμου τοῦ 'Αθηναίων, οὐδ᾽ ἐπιφσηφιῶ κατὰ ἀ προσκλήτου οὔτε κατὰ τοῦ κοινοῦ οὔτε κατὰ ἰδιώτου οὐδὲ ἑνός, κα ὶ πρεσβείαν ἐλθοῦ σαν προσάχάσω προς βουλὴν καὶ δῆμον δέκα ἡ μερῶν, ὅταν πρυτανεύω κατὰ τὸ δυνατόν. ταῦτα δὲ ἐμπεδώ σω Χαλκιδεῦσιν πειθομένοις τῶι δήμωι τῶι 'Αθηναίων.* [22]

在此，誓言中的第二项保证对我们尤为重要。“我谨保证我将不剥夺任何公民的公民权，或者将其流放或者将其逮捕或者将其处死；而且我也将不剥夺任何人的财产，如果未经审判，如果未经雅典人民提起诉讼。”[23] 由此可见，在该项誓言通过的时刻，雅典议事会已经停止行使对公民处以死刑、没收财产和剥夺公民权的惩罚权力，因为，如果他们在雅典的殖民地都已经发誓放弃这种权力，那么，那种认为他们在雅典本国还继续拥有这类权力的观点就是十分荒谬的。因而，这一誓言毫无疑问地表明对议事会权力的限制早在公元前 446 年之前就已经开始了。[24] 大约与该誓言颁布于同一年的另外一项法令也可以证明对议事会权力的限制在此之前已经存在。[25] 根据这项法令，任何侵犯 ***Πελαργικόν*** 的行为都将被处以 500 德拉克马的罚款，罚款由王者执政官按照“弹劾”程序向议事会提起。

---

〔22〕 *CIA* i. 59; Hicks and Hill, *Greek Historical Inscriptions*, No. 40.

〔23〕 关于对誓言各部分的不同解释，参见：Robertson, *Administration of Justice in the Athenian Empire*, pp. 39 ff。罗伯逊（Robertson）表明誓言的第二项适用于议事会。

〔24〕 罗伯逊（Robertson, *op. cit.*, p. 40）进一步争辩说议事会在此时采用这一誓言的事实表明对议事会权力的限制不可能发生于这一法令颁布之前很久，因而，对议事会权力的限制可能只是最近实行的改革的一部分。但是，即使对议事会权力的限制发生在很多年之前，现在再出现这一条款也不足为奇。

〔25〕 Dittenberger, *Sylloge*², No. 20, line 59.

诚然，这并非确切的证据，但是，此处提到的罚款恰恰是议事会在后来所拥有的惩罚权力的上限，恐怕这绝不仅仅是一次简单的巧合。[26]

也有观点认为对议事会权力的限制始于公元前 462 至公元前 461 年的厄菲阿尔特改革。但是，正如克劳彻所指出的那样，[27] 在一个试图将亚略巴古议事会的权力划分给城邦公民大会、议事会和民众法庭的时刻，[28] 不太可能会同时颁布另外一项限制议事会职权的法律。

此外，希罗多德的一段论述[29] 也表明在公元前 479 年已经存在议事会将重要案件提交给公民大会的做法：

> *τῶν δὲ βουλευτέων Λυκίδης εἶπε γνώμην ὥς οἱ ἐδόκεε ἄμεινον εἶναι δεξαμένους τὸν λόγον τόν σφι Μουριχίδης προσφέρει ἐκενεῖ και ἐς τὸν δῆμον……'Αθηναῖοι δὲ αὐτίκα δεινὸν ποιησάμενοι, οἵ τε ἐκ τῆς βουλῆς καὶ οἱ ἔξωθεν, ὡς ἐπύθοντο, περιστάντες Λυκίδην κατέλευσαν βάλλοντες.*[30]

当克里斯提尼开始改革的时候，他组建了一个新的议事会，和旧的议事会相比功能类似，但是组成人员不同，因为他对部落进行了重组。克里斯提尼在实际中肯定给予了议事会至高无上的地位。因为，这是唯一一个可以帮助其实现理想的机构。重要的权力肯定不能给予亚略巴古议事会，因为它在当时被视为寡头政治的代表。而公民大会，在克里斯提尼改革的早期，还未被充分组织起来。而且，更重要的是，在对抗伊萨哥拉斯和克莱奥梅尼的过程中，议事会曾给予克里斯提尼以重要帮助，[31] 因而，克里斯提尼肯定也乐于授予其广泛的权力。在司法事务上，它很可能享有不受限制的权力。不过，在克里斯提尼开始改革之后不久，他便越来越倾向于将尽可能多的权力授予公民大会，在公民大会获得政治经验之后，随着民

---

〔26〕 Demosthenes xlvii, 43.

〔27〕 *Rev. d. études grecques*, XXXIII, 31.

〔28〕 Cf. *supra*, pp. 252 ff.

〔29〕 ix. 5.

〔30〕 Cf. Cloché, op. cit. , p. 32.

〔31〕 *Ath. Pol.* xx. 关于这是克里斯提尼个人的议事会的理论，cf. *supra*, p. 335.

主的进一步发展，它最终成了国家中最重要的机构。未经多久，在公元前502年-公元前501年，议事会便开始受到一项誓言的制约。[32] 关于该誓言，亚里士多德没有给出更多的细节，但是他将该誓言挑选出来作为一次重要发展予以特别提及的事实说明议事会在那时很可能经历了某种形式的重组。亚里士多德说创立于公元前502-公元前501年的该项誓言和在他所生活的时代仍然在使用的誓言相同。[33] 史料中对誓言的内容也略有提及，但是大多数都比较笼统，大意为本着城邦最高利益的原则履行议事会成员的职责。[34] 不过，德摩斯提尼记载了一条特别的条款，在该条款中，议事会成员发誓保证不囚禁那些能够满足恰当保释条件的人，除非出于特别情况，如叛国、图谋推翻政府等。[35] 德摩斯提尼所谈论的是他所生活的时代的誓言，根据亚里士多德的说法，这一誓言是由克里斯提尼引入的。[36] 值得注意的是，德摩斯提尼所记载的誓言都是对议事会权力的否定性排除。毫无疑问，议事会成员在此被要求发誓，接受法律加予他们的限制。亚里士多德曾提到在利西马库斯事件之后颁布的法律对议事会所加的限制：

> *ὁ δὲ δῆμος ἀφείλετο τῆς βουλῆς τὸ θανατοῦν καὶ δεῖν καὶ χρήμασιν ζημιοῦν, καὶνόμον ἔθετο, ἄν τινος ἀδικεῖν ἡ βουλὴ καταγνῷ ἢ ζημιώσῃ τὰς καταγνώσεις καὶ τὰς ἐπιζημιώσεις εἰσάγειν τοὺς θεσμοθέτας εἰς τὸ δικαστήριον, καὶ ὅ τι ἂν οἱ δικασταὶ ψηφίσωνται, τοῦ το κύριον εἶναι.*[37]

可见，根据这项法律，议事会被要求发誓遵守此处对他们加予的限制，即，*οὐ θανατώσω*，*οὐ δήσω*，*οὐ χρήμασιν ζημιώσω*，*κ. τ. λ.* 在安多基德斯

---

〔32〕 *Ath. Pol.* xxii.

〔33〕 亚里士多德的说法无疑是正确的。记载表明，在公元前403年的赦免之后，曾对誓言进行增补。Cf. Andocides 1. 91.

〔34〕 Xen. *Mem.* i. 1. 18；Lysias xxxi. 1；Demosthenes lix. 4.

〔35〕 Demosthenes xxiv. 144，148.

〔36〕 在把誓言的引入归功于梭伦时，德摩斯提尼实际上是在遵循着演说家们把所有的古老法律都归功于梭伦的做法。Cf. *supra*，152.

〔37〕 Aristotle *Ath. Pol.* xlv. 1.

针对亚西比德的演讲中，我们还可以发现更多的证据，在那里，议事会据说被要求发誓 ***μηδένα μήτε ἐξελᾶν μήτε δήσειν μήτε ἀποκτενεῖν ἄκριτον.***〔38〕在前面我们所引用的关于哈尔斯基的殖民法令中，我们也可以发现另外一项相同的对议事会权力进行否定性排除的誓言。该项誓言的所有条款都是对议事会权力的否定性排除，内容与我们前面讨论的其他誓言也基本一致。哈尔斯基人获得保证，他们将继续享有生命、自由和财产权利。很可能，此处雅典人给予哈尔斯基人的权利也正是他们在国内给予本国公民的权利，他们把本国公民享有的权利扩展到了哈尔斯基人的身上，而此处的誓言也很可能正是模仿了由克里斯提尼创立的议事会誓言。

克劳彻令人信服地证明限制议事会权力并将这些权力转移给公民大会的法令（CIA i. 57）最初颁布于克里斯提尼改革之初和波斯战争之间，可能接近于公元前 502 年－公元前 501 年。〔39〕他的论述，无论是关于该法令的颁布日期还是关于该法令的目的，无疑都是正确的。然而，他没有注意到克里斯提尼引进的誓言的足够重要性以及这一誓言和亚里士多德时代的议事会誓言的关系。这一誓言，以及这一时期所颁布的记载于（石刻）的法令，表明对议事会惩罚权力的限制发生于公元前 502 年－公元前 501 年。由此看来，五百人议事会在建立之后不久其拥有的惩罚权力的上限便被限制于罚款 500 德拉克马，从而丧失了处以死刑、监禁（特定的有明确规定的案件除外）〔40〕以及剥夺财产的权力。

如此一来，至少有三个时期曾经颁布过限制议事会惩罚权力的法律：（1）克里斯提尼改革之后不久，那时克里斯提尼倾向于把尽可能多的权力转交给随着民主的发展得以日益壮大的公民大会；（2）公元前 410 年推翻

〔38〕 Andocides iv. 3. 该演讲已经被公认不是安多基德斯的作品。布拉斯（Blass, *Die attische Beredsamkeit*, I, 338）认为该演讲可能是由公元前 4 世纪的一名诡辩家写成的。Cf. Jebb, *Attic Orators*, I, 132 ff. 尽管该演讲的作者在把这一誓言归功于安多基德斯方面是错误的，但是在记载议事会誓言的内容方面可以仍然是正确的。

〔39〕 Cloche, *Rev. d. études grecques*, XXXIII, 28 ff.

〔40〕 Cf. Andocides i. 93. Cf. Aristotle *Ath. Pol.* xlviii. 1. 议事会随时都可能获得特别授权，以方便它可以顺利地实现特定目的。Cf. Andocides i. 15.

四百人委员会之后，目的是为了定义重新恢复的议事会的权力范围;[41]（3）三十寡头被推翻之后的民主恢复时期到安塔西达斯合约（the Peace of Antalcidas）之间，[42]目的是为了用法律的方式防止议事会再作出类似于阿士奴斯一案的事情。

---

〔41〕 克劳彻（Cloché, *op. cit.*, pp. 16 ff.）讨论了几个特别有趣的发生在四百人议事会倒台之后的案例，在这些案例当中，议事会并没有运用死刑，实际上，如果它的确有权运用死刑的的话，它肯定已经运用。这些案例是安提福恩（*X Oratorum vitae* E）；阿吉纽西战争之后的将军们（Xen. *Hell.* i. 7. 3 ff）；克莱奥丰（Cleophon）（Lysias xxx. 10 ff. and xiii. 8 ff.）。很明显，议事会一直在很好地遵循着石刻（*CIA* i. 57）中所记载的法令。

〔42〕 克劳彻（Cloché, *op. cit.*, pp. 39 ff.）认为议事会的确在一定时期内保留着一些它在三十寡头之时的职能，但是到安塔西达斯的和平时期（Peace of Antalcides，公元前370年），这些权力肯定已经被剥夺掉了。克劳彻用吕西亚反对谷物商人的演讲来作为他对后一观点的证明。

第十五章　公元前四世纪的司法制度

在公元前 403 年的民主恢复时期，雅典司法制度的重大变化之一就是用四十人法团（the Forty）取代了 30 名巡回审判法官。从亚里士多德的记述中，可以推断得到，四十人法团并不像以前的 30 名法官那样进行巡回审判，而只是在雅典坐堂问案。[1]他们通过抽签的方式选举产生，每个部落选 4 名。公民之间的绝大多数民事案件都在其管辖范围之内。[2] 案件首先由被告所在部落的 4 名四十人法团成员进行审理。如果争执的数额在 10 德拉克马以下，他们有权作出终局决定。否则，案件将被提交给一名公共仲裁员，当时，公共仲裁员和四十人法团的联系非常紧密。

任何年满 60 岁的男性公民，除非担任其他公职或者身在国外，都必须担任仲裁员，否则，将被剥夺公民权。[3] 毫无疑问，当时已经开始每年一次制作仲裁员官方名单。日常的记载着那些从事军事服务满 42 年的人的名单已经不能满足需要，因为那些可以合法免除担任仲裁员义务的人必须被去掉。像议事会、四十人法团以及其他的委员会和组织一样，仲裁员也被划分为 10 组，以代表各个部落；但是，当把仲裁员划分到各个部落小组时，不会考虑他们来自哪个部落。[4] 因此，来自数个不同部落的仲裁员很可能会被划分到同一个小组当中。打破常规，采取这种做法的理由是明显的。因为，任何特定类型的人在各个部落中的分配必然是不均匀的。仲裁员在各个部落中的分布也是不均匀的，这可以从一处石刻中所保留的 103 名仲裁员的名单中得到证明，在这 103 人中，人数最多的一个部落有 16

---

〔1〕 Aristotle *Ath. Pol.* liii. 1. Cf. Lipsius, *op. cit.* , p. 82.

〔2〕 Bonner, "The Jurisdiction of Athenian Arbitrators," *Class. Phil.* , II, 407 ff.

〔3〕 Aristotle, op. cit. , liii. 4, 5.

〔4〕 在潘狄俄尼斯（Pandionis）部落的德摩斯提尼和依里克西斯（Erechtheis）部落的米迪亚斯之间的一次仲裁中，充当仲裁者的就是来自阿提斯（Aeantis）部落的斯特拉泰。Demosthenes xxi. 68, 83. Cf. Gilbert, Greek Constitutional Antiquities, p. 389.

人，而最少的一个部落则只有 3 人。[5] 在这种情况下，最明智的办法就是把仲裁员尽可能平等地分为 10 组，而不管他们来自哪个部落。

四十人法团和仲裁员之间的紧密关系很容易使人立即想到负责制作仲裁员官方名单以及将他们划分为小组的很可能就是四十人法团。亚里士多德的论述证明了负责制作仲裁员官方名单的就是四十人法团：**τὸν δὲ τελευταῖον τῶν ἐπωνύμων λαβάντες οἱ τετταράκοντα διανέμουσιν αὐτοῖς τὰς διαίτας καὶ ἐπικληροῦσιν ἃς ἕκαστος διαιτήσει.** 利普西斯[6] 认为 **διανέμουσιν** 指代的是各个仲裁小组。但是，并没有必要像他那样将 **διανέμουσιν** 和 **ἐπικληροῦσιν** 解释为指代不同的行为。而是解释为：**διανέμουσιν** 一词指代行为，而 **ἐπικληροῦσιν** 则指代行为的方式。凯尼恩的翻译就反映了这一点。

仲裁员在 **ὁ πρυτανεύων** 的主持下作为一个法庭负责审判有渎职行为的个别仲裁员。[7] 惩罚是剥夺公民权。根据亚里士多德，被定罪的仲裁员对判决可以上诉。[8] 在德摩斯提尼所讲的关于公共仲裁员斯特拉泰（Straton）被判有罪的故事中，乍一看来，判决似乎是终局的。但这只不过是德摩斯提尼急于批评米迪亚斯的结果，他着急地指出负责审判的仲裁员们对米迪亚斯未能登记证人便传召斯特拉泰的行为视而不见是非法的，但是他却静悄悄地省略了斯特拉泰的上诉以及上诉被拒绝的情况。

用四十人法团来取代 30 名巡回法官是民主恢复之后的早期措施之一。仲裁员和四十人法团之间的紧密联系表明这两个机构即使不是由同一部法律设立的，也至少是同时成立的。在 19 世纪早期，流行的观点倾向于认为

---

〔5〕 *CIA* ii. 943.

〔6〕 *Op. cit.*, p. 227, n. 29.

〔7〕 Aristotle *op. cit.*, liii. 6. Cf. 关于主持人的称谓 *πρυτανεύων*，可参见：Demosthenes xxi. 86.

〔8〕 古代尔（Goodell, "Aristotle on the Public Arbitrators," *Amer. Jour. Of Philol.*, XII, 322）以德摩斯梯尼（Demosthenes xxi. 87）为根据，认为对仲裁员的判决是最终的。对德摩斯提尼和亚里士多德之间的不一致，他解释说这可能是因为法律在公元前 349 年，即德摩斯梯尼诉米迪亚斯（Demosthenes v. Meidias）审判之年（cf. Goodwin's edition of the Meidias, p. 134），至公元前 328 – 公元前 325 年，即亚里士多德写作《理想国》之年，之间发生了修改的原因。但是，这一观点是建立在对 καθάπαξ ἄτιμος γέγονεν 的错误解释之上的。Cf. Goodwin, *ad loc.*

仲裁员是在欧几里得斯担任执政官时设立的。[9] 在欧几里得斯之前的所有资料中，没有任何资料曾明确地提到公共仲裁。在吕西亚的演讲中出现过法律专业术语 *μὴ οὖσας διώκειν*，该术语一直只用于对仲裁员在当事人缺席的情况下作出的判决提出上诉的情况。演讲的时间很可能是在公元前 401 年。[10] 吕西亚的另一次演讲也曾提到一部有关仲裁的法律。但是，今天我们只能通过戴奥尼夏（Dionysius）的引用见到这次演讲的片段。要确定它的具体演讲时间是不可能了，但无论如何，这次演讲应在公元前 403 年之后，因为吕西亚的第一次法庭演讲是公元前 403 年对埃拉托色尼的审计过程中发表的。[11] 这次演讲经历似乎使他对作为获取财富方式的演讲写作产生了浓厚兴趣。他在此的这一演讲片段[12] 描述的是阿基比德（Archebiades）发起诉讼以图赢回一部分财富的事情。案件的被告，不但年轻而且没有诉讼经验，声称他已经尽最大努力，试图寻求一个友好的解决方式，但是阿基比德只是一味地拒绝，既不同意把争执交由双方的朋友来调解，也不同意 *δίαιταν ἐπιτρέψαι ἕως ὑμεῖς τὸν νόμον τὸν περὶ τῶν διαιτητῶν ἔθεσθε*. *δίαιταν ἐπιτρέψαι* 表明被告在此所想到的是由当事人双方掌握主动权的私人或者选择性仲裁，而非由四十人法团掌握主动权的公共仲裁。很明显，当该纠纷刚刚出现的时候，当时唯一的法庭之外的解决途径无非就是由双方朋友进行调解或者进行某种形式的选择性仲裁。但是，就在该案件交付审判之前，一项法律获得通过，使仲裁成为强制性的，也就是亚里士多德所描述的强制性仲裁。[13] 该案所适用的也正是这种仲

---

〔9〕 Meier, *Die Privatschiedsrichter und die öffentlichen Diaeteten Athens* (1846), pp. 28 – 29; Cf. Schoemann, *Die Verfassungsgeschichte Athens nach Grotes "History of Greece"* (1854), p. 44; Pischinger, *De arbitris Atheniansium publicis* (1895), p. 49.

〔10〕 Lysias xxxii. 2. 杰伯（Jebb, *op. cit.*, I, 294）认为"可能在公元前 401 年"。布拉斯（Blass, *op. cit.*, 647）认为在"大概公元前 401 年"。泰尔汉姆（Thalheim）也同意布拉斯（Blass）的观点。

〔11〕 现存的最早的吕西亚的演讲是发表于公元前 403 年的吕西亚诉埃拉托色尼（Lysias v. Eratosthenes）（Jebb, *op. cit.*, I, 150）。在吕西亚的演讲集中，只有第 20 篇（xx）是发表于三十寡头之前的演讲，发表时间大约是公元前 410 年或公元前 409 年。但一般认为，这并非是吕西亚的真作。Cf. Blass, *op. cit.*, I, 503.

〔12〕 Lysias *Frag.* xix (Teubner Edition).

〔13〕 *Ath. Pol.* liii.

裁程序，后来该案被上诉到陪审法庭的事实也可以证明这一点。舒曼(*Schoemann*)[14] 在1854年争辩说此处提到的法律并没有创立公共仲裁，只是通过增加可以提交仲裁的案件所涉及的金钱数额的方式扩展了仲裁的适用范围。舒曼这一理论背后的假设就是认为小额案件是最适合仲裁的。但是，没有任何证据可以证明雅典人曾经持有这种观点。实际上，在亚里士多德所描述的制度中，小额案件是被排除在仲裁范围之外的。争议金额为10德拉克马或者以下的案件由四十人法团自己处理。之所以将小额案件排除在仲裁之外的原因无非是防止这些只涉及一便士、半便士争议的小额案件通过上诉的方式上诉到陪审法庭。没有任何考量可以以案件涉及数额较大为理由将其排除在仲裁之外。相反，案件涉及的数额越大，人们就越希望它能在法庭之外获得解决。从远古时代起，古希腊人就不断地把他们的纠纷提交仲裁，不管案件涉及多大的金额。即使演说家们，也普遍愿意把自己的纠纷提交仲裁。佛密欧（Phormio）和他好讼的继子阿波罗多罗斯就曾将共达3,000德拉克马的纠纷提交仲裁。[15] 德摩斯提尼也愿意把他和他的监护人阿皮赫布斯（Aphobus）之间的纠纷提交仲裁。不过，案件最终以审判方式解决，德摩斯提尼[16]赢得了10塔兰特黄金。在公共仲裁当中，任何一方当事人的权利都不会受到不公平对待。如果各方当事人都能接受仲裁员提出的解决方式，那么，万事大吉。如果不能接受，可以提出上诉。案件将立即恢复到它本来的状态。对于这类上诉，当时似乎不存在任何限制与歧视。[17]

那种认为法律在此时进行了修改以便将阿基比德一案也包括在仲裁范围之内的理论就更缺乏根据。在案件中，阿基比德寻求收回一部分钱财，他声称被告已经过世的父亲欠他这笔钱财。与债务和损害赔偿有关的案件是最适合仲裁的。阿基比德一案正是这样的案件，即使是再简单不过的仲裁也应将其包括在内。我们有很好的理由相信在阿基比德一案中所提到的

〔14〕 *Op. cit.*，pp. 44 ff.

〔15〕 Demosthenes xxxvi. 14 - 16.

〔16〕 xxvii. 1. *X Oratorum vitae*, 844 D.

〔17〕 关于对仲裁提起上诉的案件，可参见：Demosthenes xxxix. 37 和 xlix. 19. 关于对上诉的辩护，可参见：lvii. 6.

法律就是建立亚里士多德所描述的公共仲裁的那项法律。演讲具体发表于何时，已经难以确定，但是肯定不早于欧几里得斯担任执政官之时。而曾经明确提到公共仲裁的狄奥格钦（Diogeiton）一案[18]绝不晚于公元前400年。因此，公共仲裁的创立，像曼恩（Meier）和他大多数的同时代人所认为的那样，应该在公元前403年至公元前400年之间。[19]

舒曼是第一个对曼恩的观点表示怀疑的人。他倾向于认为公共仲裁的创立在欧几里得斯担任执政官之前，他的观点也得到了其他一些学者的好评，这很大程度上是因为安多基德斯对 *διαίτας* 的提及，[20] 安多基德斯曾引用过民主恢复之后颁布的一项法律：*τὰς δὲ δίκας καὶ τὰς διαίτας κυρίας εἶναι ὁπόσαι ἐν δημοκρατουμένῃ τῇ πόλει ἐγένοντο.* 现在的观点认为这项法律同时重申了公共仲裁和私人仲裁。不过，舒曼本人从未提及也从未使用过这项法律，尽管他肯定对这项法律非常熟悉。曼恩也一样，也从未提及这项法律。他们没有使用这项法律的原因并不复杂。因为他们认识到，既然 *διαίτας* 也可能只指私人仲裁，那么，这项法律的证明力就不是决定性的，因而，也就不便引用。

虽然没有任何确凿的证据能够证明在公元前5世纪存在公共仲裁，但是人们始终相信当时的政府一定会采取某些措施来方便人们寻求仲裁，以减轻法庭的拥堵。舒曼在解释之所以没有任何资料提及公共仲裁的情况时说，那是因为现存的公元前5世纪的案件都不属于仲裁的范围。[21] 伯里克利时代引进的任何公共仲裁措施都会很自然地和那30名乡村法官息息相

---

〔18〕 Lysias xxxii. 2.

〔19〕 Cf. Schoemann, *op. cit.*, p. 44.

〔20〕 i. 87.

〔21〕 *Op. cit.*, p. 47. 这毫无疑问是正确的，但是它很难说明为何阿里斯托芬在频繁地提到诉讼和法院的同时，却从未提到仲裁这一点。在《申辩》（*Apology*, 32 B）中，据说苏格拉底曾声明说除了议事会成员之外，他从未担任过任何其他的公职。如果他的这一声明是严肃的事实，而不仅仅是一种在面对大众反对时的技巧，那么，这说明他从未担任过仲裁员，尽管他已经超过了60岁。

关。但是，关于这一组织的管辖范围和程序，我们知之甚少。[22] 很可能，大多数的民事案件都归其处理。而这些案件也是最适合仲裁的案件。亚里士多德[23] 曾明确地把这 30 名乡村法官和佩西斯特拉托斯家族时代的法官联系在一起。“在吕西克拉特（Lysicrates）执政时期，人们所称的 30 名‘地方法官’，得以重新建立（πάλιν κατέστησαν）。”这两个机构的法官都进行巡回审案。亚里士多德在后来的一个章节中在记述四十人法团的成立时说道：“最初，他们只有 30 人，他们在各个德莫巡回审理案件（περιιόντες ἐδίκαζον）。”在佩西斯特拉托斯统治时期，要授予这些巡回法官在无法劝说争议双方达成公平协议的情况下以案件本身的是非曲直为基础作出有约束力判决的权力，并不是一件困难的事情。但是公元前 5 世纪的雅典民主制度基本不可能允许让雅典重新倒退到行政官员在超过 10 德拉克马的案件上可以给出最终判决的年代。因而，那种认为περιιόντες ἐδίκαζον 意为 30 名巡回法官作为一个整体在不同的地方开庭审案并像陪审法庭那样给出最终判决的观点也是不可想象的。因为，这样的一种制度将很快毁掉民众陪审员所拥有的至高无上地位。

以佩西斯特拉托斯时代的法官和四十人法团审理案件的程序为基础，我们可以重构得到关于 30 名巡回法官审理案件的下列程序，作为对阿基比德一案时的情况的可能解释。像他们的前任一样，他们拥有仲裁职能；像他们的继任者一样，他们负责案件的初步审查并主持陪审法庭的审判。他们的仲裁职能可以解释他们为什么要进行巡回。我们可以大概推测认为，巡回法团的单个成员会定期到在其巡回区域范围内的不同的审案中心审理案件。

当纠纷发生之时，无论是原告还是被告都可以挑战对方，将案件提交给官员，即 30 名乡村法官之一，进行仲裁，就像他们可以将案件提交给双方都同意的私人仲裁员一样。官方仲裁的优势在于争议各方都会立即注意

---

〔22〕 德·桑克蒂斯（De Sanctis, *op. cit.*, pp. 135 f.）试图重构由这 30 名法官负责审理的案件的范围。根据他的观点，这 30 名法官是被任命来替司法执政官分担大部分的民事职责的。除了属于执政官管辖的月度诉讼以及继承和其他家庭纠纷之外，这 30 名法官，像他们的继任者四十人法团那样，有权处理其他绝大部分的民事案件。Cf. Keil, *Anonymus Argentinensis*, pp. 234 ff.; Gilbert, *op. cit.*, p. 157.

〔23〕 *Ath. Pol.* xxvi. 3; liii. 1.

到可以将案件提交仲裁的可能性。并且，合适的仲裁员已经存在。所有的有关选择双方都能接受的仲裁员的麻烦都可以避免。如果对方接受了将案件提交仲裁的挑战，那么，官员就将听取双方的理由和证据，并尽力给出一个双方都能接受的解决方案。如果他找到了这样一个解决方案，那么，这个解决方案就是最终的决定。如果对方不接受将案件进行仲裁的挑战，那么，官员只对此进行初步审查，然后，将案件上交，由法庭审判。

当阿基比德提出诉讼之后，被告向其发起挑战说将案件提交给仲裁员进行仲裁。阿基比德回绝了这一挑战，但是，在案件交付审判之前，*νόμος περὶ τῶν διαιτητῶν* 通过了，根据这一新的法律规定，四十人法团把案件转交给了公共仲裁员。仲裁之后，当事人又提出了上诉，案件最终来到了陪审法庭的面前。该演讲就是吕西亚为被告写成的。

如果 *νόμος περὶ τῶν διαιτητῶν* 的确是阿基比德一案中所引用的法律的准确名字，那么，四十人法团和公共仲裁员就很明显不是由同一部法律设立的。阿基比德一案的发生时间也应是在两部法律颁布之间。

根据亚里士多德的记述，在遇到上诉的时候，公共仲裁员应当把书面资料密封并将其转交给四十人法团。德摩斯提尼[24]曾经引用过一部法律，该部法律要求所有的证据都必须在法庭上以书面的形式展示。除了特别的、法律有明文规定的案件以外，证人都必须出庭对其证词进行确认或者否认。但是，在诉讼的任何阶段都没有关于交叉询问的规定。有大量的证据表明在公元前5世纪和公元前4世纪早期该部法律并不存在。无论是安多基德斯，还是伊索克拉底和吕西亚都不曾要求法庭职员宣读书面证词，尽管他们曾要求法庭职员当庭宣读其他文件材料：*μάρτυρας ὑμῖν παρέξομαι, ἀναγνωσθήσονται δὲ ὑμῖν καὶ αὗται αἱ ἀπογραφαί.* 他们有时所使用的语言也明确表明证人在以口头形式作证。“你听到证人的话了吧。”[25]“看着民众陪审员们，证明我说的话是真是假。”[26]“把证人叫来，他们将会告诉你

〔24〕 xlv. 44.

〔25〕 Lysias xxxii. 28.

〔26〕 Andocides i. 18.

一切。"[27] "那些在现场并比我更加熟悉情况的人将会作证并说明一切。"[28] 很明显，在这些案件当中，证人们都在以自己的非正式的方式讲述故事。但是，也可以以发问的方式来获得证据。在安多基德斯《论秘仪》(*On the Mysteries*)[29] 的演讲中就记录了一个典型的交叉询问场景：

> 你是成员之一吗，狄奥格内图斯（Diognetus），当皮桑尼克（Pythonicus）在公民大会上弹劾亚西比德的时候？
>
> 我是。
>
> 你知道安德洛马库斯（Andromachus）已经提供了关于发生在波里钦（Polytion）的情况的信息吗？
>
> 我知道。
>
> 这些是他所告发的人的名单吗？
>
> 是的。

显然这是当时极为常见的法庭场景，尤其是当诉讼当事人使用专业人士为其准备的法庭演讲稿时。只有这样，那些缺乏经验的出庭人才可以或多或少地控制法庭上的情况。此外，民众陪审员们也很可能会时不时地进行发问。

在阿里斯托芬的《黄蜂》中的那场对狗的滑稽审判当中，[30] 证人们也被传召出庭，接受询问。我们没有理由怀疑阿里斯托芬的描述和当时的实践不一致。

> 先生们，听证人说。研磨奶酪的人，站稳脚跟，大声地说出来。你是不是负责军队的供给？现在请诚实的回答。你为士兵们研磨的是你拿到的东西吗？（证人点头表示同意）

[27] *Ibid.*, p. 69.

[28] Lysias xvii. 2.

[29] i. 14.

[30] 962 ff.

人们不禁会有这样的疑问：为什么雅典人要求证据必须是书面形式呢？和通过交叉询问，甚至是通过简单的问答所获得的口头证据相比，书面证词都更不可靠。证人可能会被引诱作出包含虚假成分的书面证词，而如果是当面询问或者是进行激烈的交叉质询的话，证人可能就不会这样做。但，采用书面证词的优势在于可以比散乱的讲述和交叉询问更加节省时间。而节省时间就意味着可以大量的节省支付给民众陪审团的费用。对公元前4世纪的雅典人而言，这一点十分具有诱惑力。阿波罗多罗斯诉斯提法奴斯（Apollodorus vs. Stephanus）一案（一个伪证案件）的原告给出了另外一个理由；他说法律要求证据必须以书面形式是为了防止证据被篡改。〔31〕我们不能将此解释为设立该规定的唯一目的就是为了方便对伪证罪的控告和审理，因为这一规定从未在凶杀法庭适用过，〔32〕而正像安提福恩的一位当事人所表示的那样，在凶杀案件当中作伪证的行为显然更加严重。〔33〕在现代法律实践中，将证据形之于书面形式主要是为了方便上诉。在古代雅典，对上诉的仲裁案件的审理也几乎完全以仲裁阶段的书面形式的证据为基础。只有在特定的情况下，才允许提出新的证据。〔34〕因此，在古雅典，这项要求的立法本意可能也是为了确保上诉能够主要以最初审判时的证据为基础。但是，在仲裁被引入之后的若干年中，证据似乎一直是以口头形式呈现的。〔35〕可见，所有的上述理由都不能充分说明这一巨大转变的动机。

雷斯（Leisi）〔36〕认为这一变化首先是由诉讼当事人发动的，因为他们发现把证人愿意作证的地方忠实地记录下来符合他们的利益。雷斯提出了这一理论，但是他却没有说明为什么这样做会对诉讼当事人有吸引力。一个很好的解释，就是认为这是那些职业代人写作法庭演说词的人的需要。按照当时的惯例，这些人的服务并不仅仅局限于代人写作恰当得体的法庭

---

〔31〕 Demosthenes xlv. 44, quoted in note 1, p. 353.

〔32〕 在凶杀法庭，证据一直以口头形式呈现。Bonner, "Evidence in the Areopagus," *Class. Phil.*, VII, 450.

〔33〕 Antiphon v. 95.

〔34〕 Bonner, *Evidence in Athenian Courts*, p. 55.

〔35〕 仲裁的引进日期不早于公元前403年，书面证词的引进是在公元前378年－公元前377年。Cf. *infra*, p. 362.

〔36〕 *Der Zeuge im attischen Recht*, p. 87.

演说词。[37] 他还必须熟悉那些能够支持他的当事人的主张的证据。在代人写作演说词的时候，如果能有一份证据备忘录摆在面前，无疑将极大地方便演说词的写作，但是，人们很快会发现，缺乏经验的当事人很难通过交叉询问的方式引导他的证人说出相关事实，或者控制信口开河的证人。即使对现代经过职业训练的律师而言，询问证人仍然是一件十分困难的事情。这样，就有了将证人的证言用书面形式固定下来的充分动机。对代人写作的职业演说家而言，为他的客户提供一份他从证人那里诱导得到的书面证词，让法庭职员在法庭上和其他证明文件一起宣读，并不是一件困难的事情。因为证人仍然需要出庭对书面证词进行确认，因而，这种做法所遭到的反对也应当不会很强烈。

要允许当事人可以要求法庭职员当着证人的面宣读证人随时可以确认的书面证词并不一定需要专门的法律规定。因为，这并不是一项重大的革新。但是，这种做法一旦确立，它显而易见的优势将会立即对公众产生巨大的吸引力。[38] 在伪证罪方面，这一做法方便了对伪证罪的控告，因为原告无需再去费力证明证人都说过什么样的话。证人曾经做过的书面证词随时都可查到，因而，只需要再证明这些证词是伪证就可以了。在仲裁方面，它能够确保对仲裁裁决的上诉主要建立在原有证据的基础上。并且，它也使法庭审理程序变得更加简短。这似乎是一种更为简单的解释书面证据要求产生原因的方式，相反，那种认为是某位对法庭程序感兴趣的改革者独立地制定了这一书面证据要求并将其颁布为法律的观点则过于复杂。古代的立法，尤其是在程序方面，更多的是对当时现实实践的记录或者修正，而不是一种纯粹的创新。德摩斯提尼说得很明白，法律要求证据必须以书面形式。用法律来准许和保障这一实践是必要的。这一实践是否先适用于仲裁领域，然后又扩展到其他案件，我们不得而知。不过，这一实践从未适用于凶杀案件。

要求证据必须以书面形式呈现的法律是到底是何时制定的，众说纷纭。这也是预料中的事情。对这一问题进行研究，唯一可用的材料就是法庭在

---

〔37〕 Bonner, *Lawyers and Litigants in Ancient Athens*, pp. 213 ff.

〔38〕 在雅典的制度下，它的缺点不会如此明显，因为证据在那所起的作用相对次要。Cf. Bonner, *Evidence in Athenian Courts*, pp. 30 ff.

引进证词时所运用的术语。对这些术语必须十分小心，因为它们可能既适用于口头证词也适用于书面证词。不管证词是以书面形式还是以口头形式呈现，证人都必须在场。证人的在场提供了一种确保在法庭上宣读的书面证词准确无误的简单和令人满意的方式。同时，也可以使民众陪审员们有机会对证人的可信度进行评估。无论是被要求作口头证明或者只是对宣读的书面证词进行确认，证人们似乎都必须面对民众陪审员。[39] 这样一来，证人答应作证或者法庭要求其向前移动之类的话语也就难以证明证人到底是将要做口头陈述，还是只是要对书面证词加以确认。唯一的一个可以绝对证明证人将要口头作证的标志是那些表明证人进行口头陈述的词语的出现，如 λέγω，διηγέομαι，以及某些情况下的 μαρτυρία。另外一方面，除非出现ἀναγιγνώσκω 或者 μαρτυρία，否则，我们也无法绝对肯定书面证词的运用。在这两极中间的其他法庭术语，都有相当大的可以产生多种解释的空间。

德摩斯提尼是在发表于约公元前 350 年的一个演讲中引用这项要求证词必须以书面形式呈现的法律的，[40] 但是，他自己在与其监护人的诉讼中对书面证词的运用表明至少在公元前 364 年这一法律就已经生效。[41] 在吕西亚的演讲中，对书面证词没有任何暗示或者说明。他的这些演讲都不晚于公元前 380 年。最晚出现的、可以可靠表明口头证据仍在使用的是这句术语“到前面来，说出你的证据”，这句术语出现在吕西亚于公元前 392 年至公元前 389 年发表的一次演讲中。[42] 而另一方面，最早提及书面证词的是伊塞奥斯（Isaeus）的演讲 καί μοι ἀναγιγνωθι τὴν μαρτυρίαν[43]，该演

---

〔39〕 Andocides i. 18, quoted in note 3, *supra*, p. 353.

〔40〕 Paley and Sandys, *Select Private Orations of Demosthenes*, II, xxix (2d. ed.).

〔41〕 Demosthenes xxvii. 关于日期的讨论，cf. Schaefer, *Demosthenes und seine Zeit*, I. 288 (2d. ed.).

〔42〕 Lysias xvi. 8.

〔43〕 Isaeus v. 3.

讲发表于公元前392年至公元前387年之间。[44] 雷斯对此总结说：在公元前390年左右，书面证词就产生了（*Also um 390 herum muszte die Aenderung eingetreten sein*）。此处的德语词语“*Aenderung*”指代自愿运用书面证词的开始。他正确地认识到对书面证词的运用是诉讼当事人为自身利益创造的。但是，对于使这项实践具有强制性的法律产生的日期，他则没有深究。[45]

无论如何，把这部法律的颁布时间定在公元前390年都过早。这部法律在吕西亚的整个职业生涯中都不存在，他的职业生涯终结于公元前380年。在他最晚的一次可以确定年代的演讲中，布拉斯（Blass）[46] 认为这次演讲发表于公元前384至公元前383年，并没有明确无误地提到书面证词。他的另外两次发表于公元前390年之后的演讲也是如此。[47] 伊塞奥斯的第一篇和第十篇演讲（这都属于他最初的演讲）也没有任何地方明确地提到书面证词。对此，有人可能会反驳说，这5次演讲中用来引进证据的术语很可能都是中性的，可能既适用于书面证据，也适用于口头证据。在此，我们不妨参看一下德摩斯提尼和他的同时代人在引进证据时的做法。我们会发现，这一时期所有的涉及引进证据的法庭演讲都明确无误地提到了书面证词。因而，吕西亚和伊塞奥斯的5篇演讲都没有提到书面证词这一点基本不可能是纯粹的偶然。那种认为在这5篇演讲发表的年代尚没有法律要求证据必须以书面形式提交的观点很可能是正确的。5篇演讲中的2篇，我们无法确定具体的发表时间，但是，它们肯定都晚于公元前390年。因此，公元前390年肯定不是要求证据必须以书面形式呈现的法律的颁布

---

〔44〕 泰尔汉姆（Thalheim）在他本人版本的《伊塞奥斯》（Isaeus（Teubner））的引言中（p. xxxii.）认为该演讲发表的日期在公元前393年至公元前387年之间；布拉斯（Blass, *Attische Beredsamkeit*, II, 544）倾向于公元前389年。本塞勒（Benseler, *De hiatus in oratoribus Atticis*, pp. 185 ff.）争辩说该演讲的第6部分和第42部分所谈到的战争是公元前394年的克尼德斯（Cnidus）战争，该演讲发表的日期应当是公元前372年。杰伯（Jebb, *op. cit.*, II, 351）倾向于同样的观点，但是认为演讲的发表日期更有可能是公元前390年。卫塞（Wyse, *The Speeches of Isaeus*, p. 405）则倾向于较早的那个日期。

〔45〕 Leisi, *Der Zeuge im attischen Recht*, p. 87.

〔46〕 *Op. cit.*, I, 602.

〔47〕 xix in 387 B. C.; xxii in 387 – 386 B. C. Cf. Blass, *op. cit.*, pp. 533, 472. 图依布纳（Teubner）和剑桥的编辑将其写为 ΜΑΡΤΥΡΙΑ（xxii. 9），但是并不确定。范·海文顿（Van Herwerden）则将其写为 ΜΑΡΤΥΣ。

时间。

要更加准确地确定该法律的颁布时间，面临的最大困难就是确定伊塞奥斯与此有关的3篇演讲的具体发表日期。伊塞奥斯的第5篇演讲对书面证词有明确的提及，这篇演讲的发表日期显然早于第10篇，并且还很可能早于第1篇。[48]但是，在第10篇和第1篇中，却没有任何地方提及书面证词。泰尔汉姆[49]为此提供了一种非常有吸引力的解释。第5篇演讲当中提到书面证词的时候是这样讲的：

καί μοι ἀναγιγνωθι τὴν μαρτυρίαν.

ΑΝ ΤΩΜΟΣΙΑ

καί μαρτυρας ὑμιν παρέξομαι . . . . καί μοι ἀναγιγνωθι τὴν μαρτυρίαν.

ΜΑΡΤΥΡΙΑ

τῶν μὲν μαρτύρων ἀκηκόατε.[50]

在承诺提供证人之后，当事人请求宣读一份书面证词。不过，值得注意的是，“你已经听见证人了吧”这一表达方更适合于口头证据，而不是书面证据。正因为如此，泰尔汉姆建议将 *καί μοι ἀναγιγνωθι τὴν μαρτυρίαν* 视为后来的篡改，从原文当中删除。他还发现篡改的根源在前一部分，只不过在第4部分结尾，这些话又再次出现。在将演讲中唯一提到书面证据的地方视为篡改之后，他得出结论认为要求证据须以书面形式呈现的法律

〔48〕在确定日期方面，第一篇演讲的困难最大。本塞勒（Benseler, *op. cit.*, p. 192）将其定位于第一时期，即公元前360年之后，理由是该演讲明显试图避免同一元音连续出现时发音的短促停顿（hiatus）。布拉斯（Blass, *op. cit.*, II, 531）接受本塞勒的观点。杰伯（Jebb, op. cit., II, 320）尽管对这种确定演讲日期的方法表示了些许怀疑，但是也同意本塞勒的观点。卫塞（Wyse, *op. cit.*, p. 179）则对本塞勒的方法表示公开的批评。他指出第8篇演讲也在尽力避免hiatus的出现，该演讲介于公元前387至公元前363年之间，但是在更晚的第2篇演讲之中，作者却没有去费力避免hiatus。这样，泰尔汉姆认为第1篇演讲属于作者早年作品的观点就有了可靠的理由。第10篇演讲属于底比斯战争时期，即公元前378至公元前371之间。

〔49〕Review of Bonner's *Evidence in Athenian Courts in Berliner Philologische Wochenschrift*, 1905, p. 1575.

〔50〕Isaeus v. 2.

的颁布时间应是公元前375年，也就是在第10篇演讲的两个极端的时间公元前378年和公元前371年之间取了个中间点。

最近的考察表明纳奥斯尼库斯（Nausinicus）执政时期（公元前378－公元前377年）很可能和欧几里得斯执政时期一样，都是重要的改革年份。在一份名为“雅典法庭的书面和口头答辩”（Oral and Written Pleading in Athenian Courts）的研究中，[51] 卡尔豪已经证明直到公元前4世纪，雅典的诉讼当事人都没有被要求以书面形式提交起诉和答辩。

> 我们的调查表明，在安提福恩、安多基德斯、吕西亚和伊索克拉底的法庭演讲之中存在许多标志某种行为开始的表达方法，但是没有任何标志性的表达方法可以被解释为当事人写作或者提交书面诉状。随着德摩斯提尼的出现，新的术语也出现了；我们第一次发现ἀποφέρειν和διδόναι，以及对实际提交法律文件的描述和不断地对当事人写作诉状行为的暗示。

卡尔豪由此得出结论，认为直到德摩斯提尼开始他的法律生涯不久之前，起诉和答辩仍然还是以口头形式进行，并由法庭职员进行记录。根据诉状和证据之间的相似性，卡尔豪力图更加准确地确定要求证据必须以书面形式提交的法律的颁布时间，希望能够借此确定要求书面诉状的法律的颁布日期。他反对泰尔汉姆的观点，即他不认为伊塞奥斯的第5篇演讲中的ἀναγνωθι τὴν μαρτυρίαν是篡改的结果。他争辩说：

> 单凭公元前389年的一个关于书面证词的孤证，并不足以使我们把法律的颁布日期提前到公元前390年，因为我们没有任何理由认为在要求证据必须以书面形式提交的法律颁布之前，证据就不可以偶尔以书面形式呈现。

把分别要求证据和诉状必须以书面形式提交的两次改革联系在一起，

---

〔51〕 *TAPA*, L (1919), 189.

他认为出现这些重要变化的最可能的年份是公元前 378 年至公元前 377 年。[52] 那种认为在要求证据必须以书面形式提交的法律颁布之前在同一次演讲中也可能同时出现书面和口头证词的观点是值得怀疑的。像我们前面所说的一样，如果书面证词是专业人士为他们客户的利益而设计出来的话，那么，在单个的演讲之中，证据的呈现方式就应该是统一的。诚然，在不同的客户之间，可能有理由在一个客户时使用口头证词，而在另一个客户时使用书面证词。但是，我们很难理解为什么伊塞奥斯的客户偏要对第一名证人使用书面证词，既然他能够当着民众陪审团的面成功地引导其他 7 组证人进行作证。当然，人们完全可以这样做，但这种做法显然不合常理。因而，泰尔汉姆将 *καί μοι ἀναγιγνωθι τὴν μαρτυρίαν* 视为篡改的做法似乎更加可取。[53] 似乎第 10 篇演讲中的所有证据都是口头的。这篇演讲发表于底比斯战争（公元前 378 至公元前 371 年）期间。在它发表的时候，要求证据必须以书面形式呈现的法律还尚未诞生。泰尔汉姆认为这项法律很可能颁布于公元前 375 年，但是，他的这种观点只不过是在公元前 378 年和公元前 371 年之间取了个平均数而已。他既不知道该篇演讲的具体发表时间，也不知道要求证据必须以书面形式呈现的法律是在这篇演讲发表之后多久颁布的，因而，他唯一所能做的也就是冒险进行大胆的猜测。相比之下，卡尔豪的观点则更加精确，他认为该项法律的颁布时间是公元前 378 年至公元前 377 年。他认为第 10 篇演讲的发表时间应在公元前 378 年，而该项法律的颁布紧随其后。对这种前后紧随的情况，他有很好的解释。纳奥斯尼库斯执政之年是一个著名的改革之年。而且在古代雅典，政治都是以波浪式进行的，一个紧跟着另一个。这一特点使得我们有理由相信公元前 378 年至公元前 377 年是该项法律最可能的颁布时间。[54]

---

〔52〕 Calhoun, *op. cit.*, p. 191.

〔53〕 赫默尔（Hommel）在对卡尔豪的《口头和书面陈请》（*Oral and Written Pleading*, *Philologische Wochenschrift*, 1923, pp. 612 – 13）的评论中同意泰尔汉姆的观点，其基础为对*ἀναγιγνωθι* 以及其他术语在伊塞奥斯的演讲中出现的次数的概率统计。

〔54〕 赫默尔（Hommel, *ibid.*）尽管引用并同意邦纳早前关于该法律的颁布日期应在吕西亚的公共生涯结束之后（公元前 380 年）、伊塞奥斯的大多数演讲之前（公元前 375 年 – 360 年）的观点，但是，他似乎也接受卡尔豪对该法律颁布日期的更准确的界定。

书面证词首先出现在伊塞奥斯的演讲中可能并非偶然。[55]除一个案例之外，伊塞奥斯经手的所有案例都与地产有关。这些案例十分棘手、很难口头说清楚。可能，他很快便认识到要想使自己的证据更加具有说服力，就必须对它们进行仔细的总结和归纳。唯一的一个实现这一目的的方式就是亲自代替客户去询问证人，并将证词记录下来在适当的时候宣读给法庭。这是一个非常无趣的提供证据的方法，但是它具有简洁和清楚的优点。

像以前一样，在公元前4世纪，亚略巴古议事会仍然由那些成功通过审计的前执政官组成。[56] 亚里士多德记载说如果一名执政官未能向雅典娜卫城的财政官足额交纳在他任内所应交纳的橄榄油，那么，在他执政任期结束的时候，他就不能到亚略巴古议事会任职。[57] 此外，亚略巴古议事会还必须接受罗基斯塔埃（Logistae）的审查。这肯定是在一定时期结束或者一项特别工作完成之后。[58] 亚略巴古议事会可以暂时性地开除它的任何一名成员，但是，只有在得到陪审法庭的确认之后，这种开除才能具有永久的效力。[59] 雅典那乌斯（Athenaeus）引用海波伊迪斯的话说，那些曾被发现在公共建筑内进餐的人也不能进入亚略巴古议事会。[60] 根据普鲁塔克，亚略巴古议事会成员被禁止写作喜剧。[61] 不管这些记载是否正确，有一点是无疑的，那就是亚略巴古议事会保留了它尊贵与正直的声誉。

亚略巴古议事会仍然保留了对谋杀、故意伤害、投毒致人死亡以及纵火案件的管辖权。[62]

在公元前4世纪之初，亚略巴古议事会对于神圣橄榄树仍然具有监护

---

〔55〕 这并不是说伊塞奥斯对该法律的颁布起了重要作用，而是说他在自己的实践当中首先实行了这一做法。

〔56〕 Pollux viii. 118. 关于亚略巴古议事会在这一时期的声誉，参见：Isocrates vii. 37 – 39.

〔57〕 *Ath. Pol.* lx. 3.

〔58〕 *Aeschines in Ctes.* 20；cf. Gilbert, *Greek Constitutional Antiquities*, p. 282.

〔59〕 Dein. in *Dem.* 56. 57；Aeschines *op. cit.* 20.

〔60〕 xiii. 21. 566.

〔61〕 De gloria Athen.，5；Didot, p. 426.

〔62〕 Aristotle, *op. cit.*, lvii. 3；Demosthenes xxiii. 24；cf. Lucian Anacharsis 19；Aeschines, *F. L.*, 93；in *Ctes.* 51. 212；Plato *Laws* 877 B. 只有故意伤害才属于亚略巴古议事会的管辖范畴。所以，只有故意的投毒行为才属于它的管辖范围。亚里士多德所描述的凶杀法庭的程序是公元前4世纪的。

权力，对涉及神圣橄榄树的案件也仍然具有管辖权。[63] 但是，在公元前4世纪的某一时间，它的这种权力消失了，因为国家自身停止了出售橄榄树果的行为，而改为向生有神圣橄榄树的田地的主人征收。因而，这些农夫们从此都必须交纳一定数量的橄榄油，而不管橄榄树发生了什么。[64] 这一变化发生的时间在吕西亚的第7篇演讲（约公元前395年）和《雅典宪制》的写作（公元前328年－公元前325年）之间。

许多其他的宗教事务也都属于亚略巴古议事会的管辖范围。掌管欧墨尼得斯祭祀的人也由它负责任命。[65] 像以前一样，亚略巴古议事会仍然负责管理奉献给厄琉西斯（Eleusinian）女神的土地。公元前352年至公元前351年，一项大众法令授予了亚略巴古议事会在总体上对宗教事务的永久管辖权，直至罗马时代，它的这一特权仍然存在。[66] 在公元前4世纪末期，它对亵渎神灵案件的管辖权力也得以恢复。但就总体而言，从那时一直到厄菲阿尔特改革，这类案件主要是由陪审法庭负责审理的。[67] 在公元前343年，发生了一件十分有趣的能够反映亚略巴古议事会对宗教事务参与情况的事件。那时，提洛人和雅典人竞争对提洛的阿波罗神庙的管理权。当争议被诉至同盟议会（Amphictyonic council）之后，雅典公民大会选举伊斯金尼斯作为代表前往应诉，但是同时授予亚略巴古议事会更改选举结果的权力。亚略巴古议事会拒绝了伊斯金尼斯，而是任命海波伊迪斯来代替他的位置，[68] 最终，海波伊迪斯成了雅典在本案的代表。[69]

随着亚略巴古议事会在伯罗奔尼撒战争之后变得日益活跃，它在对公民行为和道德风貌的控制方面的作用也重新变得重要起来。显然，游手好

---

〔63〕 Aristotle, *op. cit.*, lx. 2; Lysias vii.

〔64〕 Aristotle *Ath. Pol.* lx. 2, 3.

〔65〕 Scholiast on Demosthenes xxi. 115 (cf. lix. 80 f.).

〔66〕 Cf. Keil, "Beitrāge zur Geschichte des Areopags," *Berichte ǔber die Verh. der sāchs. Akad. d. Wissenschaften* (1919), p. 57.

〔67〕 Cf. *supra*, p. 258. Cf. Lipsius, *op. cit.*, p. 129. 有趣的是奥瑞根（Origen, g. *Cels.* iv. 67; v. 20）认为对苏格拉底的审判是在亚略巴古议事会进行的。

〔68〕 Demosthenes xviii. 134.

〔69〕 Hypereides, Λσγος Δηλιακός (*frag.* xix).

闲行为有时由亚略巴古议事会审理，有时由陪审法庭审理。〔70〕毫无疑问，亚略巴古议事会之所以被认为拥有对青年的教育权力也只是因为它拥有对公共道德的总体监督权力。亚略巴古议事会也有权指导公共医师的工作。

在公元前4世纪，亚略巴古议事会有时还会受人民委托成立特别调查委员会。调查结果以初步调查形式提交给公民大会。公民大会可以决定自己采取行动或者任命检查官通过向陪审法庭提出控告来处理。我们前面提到的伊斯金尼斯一事就属于这一类。在另外一些场合，亚略巴古议事会也负责调查是否能够在普尼克斯公民大会会场临近地区建立新的建筑。〔71〕这毫无疑问属于它作为公共工程委员会的职责。〔72〕亚略巴古议事会还曾被授权调查波里克多（Polyeuctus）在美嘎拉与一些放逐者私相交结的行为。〔73〕此外，亚略巴古议事会还负责调查过钱财失踪问题，这些钱财本来是从潜逃的亚历山大（Alexander）财政官哈帕鲁斯（Harpalus）那儿取回并存放在雅典卫城的。另外，它还负责调查过哈帕鲁斯对一些公民的贿赂行为。〔74〕

亚略巴古议事会也可以凭借自身的权威主动进行调查，但是其后的程序与前述调查一致。例如，当公民大会即将决定无罪释放被控试图纵火焚烧船坞的安提福恩的时候，亚略巴古议事会介入进来，并在调查之后强迫他在陪审法庭接受审判。〔75〕

有时，亚略巴古议事会也会被授予独立管辖权。例如，在喀罗尼亚战役之后不久，它审判并处死了那些抛弃雅典的人。〔76〕

直到公元后4世纪，亚略巴古议事会都一直发挥着重要作用，并且在

---

〔70〕 Cf. Caillemer, “Areopagus” in Daremberg – Saglio, p. 402. 关于亚略巴古议事会对行为和道德的控制，参见：Athenaeus iv. 64. 167; Diog. Laert. vii. 169.

〔71〕 Aeschines *Timarch.* 81 ff.

〔72〕 Caillemer, *op. cit.*, p. 403; Heracl. Pont. In Mŭller, *F. H. G.*, II, 209; Aeschines, *op. cit.*

〔73〕 Dein. in *Dem.* 58.

〔74〕 Dein. *op. cit.* 4 ff.

〔75〕 Demosthenes xviii. 132 f.

〔76〕 Lycurgus *Leoc.* 52; Aeschines in *Ctes.* 252.

罗马时期，它又重新变为一个举足轻重的机构。[77]不过，前执政官们不再自动成为成员，所有的职位都由选举产生。石刻记载表明亚略巴古议事会在当时的政府机构中地位非凡，并且保留了它一贯的尊贵和名声。

公元前5世纪的司法体系一直沿用至伯罗奔尼撒战争（公元前404年）结束，未有大的困难发生。无论是公元前424年的伪色诺芬的《雅典政制》（*Constitution of Athens*），还是公元前422年的阿里斯托芬的《黄蜂》都没有提到存在民众陪审员短缺问题。伪色诺芬[78]认为小民众陪审团的使用并不是为了弥补民众陪审员的不足，而是为了以提供更多的法庭的方式来解决诉讼拥堵问题，显然，当时正处在诉讼高峰期。实际上，巴德理塞仑[79]曾明确说明当时拥有足额的6,000名民众陪审员；安多基德斯在发表于公元前399年的一次演讲中也曾谈到公元前415年的一个由6,000名民众陪审员组成的民众陪审团。[80] 直至损失巨大的以失败告终的西西里远征和德凯利亚被伯罗奔尼撒人长久占领之后[81]，这种情况才发生实质性改变。在向斯巴达人建议加强在阿提卡的一个哨所时，亚西比德[82]预测说"劳瑞恩银矿（Laureian silver mines）的收入以及他们现在从他们的土地和法庭所获得的所有收益"将会立即被雅典人夺走。更重要的是，斯巴达的同盟一旦认为斯巴达不会赢得战争，便会疏于纳贡。毫无疑问，他的这些预言都是正确的，斯巴达人加强了战争的努力。在战争中，雅典也损失巨大，不仅雅典的人口在这场战争中遭受了巨大的损失，而且警戒漫长的防线也需要投入几乎全部的人力。[83]

---

〔77〕关于亚略巴古议事会在罗马时代的特权和职责，可参见：Caillemer, *op. cit.*; Philippi, *Der Areopag und die Epheten*, pp. 309 ff.; Keil, *op. cit.*

〔78〕*Ath. Pol.* iii. 4 ff.

〔79〕Aristophanes *Wasps* 661 – 62.

〔80〕Andocidesi. 17.

〔81〕关于西西里远征的损失，参见：Mālzer, *Verluste und Verlustenlisten im griechischen Alterum*, pp. 33 – 37. 他同时给出了古代和现代的估算。古代，最高的估算是损失了4万人。胜利有时也是代价惨重的。梅耶（Meyer, *Geschichte des Altertum*, IV, 3, 646）估计在阿吉纽西战争中的损失超过4,000人。

〔82〕Thucydides vi. 91. 7.

〔83〕Thucydides vii. 27 – 28.

也正是在这一时期，法庭审判有时不得不只限于刑事案件。[84] 停止审理民事案件既是因为经济原因，也是因为军事原因。公元前4世纪的类似的停止法庭审判的行为曾被明确指出是因为缺少经费。[85] 由于阿提卡边远地区的大量难民的拥入，雅典的人口曾获得巨大增长。但是，随着战争的结束，难民都纷纷返回家乡。城市人口锐减。城市中也不再有大量的失业难民，随时准备担任民众陪审员的职务。奴隶也大规模逃亡。[86] 农民们都忙于修复破败的家园，[87] 不需要再到城市中通过担任民众陪审员谋生。如此一来，那些愿意充当民众陪审员的人数很快，如果不是一开始，便不再能满足需要。诚然，当时已经不再有海外诉讼，但是，由于这方面或者那方面的原因三十寡头的统治肯定导致了大量的诉讼，尽管已经实行特赦。[88] 在这种情况下，民主领导人肯定已经认识到最紧迫的需要就是在不损害法庭效率的情况下找到弥补民众陪审员短缺问题的方式。长久以来，用更小的审判小组来应对法庭拥堵问题的方式已经为那些关心此类事务的人所熟悉。但是，正如伪色诺芬[89] 在公元前424年所指出的那样，小法庭很容易被贿赂。并且，贿赂问题已经变得日益严重。贿赂问题总是会或多或少地存在，但是轰动一时的安尼图斯（Anytus）成功地贿赂了整个审判组织的事件表明，只要有足够的金钱，即使由大量民众陪审员组成的规模巨大的法庭也照样可以被贿赂。[90] 对司法体系进行彻底变革的时机成熟了。负责审判一些特定案件的审判小组的人数被削减到了200或400人。为了应对因此产生的更大的贿赂问题，开始实行新的分配计划，审判小组每天，而不是像以往那样每年，都会被分到新的法庭。这样，就可以照常维持10个审判小组的存在，尽管民众陪审员的总人数已经严重不足名义上

---

[84] Lysias xvii. 3.

[85] Demosthenes xxxix. 17.

[86] Thucydides vii. 27. 5. Cf. Aristophanes *Clouds* 6 – 7.

[87] 关于德凯利亚战争对阿提卡的毁坏，参见：*Hellenica Oxyrhynchia* xii. 4. Cf. Hardy, "The Hellenica Oxyrhynchia and the Devastation of Attica," *Class. Phil.*, XXI, 346 ff.

[88] Isocrates xviii 和 xxi.

[89] *Ath. Pol.* iii. 7.

[90] Aristotle *Ath. Pol.* xxvii. Cf. Calhoun, *Athenian Clubs in Politics and Litigation*, pp. 66 ff.; Hommel, *Heliaea*, pp. 127 – 28.

的6,000人。但即使这样，民众陪审员的人数还是不足以应付需要。在这种情况下，一个有趣的多重登记制度被引入了，根据这种制度除了他们原先被分配到的小组之外，民众陪审员们还被允许同时在多个审判小组登记。

出现于公元前388年的阿里斯托芬的《普鲁托斯》中的一段可以很好地证明这种新登记制度的特点。赫耳墨斯说如果在普鲁托斯恢复视力之后的统治中他能被允许待在人类中间，那么，他将自愿以人类的利益为原则担任各种角色。奴隶卡瑞欧（Cario）在评论他在许多行业中担任角色的能力时说道：

ὡς ἀγαθόν ἐστ' ἐπωνυμίας πολλὰς ἔχειν·
οὗτος γὰρ ἐξεύρηκεν αὑτῷ βιότιον.
οὐκ ἐτὸς ἅπαντες οἱ δικάζοντες θαμὰ
σπεύδουσιν ἐν πολλοῖς γεγράφθαι γράμμασιν.〔91〕

如果我们按照字面意思来理解这段话，那么，这种做法在当时非常普遍，即使不是日常惯例的话。以前，通常认为卡瑞欧是在进行喜剧式夸张，把星星点点的欺骗行为夸张为无所不在的行为。〔92〕但是，该观点现在已经被抛弃。

在坟墓之中发现的许多民众陪审员的入场券〔93〕可以佐证由阿里斯托芬的这段戏文所得出的推论，即民众陪审员们除了自己被分配到的小组之外，还可以在其他小组进行登记。在好几张出土的入场券上，除了通常标于入场券左上角的民众陪审员自身的小组的字母符号之外，在右下角紧跟民众陪审员名字的地方，还有许多其他字母符号。例如，CIA ii. 877，属于一名叫理逊（Lyson）的来自史泰瑞阿（Steiria）德莫的人，他被分配到的小组是A，但是在他的名字之后，还有字母H。同样，CIA ii. 887，属于一名叫

〔91〕 Aristophanes *Plutus* 1164－67.

〔92〕 福罗克尔（Fronkel, *Die attischen Geschworenengerichte*, pp. 97 ff.）不同意舒曼诗人是在进行夸张的观点（*De sortitione judicum*, I, 212）。Cf. Teusch, *op. cit.*, p. 50.

〔93〕 所有现存的入场券都是青铜制成的，并且都属于公元前4世纪。它们被收集在 *CIA* ii. 875－940.

派拉蒙奴斯（Paramonus）来自茉莉塔（Melite）德莫的人，他属于Γ小组，但是，在他的名字后也有字母H。现在，一些学者认为入场券上的多余字母象征的就是多重登记制度，例如，CIA ii. 877的主人也可以参加H小组的审判，如果该审判不与A小组的审判时间冲突并且小组H不满员的话。在入场券上标注第二个字母避免了向民众陪审员额外颁发他可以参加的审判小组的入场券的麻烦。至今，我们没有发现一个人有两张不同小组入场券的情况。[94]但是，入场券上额外标注的字母是否真的和多重登记制度有联系呢，也有学者对此表示怀疑。[95]布鲁克（Bruck）认为因为包含有额外字母的入场券可以循环使用，因此那个额外的字母很可能是以前的原始痕迹的残留。不过，阿里斯托芬的 γεγράφθαι 明确表明，当时对民众陪审员们在本小组之外的登记已经有正式和定期的记录。[96]不同审判小组的名单也毫无疑问地证明了多重登记制度的存在。

在上演于公元前390年或公元前388年的阿里斯托芬的《公民大会妇女》中，第一次提到了这种新的司法制度。在这部喜剧中，国家被交给女

〔94〕 在现存的入场券当中，我们可以发现一个人同时拥有两张入场券的例子。*CIA* ii. 914, 915，是在同一个墓穴中发现的，它们也几乎完全相同。*CIA* ii. 917, 918，大概也是在同一个墓穴中发现的，两者的区别仅在于其中之一包含有父亲的名字，而另一个则没有包含。有观点认为，更早时期的入场券不包含父亲的名字，但是后来的入场券上的个人信息就更加完善。不过，我们刚才所引用的两张入场券属于同一个人的例子似乎并不支持这一理论。Cf. Caillemer, *op. cit.*, p. 190. 很可能，在当时一个人拥有两张入场券的情况并不少见。或者原先的入场券遗失了，但是当国家向他补发新的入场券之后，旧的入场券又失而复得。还有观点认为，当时实际使用的入场券是木头制成的，现存的这些青铜制成的入场券被制造出来的明显目的就是放入激情的民众陪审员的墓穴中陪葬。Cf. Gilbert, *Greek Constitutional Antiquities* p. 397, n. 1. 然而，事实可能不是这样，因为现存的有些入场券明显表明曾经有两人使用过。*CIA* ii. 877, 887, 922, 932, 933，在现在的名字下面，很明显还有另外的名字的痕迹。

〔95〕 Cf. Lipsius, *op. cit.*, p. 145, n. 33. Bruck, *op. cit.*, LII, 419; Mylonas, Bulletin de correspondence Hellenique, 1883, pp. 29 ff.

〔96〕 有些入场券上有孔（cf. e. g., *CIA* ii. 876, 899, 924），这一事实引起了许多猜测。提出的观点有下列几种：(1) 在入场券上打孔是为了使入场券在被抽到的时候能够挂在框架上（Cf. Hommel, *op. cit.*, p. 124），但是由于我们对当时抽取程序的了解十分不足，因而，这一点很难证明。(2) 打孔是为了入场券主人的方便，这样可以很方便地将入场券与衣服上的饰品相连。所以，有的入场券有孔，有的则没有。(3) 打孔只是为了方便将入场券悬挂在墓穴中。Cf. Caillemer, *op. cit.*, p. 190.

人们来管理。女性领袖普拉萨格拉引入了社会主义制度。诉讼将会消失。[97] 法院也将要被解散了。[98] 所有的一切都将实现公有。人们将一起住、一起吃。[99] 普拉萨格拉的丈夫问她说："人们将在哪里吃晚餐呢?""每一座法庭及其回廊都将成为人们的用餐之地。"相应的，原先用来分配民众陪审员的场所也将被用来把所有的公民分为10组。这些以字母表中的前10个字母命名的公民小组，将会被分配到这个或那个现今已经成为宴会场所的法庭。

> *τὰ δὲ κληρωτήρια ποῖ τρέψεις ; Pr. ἐς τὴν ἀγορὰν καταθήσω·*
> *κᾆτα στήσασα παρ' Ἁρμοδίῳ κληρώσω πάντας ἕως ἂν*
> *εἰδὼς ὁ λαχὼν ἀπίῃ χαίρων ἐν ὁποίῳ γράμματι δειπνεῖ·*
> *καὶ κηρύξει τοὺ βῆτ' ἐπὶ τὴν στοιὰν ἀκολουθεῖν*
> *τὴν βασίλειον δειπνήσοντας· τὸ δὲ θῆτ' ἐς τὴν παρὰ ταύτην,*
> *τοὺς δ' ἐκ τοῦ κάππ' ἐς τὴν στοιὰν χωρεῖν τὴν ἀλφιτόπωλιν*
> *. . . . . Bl. ὅτῳ δὲ τὸ γράμμα*
> *μὴ 'ξελκυσθῇ καθ' ὃ δειπνήει, τούτους ἀπελῶσιν ἅπαντες.* [100]

普拉萨格拉对公民就餐制度的安排是对新的司法制度的聪明模仿。她成功地运用了这一本来已被废弃的分配方法。以这部喜剧为基础，学者们对当时的司法制度进行了较为令人满意的重构。许多学者都对此做过努力。谁的工作最成功，学界未有一致意见，但利普西斯的工作已经得到了学界的总体认可。[101]

民众陪审员的数量在名义上仍然是6,000。所有合格的自愿担任民众陪审员的公民都被吸收，并被划分为10个小组，尽可能公平地代表每一个部落。小组以字母表的前10个字母命名。每名民众陪审员都可领到一张青

[97] Aristophanes *Ecclesiazousae* 657.
[98] *Ibid.* 677.
[99] *Ibid.* 673 – 75.
[100] *Ibid.* 683 – 88.
[101] Lipsius, *op. cit.*, pp. 139 ff. Cf. Hommel, *op. cit.*, pp. 115 ff.

铜制成的入场券，上面有他的名字和所属的小组号码。法院用字母 Λ 到 Υ 来命名，就像在接下来的时代一样。[102] 在喜剧中，尽管用来充当餐厅的地方不是以字母来命名，但是，有证据表明在当时作为模仿对象的司法制度中，法庭是以字母来标示的。利普西斯[103] 争辩说，在词语ἐ ν ὁ πο ίω γρά μματι 和 τὸ γράμμα καθ' ὃ δειπνήσει 中，γράμμα 指代的不是审判小组，而是法庭。当需要举行法庭审判的时候，所有的小组都必须被召集。10 张写有字母从 A 至 K 的纸条被放入一个容器，在另一个容器中，则放入从 Λ 到 Υ 的纸条，代表那天将开庭审案的法庭。从每个容器中同时抽出一张纸条。这样，被抽到的小组就到被抽到的法庭去审案。如果需要由 1000 或者 1500 名民众陪审员组成的较大的法庭，那么，就从装有民众陪审员号码的容器中抽出两个或者三个号码，而从装有法庭号码的容器中则只抽取一个号码。如果需要较小的法庭，比如只需要 200 名民众陪审员，那么，也很容易通过抽签的方式来减掉多余的人员。[104] 按照这种制度，对民众陪审员的需要就很容易得到满足。因此，也正是在这时产生了一场改革，要求每个民众陪审团都必须由奇数的民众陪审员组成。公元前 399 年负责审判苏格拉底

〔102〕 Aristotle *Ath. Pol.* lxiii.

〔103〕 *Op. cit.*, p. 141, n. 23. 特裕史（Teusch, *op. cit.*, p. 47）认为在这些段落当中，字母 Υ 是用来指代陪审小组的，用来标识法庭的是法庭名字，而不是字母。但是，字母 Σ 用来指代法庭的事实表明字母的确曾用来标识法庭。Hommel, *op. cit.*, p. 116, n. 293. Cf. Svoronos, *Journal international d'archeologie numismatique*, p. 53, and Plate E. No. 9; Earle Fox, *Revue numismatique*, 1890, p. 63, Plate III, No. 14.

〔104〕 从阿里斯托芬的《公民大会妇女》（*Ecclesiazousae*, 687 f.）来看，出席法庭的人每天都会更换是毫无疑问的，尽管存在多重登记。普拉萨格拉建议在分配晚宴的时候不要复制这一特征。赫默尔（Hommel, *op. cit.*, p. 119）认为在那些需要较少陪审人员（200）的民事案件中，乡村的人不需要前来出席。需要较多陪审人员的刑事案件都会安排在不同的日子，以鼓励乡村人员出席。关于这一分配的证据，可参见：Demosthenes xxv. 27, according to Lipsius, *op. cit.*, p. 142, n. 27. Cf. Teusch, *op. cit.*, p. 47.

的法庭就很可能是由501名民众陪审员组成的。[105] 在阿里斯托芬的《普鲁托斯》中，[106] 奴隶卡瑞欧在催促合唱团离开的时候说：

ἐν τῇ σορῷ νυνὶ λαχὸν τὸ γράμμα σου δικάζειν,

σὺ δ' οὐ βαδίζεις; ὁ δὲ Χάρων τὸ ξύμβολον δίδωσιν.

此处也是对法庭程序的模仿。民众陪审员在进入他所在的小组被分配到的法庭的时候，会收到一份证明，使他在审判结束的时候可以领取报酬。注释者认为 *Χάρων* 是 *Ἄρχων* 的变体。[107]

法庭规模和将审判小组分配到法庭的方式的变化发生于欧几里得斯执政时期，也就是公元前403年至公元前402年。后来，又发生了另外一次变化。民众陪审员们被允许年复一年地留在同一个小组，只要他们还担任民众陪审员。对民众陪审员们进行的年度划分只适用于那些新加入的民众陪审员。这一变化是再自然不过的。如果所有愿意充当民众陪审员的人都会被接受，那么，也就没有必要对民众陪审员们再进行每年一度的重新划分。在新的制度下，没有理由可以反对民众陪审员们终生服务于某个小组。但是，所有的民众陪审员仍然一如既往地参加每年一次的宣誓。除两个特例以外，在每一个坟墓中，只发现一张入场券，这一事实也可以很好地证明上述理论。这似乎表明，每名死者通常只拥有一张入场券。即使有人同

---

〔105〕 Plato *Apology* 36 A. 如果当时的陪审团是500人，280人支持控告方，220人支持苏格拉底，那么，这意味着如果有30个支持控告方的人改变立场，将会导致双方得票相等，苏格拉底将被宣布无罪。如果当时的陪审团是501人，有221人和280人分别支持被告和控告方，那么，如果有30个支持控告方的人改变立场，那么，被告方将以1票之差获得多数，将被宣告无罪。狄奥格内斯（Diogenes Laertius, ii. 41）说，反对苏格拉底的选票有281票。如果这是正确的，那么，柏拉图所说的“30”应为“31”，陪审团也应由501人组成，选票被划分为220比281。如果狄奥格内斯的原文*ὅτ' οὖν κατεδικάσθη, διακοσίαις ὀγδοηκονταμιᾷ πλείοσιψήφοις τῶνἀπολυονσῶν* 是正确的。那么，狄奥格内斯想表达的意思是大多数民众陪审员反对苏格拉底，反对票共有281票，或者换句话说“281人反对苏格拉底，超过支持他的票数。”不过，没有证据表明公元前5世纪的陪审团已经采用奇数。直到公元前4世纪，才有确切的采用奇数的证据。Cf. *supra*, p. 243.

〔106〕 277-78.

〔107〕 *ὁ Χάρων κατὰ ἀναγραμματισμὸν Ἄρκων λέγεται.*

时拥有两张入场券，这两张入场券也都是属于同一个小组。[108] 看起来，多重登记似乎是从实践经验当中得来的一种做法，目的是确保新制度的良好运转。它既可以立即满足对民众陪审员的需要，也可以更好地利用那些急于参加服务的人。这种对小组划分制度的突破向着亚里士多德时代的制度前进了一步，在亚里士多德时代，民众陪审员们仍然被分配到不同的小组，但是在审案的时候每天都会对其进行重新划分，而不管民众陪审员们到底属于哪个小组。这是另外的一个说明机构进化的例子。

公元前388年，当《普鲁托斯》[109] 上演的时候，欧几里得斯时代的制度仍然还在沿用。这也是新制度可能开始实行的最早时间。新制度可能开始实行的最晚时间是公元前355年或者公元前354年，当伊索克拉底发表《阿里帕格提库斯》（*Areopagiticus*）的时候。[110] 亚里士多德所描述的新制度就诞生于这两个时间之间的某一时期。其中，最需要也最渴望对司法制度进行变革的年份似乎是公元前378年至于公元前377年，即新帝国形成的那一年。[111] 即使新的帝国建立在更加宽松自由的基础上，军事行动的需要似乎也十分紧迫和长久。凯奥[112] 认为在公元前380年至公元前370年的那个世纪里，新的联盟的建立使得雅典急于在公共生活的各个领域进行改革和创新。这些变革包括负责征收财产税的斯莫瑞（symmories）的建立和皮罗德洛（proedro）的建立、[113] 以及要求诉讼当事人必须以书面形式提

---

〔108〕 CIA ii. 914 and 915; 917 and 918。Cf. Hommel, *op. cit.*, pp. 120 ff. 赫默尔认为陪审员任期终身制是逐渐形成的，导致其发生的原因是陪审员的缺乏以及随之而来的一些人想充当终身陪审员的要求。他认为任期终身制形成于阿里斯托芬的《普鲁托斯》（公元前388年）完成之后的10年之中，他认为那些没有孔的入场券也属于这个时代，因为此时入场券上的孔已经没有它们在亚里士多德所描述的制度中的用处，即挂在框架上。Cf. *infra*, p. 376.

〔109〕 Cf. 277, 972, and 1166 – 67.

〔110〕 Sec. 54. Cf. Hommel, *op. cit.*, p. 129.

〔111〕 Dittenberger, *Sylloge* ^{2}, No. 81; Hicks and Hill, *Greek Historical Inscriptions*, No. 101.

〔112〕 *Anonymus Argentinensis*, p. 266. 凯奥（Keil）认为大约在公元前375年，诉讼当事人获准向陪审团发表演说的时间有明显的增加。这一发展很自然的会带来法庭演说的进一步完善，以及用诉讼来追求政治目的。Cf. Hommel, *op. cit.*, pp. 120 ff.

〔113〕 Glotz, "L'épistate des proèdres," *Rev. d. études grecques*, XXXIV (1921), 1 – 19. Cf. S. B. Smith, "The Origin of the Athenian Proedroi," *Proc. Of the Amer. Philol. Assoc.* 1927, LVIII, xxiii.

交证据和诉状的要求的建立[114]等。在第二帝国建立之后不久，雅典进行了大规模的涉及财政、军事、行政、宪政和司法等各个领域的改革，在这种背景下，民众陪审团制度几乎不可能被排除在改革之外。[115] 雅典人在军事方面的承诺将无可避免地使在每一个审判小组服务的人数进一步低于人们的期望，因而，这就使得他们必须发现一种比多重登记更好的方式来解决他们所不得不面临的问题。

布鲁诺·凯奥[116]试图证明，除了以阿里斯托芬的《公民大会妇女》和《普鲁托斯》为基础重构得到的制度和亚里士多德所描述的制度以外，还存在另外一种不同的制度。它开始于公元前375年，结束于他所谓的介于公元前347年至公元前345年之间的“复辟年代”（Die Restaurationsjahre）。亚里士多德所着重关注的是新的宪政变革。其中，主要的就是民众陪审员的分配制度。这一理论十分诱人。但是，凯奥所依赖的由特裕史（Teusch）所提供的证据是不够充分的。特裕史将 κριτής 当作在德摩斯提尼的一个段落中出现的 δικαστής 的同义词。[117] κριτής 一词的通常意义为在从事某种竞争的法官。在演说家那里，它从未以 δικαστής 的意思出现。[118]

在亚里士多德时代，民众陪审员所使用的入场券不再像此前的公元前4世纪那样用青铜制成，而是用木头制成。[119] 德摩斯提尼的一个段落表明在公元前348年，青铜仍在使用。[120] 青铜需要用来铸造钱币毫无疑问是用木材而非青铜来制作入场券的一个原因。在公元前407年至公元前406年，雅典在财政上的困难使得它不得不熔化帕台农神庙（Parthenon）的尼克（Niké）金制雕塑，以发行阿里斯托芬在《蛙》（720）中所称的 τὸ καινὸν

---

〔114〕 Cf. *supra*, p. 360.

〔115〕 Calhoun, “Oral and Written Pleading in Athenian Courts,” *Trans. of the Amer. Philol. Assoc.* L (1919), 191 ff. Cf. Hommel, *op. cit.*, p. 129. 利普西斯（Lipsius, *op. cit.*, p. 149）没有对亚里士多德所描述的制度的引进日期进行说明（Isocrates vii. 54）。

〔116〕 *Anonymus Argentinensis*, p. 267.

〔117〕 Teusch, *op. cit.*, pp. 55 – 56. Demosthenes xxxix. 10.

〔118〕 See Parley and Sandys’ notes on Demosthenes xxxix. 10, and Lipsius, *op. cit.*, p. 150, n. 49.

〔119〕 Aristotle *Ath. Pol.* lxii. 4.

〔120〕 Demosthenes, *ibid.*; Lipsius, *op. cit.*, p. 150, n. 50.

χρυσίον。[121] 德凯利亚的陷落使得雅典无法再从劳里厄姆（Laurium）的银矿获得供应，因而，不得不使用青铜钱币来满足人民大众日常的小额之需，一直到公元前 394 年的凯农大捷（the victory of Conon）之后，雅典城市的财富才又重新膨胀，银币也才重新成为法定货币。[122]《公民大会妇女》中的一个角色曾用喜剧方式抱怨他在这种转换中所经历的不便。他刚刚开始在集市闲逛，准备买一些日常用品，便听到一名公共传令官叫喊说（819－820）：

Μὴ δέχεσθαι μηδένα
χαλκὸν τὸ λοιπόν· ἀργύρῳ γὰρ χρώμεθα.

他当时携带着大把的铜钱，根本就没有带银币。公元前 339 年，也发生过一次类似的危机。那时，不得不再一次熔化帕台农神庙的金饰。[123] 日常生活中，银币也又一次为铜钱所取代。毫无疑问，也正是在这是，用木头制成的入场券取代了用青铜制成的入场券，以便节省更多的铜来铸造钱币。[124]

亚里士多德在总结他所在时代的宪法时，详细地描述了当时的民众陪审团制度。[125] 像以前的时代一样，民众陪审员们被划分为 10 个小组，以字母 A 至 K 命名。10 个小组的人数基本相等，每个小组都包含有 10 个部落的成员。民众陪审员就任的时候，会收到由黄杨木制成的入场券，上面标有他的法定姓名和他所被分配到的小组的名字。当时将民众陪审员分配到特定案件去的抽签机制非常复杂，9 名执政官分别代表各自部落进行抽签，而第 10 个部落则由司法执政官派出的职员负责抽签。尽管没有对细节进行描述，亚里士多德描述说每个法庭有 10 个入口，每个部落 1 个，有 20

---

〔121〕 Head, *Historia Numorum*, p. 373 (2d. ed.).

〔122〕 当阿里斯托芬在《蛙》（725－26）中将这些硬币称为 τοῖς πονηροῖς χαλκίοις 和 τῷ κακίστῳ κόμματι 的时候，他反映的显然是大众的意见。

〔123〕 Head, *op. cit.*, p. 375.

〔124〕 Hommel, *op. cit.*, p. 40.

〔125〕 *Ath. Pol.* lxiii ff. 关于原文和翻译，参见：Hommel, *op. cit.*, pp. 11 ff and Colin, *Rev. d. et. grecques*, XXX, 20 ff.

个房间，每部落两个，用于抽签。[126] 这些法庭配有 100 个箱子，每部落 10 个；其他的用于抽签的箱子；两只瓮；棒子以及和需要的民众陪审员人数相等的橡实。需要的民众陪审员人数会事先按照需要开庭的法庭的数量和每个法庭所需要的民众陪审员人数来确定。司法执政官以抽签方式确定当天需要开庭的法庭的字母标识。接着，就会通过抽签的方式从 10 个审判小组之中选择产生那天需要到这些法庭去审理案件的人，抽签的方式是这样的：每个民众陪审员都向前，把自己的入场券投入标有本组字母的箱子中。接着，按那天需要的民众陪审员人数的两倍从箱子中抽出入场券。被抽出的入场券会被挂到一个框架上去。当抽出足够的人数之后，执政官便以掷骰子的方式进行最后一轮选择。对应着每 5 张入场券，便有两枚骰子，一枚黑的，一枚白的。如果执政官抽到的是黑骰子，那么，挂在框架上的前 5 张入场券便会被归还给它们的主人，即意味着这些人在当天不需要参加审判了。如果执政官抽到的是白骰子，那么，前 5 张入场券的主人便需要在当天参加审判，后面的情况依此类推。被抽中的人从瓮中取出一粒橡实，字母向上，给主持的执政官看，看了之后，执政官会立即把这名民众陪审员的入场券投进那个写有和橡实上相同字母的箱子里，并把这名民众陪审员送去合适的法庭，民众陪审员去法庭的时候必须携带他的橡实以及与他所被分配到的法庭颜色相同的棒子。

主持法庭的官员由两名司法执政官通过抽签方式确定。抽出的第一名官员负责主持抽出的第一个法庭，依此类推。接着，主持法庭的官员会通过抽签方式抽出 5 名民众陪审员，一个去监管水钟（water clock），另外 4 个去负责报告投票数。此外，还有另外 5 名民众陪审员负责组织民众陪审员们领取报酬。

根据亚里士多德的记载，在不同类型的案件当中，水的数量（用来衡量发言时间），也就是允许当事人发言的时间，也不相同。在有些案件当中，如涉及监禁、死刑、放逐、没收财产的案件等，发言的时间不用水钟来衡量，但是，各方当事人的发言时间在一天中所占的比例是固定的。

---

〔126〕 关于对此的重构，参见：Hommel, *op. cit.*, diagrams on pp. 140 f.

大多数法庭都由500名民众陪审员组成，但当遇到重要案件的时候，有时也会把两个或者三个法庭合并在一起审理案件。在法庭发言结束之后，每一名民众陪审员都会收到一个有孔的投票球和一个实心的投票球。有孔的投票球是用来投给原告的，实心的投票球则是用来投给被告的。当投票的时候，民众陪审员的棒子会被收走，同时又会发给他们一张写有字母Γ(即数字3）的凭证，当他们前去领取报酬的时候，必须交出这张凭证。这是为了确保他们的确参与了投票。如果民众陪审员不能证明自己参加了投票，那么，他就不能领取报酬。民众陪审员们把他们想投出的票投到一个黄铜制成的瓮中，多余的那张票则投进一个木制的瓮中。如果原被告所得的票数相等，那么，将认为被告获胜。如果民众陪审员们还必须进一步决定具体应判处的刑罚，那么，则进行第二轮投票。只有在这之后，民众陪审员们才能按照事先安排的顺序领取报酬。[127]

这种复杂制度的目的是为了排除对民众陪审团的任何形式的贿赂和干扰。至少在6个段落中，亚里士多德都曾明确地表明这一制度的某些细节就是被设计出来对付那些不诚实行为的。[128]

陪审法庭在雅典政治制度当中的重要性是不容置疑的。[129] 亚里士多德用11个重要的宪政改革来总结了他对雅典宪政历史的论述。[130] 其中的第十一个改革就是三十寡头被推翻之后的民主的恢复。亚里士多德对其是这样描述的：

> **那时，人民成功地取得了对国家的控制权，并建立了一直适用至现在的宪法……民主成了一切的主人，通过公民大会的投票**

---

〔127〕 Colin, *op. cit.*, p. 85 ff. Hommel, *op. cit.*, p. 128.

〔128〕 *Ath. Pol.* lxiv. 2; lxiv. 4; lxvi. 1; lxvi. 2; lxv. 1; lxix. 1. Cf. Hommel, *op. cit.*, p. 128. 克林（Colin, *op. cit.*, 85 f.）收集的许多公元前4世纪和公元前5世纪的资料似乎表明陪审团制度不是很值得信任。但是，这些资料中所提到的缺陷不是任何陪审员分配制度所能补救的。在公元前5世纪，雅典人依靠陪审团的规模来防止腐败。因而，当他们不得不使用小的陪审组织时，他们最终设计出了亚里士多德时代所使用的那种复杂的制度。

〔129〕 关于雅典人好讼的原因，参见：Bonner, *Lawyers and Litigants in Ancient Athens*, pp. 96 ff.

〔130〕 *Ath. Pol.* xli.

和它所控制的法庭，民主有权管理一切。

梭伦所引进的向民众法庭上诉的制度，最终发展成了民众陪审员的至高无上，因为他们通过控制司法判决的方式控制了整个国家。[131]

---

〔131〕 Cf. *ibid.* , ix. xxxv. 2.

第　二　卷

序　言

本书的第一卷着重论述的是司法体制的生长和发展。而当前的这一卷，即第二卷，将致力于讨论司法实践和程序。但是，我们并不想描述所有的民事和刑事诉讼，以及这些案件在不同的地方行政官、司法官员和司法委员会之间的分配，以及从发起诉讼到给出判决的整个过程。因为这些问题在利普西斯的《雅典法制和法律程序》（Das Attische Recht und Rechtsverfahren）中已有充分论述。但是，由于《雅典法制和法律程序》的第一部分出版于1905年，全书完成于1915年，利普西斯在书中的许多观点和结论现在都受到质疑和反驳。

在本书中，我们格外详细地讨论了雅典诉讼中的某些特征，这些特征的选择或多或少地带有一些武断。我们的大致目的是将散落于一系列书籍和论文中的研究成果方便地汇集在一起，利普西斯和其他一些对这一领域有研究的学者的成果在本书中也会被批判性地引用和补充。在第一卷中，也包含大量的对利普西斯等学者观点的引用，因为这些观点似乎更适合于与司法制度放在一起讨论，比如，书面证据的引入时间以及凶杀案件审判的某些特征。“诉讼当事人”一章在很大程度上无可避免地是描述性和说明性的，但即使这样，对相关问题的讨论也非常详细和深入。唯一的例外是“誓言”那一章。为了更加全面地描述誓言在雅典公共生活中的重要性，我们的讨论不再仅仅局限于誓言在诉讼中的作用。有人建议我们在这一卷中评判一下雅典司法制度的优点和缺点，所以，在本卷的最后一章我们试图做到这一点，尽管我们自己对能否做到也心存疑虑。

对于德摩斯梯尼的著作，我们采用了肯尼迪（Kennedy）的译本。对于其他作者的作品，我们大都采用的是洛布古典丛书（Loeb Classical Library）中的翻译。

我们衷心感谢美国学术团体协会和芝加哥大学在本书写作和出版过程中所给予我们的慷慨资助。我们还要对时任俄克拉何马大学希腊语助理教授的劳埃德·斯托博士表示衷心感谢，他在本书写作的每个阶段都给予了我们宝贵的帮助。此外，我们也要感谢朱莉娅·亨德森女士，在本书的校对和索引编制方面，她给予了我们非常专业的帮助。

我们衷心地希望本书能够再出第三卷，以便对古希腊司法制度的其他方面展开充分讨论。

芝加哥大学：罗伯特·J. 邦纳
格特鲁德·史密斯

第一章 引 言

在公元前第五、第四世纪的雅典，自诉与公诉的不同分类已经出现，并得到了普遍的认可。〔1〕但是，关于诉讼多样性的起源及其确切创立日期的调查结果则令人相当失望。〔2〕事实上，即使仅仅想确定真正意义上的诉讼的大致产生时间也几乎是不可能的。因此，任何对雅典诉讼起源的探讨的尝试都必然伴随着大量的猜测，从而使得谨慎性及不确定性成为做出有关此类诉讼起源的相当确定的叙述之前的必由之路。然而，尽管诸如此类的调查在很大程度上并不能为确定各种不同诉讼的确切起源时期提供一个确切的结论，此类调查仍然在确定一种诉讼是怎样从另一种诉讼衍生而来，以及诉讼多样性是如何产生的方面具有一定的意义。

雅典人对法律的古老风俗（antiquity of law）相当尊重，因此，他们习惯于将法律的产生归因于比他们更古老的著名的立法者德拉古和梭伦。对于此类归因，其中的一部分是毋庸置疑的，而对于另一部分则必须谨慎对待。事实上，我们手头并没有从英雄时代（在这个时代，司法主要是非正式的）到德拉古法典诞生期间的有关证据。但是，这个阶段恰恰正是许多日后著名的诉讼在一定形式上的创立阶段。毋庸置疑的是，在某些情况下，梭伦制定的法律其实只是对德拉古立法的重述。此外，德拉古在制定法典时并非创设了一部全新的法律，而是像在他之前的许多立法者那样，在很大程度上是将繁杂的习惯法编纂成为了有序可循的、方便查询的形式，由此，有利于司法远离长官意志任意性的影响，从而更具公平性。实际上，

---

〔1〕 Cf. the Index to Lipsius, *Das Attische Recht und Rechtsverfahren*, pp. 994 f.

〔2〕 古代的学者致力于对引起诉讼产生的行为进行分类。亚里士多德认为有三种行为可以引起诉讼的产生（*Politics* 1267 B; cf. Newman, *ad loc.*）。海尔曼（Hermann – Thalheim, *Griech. Rechtsalt.*, pp. 38 ff.）也将诉讼事由分为三类。德莫斯梯尼（Demos. xxiv. 192）则从一个不同的角度对法律诉讼事由进行了分类，即将其分为与个人有关的和与国家有关的。

古代的学者对于究竟哪些立法者制定了哪些法律的结论往往存在分歧。例如，当时有这么一个立法，即公民如果没有工作，将受到惩罚，并且任何其他公民都可以因此对他提起诉讼。这个诉讼程序被称为 γραφὴ ἀργίας。普鲁塔克将这个立法归因于梭伦的立法，但又说狄奥佛拉斯图斯认为此乃佩西斯特拉托斯的成果。〔3〕狄奥格内斯·拉尔的乌斯（Diogenes Laertius）〔4〕将此归因于梭伦立法，但是又引用说吕西亚认为这应当归因于德拉古的立法。事实的真相很有可能是因为先前存在着一个禁止公民无所事事、游手好闲的部落法。德拉古将之纳入了他的法典，随后又被梭伦采纳了。〔5〕

许多诉讼的起源可以追溯到相当久远的年代。每个人都会对针对他的人身和财产的伤害进行迅速的报复。但是，至于国家在何时才通过诉讼的形式对他提供帮助则无法准确确定。不过，早期的法典常常针对诸如此类的攻击行为进行规定。在梅因〔6〕看来，法典是防止习惯法走向堕落和腐败的保护途径之一。这个看法至少在一定程度上是正确的。早期的法典包括了有关侵犯人身、侵入住宅、纵火、各种家庭事务、债务、奴隶、交易和财产分配、商事关系、伪证、宗教事务、杀人、费用等的条款。〔7〕许多涉及违反这些法律的诉讼都至少可以追溯到德拉古的时代。例如，虽然各种关于盗窃的立法被德摩斯梯尼归因于梭伦时代，〔8〕但是，在德拉古制定的法典中肯定已经包括了一些关于盗窃以及相应制裁程序的规定。

梭伦法典被认为已经建立起了一些关于盗窃的不同类型的诉讼行为：对被指控的违法者当场逮捕、向负责案件诉讼的官员提起控诉、向仲裁者提出公诉或自诉。〔9〕其实，这是有关一个违法行为既可以被提起自诉，又可以被提起公诉的例证。ὕβρις提供了另一个这样的例证，对这一违法行为

〔3〕 *Solon* xxii.

〔4〕 i. 55.

〔5〕 Cf. Freeman, *The Work and Life of Solon*, p. 137.

〔6〕 *Ancient Law*, p. 16; cf. p. 25.

〔7〕 Cf. Bonner and Smith, *Administration of Justice from Homer to Aristotle*, I, 67 ff (hereafter referred to as supra, I).

〔8〕 xxiv. 105, 113, 114; xxii. 26.

〔9〕 Demos. xxii. 26; cf. Freeman, *Op. cit.*, p. 125.

也是既可以自诉也可以公诉。解释有可能是这样的：对于某些通常由自诉提起的罪行，如果受害人因为某种原因无法提起自诉时，那么就有必要允许提起公诉。[10]但，毫无疑问，在每个案件中，自诉通常是先行的。

如果对在雅典众所周知的各种诉讼进行研究，很显然地会发现许多诉讼种类与另一些相互重叠。这是因为最初的诉讼采用的是相当概括的术语。随后，许多特别诉讼才被创立，并与概括诉讼有部分重复。在凯弄奴斯（Cannonus）法令中，关于*ἀδικία*的诉讼是极端概括的。但是，之后便很快出现了*γραφὴ ἀπάτης τοῦ δήμου*和*δίκη καταλύσεως τοῦ δήμου*，并同样被该法令所涵盖。同样的，作为索回资金所有权的诉讼，其本质也只不过是*δίκη χρέως*的一个特殊形式而已。以这种方式，一些诉讼又衍生出了另一些诉讼。

有些情况下，一个诉讼的创始时期可以被大致地推断出来。很显然，有些诉讼产生于民主充分发达的时期。例如，只有在民主充分发达的时期，当诽谤者的出现已经成为了雅典人生活的特色之一时，各种针对诽谤者的诉讼才能够得以创立。此外，也只有当城邦公民大会变得强大时，被称为*προβολή*的诉讼程序才能够得到发展。通过对掌管某些诉讼的机构和长官的了解，就可以或多或少地推测出这些诉讼的久远历史。总的来说，由于大体的发展趋势是逐渐剥夺亚略巴古议事会的特权及职责，从而极不可能在梭伦时代之后，仍然赋予该法院处理新生案件的管辖权，因此，由亚略巴古议事会所管辖的诉讼必然就有相当古老的历史。亚略巴古议事会从我们手头有记录的最早时期开始就拥有了对凶杀案件的管辖权，且从来没有完全丧失过这项管辖权。由于德拉古法典主要是对现存实践的一种记录，因此，凶杀诉讼毋庸置疑地产生于德拉古法典诞生之前。对于这一点，我们有较多的证据。[11] 虽然，我们并不清楚国家是从什么时候开始掌管凶杀案件的诉讼的，但是，有一点是确定的，即在凶杀诉讼中保留了大量的英雄时代对杀人案件的态度所折射出的诉讼的特征。通过将在荷马时代的信息、德拉古法典片断，以及各种来自公元前第五、第四世纪的证据进行串

〔10〕 在英国的普通法下，许多的案件既能够引发民事诉讼，又能够引发刑事诉讼的原因在于，引发这些案件的行为可能被视为破坏和平与安宁的行为。

〔11〕 Cf. *supra*, I, 111 ff.

联，我们不但对提起杀人诉讼的家庭的态度，而且对杀人诉讼程序的发展的各个阶段都有了相当完整的了解。这比一般的证据能够提供给我们的信息要丰富得多。例如，尽管从总体来看，有关渎神的案件由民众法庭主审，但是在公元前第五、第四世纪，亚略巴古议事会仍然继续审理这部分关于渎神的案件。似乎可以这样认为，即由于亚略巴古议事会对所有关于宗教的事务具有监管权限，因此，所有涉及此类的案件最初都是由其审理的。这也就说明了亵渎神灵诉讼的悠久历史性。虽然对渎神诉讼创立的确切时间无法确定，但是，荷马和海希奥德为我们提供了对引起渎神诉讼的公众态度的很不错的描述。有记录的最早的关于亵渎神灵的案件是针对埃斯库罗斯。他被指控在他的剧本中泄漏了天机。[12]

毫无疑问，新兴商事活动的不断发展使得仅有的长官无力招架，由此，引发了新长官的产生。其中的某些商事活动可能是以新的诉讼形式存在的。利普西斯[13]认为艾撒构格斯（eisagogeis）很有可能是为了处理月度诉讼（monthly suits）而产生的。即使并非完全基于这个原因，至少艾撒构格斯负责这些案件的处理。利普西斯进一步推测这个职务的产生可能在公元前五世纪中叶，因为当时的商事活动的发达迫切需要设立新的长官以缓解这个压力。尽管这个猜测难以证实，但至少是有一定道理的。月度诉讼发展的原因应当是基于商业的原因。像*δίκαι ἀπὸ συμβόλων*一样，只有当雅典成为了一个重要的贸易中心之后，月度诉讼的重要性才能够得以体现。

另一方面，有时一个官员的职责会发生根本变化，而他过去的职责会由一个新的机构接替。因此，当军事执政官不再是军官时，军事违法行为则将由他的继位者——将军来掌管。

宪法的变更引发了新法律的产生，继而导致了新的诉讼的产生。例如，梭伦立法中有关收养和遗赠的规定可能是引发各种涉及继承的诉讼的原因。梭伦制定的关于禁止暴行的立法以保护儿童、成年男性和女性，使之免于受到伤害和攻击，无论他们是自由民或奴隶，得到了伊斯金尼斯

---

〔12〕 Schol. on Arist. *Nic. Ethics* I 111a; Aelian V. H. v. 19; Clem. Alex. *Strom.* Ii. 387.

〔13〕 *Op. cit.*, p. 84; for an opposing view cf. Wilamovitz – Moellendorff, *Aristoteles und Athen*, I, 223.

（Aeschines）〔14〕 的称赞。显然，这项立法解释了δίκη ὕβρεως和γραφὴ ὕβρεως的起源。再者，伊斯金尼斯〔15〕将一项有关惩罚被指定人未能继续其被指定参加的所有运动或者惩罚其胆怯的立法归因于梭伦。对前述违法者提出的诉讼被称为γραφὴ δειλίας。〔16〕凯弄奴斯法令可能被包括在了克里斯提尼（Cleisthenes）的杰作之中。该法令规定城邦公民大会负责审理“针对人民的犯罪”。〔17〕“针对人民的犯罪”是一个相当概括的诉讼，并且实际上我们并不能找到这一诉讼的具体例子。米尔泰德斯被指控犯有ἀπάτη Ἀθηναίων，一项更加具体的违法事由，但是显然包含于针对人民的犯罪之中。〔18〕 此外，贝壳放逐法的建立也应当归因于克里斯提尼。〔19〕

我们这一章的研究显示，那些企图发现所有目前所知的诉讼的起源的努力将是徒劳的。

---

〔14〕 i. i5.

〔15〕 i. 29.

〔16〕 Aeschin. iii. 175 f. 关于索伦立法的简单介绍，参见：Freeman, *op. cit.*, pp. 112 ff.

〔17〕 Cf. *supra*, I, 205 ff.

〔18〕 Herod. Vi. 136.

〔19〕 *Supra*, I, 193.

第二章　诉讼当事人[1]

在德拉古时代之前，只有受害人一方才能够提起诉讼。诉讼的途径或者是受害方亲自向具有全权管辖权的长官提起，且长官的裁定对所有案件都具有最终效力，或者是间接地通过亚略巴古议事会成员提出。德拉古从两方面扩大了诉讼当事人的特权。德拉古宪法的最后一部分，也就是该宪法仅存的最具价值的部分，允许受害方向亚略巴古议事会提起诉讼。这就意味着受害方有权利亲自出席委员会，并不再需要依靠赢得委员会某一成员的支持以获得正义。[2] 此外，在德拉古的法典中，当一个杀人犯从被流放中非法返回时，任何公民都有权利合法地、立刻地将其杀害，或者将其抓获并扭送到具有管辖权的长官处。[3] 随后引发的审查则由扭送人对受指控的罪犯提起诉讼。这项允许任何公民在前述案件中提起的特殊诉讼正是梭伦的著名命令“*τὸ ἐξεῖναι τῷ βουλομένῳ τιμωρεῖν ὑπὲρ τῶν ἀδικουμένων*”的先驱。[4]

诉讼当事人有义务亲自将他们的案件递交到官员手中。由于这样的听证会可能是从公元前五世纪的前梭伦时代的行政官员审判继承而来，因此带有或多或少的非正式性。正如这项程序的名称所显示的那样，这类诉讼程序主要是由长官向诉讼当事人发问所构成。至于当事人双方可以互相发问的程序则存在于后来的实践中——任何一方的当事人都可以在法庭中召见对方当事人，并向他发问。诸如此类的例子在早先的演说家以及柏拉图的《申辩篇》[5] 中有所反映。在这些情形下，要求诉讼当事人自行参加

〔1〕 利普西斯已经充分地回答了谁可以成为适格的诉讼当事人这个问题（*Das Attische Recht*, pp. 789 – 803）。

〔2〕 Arist. *Ath. Pol.* iv. 4; cf. *supra*, I, 95.

〔3〕 Cf. *supra*, I, 119 ff.

〔4〕 Arist. *Ath. Pol.* ix. 1; cf. *supra*, I, 168.

〔5〕 Lysias xii. 25; xxii. 5; Plato *Apol.* 24 C ff.

诉讼并不困难。但是，如果要求他们面对公元前五世纪的大陪审团，并且向极度吹毛求疵的听众陈述则是一件相当困难的事情。这种处境的尴尬程度不亚于在梭伦的诉讼体系下，诉讼当事人对长官的裁决提起诉讼时必须面对一个人数众多的团体，即陪审法庭。[6]

如果获得陪审团的同意，诉讼当事人总是可以得到他人的协助来法庭参加诉讼。这类的协助可以被分成两类——或是当事人避免说话而完全由协助人代替他发言，或是仅仅由他的协助人代表他发表最后总结性陈述。严格地说，第一种类型的代理人应当被称为ὁ ὑπεραπολογούς，而第二种类型则应当被称为ὁ συναπολογούς。[7] 然而，这两类代理人却在实际上被不加区分的命名为συνήγορος或者σύνδικος。从词源学角度来看，Συνήγορος的意思是“与他人谈话者”；σύνδικος则表示“在诉讼中帮助他人的人”。在公元前四世纪时的诉讼中，第二种类型意义上的代理人较为普遍，而第一种类型的代理人较少见。只有在特别的情况下，一个诉讼当事人才可以被完全免除陈述的义务。

第一种类型的代理人的首次出现是在公元前489年，对米尔泰德斯欺骗人民罪行进行审判的集会上。[8] 由于伤势严重，并最终死于此，米尔泰德斯无法为自己进行辩解，从而只能由他的朋友为他辩护。当米尔泰德斯出现在集会上，并躺在一张长凳上时，他很有可能向城邦公民大会提出了非正式的请求，即基于他目前的困难状况，希望城邦公民大会能够允许他的朋友代替他进行发言。当然，由于任何成员都可以向集会发言，因而，他的朋友也可能既不经过他的请求，也不经过集会的允许而主动地对米尔泰德斯进行协助。在公元前406年对将军们的审判集会上，欧里普托勒摩斯（Euryptolemus）作为其中一个将军的亲戚且是其中另一个将军的朋友，就曾起身要求为他们进行辩护。[9] 在这个环节的诉讼程序中，将军们没有进行任何的发言，因为他们早已经在前一次的集会上进行了发言。[10] 在另

〔6〕关于陪审法庭的组成，参见：*supra*，I，162 f.

〔7〕Lycurg. i. 138.

〔8〕Herod. vi. 136；cf. *supra*，I，197，299.

〔9〕Xen. Hell. i. 7. 16.

〔10〕*Ibid.* i. 7，9.

一个案件中，也是全部的辩护责任都由他人承担。公元前355年，伊索克拉底由于与一个战船司令发生利益冲突而被告上法庭。但是，由于疾病，他无法亲自来法庭处理这个案件，因此，他的养子阿法柔斯（Aphareus）代他出席了法庭。在这个案件中，阿法柔斯是一个真正意义上的代理人。[11]另一个略微相似的案件发生在公元前350年的德摩斯梯尼的实践中。阿波罗多罗斯诉佛密欧[12]是一个特别的诉讼，由被告方率先发言。被告由法律顾问代表发言：

> 雅典的民众们，佛密欧在表述方面的缺乏经验以及语言能力的欠缺是有目共睹的。作为他的朋友，我们有必要将我们时常听他提及并为我们所了解的详细情况进行陈述和说明；由此，我们能够向你们提供正确的信息而使得你们能够得出一个公正而严谨的判决。

佛密欧原先是一个奴隶，并且从来没有完全掌握希腊语，使之能够面对敏感而挑剔的雅典人。[13]可能的情况是，他断断续续地说出了请求他人代替他发言的请求。

向陪审团提出请求以获得允许让代理人参加诉讼的请求是必需的，[14]但是这类请求从没有被拒绝过。请求常常是以一种非正式的、马马虎虎的方式提出，并且陪审员通常被推定默许该请求。雄辩家海波莱德（Hyperides）曾经向陪审员提出过一份又长又详细的允许代理人参加诉讼的请求。[15]起初，代理人通常是诉讼参加人的朋友、亲属、俱乐部同伴（clubfellow）和来自同一个德莫的乡亲。[16]这些人对诉讼当事人本人及其职业最了解。但是，随着时间的推移，在自诉和公诉程序中，代理人逐渐发展成为一项专门的职业，并且向代理人支付报酬的情况也开始出现。德

---

〔11〕 Isoc. Xv; cf. Jebb, *Attic Orators*, II, 132; Bonner, "The Legal Settings of Isocrates' Antidosis," *CP*, XV, 193 ff.

〔12〕 Demos. xxxvi. 1.

〔13〕 *Ibid.* xlv. 30, 81.

〔14〕 *Ibid.* xxxiv. 52.

〔15〕 iv. 11.

〔16〕 Demos. xxxii. 31; Isoc. xxi. 1; Andoc. i. 150.

摩斯梯尼在一个自诉案件中引用了一条禁止向代理人支付报酬的法律：

> 如果任何人合谋或参与对陪审法庭或对任何雅典法庭或议事会进行贿赂，或者以腐化的目的支付或获得金钱，或是为了颠覆民主而组织某个俱乐部，或者是在作为代理人时，无论在公诉或自诉中收取钱财，则他应当因这些行为而被提起诉讼，并由司法执政官对之进行审理。[17]

在德里拉普（Drerup）[18] 和斯塔克（Staeker）[19] 看来，毫无疑问，这条法律是真实存在的。

这条法律对确定一个大致的时间有所暗示。ἡλιαία 这个单词的出现表明了一个较早的时间，而 δικαστήριον 这个词的出现则又说明陪审法庭也许是职位较低的执政官审理案件的法庭。[20] 提到 ἡλιαία 和 δικαστήριον 的目的是为了使表述准确和精确。贿赂指的是公元前五世纪后期的情况。公元前 409 年，安尼图斯（Anytus）成功地对陪审员中的大部分进行了贿赂。[21] 人们也许认为安尼图斯贿赂行为的公开可能会引起新立法的产生。公元前 403 年到公元前 402 年间，即执政官欧几里得斯（Euclides）的执政期间可能就是一项主要影响富人阶级利益立法的创立期。在那时，没有穷人有能力贿赂陪审员。同样的，由于俱乐部在公元前 411 年至公元前 404 年间的变革中扮演了一个相当重要的角色，所以禁止组建俱乐部的立法也可以追溯到大致相同的时间。关于禁止支付费用给代理人的立法意图至少有两个。首先，在聘请代理人方面，较之穷人，富人有相当的优势。[22] 其

---

〔17〕 xlvi. 26 [trans. Kennedy]．演讲的时间在公元前 351 到 350 年；cf. also xx. 152.

〔18〕 "Uber die bei den Attischen Rednern eingelegten Urkunden," *Jb. f. cl. Phil.*, Supplbd. XXIV (1898), 304 – 5.

〔19〕 *De litis instrumentis*, pp. 28 ff.

〔20〕 Cf. *supra*, I, 156 f..

〔21〕 关于对法庭进行贿赂的诉讼的整个问题，请参见卡霍恩的精彩分析，*Athenian Clubs in Politics and Litigation*, pp. 66 ff.

〔22〕 Demos. xxi. 112; xlvi. 26.

次，尽管公民之间的互相帮助是符合民主精神的，从而应当受到鼓励，[23]但是，当这种帮助是建立在支付费用的基础之上且有成为一项专门职业的倾向时，公众就会对之产生敌意。公元前五世纪的诉讼纪录并不能够使我们充分了解代理人制度的发展。[24] 但是，基于修昔底斯（Thucydides）对在诉讼中的俱乐部活动（该活动是公元前 411 年俱乐部活动的显著特征）的重视的这一事实表明，在公元前五世纪代理人实践已经普遍化。[25] 这个事实再一次显示，民主恢复的日期最有可能成为有关代理人制度立法的诞生时期。

虽然，禁止向代理人付费的立法无法得到强制执行，[26] 但是，该立法还是起到了使那些无法主张自己与当事人的亲属关系或是亲近联系的代理人陷入窘境的作用。这些代理人会立刻被怀疑为，为了获得金钱上的好处而参加诉讼。在迪奥纳斯特斯（Theomnestus）诉尼亚拉（Neaera）案中，原告在没有证据支持的情况下，[27] 作了简短的初步陈述之后，便介绍他那善于诉讼的妹夫（或姐夫）阿波罗多罗斯代为正式发言。迪奥纳斯特斯不是基于与阿波罗多罗斯的亲属关系才让他作为代理人的，而是基于阿波罗多罗斯受到尼亚拉的主人斯提法奴斯（Stephanus）的加害这一事实而让他代理诉讼的。阿波罗多罗斯对斯提法奴斯的敌意是前者愿意作为代理人参加诉讼的主要原因，当然，当迪奥纳斯特斯将他的请求向陪审团申请时，他同时强调了他自己本身也需要帮助：

> 作为一个没有在公众场合发表陈述经验的年轻人，我不得不请求陪审员们的帮助；请求你们允许阿波罗多罗斯在本次诉讼中作为我的代理人。他既比我年长，又拥有更多的法律知识，而且他曾经受到过对方斯提法奴斯的伤害，且他对所发生的一切给予了充分的关注，因此，对于他对伤害过他的对方所进行的报复行

---

〔23〕 Hyper. i. 19 – 20.

〔24〕 Cf. Blass, *Attische Beredsamkeit*, I, 40 ff.

〔25〕 Calhoun, *op. cit.*, pp. 85 ff.

〔26〕 Lycurg. i. 138.

〔27〕 Demos. lix. 1 – 15.

为应该不会引发他人的反感。

在德摩斯梯尼文集的另一篇演说稿中，作为原告的伊批卡洛斯（Epichares）是一个年轻而缺乏经验的发言者。他告诉陪审员们，他被

> 曾经信任的人所背叛。我曾相信这些人对欧克里尼斯（Theocrines）的敌意，而且这些人在了解了事实之后，曾允诺在诉讼中对我进行协助。然而，这些人忽然与对方当事人进行了和解，从而使我陷入了困境。除非我的亲人们能够友善地帮助我，否则将没有任何代理人帮助我进行辩护。[28]

伊批卡洛斯仅仅是对代理人通常是被代理人的亲戚、朋友和同事这个问题进行了轻描淡写，从而一笔带过。然而，迪奥纳斯特斯和伊批卡洛斯这两个案件都充分表明，当特定的代理人与对方当事人有过节时，代理人或者他们的委托人都会愿意对这个特定代理人出席诉讼的这个特定原因进行解释。

当然，如果一个代理人与他所代表的诉讼参与人的关系并不那么亲近，或者也非同事关系时，那么，他就处在容易被怀疑的境地。一本跟辩护有关的手册通常都会给出代理人可以援引的参加诉讼的理由：

> *Ἐὰν δὲ ὑπὲρ ἄλλου λέγῃ ς, ῥητέον ὡς διὰ φιλίαν συνηγορεῖ ς, ἢ δι' ἔχθραν τοῦ ἀντιδίκου, ἢ διὰ τὸ τοῖς πράγμασι παραγενέ σθαι, ἢ διὰ τὸ τῷ κοινῷ συμφέρον, ἢ διὰ τὸ ἔρημον εἶναι καὶ ἀδικε ῖσαι ᾧ συνηγορεῖς.*[29]

公元前四世纪中叶之后，代理人已经成为了诉讼程序中建立完好的制度了。至于代理人应该是诉讼当事人的亲属或者同事的托词已经废止。代

〔28〕 *Ibid.* lviii. 4.

〔29〕 Anaximenes 36, in Spengel - Hammer, *Phetores Graeci*, I, 87, ll. 18 ff.

理人成为了最能够帮助诉讼当事人的人。原告和公诉人很快就意识到代理人对他们的委托人来说是多么有帮助，因此，原告或是公诉人会想尽一切办法通过对这些代理人的动机和人品进行攻击以达到中和他们影响的目的。[30] 在针对米迪亚斯（Midias）的发言中，雄辩家德摩斯梯尼在民主的名义下对代理人进行了攻击：*μὴ γὰρ ἔστω μηδεὶς ἐν δημοκρατίᾳ τηλικοῦτος, ὥστε συνειπὼν τὸν μὲν ὑβρίσθαι τὸν δὲ μὴ δοῦναι δίκην ποιῆσαι.*[31] 对代理人最严厉的攻击来自莱克格斯（Lycurgus）针对利奥克雷斯（Leocrates）的发言。[32] 他甚至主张应该对那些为被告辩护的代理人本人进行审判。与莱克格斯不同，在回击对代理人的攻击时，海波莱德表示：

> 在众多民主的卓越特色之中，有哪一项特色能够比允许任何自愿（*τὸν βουλόμενον*）为处境危险而又缺乏经验无法充分为自己辩护的人提供帮助的实践更能够体现民主精神的呢？[33]

τὸν βουλόμενον 这个词组不可避免地使人回想起它在梭伦法典中的用法。该规定允许任何人代替由于种种原因而无法为自己寻求正义的受害方对违法者提起诉讼。通过这个解释，代理人体现了互相帮助的精神，是值得赞扬的，正是希腊理想民主的典型体现。

代理人的发言被保留下来的数量相对较少。当代理人代替他的委托人发言时，他的发言内容并不与他所代表的诉讼参与人的发言内容相区分。最典型的情形是迪奥纳斯特斯诉尼亚拉一案[34]中作为代理人的阿波罗多罗斯的发言和阿波罗多罗斯诉佛密欧一案[35]中，代理人为佛密欧进行的辩护。一部分人认为德摩斯梯尼是该辩护词的作者，但是对于这个结论并没

[30] Demos. xlviii. 36. Cf. lviii. 53.
[31] xxi. 207.
[32] i. 135.
[33] iv. 11; cf. i. 10.
[34] Demos. lix. 16 ff.
[35] *Ibid.* xxxvi.

有足够的证据加以肯定。[36]

相当特殊的一项发言是由伊塞奥斯（Isaeus）在代表原告哈格农（Hagnon）和哈格农基阿斯（Hagnotheus）基于尼克斯加特斯（Nicostratus）财产提起的诉讼中进行的第四次发言。尼克斯加特斯是一个唯利是图、客死异乡的士兵。伊塞奥斯的发言是对案件的谨慎而精明的辩解，也是我们手头所有的，最接近当代律师在证据已经出示后面对陪审团致辞的发言。针对该发言所进行的争论的作者表示该发言是由伊塞奥斯本人陈述的，然而这个声明是不可能的。[37] 在这许多的 *συνηγορίαι* 中，其中必然有一些是虚假的证据。在吕西亚的第五次发言中，代理人确实证明了卡利亚斯（Callias）提供了公共服务。伊索克拉底在尼西阿斯（Nicias）诉伊索纳斯（Euthynus）案中的发言是代表原告进行的代理人陈述。发言中的很多内容仅仅只是道听途说而来的，但是，确实有一部分陈述是建立在发言者自己未得到确认的认识基础之上的。很有可能的是，这个发言仅仅是用辞华丽的申辩。当然，这一点并不影响它对于代理人发言技巧的研究的价值。[38]

有时候，代理人会要求给予他的工作一个积极的结论，以此承认他对国家所作的贡献：*ἀλλὰ καὶ τῶν ξυνερϭύντων αὐτοῖς ἄξιον θαυμάζειν, πότερον ὡς καλοὶ κἀγαθοὶ αἰτήσονται, τὴν αὑτῶν ἀρετὴν πλείονος ἀξίαν ἀποφαίνοντες τῆς τούτων πονηρίας*.[39] 然而，毋庸置疑的是，相当多的代理人仅仅是向陪审团进行感情丰富的控诉。其结果与被带到法庭上的女性亲属或是儿童的眼泪和肢体语言所能产生的效果相当。[40] 诸如此类的代理控诉没有被保存下来。像阿波罗多罗斯[41]这样比他的委托人更有法律技巧的代理人，常常会为委托人在法庭上的言行举止提供技术层面的帮助和建议。[42]

---

〔36〕 Cf. Sandys and Paley, *Demosthenes' Select Private Orations*, II, xxvii, n. 1; Blass, op. cit., III, 1, 461 ff.

〔37〕 Forester, *Isaeus*, p. 128.

〔38〕 Isoc. xxi; cf. Jebb, *Op. cit.*, II, 221 ff; Bonner in *CP*, XV, 384 ff.

〔39〕 Lysias xii. 86.

〔40〕 请参见苏格拉底对该做法的谴责，Plato *Apol.* 34C ff.

〔41〕 Demos. lix. 15.

〔42〕 Lycurg. i. 59.

尽管代理人对诉讼当事人的帮助很大，但是，最有利于诉讼当事人利益的事情莫过于诉讼当事人亲自发言。但是，有许多的诉讼当事人无法胜任这个角色。为了解决这个问题，一项新的职业似乎应运而生，即为诉讼当事人的出庭撰写法庭发言，作为当事人自己的发言当庭背诵。撰写法庭发言这门职业的产生不可能早于锡拉库扎（Syracuse）的克拉科斯（Corax）和他的学生提西阿斯（Tisias）在专制政府在公元前466年瓦解后、民主的建立时期所发展起来的雄辩技巧的出现。除了其他的雄辩服务外，据说提西阿斯为一位锡拉库扎当地的妇人在主张他人欠债的诉讼中，为该妇人撰写了一份当时最具说服力的发言：***καίτοι ἄλλα τε Τισίας ἐς λόγους ἐσηνέγκατο καὶ πιθανώτατα τῶν καθ' αὑτὸν γυναικὶ Συρακουσίᾳ χρημάτων ἔγραψεν ἀμφισβήτησιν.***〔43〕这也是书面法庭发言的最初的例证。

有不错的证据证明伯里克利（Pericles）是雅典第一位撰写书面法庭发言的人，当然，当时更多的人则仅仅是利用熟记于心的陈词滥调进行即兴演说。〔44〕人们也许会猜测诸如此类的实践指的是伯里克利作为西蒙（Cimon）公诉人时，或是他作为阿斯帕西亚（Aspasia）的代理人时，亦或是他为自己辩护时，所作的发言。普鲁塔克所著的《伯里克利生平》〔45〕中的一段内容似乎表明，在辩论中伯里克利相信自己的雄辩才能以及即时灵感多过于对预先准备好的发言的信任。这一点是可以理解的。人们也许会向协商机构相当成功地进行一次预先准备好的发言，但是，在辩论中，没有人能够预见到辩论的发展方向。正如色诺芬（Xenophonic）谈到的苏格拉底所指出的那样，对于辩论所作的最好准备便是对公共政策的需求的充分认识。〔46〕

法庭发言的作者，或者称为法庭发言撰稿人，最初都是雄辩家。通常，他们都是教师，〔47〕譬如说，伊塞奥斯是德摩斯梯尼的老师。他不仅仅只是一个为当事人提供法庭发言稿的作者。有充分的证据表明，他对他的委托

---

〔43〕 Paus. vi. 17. 8；布拉斯（Blass）警告我们，应当以谨慎的态度对待这项陈述（*op. cit.*，i，21）。

〔44〕 Cf. Blass，*op. cit.*，I，35，n. 5.

〔45〕 viii. 4.

〔46〕 Xen. *Mem.* iii. 6；iv. 2.

〔47〕 Cf. Isoc. xiii. 9 ff.

人所提供的协助与当代英国的初级律师的工作十分相似。[48] 无论是在法庭上或是在集会的时候，没有任何其他的代理人的工作能够像安提福恩（Antiphon）所做的那样充分。[49] 在《云》（*Clouds*）[50] 中，众人向斯瑞西阿德斯（Strepsiades）承诺，当他完成他的法律学习之后，许多的委托人将会向他咨询有关“诉讼请求和反诉请求”的问题。

除了合理利用证据为委托人撰写法庭发言之外，很难确定一个法庭发言撰稿人还有可能为他的委托人提供哪些种类的其他服务。当存在多种不同的救济方式的情况下，毫无疑问，法庭发言撰稿人会为他的委托人提供一个最佳救济途径。[51] 由于被告方会时刻准备着利用原告人的任何错误决定，因此，代理人的建议显得尤为重要。德摩斯梯尼指出：“实践中，为了对抗针对他提起的诉讼，犯了错误的被告通常会建议原告采取其他一些不具可行性的行动。”[52] 长官根据法律的授权，有权拒绝审议一项不属于他管辖范围内的案件。当然，如果诉讼当事人坚持的话，那么长官在做出拒绝决定时会谨慎行事。在有关法律引用、解释和运用问题上，一个经验丰富的法庭发言撰稿人的相关服务是非常宝贵的。尤其是在立法违宪或是伊塞奥斯发言中提到的关于不动产继承的情形下，一位经验丰富的撰稿人的法律服务更是意义非凡。没有人会去相信诉讼当事人幼稚的陈述。这些陈述包括：该当事人所引用的法律来自官方副本，[53] 或是他对诉讼知识的掌握是由于目前的困境而迫使他对法律知识进行学习和研究而来。[54] 在诉讼程序中时常出现的反诉程序方面，法庭发言撰稿人的建议也很有价值。

没有确切证据证明，法庭发言撰稿人给予他的委托人的帮助能够称得上是诉讼策略。色诺芬在回忆苏格拉底的叙述中谈到了苏格拉底建议他的朋友克利同（Crito）雇用阿凯德谟（Archedemus）这位精通法律的出色演

〔48〕 Demos. xlvi. 1.

〔49〕 Thuc. viii. 68.

〔50〕 Aristoph. *Clouds* 471.

〔51〕 Cf. Demos. xxii. 25; liv. 1.

〔52〕 xxi. 27. 针对微不足道的问题而滥用弹劾程序的做法，受到了海泼莱德的全面谴责（iv. 1 –4; cf. *supra*, I, 296）。这种对弹劾程序的滥用很有可能是由于法庭发言撰稿人对委托人的影响所造成的。

〔53〕 Lysias i. 30.

〔54〕 Demos. liv. 17.

说家来照料他的法律事务。阿凯德谟的服务相当出色，以至于其他的委托人也纷纷委托他。如果在当代，诸如阿凯德谟这样的人就是初级律师或是事务律师。可以想象，克利同能够很好地处理他自己的法庭发言，而阿凯德谟所要做的就是寻找可以提起反诉的证据，以及自由决定与那些愿意和解或是让步的对方当事人进行交涉。当然，叙述显示，阿凯德谟是一个十分有能力的演说者[55]，从这一点似乎可以看出，如果案件最终由法庭进行审判的话，他很有可能已经帮助他的雇主准备法庭发言，或者是作为 *συνήγορος*。

一个公诉人必须尽其所能地预测被告可能采用的论点。在仲裁案件中，由于所有的证据已经实现归档，所以法庭发言撰稿人就可以从其所愿地获得能够大量泄漏被告方辩护线索的文件；[56] 然而，在其他的案件的法庭调查阶段，极少数的对诉讼当事人有用的信息会被披露。[57] 当然，诉讼当事人可以从其他的源头获得信息，以了解他对手的意图。诉讼当事人常常提到来自他们的朋友那里的帮助。[58] 确实，他们的朋友确实能够为他们提供不少的服务。在当时的雅典，卷入纠纷的当事人彼此谈论纠纷事件或是与朋友们讨论纠纷是很普遍的现象。如果纠纷最终必须由法院来解决，那么从这些非正式讨论中收集到的信息常常是很有价值的。海泼莱德的一位委托人是这么说的：

> 当我了解到我自己所遭受到的不幸之深，我将我的朋友们和亲戚们都召集了起来一起阅读合同副本。我们讨论的结果是，我们决定去阿塞纳基纳斯（Athenogenes）［也就是随后发生的诉讼中的被告］处和他好好谈谈整件事情。[59]

上述讨论表明阿塞纳基纳斯打算根据合同内容行事。因此，海泼莱德

---

〔55〕 Xen. *Mem.* ii. 9. 4.

〔56〕 Demos. xxvii. 53；xxxix. 22.

〔57〕 Cf. *supra*，I，283 ff；Also see Dorjahn "Anticipation of Arguments in Athenian Courts"，*TAPA*，LVI，274 ff.

〔58〕 Demos. liv. 1v.

〔59〕 iii. 10 – 12；cf. Dorjahn，*op. cit.*，pp. 278 f.

不得不在他为他的委托人的申辩中强调他这一方当事人在纠纷中的正当性。同样的，在《德摩斯梯尼文集》中所记载的狄俄尼索多罗（Dionysodorus）一案中，〔60〕在该案正式诉讼启动之前，双方当事人的一些相互控诉和相互指责，就可以为争议双方提供很大的帮助。由于雅典人从来就不是沉默寡言或是言行谨慎的，因此，一个机警的被告或者是他的朋友，可以在各种雅典人乐意时常光顾的休闲娱乐场所中，从检举人或是他的朋友在这些场所中进行的谈话中获取涉及检举人意图的有用的线索。〔61〕正因为如此，类似"我听说对方当事人打算这样或那样说"这样的陈述时常出现。当然，并不是说每当诉讼当事人采用这样的表达方式的时候，就说明他已经在事实上对对方当事人的意图有所了解。雄辩学校通常会教学生对对方可能主张的论点进行预测。这样的实践能够为发言者提供优势，从而对陪审员产生先入为主的效果。即使法庭最终没有采用预计的论点，发言者也没有任何的损失。很可能产生的一种情况是，由于发言者的驳斥相当有效，以至于对方当事人最终放弃了本打算采用的论点。

诉讼当事人的敌人通常都会乐意将有用的信息告知该诉讼当事人在诉讼中的对手。譬如说，德摩斯梯尼从米迪亚斯的仇敌处获得了大量的信息和鼓励。〔62〕甚至在有些案件中，据说当事人的亲密朋友竟然向诉讼对方泄漏至关重要的秘密。譬如说，阿波罗多罗斯指责他从前的朋友尼克斯加特斯在一次诉讼中倒向了他的对手一边，背叛了他：

> 因此，他首先与我的对手们合谋在一次诉讼中陷害我，并且发誓支持他们；在诉讼程序开始后，他就向他们泄漏了他所熟知的有关我的情况（*τούς τε λόγους ἐκφέρει μου εἰδώς*）。〔63〕

在伊批卡洛斯诉欧克里尼斯案中〔64〕，原告提到了背叛被告而又熟知案

〔60〕 lvi. 11 – 14, 21 – 22.

〔61〕 Lysias xxiv. 19 – 20; Isoc. xviii. 9.

〔62〕 xxi. 23; cf. Aeschin. ii. 155; Demos. xix. 332; xx. 105.

〔63〕 Demos. Iiii. 14.

〔64〕 *Ibid.* Ivíii. 4, 42.

情细节的人。当然，一个法庭发言撰稿人也可能背叛他的委托人。伊斯金尼斯指控阿波罗多罗斯在阿波罗多罗斯诉佛密欧案中，事先看过了德摩斯梯尼为被告撰写的辩护词，从而获益匪浅。伊斯金尼斯对德摩斯梯尼说道："你为银行家佛密欧写辩护词，并且得到了报酬；之后，你又将这份辩护词转给正在对佛密欧提起金钱给付之诉的阿波罗多罗斯看。"[65] 普鲁塔克[66]不但支持伊斯金尼斯对德摩斯梯尼的指控，而且指出德摩斯梯尼在阿波罗多罗斯对佛密欧提起的诉讼中为双方当事人撰写法庭发言稿。但是，目前阿波罗多罗斯发言中的那些指控被告方证人斯提法奴斯在阿波罗多罗斯诉佛密欧案中作伪证的内容，并未被看作是德摩斯梯尼的作品。[67]

对诉讼当事人提供帮助的另一个源泉来自于俱乐部。许多有身份有地位的公民都是俱乐部的成员。在详细描述寡头政治支持者在公元前411年间的活动时，修昔底斯认为，佩塞恩德（Peisander）得到了"为政治和诉讼而相互支持的目的而早已存在的俱乐部"的支持。[68] 修昔底斯采用了"宣誓者协会"（Sworn Associations）这个术语来形容俱乐部，而过去的名称则不是如此。俱乐部的成员之间是同伴（Companion）关系。"早在荷马时代，同伴指的就是人生的某些阶段，人们基于一种特殊关系而联合在一起。这种特殊关系不同于友谊或是普通的同伴关系。"[69] 这些俱乐部在反对民主运动的活动中，尤其是在四百人革命（Four Hundred revolution）事件中所起的作用，很自然地会使我们怀疑他们的诉讼活动可能在很大程度上是非法的。从某种意义上来说，这样的推测是正确的。当然，从卡霍恩

〔65〕 Aeschin. ii. 165.

〔66〕 Demosthenes xv.

〔67〕 Schaefer, *Demosthenes und seine Zeit* (1st ed.), III, 2, 184 – 93. 关于这个主题的一个简短扼要的讨论可以在桑迪斯和巴里（Paley）的作品中找到（*op. cit.*, II, xxxix ff.）。

〔68〕 Tnuc. viii. 54. 4；这样的翻译与达乐（Dale）的翻译十分统一。吉维特（Jowett）提到的"为了审判和选举的目的"或是史密斯提到的"为了控制法庭和官员的目的"的含义无法在希腊文中找到。格罗特（Grote）在他的《希腊历史》（History of Greece, VIII, 16）中对俱乐部是这样形容的"俱乐部是基于誓言而团结在一起的富有者阶级的联盟；这样的联盟的目的，部分是为了娱乐，但是更多的原因则是为了成员们能够发誓团结在一起以达到共同的政治野心，或是为了共同的诉讼目的，或是为了控诉或捍卫那些卸任的长官，或是为了在公众集会中发表观点等等的目的。"

〔69〕 Calhoun, *op. cit.*, p. 5.

(Calhoun)的调查中可以清楚地看到，由诉讼当事人的朋友们组成的团体还是能够提供大量合法的法律服务的。有必要指出的是，基于诉讼的特殊性质，在法庭上谈到的有关俱乐部的活动，通常都是那些不公平的或者是非法的活动。[70] 例如，伊塞奥斯的一位委托人在法庭上声称，对方当事人之所以会对他提起诉讼就是因为相信了“他的同伴和那些诡计多端的言论”。[71] 显然，在发表这个言论的当事人看来，这些俱乐部的有关诉讼的活动是不值得赞扬的。

有一项服务是任何俱乐部成员都能够提供的，那就是前文中所提到的，涉及对方当事人打算如何处理他的案件的信息的收集。俱乐部联盟的出现使能够为诉讼当事人提供帮助的朋友的人数得到了显著的增加。有更多的人可以密切地注视着对方当事人的动向，以此帮助诉讼当事人分析以及准备案件，以对付对方当事人可能发起的攻势。

由于大部分的俱乐部成员都属于较上层的社会阶级，并且习惯于参加公众活动，因此，他们尤其能够胜任公共事务方面的工作。格罗特认为：

> 这些俱乐部存在的一个原因就是让相当数量的上层的、受人尊敬的、优雅的、著名的、自律的、诚实且稳健的公民能够有机会和场所进行彼此问候。类似的举动无论是在古代还是在当代社会，都是富有且反人民的政客们所惯常采用的。[72]

毫无疑问，上述对俱乐部成员的认识是正确的。这一点可以为发生在公元前411年以及公元前404至公元前403年间的革命中的情况所证实，在这些革命中，俱乐部都发挥了决定性作用。但是，卡霍恩[73] 指出，俱乐部成员不仅仅只包括寡头政治执政者们，从克里斯提尼开始，许多出色的民主运动的领导者也成为了俱乐部的成员。以苏格拉底为代表的学者们认为，如果参加公共事务的人们希望变得有影响力，那么他们就必须参加俱

〔70〕 *Ibid.*, p. 40.
〔71〕 Isaeus, Frag. xxiii. 2 (Thalheim).
〔72〕 *Op. cit.*, p. 16.
〔73〕 *Op. cit.* pp. 18 f.

乐部。[74] 当然，有一件事是肯定的，即任何涉及政治和诉讼的俱乐部都需要相当数量的代理人，这些人的服务是有益的和必不可少的。

德摩斯梯尼在针对米迪亚斯的发言中特别指出了穷苦的人在与富人发生的诉讼中所处的不利地位：

> *οὐ ἔτεστι τῶν ἴσων οὐδὲ τῶν ὁμοίων, ὦ ἄνδρες ' Αθηναῖοι, πρὸς τοὺς πλουσίους τοῖς λοιποῖς ἡμῖν, οὐ ἔτεστιν, οὔ. . . . . καὶ μάρτυρές εἰσιν ἕτοιμοι τούτοις καὶ συνήγοροι πάντες καθ' ἡμῶν εὐτρεπεῖς· ἐμοὶ δ' οὐδὲ ἀληθῆ μαρτυρεῖν ἐθέλοντας ὁρᾶτ' ἐνίους.*[75]

对于大多数的诉讼当事人来说，金钱上的帮助是十分受欢迎的。尽管法律禁止代理人接受报酬，代理人总是能够直接或者间接地被雇佣。[76] 诉讼当事人的朋友、亲人和同事通常会提供金钱上的帮助。安多基德斯（Andocides）指控卡利亚斯给了塞菲西阿斯（Cephisius）1000 德拉克马，教唆塞菲西阿斯对安多基德斯提起有关不敬神的诉讼。事实上，安多基德斯这一教唆行为的目的是为了对他的商业竞争对手安多基德斯进行排挤。[77]

收买证人的行为总是很花钱的。即使伪证者的作伪证行为被最终发现，他们受处罚的风险还是很小。然而，尽管是这样，随着伪证行为的曝光，伪证者将可能会在公众中受到羞辱和带来不体面的后果，基于此，他们就可以向收买他们的人要求报酬。因此，那些臭名昭著的作假证证明某个妇人已经去世，而该妇人不但事实上活得好好的，而且正出现在法庭上的伪证者，必然已经从收买者处获得了对他作假证行为后果的补偿。[78]

那些被迫支付大量罚金或是赔偿金的诉讼当事人，常常又急需一笔现

---

〔74〕 Plato *Apol*. 36B – C.

〔75〕 xxi. 112.

〔76〕 关于间接报酬问题，参见克利同（Crito）和阿凯德谟的关系（Xen, Mem. ii. 9. 4；cf, Demos. li. 16.）。

〔77〕 i. 121；cf. 132（关于安多基德斯的仇人获得的其他资金）.

〔78〕 Isoc. xviii. 51 ff. ；cf. Demos. xxix. 28（关于贿赂证人的指控）.

金。如果他们无法向第九部团期法庭缴清该笔现金，他们将最终成为公众的羞辱对象。从这个意义上讲，如果穷人们输了官司，他们也就会遭受很大的损失。这种情况是对友谊的严峻考验，其严峻程度仅次于为战俘[79]支付赎金或是为贫穷的朋友的女儿筹备嫁妆。[80]

在公元前五世纪，有迹象表明在一个未决案件中，诉讼当事人会试图影响陪审员的判断。《黄蜂》一书中写道，当费罗克莱恩（Philocleon）在等待法庭开庭的时候，有诉讼当事人祈求他的帮助，他因此而洋洋得意：

> 人世间还有什么人比一位雅典法官，
> 更受祝福，更令人畏惧，更受拥护？
> 尽管他的年事已高，头发灰白，
> 还有什么人比他的生活更快乐，更幸福？
> 从早晨起床到去刑事法庭的一路上，
> 法官快速地走着，
> 六英尺高的守卫们急切地向他致敬。
> 曾经肆无忌惮地侵占公众资金的双手向我致敬。
> 这双手的主人向我鞠躬，向我祈祷，
> 用轻柔的嗓音向我哀诉；
> 他哭着祈求：
> "可怜可怜我吧，阁下。"
> "当你在指挥远方的战役，"
> "或是握有一官半职时，"
> "你如果也曾经放纵过对金钱的贪念，"
> "就请求您可怜可怜我吧。"[81]

在我们所掌握的资料中，没有关于诉讼当事人在开庭前请求陪审员帮助的例子，但是，在伪色诺芬所写的材料中有一段内容恰当的文字，该段

〔79〕 Antiph. v. 63.
〔80〕 Cf. Demos. liii. 6 ff.
〔81〕 Aristoph. *Wasps* 550 ff (trans. Rogers).

文字指出，有一群来自联盟城邦的起诉者在他们的案件将要审理前，试图靠近陪审员，对他们进行影响：

νῦν δ' ἠνάγκασται τὸν δῆμον κολακεύειν τὸν 'Αθηναίων εἷς ἕκαστος τῶν συμμάχων γιγνώσκων ὅτι δεῖ μὲν ἀφικόμενον 'Αθήναζε δίκην δοῖναι καὶ ἀντιβολῆσαι ἀναγκάζεται ἐν τοῖς δικαστηρίοις καὶ εἰσιόντος του ἐπιλαμβάνεσθαι τῆς χειρός.[82]

在《安提福恩》[83] 中记载了一个最反常的，如何使陪审员对一位公诉人产生偏见的事件的经过。这个故事发生在案件开庭审理的前夕。一个正在接受合唱训练的男孩因为嗓子不舒服而服用了一些药物。不久之后，这个男孩就死了。起初，男孩的亲人没有采取任何的行动，也没有将男孩的死归咎于合唱团的指挥，尽管指挥负责对这些男孩进行照料和训练。但是，合唱团的指挥之前已经对一些长官侵吞公款的行为进行了检举。在这个侵吞公款案件在司法执政官法院开庭审理的前一天，死亡儿童的兄长狄奥多托斯（Diodotus），在侵吞公款案的被告及其朋友的怂恿下，决定对合唱团指挥提起杀人的指控。时间紧迫，在正式提出杀人指控之前，当某个诉讼程序结束后，陪审团还未离开席位前，狄奥多托斯直接当着陪审团的面当众指责合唱团指挥是个杀人犯。次日，他试图向当时的执政者提起有关杀人的诉讼，但是，由于执政者即将离任，没有足够的时间完成法律所要求的诉讼程序，因此，他的诉讼请求没有得到获准。换句话说，企图败坏合唱团指挥名声，使他因此被赶出法庭的阴谋没有得逞。[84] 然而，那些阴谋诡计的实施者仍然希望通过狄奥多托斯的故事，使那些听过故事的陪审员对合唱团指挥产生强烈的偏见，即认为该指挥是因为一个细小的程序问题而逃脱的杀人指控。并非是由于官员被真正定罪，才达到了使陪审团

〔82〕 *Ath. Pol.* i. 18；《黄蜂》发表于公元前 422 年。有关宪法的文献出现于公元前 425 年。两者之间的措辞的相似性已经被阿里斯托芬（Aristophanes）的编辑所指出（cf. *Wasps*, 553 – 55.）。

〔83〕 vi. 10 – 21.

〔84〕 Cf. *infra*, pp. 199 f.

产生了上述偏见的效果。[85] 似乎是因为狄奥多托斯在庭审间隙或是在庭审程序的某个阶段结束，且陪审团尚未退席的时候，对合唱团指挥进行了当众的指责。显然，利害关系人可以通过这种方式对将要在下一场开庭审理的案件进行当众宣告以施加影响。[86]

在公元前五世纪的时候，由于法庭人员的服务期限是固定的一年，因此，诸如此类的对陪审员的请求相对容易达到效果；但是，随着陪审员选择体系的不断复杂和完善，到了公元前四世纪，以这样的方式对陪审人员个人或是陪审团整体进行类似的请求就开始困难了，甚至可以说是不可能的了。[87] 其他的方式被设计了出来以左右公众看法。当德摩斯梯尼卷入了一场对手为强劲的米迪亚斯的诉讼中，欧克德门（Euctemon）对德摩斯梯尼提起了诉讼，指控他逃避军役。德摩斯梯尼声称，这项针对他提起的诉讼的目的无非是使众人关注官方通知："卢西亚（Lusia）的欧克德门指控派欧尼亚（Paeonia）的德摩斯梯尼逃避军役。"[88] 至少，这个指控从来没有被正式进行审理过。违反军事法规的指控是用来引发公众对德摩斯梯尼的反感情绪的，而且任何一个陪审员都会有同感。其实，对他人提起毫无根据或是没有确实证据的刑事指控是一项危险的举动。在上述案件中，公诉人欧克德门由于没有能够继续进行诉讼程序而被剥夺了选举权。诸如此类的案件应当与那些为了消除异己而提起的反诉进行区别。[89]

另一种挑起公众反感的途径就是通过在民众会议上发言（προβολή）。对于那些涉及公众利益的犯罪案件，一个潜在的公诉人可以根据法律的规定，将案情向民众大会公开。[90] 不但公诉人或者是被告人可以在民众大会上畅所欲言，他们的支持者们也可以发表看法。在民众会议上进行的投票是通过举手表决的方式进行，没有法律效力。这种做法类似于当代社会的

---

〔85〕 Antiph. vi. 28.

〔86〕 Cf. Aristoph. *Wasps* 242 ff. , 687 ff; *supra*, I, 249. 在对案件进行总结陈词时，苏格拉底 被描述为针对陪审员们作了非正式的谈论（*Plato Apol.* 38C）。

〔87〕 Cf. *supra*, I, 367 ff.

〔88〕 xxi. 103.

〔89〕 卡霍恩（Calhoun, *op. cit.* , pp. 48 ff. ）对所有这些反诉案件进行了充分的讨论。

〔90〕 利普西斯（Lipsius, *op. cit.* , pp. 211 ff. ） 对 προβολή作为程序进行解释时的所有阶段进行了彻底而令人满意的讨论。但他没有对这个词在诉讼策略中的运用进行评价。

议会决议，仅仅是对不同的看法进行表达。但是，如果投票的结果不利于公诉人，那么公诉人就没有办法继续进行诉讼了。几乎可以肯定的是，如果公诉人继续向法庭提起诉讼，他必然无法赢得判决。如果他无法获得超过五分之一投票的支持的话，他甚至会因此而被处罚金。另一方面，即使获得了民众大会的支持，潜在的公诉人并没有义务采取进一步的行动。但是，如果他决定提起公诉，那么他已经向众人展示了他的指控的力度，并且获得了强劲的公众舆论支持。那些从民众大会上选举出来的陪审员们的看法必然会受到民众大会表决结果的影响，因此，公诉人有理由相信法庭会得出一个有利于他的判决。值得指出的是，尽管德摩斯梯尼在民众大会上对米迪亚斯的指控得到了支持，但是他并没有在陪审法庭对米迪亚斯提出正式指控。政治顾虑以及金钱的原因最终阻止了这场诉讼的发生。然而，他还是准备了演讲稿，并最终发表了这份稿件。这份稿件也正是我们大多数的关于民众大会决议对诉讼的影响的知识的来源。

如果没有关于对触犯公众利益的违法者的诉讼程序的充分规定，那么任何一个司法系统都无法正常运行。雅典人很清楚地认识到了对罪犯提起公诉的公诉人的重要意义。莱克格斯，一位有可能是雅典法律史上最有良心和最严厉的公诉人，曾经说过：

> 对于捍卫和保留民主果实，以及国家的繁荣最有价值的三项条款是：健全的法律、司法程序以及法庭的判决。法律的功能就是规定哪些是不能够做的，公诉人的任务便是对那些根据法律规定应当受处罚的人进行当众指控，而法官的作用就是对那些违法者进行惩罚，以此伸张正义。显然，如果没有任何人对犯罪人提起诉讼，那么法律和法官都无法发挥他们的功效。[91]

为了公众的利益，梭伦的立法规定了提起诉讼的自由，以此赋予他的立法以强制力。任何人，无论他是否受到了不法者的侵害，只要他愿意，都可以介入诉讼，并对不法者提起诉讼。通常，在雅典并不存在真正意义

〔91〕 i. 3 –4.

上的公诉人，只存在志愿者。从理论上讲，这个观点是正确的，因为在通常实现刑事正义的过程中，雅典人完全依靠志愿者作为诉讼发起人。当然，在公共利益受到严重影响的时候，也会雇佣特别选出的代理人。梭伦本人就曾经被推选出来代表国家对美嘎拉（Megara）提起的有关萨拉米斯（Salamis）的所有权的仲裁进行诉讼。[92]

公元前五世纪最出名的雇佣公共代理人进行诉讼的案件是对西蒙的审判。在公元前463年，西蒙被指控从马其顿的亚历山大国王处收受贿赂。根据亚利士多德所说，[93] 这项指控是在对他进行审计时提出的。普鲁塔克[94] 表示，这项指控是在法庭上做出的。但是，普鲁塔克的记载又显示这项指控最初是在民众集会中由“西蒙的仇敌组成的联盟”讨论得出的。普鲁塔克记载道，在伯里克利[95] 的一生中，他被人民选出作为西蒙的其中一位公诉人。据说，当西蒙的姐姐伊佩尼斯（Elpınice）代表他弟弟进行答辩时，她把伯里克利称为对她弟兄提起诉讼的所有公诉人中好胜心最强的公诉人。对于伊佩尼斯的答辩，伯里克利微笑着运用了巧妙的言语进行了机智的对答。“在审理案件的过程中，作为公诉人的伯里克利以彬彬有礼的态度对待了西蒙，并且马马虎虎地完成了他的使命。”[96] 根据普鲁塔克的解释，对西蒙的指控是在公民集会上提出，由伯里克利积极促成的。伴随着这个案件进入了法庭审理阶段，公诉人的人选也正式出炉。在这项指控从民众大会到法庭审理阶段的间歇期，伊佩尼斯介入了诉讼，代表西蒙与伯里克利（该案所有公诉人中最危险的一个）进行了交涉。从技术层面讲，亚利士多德把这个案件称为 *εὔθυνα* 是不正确的。对将军们进行审计与对其他官员进行审计是不同的。对将军们的职务行为不但能够进行常规的审计，而且可以通过 *εἰσαγγελία* 或 *ἐπιχειροτονία* 的方式进行。[97] 毫无意外的是，在某些特殊情形下，即当亚利士多德仅仅提及审讯时，他应当使

---

〔92〕 Plut. Solon x. 据说，在这种情况下，梭伦在船舶一览表中加入了两行内容以支持雅典人的诉讼主张。

〔93〕 *Ath. Pol.* xxvii. 1.

〔94〕 Cimon xiv. 3.

〔95〕 x. 5.

〔96〕 Plut. Cimon xiv.

〔97〕 Cf. Wilamowitz, *Aristotles und Athen*, II, 243ff; Lipsius, *op. cit.*, pp. 294 ff.

用广义上的 εὔθυνα 来形容一个涉及一位将军职务行为的案件的审理。伊索克拉底犯了一个同样的错误，他也混淆了这个术语的含义，而把关于提莫忒乌斯（Timotheus）的 εἰσαγγελία 称为 εὔθυνα。[98]

另一个由真正意义上的公诉人参加诉讼的著名刑事案件发生在公元前 411 年的对安提福恩和阿彻皮托勒穆斯（Archeptolemus）的叛国行为的审判。通过从将军处获得的信息，对叛国者的控诉被提到了议事会进行审判。该项审判所采用的法令是从凯奇利乌斯（Caecilius）法典中引用而来的。[99] 这个案件是真正意义上的 εὔθυνα，因为该案完全由议事会处理而与民众大会没有关联。将军们按照指令对受到指控的叛国者进行了逮捕，并将他们带到法庭，在将军们选择的十位立法会议成员的协助下对叛国者们进行审理。将军们的选择权是由立法会议的法令授权的，但是对于具体的选择方式则由将军们自己决定。通常，志愿者会受到邀请而参加公诉程序。

基于文献中时常提到真正意义上的公诉人，以及他们显然不受欢迎的特点，公诉人的广泛存在由此可见一斑。在有些情况下，他们将在怎样的诉讼中受到雇佣是可以在一定程度上被合理地推定出来的。从阿里斯托芬（Aristophane）在《黄蜂》中的一段文字可以推测出，在 γραφὴ κταλύσεως τοῦ δήμου 的情况下会雇用诉讼代理人。[100] 巴德理塞仑（Bdelycleon）与合唱团成员发生了争论。争论的起因在于他希望合唱团允许他的父亲加入进来，并且能够与他们一起前往法庭。巴德理塞仑建议就这个问题开个会议进行讨论，但是众人轻蔑地否决了他的提议。这些人称巴德理塞仑为民主的敌人、专制的拥护者、斯巴达人的支持者以及伯拉西达（Brasidas）的同情者。[101] 他们警告巴德理塞仑，他们在不久的将来就会基于前述的指控对他进行起诉，到时他将被斥为反叛者。在该文献中，阿里斯托芬将诉讼代理人称为真正意义上的公诉人，当然，在大多数的情况下也确实是这样的。

---

〔98〕 2. Isoc. xv. 129; cf. Wilamowitz, op. cit, II, 251.

〔99〕 Vita Antiphontis xxiii.

〔100〕 482 – 83; Gilbert, Beitrage zur inner Geschichte Athens, p. 88; cf. Starkie, ad loc. and Excursus VII.

〔101〕 *Wasps* 474 – 76.

阿里斯托芬[102]也提到了关于赖锡斯（Laches）的审判。这个审判被安排在了费罗克莱恩和他合唱团的同事们当天的法庭陪审日程表的第一项。[103]克里昂（Cleon）作为公诉人，而查利斯（Chaereus）的儿子作为诉讼代理人，并且负责通知市民陪审员及时出庭。[104] 阿里斯托芬没有直接表明这个案件的性质。事实上，“每个人都说他拥有大量的钱财”[105] 的措辞指出了这个诉讼的诉由涉及侵吞公款。维拉莫维茨[106] 认为“对狗的审判”是那天将要举行的对赖锡斯的审判的滑稽版。[107] 其实他的这个比喻巧妙地说明了在火炉边举行的第一个家庭审判，或多或少地反映了最近对赖锡斯将军的审判。被告是一只名为拉贝斯（Labes）的狗，来自艾可斯昂尼（Aexone）。这只狗的名字拉贝斯依稀映衬出了赖锡斯的名字，并且赖锡斯也来自艾可斯昂尼。与此同时，这个名字包括了 λαμβάνω 这个双关语，精确地暗示了审判与侵吞公款有关。前来参加观审的观众很清楚地了解了公诉人的身份，即一条来自辛达西（Cydathene）（克里昂所属的行政区）的无名的公众看门狗。[108] 至于这个案件涉及账目审核问题的事实可以为下列话语所印证：“我真心希望他从来就没有学会过书写，这样他就可能不会因为伪造会计账目而伤害我们的感情了。”[109] 克里昂这个隐藏在狗背后的公诉人仅仅负责提起诉讼。真正的公诉人是代理人香希阿斯（Xanthias）。[110]

在《阿卡耐人》（Acharnians）中有一段对一位年长者的严厉而又动人的指控。这位受指控的长者是被拖进法庭的，并被一个年轻且精于诉讼技巧的代理人用华丽的词藻进行攻击，而最终被判决有罪：

---

〔102〕 *Ibid.* 240 ff.

〔103〕 得拉克恩提德斯（Dracontides）也即将受到审判（*ibid.* 157）。

〔104〕 *Ibid.* 686 ff; cf. 242 – 43.

〔105〕 *Ibid.* 241.

〔106〕 Op. cit. , II, 244.

〔107〕 *Wasps* 890 ff.

〔108〕 Cf. Starkie, note on *ibid.* 895; 在 1023 年的《骑士》(Knight) 中，克里昂把自己称为公众看门狗。

〔109〕 *Wasps* 960 – 61; 注释者们对这几行文字的错误解释已经长期地误导了评论家们，参见：Wilamowitz, op. cit. , II, 以及斯塔尔克对该段的详细注解。

〔110〕 *Wasps* 903 ff.

οἱ γέροντες οἱ παλαιοὶ μεμφόμεσθα τῇ πόλει.
οὐ γὰρ ἀξίως ἐκείνων ὧν ἐναυμαχήσαμεν
γηροβοσκούμεσθ' ὑφ ὑμῶν, ἀλλὰ δεινὰ πάσχομεν,
οἵτινες γέροντας ἄνδρας ἐμβαλόντες ἐς γραφὰς
ὑπὸ νεανίσκων ἐᾶτε καταγελᾶσθαι ῥητόρων
……
ὁ δὲ νεανίας ἑαυτῷ σπουδάσας ξυνηγορεῖν
ἐς τάχος παίει ξυνάπτων στρογγύλοις τοῖς ῥήμασι
κᾆτ' ἀνελκύσας ἐρωτᾷ, σκανδάληθρ' ἱστὰς ἐπῶν,
ἄνδρα Τιθωνὸν σπαράττων καὶ ταράττων καὶ κυκῶν.[111]

阿里斯托芬对这个年轻代理人的矫揉造作的行事作风进行了毫不留情地批评。[112]在《骑士》中，当年长者德缪斯（*Demus*）对他过去的错误表示忏悔时，那位香肠销售商再次安慰他说：

应受到指责的不是你；请不要这样想。
那是别人对你施诡计引诱的结果。但是请回答这个问题；
如果有卑鄙的代理人这么说，
"请记住正义，如果罪犯得到自由，"
"那么你们将没有安宁之日，"
你将如何面对那个无礼的代理人呢？

德缪斯："我会用绳子绑住他的脖子，"
"然后，把他推进死亡的深渊。"[113]

---

〔111〕 Aristoph. *Acharnians* 676 – 80, 685 – 88.

〔112〕 Frag. 198（Kock）；至于那些以 – ικος结尾的词，受到了接受新诡辩术教育的学生们的影响，请参见：*Knight* 1375 ff.；*Wasps* 1209；*Clouds* 747, 1172 – 73；*Peppler*, AJP, XXXI, 428 – 44.

〔113〕 1356 – 63（*trans.* Rogers）.

菲利蒙（*Philemon*）和杨格（*Younger*）严肃地指出，医生和代理人可以杀人却不用负责任：*μόνῳ δἰατρῷ τοῦτο καὶ συνηγόρῳ ἔξεστι, ἀποκτείνειν μὲν ἀποθνῄσκειν δὲ μή.*〔114〕

在当代社会，官员们侵占以及盗用公款的行为通常并不会引起过多的公众注意，相反，那些关于谋杀、绑架、离婚以及基于不诚实的融资行为而使公众投资人被骗取钱财的行为更容易受到公众的关注。然而，在当时的雅典，官员们对公款的盗用或是侵占却是最受公众瞩目的。在《黄蜂》〔115〕中，费罗克莱恩详细地描述了当他听到被告的子女对民众陪审员充满感情地、悲伤地祈求他们通过对他们的父亲账户的审核时的愉悦心情。在前面的章节中费罗克莱恩提到过，当他在法庭门口等待开庭时大人物恭恭敬敬地试图博得他的同情时他得意的心情。〔116〕在另一小节中费罗克莱恩猜想有人可能已经贿赂了他的厨子，而这个厨子每天负责叫醒他，使他能够完成每天法庭上的工作：

> 他说道，那个从黄昏起开始工作的厨子，被他人收买了，
> 故意晚叫他起床；他一定是被那些账目将要被审查的官员所收买的。〔117〕

人们也许会这么认为，对那些不诚实的官员所进行的诉讼应当采取保护公众利益的措施，即任命公共诉讼代理人。有推测认为，《阿卡耐人》〔118〕中提到的那个被拖进法庭、被年轻的诉讼代理人指控且最终被判罚金的老年人可能受到的就是侵占公款之类的指控。〔119〕这些被委任进行“国库诉讼”（treasury prosecutions）的官员是通过抽签选择的。也就是说，并没有哪个官员持续地控制这类诉讼。最终，财务主管的真正的工作是由

---

〔114〕 Frag. 3（Kock）.

〔115〕 Aristoph. *Wasps* 570 ff.

〔116〕 *Ibid.* 554 – 57；cf. *supra*，pp. 22，23，n. 1，基于其他的原因，这个小节的文字被引用了。

〔117〕 *Ibid.* 100 – 102.

〔118〕 Aristoph. *Acharnians* 676 ff.

〔119〕 Muller – Strubing，*Aristophanes und die historische Kritik*，p. 323.

下级官员完成的。在一个案件中，曾经提到两个参加诉讼的人员，即色弗苏德摩斯（Cephisodemus）[120] 和欧提勒士（Euathlus）。色弗苏德摩斯被称为“代理人”，而欧提勒士虽然在目前的小节中没有被称为“代理人”，但是在其他的记载中，他是以代理人的身份出现的：

ἔστι τις πονηρὸς ἡμῖν τοξότης συνήγορος

ὥσπερ Εὔαθλος .... παρ' ὑμῖν τοῖς νέοις.[121]

在《阿卡耐人》[122] 中提到的涉及修昔底斯的案件中，穆勒·斯得彬（Strubing）把这个案件和《黄蜂》[123] 中的一段文字联系了起来。通过这段文字，巴德理塞仑表达了他的看法，即他认为那些民众陪审员实际上只不过是受到公诉人愚弄的人。他们自以为是案件结果的最终决定人，事实上他们受到了被被告贿赂了的公诉人的故意误导而最终得出判决。无论“代理人”是否准时到庭，他都会得到他应得的报酬。

> 如果某一个被告人对他进行了贿赂，而他又把收到的钱分给了与他在这个案件中合作的官员。于是这两个人沆瀣一气，准备演出一出热情洋溢的戏，就像两个锯木工人彼此配合着锯木头一样。但是，当你只注视着那个受指控的出纳员时，你无法发现这到底是怎么回事。

根据穆勒·斯得彬的看法，与代理人联合办案的官员是部长（secretary）或者副部长（undersecretary），而他们是审理案件时的技术性的公诉人。斯塔尔克（Starkie）表示：“这类部长已经构成了雅典的一个独立的阶层。由于他们是终生制，且他们对宪法的运作有着全面的了解，加之各种由抽签选出的委员会必须依靠他们以获得信息，因此，他们获得了很

---

〔120〕 Aristoph. Acharnians 705.

〔121〕 Aristoph. Frag. 411（Kock）.

〔122〕 703 ff.

〔123〕 686 ff.

大的权力。"[124]斯塔尔克的这一观点，即认为存在着专业部长这个阶层，且尽管委员会不断地换届，他们还是始终稳坐其职位的观点是不正确的。弗格森（Ferguson）认为：

> 在当时的雅典社会，不可能存在诸如专业部长这个阶层；理由在于，没有一个人能够在二十年的时间内连任超过两届，而且事实上，在整个雅典历史上，没有一例同一个人担任同一个职务超过一个任期的事例出现过。[125]

弗格森的这段陈述彻底否定了作为人民公仆的部长们几乎终身制的说法。但是，如果没有比通过抽签选出的且仅仅担任一个任期的官员更加熟悉金融和政府的官员的话，那么所谓的国库诉讼就不能够有效地进行。这类诉讼是基于委员会和出纳员的记录展开的。自然，某些官员必须提供信息并采取行动以提起诉讼。在《黄蜂》中，阿里斯托芬就提到了这么一个官员。[126] 正如穆勒·斯得彬指出的那样，ἀρχόντων 这个词的使用规则相对自由，不以特定的场合为要求。[127] 可能的情况是这样的，审理财政案件所需要的专业知识和长期持续的任职的要求是由副部长满足的。因为这些副部长可以针对有关职务技术方面的问题对他们的上级提出建议。[128] 正如斯塔尔克所评论的那样，正是由于这个原因，这些副部长们成为了不受欢迎的群体。[129] 吕西亚和德摩斯梯尼都是以不屑的语气提到副部长这个职位的。

> 他从奴隶变成了公民，从卑微变成了富有，而且他的职位从一个下级职员上升为立法者！甚至有人会因此指责你们：你们的

---

〔124〕 Op. cit. , Excursus VII; Starkie is following Muller – Strubing, op. cit. , and Caillemer in Daremberg – Saglio, s. v. "Grammateis".

〔125〕 Athenian Secretaries, "*Cornell Studies in Classical Philology*," VII, 36.

〔126〕 692.

〔127〕 Op. cit. , p. 338.

〔128〕 Cf. Vinogradoff, *Outlines of Historical Jurisprudence*, II, 82 ff.

〔129〕 Aristoph. *Frogs* 1083 ff.

> 祖先是因为相信被制定出来的法律的水准会与立法者的人格魅力相协调，因此他们选择了梭伦，地米斯托克勒斯（Themistocles）和伯里克利作为立法者，而你们却选择了马查尼温（Mechanion）的儿子泰撒米奴（Teisamenus），以及尼科马霍斯（Nicomachus），还有其他的那些曾经的下级职员作为立法者；再者，尽管你们意识到地方行政官职务的神圣性已经因为这些人而被败坏，这些人恰恰就是你们所信任的人。最令人无法想象的是，虽然没有一个人可以担任同一位地方行政长官的下级职员超过一届任期你们却授权这些人可以长时间地控制最重要的事务。[130]

的确，有禁令禁止同一个委员会雇佣同一个人作为副部长超过一次，但是这条禁令在事实上却不能够阻止不同的委员会雇佣同一个人作为副部长。事实上，副部长们就是通过这个方式成为了专业人士。毫无疑问，对于副部长的厌恶和嫉妒就是基于这样一件事实，即虽然他们并不是以官方的身份出现的，但是每个人都知道是他们为法庭审理提供了素材、资料以及相关的信息。

锯木匠[131]的比喻给评论家们带来了一些难题。两个人站在横锯或者粗齿锯的两端，进行一进一退的合作，从而完成任务。事实上，没有必要认为锯木匠代表了公诉方和辩护方。[132] 这个比喻所要表达的真正意义在于，收受了被告方贿赂的公诉人和他的代理人相互合作，非但没有将被告治罪，反而设法使被告脱罪。[133]在公元前四世纪的文献中对贿赂官员和公诉人的情况也有所提及。[134]

付费诉讼代理人和副部长以及其他次等官员的关系是比较有趣的。显

---

〔130〕 Lysias xxx. 27 – 28；cf. Demos. Xix. 200，237，249；Antiph. Vi. 49.

〔131〕 Aristoph. *Wasps* 693 – 94.

〔132〕 Muller – Strubing，op. cit.，p. 337.

〔133〕 在对西蒙的诉讼中，伯里克利被选为公共代理人，并且对整个案件的审理草草了事，从而故意让被告方在诉讼中占了便宜。在这个案件中，不存在公共代理人受到被告贿赂的问题；伯里克利之所以会敷衍了事是因为他受到了西蒙的姐姐伊佩尼斯的恳求的影响（Plut. Pericles x. 5；cf. *supra*，pp. 26f）。

〔134〕 Cf. Lysias xx. 10；Aeschin. i. 107.

然，在很多的案件中，公诉的成功不能够寄希望于下等官员那值得怀疑的法庭辩论技巧或是寄希望于志愿公诉人的主动出现。一个简单的解决问题的方法就是雇佣付费诉讼代理人，获得他们的服务。伯里克利被城邦公民大会任命为西蒙的公诉人之一。其实，这是可以预见到的，因为当审理的案件涉及公共利益时，无论是重大罪行还是较轻的罪行，通常都会任命公诉人。在《阿卡耐人》中提到的关于那位被引诱到法庭，并受到一位善于辩论的年轻代理人的不断指责的年长者的案件中，被建议的救济方式是城邦公民大会应当采取以下行动：

ψηφίσασθε χωρὶς χωρὶς εἶναι τὰς γραφάς, ὅπως ἂν ᾖ
τῷ γέροντι μὲν γέρων καὶ νωδὸς ὁ ξυνήγορος,
τοῖς νέοισι δ' εὐρύπρωκτος καὶ λάλος χὠ Κλεινίου.[135]

但是，被建议的救济方式到底意图何在呢？也许这是一种请求，即在指定代理人的时候，应该注意，使得"年轻人诉年轻人，年长者诉年长者"。[136] 然而，考虑到这只是喜剧，也许这个建议是对除民众会议以外的选择代理人的方法的建议。在上文中提到的对安提福恩的审判中，立法会议授权那些将军在立法会中选择任意十位成员作为代理人。《阿卡耐人》[137]是这样记载的，那位年轻人是通过了不正当的计谋从而获得了对他的任命。在这里，有必要提到经城邦公民大会任命的代理人，这些代理人的人选由政客决定或者受到对政治和诉讼有兴趣的俱乐部操纵。[138] 委员会在财政诉讼中为自己指定代理人并非是不可能的。公元前四世纪的那种通过抽签来任命代理人以协助审查退休官员的会计账户的做法确实在一定程度上增加了这种猜测的可能性。也许，在公元前四世纪的相当民主的宪法的背景下，一部分在公元前五世纪时是通过任命的方式产生代理人的做法被改变为通过抽签选择的方式进行了。

---

〔135〕 Aristoph. *Acharnians* 714 – 16.

〔136〕 *Ibid.* 718.

〔137〕 685.

〔138〕 Thuc. Viii. 54; cf. *supra*, pp. 19 ff.

当时，审计有两种类型。吕西亚的书中[139]的那个跛足者是这么提醒委员会的，他说他来的目的不是对官方使用公款的行为进行解释的，也不是就他任期内的其他官方行为而接受讯问的。由此可见，第一类的审计，实际上针对的仅仅是那些有职权使用公款的官员。[140]

掌管财政审计以及有关指控的官员是十位洛吉斯泰（*logistai*）和十位由抽签决定的斯那勾罗伊（*synegoroi*）。斯那勾罗伊的职责会立刻引发人们的关注。每当这两组官员收到账目后，他们会根据适当的官方文件对这些账目进行审查。一份古代的文献显示：

> ’Αριστοτέλης ἐν τῇ ’Αθηναίων πολιτείᾳ οὕτω λέγει· λογιστὰς δὲίροῦνται δέκα παρ’ οἷς διαλογίζνται πᾶσαι αἱ ἀρχαὶ τ ά τε λήμματα καὶ τὰς γεγενημένας δαπάνας καὶ ἄλλος δέκα συνηγόρους, οἵτινες συνανακρίνουσι τούτοις· καὶ οἱ τὰς εὐθύνας διδόντες παρὰ τούτοις ἀνακρίνονται πρῶτον, εἶτα ἐφίενται εἰς τὸ δικαστήριον εἰςἕνα καὶ πεντακοσίους.[141]

除了财政账目外，这些官员也负责对所有可能被处以罚金以上的指控进行调查，例如侵吞公款、收受贿赂以及管理不善等。无论那些受到斯那勾罗伊咨询的洛吉斯泰是否在审计中发现了问题，他们都必须将有关信息送到一个由501位审判官员组成的法庭上，由这些审判官员自行作出最后决定，或者判决无罪或者根据案情进行审判。在这样的审判中，斯那勾罗伊作为官方的公诉人参加诉讼。[142] 如果法庭最终确认了指控，那么审判书将被盖上国印。[143] 志愿参加诉讼的原告会被邀请加入这类诉讼。[144]

---

〔139〕 xxiv. 26.

〔140〕 对于那些没有职权处分公款的官员们，他们会被要求出具一份性质大体类似的文件，参见：cf. Aeschin. iii. 22.

〔141〕 Lex. Cant. , p. 20.

〔142〕 Lipsius, op. cit. , p. 104; Wilamowitz, op. cit. , II, 232; Gilbert, Const. Antiqu. , p. 227.

〔143〕 Demos. Xviii. 250; cf. Bonner, "The Use and Effect of Attic Seals", CP, III, 401 - 2.

〔144〕 Aeschin. iii. 23.

在当时雅典的体制下，能够发现关于在案件中分配公诉人的条款，实际上是一件不可思议的事情，即使这项条款仅仅适用于一类案件。显然，抽签决定合格的代理人是一个不理想的方式。但是，情况在涉及审计时就不太一样了。只有经过仔细的审查才能够发现账目中的违规之处。一旦违规处被发现了，那些官员们又将受到怎样的处罚呢？显然，决定如何处罚的事宜不应该交由洛吉斯泰或是其他的委员会决定，而应该由法庭最终判决。惯常的做法是这样的，即由地方行政官和委员会主持在他们管辖范围之内的审判。当然，他们不可能既负责主持审判，又负责提起公诉。除非账目审查的具体细节向公众进行了公布，否则没有人能够在不了解具体审查细节的情况下提起公诉。而对于公布账目审查的具体细节的做法，显然会引起一定的异议。问题其实就是出在与洛吉斯泰相关联的且与之类似的机构——斯那勾罗伊身上，这个机构负责协助洛吉斯泰并为之提供建议，以使之最终得出结论。如果在公开审理案件的情况下，斯那勾罗伊是最适合对被指控的违法者提起公诉的。事实上，其他任何人都没有办法很好地处理这个案件。将公诉的提起交托给一位没有经验的公民并不需要冒什么风险。他所需要做的仅仅是介绍案件，并依靠志愿的协助者在实质上推动案件的进程。此外，有一点不能够忘记的是，公民有权利毛遂自荐，担当公务事宜[145]，那位适合处理庭审案件的公民很有可能已经提前请教过相关官员了。无论如何，我们都应该确信：基于这套体系已经运作了很多年，因此它并没有什么严重的实际操作难题。

在公元前四世纪的文献中并没有关于被选举出的公共代理人参加那些在公元前五世纪他们会参加的案件类型的记载。[146] 出现这种情况的一部分原因是由于，在公元前四世纪的时候，对于渎职的官员的公诉由受指定的代理人代理，另一部分原因可能是因为将军不喜欢收受服务费用的公共代理人，就如戏剧中所反映的那样。新建立的民主制度拒绝雇佣特殊法律顾问，雇佣这种做法被视为是不民主的体现。然而，还是有一些例外的。例如，海泼莱德就先后两次代表雅典在海外出庭。另外一个例子发生于提洛和雅典之间，关于坐落在提洛的阿波罗神庙的管理的争议中，雅典亚略巴

〔145〕 Lsoc. Xv. 150; Lysias vi. 4; xxxi. 33.
〔146〕 Lipsius, op. cit., p. 206, n. 97.

古议事会选择了海波莱德代表雅典出席由近邻同盟理事会（*Amphictyonic Council*）主持的审理。[147] 他还被城市选出为一名雅典运动员进行辩护，这位运动员受到在奥运会中犯规的指控。[148] 在哈帕鲁斯（*Harpalus*）一案中，他和其他九位公共诉讼人一起出庭。有消息称，当哈帕鲁斯——潜逃中的亚历山大王的司库——逃离雅典时，许多的雅典名人收受了他的很多贿赂。亚略巴古议事会的法官组成了一个委员会就此进行调查。在这个委员会提交的报告中，对九位公众人物提出了收受贿赂的指控。首当其冲的人物就是德摩斯梯尼。诉讼是由民众会议发起的，并有十位代理人受命进行公诉。德摩斯梯尼被确认有罪。一位公共诉讼人，即海波莱德针对德摩斯梯尼的发言至今仍然被保留着。此外，狄纳尔科斯（*Dinarchus*）指控德摩斯梯尼、费洛克里斯（*Philocles*）和亚力士多吉顿（*Aristogiton*）的发言也被保留至今。[149]

在决定废除或修改法律的问题上，主持审理的法庭由五百位公民组成，而这五百名公民是从司法执政官法院的陪审员当中选出的。任何公民都有权利出现在这样的法庭上对被提议的立法发表支持或者反对的看法，当然民众会议总是会选择五位代理人对旧法进行辩护。[150] 那些因为各种原因而使自己的名字被从德莫的公民名册中删去的人们，也有权利就此向民众会议提出控诉。在这些案件中，德莫由德莫行政官和五名选举产生的公诉人代表参加诉讼。[151] 在部落大会中，部落也可以选择代理人以支持它的某个成员的主张。例如，在公元前399年，当安多基德斯因为对神不敬而受到审理时，他所属的部落就选派了几位代理人为他进行辩护。[152]

这些例子说明，就像德莫、部落以及民众大会会雇佣法律顾问那样，

---

〔147〕 Hyper. Frag. Xix (Kenyon); Demos. Xviii. 134; cf. *supra*, I, 364.

〔148〕 Paus. V. 21. 5 ff.

〔149〕 关于这类案件审理的具体程序，参见：*supra*, I, 364。关于哈帕鲁斯事件的具体解释，参见：Plut. Moralia 846B – C; 848F; CAH, VI, 450 ff.

〔150〕 Cf. Plato Crito 50B.

〔151〕 Arist. *Ath. Pol.* Xlii. 在其他也牵涉到德莫利益的诉讼中，代理人也都参与了诉讼；参见：Gillert, op. cit., p. 207; Chapot, in Daremberg – Saglio, s. v. "Syndcus".

〔152〕 一种不同类型的公诉人就是那些在公元前403年民主恢复之后被选举出来处理涉及国家利益的有关征收财产或是其他涉及财产的案件的代理人，这些代理人一般要服务数年的时间。存在这类代理人的案件的例子可见于：Lysias xvii; cf. xviii. 26; xix. 32.

由立法会议，或是民众会议，亦可能是财政委员会代表的国家在遇到重要案件时，也会雇佣法律顾问。然而，尽管法律禁止由同一个人为超过一个案件提供服务，[153] 但是，据了解海泼莱德为三个案件提供了服务。很重要的一点是，即使在某个案件中已经雇用了特殊公诉人，志愿者参加诉讼的权利仍然是受到认可的。

这种使用选举出的代理人参加公共案件的做法可以从民间的做法中得到反映。一位志愿参加诉讼的公诉人通常会受到他人的协助。主公诉人负责提出起诉状，但是其他所有的人都有发言的权利。因此，当梅利多斯（*Meletus*）控告苏格拉底的时候，[154]，安尼图斯和里孔（*Lycon*）也进行了发言。同样的，塞非西阿斯在其他四位公诉人的协助下对安多基德斯提出了指控，这四位公诉人中的一位便是梅利多斯。安多基德斯得到了刻法罗斯（*Cephalus*）和安尼图斯的支持。后者也许就是对苏格拉底的诉讼提供帮助的那个安尼图斯。[155] 所有这些案件都发生在公元前399年。

---

〔153〕 Demos. xx. 152.

〔154〕 Plato Euthyphro 2B.

〔155〕 Judeich, in Pauly – Wissowa, s. v. “Anytos” 3.

第三章　好讼者

梭伦允许任何合格的公民对违法者提起诉讼，以使属于较低阶层的成员能够保护他们新获得的权利和特权。[1]他希望能够通过这个新的做法“使公民们习惯于觉察和反感来自他人的伤害，就如这些公民都同属于同一个主体一样”。梭伦坚信，治理得最好的国家[2]就是，在这样的国家中，那些利益虽然没有受到违法者侵害的公民与利益受到侵害的公民一样热衷于对违法者提起诉讼。总的来说，梭伦的期望是有道理的。雅典发展了一套有关公民的职责和权利的深刻理论。有一些公诉人总是联合出现在同一个案件中，因此，从这个意义上讲，当时的雅典社会显然并不缺少公诉人。例如，在公元前399年，苏格拉底和安多基德斯都因为亵渎神灵而受审判，而且他们的案件分别都有三位公诉人。公众舆论支持那些热衷于为城市利益服务的人，并且批评那些不愿意为公众事务分担责任的人。正如伯里克利所说的那样：“我们非但不认为那些不参加公共事务的人是能够关心自己事情的人，反而觉得这些人一无是处。”[3]对于那两位一再无法完成他们使命的政客，德摩斯梯尼对他们进行了严厉抨击，在他看来，这两位作为公诉人而又无法完成使命的行为已经对整个城市犯了罪：

> 提莫克拉特斯（*Timocrates*）和昂德拉逊（*Androtion*）啊，事情怎么会变成这个样子？你们两个中有人已经从政三十年了，而且在这段时间中，许多的将军们以及雄辩家们都侵犯了共和国的利益，他们在你们的同胞面前受审，他们中的一些因为他们的罪行而被处死，另一些则遭到流放，这些都是一种自我谴责的行为

---

〔1〕 Arist. *Ath. Pol.* Ix.

〔2〕 Plut. *Solon* xviii. 5.

〔3〕 Thuc. ii. 40. 2.

> 的体现。然而，为什么你们中没有一位对他们中的任何一个提出过指责，或者对他们伤害国家的行为表示过愤慨呢？[4]

某些类型的违法行为仅仅伤害了个人的利益。典型的例子包括诽谤、抢劫、袭击以及伤害罪。在这些案件以及其他类似的案件中，通常可以依靠受害方将违法者送上法庭。当论辩术发展起来之后，情况就更是如此了。受害方可以获得专业演说撰稿人的帮助来进行诉讼。

有时，公诉人会尽力去强调他们的爱国心和为公众服务的精神。安多基德斯表示："我认为为民主而经历危难险阻是一个良好公民的职责，而且公民不应该因为害怕来自他人的憎恶而对公共事务缄默不语。"[5] 伊斯金尼斯观察到：

> 当我看到我们的城市正在被被告提马库斯（*Timarchus*）（尽管根据法律的规定，他并没有资格在你们的大会上发言）严重地伤害时，当我本人成为了他的要挟攻击的受害者时，…… 我决定进行反击，如果我没有能够为整个城市及其法律、你们和我本人进行辩护的话，这将是一件最令人羞耻的事。[6]

在此，发言者承认，由于他本人受到了被告的侵犯，如果对被告进行惩罚的话对他本人有利。当然，莱克格斯的叙述最完全地表述了一个公民对违法者提起诉讼的义务。"为了我的祖国、神庙以及法律，我公正地且真诚地将这个案件［ἀποδέδωκα τὸν ἀγῶνα］诉至法庭。"[7] 正如洛夫伯格（Lofberg）所指出的那样，ἀποδέδωκα τὸν ἀγῶνα 这个短语中的前缀的意义就在于强调了他的行为就像是他欠城市的债或是他对城市的义务那样。[8]

事实上，志愿者们可以获得更加具有实质意义的鼓励，即在某些类型

〔4〕 Demos. Xxiv. 173 (trans. Kennedy).
〔5〕 iv. 1.
〔6〕 i. 1－2.
〔7〕 i. 149.
〔8〕 Sycophancy in Athens, p. 2.

的诉讼活动中他们会分得一定数量的罚金、没收款或是其他应当上缴国库的钱款，这类诉讼活动包括“申斥”（denunciation）（φάσις）、“盘点”（inventory）（ἀπογραφή）以及针对侵犯公民权利的诉讼（γραφαὶ ξενίας）。“申斥”用于对付那些违反有关商业、习惯、采矿法律的人们，以及对付那些不当管理他的职权范围内的财产的财产监护人。任何人如果砍倒的橄榄树的数量超过了法律允许的范畴的话，也会以“申斥”诉讼的方式受到处罚。一位成功的公诉人会收到相当于没收财产数量或收受罚金的百分之五十的回报。不过，没有任何关于“申斥”的法庭发言流传至今。[9]

适用“盘点”的最普遍的情况是恢复被个人非法占有的国有财产，即它针对的是国家债务人或者财产被国家罚没的人的亲戚等。在这种情形下，一位成功的公诉人将获得相当于被恢复所有权的财产价值的四分之三的回报。[10]

雅典人对有关公民权利和地位的事项十分警惕。最臭名昭著的迪奥纳斯特斯诉尼亚拉就是有关侵犯公民权利的诉讼。在这段演说辞中，保护公民权利和地位使之不受篡夺的法律被全部引用如下：

> *ἐὰν δὲ ξένος ἀστῇ συνοικῇ τέχνῃ ἢ μηχανῇ ἡτινιοῦν, γραφέσθω πρὸς τοὺς θεσμοθέτας Ἀθηναίων ὁ βουλόμενος, οἷς ἔξεστιν. ἐὰν δὲ ἁλῷ, πεπράσθω καὶ αὐτὸς καὶ ἡ οὐσία αὐτοῦ, καὶ τὸ τρίτον μέρος ἔστω τοῦ ἑλόντος. ἔστω δὲ καὶ ἐὰν ἡ ξένη τῷ ἀστῷ συνοικῇ, κατὰ ταὐτά, καὶ ὁ συνοικῶν τῇ ξένῃ τῇ ἁλούσῃ ὀφειλέτω χιλίας δραχμάς.*[11]

如果诉讼成功的话，公诉人将获得罚金的三分之一，或者出卖外籍被告本人或者他所拥有的财产所获得收益的三分之一。

---

〔9〕 对所涉及的问题的讨论，参见：Lipsius, *Das Attische Recht*, pp. 309 ff. 洛夫伯格（Lofberg, op. cit., pp. 26ff.）对好讼者使用的这类诉讼行动有详细讨论。关于波利克斯（Pollux）的观点，即“申斥”能够被用来对付好讼者，参见：*infra*, p. 71.

〔10〕 Cf. Lipsius, op. cit., pp. 299 ff.; Lofberg, op. cit., pp. 28 ff. 现代社会的一个类似于这类案件的例子是对破产者隐藏财产的行为提出的诉讼。

〔11〕 Demos. Lix. 16; cf. Lofberg, op. cit., pp. 31 f; Lipsius, op. cit., pp. 416ff.

在当时，公诉人为公众服务的精神，以及他对通过诉讼获得合法收入的期待，都受到了高度的赞扬。但是，奇怪的是，当时雅典人的公众舆论不但容忍，而且还赞成出于政治以及个人目的的动机而提出诉讼。如对自己的仇敌提出诉讼就是一种广受认可的复仇方式。公诉人并不介意承认他们对被告的个人敌意。[12] 只有当某些人将诉讼当作一种职业并以此谋取经济利益时，公众才会对之表示不满。这些人被称为“好讼者”(*sycophant*)。好讼者的英文单词“*sycophant*”是对希腊单词*συκοφάντης*的音译。自从普鲁塔克时代开始，这个词的最初意义就一直是争论的主题。[13] 希腊文单词*συκοφάντης*以及*συκοφαντέω*经常被雄辩家所引用，但是要从古代文献中提炼出这些单词的令人满意的法律定义还是十分困难的。一位德摩斯梯尼的委托人认为：“所谓好讼者就是那些提出各种诉讼请求但又无法证明其中任何一项的人。”[14] 这个观点影射了带有欺诈性的控诉人。一位吕西亚的委托人对好讼者的理解则更进一步，即增加了敲诈勒索的含义：“这是他们的一贯做法，即对那些即使没有犯过任何错误的人提出指控。因为通过这种行为，他们会从中获得最大的利益。”[15] 伊索克拉底也持有同样的观点，认为“他们通过攻击那些完全无辜的人为自己做广告，由此再从显然有罪的人身上获得钱财。”[16] 尽管三十僭主（the Thirty）的初衷是处决大量的好讼者，但是吕西亚[17]将三十僭主也视作了好讼者。在这里，*συκοφάνται*等同于*πονηροί*。好讼者就是*πολυπράγμων*。对于英文读者，肯尼迪（Kennedy）已经将*συκοφάντης*的各种含义描述得淋漓尽致：他认为，这样的人是“典型的诉讼教唆者、告密者、讼棍、好事者、无赖、说谎者以及造谣者的恰当复合体”。[18] “他们的行为包括了造谣、阴谋、具有欺诈性的指控、恶意诉讼、诉诸法律程序以勒索

〔12〕 Lysias xiii. 1; xiv. 1 – 2; Demos. Xxiv. 7 – 8.

〔13〕 cf. Lofberg, op. cit., pp. vii – viii; Murley, *CP*, XVI, 199; Cook, *Class. Rev.*, XXI, 133; Hommel, *Berl. Phil. Woch.*, XL VIII, 1127 f.

〔14〕 Demos. lviii. 34.

〔15〕 Lysias xxv. 3.

〔16〕 Isoc. xv. 24; cf. xxi. 5.

〔17〕 xii. 5.

〔18〕 In Smith, *Dictionary of Greek and Roman Antiquities*, s. v. “Sycophantes”.

金钱。总的来说，这些行为是具有恶作剧性质或是欺诈性质的对司法程序的一种滥用。"[19] 以伊斯金尼斯[20]的权威性研究结论为基础，如果我们再给这样的一个广泛的定义再加入种种"无赖"的品性，那么我们对这个词的定义的广泛性就超过了任何一位希腊作家、注释者或是词典编著者；但是，这样做，并不能够对研究者提供多大的帮助。实际上，*συκοφάντης*一词的具体含义是根据其在某个具体的段落中的确切背景而定的。不过，无论如何，该词都是一个贬义词，那些使用这个词来描述对方当事人的诉讼者也无非是希望这个词所包含的广泛涵义可以将对方抹黑。

在当时的雅典，诉讼是实现政治目的的工具。[21] 具有政治野心的年轻人，为了增加他们的财富而刻意地对在他们监控范围之内的官员以及政客们提起诉讼。这些官员或政客被诉的主要原因是受贿、贪污、挪用公款、非法立法以及其他的各种轻重不等的罪行。例如，伯里克利最初引起公众注意的原因是由于他对西蒙提起的诉讼，他指控西蒙在担任军队指挥官的时候收受了贿赂：*πρὸς τὸ δημαγωγεῖν ἐλθόντος Περικλέους, καὶ πρῶτον ε ὐδοκιμήσαντος ὅτε κατηγόρησε τὰς εὐθύνας Κίμωνος στρατηγοῦντος νέος ὤν.*[22]阿里斯托芬告诉我们，在群众煽动者海帕波拉斯（Hyperbolus）从政之前，他接受了一定的法律教育：

> 他到底是怎么学会规避诉讼，
> 适时地引用律法以及出色地驳斥对方的呢？
> 海帕波拉斯，花费了一塔兰特黄金来学习了这门技术。[23]

很自然，没有人会不赞成对不诚实的官员以及公众人物提出诉讼。如果有能力的人愿意参加诉讼的话，对实现司法很有帮助，即使这些人参加诉讼的目的只不过是为了增加政治资本。但是，滥用也时有发生。在阿里

---

〔19〕 *Orations of Demos.* (trans.), III, 345; cf. also Navarre's definition in Darem. - Saglio, s. v. "Sycophanta".

〔20〕 ii. 99.

〔21〕 Cf. Thuc. viii. 54. 4.

〔22〕 Arist. *Ath. Pol.* Xxvii; cf. *supra*, pp. 26 f., 33, n. 4.

〔23〕 *Clouds* 874 – 76.

斯托芬的《骑士》中，克里昂被指控欺压那些受他审查的人们，[24] 并且对那些并无恶意的不值得起诉的公民提起诉讼。那位安提福恩的合唱团指挥也表示，指控他的费罗克拉特（Philocrates）将对他提出指控作为一种锻炼诉讼本领的法庭练习。[25]

无论在怎样的情况下，区分代表公众愿望的公诉人和摆出一幅公众利益捍卫者模样的肆无忌惮的好讼者并不是一件容易的事情。[26] 在《普鲁托斯》中，阿里斯托芬描述了一位因为普鲁托斯所发动的改革而被剥夺营生的好讼者的故事。这位好讼者自称为是不可或缺的公众利益的捍卫者：

> **好讼者：** 唉！我是一个多么正直而爱国的人啊，却要遭到这样的侮辱。
>
> **邻　居：** 你也算得上是正直和爱国么？
>
> **好讼者：** 如果我算不上的话，那么就没有人算得上了。
>
> **邻　居：** 你靠什么生活？
>
> **好讼者：** 我监督所有的公共以及私人事务。
>
> **邻　居：** 是么？为什么？
>
> **好讼者：** 我就是喜欢这么做。难道作为公民的我没有义务帮助这个城市执行它的法律以及防治人们犯法么？
>
> **邻　居：** 但是国家任命法官的目的不就是这个么？
>
> **好讼者：** 但是谁负责提出控诉呢？

“任何愿意提出控诉的人”，邻居引用了梭伦的律法中的那条关于任何人都可以起诉的律法进行了回击。“我就是那个愿意提出诉讼的人”，好讼者回答道。[27]

在公元前五世纪后期，有充分的证据显示在当时的雅典，好讼行为曾

〔24〕 259 ff. ; cf. 824 – 25.

〔25〕 Antiph. vi. 43.

〔26〕 Cf. “the watchdog of the people”, Demos. xxv. 40v.

〔27〕 *Plutus* 899 – 918 ; cf. Lofberg’s translation of the passage, *op. cit.* , pp. 2 f.

经相当普遍。在公元前425年的《阿卡耐人》中[28]，阿里斯托芬代表迪卡奥波里斯（Dicaeopolis）与皮奥夏人（Boeotian）达成了关于一笔皮奥夏人的货物的交易。迪卡奥波里斯问道“你的要价是多少？或者说你实际上是想从我这里交换一些实物?”皮奥夏人回答道：“事实上我确实想要从你这边交换一些雅典有而我们却没有的东西。”在向皮奥夏人推荐了一些他的城邦所没有的诸如沙丁鱼或者陶器等商品之后，迪卡奥波里斯忽然大叫道：“我有主意了。你可以带一位好讼者回去。”[29]当迪卡奥波里斯通过与斯巴达人达成了一种和平协议从而建立起了他的交易市场时，他宣布：“决不让任何好讼者有机会涉足这个地区。”[30] 罗杰斯（Rogers）将 *συκοφάντης* 解释为“告密者”的原因在于正是由于好讼者的告密本性决定了他们会出现在公众的视线中。当迪卡奥波里斯与麦加拉人达成了关于以卖猪为伪装出卖该麦加拉人女儿的交易时，一位好讼者出现了，并且公然指责他们买卖应当被没收的战争违禁品。此时，那位麦加拉人大声说：“天哪，又来了！我们一切不幸的源头。”[31] 这句话源自雅典的好讼者们在驱逐麦加拉人离开帝国的港口以及阿提卡的市场的立法出台之前，刻意针对麦加拉人而强调执行当时的习惯法的行为。[32] 这些多管闲事且令人讨厌的好讼者们尽管在本质上并没有做错什么，但是他们仍然被认为是令人讨厌的，就如他们为了找出违禁物品而搜查麦加拉人的衣物这件事所显示的那样。[33] 公众舆论是对好讼者的这种行为的唯一监督。

据说，阿里斯托芬曾因为抨击好讼者而获得赞誉：*φασὶ δὲ αὐτὸ ν εὐδοκιμῆσαι συκοφάντας καταλύσαντα οὓς ὠνόμασεν ἠπιάλους ἐν Σφηξίν, ἐν οἷς φησιν Οἳ τοὺς πατέρας (αὐτῶν)ἦγχον νύκτωρ, καὶ τοὺς πάππους ἀπέπνιγον.*[34]

---

[28] 902 ff.

[29] 阿里斯托芬很善于使用双关语来影射，参见：*Acharnians* 725 - 26, 908; *Bird* 68; *Knights* 1256.

[30] *Acharnians* 725.

[31] *Ibid.* 820 - 21.

[32] Bonner, “The Megarian Degrees”, CP, XVI, 238 ff.

[33] cf. Van Leeuwen, note on *Acharnians* 519.

[34] *Vita Aristoph.* xii. 7 (Bergk).

人们比较倾向于相信所引用的参考资料来自于一部批评好讼者的戏剧[35]而不是来自于他的不同的戏剧作品中的批评好讼者的言论,[36]因为即使这些不同的段落叠加起来也无法产生 *κατάλυσις συκοφαντῶν* 这样的效果。

在《交换法》(*Antidosis*) 中，伊索克拉底选择了好讼者作为主题是很有意义的做法。他的作品《生命之歌》(apologia pro vita sua) 是对柏拉图的《苏格拉底申辩篇》(*Apology of Socrates*) 的模仿，并采用了法庭发言的形式。他把对他提起诉讼的人想象成为了一位好讼者。这位好讼者的攻击重点来自于一些对伊索克拉底在进行一场真实的财产交换过程中所传授的知识带有诽谤性质或是其他的不利评价。[37]这个策略有双重好处。公众已经习惯于听到以及阅读演说，因此他们会比较倾向于阅读采用法庭发言形式所撰写的作品。此外，这个针对伊索克拉底的诉讼立刻受到了公众的质疑，因为公诉人是一位属于臭名昭著的阶层的好讼者。

在法庭上，诉讼当事人会反复相互指责对方有恶意诉讼之嫌，并希望以此使对手尴尬。这种实践毋庸置疑地说明了法庭发言的撰稿人很了解法庭的实际状况，并相信这类指控能够帮助他们的当事人。[38]通常诉讼当事人都会预见到这类涉及恶意诉讼的指控，因此他们都会努力说服审判官员他们并非好讼者或是热衷诉讼的人，就像《和平》(Peace) 中的特莱古斯 (Trygaeus) 那样。[39]

如果不是因为在克里斯提尼[40]时代太阳神法庭的建立，即使梭伦已经授予了公民自由诉讼权，恶意诉讼的现象也不会那样泛滥。好讼者成功的早期主要原因在于他们掌握了新的修辞手法。这种诡辩术是在公元前五世纪中叶得到引进的。这种诡辩术成为了好讼者战胜较他们年长的对手的特

---

〔35〕 *Die Gliederung der altattischen Komoedie*, pp. 42, 106.

〔36〕 *Wasps* 1037; *Ecclesazusae* 562 – 63; cf. the notes of Starkie and Rogers.

〔37〕 杰伯 (Jebb, *Attic Orators*, II, 131 – 32) 没有把情况说清楚; cf. Bonner, "The Legal Setting of Isocrates' *Antidosis*," *CP*, XV, 193 ff.; Norlin, *Isocrates*, II, 181 – 82.

〔38〕 Lysias vii. I; Aeschin. i. I; cf. Antiph. V. 59, 79; Demos. Xxii. 4; xl. 32.

〔39〕 Aristoph. *Peace* 191; cf. Lysias xxxii. 1 – 2; Aeschin. i. I; Demos. Xxxix. 1; liii. 1.

〔40〕 Cf. *supra*, I, 196.

有武器。[41] 在《黄蜂》[42] 中有一段文字指出好讼者是一个自古以来的罪恶，该段文字将好讼者形容为“冷血者”和“发热者”，“折磨着你们的父辈和祖父辈”。通过运用喜剧的夸张手法描述当时的时代，这段文字表明早在公元前五世纪中叶，好讼者已经被认为是对实现刑事正义的严重威胁。在公元前五世纪的最后几年，好讼者显然已经成为了一种有害的职业。发生在公元前411年的革命唤醒了民主主义者们采取坚决的措施（如果不是严厉的措施）以对付那些以任何形式帮助寡头革命的人。例如，当时有一条法律出台，剥夺了那些在四百委员会统治时代仍然逗留在雅典的士兵参与民众集会或是成为理事会成员的资格。[43] 此外，还有德摩凡特斯法令(Demophantus)[44]。实际上，它并不是通常意义上的法令而是立法会议通过的报告，就像这些单词 *τάδε Δημόφαντος συνέγραψεν* 所显示的那样。[45] 任何人如果以任何方式在将来参加推翻民主宪政的活动，那么他都将被视为公众的敌人。对于这些人，每一个公民都有义务宣誓将他们消灭：*καὶ λόγῳ καὶ ἔργῳ καὶ ψήφῳ καὶ τῇ ἐμαυτοῦ χειρί.*[46]

在这样的时代背景下，恶意诉讼的行为泛滥。就像下文中吕西亚的演说所显示的那样，尽管人们已经为法庭上的夸张支付了代价，长期的恐怖还是出现了：

> 正如大家所知道的那样，当伊比吉尼斯（Epigenes）、德莫芬尼（Demophanes）以及克里斯提尼在利用城市的不幸获取个人财富时，他们同时也造成了公众财富的重大损失。他们的活动那样的猖狂，在未经审判情况下，他们处死了不少人，并且剥夺了更多人的财产，还放逐公民或者剥夺了大量公民的公民权；既然他们能够通过开释罪犯获得钱财，又能够在你们面前使无辜者遭到损害。他们绝对不会停止这样的举动，直到这个城市出现骚动和

[41] Cf. Aristoph. *Acharnians* 676 ff.; and *supra*, p. 29.

[42] 1037 – 42.

[43] Andoc. i. 75.

[44] *Ibid.* 96 ff.

[45] Cf. F. D. Smith, *Athenian Political Commissions*, pp. 71 ff.

[46] Andoc. i. 97.

最严重的骚乱，而他们从贫穷变为富有。[47]

在《蛙》[48]中，阿里斯托芬促请公民们“结束这种恐怖统治”。在短短的几个月中，发生在伊哥斯波塔米（Aegospotami）的令人始料不及的灾难使人们别无选择，因此，帕丘克利得斯（Patroclides）法令宣布了普遍大赦。[49]当雅典人投降后，三十僭主建立了政权。他们出台的第一项举措就是针对好讼者的。当这项措施出台之后，公民大众对之十分赞同，没有什么比这个更能够说明好讼者受到大众的普遍厌恶。他们被带到立法会议受审，并最终被判处死刑：

ἔπειτα πρῶτον μὲν οὓς πάντες ᾔδεσαν ἐν τῇ δημοκρατίᾳ ἀπὸ συκοφαντίας ζῶντας καὶ τοῖς καλοῖς κἀγαθοῖς βαρεῖς ὄντας, συλλαμβάνοντες ὑπῆγον θανάτου καὶ ἡ βουλὴ ἡδέως αὐτῶν κατεψηφίζετο οἵ ἄλλοι ὅσοι συνῄδεσαν ἑαυτοῖς μὴ ὄντες τοιοῦτοι οὐδὲν ἤχθοντο.[50]

三十僭主的另一项措施是间接针对好讼者的。他们对法律进行了一定的修改，去掉了一些模棱两可的部分，使立法更加严谨，*ὅπως μὴ ᾖ τοῖς συκοφάνταις ἔφοδος*。[51]

最能够体现好讼者那“提出各种指控却又不能够证明任何一个”[52]的特征的例子源于德摩斯梯尼个人的经历，这段经历记述在《论王冠》（*De corona*）一书之中：

---

[47] Lysias xxv. 25－26（trans. Lamb）. 在泰尔汉姆（Thalheim）的版本中，这段演说发生的时间是公元前400年。

[48] 688. 这个剧本完成于公元前405年。

[49] Andoc. i. 77 ff.

[50] Xen. *Hell.* Ii. 3. 12；cf. Arist. *Ath. Pol.* xxxv. 3，其中谈到了有关这些死刑的执行情况。Cf. Diod. Sic. Xiv. 4；Lysias xxv. 27；*supra*，I，332.

[51] Arist. *Ath. Pol.* xxxv. 2；关于法律禁止教授诡辩术，参见：*supra*，I，328；Xen. Mem. i. 2. 31；Grote，*History of Greece*，VIII，47 ff。如果这个法律能够实施一段时间的话，那么好讼者的行为会受到根本上的制约。

[52] Demos. lvii. 34.

> 此后，那些人专心于使用阴谋诡计伤害我，在法庭上对我提出指控，审核我的账目，对我进行弹劾，处处针对我，而且，一开始，他们并不是用他们自己的真实姓名，而是用了其他的他们认为可以有效掩护他们身份的名字从事这种勾当（正如你所知道的和记得的那样，每一天早晨的第一阶段就是对我进行提审，事实上，为了对付我，各种各样的手段都被采用了，包括了索希柯勒斯（Sosicles）的铤而走险的策略，费罗克拉特的狠毒招数，以及迪奥达斯（Diondas）和马兰特斯（Melantes）的疯狂行为）。面对这种种状况，主要因为神的守护，外加你的帮助，使我最终得以安然无恙。……当他们对我进行弹劾的时候，你宣告我无罪，并拒绝给予公诉人五分之一的选票，还宣布我的政策是最出色的；由于我最终被宣告为无罪，我的行为和言论都被证明为合法，也正是因为你通过了我的账户审计，你认为我的所有行为都是诚实而无懈可击的。[53]

总而言之，情况很有可能是这样的，上文提到的索希柯勒斯、迪奥达斯和马兰特斯就像是费罗克拉特那样，是好讼者，代理他人进行诉讼。[54]曾经对德摩斯梯尼七次提出指控的亚力士多吉顿，也曾至少一次被裁定为是好讼者。[55] 此类诉讼被简单地称为 *γραφαὶ*，但是毫无疑问的是，这样的诉讼指的是针对非法立法的诉讼，正如引自《论王冠》中的那段文字所表明的那样。*ἐν οἷς δὲ τὰς γραφὰς ἀπέφευγον, ἔννομα καὶ γράφειν καὶ λέγειν ἀπεδεικνύμην*[56] 的措辞进一步肯定了我们的看法。亚力士多吉顿对德摩斯梯尼的审计工作提出了两次诉讼。就像索希柯勒斯和其他的人那样，亚力士多吉顿对所提出的指控总是以失败告终。亚力士多顿（Aristophon），一位公元前四世纪早期的政治家，曾经七十五次因为不合法的立法而被控

〔53〕 *Ibid.* xviii. 249 – 50.

〔54〕 Cf. *infra*, pp. 55f.

〔55〕 Demos. xxv. 19. Cf. *ibid.* 37.

〔56〕 *Ibid.* xviii. 250.

告，又七十五次被宣告无罪。[57] 与 γραφὴ παρανόμων 历史上的早期时代相比，发生在德摩斯梯尼时代的这些诉讼大都具有政治目的。判决的结果在很大程度上是由审判官员的政治立场所决定的。当然，在事实上，相当数量的诉讼还是建立在不充分的基础之上，就如那些宣判无罪的判决所显示的那样。此外，很多的诉讼仍然是由好讼者发动的。

海泼莱德引用了大量的不同类型的案件，在这些案件中，好讼者们都没有能够赢得判决：

> 在我看来，你波里克多（Polyeuctus）和那些与你持有同样观点的人似乎完全没有认识到这样一个事实，即在这个世界上，没有一种民主、没有一个君主、没有一个民族能够像雅典人民那样宽宏大量；他们不但不允许公民个人或者集体受到法庭的迫害，还为他们提供保护。来自阿古拉（Agraulae）的特西斯（Teisis）首次主张伊特克雷斯（Euthycrates）所拥有的不动产为公共财产，价值超过六十塔兰特。之后，他保证对菲力浦（Philip）和纳西克斯（Nausicles）的财产提出扣押诉讼，因为他认为他们的财富源自应付而未付的采矿特许权。但是审判官员根本就没有在意他的言语，也没有觊觎他人的财产，因此那位试图扮演好讼者角色的人最终没有办法获得五分之一投票的支持，反而被罚了款还被剥夺了公民权利。我能提个问题么？陪审团上个月的这种行为难道不应该得到赞赏么？雷山德（Lysander）对在矿场工作了三年的来自帕勒涅（Pallene）的伊匹克莱斯（Epicrates）提出了指控，指控内容为伊匹克莱斯侵吞了公共财产。事实上，伊匹克莱斯与城市中最富有的人有关联。雷山德承诺能够从这些人处要回三百塔兰特——他认为这些钱是这些人通过开采矿产获得的。然而，陪审团只注重正义而不是公诉人的承诺，因此他们最终裁定不存在侵占财产的问题。[58]

---

〔57〕 Aeschin. iii. 194.

〔58〕 iv. 33 – 36.

有两类案件是好讼者十分感兴趣的，因为这两类案件都涉及了大量的金钱利益，一旦好讼者胜诉，他们将获得丰厚的回报。特西斯提出了一桩关于ἀπογραφή的诉讼，他在诉讼中主张伊特克雷斯的财产应当被没收。如果诉讼成功，他可以获得的份额为四十五塔兰特。他输了这个案件，并被剥夺了公民权利，因而无法履行他的诺言，再对另外两位公民提出类似的诉讼了。另一类案件是 φάσις，涉及的是矿产开采，在这类案件中，被告被指控为侵吞国家财产。这个案件牵涉到的人数众多，而且据说牵涉到的金钱数额为300 塔兰特，而且如果胜诉的话，公诉人将获得其中一半的钱财。这个案件的判决结果重建了采矿业的信心，并增加了国家的收入。[59]事实上，在这个案件中，指控的基础同样显得苍白无力，但是由于赌注巨大，因此很值得一试。如果好讼者能够利用可能获得的丰厚的被充公的财产以及罚金来成功地贿赂审判人员的话，那么他有可能会赢得这个案件。

海泼莱德的话值得信任，因为这些话是在那些很清楚事情的是非曲直的人的面前说的，且那些人必然了解他的话语的真伪。而且，最后一个案件的发生只不过在两个月之前。

也许最危险的一类公诉人是勒索者。这些勒索者们针对有财产的公民威胁发动或者已经发动刑事诉讼程序，此后，如果被诉人愿意支付对价，那么勒索者就会同意撤诉。伊索克拉底对勒索者的惯用伎俩进行了简短的描述。[60]卡利马科斯提起了损害赔偿的诉讼，与此同时，他又刻意将消息在休闲场所散播，使众人都知道被告欺负了他。在适当的时候，卡利马科斯的一些亲近的朋友会接近被告，并向他指出诉讼的诸多令人不愉快的方面以及可能产生的危险，并会使被告花很多的金钱。他们说在诉讼中，很多事情的结果会与想象的不一样，因此，机遇而非正义决定了判决结果。换句话说，支付一小笔数目的钱财来换取好讼者的撤诉有利于被告方的利益。已经说得很清楚了，即卡利马科斯的好朋友所提出的建议是处理这些问题的惯用手法。结果是这样的，被勒索者给了卡利马科斯一笔相对小的数目的钱财——两百德拉克马，占涉讼数额的百分之二。这样，由于这是

---

〔59〕 Hyper. iv. 36.

〔60〕 xviii. 9 – 10.

个民事案件，勒索人同意通过仲裁解决争议。仲裁员的决定将使这份合约成为具有约束力的交易，从而使涉及类似问题的争议无法再在法庭被提起诉讼。

很显然，被提起诉讼的威胁足够使一个喜好和平的人产生畏惧感，从而选择支付一定小数额的被索要的钱财以避免诉讼可能带来的烦恼和危险，即使这个人对正义含义的理解比卡利马科斯的亲密朋友的理解还要深刻。[61]

毫无疑问，诉讼是令人畏惧的。安提福恩在四部曲的第一部（the first Tetralogy）中提到，对于诉讼的恐惧甚至会引发谋杀的动机。虽然这只是一个修辞上的练习，但是这种练习意义重大，是学校上课时的惯用语句。诉讼当事人会在实际诉讼中调到这个问题。吕西亚的一位当事人被指控杀害了他妻子的情夫，并在作案现场被抓获。而这个当事人为自己进行的辩护基础则是基于雅典法律中的这么一条规定，即该法律允许愤怒的丈夫惩罚自己妻子的奸妇，如果这个丈夫愿意的话，甚至可以将其杀死。被指控的奸夫埃拉托色尼（Eratosthenes）的亲人则主张埃拉托色尼是无辜的，是被设计陷害的。作为回应，他否认了他对埃拉托色尼有任何的敌意，并罗列了他不可能对其有这种致命敌意的原因：

> 因为他既没有对我进行诽谤性的弹劾，没有试图将我驱逐出这个城市，也没有以私人名义对我提起任何诉讼，更没有知悉任何关于我做的不道德或违反法律的事情使得我想要杀人灭口。[62]

在雄辩家给出的好讼者的定义中，不只一次提到了勒索问题。[63] 具体的事例并不少见。具体的事例可以参见伊比吉尼斯案、德莫芬尼案以及克里斯提尼案。[64] 其他的勒索者也被大量地提到了，诸如欧克里尼斯[65]、

---

〔61〕 Cf. Demos. lviii. 34.

〔62〕 Lysias i. 44 (trans. Lamb).

〔63〕 Isoc. xv. 24 – 25; Lysias xxv. 3.

〔64〕 Lysias xxv. 25 – 26; cf. *supra*, pp. 47 f.

〔65〕 Demos. Lviii. 43; cf. Lofberg, *op. cit.*, pp. 83ff.

亚力士多吉顿[66]、提马库斯[67]和阿里斯顿（Ariston）。阿里斯顿诉利科夫龙（Lycophron）一案中的被告是这样评价作为好讼者的阿里斯顿的勒索行为的："他到处活动，把所有的人都召集来法庭，如果那些人不同意支付一部分钱财了事的话，他就直接对他们提起诉讼，当然，对于那些愿意花钱消灾的人，他就不再提起诉讼了。"[68]

特立克莱德斯（Teleclides）作品的一个片断对好讼者所提出的诉讼的本质的极端无足轻重有很好的描述。谈到好讼者，他说：

> 查理克勒斯（Charicles）给那人一镑，这件事就再也不提了，
> 这笔钱就从富有者那里流到了那人的腰包；
> 此外，尼西阿斯也付给了他四镑；我很清楚他为什么这么做，
> 但是由于尼西阿斯是一个有身份的人，所以我就不说明了。[69]

但是，在当时的文献中随处可见关于好讼者的故事，这些故事都谈到了好讼者的危险性。例如，尼西阿斯的兄长狄奥格内图斯（Diognetus）实在是被好讼者逼迫得没有办法了，最终主动选择了被流放。[70] 查米德斯（Charmides）在色诺芬[71]的讨论会上表示，再也不必被好讼者骚扰使得他甚至愿意接受从富有变为贫穷的处境。当他富有的时候，他不得不讨好那些人。毋庸置疑，他所指的是那些人就是好讼者，因为他所采用的措辞 *τοὺς συκοφάντας ἐθεράπευον* 明显地表明了这一点。另一位经常受好讼者勒索的人是尼西阿斯。普鲁塔克告诉众人"他支付给那些会给他带来麻烦的人的金钱的数量不少于他支付给那些理应得到他回报的人的金钱。"[72]"由于他太恐惧那些好讼者与敲诈者了，他决定尽可能地避免出席任何公众场合以及社交场合。由于他有意提防那些告密者，他从不与其他的公民

〔66〕 Demos. xxv. 47; cf. Lofberg, *op. cit.* pp. 78 – 83.

〔67〕 Aeschin. i. 107.

〔68〕 Hyper. i. 2.

〔69〕 Plut. Nicias iv. 4 (trans. Clough).

〔70〕 Lysias xviii. 9.

〔71〕 v. 29 ff.

〔72〕 Nicias iv. 3.

一起用餐，也不随意与他人交流意见或是参加类似的社会活动。”[73] 苏格拉底的朋友克利同也时常受到好讼者的骚扰，我们可以从色诺芬的大事记中看出这一点：

> 我记得苏格拉底曾经听克利同说过，对于那些只专注于自己事业的人来说，在雅典生活是很艰难的。克利同说，“目前，针对我的诉讼活动正在进行中，但是这场诉讼的起因并非是我做了什么事伤害了那些原告，而是那些原告认为我迟早会支付给他们一定的钱财以脱离困境。”[74]

当克利同建议将苏格拉底偷偷弄出监狱时，他预见到那些好讼者可能会找麻烦，对苏格拉底的朋友提出诉讼或进行敲诈，然而他同时也向苏格拉底保证那些人很容易被收买。克利同也表达了他的顾虑，以免苏格拉底的朋友因为本该避免却没能避免的诉讼而受到他人的指责。[75] 一个合理的假设是，在克利同的脑海中可能已经形成了一个与那些指控苏格拉底的好讼者和解的方案。[76] 有一点几乎毫无疑问，即苏格拉底决不会同意用钱解决问题，就如他拒绝越狱这个想法一样。也许多数人都不认为提出诉讼的梅利多斯是个很容易用金钱收买的人。这一点毫无疑问，但是，克利同在此的顾虑至少表明了一个相当普遍的观点，即大多数的公诉人是可以被收买的。

无论是洛夫伯格还是其他的人似乎都没有对那些受好讼者骚扰的受害人在花钱消灾之后的境况进行讨论。也许并没有什么能够保证当受害人支付了被勒索的钱财后就能够不再被同一位或其他好讼者骚扰了，也没有什么能够保证他将不再被勒索更多的钱财。我们手头掌握的仅有的一个诉讼案件，是在法庭之外达成和解的，即通过仲裁解决的，但卡利马科斯又重新对这个案件提起了诉讼。案件的最终结果我们就不得而知了。在涉及帕

---

〔73〕 *Ibid.* v. 1.

〔74〕 ii. 9. 1.

〔75〕 Plato *Crito* 45A – E.

〔76〕 Lofberg, *op. cit.*, p. 40.

特罗克勒斯（Patrocles）和利西玛克斯（Lysimachus）的案件中，他们一共支付给了卡利马科斯十二明那的钱财，才使他的贪欲得到满足。[77]

有迹象表明，有共同兴趣的好讼者们倾向于组成团体。ἐργαστήρια συκοφαντῶν 一词出现过两次[78]。至于这种组织到底是真正的好讼者团体，或者仅仅是临时性的、基于一个特定的案件而组成的帮派组织，都无关轻重。不过有一点似乎确实是很可能的，即在这些组织中的好讼者们似乎已经达成了一些彼此间的共识，也就说，当一位目标对象已经与某个好讼者达成了令他满意的解决方案，其他的好讼者们就不再对他进行骚扰了。事实上，只有在这种情况下，受到好讼者骚扰的受害者才会确信一旦支付了一定的封口费后，就不再会被骚扰了。[79]

由于一项诉讼活动展开后再半路放弃是会受到惩罚的，因此案件一旦发动，通过仲裁而非法庭程序达成的和解方式便无法再被采用。但是，值得怀疑的是，发生在法庭上的敌对双方之间的正式和解在那些雄辩者之间很普遍，因此这种顺利的正式和解有时也许可以归因于秘密的金钱交易。当然，这只是一种猜测，并没有任何文献记载加以证实。

好讼者们总是随时准备着为他人提供雇佣服务。作为一个代理人，他意识到法律和修辞学可以被用于很多方面。如果我们将好讼者定义为那些违反法律的规定、以辩护人的身份出庭并从中获得钱财的人的话，那么好讼者可能有时会扮演辩护人的角色。[80] 也许好讼者提供的所有服务中最有价值的服务便是对那些指控他的客户的控告人提出反诉。最好的一个实例就是由一个职业好讼者费罗克拉特对安提福恩[81]所在的合唱团指挥提出的诉讼。对该指挥提出谋杀指控的目的是为了使他丧失对一批挪用公共基金

---

〔77〕 Isoc. xviii. 6 – 7; cf. *supra* p. 51.

〔78〕 Demos. xxxix. 2; xl. 9.

〔79〕 关于好讼者俱乐部的情况，参见：De Vos, *De sycophantis*. Pp. 40 – 45; Leisi, *Der Zeuge im Attischen Recht*, p. 119; Calboun, *Athenian Clubs*, pp. 79 – 81, 95 – 96; Lofberg, *op. cit.*, p. 60; 利普西斯（*op. cit.* p. 909, n. 33）认为好讼者俱乐部是不存在的，但是赫默尔（Hommel, *op. cit.*, p. 1131）则赞成卡霍恩和洛夫伯格的观点，而不支持利普西斯的观点。

〔80〕 Cf. Demos. Xxi. 113; xlvi. 26; Lycurg. i. 138; *supra*, pp. 10 ff.

〔81〕 vi. 21.

的官员提出诉讼的资格。[82] 米迪亚斯[83]采用了类似的技巧使德摩斯梯尼的资格受到质疑。他雇用了一个名为欧克德门的好讼者对德摩斯梯尼提出了违反军纪的指控。其实，对于这个案件从没有得到正式的审理这个事实并不那么重要，重要的是当所有人都见到了指控布告之后会达到以下效果：*Εὐκτήμων Λουσιεὺς ἐγράψατο Δημοσθένην Παιανιέα λιποταξίου.* 另一个臭名昭著的好讼者亚力士多吉顿是亲马其顿人（Macedonian）的党派的付费代理人，此人对德摩斯梯尼共提出了七次指控。[84]

没有迹象表明到底要付给作为代理人的好讼者多少数量的费用。在极端的情形下，当作为代理人的好讼者可能会冒被罚金 1000 德拉克马以及在将来失去对同类案件提出诉讼的权利的危险时，支付给他们的补偿费必然是数目可观的。卡利亚斯支付给塞菲西阿斯的 1000 德拉克马的钱财（意在使他对安多基德斯提起关于其亵渎神灵的诉讼）也许已经将可能发生的惩罚包括在内了。如果他能够避免罚金的话，那么他就能够得到报酬。这种做法其实能够对好讼者形成激励。对于一个政客，尤其是一个正在与马其顿作斗争的政客而言，能够通过代理人而非直接的方式对他的政治对手进行攻击是非常合适的，且如果需要的话，这些政客很容易否认与那些代理人的关系，那么这种做法本身为政客们达到政治目的提供了很大的帮助。然而，不利的方面在于有时候代理人在法庭上也必须得到保护和辩护。此外，代理人也可以受委托向法庭提出有利于其雇主的法律和法令。[85]

如果有人接受伊斯金尼斯的主张，将所有游手好闲的人都称为好讼者的话，那么，那些职业证人，如波里克多（Polyeuctus）、提莫克拉特斯和欧克德门，也将被归于好讼者之列，[86] 此外，那些贿赂审判官员、民众会议成员与政府官员的人也同样可以归于好讼者之列。[87] 也许，精通印章和文件伪造的专家毕达哥拉斯（Pythodorus）是一个最典型的具有流氓好讼者

---

〔82〕 对于这个案件的完整描述，参见：Calhoun, *op. cit.*, pp. 49 – 51；cf. Logberg, *op. cit.*, pp. 49 ff.

〔83〕 Demos. xxi. 103.

〔84〕 *Ibid.* xxv. 371. 对于针对德摩斯梯尼的其他攻击，参见：*supra*, pp. 48f.

〔85〕 *Ibid.* xxiv. 3, 66, 203.

〔86〕 *Ibid.* xix. 216；xxi. 139；xxix. 28.

〔87〕 Lofberg, *op. cit.*, pp. 54 ff.

本质的代理人。[88]然而，在估计好讼行为对雅典的司法问题的影响力时，最好不要将这些类型的所谓的好讼者的行为计算在内。

当代社会，虽然没有这类像当年雅典社会上的好讼者存在，但是，发生不必要的以及不公正的诉讼的机会还是存在的。因此，某些类似安全阀的体系就应运而生了。在民事纠纷案件中，由于存在支付所有诉讼费用的可能性，因此对潜在的原告而言，这是一个很大的阻碍因素。在刑事案件中，当官方检察官在决定现有的证据是否足够发动法庭程序时，他首先必须向大陪审团提供足够的证据以获得针对被告的大陪审团签署的起诉书。在听证会上，公诉人必须提供充足的证据以初步建立案件。

然而，在雅典社会，诉讼所需的费用相对较少。换句话说，这笔费用并不足以制止所有的那些渴望对不确定的案件提起诉讼的人。因此，另一个类型的安全阀就应运而生了。任何公诉人，尤其是在涉及公共利益的案件中，[89]如果没有能够获得五分之一的赞同票，那么这位公诉人将被罚金1000德拉克马。[90]不但，德摩斯梯尼在米迪亚斯一案的有关文件中没有提到除罚金以外的惩罚手段，而且，伊批卡洛斯诉欧克里尼斯案中[91]有关文件也没有提到。许多由演讲者非正式提及的关于 *πέμπτον μέρος* 的情况也是如此。但是根据其他的一些信息来源，却可以断定当时存在对偏爱诉讼之人的额外的惩罚：*’Αθήνησιν οὖν ἐν τοῖς δημοσίοις ἀγῶσιν ἐὰν μὴ μεταλάβῃ τις τὸ πέμπτον μέρος, χιλίας ἀποτίνει καὶ ἔτι πρόσεστί τις ἀτιμία οἷον (μὴ) ἐξεῖναι μήτε γράψασθαι παρανόμων μήτε φαίνειν μήτε ἐφηγεῖσθαι.*[92]在其他的一些资料中，对此也有暗示：*ἐὰν γὰρ μὴ μεταλάβῃ τὸ πέμπτον μέρος τῶν ψήφων καὶ ἀτιμωθῇ ὁ ἐνδείξας ἐμὲ κηφίσιος οὑτοσί, οὐκ ἔξεστιν αὐτῷ εἰς τὸ ἱερὸν τοῖν θεοῖν εἰσιέναι, ἢ ἀποθανεῖται.*[93]至于*ἀτιμ*

〔88〕 Isoc. xvii. 33 – 34.

〔89〕 关于例外情况，参见：Lofberg, *op. cit.*, p. 88.

〔90〕 关于法律内容，参见：Demos, xxi. 47; cf. lviii. 6; Plato *Apol.* 36A – B; Andoc. iv. 18.

〔91〕 Demos. lviii. 6.

〔92〕 Theophrastus in Schol. Demos. xxii, cited by Lipsius, *op. cit.*, p. 449, n. 110. Cf. Pollux viii. 53.

〔93〕 Andoc. i. 33; cf. Demos. Xxvi. 9.

ία 这个词的本质含义则在这些信息来源中并没有被明确地表达出来。《安多基德斯》中的一个段落（ἑτέροις οὐκ ἦν γράψασθαι, τοῖς δὲ ἐνδεῖξαι）[94] 表明有关的惩罚仅仅涉及特别案件中所采用的特定程序。例如，在某些情况下不能够使用任何类型的 γραφή，但是，却仍然能够使用 φάσις, ἀπογραφή或ἔνδειξις。如果某人没有能够支付罚金，那么经过一段时间之后，他就自然而然地成为国家债务人，从而不得不面对ἄτιμος。

从理论上讲，一旦地方行政官认为有罪指控的证据不足的话，那么凡受理了刑事案件并对之采取了审前调查程序的地方行政官可能拒绝将该案件提交法庭进行审判；但是这种拒绝很可能给这位官员带来不利影响。此外，在审前调查程序中，他只有很少甚至没有任何的证据。[95] 显然，职务审查官（euthynoi）则是个例外，他们负责处理对即将退休的地方行政官的控诉。他们有权力根据自己的职权决定是否受理案件：

> ὁ δὲ λαβὼν τοῦτο (τὸ ἀδίκημα) καὶ ἀνακρίνας, ἐὰν μὲν καταγνῷ, παραδίδωσιν τὰ μὲν ἴδια τοῖς δικασταῖς τοῖς κατὰ δήμους, τοῖς τὴν φυλὴν ταύτην εἰσάγουσιν, τὰ δὲ δημόσια τοῖς θεσμοθέταις ἐπιγράφει. ὁ δὲ θεσμοθέται, ἐὰν παραλάβωσιν, πάλιν εἰσάγουσιν ταύτην τὴν εὔθυναν εἰς τὸ δικαστήριον.[96]

这份关于职务审查官的陈述似乎表明在审前调查程序阶段，其他的官员通常不会根据案件的是非曲直而拒绝或接受这个案件进入诉讼程序。

在四十人委员会负责审前调查的案件中，他们都会详细地调查证据，并且分析其中的不足之处。然而，他们不能够阻止那些败诉的起诉者进行上诉。对于那些无根据的私人诉讼，当时的诉讼制度对之提供了进一步的审查。如果原告没有能够获得至少五分之一的赞成票，那么他就不得不向被告支付他所主张的损失额的相应数额。这个制度被称为ἐπωβελία。不过，

---

〔94〕 i. 76.

〔95〕 Cf. *supra*, I, 289 ff; Calboun, *CP*, XIV, 338 ff.

〔96〕 Arist. *Ath. Pol.* xlviii. 5; cf. *infra*, p. 259, n. 2, for discussion of ἀνακρίνας reading.

这个制度对所有的*δίκαι*均不适用。[97] 具体的情况可能是这样的，当原告不能获得超过五分之一的陪审团选票时，罚金便会自动征收和收取。

只要好讼者的行为仅仅局限于威胁进行诉讼，那么并没有什么实质性的方式可以对这种行为进行制裁。但是，一旦这个案件被归档且诉讼程序开始进行后，那么那位最终败诉的公诉人将会被处以1000 德拉克马的罚金以及丧失在将来对类似案件提起诉讼的权利。同样，如果公诉人对案件提起诉讼，然而却仅获得了少于五分之一的赞成票的话，那么他将面临同样的惩罚。事实上，如德摩斯梯尼所引用的那样，同一部法律对这两种情况进行了规定：*ἐὰν τις μὴ ἐπεξέλθῃ ἢ ἐπεξιὼν μὴ μεταλάβῃ τὸ πέμπτον μέρος τῶν ψήφων, ἀποτισάτω χιλίας δραχμὰς τῷ δημοσίῳ*.[98] 如果利普西斯对这个法律存在的真实性的推测是正确的话，那么这就说明在综合性的刑法典中，始终存在着这样一个条款，就如存在着一个允许志愿公诉人提起诉讼的条款。[99] 根据法律的规定，法律程序的正式开始始于案件被公布于公众布告栏起。如果一个公诉人没有能够继续进入审前调查程序的话，那么他就会被处以罚金。[100]

有足够的证据表明，这部旨在审查并限制具有敲诈本质的好讼者的立法并不总是能够得到执行。正如我们所知道的那样，在某些类型的案件中为了鼓励公诉人进行诉讼，即使最终公诉人没有能够获得超过五分之一的赞成票也不会受到惩罚。因此，有理由认为对于这些案件，即使诉讼程序已经启动，而最终又被撤诉的话，公诉人也同样不会受到惩罚。

对于上述的结论，有一定的证据加以支持。对于那些针对孤儿的监护人提出诉讼的公诉人而言，即使他们最终没有能够获得五分之一的赞成票，甚至一张赞成票都没有获得，他们仍然不会受到罚金的处罚。[101] 之所以采取这一做法的理由很简单：孤儿的权益必须尽全力保护。不应当存在任何的理由阻挠公诉人将邪恶的监护人绳之以法的努力。此外，也不难发现在

---

〔97〕 Cf. Lipsius, *op. cit.* pp. 937 ff.

〔98〕 xxi. 47.

〔99〕 Cf. *supra*, I, 166 ff. 有一点几乎没有什么必要提起的就是这个规定并不适用于民事案件，参见：Demos. lviii. 20.

〔100〕 Demos. lviii. 10.

〔101〕 Isaeus iii. 46 –47.

类似的案件当中，案件还没有正式开审就被撤销的情况。在伊批卡洛斯诉欧克里尼斯案中，被告当着执政官的面传唤了波里克多 λαβὼν δὲ τὰς τριακοσίας δραχμὰς παρὰ τοῦ Πολυεύκτου, καὶ τὰ δεινὰ ταῦτ' ἀποδόμενος μικροῦ λήμματος ἐφ' οἷς τῷ πατρὶ ἐτιμήσατο δέκα ταλάντων, ἀπηλλάγη καὶ τὴν γραφὴν ἀνείλετο προδοὺς τὸν ὀρφανόν.[102] 这并不是一个名声十分好的案件，但是，很显然伊批卡洛斯在此指责的是案件中的贿赂问题而非这个案件的半路撤诉问题，撤诉在此无疑是符合法律规定的。很容易想象的一件事就是，来自一位诚实的公诉人的诉讼威胁，即使仅仅只是对监护人的传唤，就可能促使这位监护人妥善对待他的被监护人。另一个免于受到惩罚的事例是一个 γραφὴ ξενίας。在针对尼亚拉提起的诉讼中，如果阿波罗多罗斯能够根据最终证据确定尼亚拉像母亲般地对待了那些他提到的孩子们，那么阿波罗多罗斯就准备放弃对尼亚拉的诉讼。[103] 如果阿波罗多罗斯的这个做法会使他受到罚金以及部分丧失公民权利的处罚的话，那么他是不可能公开他的这个建议的。这个案件中的例外情况是很容易令人理解的，因为雅典人对于他们的公民权利十分在意，尤其是这个权利还涉及有关赔偿和失业救济金等金钱利益的问题。虽然，目前没有任何证据证明在 γραφὴ ξενίας案件中，即使公诉人不能够获得超过五分之一的赞成票的情况下，他也不会受到惩罚，但是，这个事例似乎证明了他就此受到惩罚的可能性几乎没有。

还有另外一个案件，这个案件是ἀκίνδυνος案件。这个案件是有关某人损害了神圣橄榄树的问题。[104] 对于这个问题，尽管没有足够的证据，但是似乎有理由相信，撤销类似的案件也是没有什么惩罚存在的。

显然，撤销一个案件的动机扮演了一个极其重要的角色。如果公诉人撤诉的原因在于他收受了钱财，那么他的行为将被认定为包庇纵容罪犯的行为。然而，对于一位诚实的公诉人而言，存在着许多充分而合理的撤诉理由。安提福恩[105]里的那位合唱团指挥最终因为一位受他训练的合唱团男

---

〔102〕 Demos. lviii. 32.

〔103〕 *Ibid.* lix. 121；cf. *ibid* 53，法斯特（Phrastor）放弃了针对斯提法奴斯的诉讼。

〔104〕 Lysias vii. 37.

〔105〕 vi. 38.

孩的死而被提起诉讼时，他不得不放弃了针对几位政府官员的起诉。当然，这是一个极端的案件。但是我们不难想到其他的一些具有同样效果的撤诉原因，例如公诉人病得很严重，或者一位不可或缺的证人死了等。许多的现代公诉人就是因为关键证人的失踪而不得不撤回诉讼。

尽管德摩斯梯尼在公开的演说中指责欧克德门撤回了针对他本人的诉讼，但是他自己也撤回了针对米迪亚斯的诉讼。对于这两个案件的情况，基本上是没有可能进行区分的。很明显，某些情况下的例外和对法律的规避在当时是受到容忍的。卡霍恩[106]指出，这项法律是能够被有效规避而无需受惩罚的。一个恰当的例子就是伊批卡洛斯诉欧克里尼斯案[107]，该案的被告因为通过以下手法撤销了对德摩斯梯尼的诉讼而受到指控。当法庭准备审理他的案件时，法庭收到了一份宣誓书证明德摩斯梯尼病了，无法参加诉讼。虽然这份宣誓书并不真实，但是结果却使这个诉讼无限期地推迟了，因为原告既没有对宣誓书的内容进行质疑，也没有要求继续进行这个案件。伊批卡洛斯表示，前述策略并没什么新鲜的，而是欧克里尼斯人的惯用手法。

对于那些诉讼进行到一半便因为充分的理由而撤销的案件，人们不得不怀疑到底是因为公诉人本人接受了半路撤销案件而带来的惩罚，还是他在获得官方允许的情况下正式撤销了诉讼。利普西斯相信地方行政官有权力决定当理由足够充分时，允许某个案件的撤销，或是在他的职权范围之内决定罚金数额。[108]但《德摩斯梯尼》[109]中的一个段落给人的第一印象似乎是前述的惩罚是不可裁量的必须适用。当谈到一向由受他人雇佣的欧克德门对他提出的指控时，德摩斯梯尼说道：*ἐφ' ᾗ γὰρ ἐκεῖνος ἠτίμωκεν αὑτὸν οὐκ ἐπεξελθών, οὐδεμιᾶς ἔγωγ' ἔτι προσδέομαι δίκης, ἀλλ' ἱκανὴ*

〔106〕 *Op. cit.*, p. 58, n. 6.

〔107〕 Demos. lviii. 43.

〔108〕 Meier - Schomann - Lipsius, *Der Attische Process*, pp. 912 ff.; Lipius, *op. cit.*, pp. 448 - 50. 巴拉特（Plater, *Process und Dlagen*, I, 127）主张相反的观点，卡霍恩（Calhoun, *op. cit.*, p. 58, n. 6）和洛夫伯格（Lofberg, *op. cit.*, pp. 86 ff）也是如此。凯勒墨尔（Caillemer, in Darem. - Saglio, s. v. "Graphe"）相信地方行政官没有权力决定怎样的理由是合法的撤销诉讼的理由。雅典人对把本属于法庭管辖范围之内的事项交由地方行政官进行决定是很介意的。

〔109〕 xxi. 103.

ν ἔχω. 这些内容可能涉及欧克德门应当支付的数额达 1,000 德拉克马的罚金，而这些罚金的数额是由那位受理他诉讼的地区法官决定的。如果一位公诉人持续性地无法支付应当支付的罚金的话，那么就会引发*ἀτιμία*。但是，这些话也可能涉及的是因半路撤销诉讼而引起的部分罚金。虽然存在着这样的惩罚，但是只有通过高度警觉的志愿公诉人才能够执行这样的惩罚。任何被那些已经丧失提出类似诉讼案件权利的公诉人提出起诉的人，都有信心相信这样的诉讼是无法持续下去的。实际上，这样的人可以被称为*ἠτίμωκεν αὐτὸν*。此外，似乎表明德摩斯梯尼可能已经采取了进一步的措施，即通过适当的法律手续收取罚金，诸如在伊批卡洛斯诉欧克里尼斯案中所发生的那样。有四项指控针对被告欧克里尼斯，其中之一便是他撤销了一项针对一位米克翁（Micion）人的诉讼。因为他的这个行为，他被处以了 1,000 德拉克马的罚金。如果这个说法是真实的，即当一位公诉人撤销了一个案件之后，地方行政官就此对他处以 1,000 德拉克马的罚金，并将罚金通知传递到了适当的权力机构进行收取，那么似乎这份罚金通知的存在已足够证明欧克里尼斯是有罪的。但是，伊批卡洛斯并没有提到类似的记录。首先，他掌握了欧克里尼斯对米克翁的申斥内容，其次，他还掌握了了解这一事件的证人。然后，他找来了那些了解案件始末的港口的监工以及他们的秘书。〔110〕 这份见证的主旨在于“欧克里尼斯放弃了针对米克翁船只的指控，而且他的这个指控在一段相当长的时间内已经为公众所知，并且已经进入了审前调查程序，然后他就不再参加或继续推进这个案件的进展了。”显然，不仅在这个案件中没有任何的惩罚措施被记录在案，而且其他的任何官方行为也没办法被视为证据。此外，同样明确的是，如果没有伊批卡洛斯或者其他的志愿公诉人的介入的话，欧克里尼斯就永远都不必去支付那笔罚金。至于说因为收受贿赂而撤销某个案件的行为是真正的犯罪行为的说法是值得怀疑的，原因在于伊批卡洛斯断言欧克里尼斯通过在这些情形下收受贿赂而获得盈利，他还建议将证人们称为行贿者或受害人，其中包括了海泼莱德和德摩斯梯尼。〔111〕 后者拒绝出庭作证，〔112〕

---

〔110〕 Demos. lviii. 6 – 10, 26.

〔111〕 *Ibid.* 34 – 35.

〔112〕 *Ibid.* 42.

因为根据伊批卡洛斯的观点，德摩斯梯尼已经与欧克里尼斯通过劝诱欧克里尼斯采用上文已经讨论过的安全的伎俩就争议问题达成了共识。[113] 但是，这个说法并不能够解释德摩斯梯尼是如何基于政治和30明那金钱的原因而放弃了针对米迪亚斯的攻击而提出的诉讼，尽管他完全有机会通过公开发表他已经事先准备好了的法庭发言达到攻击米迪亚斯的目的。[114]

总的来说，法律并没有能够很好地有效制约好讼者的行为。好讼者们总是能够利用这样或那样的方式对之进行规避。首先，有一些类型的案件因为涉及到公共利益而不属于该法律约束的范围。而当诉讼双方共谋勾结之后，对于那些可以继续进行诉讼的案件，双方当事人采取了久拖不决的方式，最终达到不了了之的目的。利普西斯[115]认为撤销某个案件的许可是可以设法获得的。这样，他就可以解释发生在德摩斯梯尼诉米迪亚斯案中的情况了。然而，这个观点还是很值得怀疑的。

除了这个间接约束和惩罚好讼者的方式外，还有一些法律程序能够被用来直接对付好讼者。伊索克拉底提到了三类这样的法律程序：

> 对好讼者适用法律的标准比适用于其他人更加严格；因为，针对最严重的犯罪行为，也只不过由一位法官在法庭对之进行审理，但是对于好讼者们，他们却在司法执政官法庭里设立了γραφαὶ程序，在议事会设立了 εἰσαγγελίαι 程序，在民众大会设立了 προβολαί程序。[116]

至于针对好讼者的控告的具体形式则不得而知。很难了解人们到底是如何起草或证明他们对好讼者的指控。即使伊斯金尼斯提供给我们的定义也是模棱两可。[117] 就目前所知，只有一部古代法律规定了好讼者要受到惩罚，这部法律是由德摩斯梯尼提到的：ἔστι δὲ ἤπου νόμος ὑμῖν，ἐὰν τις ὑ

〔113〕 Cf. *supra*, pp. 60 f.

〔114〕 Schaefer, *Demosthenes und seine Zeit*, II, 108 -9.

〔115〕 *Op. cit.*, p. 450, n. 113.

〔116〕 xv. 314 (trans. Norlin).

〔117〕 ii. 145.

ποσχόμενός τι τὸν δῆμον ἢ βουλὴν ἢ δικαστήριον ἐξαπατήσῃ τὰ ἔσχατα πάσχειν.[118] 这部法律是由 εἰσαγγελία[119] 负责执行的，并且包含了死刑作为惩罚措施之一。[120] 这部法律与那位传令官在民众会议上所宣布的诅咒的内容相似：διόπερ καταρᾶται καθ' ἑκάστην ἐκκλησίαν ὁ κῆρυξ εἴ τινες ἐξηπατήθησαν, ἀλλ' εἴ τις ἐξαπατᾷ λέγων ἢ βουλὴν ἢ δῆμον ἢ τὴν ἡλιαίαν.[121] 值得注意的是，这部法律并没有使用 λέγων 这个出现在诅咒中的词，而是采用了ὑποσχόμενός这个并不太适合于形容出现在法庭上的公诉人的术语，尽管这个词正是被作为海泼莱德之一的公诉人所使用的词。[122] 当然，在起草这部法律的时候，好讼者还不是一个严重的问题。[123]

有一个有趣的纪录记载了针对那些在阿吉纽西（Arginusae）之战后指责将军们的人们发动的诉讼程序。这个程序是以 προβολή作为开始的，并且指控为 τὸν δῆμον ἐξαπατῆσαι：

> 不久之后，雅典人就后悔了，他们表决支持那些针对欺骗民众的人而提出的控诉，并且要求那些人提交一部分的保证人，这些保证人直到他们正式出庭受审的时候才能够解除他们的保证义务，这些人中就包括了凯利谢奴斯（Callixenus）。雅典人对其他四个人也提出了指控，并且这些人的行为都受到保证人的约束。但是，在一次党派争斗后，他们从监管中脱逃，除了克莱奥丰（Cleophon）在脱逃过程中死去了以外，其他的人都在正式开庭之前就成功脱逃了；实际上，当比雷埃乌斯（Piraeus）党派重新返回城市的时候，凯利谢奴斯也同时返回了，但是，他仍然受到众人的排斥，并最终死于饥饿。[124]

---

〔118〕 xx. 100.

〔119〕 xlix. 67.

〔120〕 xx. 135.

〔121〕 xxiii. 97.

〔122〕 iv. 35 – 36, quoted *supra*, pp. 49 f.

〔123〕 Cf. *supra*, I, 208 – 9.

〔124〕 Xen. *Hell.* i. 7. 35 （trans. Brownson）. 更多资料，可参见：Pollux viii. 46；Lipsius, *op. cit.*, p. 214.

对这一程序的具体步骤我们不是十分明确。通常，该民众会议质询程序（probolai）可以由任何希望对某个臭名昭著的违法者提出控诉的人提出，指控人希望通过这种民众大会的程序增加他将来在法庭上起诉的胜算几率。我们已知的在民众大会上提出的指控包括扰乱宗教仪式、好讼行为以及通过虚假承诺欺骗他人。[125] 事实上，这些类型的案件都自然会引发大范围的公共兴趣和公众关注。由于民众大会的投票结果仅仅是一个不具有法律约束力的决定，因此公诉人有很大的自由度，或是选择放弃诉讼，或是选择对其指控的违法者继续进行诉讼。在这个案件中，似乎根据法律的规定，民众大会发出指令决定将凯利谢奴斯和其他对错判负有责任的人送上法庭。共有五人在民众大会上被决定送交法庭审判。

民众会议质询程序（probolai）通常经公诉人提议后由司法执政官正式向民众大会提出。无论在这个关于将军的案件中有多少反常的地方，由于它是涉及将军的案件，这些反常现象就都不重要了；在一些案件中，涉案的个人无论如何都必须主动地引用最初的法令。民众大会将受指控的人交给法庭审理而非仅仅将大会的行事范围局限于批评那些受指控的人的这种做法并没有多大的实际意义。因为，民众大会最终能运用其司法权采取任何它愿意采取的行动。[126]

尽管色诺芬并没有将凯利谢奴斯和其他人称为好讼者，但是他们事实上就是好讼者。苏伊达斯（Suidas）确实在事实上将凯利谢奴斯称为好讼者：

ἐναύειν· Καλλίξενος ὁ Ἀθηναῖος διὰ συκοφαντίαν ἆθλα ἀπηνέγκατο τῆς ἀναισχυντίας καὶ ἀσεβείας, ἐν ἄστει μισούμενος καὶ πενόμενος καὶ ἀποκλειόμενος λιμῷ ἀποθανεῖν· ἐπεὶ μήτε ὕδατος ἐκοινώνουν αὐτῷ μήτε πυρὸς ἐναύειν ἐβούλοντο, ὥσπερ οὗ

〔125〕 Demos. xxi. 10; cf. Lipsius, *op. cit.* p. 212, n. 118, and pp. 213ff.

〔126〕 在此，我们有可能将民众质询程序（probole）和弹劾（eisangelia）的意义在一定程度上混淆了。弹劾，如果得到批准的话，通常会在民众大会上终结，不需再提交法庭。

ν κοινωνεῖν τοῖς βουλομένοις καὶ δεομένοις.

根据狄奥格内斯·拉尔的乌斯的说法，[127] 在苏格拉底死后不久，雅典人就后悔了，他们随后就将梅利多斯处死，并驱逐了其他的控诉人。如果他的说法是有一定的可信度的话，那么对他们进行指控的内容一定与对那些指控将军的公诉人所提出的指控相一致。显然，色诺芬并不了解这个故事，他对安尼图斯以及他的那个最终走上邪恶道路的儿子的命运进行了一番评价："尽管安尼图斯死了，但是他仍然因为他对自己儿子的教育失败以及他本身的无情而颇受指责。"[128] 看来，如果安尼图斯的最终结局是被驱逐的话，那么色诺芬就不可能在此不提到这个问题。在柏拉图的《申辩篇》、《克利同篇》、《欧雪佛洛篇》和《菲独篇》中都没有提到对苏格拉底提出指控的人们的命运。

伊索克拉底和亚里士多德都认为民众大会质询程序和格莱菲程序（graphai）这两类程序都是针对好讼者设计的。伊斯金尼斯也提到了民众大会质询程序：*τῶν δὲ συκοφαντῶν ὡς κακούργων δημοσίᾳ προβολὰς ποιο ύμεθα.*[129] 在亚里士多德看来，第六部团期会定期举行针对好讼者的民众大会质询程序：*καὶ συκοφαντῶν προβολὰς τῶν ’ Αθηναίων καὶ τῶν μετοί κων μέχρι τριῶ ν ἑ κατ έρων, κ ἄν τις ὑ ποσχ όμενό ς τι μὴ ποιήσῃ τῷ δήμῳ.*[130] 在司法执政官法庭的格莱菲程序中，亚里士多德提到 *γραφαὶ συκοφαντίας*。[131] 有学者认为，波利克斯认为这两类程序实质是相同的：*προβολαὶ δὲ ἦσαν καὶ αἱ τῆς συκοφαντίας γραφα.*[132] 这种松散而不确切的表述[133]或多或少地见证了民众大会质询程序和格莱菲程序之间的密切关系。德摩斯梯尼诉米迪亚斯是一个具有代表性的案例。德摩斯梯尼在民众大会上对米迪亚斯提出了人身攻击以及流氓行为的指控。民众大会的投票

---

〔127〕 ii. 43.

〔128〕 *Apol.* 30 – 31 (trans. Todd).

〔129〕 ii. 145.

〔130〕 *Ath. Pol.* Xliii. 5.

〔131〕 *Ibid.* lix. 3.

〔132〕 viii. 46.

〔133〕 Cf. Latte, in Pauly – Wissowa.

结果对米迪亚斯不利。基于这个有利于德摩斯梯尼本人的投票结果，他随后对米迪亚斯发动了常规的诉讼程序。如果民众大会的投票结果不利于德摩斯梯尼本人的话，他是不会发动随后的诉讼程序的。同样的，在涉及凯利谢奴斯等人的案件中，在民众大会质询程序之后，紧跟着的便是向法庭起诉，这一起诉很可能是 *γραφὴ ἀπάτης τοῦ δήμου.*〔134〕也许，更具说服力的一个案例是有关阿格拉图斯（Agoratus）的。他被指控为在 *δίκαι*, *γραφαί*和*ἀπογραφαί*采取了好讼行为：***περὶ δὲ συκοφαντίας, ὅσας οὗτος ἢ δίκας ἰδίας συκοφαντῶν ἐδικάζετο ἢ γραφὰς ὅσας ἐγράφετο ἢ ἀπογραφὰς ἀπέγραφεν, οὐδέν με δεῖ καθ' ἕκαστον λέγειν.***〔135〕最终，他被认定有罪，并被处以10000德拉克马的罚款。对于这个案件中所采取的程序，既可以被描述为民众大会质询程序，也可以被描述为 *γραφὴ συκοφαντίας*之前的弹劾。洛夫伯格认为前述程序应认定为是民众大会质询程序。〔136〕

亚里士多德并没有对好讼行为进行定义，但是他却也明确地将好讼者与那些对人们做出承诺却又不履行的人进行了区别。当然，亚里士多德将这两类违法行为进行了对比的事实说明，他本身也意识到这两类行为的性质是相当接近的。在此，不得不提到伊斯金尼斯对好讼者的定义："好讼者是那些为了试图将对他人的指控灌输到大众的头脑中，而在各种民众大会和议事会上对他的攻击目标进行诽谤的人。"〔137〕利普西斯〔138〕认为好讼者故意误导大众，诱导他们采取导致不幸后果的行动。他引用了针对凯利谢奴斯等人发动的诉讼程序作为例证。这一点毫无疑问是正确的。有一个法律条文规定在第六部团期，共可以发动六次针对好讼者的民众大会质询程序。为什么要限制为六次呢？民众大会质询程序能否在其他的会议上发动呢？吉尔伯特认为是可以的。〔139〕亚里士多德提供了一份在每一次的部团期的议事日程中都必须提供的事项清单。随后，他继续写道：

---

〔134〕 Cf. Lipsius, *op. cit.*, pp. 214, 382.

〔135〕 Lysias xiii. 65.

〔136〕 *Op. cit.*, p. 92. Latte (*op. cit.*) approves.

〔137〕 ii. 145.

〔138〕 *Op. cit.* pp. 213 f.

〔139〕 *Const. Antiqu.*, p. 303.

> 在第六部团期，除了已经谈到的事项外，是否有必要对放逐问题进行投票决定的问题也被提到了议事日程之中；此外，该部团期还接受针对职业控诉人以及对人进行虚假承诺的人的指控，这些职业控诉人包括了雅典人以及住在雅典的外邦人，被指控的人数应每个阶层不超过3人。[140]

人们也许会感到疑惑，为什么雅典公民和外邦人都会成为好讼者。有一点很明确就是，一个外邦人能够在维护其国家利益的名义下提出私人诉讼，但是对于这个外邦人能够作为好讼者并对雅典公民进行诉讼这个问题就有些令人惊讶了。即使对于雅典公民而言，只有当他们拥有完全的公民权利的时候，他们才能够对其他的公民提起诉讼。这个问题并没有被忽略。克莱尔（Clerc）[141] 将这个理论进行了发展，在他看来，一个外邦人只有在自己的利益受到侵害的情况下才有资格对这个侵犯公共利益的人提起诉讼。他引用了拜尼士安（Epainetus）对斯提法奴斯的控诉作为例子来说明他的观点，在这个诉讼中，拜尼士安被指控为奸夫并因此而被非法监禁。[142] 也许那位对埃拉托色尼提起诉讼的吕西亚也可以被归为这个类型的案例，因为他的弟兄被三十僭主间接通过司法程序谋杀了。[143] 不过，不太可能会有足够数量的外邦人能够确保每年有三个好讼者受到指控。

也许有人认为在非正式的民众大会质询程序中，一位外邦人可能被认为是好讼者，即使他并没有在事实上正式参加过诉讼。比如，来自埃及的梅拉斯（Melas）这样的外邦人，作为一个好讼者俱乐部的领袖，[144] 就很可能被归为好讼者之列，即使他本人在事实上并没有对任何人提起过诉讼。

根据桑迪斯（Sandys）对《亚里士多德》[145] 的一个段落注释可以看出，桑迪斯本人认为如果一个外国人希望对他人的伤害人民的行为提出指

---

〔140〕 *Ath. Pol.* xliii. 5 (trans. Kenyon).

〔141〕 *Les Meteques atheniens*, pp. 113 f.

〔142〕 Demos. Lix. 64 ff.; cf. Hommel, in Pauly – Wissowa, s. v. "Metoikoi".

〔143〕 Lysias xii. Kahrstedt (*Studien zum Off. Recht Athens*, I, 302) 对外邦人以及其他国家的人作为好讼者的问题进行了讨论。

〔144〕 v. 19.

〔145〕 *Ath. Pol.* xliii. 5.

控的话，这个外国人必须就此获得权威机构的许可。然而，正如洛夫伯格所指出的那样，[146] 桑迪斯所依赖为证据的安多基德斯的文献中的那些段落所涉及的其实是关于豁免权的问题。这些人实际上是*μηνυταί*。一个典型的例子便是透克尔（Teucrus）[147]，他将国家机关收集到的证据用于指控那些与他共谋亵渎宗教仪式的同谋们。不管怎样，这样的例子并不多见，因此并不足以使好讼者的地位上升至与公民们同等的地步。此外，针对虚假告发者，还有其他的有效方式对待他们。[148]

在阿里斯托芬的一段文字中提到了某一类型的公诉人：

ἐπὶ τοῖσιν ἀπράγμοσιν ὑμῶν
ἀντωμοσίας καὶ προσκλήσεις καὶ μαρτυρίας συνεκόλλων,
ὥστ' ἀναπηδᾶν δειμαίνοντας πολλοὺς ὡς τὸν πολέμαρχον.[149]

要理解那些卷入诉讼纠纷的公民为什么会向军事执政官寻求帮助并不是一件容易的事情，此外，徒然的猜测帮助的具体内容也是没有意义的。最好的做法似乎是搁置这个问题。利普西斯[150]相信在实践中，外邦人是可以直接对违法者进行诉讼的。赫默尔则进一步认为，外邦人在这一点上实际上与公民拥有同样的权利。[151] 这个观点似乎是正确的。因为这一点是很自然的事情，尤其是在公元前四世纪的时候，即民主政治欢迎来自任何在雅典长期居住着的人们的帮助，即使这些人并不是公民。这些人与雅典人并肩作战，那么为什么不鼓励他们将那些违法者送上法庭呢？

可以进行这样的假设，即每年只选举一次好讼者进行惩罚。如果好讼者们真得如同雄辩家的读者们以及阿里斯托芬所相信的那样是一种诅咒，那么为什么还要有每年只选举一次的限制呢？可能有两种原因。首要原因可能是指控有关个人进行好讼行为的决定很容易被提出，并不需要提供证

[146] *Op. cit.*, p. 90.

[147] Andoc. i. 15.

[148] Dioclides was put to death (Anodoc. i. 65 – 66).

[149] *Wasps* 1040 – 42.

[150] *Op. cit.*, pp. 791 f.

[151] *Op. cit.*

据，单纯的谴责就足够了。引用色诺芬对被三十僭主处决的好讼者的描述来说，当时必然有很多的 οὓς πάντες ᾔδεαν ἐν τῇ δημοκρατίᾳ ἀπὸ συκοφαντίας ζῶντας.〔152〕这些做法获得公众认可的事实表明，〔153〕如果针对好讼行为的指控可以由有关人员随意在民众大会上提起，甚至在每一个部团期内都能够提起，那么公众服务体系将会受到严重威胁。如果民众会议的表决结果对某人不利的话，那么他作为公诉人的价值即使没有被毁掉，至少也是大受影响。即使决议结果不利于发动决议方，其也不会受到任何的惩罚。在当时的雅典，诉讼自由的价值，就好比是在当代社会的出版自由那样，是不能够受到威胁的。

只有伊索克拉底一个人证实当时存在针对好讼者的弹劾程序。这个程序可以在任何拥有“主权”的民众大会中进行。然而，并没有关于这个程序特别针对好讼者的案例为人所知。亚里士多德就没有提到这个程序可以针对好讼者。不过有一点确实是事实，即三十僭主在议事会对好讼者们进行了审理。这个程序是弹劾行为，但可惜的是，当时的司法远不是正常的司法。〔154〕

除了那些涉及凯利谢奴斯等人的案件和与关于阿格拉图斯的案件有关的民众大会表决结果相联系的情形外，不存在其他的关于民众大会质询程序的事例。〔155〕据说，亚力士多吉顿曾被指责进行好讼行为：τί γὰρ ἂν γένοιτο συκοφαντίας καὶ παρανομίας δεινότερον, εφ' οἷς ἀμφοτέροις οὗτος ὤφληκεν;〔156〕然而，该文献并没有具体描述此案所涉及的具体程序，不过，ὤφληκεν 这个词汇的运用还是为我们提供了一定的线索，即该程序显然是涉及法庭程序的，即该程序应当是一个民众大会质询程序。民众大会质询程序与格莱菲程序之间的密切的关系也许正解释了波利克斯的评论：προβολαὶ δὲ ἦσαν καὶ αἱ τῆς συκοφαντίας γραφαί.〔157〕民众大会质询程序是公众情绪的晴雨表。如果民众大会质询程序的结果对被指控方不利，那么

〔152〕 *Hell.* ii. 3. 12.

〔153〕 *Ibid.* and Arist. *Ath. Pol.* xxxv. 2 – 3.

〔154〕 Xen. *Hell.* Ii. 3. 12. Cf. *supra*, I, 332.

〔155〕 Xen. *Hell.* i. 7. 35; Lysias xiii. 65.

〔156〕 Demos. xxv. 19.

〔157〕 viii. 46.

通常公诉人会根据个人的意向决定是否最终对被控方提起常规诉讼程序。在特殊情况下，民众大会也可能会引入决议，要求必须对被控方提起诉讼。

波利克斯提到了“申斥”（denunciation）这个针对好讼者的诉讼程序。[158] 但是他的这个观点立刻遭到了质疑。洛夫伯格[159] 认为“这个诉讼程序也许是专门针对那些以对商人和贸易商提起诉讼为业的人的”。这个观点与利普西斯的相吻合。[160] 这个程序存在的理由也许是为了保护商业和采矿业，因为通过这个程序，对那些针对商人和采矿者的好讼者提起诉讼的公诉人一旦诉讼成功，将获得一定的收益，当然，一半的罚金将被收缴国库。但是，由于伊索克拉底[161] 并没有将这个程序加入他所列的针对好讼者展开的程序清单中，因而，这一程序值得怀疑。如果伊索克拉底将这个程序加入了他的清单的话，那么这一程序存在的可能性就会更大。在伊批卡洛斯诉欧克里尼斯案中引用的法律表明，对于商人和船东，当时法律给予了他们特殊的保护。[162] 虽然该项法律的内容已经遗失，但是发言人还是对这个法律进行了较长篇幅的讨论。这项法律是针对那些对商人和船东提起诉讼的好讼者而设立的。它彻底禁止了任何人对商人或船东提起诉讼：*εἰ μὴ πιστεύει τις αὑτῷ δείξειν ἐν ὑμῖν γεγενημένα περὶ ὧν ποιεῖται τὴν φάσιν ἐὰν δέ τις παρὰ ταῦ ποιῇ τῶν συκοφαντούντων, ἔνδειξιν αὐτῶν εἶναι καὶ ἀπαγωγήν.* 在这类案件中，只要起诉人没有能够获得至少五分之一的赞成票，那么他就会被认定为进行了好讼行为。如果在投票结果出来之后，起诉人立刻对被指控者提起诉讼，那么他就会被立即逮捕，就好像是一个现行犯一样。如果起诉人没有立即采取行动的话，那么他也必须通过*ἔνδειξις*程序继续进行诉讼。[163] 对他的具体惩罚将是1000德拉克马的罚款，外加由陪审团决定的额外惩罚。[164]

根据案件的性质，好讼者很少能够利用*δίκαι*。但是，这里确实有一些

〔158〕 viii. 47.

〔159〕 *Op. cit.*, p. 92.

〔160〕 *Op. cit.*, p. 314.

〔161〕 xv. 314.

〔162〕 Demos. lviii. 10 – 11.

〔163〕 Pollux viii. 49; cf. Lipsius, *op. cit.*, p. 329.

〔164〕 Demos. lviii. 10.

事例，诸如在《伊索克拉底》中提到的卡利马科斯案。[165] 他对他的一个仇人提起了杀人的指控。但是这个案件指控彻底的失败了，因为那个声称被杀害的妇人居然出现在了法庭上。另一个由所谓的好讼者提起的有关杀人案件的诉讼是关于那位来自安提福恩的合唱团指挥的。[166] 吕西亚的一位当事人[167]在雅典的亚略巴古议事会被指控为蓄意伤害他人，而指控所依赖的事实依据却相当的薄弱。在吕西亚的第三篇演说辞中也谈到了一个类似的案件。可惜的是，这两个案件都没有定论。在迪奥纳斯特斯诉斯提法奴斯案中，原告回忆起被告曾经对声名狼藉的阿波罗多罗斯提起过杀人的指控。他的描述是这样的：

他希望能够将阿波罗多罗斯驱逐出他的国家。他对阿波罗多罗斯提出了一项并不属实的指控，即阿波罗多罗斯曾经去过阿菲德那（Aphidna），为的是寻找一个属于他的逃跑的奴隶的下落，但是他在那里却对一个妇人进行了攻击，并造成了对方的死亡；并且他教唆了一些奴隶，让他们冒充来自西罗纳安斯（Cyrenaeans）的人，并报告众人，即阿波罗多罗斯被要求到帕拉度姆（Palladium）的法庭回应针对他的谋杀的指控。随后，斯提法奴斯对阿波罗多罗斯提出了正式的诉讼，宣誓证实阿波罗多罗斯确实亲手杀害了那个妇人，并请求法庭对阿波罗多罗斯本人、他的种族以及他的家人进行处罚。事实上，斯提法奴斯所宣誓证实的事实并不曾发生过，且他也从未亲眼见过或从任何其他人那里听说过。[168]

在《伊塞奥斯》中，对一处不动产主张权利的一方当事人据说是“受到了梅拉斯的教唆（梅拉斯是一个埃及人，而这位原告对他可以说是言听计从）”。[169] 估计情况可能是这样的，梅拉斯将获得被主张的不动产中的一部分利益作为对他提供的服务的报酬。这一点可以从演说者的声明中推出，即一些朋友从来没有从迪卡奥吉斯（Dicaeogenes）处讨回“他们曾经出借给他的钱财，其他的朋友则受到他的欺骗，并未获得他保证提供给他们的

〔165〕 xviii. 52.

〔166〕 vi.

〔167〕 iv.

〔168〕 Demos. lix. 9 ff. （trans. Kennedy）.

〔169〕 v. 7－9. 梅拉斯也可能是一个外国国籍的定居者，参见：Wyse，*The Speech of Isaeus*，p. 415.

钱财，即使他真的被判决获得了他所主张权利的不动产”。也许梅拉斯的违法行为以及原告的其他朋友的行为最多构成伪证行为。[170]

对于纠纷和诉讼的鼓励其实不利于公共利益。法庭对好讼者进行审理的原因在于好讼者应该对提起不必要的诉讼行为负责。在提西阿斯之子诉卡里克利斯（Callicles）案中，原告声称他的对手是一个好讼者。[171] 很可能情况是这样的，即卡里克利斯在寻找合适的案由对付提西阿斯的儿子从而败坏他的声誉并夺取他的农场方面显得颇有经验。他受到了卡利克拉特（Callicrates）和一个表兄的帮助。就演说者的话而言，这样的人无疑是“一个居心叵测且贪婪的邻居”，[172] 但却算不上一个法律意义上的好讼者。

针对好讼者的立法必须由志愿的公诉人发动。不出意外的话，那些受好讼者指控的受害者将是最早使用这些法律以保护他们自己利益的人，除非他们碰巧是息事宁人的类型——畏惧诉讼并愿意选择破财消灾。在《回忆苏格拉底》（*Memorabilia*）中，[173] 色诺芬记载了克利同在苏格拉底的建议下，利用阿凯德谟的服务，即阿凯德谟利用自身的优势为克利同及他的朋友的利益而对好讼者们以诉讼方式进行攻击。

我记得克利同曾经说过，对一个本分的人而言，在雅典的生活是艰难的。“在这个时刻，”他补充道，“许多的诉讼正在针对着我展开，这些诉讼的起因并非是我真的伤害了原告，而是因为那些原告认为我会为了避免麻烦而花钱买通他们。”

“告诉我，克利同，”苏格拉底说道，“你是否养了狗以保护你的羊不受狼的侵犯?”

“当然，”克利同回答道，“因为这种付出是很划算的。”

“那么为什么你不想方设法培养一位能够并且愿意保护你不受恶意伤

---

〔170〕 人们很自然会想起普通法中帮讼和资助诉讼的违法行为。“资助诉讼的行为指的是对于一向正在进行中的诉讼，资助人既不属于原告方，也不属于被告方，但是资助人仍然多管闲事进行了介入，给予原告或被告金钱或者其他性质的帮助，以帮助原告起诉或帮助被告辩护”；“帮讼是与原告或者被告就涉讼土地或是其他诉讼标的进行协商，在诉讼胜利之后就这些诉讼标的进行划分，而诉讼费用由帮讼者承担的行为”（Clark，*Criminal Law*，p. 322）。

〔171〕 Demos. lv. 1 – 2.

〔172〕 In §31，据说，他伪造了文件。

〔173〕 ii. 9.

害的人呢？”

“我当然愿意这么做，问题是我担心这个人有一天会将矛头指向我。”

“什么？你难道没有意识到与像你这样的人建立一种良好的关系比与你这样的人进行争吵有价值多了么？我保证在这个城市中有一部分人会因为与你建立了友谊而骄傲。”

于是，他们挑选了阿凯德谟，一个出色的演说者，一个有事业心的人，但同时又是个贫穷的人。他并不是那些肆无忌惮的挣钱的人，而是一个诚实的人，并且他表示从虚假的指控人那里获得罚款是一件很容易的事情。不多时，他就发现对克利同提出不实指控的指控者本身有很多的问题，并且有很多的仇敌。他就其中的一个问题对那个不实指控人提出了指控，诉讼内容涉及了损害赔偿或者监禁。被告人本人意识到自己对很多指控都负有责任，尽了全力试图摆脱阿凯德谟。但是阿凯德谟拒绝轻易放过他，除非他放弃针对克利同的诉讼，并对克利同进行赔偿。阿凯德谟又提起了类似的诉讼；现在，克利同的许多朋友都请求克利同能够让阿凯德谟成为他们的守护人，就好像当一个牧羊人有一条出色的牧羊犬之后，其他的牧羊人都希望将他们的羊群放置在靠近这个牧羊人的羊群所在的地方，这样就能够利用该牧羊人的那条出色的牧羊犬了。阿凯德谟很乐意协助克利同，因此，不但克利同获得了平静，而且他的朋友也因此获得了好处。[174]

---

〔174〕 *Ibid.* （trans. Marchant）.

第四章 特别诉请

如果被告与原告基于纠纷的是非曲直而将案件诉至地方行政官、司法官员或者司法委员会的面前请求裁决，那么这个程序被称为 εὐθυδικία。[1] 但是，如果被告宣称根据法律的规定，争讼的内容不具有可诉讼的性质，那么，他就有权利提起特别诉请。至少根据公元前四世纪的实践，这样的

〔1〕 Isaeus vi. 3; vii. 3; Demos. xxxiv. 4.

特别诉请是会被另行审理的。[2]英国法下的特别诉讼以及异议制度与罗马法下的法院例外原则（exceptio fori），在古雅典的法律下被分别冠以不同的名称，即ἀντιγραφή，παραγραφή和 διαμαρτυρία。早在公元前四世纪，ἀντιγραφή程序就已经从雅典诉讼实践中消失了，而 διαμαρτυρία 程序也只是在继承案件中才会被使用，至于 παραγραφή则适用于所有的其他案件。在以下的叙述中，笔者试图对这些诉讼请求的历史进行追述，并且对它们在实践中的运用进行描述。

在不多的来自公元前五世纪的记录中，并没有谈到任何类型的特别诉

---

〔2〕 毋庸置疑，如果有充分的理由认定这个案件不属于 εἰσαγώγιμος，那么审理案件的司法官员或者司法委员会有权力拒绝在法庭审理这个案件（cf. Lipsius，*Das Attische Recht*，pp. 819，845；*supra*，I，289）。卡霍恩很好地解释了一个地方行政官在怎样的情况下能够立刻拒绝一项控诉（*CP*，XIV，343－44）："由于地方行政官熟悉案件可讼性立法（他掌管该法的官方版本），因此，该法官很了解在什么情况下一个案件具有可诉性。也就是说，他知道哪些诉讼是属于他的管辖范围的、提起这些诉讼的适当时机、哪些人有权利提起诉讼以及原告可以提起诉讼的事实理由。他会将该法与下列事实进行比较以确定案件的可诉性，即他有责任注意的问题、原告的请求在表面上所存在的问题、原告明确承认的问题以及原告明确表示放弃诉讼的情况。如果前述事实被证实的话，那么它们就能够成为阻碍诉讼继续进行的缘由，在这种情况下，地方行政官就别无其他选择，而只能够驳回诉讼，无论该诉讼程序已经进行到了怎样的阶段。当然，如果这个案件的不可诉性并没有被证实，而且原告适时地提交了事实证据，那么地方行政官就不能够驳回诉讼。"正如卡霍恩所认为的那样（Calhoun，p. 340，n. 1），没有充分理由认为地方行政官会因为"可诉性立法的限制"而拒绝诉讼。虽然阿波罗多罗斯对佛密欧提起的诉讼被认为不合法，但是，尽管面对佛密欧的强烈反对，这个案件仍然进入了审理阶段（Demos. xxxvi，26－27）。

有一个记录在案的案件是关于当时的某个执政官拒绝审理一起有关谋杀的指控，但这位执政官拒绝审理这个案件的理由并非他没有管辖权，而是这个案件提起的时间在年末，因而他并没有足够的时间进行三个 προδικασίαι 的程序，因为根据法律规定，这三个程序之间必须互相间隔一个月才能够进行（Antiph. vi. 38，42）。原告对此表示了不满，但是并没有采取其他的实际行动（*ibid.*，43）。

此外，如果一份诉状或是控告书写作不恰当的话，地方行政官有权力要求当事人对之进行修改。在戴奥尼夏（Dionysius）诉阿格拉图斯案中，原告就曾被要求就控状进行修改。如果原告拒绝的话，十一人委员会（the Eleven）很显然将不会受理他的诉请（Lysias xiii. 85－87；Lipsius，*op. cit.*，p. 819；Calhoun，*op. cit.*，pp. 342－43）。在一起涉及不动产的诉讼中，诉讼当事人不得不在审前调查程序阶段在他的诉状中加入他的母亲是立遗嘱人的姊妹这个事实。不然的话，似乎他的诉讼请求会被拒绝（Isaeus x. 2；cf. Wyse，*The Speech of Isaeus*，p. 651；Lipsius，*op. cit.*，p. 819，n. 55；Calhoun. *op. cit.*，p. 343）。

请。伊索克拉底的一篇演说，布拉斯认为该演说发表于公元前399年，[3]曾提到 διαμαρτυρία 程序，而且认为当时的陪审员对这一程序十分熟悉。

διαμαρτυρία（Diamartyria）的具体程序是这样的。[4] 如果被告主张这个案件具有不可诉性，那么控告人有权利推举一位证人以证明这个案件实际上是具有可诉性的。这样的话，被告必须对那位证人提出作伪证的指控。如果他成功的话，那么原告就可能彻底地放弃这个诉讼，或者被迫改变他的诉讼程序或诉状内容。如果那位证人被证明为无罪，那么这个案件的诉讼就可以继续下去。这一程序在阿里司托狄科斯（Aristodicus）诉潘克利昂（Pancleon）中得到了很好的体现。[5]阿里司托狄科斯当着军事执政官的面对潘克利昂提起了诉讼。这个案件的性质并不为人所知。在被告的反驳意见中，他指出他自己是一个普拉蒂亚（Plataean）人，且因此而拥有雅典的公民权，因而这个案件不应该在军事执政官面前审理。于是，阿里司托狄科斯提供了一位证人证实他并不是普拉蒂亚人。潘克利昂公开指责这个证人作伪证，但是却没有对他提起诉讼。最终，这个案件由军事执政官进行了审理。原告获得了胜利。

在《伊索克拉底》中有一个与上述程序相反的案例，在这个案例中被告通过推举一位证人来证实他的诉讼请求。[6] 卡利马科斯对发言者提出了诉讼，指控对方应当对一笔被三十僭主的继承人，即十人委员会，充公的钱财负责。该发言者同意以支付两个明那的代价解决这个案件。这个协议得到了 δίαιτα ἐπὶ ῥητοῖς认可。这样的仲裁与其他的类似程序一样具有约束力，并且使这个案件不再觉有可诉性。尽管有这个在先的法律程序，卡利马科斯还是对发言者提起了诉讼，而发言者则主张已经存在仲裁程序，因此不能够再适用诉讼程序，此外，他还提供了一位证人进行反驳。卡利

---

〔3〕 Isoc. xviii；这一演讲发表的年份有争议，争议的年代从公元前403年到公元前397年，参见：Blass, *Attische Beredsamkeit*, II, 214；Jebb, *Attic Orators*, II, 235.

〔4〕 哈朴克莱钦的解释最为完整（Harpocration, s. v. "διαμαρτυρία"； cf. Wyse, *op. cit.*, pp. 233 ff）。

〔5〕 在吕西亚的书中（Lysias, xxiii），一位不知名的发言者在第十三至第十四节（§§13–14）对之前的阿里司托狄科斯诉潘克利昂的案件进行了陈述，并交待了案件的结果。

〔6〕 xviii. 11.

马科斯并没有指责或是对那位证人提起诉讼。随后，这个案件被驳回了。但是，通过一些不为人知的方式，这个案件又再次被提起了诉讼。[7] 被告在重新提起的诉讼中是这样进行答辩的，他认为这个诉讼有悖于特赦的精神，此外，他还根据新近公布的阿士奴斯（Archinus）法提出了管辖权异议：*ἄν τις δικάζηται παρὰ τοὺς ὅρκους, ἐξεῖναι τῷ φεύγοντι παραγράψασθαι, τοὺς δὲ ἄρχοντας περὶ τούτου πρῶτον εἰσάγειν, λέγειν δὲ πρότερον τὸν παραγραψάμενον.*[8] 管辖权异议的诉请被单独进行了审理，并且由被告首先发言。

正如该发言者的开场白所描述的那样，这是最早的几个根据阿士奴斯法展开的案件中的一个，即使不是最早的那个案件的话：

> *εἰ μὲν καὶ ἄλλοι τινὲς ἦσαν ἠγωνισμένοι τοιαύτην παραγραφήν, ἀπ' αὐτοῦ τοῦ πράγματος ἠρχόμην ἂν τοὺς λόγους ποιεῖσθαι· νῦν δὲ ἀνάγκη περὶ τοῦ νόμου πρῶτον εἰπεῖν καθ' ὃν εἰσεληλύθαμεν, ἵν' ἐπιστάμενοι περὶ ὧν ἀμφισβητοῦμεν τὴν ψῆφον φέρητε, καὶ μηδεὶς ὑμῶν θαυμάσῃ διότι φεύγων τὴν δίκην πρότερος λέγω τοῦ διώκοντος.*[9]

这部法律是由雅典执政官欧几里得斯在公元前 403 年到公元前 402 年颁布的。[10] 有人指出，这些被伊索克拉底使用的词汇 *τοιαύτην παραγραφήν*（这个类型的管辖权异议），表明管辖权异议的抗辩对审判官员而言并不是什么新鲜事。[11] 在被告看来，案件程序的新颖之处在于发言顺序的先后发生了颠倒，并且所提出的案件管辖权异议的请求与特赦的精神相悖。在伊索克拉底针对卡利马科斯的发言稿中没有提到管辖权异议，但是这并不代表管辖权异议从未发生过。在安提福恩记载的发生于公元前 416 年的海

---

〔7〕 *Ibid.* 12; cf. Lipsius, *op. cit.*, p. 857, n. 41.

〔8〕 Isoc. xviii. 2.

〔9〕 *Ibid.* 1.

〔10〕 Cf. Lipsius, *op. cit.*, p. 846.

〔11〕 Calhoun, *CP*, XIII, 170.

罗德斯（Herodes）谋杀案中，被告主张他不应当被作为 κακοῦργος 由十一人委员会进行审理，而应当被当作一个杀人犯在帕拉度姆受审。[12] 尽管这类技术性抗辩与无罪辩护被区别对待，它仍然不能够被视为必须在正式开始审理之前予以解决的特殊诉请。但是技术性抗辩与特殊诉请的相同点却触动了《假说》（Hypothesis）的作者，他写道被告 τὸ μὲν τῆς κακουργίας ἔγκλημα ἀπολύεται παραγραφικῶς. 这个案件并不能证明当时不存在管辖权异议的问题。[13]

在公元前四世纪的早期，曾经适用于特赦案件的管辖权异议的特殊诉请在实践中衍生到了所有的民事案件中，除了那些涉及不动产继承的案件外，因为在这类案件中，一个特别诉请仍然遵循证人宣誓程序处理。所有在德摩斯梯尼文集中提到的特别诉讼请求都是关于管辖权异议的，除了一个例外，即继承案件。在吕西亚文献所记载的关于潘克利昂的案件中，提到了一个不同类型的特别诉请，被称为ἀντιγραφή。[14] 发言者传唤了潘克利昂，就像之前阿里司托狄科斯当着军事执政官的面所作的那样。[15] 潘克利昂提出了异议，即法院例外（exceptio fori），当时被称为ἀντιγραφή。[16] 原告最先发言，他的整个发言内容就是为了证明潘克利昂并不是普拉蒂亚人。他的发言并没有任何内容是涉及争议的主要事实的，这一点其实由这些 τῆς τε ἀντιγραφῆς ἕνεκα ταυτησὶ καὶ αὐτῆς δίκης措辞就可以很明显地看出。吕西亚在书中指出，只有在这个发言稿中，当发言人推举证人时，总是使用这样的措辞 καί μοι ἐπίλαβε τὸ ὕδωρ。这个措辞似乎表明发言的时间相当有限。[17]

---

〔12〕 Antiph, v. 8 ff., 16, 95 –96.

〔13〕 Calhoun, *op. cit.*, pp. 170 ff.

〔14〕 Lysias xxiii. 这个发言的确切时间并不清楚，但是它一定是发生在公元前四世纪。这很有可能将管辖权异议的特别诉请的范围扩大到特赦案以外的案件的时间提早。维拉莫维茨（Wilamowitz, *Aristoteles und Athen*, II, 368 ff.）认为这个演说的内容真实，并提供了令人满意的分析。

〔15〕 *Ibid.* 13 – 14.

〔16〕 *Ibid.* 10; cf. 5.

〔17〕 Cf. Wilamowitz, *op. cit*.

除了在阿里司托狄科斯诉潘克利昂[18]与《伊索克拉底》[19]一书中谈到的卡利马科斯案以及继承案件中提到的证人宣誓程序外，再也没有其他的关于证人宣誓程序的案例了。阿士奴斯法规定的管辖权异议的使用显然扩展到了除不动产继承案件之外的所有的民事案件中。对于这样的案件，证人宣誓程序达到 *μὴ ἐπίδικον εἶναι τὸν κλῆρον ὄντων παίδων γνησίων*[20] 的效果特别明显。如果证人被认定为作伪证，那么原告就会放弃他们的主张，而被继承人的子女就仍然拥有财产的所有权。[21] 这个程序不但对目前的原告适用，而且，对将来的原告也同样适用。在遗产纠纷案中，这是一个简单而便捷的程序，在这个程序中，几个原告常基于不同的原因而参加诉讼。在这些情况下，似乎情况有可能是这样的，即证人宣誓程序的便捷性及其实用性，而非基于其他的法律要求，决定了它在继承案件中的使用价值。[22] 目前，就管辖权异议的特殊诉请而言，没有人会为了保护自身利益而在面对多个原告展开的不动产纠纷案件的诉讼中采用这个程序。严格来讲，在一个遗产纠纷案件中，并不存在真正意义上的原告和被告。因此，即使法律允许管辖权异议的特殊诉请的使用，这个程序将会冗长，且很可能会无果而终。[23]

似乎有理由认为单独辩论的特殊诉请对于民事案件与刑事案件具有同样的意义。曼恩－斯克曼－利普西斯（Meier－Schomannn－Lipsius）在《雅典法律程序》（Der Attische Process）中即坚持这样的观点。[24] 唯一被引用来证明这一观点的证据是哈朴克莱钦提到的一份书面指控，ς.

---

〔18〕 Lysias xxiii. 13－14; cf. *supra*, pp. 76.

〔19〕 xviii. II; cf. *supra*, p. 77.

〔20〕 Demos. xliv. 46.

〔21〕 Cf. Calhoun. *op. cit.*, pp. 176－77.

〔22〕 *Ibid.*, p. 178, n. I, as against Leisi, *Der Zeuge*, p. 29, and Beauchet, *Histoire du droit prive de la Republique athenienne*, III, 596, n. 2.

〔23〕 Cf. Calhoun, *op. cit.*, pp. 176 f.，关于在继承案件中使用管辖权异议这个特别诉讼请求的难度，如果不是不可能的话。然而，有一种可能性是这样的，即在随后的时间内，如果一个原告出庭并就一项由证人宣誓程序已经解决争议的不动产提出诉请，那么管辖权异议将是解决这个案件的捷径。这个问题其实是在两个程序，即在另一个伴随着失败威胁的证人宣誓程序和一个管辖权异议程序（旨在主张证人无罪以阻止诉讼继续进行）之间进行选择的问题；cf. *ibid.*, p. 173, n. 10.

〔24〕 P. 841.

υ. διαμαρτυία: οἱ νόμοι κελεύουσι διαμαρτυρεῖν ἐπὶ ταῖς γραφαῖς ταῖς τοῦ ἀπροστασίου τὸ ν βουλόμενον ὁ μοίως τῶν ξένων καὶ τῶν ἐπιχωρίων. 格洛茨（Glotz）不经讨论地就接受了这个观点。[25] 利普西斯是对证人宣誓程序与管辖权异议程序会出现在公共案件中提出质疑的第一人。[26] 但是，他所做的仅仅是论证了他的质疑，却没有试图最终解决这个问题。不过，卡霍恩[27]明确指出，阿士奴斯法并不适用于刑事案件。他论证的重点集中在阿士奴斯法所采用的术语仅仅适用于民事诉讼。在伊索克拉底[28]所引用的这部分法律中（似乎是完全真实的引用），[29] 有两个词汇出现在这部分法律中，且这两个词汇只能够适用于民事程序。这两个词为 δικάζηται[30] 和 ἐπωβελία。如果任何提出管辖权异议的一方异议失败，那么失败方都将向对方赔偿相当于争议数额六分之一的钱财。在公共利益诉讼中，这个未能证明案件己方主张的当事人所接受的惩罚是 1000 德拉克马的罚款，以及在没有获得五分之一选票的情况下丧失提起类似指控的权利。[31]

值得注意的是，在现存的诉讼记录中，在公共利益诉讼中，没有关于管辖权异议的情形出现。[32]安多基德斯并没有提起管辖权异议的特别诉请，而是求助于特赦的帮助。他先赞美了他的朋友和敌人都认可的那些在特赦程序中显示出克制力的公民们的行为，之后，他请求他们（而非以主张他的权利的方式）采用同样的理念处理他的案件：μὴ μεταγνῶτε, μηδὲ βούλεσθε τὴν πόλιν ἀποστερῆσαι ταύτης τῆς δόξης.[33] 毫无疑问，当阿格拉图斯[34]面对针对他的杀人立即逮捕令时，他求助于特赦程序的帮助。“我理解，”公诉人说道，“他有意提到誓言和契约，并试图告诉我们对他提起

〔25〕 Darem. -Saglio, s. v. “Paragraphe”.

〔26〕 *Op. cit.*, p. 858.

〔27〕 *Op. cit.*, pp. 179 ff.

〔28〕 xviii. 2, quoted *supra*, p. 77.

〔29〕 Cf. Calhoun. *op. cit.*, p. 170; Hommel, *Berl. Phil. Woch.*, XLIV, 541.

〔30〕 Calhoun. *op. cit.*, p. 183, n. 4; Hommel. *op. cit.*, p. 543.

〔31〕 Lipsius, *op. cit.*, p. 940.

〔32〕 目前，关于证人宣誓程序在公共利益案件的诉讼中的使用问题的讨论被搁置了。

〔33〕 Andoc. i. 140.

〔34〕 Lysias xiii. 88.

的公诉是与作为比雷埃乌斯党人的我们与当地的党派之间所达成的协议和进行的宣誓相冲突的。”然而，公诉人首先发言的这个事实说明，阿格拉图斯并没有根据阿士奴斯法律的规定提出管辖权异议的诉请。尽管公诉人[35]提出了强词夺理的诡辩，阿格拉图斯仍然应当受到特赦程序的保护.[36] 在吕西亚的书[37]中所谈到的那些遗产纠纷案件中，只有一个是直接涉及特赦程序的。伊万德斯（Evandros）[38] 的指控人表示，他听到伊万德斯 *καὶ τὰς συνθήκας ὑμᾶς ὑπομνήσειν*。在吕西亚的书中（xxxi）并没有直接谈到特赦程序，而是仅仅以最含糊的语气提到了调解问题。

在高艾里（Coele）发生的关于费罗（Philo）的案件说明了那些在法庭审理，而非经过特赦程序的刑事案件是如何被处理的：*ἐνδειχθέντα παραπρεσβεύεσθαι, καὶ περὶ μὲν τοῦ πράγματος οὐδὲν ἔχοντα ἀπολογήσασθαι, τὰς δὲ συνθήκας παρεχόμενον, ἔδοξεν ὑμῖν ἀφεῖναι καὶ μηδὲ κρίσιν περὶ αὐτοῦ ποιήσασθαι.*[39]费罗并没有对事实进行否认，仅仅主张了特赦程序的保护，并最终未经过审判而被判决无罪。很难理解的是，到底这个案件最终是否在法院进行了审理。负责审查这个案件的地方行政官有权力决定拒绝审理这个案件。[40] 根据安多基德斯，[41] *ἀγράφῳ δὲ νόμῳ ἀς ἀρχὰς μὴ χρῆσθαι μηδὲ περὶ ἑνός*. 如果这个案件最终确实进入了法庭审理程序的话，那么可能展开的程序如下：公诉人提出指控，随后费罗对该指控进行回应，承认指控正确并主张法庭根据一定的程序准许给予其特赦保护，由此证明了伊索克拉底审判未曾进行的说法。无论如何，在这个案件中不存在由被告先发言的管辖权异议程序。

对于安多基德斯关于特赦法律的探讨给予过多的关注是不明智的。例如，他认为那个协助逮捕来自萨拉米斯的里昂（Leon）的梅利多斯不会受

---

〔35〕 *Ibid.* 88 - 89.

〔36〕 Cf. Frohberger - Thalheim（*Lysias Reden*, I, 73 - 74），认可了特赦程序的可适用性，但是相信他可能提起了管辖权异议的特别诉请。

〔37〕 xvi, xxv, xxvi, xxxi; cf. Cloche, *REG*, XXIX, 24 - 25.

〔38〕 xxiv. 16.

〔39〕 Isoc. xviii. 22.

〔40〕 Cf. *supra*, p. 75, n. 2.

〔41〕 i. 89.

到里昂的儿子的杀人之类的指控。[42] 对他的豁免原因在于只有那些谋杀了 αὐτοχειρίᾳ 的人才会被指控为谋杀。此外，至于这个法律是否真的像安多基德斯所解释的那样对所有早于三十人政权被推翻之后的民主重建阶段发生的违法行为都提供了豁免是不确定的。[43] 费罗案以及对阿士奴斯法律中的术语的考虑充分证明了管辖权异议程序是不能够运用于公共案件的。[44]

证人宣誓程序的正式启用日期并不确定。在伊索克拉底发表他的第十八篇演说辞的时候，证人宣誓程序已经是一个广为人知的程序了，并且毋庸置疑的是该程序先于阿士奴斯立法规定的管辖权异议程序出现。在《伊索克拉底》（xviii）中，当谈到阿士奴斯立法规定的管辖权异议问题的时候，这个问题对于那些审判官员而言似乎是个新鲜事物，而他们对证人宣誓程序则相当地熟悉。这一点似乎表明证人宣誓程序在欧几里得斯执政之前就已经被运用于实践中了。格洛茨[45]在谈到管辖权异议程序以及证人宣誓程序的古老性问题时说道：在这两种法律程序中，比较古老的是证人宣誓程序，它似乎是古代驱邪活动所遗留下来的一种模糊的痕迹。这是一个最具吸引力的建议。在证人宣誓程序中，有一个令人吃惊的根据他人保证而宣告被告无罪的案例（这个程序可以在雅典法律中找到根据）。这个程序与作为其来源的证据性誓言（evidentiary oath）有一定的相似之处。[46] 证据性誓言一开始是以无罪辩护宣誓的形式出现的，并只允许被告发动这个程序；不久之后，原告也被允许发动这个程序了。上述情况在证人宣誓程序中也会出现。[47] 在阿里司托狄科斯诉潘克利昂案中，[48] 原告发动了证人宣誓程序；在卡利马科斯案中，[49] 被告推举了证人。当管辖权异议程序几乎在所有的私法诉讼案件中取代了证人宣誓程序的地位（除了在继承案

〔42〕 i. 94.

〔43〕 Calhoun, *op. cit.*, pp. 181 f.; cf. Schreiner, *De corpore iuris Atheniensium*, pp. 92 ff; Hommel, *op. cit.*, pp. 543 f; Platner, *Process und Dlagen*, I, 157.

〔44〕 Cf. Hommel, *op. cit*.

〔45〕 *Op. cit*.

〔46〕 虽然并没任何证据表明证人宣誓程序中的证人进行了发誓，但是，似乎认定一个重要的证人在该程序中并没有进行宣誓的可能性几乎没有。

〔47〕 Cf. *infra*, p. 190.

〔48〕 Lysias xxiii. 13 – 14.

〔49〕 Isoc. xviii. 11.

件中），在继承案件的实践中，往往是由直接继承人发动证人宣誓程序的。从理论上讲，没有理由阻止任何一个原告提供证人证明各自的主张，即使这些主张是互相冲突的，因此对受争议的财产他们可以依法主张。但是，类似的程序其实是比较麻烦的，并且对证人和原告而言具有一定的危险性。我们也许可以肯定的是，在所有的继承案件的记录中并没有涉及原告发动证人宣誓程序的情况并非偶然。

除了在继承案件中使用证人宣誓程序外，这个程序还继续在公共利益诉讼案件中被采用。哈朴克莱钦[50]将证人宣誓程序与 *γραφαὶ ἀπροστασίου* 程序联系起来进行了讨论。这个程序旨在惩罚外来定居者，因为他没有能够根据法律的规定进行登记。在这种情况下，原告的证人可能会证明被告没有进行登记，而被告，即受指控的外邦人，则不得不为了证明自己的清白而对证人进行伪证指控。这个程序要求被告承担举证责任，而且该被告在主张证人作伪证的程序中，处在了原告的地位。也许被告也有权利推举证人证明他的清白，如推举证人证明他实际上并不是一个外来居民，因此未进行注册并没有什么不妥的地方。我们手头有一份吕西亚的演说稿，名为 *πρὸς τὴν ' Αριστοδήμου γραφὴν διαμαρτυρία*。[51] 显然，在这里证人宣誓程序是由被告发起的，旨在对阿里斯托得莫斯（Aristodemus）的指控进行抗辩。

在我们掌握的资料中提到了超过一百种类型的诉讼，公共利益诉讼和私人诉讼。这些诉讼由不同种类的部门处理，包括超过一打以上的地方行政官、司法官员以及司法委员会。对于这些诉讼的分类，现在的研究已经比较成熟，但是，仍然存在一定的问题。作为审判官员、诉讼当事人、指挥官员或者旁听观众的普通雅典人已经对诉讼程序有了或多或少地了解，并且能够在朋友们和法律顾问的帮助下，[52] 轻易地选择正确的诉讼程序进行诉讼。如果提出诉讼的法院发生了错误，那么进行审理的法官是可以进行纠正的，但是如果公诉人坚持的话，他仍然有机会如他所愿在该法院进

---

〔50〕 cf. Wyse, *op. cit.*, pp. 233 ff.

〔51〕 *Frag.* xv (Baiter and Sauppe).

〔52〕 Cf. *supra*, pp. 15 ff.

行诉讼，就像发生在两个针对潘克利昂所提出的案件中那样。[53] 在一些案件中，雅典法律为那些受到不公平待遇的人们提供了选择补偿的机会。

> 梭伦提供了多种而非一种程序用以对付违法者……以盗窃为例。你是否是个身体健全并充满自信的人？要将一个盗贼送入监狱：你必须承担的风险是1000德拉克马的惩罚。你不够强壮么？带上地方行政官吧；他们会完成这个任务的。你对这个仍然没有信心么？诉他。你是否不相信自己，并且没有能力支付那1000德拉克马的罚款呢？那么就去仲裁者那里去诉他，因为这样你就不用承担什么风险了。所有这些程序都是不同的。对于亵渎神灵的行为，你可以采取同样的做法，即或是将被告送入监狱，或是告发，或是在尤摩尔浦斯（Eumolpids）面前对他们提起诉讼，或是将信息传递给国王。在所有其他的案件中，情形都是差不多的。[54]

一位足智多谋的对手总是能够随时随地找出原告或者公诉人的错误步骤或是不明智的举动。德摩斯梯尼说道：[55] “这是那些犯了错误的被告的做法，即为了挫败针对他的程序，他就主张发动一些不具实践性的程序。”但是，他补充道，那些明智的审判官员不应该理睬他们的主张。在德摩斯梯尼文集中谈到了两个案例，这两个案例充分说明了被告在怎样的情况下会发动特殊诉讼请求程序，以对抗审判人员。一位来自法赛利斯（Phaselis）的商人拉凯特斯（Lacritus）对一个雅典的放债人的指控提出了异议，该商人认为他没有义务还钱，因为原告和他之间并没有建立合同关系。原告的发言如下（该原告在管辖权异议程序中成为了被告）：

> 雅典的公民们啊，菲斯莱特（Phaselites）人还是延续着他们的恶习。他们举世闻名的原因在于当他们向你借钱并得到借款又

[53] Cf. *infra*, pp. 110f.

[54] Demos. xxii. 25.

[55] xxi. 27.

签了一份海事合同之后，他们就会立即忘记他们曾经签过的借款合同以及相关的法律规定。此外，在他们看来，如果他们归还债务的话，就好像是他们失去了一些本该属于他们自己的东西，因此，他们非但拒绝还债，而且还求助于不正当的手段、特别诉请以及其他的借口。[56]

上述的文字仅仅是一种谴责。正如《假说》的作者指出的那样，整个案件指控内容的基础十分薄弱：*πρὸς δὲ τὴν παραγραφὴν ἀσθενέστερον ἀπήντηκε διὰ τὸ πρᾶγμα τὸ πονηρόν*. 在另一次被归于德摩斯梯尼的演讲中我们可以发现另外一份类似的针对证人宣誓程序的谴责：

在所有的审理案件的方式中，这个采用特殊的宣誓书［特殊诉请］的程序是最不公平的，并且人们有理由对那些求助于这种手段的当事人表示不满，你们将在我后文的解释中明白我的这个观点。首先，这个程序并非像其他程序那样是必经程序；它的发动是因为进行了宣誓的当事人的选择和要求。如果没有其他的方式对争议的标的进行判决的话，除非你进行这种类型的宣誓，也许这种类型的宣誓是必需的。但是，如果有可能在所有的审判程序之前跳过特殊宣誓程序而进行听证程序的话，这个步骤难道不是不计后果以及彻底绝望的心态的体现么？立法者并没有将它规定为争议双方的义务；如果他们请求的话，他允许他们提起特殊宣誓，就好像他在测试我们的人格一样，他想看看我们到底有多么倾向于发动一个不计后果的诉讼程序。同样引人注意的是：如果采用这种特殊诉请程序的当事人有一定的手段的话，那么他们最终将能够避免各种法庭程序；因为特殊宣誓程序的本质就是阻止任何诉讼程序的继续进行，并且阻止任何争议被提交到法庭；至少，采用特殊宣誓程序的当事人的目的至少也是如此。因此，

〔56〕 Demos. xxxv. 1 ff.

在我看来，这样的当事人应当被视为人民公敌。[57]

在涉及伊塞奥斯的那些案件中，证人宣誓程序是一个普通程序。在其中的一个案件中，有一个对证人宣誓程序的荒谬反驳：

安德鲁克里斯（Androcles）在这里声明这个继承纠纷不具有可裁判性，因此，就剥夺了我的客户对作为遗产的不动产主张权利的资格，同时也剥夺了您决定到底谁才是真正的费罗特蒙（Philoctemon）的财产的继承人的权利。因此，他想到了通过一个单一的诉讼以及陪审团判决，从而使他成为死者的弟兄（尽管他与死者并没有任何关系），并在不经过进一步的法律程序就获得不动产的所有权，以及成为死者的姊妹的法定代表人。[58]

因为这些事实，我们可以推测出说了这些话的原告查瑞斯特斯（Chaerestratus）并没有赢得官司。在一段题赠中，他被称为“法努斯特斯（Phanostratus）的儿子”，然而，如果他真的赢得了官司的话，他将被称为*Χαιρέστρατος Φιλοκτήμονος Κηφισιεύς*。[59]

有迹象表明，凡是发动特殊诉请的诉讼当事人都是极其渴望为他的行为进行辩护的。在潘塔尼特斯（Pantaenetus）案中[60]，发言者指出如果他真的没有能够成功地求助于特别诉请程序的话，那么对方当事人将能够对他进行反击，此外，原告撤销了指控，或是存在赦免程序的话，那么毫无疑问，被告将发动特别诉请。

在伊塞奥斯的第二篇演说辞中，马尼克斯二世（Menecles II）出席了法庭审理，并为他的岳父大人进行了辩护，他的岳父被指控犯了伪证罪。他的岳父被指控犯伪证罪的原因在于，他在马尼克斯先前的证人宣誓程序中作了证。然而，在这篇演说辞中，没有任何的迹象或者暗示说明演说者

---

〔57〕 xliv. 57 ff; cf. Isaeus iii. 3; vi. 43.

〔58〕 Isaeus vi. 4.

〔59〕 IG^2, II, 2825. II; cf. Wyse, *op. cit.*, p. 488.

〔60〕 Demos. xxxvii. 1.

对证人宣誓程序存在偏见。我们也许可以这么认为，即在遗产纠纷案件中，证人宣誓程序是个普通的程序，尽管公诉人时不时地对证人进行批评，但是并没有证据表明审判官员对证人宣誓程序有任何形式的偏见。

当然，法律对那些并没有很好的基础支持的异议和特殊诉请持有否定态度。对这些程序的不计后果的使用会被处以相当数额的罚款。在继承案件中，争议双方必须递交一定的押金，其具体数额相当于受争议的不动产的价值的十分之一，并且，一旦某一方败诉，这笔押金将被国家没收。[61] 在证人宣誓程序中，如果对证人进行指控的公诉人没有能够获得至少五分之一的赞成票的话，那么他将被国家没收他所主张的财产数额的六分之一。如果他仅仅是没有能够成功指控被告的话，即没有能够获得半数或者半数以上的赞成票的话，那么他将失去他的押金和手续费。没有迹象表明诉讼当事人提供的证人如果被证明有罪的话，该诉讼当事人将支付罚金。[62] 在管辖权异议程序中，任何一方诉讼当事人如果败诉的话，他都将被没收押金。[63] 这个特殊条款的目的旨在减少那些可能会因为细节问题而败诉的当事人提起诉讼，并在同时减少求助于管辖权异议程序的机会。为了平衡，提起管辖权异议的诉讼当事人有机会率先发言。在继承案件的证人宣誓程序中，当拥有所有权的继承人提供证人证明该受争议不动产并非可诉时，原告有机会先发言。在发生在其他的案件中的管辖权异议程序中，如果原告提供了一位证人的话，那么被告就有机会先发言。[64]

在演说者提到的所有管辖权异议案件中，发言者总是就整个案件的内

---

〔61〕 Wyse, *op. cit.*, p. 374. 利普西斯（Lipsius, *op. cit.*, p. 857）指出，这些钱归胜诉方，但是在第933页，他又表示不一定是这个样子的。

〔62〕 Lipsius, *op. cit.*, p. 858, n. 41.

〔63〕 Isoc. xviii. 2 – 3.

〔64〕 通常的说法认为，首先发言的诉讼当事人更能够赢得陪审团的信任。审判官员之所以宣誓声明他将公正地听取诉讼双方的辩论的原因在于避免审判官员或是对公诉人或是对原告给予过多关注的可能性；参见：Demos. xlv. 6. “由于这个案件中存在着特别诉请［管辖权异议］程序，并且这个案件的诉由不属于常规争议，他获得了首先发言的有利机会；随后，当他阅读了这些证据，并且作了各种各样的虚假陈述以配合他的案件，他给陪审团造成了这样一种印象，即他们休想从我这里套到任何信息。”但是，一些人却更容易受到最后发言者的影响；参见：Aristoph. *Knights* 1118 以及 *Wasps*, 725, “一个具有敏锐洞察力且聪明的人，无论这个人是谁，碰巧说过这样一句话，‘直到听到双方的辩护之后，你才能够做出最后的决定。’”

容进行辩论，似乎担心他的案件会停留在特殊诉请程序阶段。出现这一情况的原因部分由于在雅典法司法体系中，还没有将事实和法律进行区分。在当时的雅典，审判人员既充当陪审员的角色，又充当法官的角色，对事实和法律问题都有裁决权。在阿波罗多罗斯诉佛密欧一案中，[65] 被告主张这个案件并不具有可诉性，因为阿波罗多罗斯在很久以前就已经免除并撤销了各种指控。在审查了仲裁协议以及仲裁决定之后，有些法官可能会直接撤销这个案件而不再采取进一步的行动。但是在当时的雅典社会，这个案件必须送交民众法庭进行审查。在这个法庭审查的过程中，诉讼当事人发现很难将他的诉讼主张局限于特别诉请，即使特别诉请所依赖的基础与事实争议的基础（佛密欧与帕西翁（Pasion）家族的悠久而复杂的关系）是很容易区别的。《假设》的作者注意到了这个案件的特点：*ἅπτεται μέντοι καὶ τῆς εὐθείας ὁ ῥήτωρ, δεικνὺς ὡς οὐκ εἶχεν ἡ τράπεζα χρήματα ἴδια τοῦ Πασίωνος. τοῦτο δὲ πεποίηκεν, ἵνα ἡ παραγραφὴ μᾶλλον ἰσχύῃ τῆς εὐθείας δεικνυμένης τῷ Ἀπολλοδώρῳ σαθρᾶς.* 值得注意的是，为佛密欧撰写了演说稿的德摩斯梯尼解释了，并在事实上对特别诉请表示了歉意："我们之所以提出特别诉请的原因，并非为了规避责任或拖延时间，而是为了方便被告获得最终的无罪判决，如果被告能够通过事实证明他确实没有做错什么的话。"[66] 不仅如此，他还对管辖权异议所依仗的法律进行了详细的解释，并对引用该法律的正当性进行了辩解：

> 雅典的公民们，如你们所听到的那样，法律对原告丧失诉讼权利的情况进行了规定，其中之一便是原告先前已经免除或者撤销了诉讼。对于这个观点，即人们不应该对已经被审理过的案件重新提出诉讼请求，如果大家认为是很公平的话，那么对于那些原告已经自动免除的诉讼请求不应当被重新提起诉讼的观点，似

---

〔65〕 Demos. xxxvi.

〔66〕 *Ibid.* 2. 在同样的情况下，德摩斯梯尼的另一个当事人对可能出现的反对情形进行了估计："然而，雅典人啊，你们中没有一个人会认为我已经求助于这个请求［管辖异议程序］，因为在你们看来，根据我的案件的情况，这个程序对我相当不利，但是，我还是决定启动这个程序以证明他对我的每一项指控都是错误的"（xxxvii. 21）。

> 乎更加有道理了。对于一个因为你们的裁判结果而败诉的人来说，他可能会认为由于你们受到了欺骗，因而你们得出了错误的判决结果，然而，对于自己主动撤诉或者主动免除他人义务的原告而言，他还有什么理由就同一主张，重新提出诉讼请求呢？显然没有。因此，当立法者在规定原告丧失诉讼请求的情况时，第一项便是当原告已经主动免除或者撤销一项诉讼请求。[67]

我们碰巧了解这个案件的结果。陪审团对阿波罗多罗斯印象非常负面，以至于他最终没有能够获得五分之一的赞成票，并因此而被没收了押金。我们是从阿波罗多罗斯指控佛密欧的证人斯提法奴斯的伪证行为的诉讼中了解到这些信息的。[68] 至于陪审团到底是更重视特别诉请还是案件本身的是非曲直这个问题是无法准确回答的，但是有一点是肯定的，即有五分之四的审判人员对佛密欧投了赞成票的话，那么他们就基本上不会对管辖权异议程序有任何的偏见了。如果我们可以相信阿波罗多罗斯在对斯提法奴斯的作伪证的诉讼中的一段发言的话，那么他似乎认为他之所以败诉的原因在于管辖权异议程序的提出："由于这个案件中存在着特别诉请［管辖权异议］程序，并且这个案件的诉由不属于常规争议，他获得了首先公开发言的机会。"[69] 撰写这篇发言稿的德摩斯梯尼没有逃避特别诉请程序。[70] 在没有责难和评价的情况下，阿波罗多罗斯本人意识到审判官员希望对整个案件进行讨论："雅典的民众们，我认为你们一定都意识到了这个问题，即你们对案件的事实，以及建立在相关事实基础上提出的诉请同样重视"。[71]

诉讼当事人以及他们的顾问似乎不太愿意仅仅基于限制诉讼法令而提起一项特殊诉请。在所有现存的包括特别诉请的案例中，总是存在另一个

---

〔67〕 xxxvi. 25.

〔68〕 Demos. xlv. 6.

〔69〕 *Ibid.*；在阿波罗多罗斯的措辞中包含了默示的批评（xlv. 76）："这的确是很奇怪的一件事。直到今天，他都没有对我解释他从我这里骗取的钱财到底去向何在，而且他却不遗余力地提出诉讼请求，主张我的指控是站不住脚的。"

〔70〕 以下部分谈到了这点：14－16，23－27，60。

〔71〕 *Ibid.* 51.

提出特别诉请的原因。例如，在阿波罗多罗斯诉佛密欧案中，被告宣称，不但原告的主张本身不合法，而且这个争议已经由仲裁程序进行了解决。这篇演说的意义也许在于，它极好地阐明了限制法令的重要性。

> 现在，请大家拿出限制诉讼法令。雅典的民众们，你们有义务对所有的法律进行关注，尤其是对这项法律。在我看来，梭伦制定这项法律的目的旨在避免使你们受到错误的指控的骚扰。他认为，五年的时间足够那些受害方的伤口愈合；并且，他认为时间将会是最简单的证据，去否定那些虚假的陈述。此外，考虑到合同双方以及他们的证人不可能长生不老，因此，梭伦的立法是为他们的利益进行考虑的。这一点也许见证了真理是站在苦难这一边的。〔72〕

上面的陈述简要地概括了限制诉讼法令的价值体系。在实践中，限制诉讼法令被用来对非法的主张进行质疑。如果超过法律规定的时间限制方去寻求救济的话，那么这样的延迟说明当事人对自己的主张并没有信心。

> 例如，有关法律规定保证的执行应当在一年之内。我在这里并不反对支付赔偿金，如果我确实是保证人的话，但是，如果我主张，在法律的见证下，我从来就不是保证人，原告也一样从来都不是保证合同的受益人；否则的话，他早就在法律规定的诉讼时效内对我进行起诉了。〔73〕

有理由认为，审判人员对于那些为了避免支付他本该支付的债务而求助于限制诉讼法令的诉讼当事人很自然地存在着一定的偏见。比较聪明的策略是，依赖一些其他的可能的理由提出异议。

对于各种特别诉请而言，它们之间的不同可以进行这样的区分，即对于其中的一些而言，陪审团的结论是最终的，而对其他的一些，则仅仅是

〔72〕 Demos. xxxvi. 26 – 27.

〔73〕 *Ibid.* xxxiii. 27.

中期结论。[74] 对于案件性质为 περὶ ὧν μὴ εἶναι δίκας的当事人而言，陪审团的结论是最终的。在努斯马彻斯（Nausimachus）一案中，[75] 发言者提到了一项法律，在他看来这项法律似乎涵盖了所有涉及陪审团的结论为最终判决的情形：ἀκούετε ὦ ἄνδρες δικασταὶ τοῦ νόμου σαφῶς λέγοντος ἕκαστα，ὧν μὴ εἶναι δίκας. 显然，他的这个看法是夸张了一些。卡霍恩已经指出“虽然在德摩斯梯尼时代已经有大量的作为最终判决的情形被概括在这一部法律中，但是，也还是有大量的最终判决的情形散布在其他的立法当中。”[76] 在阿波罗多罗斯诉佛密欧案中，就谈到了一个非常好的最终判决的例子。如果在这个案件中，阿波罗多罗斯的伪证指控真的成功的话，那么他就可以主张损害赔偿，赔偿的数额或是由阿波罗多罗斯自行主张，或是由斯提法奴斯在他的ἀντιτίμημα中进行建议。此外，他还可以对佛密欧提出教唆他人作伪证的指控，并主张较大数量的损害赔偿。但是无论他针对斯提法奴斯的诉讼达到了怎样成功的地步，他都没有机会基于先前的诉由对佛密欧重新提起诉讼。

在针对泽诺西米斯（Zenothemis）的诉讼案件中，德摩斯梯尼也写了一份演说稿，这份演说稿为我们提供了一个法庭中期判决的事例。[77] 泽诺西米斯提出了商事诉讼。这类诉讼有一定的优势。在冬天航海业总体停滞的情形下，这类诉讼会在司法执政官法庭进行审理。每个案件都必须在一个月内进行审理，并且败诉方将被监禁，直到他支付了判决要求他支付的保释金为止。[78] 因而演说稿一开始的段落就揭示了这类诉讼的前提条件，在这个段落中也对提起管辖权异议程序的基础进行了诠释：

> 陪审员们，法律宣布船东与商人之间的交易必须是涉及贷款给雅典人或是雅典人作为贷出人的，并且这样的交易必须有书面合同；如果任何人在没有符合前述条件的情况下提起诉讼，那么

〔74〕 Calhoun, *CP*, XIII, 174; Lipsius, *op. cit.*, pp. 847 ff.; Glotz, in Darem. -Saglio, s. v. “Paragraphe”.

〔75〕 Demos. xxxviii. 5.

〔76〕 关于具体例子，参见：Calhoun, *op. cit.*, pp. 174 f; cf. Lipsius, *op. cit.*, p. 848。

〔77〕 Demos. xxxii; cf. Calhoun, *op. cit.*, p. 174.

〔78〕 Lipsius, *op. cit.*, pp. 85, 631.

他的诉讼主张是不能够被支持的。〔79〕

现在可以明确的是，即使管辖权异议的特别请求能够得到法庭判决的支持，这并不代表先前的原告就失去了胜诉的机会。他所需要做的只是将他的案件进行合理的分类，并向适当的法庭提起诉讼即可。

大多数的观点认为，管辖权异议程序不会在仲裁者那里提出。〔80〕这个极端的观点还是受到了一些质疑。〔81〕波利克斯将仲裁与管辖权异议程序进行了比较：〔82〕

> ἡ δὲ μὴ οὖσα δίκη οὕτως ὠνομάζετο, ὁπόταν τις παρὰ ἶς παραγραψάμενος, καὶ ὑπομοσάμενος νόσον, ἢ ἀποδημίαν, εἰς τῆ ν κυρίαν οὐκ ὀφθεὶς, ἢ μὴ ἀπαντήσας, ἐρήμην ὄφλῃ ἐξῆν ἐντὸς δέ κα ἡμερῶν τὴν μὴ οὖσαν ἀντιγράφειν.

《剑桥修辞大辞典》（Lexicon rhetoricum Cantabrigiense）中一个脚注声称引用了来自发勒如姆（Phalerum）的德谟特瑞乌斯（Demetrius）一个声明：

> ἐνίους λέγει τῶν κρινομένων κακοτεχνεῖν τοῖς διώκουσιν ἀ ντιλαγχάνοντας τὴν μὴ οὖσαν. . . . . ἐνίους δὲ ἀσθενὲς τὸ δίκαιον ἔ χοντας καὶ δεδοικότας τὴν καταδίαιταν χρόνους ἐμβάλλειν καὶ σκή ψεις οἵας δοκεῖν εἶναι εὐλόγους, καὶ τὸ μὲν πρῶτον παραγρά φεσθαι, εἶτα ὑπόμνυσαι νόσον ἢ ἀποδημίαν, καὶ τελευτῶντας ἐ πὶ τὴν κυρίαν τῆς διαίτης ἡμέραν οὐκ ἀπαντῶντας, ὅπως δύνωται ἀντιλαγχάνειν, κ. τ. λ.

〔79〕 Demos. xxxii. 1.

〔80〕 Cf. Lipsius, *op. cit.*, p. 229.

〔81〕 Calhoun, *CP*, XIV, 20 ff.; Harrell, "Public Arbitration in Athenian Law", *University of Missouri Studies*, XI, No. 1, 31 f.

〔82〕 viii. 60.

根据这些信息，以及根据德摩斯梯尼（xxi.）的注释，管辖权异议与发生在仲裁程序中的ὑπωμοσία或多或少地紧密联系着。在德摩斯梯尼的一些文集中也谈到了他们之间的紧密联系，因此这一点使得利普西斯和其他人认为我们讨论的管辖权异议程序与阿士奴斯所介绍的最初适用于特赦程序，后来又延伸适用于大多数的民事案件的管辖权异议属于不同的类型。

管辖权异议与仲裁程序中的ὑπωμοσία的结合出现在德摩斯梯尼诉米迪亚斯案中。[83] 原告强调在他们诉讼的早期阶段，他就已经对米迪亚斯提出了δίκη κακηγορίας指控。这个案件交由公共仲裁人审理，仲裁人缺席判决米迪亚斯败诉。米迪亚斯试图发动再审程序，但是他没有按要求宣誓。最终，仲裁人的仲裁结果成为了最终且绝对的结果。[84] 德摩斯梯尼讲述的关于仲裁的故事表明παραγραφή是与仲裁紧密相联系的：ἐπειδή ποθ᾽ ἧκεν ἡ κυρία, πάντα δ᾽ ἤδη διεξεληλύθει ταῦτα τ ἀκ τῶν νόμων, ὑπωμοσίαι καὶ παραγραφαί, καὶ ὐδὲν ἔτ᾽ ἦν ὑπόλοιπον .... κατεδιῄτησεν.[85]

在阿波罗多罗斯诉佛密欧案中出现了一个由仲裁人处理的管辖权异议。[86] 佛密欧不但主张这个案件是不合法的，而且主张通过支付由私人仲裁确定数额的赔款，争议已经解决。就我们所知，管辖权异议程序是可以向四十人委员会提出的，并且可以传递到仲裁人手中。事实上，这么做很自然，因为只有在调查确定撤诉的证明书已经递交之后才能够证明提出特别诉请是有理由的。[87] 只需仲裁人本身就能够进行这项调查。另一方面，佛密欧也可能在没有向四十人委员会提出管辖权异议的情况下就已经参加了争议解决程序。在仲裁人面前发生的非正式的、且循环进行的程序中，首先发言并不能够给发言者带来任何的优势。此外，证明这个案件已经通过协议解决的证据可以被引进仲裁程序，而无需先提出管辖权异议的特别请求。这个案件证明管辖权异议程序可以由仲裁人审理，但是此案并不能

---

〔83〕 Demos. xxi. 81, 83 – 86.

〔84〕 *Ibid.* 86. Cf. Kennedy, Translation of Demosthenes, III, 93, n. 5.

〔85〕 xxi. 84.

〔86〕 这显然来自于 Demos. xlv. 57 – 58。

〔87〕 *Ibid.* xxxvi. 16 – 17.

够证明的是，是否管辖权异议程序是对四十人委员会提出的呢，还是之后对仲裁人提出的。但是这个案件确实证明的一点是，利普西斯的观点，即管辖权异议与仲裁程序互相排斥是站不住脚的。[88]

在德摩斯梯尼文集提到的另一个案件中，[89] 管辖权异议与仲裁程序联系在了一起，并且这个案件呈现出了不同寻常的困难。在这里没有必要对发言者[90]因为让迪尔福姆斯（Theophemus）移交他在完成了战船司令官的职务之后仍然持有的船舶的传动装置而卷入的具体困难给予过多的关注。这个故事叙述十分的糟糕。在一开始的时候，发言者来到了迪尔福姆斯的家，并且试图拿回船舶传动装置。可是他并没有能够成功，后来，他就着手抓捕迪尔福姆斯。随后，当事人双方就争斗了起来，并且他们互相指责对方是挑衅者。[91] 不久之后，发言者就向四十人委员会提起了诉讼，而迪尔福姆斯则提起了反诉。这两个案件被分别递交给了不同的仲裁人。[92] 波利克斯认为：**καὶ ἡ παραγραφὴ δὲ ἀντιγραφῇ ἔοικεν· διὸ καὶ προεισέρχεται.**[93]在没有引证波利克斯的观点的情况下，沙夫（Schaefer）[94]坚持认为反诉首先得到了审理。舒尔茨（Schulze）[95]认为当两个诉讼涉及的是同一个争议事实时，这是很自然的。但是，之后的学者并不这么认为。[96]

让我们来看看，当前的这个案件是如何证明波利克斯的观点的。迪尔福姆斯的案件并没有先被审判，[97] 但是没有先被审判的原因在于当仲裁人将要给出发言者诉迪尔福姆斯案的裁定结果的时候，迪尔福姆斯发动了管辖权异议以及 **υπωμοσία**：

---

〔88〕 Cf. Calhoun, *op. cit.* 在针对努斯马彻斯等人的案件中，也涉及到了管辖权异议和仲裁程序，但是考虑到在这个案件中对仲裁问题谈得十分少（Demos. xxxviii. 6），因此，这个案件也没有太大的讨论价值。

〔89〕 xlvii.

〔90〕 为了避免产生混淆，在这个案件中，将原告称为“发言者”十分有效。

〔91〕 xlvii. 34 ff.

〔92〕 *Ibid.* 45; cf. Schulze, *Prolegomenon in Demos. quae fertur orationem adv. Apaturium*, pp. 19 ff.

〔93〕 viii. 58; s. v. ἀντιγραφή.

〔94〕 *Demosthenes und seine Zeit* (1st ed.), III, 2, 196.

〔95〕 *Op. cit.*, p. 16.

〔96〕 Cf. Lipsius, *op. cit.*, p. 860.

〔97〕 Demos. xlvii. 39.

προσεκαλεσάμην αὐτὸ ν καὶ ἔλαχον αὐτῷ δίκην τῆς αἰκίας. ἀντιπροσκαλεσαμένου δὲ κἀκείνου ἐμὲ καὶ διαιτητῶν ἐχόντων τὰ ς δίκας, ἐπειδὴ ἡ ἀπόασις ἦν τῆς δίκης, ὁ μὲν Θεόφημος παρεγρ άφετο καὶ ὑπώμνυτο, ἐγὼ δὲ πιστεύων ἐμαυτῷ μηδὲν ἀδικεῖν εἰσ ῄειν εἰς ὑμᾶς.[98]

迪尔福姆斯提出管辖权异议以及*υπωμοσία*，旨在阻止仲裁程序在发言者诉迪尔福姆斯案中进行。发言者表示，他自信没有做错任何事情，因此他敢于来到法庭前。这一点只能够说明发生在迪尔福姆斯与发言者之间的仲裁程序将继续进行到底，并且发言者决定对于己不利的仲裁决定进行上诉。事实上，这也确实发生了。[99]

当谈到管辖权异议的本质与迪尔福姆斯的*ὑπωμοσία*时，我们发现在对这个问题提出看法的学者之间并没有达成共识。如果波利克斯是正确的话，那么也许是因为迪尔福姆斯向法庭申请了延期，以便他有足够的时间提供他已经提出的反诉的证据。发言者暗示，虽然他在事实上并没有求助于管辖权异议和*ὑπωμοσία*程序，但是他本来是可以这么做的。这说明，发言者或许本可以在他本人为被告的仲裁程序中使用管辖权异议和*ὑπωμοσία*程序，或许可以在他本人为原告的仲裁程序中通过发动反管辖权异议程序或反*ὑπωμοσία*程序来对抗被告的策略。然而，要理解管辖权异议的本质还是有一定的难度的。

德摩斯梯尼的*δικη κακηγορίας*概括叙述了针对米迪亚斯[100]发动的仲裁程序，他谈到了被仲裁人撤销的管辖权异议程序（在此他使用了paragraphe的复数形式paragraphai）。对于这个复数形式有两种可能的解释。或者是米迪亚斯发动了超过一种类型的管辖权异议，或者是德摩斯梯尼，

〔98〕 *Ibid.* 45.

〔99〕 如果迪尔福姆斯败诉并提出上诉的话，发言者一定会提到这个问题的。发言者之所以含糊措辞，正是因为他最终败诉了。

〔100〕 xxi. 84.

即原告，为了对抗被告的管辖权异议程序而发动了反管辖权异议程序。[101]上述的任何一种解释都排除了常规的管辖权异议程序的可能性。根据现存的 *λόγοι παραγραφικοί*来看，提出管辖权异议的理由可能有很多，但是管辖权异议的种类却只有一种，并且这个程序的发动者总是被告。在这种情况下，鉴于管辖权异议与*ὑπωμοσία* 程序之间的密切关系，间接证明了他们事实上指的是同一个程序，那么似乎在这里以及在迪尔福姆斯案中所谈到的管辖权异议程序是完全另一个类型的程序。

哈朴克莱钦对管辖权异议程序的定义是以 *οὐ όνον ἐπὶ τοῦ κοινοῦ καὶ γνωρίμου τίθεται παρὰ τοῖς ῥήτορσιν* 开场的。这样的开场似乎表明这个词只有技术层面的意义。[102]这个不同的看法并非像它最初看起来那样令人感到畏惧。也许管辖权异议程序的解释是根据了它的语源学上的意义，即“文件注释”。无论如何，诉讼双方都能够发起这个程序。如果任何一方基于种种原因要在仲裁结果出来之前申请延期，该方当事人是如何发动这个程序的呢？显然，如果对方当事人反对的话，那么，就需要启动宣誓程序。根据观察，这类的宣誓程序总是与*μὴ οὖσα δίκη*相联系的。关于这类的要求必然有一定的纪录。对所有这些现象的最简单的解释就是将管辖权异议程序当作是对申请方提出延期申请理由的纪录。为了证明延期申请是善意的，宣誓是必需的。根据卡霍恩的观察，词典编纂者们之所以会将管辖权异议程序和*μὴὖσα δίκη*进行混淆是因为诉讼双方通常会求助于迟来的管辖权异议程序和*ὑπωμοσία*，从而使得他们有机会请求法庭驳回蔑视法庭的决定。[103]

---

〔101〕 认为这个复数是修辞意义上的复数形式的观点是很难被接受的，参见：Calhoun, *op. cit.*, p. 25.

〔102〕 *S. v. παραγραφή*; cf. Suidas, *s. v.*; Calhoun, *op. cit.*, p. 24, n. 1。定义的其他部分与法律的技术性细节没有什么关系。

〔103〕 Harrell, *op. cit.*, p. 30.

第五章　仲　裁

普遍的观点认为，在实践中所有的私人诉讼都可以被提起仲裁。[1]然而，问题也随之出现了，即仲裁是否被局限于由四十人委员会管辖的案件，以及类似的由军事执政官管辖的案件，而由执政官和司法执政官管辖的私人案件则不可以进行仲裁。[2] 根据这个理论，某些通常被派给地方行政官管辖的案件必然是属于四十人委员会的司法管辖权范围的。一些学者对这个观点表示赞同，而利普西斯[3]、布索尔特（Busolt）和史沃博达（Swoboda）[4]则反对这个观点。

在谈到这个声明 —— 即所有的由四十人委员会管辖的，并且标的超过 10 德拉克马的案件都可以被提起仲裁——的时候，亚里士多德提醒他的读者们，四十人委员会实际上是从由佩西斯特拉托斯创立的三十个作为仲裁人和法官的乡村法官发展而来的。[5] 在谈到其他的委员会和地方行政官的时候，除了在联系到军事执政官的时候，亚里士多德谈到了仲裁人之外，在其他地方他都没有再谈到仲裁人（军事执政官受理的案件的类型与四十人委员会受理的案件的类型相同，但是军事执政官受理的案件为非公民之间的纠纷，而四十人委员会受理的则是公民之间的纠纷）。因此，制定法律，允许非公民把他们的案件直接提交给四十人委员会，而四十人委员会管辖权范围的案件是可以进行仲裁的，这样，非公民便也可以享受到仲裁的好处。

---

〔1〕 Cf. Meier - Schomann - Lipsius, *Der Attische Process*, pp. 1009 ff. ; Lipsius, *Berichte der Koniglich Sachsischen Gesellschaft der Wissenschaften* (Philol. - Hist. Classe), XLIII (1891), 58. Lipsius, *Das Attische Recht*, p. 82, n. 116; cf. p. 228.

〔2〕 Bonner, "The Jurisdiction of Athenian Arbitrators," *CP*, II, 407 ff.

〔3〕 *Op. cit.* , p. 533, n. 61.

〔4〕 *Griechische Staatskunde*, p. 1111.

〔5〕 *Ath. Pol.* liii. 2; cf. , *supra*, I, 184 - 185.

> 这是他的（军事执政官的）职责去接受这些案件并将他们分成十类，随后，根据抽签的结果决定将不同的类型分配给每个部落；之后，将这些案件介绍给部落的地方行政官们会将案件移交给仲裁人。[6]

亚里士多德没有将仲裁与其他的司法官员和委员会联系起来讨论。他的沉默并不代表向其他的地方行政官提起的诉讼就可以免予受到仲裁程序，但是他的观点还是意义非凡的。在描述军事执政官的司法管辖权的时候，亚里士多德认为有一些案件不受制于仲裁程序。这些不受制于仲裁的案件是由军事执政官本人引进法庭的。这些案件就包括关于不动产和女性继承人的案件。可以比较肯定地认为，当这些诉讼涉及公民并且最终可由执政官审理的话，那么他们就不受制于仲裁程序。

亚里士多德用来描述执政官司法程序的语言明确地排除了仲裁程序在这类案件中的运用：*γραφαὶ δὲ καὶ δίκαι λαγχάνονται πρὸς αὐτόν, ἃς ἀνακρίνας εἰς τὸ δικαστήριον εἰσάγει.*[7] 匹辛格（Pischinger）[8] 相信执政官和所有其他的地方行政官通过四十人委员会将他们的案件交给仲裁人。当然，他也意识到坚持这个观点的难度，所以他试图通过批评亚里士多德因草率而忽略了谈及仲裁程序的重要性来避免谈到这个难题。事实上，根据他的理论，仲裁程序穿插于提起诉讼和正式审理案件之间。但是他的解释，即*ἀνακρίνας*仅仅涉及格莱菲程序，是建立在亚里士多德的一部分理论的基础之上的，从这点看，他得出他的观点的方式更加草率，并且增加了他坚持自己理论的难度。[9] 对于德摩斯梯尼的当事人而言，这样的一种对亚里士多德理论的牵强的，甚至可以说是不可能的解释，在继承案件中是没有价值的（在这个继承案件中，紧接着执政官调查程序的便是审判程序），并且，这个解释采用的用语与亚里士多德采用的一致：*καὶ μετὰ ταῦθ' ὁ ἄρχων ἀνέκρινε πᾶσιν ἡμῖν τοῖς ἀμφισβητοῦσι, καὶ ἀνακρίνας εἰσή*

---

〔6〕 *Ibid.* lviii. 2（trans. Kenyon）.

〔7〕 *Ibid.* lvi. 6.

〔8〕 *De arbitris Atheniensium publicis*, p. 39.

〔9〕 *Ibid.*, p. 34, n. 3.

γαγεν εἰς τὸ δικαστήριον。[10]

很久之前，休伯特（Hubert)[11] 就已经观察到，在所有的这些继承案件中，除了在尤布利德斯（Eubulides）诉马卡塔特斯（Macartatus）的宣誓书中提到了仲裁程序之外，在其他的案件中都没有提到仲裁程序。该案件的事实大致如下。一个年轻人对一位哈格尼亚斯（Hagnias）家族的成员的不动产提出了主张。在早先的诉讼程序中，根据判决，这个年轻人的母亲菲罗马彻（Phylomache）获得了该不动产的所有权。在随后的诉讼中，这个案件被再次进行了审理，并且该不动产被判给了提泼帕斯（Theopompus）。问题是，当提泼帕斯在 *προθεσμία* 到期之前的五年去世的时候，尤布利德斯，即菲罗马彻的小儿子对这个不动产提出了主张（不过，菲罗马彻的小儿子现在已经去世了）。提泼帕斯的儿子马卡塔特斯目前拥有该不动产。在对先前进行的诉讼的相对具体的描述中，代表他的儿子进行诉讼的索希柯勒斯要求对方出具菲罗马彻赢得了先前诉讼的证据：*ὡς ἐνίκησε τοῦ κλήρου τοῦ Ἁγνίου ἡ Εὐβουλίδου θυγάτηρ Φυλομάχη.*[12] 但是，我们所能够找到的宣誓书仅仅能够证明仲裁人的仲裁决定有利于她：*μαρτυροῦσι παρεῖναι πρὸς τῷ διαιτητῇ ἐπὶ Νικοφήμου ἄρχοντος, ὅτε ἐνίκησε Φυλομάχη ἡ Εὐβουλίδου θυγάτηρ τοῦ κλήρου τοῦ Ἁγνίου τοὺς ἀμφισβητοῦντας αὐτῇ πάντας.* 自然的，如果一个仲裁人的仲裁决定被双方认可为是案件的最终解决方式的话，那么这个决定将成为菲罗马彻胜诉的证据。[13] 但是，她并没有因为仲裁决定而胜诉，因为索希柯勒斯的发言表明，受争议的不动产是由民众陪审员法庭判决给他的妻子的。在提及第二个案件时，即菲罗马彻在这个案件中是败诉的，他谈到了菲罗马彻的对手们，他们进行了合作并采取了共同的措施*ὅπως ἀφέλωνται τὴν γυναῖκα τὴν τουτουὶ μητέρα τοῦ παιδὸς τὸν κλῆρον, ὃν αὐτῇ ὑμεῖς ἐψηφίσασθε.*[14]

---

〔10〕 xlviii. 31; cf. xliii. 7 – 8.

〔11〕 *De arbitris Atticis et privates et publicis*, p. 38.

〔12〕 Demos. xliii. 31.

〔13〕 为了避免这个难题而主张因为对于菲罗马彻的胜诉不存在争议，因此这份宣誓书很好地证明了这个观点的做法是徒然的，参见：cf. Drerup, *Fabrb. F. class. Phil.*, XXIV, 325.

〔14〕 Demos. xliii. 30.

没有人说过如果一个案件已经由民众陪审员法庭判决解决的话，那么它的存在就证明了公共仲裁人的判决的内容。布拉斯建议将 δικαστηρίῳ 与 διαιτητῇ 进行替换。[15] 在他看来，一纸书面证据的存在（该书面证据通常并不被视为确定的证据，因为它并没有证实发言者的任何陈述）并不能够被引用为唯一的证据证明这个继承案件受制于仲裁程序，尤其是存在相当数量的相反的证据。

其他的一些涉及继承的案件显然暗示着，判决日程表没有包括的证据可能被出示。

> 因此，让安德鲁克里斯来证明孩子们是婚生子女……他仅仅是提到了他母亲的名字，这一点并不能够充分地证明他们就是婚生子女，事实上，要想证明他所说的是事实的话，他必须提供了解事实的亲人［作为证人］……[16]
>
> 为了证明我所说的是事实，他的受害人尽管担心，但是，他们还是可能会提供他们所有的书面证据以支持我；不然的话，我将提供那些了解事实的人作为我的证人。[17]

在另一个案件中，发言者没有办法找到能够提供证据支持他的主张的证人，因此，他就传唤了不情愿作证或不友好的证人，让他们或是进行作证，或是宣誓弃权。[18] 此外，另一个发言者慎重地考虑了采用他并不十分了解的对手提供的证据可能性：ὥστε ἂν ἐπὶ τοῦτον τὸν λόγον καταφεύγῃ καὶ άρτυρας παρέχηται ὡς διέθετο ἐκεῖνος.[19] 这些段落仔细考虑了新的证据这个事实说明这些案件都不是仲裁案件，因为所有的证据都必须呈现在当着仲裁人的面举行的听证会上。[20]

---

〔15〕 Edition of Demos. , *Commentarius criticus*, *ad loc.*

〔16〕 Isaeus vi. 64.

〔17〕 *Ibid.* viii. 42.

〔18〕 *Ibid.* ix. 18.

〔19〕 *Ibid.* x. 23; cf. ix. 9.

〔20〕 关于调查庭程序的详尽讨论，参见：*supra*, 1, 283 ff; Leisi, *Der Zeuge*, p. 83; Thalheim, *Berl. Phil. Woch.*, XXIV, 1574 – 76.

根据《阿提卡律法》（Das Attische Recht）记载的内容看来，利普西斯认为继承案件以及所有其他的由执政官审理的案件都可以用仲裁程序解决。[21] 然而，在另一篇文章的结尾（Nachtrage und Berichtigung），利普西斯又否认了他先前的观点，并且承认继承案件并不可以用仲裁程序解决。[22]

如果我们接受利普西斯的最终观点，即除了*ἔμμηνοι δίκαι*[23] 和 *διαδικασίαι κλήρων* 以外，所有其他的诉讼都受制于仲裁程序，[24] 那么这些其他的地方行政官和委员会与仲裁员的关系又是怎样的呢？匹辛格[25] 相信，正如那些由军事执政官审理的案件一样，所有的案件都将通过四十人委员会递交给仲裁人。那些最初由执政官或者司法执政官审理的案件不得不经过无法容忍的繁琐程序。这个事实本身就足够引发他人的质疑。例如，根据这个理论，一个案件被递交到了执政官手中；他发动了调查庭程序之后，将这个案件移交给了四十人委员会。通过他们，这个案件被最终递交到了适当的仲裁人手中。但是这个叙述与亚里士多德的理论不同，根据他的理论，执政官亲自将他处理的案件递交到法庭，而无需仲裁人插手。[26] 此外，在对仲裁裁决提起上诉的情况下，这个案件又会回到最初受理它的地方行政官手中——例如，回到四十人委员会或者执政官手中。但是，即使是这种说法还是与亚里士多德的观点不同，在他看来，上诉将回到四十人委员会手中，再由四十人委员会将这个案件递交到法庭：*παραδιδόασι*（当 *οἱ*出现上诉的情况）*τοῖς τέτταρσι τοῖς τὴν φυλὴν τοῦ φεύγοντος δικάζουσιν. οἱ δὲ παραλαβόντες εἰσάγουσιν εἰς τὸ δικαστήριον.*[27] 为了调和这些亚里士多德的有一定矛盾的陈述，匹辛格选择了权宜之计，即否定了亚里士多德的正确性。根据哈朴克莱钦[28] 的理论，匹辛格主张对于所有受制

---

〔21〕 P. 228, n. 31; cf. p. 839, n. 35，在这里，他拒绝采用发言者的陈述表明他并不确定他的对手将提供怎样的证据，即他不确定这些证据到底是否会使这个案件来到仲裁人面前。所有这些语言他认为都只不过是假想或者纯粹的修辞手法。

〔22〕 *Op. cit.*, p. 981.

〔23〕 cf. *ibid.*, p. 82.

〔24〕 自然的，*δίκαι φόνον* 并不能够很好地受制于公共仲裁。

〔25〕 *Op. cit.*, p. 39.

〔26〕 *Ath. Pol.* lvi. 6.

〔27〕 *Ibid.* liii. 2 – 3.

〔28〕 *S. v.* *διαιτηταί*.

于仲裁的案件，如果一旦出现上诉的情况，那么这个案件都将回到最先受理它的地方行政官的手中。不过，这个表述 *καὶ σημηνάμενοι*（*sc. οἱ διαιτηταί*）*παρεδίδοσαν τοῖς εἰσαγωγεῦσι τῶν δικῶν* 过于模糊，以至于无法支持对亚里士多德见证的质疑；在各种不同的案件中，*τοῖς εἰσαγωγεῦσι* 可能指的是四十人委员会以及最初的受理案件的地方行政官。不过，除了这点以外，哈朴克莱钦还是一如既往地支持亚里士多德，并且清楚地指出他所作的仅仅是再次陈述亚里士多德的观点，而非改正他的观点，因为他补充道：*λέγει δὲ περὶ αὐτῶν*（*sc. τῶν διαιτητῶν*）*Ἀριστοτέλης ἐν Ἀθηναίων πολιτείᾳ*. 利普西斯[29]对匹辛格的这个所有案件都要通过四十人委员会递交到仲裁人手中的理论并不赞成，不过他认可匹辛格的这个观点，即如果出现对仲裁者的裁决上诉的情形，那么该上诉将返回到最先审理该案的地方行政官手中。然而，这个说明并不能够解释为什么亚里士多德在谈到执政官和司法执政官审理的案件的时候，对仲裁程序只字不提，却在讨论军事执政官的时候提到了这个程序。事实上，一旦大家接受亚里士多德的陈述所暗指的内容，即只有那些由四十人委员会以及军事执政官所审理的案件（不包括继承案件）是受制于仲裁程序的，所有的困难都会消失。[30]

对于那些不会受到现存演说稿消极影响的学者而言，亚里士多德提供的论据是令人信服的。匹辛格以演说者为根据，给出了一份曾经出现过仲裁程序的案例清单（在他看来，将这份清单中的案例划分给地方行政官是恰当的）：

I. Archontis actiones

（1）*ἐπιτροπῆς*：Lysias xxxii；Demos. xxvii；xxix

（2）*κλήρου*：Demos. xliii. 31

（3）Status familiae：Demos. xl. 10

II. Thesmothetarum actiones

〔29〕 *Op. cit.*, p. 227, n. 30.

〔30〕 *Ath. Pol.* lviii.

（1）*κλοπῆς*：Demos. xxii. 27 – 28

（2）Status civitatis：Lysias xxiii；Isaeus xii；Demos. lix. 60[31]

也许继承案件再也不被视为受制于仲裁案件了，因而可以被立刻忽略。[32] 分配给执政官的次重要的案件类型为所谓的监护案件。利普西斯[33]主张监护案件由执政官审理，并拒绝接受相反的观点。[34] 有必要注意的是，亚里士多德列出的属于执政官管辖的案件中都没有涉及关于监护权的诉讼，但是，正如利普西斯合理地指出的那样，亚里士多德的清单不能被推定为是穷尽的。不过，对由执政官管辖的案件清单的分析表明，执政官管辖的案件局限于不动产处置、不动产分割、侵犯财产、虐待家庭成员、监护权纠纷。并且，从总体上讲，执政官

> 有义务照顾孤儿、女性继承人以及寡妇（在其丈夫死后宣称怀有该去世男子的骨肉）的利益……他还帮助孤儿和女性继承人出租他们所有的房屋，直到他们成长到十四岁为止，并且确保这些出租财产的安全；并且，如果监护人没有能够尽到合理的监护义务，那么执政官就会帮助被监护人从监护人处获得必要的金钱。[35]

执政官行使上述职责是通过对监护人处以限定数额的罚款来进行的，当然，如果他认为超过他的职权范围的罚款数额是有正当理由的话，那么他也可以通过诉讼来行使职权：*κύριός ἐστι τοῖς ἀδικοῦσιν ἐπιβάλλειν ἢ εἰσάγειν εἰς τὸ δικαστήριον*.[36]

根据观察，执政官对孤儿的照顾义务当孤儿们成年之后就终止了，而且，他与监护人的关系也仅仅存在于被监护人未成年期。他会主持在被监

[31] *Ibid.*, p. 35.

[32] Cf. *supra*, pp. 98 ff.

[33] *Op. cit.*, p. 533, n. 61.

[34] Bonner, *CP*, II, 413 ff.

[35] Arist. *Ath. Pol.* lvi. 6 – 7.

[36] *Ibid.*; cf. *supra*, I, 279 ff.; Demos. xliii. 75.

护人未成年期间针对监护人的诉讼行为。正如亚里士多德所描述的那样，执政官和监护人之间的关系如下文所述。在一定的情况下，由执政官指定监护人。当遇到监护权争议的时候，由他决定最终监护人。当被监护人本人或者他的财产受到监护人的侵害的时候，由执政官亲自主持法庭审理。当监护人拒绝为被监护人的利益服务或者拒绝出租被监护人所有的不动产时，执政官有权力采取行动。必须指出的是，所有的这些发生在执政官与监护人之间的联系都将在被监护人成年的那一刻停止。当然，人们有理由认为它们之间还有一些其他的接触，但是，有一点是肯定的，即这些接触仅仅发生在被监护人的未成年期间，即使遇到需要执政官主持的监护诉讼也不例外（该诉讼是由被监护人对监护人提出控诉，基于监护人做假账的行为，或是拒绝递交账户清单的行为，而要求获得成年资格的诉讼）。利普西斯和他的支持者们已经毫不犹豫地认为这个类型的诉讼是属于执政官管辖而非传统的由四十人委员会管辖的案件。

在几乎所有的演说者记载的继承案件中，执政官总是以主持官员的身份出现。在尤布利德斯诉马卡塔特斯一案中，[37] 发言者提到了早先的一个涉及不动产纠纷的诉讼时说道*ἐπειδὴ ἦγεν ὁ ἄρχων εἰς τὸ δικαστήριον*，随后，他又提到了手头的案件是向执政官提出的诉讼：*ὁ παῖς οὑτοσὶ προσεκαλέσατο Μακάρτατον τοῦ κλήρου Ἁγνίου εἰς διαδικασίαν, καὶ ἔλαχε πρὸς τὸν ἄρχοντα, κύριον ἐπιγραψάμενος τὸν ἀδελφὸν τὸν ἑαυτοῦ*.[38]在另一个案件中（该案并非真正的继承案件，而是从某个继承案件中衍生出来的），发言者简单地描述了最初的继承案件，并明确地指出执政官是案件审理的主持官员：*ἐπειδὴ ἀνεκρίθησαν πρὸς τῷ ἄρχοντι ἅπασαι αἱ ἀμφισβητήσεις*.[39] 在《伊塞奥斯》中也提到了几个类似的案件。[40]

---

〔37〕 Demos. xliii. 8.

〔38〕 *Ibid.* 15; cf. xliv. 1.

〔39〕 *Ibid.* xlviii. 23.

〔40〕 v. 18; vi. 12; xi. 33.

在大量的演说者记载的继承案件中,[41] 执政官都被明确地记载为主持官员，与这个情况形成鲜明对比的是，在八个关于监护权的诉讼中，没有一个案件提到了执政官的主持人身份。这不可能是一种巧合或是偶然，事实上，这个情况的确耐人寻味。

德摩斯梯尼诉奥内多（Onetor）中提到了执政官。具体的段落内容如下：

> 陪审员们，对于许多的雅典人以及被告本身而言，很显然，我的监护人没有尽到应尽的职责。其实，这个事实很早就被发现了；围绕我的问题已经举行了大量的会议以及讨论，这些活动都是当着执政官以及其他人的面展开的。鉴于留给我的不动产的价值不菲，且托管人没有将其出租，显然他这么做的目的是为了自己享受该不动产的收益。正因为此，凡是了解情况的人，无不认为一旦我成年，我应当从托管人那获得相应的补偿。[42]

为了实现在德摩斯梯尼诉阿皮赫布斯（Aphobus）案中有利于德摩斯梯尼的陪审团的裁决，即由阿皮赫布斯向德摩斯梯尼支付10塔兰特，德摩斯梯尼对奥内多也就是他的妹夫提起了诉讼，以获得由奥内多作为抵押权人的一份房产的所有权（他的这项诉讼的基础在于阿皮赫布斯与奥内多进行了勾结）。德摩斯梯尼试图向陪审团证明，在这种情况下，奥内多不可能是不知情的“抵押权人”，因为他必然已经对他的监护人的贪污以及盗用公款的行为有所了解。众所周知，一旦证明了这个问题，德摩斯梯尼的胜算是相当大的。换句话说，阿皮赫布斯的所有财产都可以作为执行标的。不过，没有人认为在德摩斯梯尼诉奥内多案中[43]提到的执政官的情形就能够说明执政官主持*δίκη ἐπιτροπῆς*这类案件,[44] 因为，无论发生在执政官

---

[41] 关于具体的清单内容，参见：Schulthess, *Vormundschaft nach Attischem Recht*, pp. 242 ff.

[42] Demos. xxx. 6 (trans. Kennedy).

[43] *Ibid.*, just cited.

[44] Cf. Beauchet, *Histoire du droit*, II, 273; Dareste, *Les Plaidoyers cicils de Demosthene*, I, 85; Schaefer, *Demosthenes und seine Zeit*, I, 270.

面前的行为、争论是怎样的，这些都事情都发生在德摩斯梯尼的未成年期。

德摩斯梯尼中提到的一个案件对*δίκη ἐπιτροπῆς*这个问题进行了一定的解释。具体情况并不容易被发现。也许实际的情况如下。努斯马彻斯与西诺皮特斯（Xenopithes）对他们的监护人阿里斯塔车姆斯（Aristaechmus）提起了诉讼，诉因则与他们所拥有的不动产的账户有关，*ὡς γὰρ οὐκ ἀποδόντι λόγον, καὶ τοῦτο ἐγκαλοῦντες φαίνονται. λέγε αὐτὸ τὸ ἔγκλημα, ὃ τότ' ἔλαχον τῷ πατρί.*[45] 他似乎是通过支付 3 塔兰特以及交出一份财产（该财产包括一些房屋、土地以及附着在不动产上的债务，该债务的债务人为来自博斯普鲁斯（Bosporus）的赫莫纳（Hermonax））来了结的这一案件。实际上，到底他们是接受了直接的债权转让作为解决争议的方式，还是由过去的监护人代替他们收回债务，再转交给他们作为解决争议的方式并不为人所知。无论是怎样的情况，原告努斯马彻斯和西诺皮特斯对阿里斯塔车姆斯的继承人们提起了诉讼，诉由则是阿里斯塔车姆斯或者是其他人以他的名义已经收取了钱财：*οὗτοι γὰρ γεγράφασιν εἰς ὃ νῦν ἔγκημα διώκουσιν, ὀφείλειν ἡμᾶς τὸ ἀργύριον κομισαμένου τοῦ πατρὸς καὶ παραδόντος αὐτοῖς τοῦτο τὸ χρέως ἐν τῷ λόγῳ τῆς ἐπιτροπῆς ὀφειλόμενον.*[46] 被告提出了异议，并且发动了管辖权异议的程序，他认为这个案件具有不可诉性，首先因为被告已经获得赦免，其次因为限制诉讼法令已经正常地运作了五年。这场针对监护人的诉讼在被监护人成年之后的八年才得到解决。目前的这场诉讼发动于十二年之后，而监护人阿里斯塔车姆斯在争议解决之前的几个月就已经过世了。这个案件有一定的不同寻常且有趣的方面。具体而言，这个案件是关于损害赔偿的诉讼，然而被告却求助于限制诉讼法令以阻止被监护人对他们的监护人的诉讼：*βούλομαι καὶ ὑμῖν τὸν νόμον εἰπεῖν, ὅστις διαῤῥήδην λέγει, ἐὰν πέντε ἔτη παρέλθῃ καὶ μὴ δικάσωνται, μηκέτ' εἶναι τοῖς ὀρφανοῖς δίκην περὶ τῶν ἐκ τῆς ἐπιτροπῆς ἐγκλημάτων.*[47] 这些措辞显然是指 *δίκη ἐπιτροπῆς*。他们还提出了撤诉请求。根据这样的单方面的陈述是无法确定当以 3 塔兰特作为对价的和解

〔45〕 xxxviii. 15.

〔46〕 *Ibid.* 14.

〔47〕 *Ibid.* 17.

方案已经得到双方的认可之后，监护人以及他的财产是否仍然对原告的诉讼主张负有责任。事实是这样的，尽管被告提出了抗议，四十人委员会还是接受了这个案件。如果原告的主张是有理有据的话，那么一旦监护人本人不能够出席法庭诉讼的话，那么他的财产将被针对提起诉讼。显然，这个观点是荒谬的。皮奥切特（Beauchet）[48] 以及其他人将 *δίκη ἐπιτροπῆς* 视为 *δίκη βλάβης* 的一种特殊形式。如果真是那样的话，这个案件附带着它的种种含糊之处充分显示了 *δίκη ἐπιτροπῆς*，正如 *δίκη βλάβης* 一样，属于四十人委员会的管辖范围。

吕西亚书中[49] 的迪欧格泰（Diogeiton）案和匹辛格提供的清单中所包含的德摩斯梯尼本人针对他的监护人提起的诉讼中都没有提到执政官，而只提到了仲裁程序。简单地说，根据手头所有的信息并不能够证明监护案件都属于执政官，只能够证明执政官对未成年的孤儿及与该孤儿利益相关的案件有管辖权。但是一个未成年人是没有权利发动 *δίκη ἐπιτροπῆς* 的。

匹辛格所列的清单中的另一类案件是关于家庭身份的。现存的这类案件只有马蒂特斯（Mantitheus）诉波俄欧特斯（Boeotus）中提到的波俄欧特斯和潘菲勒斯（Pamphilus）诉曼提斯（Mantias）案。[50] 一位不友善的发言者是这样描述这个案件的具体事实的。波俄欧特斯和潘菲勒斯是以普兰贡（Plangon）（潘菲勒斯的女儿）的儿子的身份长大成人的，而普兰贡又是曼提斯的前妻。当这两个年轻人长大成人之后，他们对他们的父亲提起了诉讼，要求他们的父亲承认他们是他的儿子。桑迪斯和佩利（Paley）[51] 对波俄欧特斯在诉讼当时是否真的已经成年这个问题表示质疑。但是 *αὐξηθείς* 这个措辞以及与波俄欧特斯的合作者并非 *κύριοι* 而是好讼者这个事实显然证明他不再是个未成年人了。这个案件引发了一系列值得讨论的问题。[52] 基于种种原因，曼提斯并不愿意卷入这场诉讼，因此，他完全同意向普兰贡正式提出宣誓的要求，以证明这两位年轻人是他的儿

---

〔48〕 *Op. cit.*, II, 303, n. 5.

〔49〕 xxxii.

〔50〕 Demos. xl. 9 ff.

〔51〕 *Demosthenes' Select Private Orations*, I, 152.

〔52〕 Cf. Lipsius, *op. cit.*, p. 505, n. 25.

子。[53] 然而，在曼提斯看来，普兰贡会看在三十明那的面子上拒绝向仲裁人宣誓。[54] 如果她果真像她所同意的那样拒绝进行宣誓的话，那么，曼提斯将不再承担任何的责任：τούτων δὲ πραχθέντων οὐδὲν ἔτι ἔσεσθαι αὐτοῖς.[55] 不过，普兰贡同意进行宣誓，并且宣称这两个年轻人确实是曼提斯的儿子。因此，曼提斯败诉了，并且将原告以他的儿子的身份介绍给了他的家族。这个案件由仲裁人进行了仲裁，但是，并没有确切的证据证明具体是哪一位官员接手了这个案件。一般认为，一旦案件涉及家庭关系，那么这个案件通常由执政官受理。利普西斯并没有将这类案件直接地归为由执政官管辖的案件，但是，他对匹辛格提供的仲裁案件的清单，以及这些仲裁案件最终被委派给地方行政官的观点表示了赞同。[56] 不过，没有人为这样的诉讼进行命名。

当然，在目前这个情况下，有一份证据应当被考虑在内。波俄欧特斯 ἐδικάζεθ' υἱὸς εἶναι φάσκων ἐκ τῆς Παμφίλου θυγατρὸς καὶ δεινὰ πάσχειν καὶ τῆς πατρίδος ἀποστερῖσθαι.[57] δεινὰ πάσχειν 这个措辞等同于ἔτεα πολλὰ βλάπτεσθαι 使用的 δίκη βλάβης。[58] 此外，当曼提斯的儿子马蒂特斯对很久之后才得到承认的波俄欧特斯提出诉讼（因为波俄欧特斯坚称自己为马蒂特斯），这个案件属于 δίκη βλάβης。[59] 这两个诉讼之间并没有很大的区别。一个是涉及父亲身份的认定的，另一个是涉及家族名称的。他们都是关于家庭关系的。如果马蒂特斯诉波俄欧特斯属于 δίκη βλάβης 的话，那么波俄欧特斯和潘菲勒斯诉曼提斯也属于这个类型。[60] 正因为如此，这个案件由四十人委员会审理，并且适用仲裁程序。这就否定了匹辛格的仲裁清单，因为在匹辛格看来，该清单中的案件都是属于执政官的管辖权范围之内的。

---

〔53〕 Demos. xl. 10.

〔54〕 Cf. Isaeus xii. 9，关于攸非利特的母亲是否愿意提供一份作为证据的宣誓（内容是关于他的父亲的身份的）。

〔55〕 Demos. xxxix. 3.

〔56〕 *Op. cit.*, p. 228, n. 31.

〔57〕 Demos. xxxix. 2.

〔58〕 *Ibid.* xli. 12; cf. xxxvi. 20. Cf. Lipsius, *op. cit.*, p. 653, n. 61.

〔59〕 Lipsius, *op. cit.*, p. 652.

〔60〕 Demos. xxxix. 2.

有两类受制于仲裁程序的案件被分配给了司法执政官审理。一个类型是 *δίκη κλοπῆς*。在欧克德门和狄奥多罗斯（Diodorus）诉昂德拉逊案中,[61]在讨论各种受害人可以求助的救济方式的时候，一位原告提出了四种不同的方式来处理盗窃案件。方法之一便是发动受制于仲裁的民事程序。具体的措辞是建议性的：“向仲裁人起诉他的盗窃行为。”在关于法庭任期的文献中并没有提到可以对盗窃行为提起民事诉讼。《雅典法律程序》(Der Attische Process）的作者指出,[62] 也许这个案件由司法执政官管辖。在亚里士多德对司法执政官的司法职能的描述中提到了一些案件，但是却没有任何文字提到存在其他的情况：*εἰσάγουσι δὲ καὶ δίκας ἰδίας, ἐμπορικὰς καὶ μεταλλικὰς καὶ δούλων, ἄν τις τὰν ἐλεύθερον κακῶς λέγῃ ..... καὶ τὰς δίκας τὰς ἀπὸ τῶν συμβόλων εἰσάγουσι.*[63] 没有任何的情况涉及 *δίκη κλοπῆς*。

此外，在讨论职务审查官（euthynoi）的职责的时候（当前地方行政官的账户通过了审计之后的三天之内，职务审查官接受针对该前地方行政官的指控和索赔)，亚里士多德说道：

> 如果任何人打算在法庭对任何一个已经通过账户审计的法官提起诉讼的话，无论这个诉讼是公诉还是私人诉讼，他可以在该法官通过审计审查的三天之内在一块白色的写字板上写上他自己的名字和他准备起诉的官员的名字，以及他所指控的该官员的不法行为。他还可以附加他认为合适的惩罚尺度，并且将之交给审查员。审查员将接受并审理他的指控，如果他认为指控有依据的话，那么他将进一步将指控向上移交，如果指控的性质属于私人诉讼的话，那么他会将案件递交地方行政官（这些地方行政官将为了相关部落的利益而开展审理活动)，如果案件的性质属于公诉，那么他会将案件登记在司法执政官的登记本上。随后，如果司法执政官接受这个案件的话，那么他们将在法庭的监督下对该

〔61〕 *Ibid.* xxii. 27 – 28.

〔62〕 Meier – Shomann – Lipsius, *op. cit.*, p. 453.

〔63〕 *Ath. Pol.* lix. 5 – 6.

> 法官的账户进行重新审核，之后得出的陪审团决定将成为最终判决。[64]

这样看来，似乎大量的刑事案件由司法执政官审理，而大量的民事案件（dikai）则由四十人委员会审理。人们或者也可以这么认为，即所有的民事案件，除了另被分配的之外，都由四十人委员会审理。在对十一人委员会所管辖的案件——*εἰσαγωγεῖς*和*ἀποδέκται*进行了一番讨论之后，他继续对四十人委员会的职责进行了讨论；*πρὸς οἷς τὰς ἄλλας δίκας λαγχάνουιν*.[65] 四十人委员会对标的额低于10德拉克马的案件进行管辖；其他的案件则移交给仲裁人管辖。如果当事人对仲裁结果进行上诉的话，那么这个案件将被移交给四十人委员会并由他们进行审理。通常会使用这个措辞*τὰς ἄλλας δίκας*以说明所有的私人诉讼，除了那些先前提到的以外，其他的都属于仲裁人的管辖范围；[66] 而且，就希腊语而言，这些措辞的通常含义就是如此。不过，如果试图将对这些措辞的解释与亚里士多德随后的陈述进行调和的话，这将是一份难度较大，且具有实际困难的工作。亚里士多德提到的那些民事案件是被指派给三位执政官和司法执政官的。显然，亚里士多德试图表达的含义是，在他的论文中提到的除了另被分派的民事案件之外，其他的案件都将被移交到四十人委员会和仲裁人手中。显然，利普西斯[67]之所以将*δίκη κλοπῆς*这个类型的案件归为属于司法执政官管辖的案件是因为*γραφαὶ κλοπῆς*属于这个委员的管辖范围。利普西斯发现了对一个本质上为刑事犯罪的案件发动刑事诉讼还是民事诉讼之间的区别。[68] 但是，无论是在怎样的情况下允许对盗窃案件提起民事诉讼，*δίκη κλοπῆς*与*δίκη βλάβης*的本质还是相同的。

匹辛格将针对潘克利昂[69]的案件当作属于司法执政官管辖的仲裁案件

---

〔64〕 *Ibid.* xlviii. 4 – 5 (trans. Kenyon).

〔65〕 *Ibid.* liii. 1.

〔66〕 Cf. Sandys, *ad loc.*; Lipsius, *Berichte der Sahischen Gesellschaft*, XLIII (1891), 54 f.

〔67〕 *Op. cit.*, p. 438.

〔68〕 Demos. xxiv. 113 – 14.

〔69〕 Lysias xxiii.

进行引用。在他看来，这个案件是与公民身份有关的案件。利普西斯[70]认可了这类案件属于司法执政官的管辖范围。关于这个案件的许多困惑之处源于与这个案件有关的最初的案件，即最初的案件是关于潘克利昂到底属于两个奴隶主中的哪一个。最初的对潘克利昂起诉的案件内容如下：

显然，发言者向军事执政官提起了诉讼，而起诉的内容不过是指出潘克利昂对他进行了长期的伤害，因此他对他提起了诉讼。因此，他来到潘克利昂工作的地方，并且要求他出席由军事执政官主持的诉讼，“相信他是外籍居民”。潘克利昂则反驳道，他本人是享有公民权的普拉蒂亚人而非外籍居民。通过某一位证人对一系列提问的回答，发言者发现潘克利昂宣称自己来自德凯利亚（Decelea），且属于希波图恩斯（Hippothoōntis）这个部落。正因为此，他将自己传唤到了四十人委员会面前（四十人委员会对被告属于希波图恩斯部落的案件拥有管辖权）。[71] 至于一个原告如何在同一时刻，在两个法庭传唤同一个当事人的问题并没有得到解释，其实这个问题并没有什么实际的意义。它们是选择性的传唤。[72] 值得注意的问题是，发言人相信如果军事执政官最终受理这个案件的话，那么这个案件会被移交给四十人委员会进行仲裁。否则的话，他也不会要求潘克利昂以公民的身份参加四十人委员会主持的案件审理。发言的其他内容对我们的价值不大。只要我们记住这个针对潘克利昂提出的诉讼属于四十人委员会和仲裁的管辖范围即可。因此，这个案件必须从匹辛格的清单中被删除。[73]

另一个由匹辛格列出的所谓的属于司法执政官管辖的关于公民身份的案件在迪奥纳斯特斯诉尼亚拉中[74]被提到了。法斯特（Phrastor）在假定法诺（Phano）是斯提法奴斯前妻所生的女儿的前提下娶了法诺，但当他发现事实上她是一个与斯提法奴斯同居的臭名昭著的女人的女儿之后，他就和她离婚了。当时，法诺已经有了身孕。后来，法斯特病倒了，法诺和她的母亲来到法斯特的住处照顾他。据说在这种情形下，他决定领养那个

---

〔70〕 *Op. cit.*, p. 228, n. 31.

〔71〕 Lysias xxiii. 2.

〔72〕 Cf. Wilamowitz, *Aristoteles und Athen*, II, 370.

〔73〕 Cf. Gomme, “Two Problems of Athenian Citizenship Law”, *CP*, XXIX, 127, n. 9.

〔74〕 Demos. lix.

法诺所产下的男孩。为了进一步达到目的，他将这个男孩介绍给了氏族以及他所属的家族的成员们。但是，他的家族成员拒绝承认那个男孩。随后，法斯特提出了诉讼。[75] 这个案件由仲裁人处理，而法斯特的氏族要求法斯特进行证据性宣誓“宣誓他绝对地相信这个男孩是他与一个雅典女子在合法婚姻下生下的儿子。”如果他进行这样的宣誓的话，那么这个儿子就会被氏族所认可，但是，他拒绝这么做，因此，这个案件的判决结果对他不利。他针对 *γεννῆται* 提出的最初的诉讼的性质是什么呢？读者一定会联想起上文已经谈到的波俄欧特斯与潘菲勒斯诉曼提斯的诉讼。[76] 在那个案件中，那个妇女被要求发誓证明关于她的儿子的父亲的身份；在本案中，则是一个男子被要求发誓证明关于他儿子的母亲的身份。利普西斯[77] 认为后者由司法执政官管辖，因为他认为这个案件类似于德莫大会判决将某个人从家族中除名的上诉。可惜的是，这个类比是不正确的，因为就目前所知，不存在对氏族的投票决定提出上诉的案件。仅存的救济方式是针对氏族成员提起损害赔偿之诉。该诉讼由四十人委员会处理并受制于仲裁程序。

另一个诉至仲裁人面前的关于公民身份的案件是攸非利特（Euphiletus）诉艾瑞克阿德莫（The Deme of Erichia）。[78] 哈利卡那瑟斯（Halicarnassus）的戴奥尼夏将这个案件形容为是针对一条将原告逐出德莫的法令而向民众法院[79] 提出的上诉。该法令的根据是一项公元前 346－345 年的德莫斐勒斯（Demophilus）法令。[80] 这是一个相当棘手的案件。尽管如果上诉失败的话，那么相应的惩罚是将上诉人卖身为奴，利普西斯还是将这个案件归类为由司法执政官管辖的民事案件。[81] 不过，亚里士多德的用语则似乎并未将这类诉讼归为刑事案件，也未将之归为民事案件。在列举了由司法执政官管辖的刑事案件之后，亚里士多德补充道：*εἰσά*

〔75〕 *Ibid.* 60.

〔76〕 *Ibid.* xl. 9 ff.; cf. *supra*, pp. 107 f.

〔77〕 *Op. cit.*, p. 629.

〔78〕 Isaeus xii, quoted by Dionysius of Halicarnassus (*De Isaeo judicium* 17).

〔79〕 *Ibid.* 16.

〔80〕 Aeschin. i. 86; Harpocration, s. v., “διαψήφισις”.

〔81〕 Lipsius, *op. cit.*, pp. 247, 415, 628－29. Cf. Gomme, *op. cit.*, pp. 130 ff.，关于反对将这个判决仅仅适用于那些被证明为是奴隶的人的论据。

γουσι……δίκας ἰδίας.[82] 卫塞（Wyse）[83] 认为这是一个属于司法执政官管辖的公诉案件，并将仲裁人在此类案件中的出现解释为是一种特别的措施。之所以采取这项措施的原因在于由于特殊原因造成了大量的案件都要由司法执政官管辖。迪勒（Diller）对这个案件提出了一个令人可以接受的解决方案。[84] 如果这个案件要被归类为符合德莫斐勒斯法令下的条款的上诉，那么伊塞奥斯（xii）的日期必须被定在晚于前 346－345 年。有人注意到对于伊塞奥斯的发言而言，这个日期晚了十年。[85] 迪勒认为“戴奥尼夏只是混淆了先于与后于德莫斐勒斯法令的不同类型的审查。此外，伊塞奥斯所写的文字片断（i. e.，xii）属于先于德莫斐勒斯法令类型的 δίκη。”有充足的证据支持这个观点。德摩斯梯尼（lvii）被描述为ἔφεσις πρὸς Εὐβουλίδην，即哈里姆斯（Halimus）的行政长官。利巴涅斯（Libanius）的《假说》将该案描述为根据雅典的相关法律（关于受审查公民清单以及那些被拒绝的案件的上诉）项下的上诉。该法律的制订人是德莫斐勒斯。戴奥尼夏从伊塞奥斯那里引用来的文字（现被出版为 Oration xii）在事实上与利巴涅斯的《假说》中的用语一致。[86] 这两个发言被认为讨论的是同一个案件。不过它们的叙述还是有很大的区别的。在《伊塞奥斯》（xii）中提到了仲裁人，但是德摩斯梯尼（lvii）不可能出现在仲裁人面前，因为他在审理中所提供的证据必须是过去没有提供过的；然而，在仲裁案件中，所有的证据都必须提供给仲裁人。[87] 基于在攸非利特案中没有仲裁程序这个事实表明这个案件与攸非利特案不属于同一个类型。没有直接的针对攸非

---

〔82〕 *Ath. Pol.* Lix. 5.

〔83〕 *The Speech of Isaeus*, pp. 716 f.

〔84〕 TAPA, LXIII, 193 ff.

〔85〕 泰尔汉姆（Isaeus, p. xxxiv）给出的关于第七篇演说（Or. Vii）的最晚的日期为公元前 353；卫塞（Wyse, *op. cit.*, p. 715）不太情愿地认可了晚于公元前 346 年－公元前 345 年的这个日期。

〔86〕 当亚里士多德（*Ath. Pol.* xlii）在讨论剥夺公民权的问题的时候，认为上诉适用于那些被拒绝审核的公民。

〔87〕 Bonner, *Evidence in Athenian Gourts*, pp. 52 ff. 高姆（*op. cit.*, p. 128）承认新的证据可以被提供，但是补充道，这些证据的重要性不能够被夸大。根据亚里士多德关于对仲裁的上诉程序中不能够提供新的证据的声明，显然可以得出这样的结论，即如果新的证据被引入这个案件中，那么这个案件一定没有经历过仲裁程序。

利特的文字指出被告会被卖身为奴，但是确实有一些短语暗示了他的悲惨命运。他最终威胁说如果判决结果对他不利的话，那么他就会自杀的这个事实似乎暗示着他所受到的威胁远胜于失去公民身份。[88] 如果高姆（Gomme）认为“卖身为奴”的判决仅仅适用于上诉人的话，那么不提及卖身为奴这个惩罚的做法也是很自然的。然而，在伊塞奥斯案中，唯一有价值的信息是指出攸非利特遭到了错误对待。而这个错误对待指的不是不利于他的判决结果，而是构成他诉讼基础的事实。显然，在这里就像在波俄欧特斯和他的弟兄潘菲勒斯与法斯特案中一样，这是一个 δίκη βλάβης 案件。[89]

在这里总结出匹辛格认为属于执政官或司法执政官管辖的仲裁案件的清单（该清单得到了利普西斯的支持）。明显地，这些案件也属于四十人委员会的管辖范围，并且演说家们的观点也与亚里士多德的自然结论相一致，也就是说，仅存的仲裁案件就是那些直接来到四十人委员会面前的，或是通过其他官员为中介来到四十人委员会面前的。

在哈瑞尔（Harrell）[90] 对雅典法律的有关公共仲裁部分出色的研究文献的附录中，他根据阿提卡的雄辩家提供的信息对仲裁案件汇编了一份清单如下：

1. δίκη αἰκείας（Lipsius, p. 643）（Isoc. xx.）

Demos. xlvii. Cf. sec. 45.

Demos. liv.

德摩斯梯尼（Demos. xxxvii. 33）中谈到了这个诉讼是属于四十人委员

---

〔88〕“我父亲把我遗弃，因此我成为了一个孤儿。代表我的母亲，我恳求你们——无论判决的结果如何，请求你们恢复我将我的母亲埋葬在我们家族世世代代流传下的纪念碑之下吧。请不要阻止我这么做——请不要将我驱逐——请不要将我与我的众多的亲人们分开，他们的人数那么的众多，请不要彻底地毁了我。如果他们不可能拯救我，那么与其放弃他们，倒不如我自杀，至少这么做我会被他们埋葬在我自己的国家”（Demos. lvii. 70 [trans. Kennedy]）。

〔89〕 Cf. *supra*, pp. 107 f. and 112.

〔90〕 Public Arbitration in Athenian Law, “*University of Missouri Studies*”, XI, No. 1, 36 ff. “这份清单包括了两类诉讼：（a）那些包括了特定的内部证据的仲裁诉讼；（b）那些没有特别提到仲裁的诉讼，但是根据合理的推测应该是经历了仲裁程序的。属于后者的诉讼已经被包括在括号内。正确的定性常常纯粹是一种猜测，但是，我们还是希望这份清单能够回答大多数的实践遇到的问题。”

会管辖的，该演说的发表时间为公元前 346 或公元前 345 年。到亚里士多德时代，这个诉讼已经明显地成为了一个每月一度的诉讼（cf. *Ath. Pol.* lii. 2.）。

2. *δίκη ἀργυρίου*（Lipsius，p. 726）（Demos. lii. Cf. sec. 14.）
（Demos. xxxix. 25.）

3. *δίκη ἀφορμῆς*（Lipsius，p. 725）Demos. xxxvi. Cf. sec. 12.

亚里士多德（lii. 2）提到了在这个名字下的每月一次的诉讼。但是，也许在他的脑海中仅仅有一个特定的诉讼，而不是所有的这个类型的诉讼。有时候，有些诉讼的名字相同，但是却属于不同的归类；否则的话，我们就必须假设四十人委员会在这里丧失了上面第一类案件的管辖权。

4. *δίκη βιαίων*（Lipsius，p. 637）Demos. xxv. 55. Cf. sec. 58.（?）
Aeschin. i，62-63. Cf. Lipsius，p. 642，n. 21.

5. *δίκη βλάβης*（Lipsius，p. 652）（Isoc. xvi.）
（Isoc. xviii. Cf. secs. 11，12.）
（Hyper . iii.）
（Demos. xxxviii.）
Demos. xxxix. 37. Cf. Lipsius，p. 660，n. 89.
Demos. xlviii. Cf. sec. 48.
Demos. lii. 14.
Demos. lv. 2.

这类的商业诉讼必须在一个月之内审结，因此这类案件是不受制于仲裁程序的。这样，下列案件也很可能属于这一类：Demos. xxxiii. 12；cf. Lipsius，p. 644，n. 28；p. 657，n. 77. Demos. xxxvii. 22；Lipsius，p. 652；p. 656，n. 74. Demos. lvi（?）；Lipsius. pp. 657，631，633。

6. *δίκη ἐλλύης*（Lipsius，p. 688）（Isaeus v. secs. 1，31；cf. Wyse，ad. loc）

7. *δίκη ἐξούλης*（?）（Lipsius，p. 664）（Isaeus v. 22）
（Demos. xxx.）
（Demos. xl. 34. Cf. xxi. 81.）

8. *δίκη ἐπιτροπῆς* Lysias xxxii. Cf. sec. 2.

Demos. xxvii, xxviii. Cf. xxvii. 49 f.

通常认为，此类案件属于执政官管辖，不过这个观点并没有证据加以证明。在这两个案件中出现的仲裁程序说明它属于四十人委员会的管辖权。

9. *δίκη κακηγορίας* (Lipsius, p. 646) Lysias x. 6.

Demos. xxi. 81.

10. *δίκη κλοπῆς*在四十人委员会的管辖范围之内，并且受制于仲裁程序。

Demos. xxii. 27; xxiv. 114.

11. *δίκη προικός* (Lipsius, p. 497, n. 101) Demos. xl. 16 – 17.

Demos. xli. Cf. sec. 12.

这么做的目的是将这个案件与在《雅典政制》(*Ath. Pol.* lii. 2) 中提到的同名的月度诉讼加以区别。

12. *δίκη χρέως* (Lipsius, p. 725; cf. p. 717, n. 149) Lysias Frag. xvi (Thalheim)

Demos. xlix. 19.

这类不受制于仲裁程序的商业诉讼是：Demos. xxxiv; cf. Lipsius, p. 633; Demos. xxxv。

13. Status Familiae vel Civitatis Isaeus xii. Cf. sec. 11

Demos. xxxix. 2. Cf. xl. 9.

Demos. lix. 60.

第六章 证 人

从索罗门（Solomon）时代开始直到今日，所有的法官和陪审员都面临着同样的一个问题，那就是如何确定诉讼当事人以及他们的证人的可信度。在荷马时代，并不存在证人，即使是在当时比较出名的案件中，诉讼当事人还是单独出现在法庭上。法官的判决通常会给予表现诚实的一方当事人一定的奖励。〔1〕换句话说，法官的判决结果取决于他们对诉讼双方当事人的可信度的认可。索罗门设计了一套适当且独特的测试主张幼儿监护权的原告的可信度的方法。但是，类似的这种令人信服的测试方法并不容易设计。

使用证人的情况首先是在赫西奥德（Hesiod）中出现的。〔2〕在雅典，使用证人的时间早于梭伦时代；〔3〕并且，到了演说家时代，大量的证人已经在所有的场合下使用了。只有一个例外的情形：当某人向银行借钱的时候，他并不需要证人，因为银行拥有他的贷款凭证。〔4〕一位德摩斯梯尼的

---

〔1〕 *Iliad* xviii. 508. 关于审理现场的讨论（cf. *supra*, I, 31 ff）。随后，在 1931 年出版的瑞基威（Ridgeway）的《古希腊的早期年代》（*Early Age of Greece*）对初审现场进行了再次的讨论（pp. 360 ff）。瑞基威的主要观点在于“直率（straightness）”或者“拐弯抹角（crookedness）”这类词汇总是用来形容法官的而非形容诉讼当事人，他引用了一系列的、大量的引文来证明他这个观点。但是，这种否定希腊语通常用法的陈述是需要冒一定的风险的。根据瑞基威的解释，在对审理过程的描述中，并没有什么内容是涉及判决到底是通过怎样的方式得出的。我们被告知，给出最出色判决的法官将获得 2 塔兰特的奖励。至于说到底谁能够获得这样的奖励，以及给出奖励的衡量标准到底怎样，则留给读者本人去猜测。不过瑞基威没有意识到，每一个诉讼的关键点并不在于法官，而是在于诉讼当事人和他们的发言内容。荷马则意识到了这个问题，并且用了他的文章的最后三行来讨论诉讼当事人，而非法官，并以此结束了他对审理的描述。有充分的理由认为，法官是在集市中，坐在石椅之上，手握权杖审理案件的。

〔2〕 Cf. *supra*, I, 49. 关于证人出身的看法，参见：*supra*, I, 41 – 42; Leisi, *Der Zeuge*, pp. 142 – 143.

〔3〕 Cf. *supra*, I, 173 ff.

〔4〕 Isoc. xvii. 2.

当事人用一种调侃的口吻评论道，这样的做法就好像是人们向私人借钱，却要向公众偿还债务。[5]

根据演说家的记载，当诉讼当事人传唤对方当事人时，他总是需要提供两位证人。但是根据阿里斯托芬的看法，显然一位证人就已经足够了。[6]

只有那些成年男性，且没有因为“羞辱标准”（atimia）而丧失资格的公民才有资格成为合格的证人。诉讼双方当事人是不能够作为他们自己案件的证人的。[7]自由的外籍人，除了一个例外情况，是可以作为除了他自身为诉讼当事人的案件之外的其他任何案件的当事人的。[8]在德摩斯梯尼的演说《论大使》（On the Embassy）中，他通过为自己作证并且陷自己于 *δίκη ψευδομαρτυρίων* 危险而证实了他的一些声明：

> 首先，为了证明我的声明的真实性，我将进行宣誓，使我具有证人的身份；随后，我将传唤每一位大使，并且要求他们或是提供见证，或是宣誓他们不能够提供见证。如果他们已经宣誓他们不能够提供见证的话，那么我将清楚地向你们证明他们做了伪证。[9]

不过，上述的声明只是一个文字游戏，为的是向审判官员证明他的真诚，事实上，他并不确定他打算传唤的证人是否真的会出庭提供见证。[10]

到底有哪些原因会使一个人成为诉讼中的一方呢？是否一个 *κύριος* 能够同时为一位妇女或是未成年诉讼当事人提供辩护以及见证？在《伊塞奥斯》中，[11] 赞诺克里斯（Xenocles）也就是菲尔（Phile）的丈夫和 *κύριος*

---

〔5〕 Demos. xxxiv. 30.

〔6〕 *Clouds* 1218; *Wasps* 1408, 1416.

〔7〕 Demos. Xl. 58. 正如雷斯（Leisi, *op. cit.*, p. 28）所指出的那样，这种不适格是偶然的。

〔8〕 Cf. Leisi, *op. cit.*, p. 7，有一个非公民证人清单。

〔9〕 xix. 176.

〔10〕 Cf. Leisi, *op. cit.*, p. 28; Lipsius, *Das Attische Recht*, pp. 875 – 76.

〔11〕 iii. 2 – 3.

代表菲尔对皮鲁斯（Pyrrhus）的不动产提出了主张，并且进行了管辖权方面的宣誓，使得菲尔的对手没有机会对该不动产进行宣誓，因为菲尔是皮鲁斯的婚生女儿。[12] 同样的，在《伊塞奥斯》中的另一个案件即查瑞斯特斯诉安德鲁克里斯中，[13] 安德鲁克里斯作为阿尔塞（Alce）的孩子们的监护人，代表这些孩子对欧克德门的不动产提出了主张，并且在进行管辖权方面的宣誓时提供了假证人，所以他才会在这个案件中受审。德摩斯梯尼[14]提供的发言里提到了里昂斯塔特斯（Leostratus）对阿嘉德斯（Archiades）的不动产的主张，而昂斯塔特斯的儿子代表他的父亲处理了这个案件，并进行了管辖权方面的宣誓。事实上，后来由于莱奥卡雷斯（Leochares）与这个案件的特殊利害关系使得他不能够与那些 *οἷς μὴ μέτεστι τοῦ πράγματος περὶ* 混同，因此，他代表自己进行了宣誓。[15] 出现这个例外情况的原因在于在涉及不动产继承的纠纷中，除了那些具有直接利害关系的人之外，很难找到其他的了解事情的真相，又不怕受到作伪证起诉的相关人员。

在某些案件中，很难判断是否某个证人因为与案件具有实质上的利害关系而不再具有成为证人的资格。在马蒂特斯诉波俄欧特斯中，[16] 原告指责作为反方证人的一个来自克利同的人事实上是他的敌人。然而，单从该反方证人提供的发言是很难判断他与这个诉讼的利害关系的本质。[17] 在一个船舶抵押案件纠纷案即克律西波斯（Chrysippus）诉佛密欧中，[18] 身为船长的兰皮斯（Lampis）与这个诉讼的结果有利害关系的原因在于，无论任何一方胜诉，他都有义务支付一笔曾经委托给他的钱。不过，原告方指出他并没有提供证据。在另一个船舶抵押权纠纷案件——泽诺西米斯诉德摩（Demon）中，[19] 原告对一批小麦货物主张权利，该主张的基础在于在

---

[12] Cf. Wyse, *The Speeches of Isaeis*, pp. 273 ff; Lipsius, *op. cit.*, p. 859, n. 45.

[13] vi. 10, 26, 46, 53; cf. Lipsius, *op. cit*.

[14] xliv. 46, 54; cf. Lipsius, *op. cit.*, p. 859.

[15] Demos. Xl. 58.

[16] *Ibid*.

[17] Cf. Sandys and Paley, *Demosthenes' Select Private Oration*, I, 242 – 43.

[18] Demos. xxxiv. 11, 46.

[19] *Ibid.* xxxii. 30.

返程中溺水的船长曾将该批货物抵押给了他。但是，被告却主张他已经将钱出借给了打算购买货物的一个名为普罗提斯（Protus）的商人，并打算传唤普罗提斯提供见证。不过，普罗提斯对这个诉讼的结果有着利害关系，因为如果泽诺西米斯获得了货物的所有权的话，那么，德摩极有可能会对普罗提斯提起诉讼，要他偿还贷款。

在这些情况下，对于诉讼当事人对某个证人的中立性提出的质疑给予过多的关注是不明智的。至少在实践中，没有人会因为与案件有利害关系而丧失作证的资格，除非他是这个案件的一方诉讼当事人。事实上，即使他的确是这个案件的一方诉讼当事人的话，如果这是个继承案件，那么他仍然可以提供一份证言以证明所谓的已故者仍然活着，因而其财产具有不可诉性。[20] 妇女和儿童的代表人也有权利在相同情况下提供类似的证据。在这些案件中的口供提供者应当对 *δίκη ψευδομαρτυρίων* 负责，并且在事实上成为了自己的证人。[21]

在众多不适格证人的类型中存在着一些特例。虽然，一方诉讼当事人并不能够成为证人，但是，被告对事实的承认则可以构成极好的证据。例如，在公诉人的首次发言之后，一个杀人犯也许会要求退出诉讼而选择被流放。他接受流放处罚的行为等于承认了他的罪行。如果他非法从流放途中返回的话，他将被处死刑。[22] 当安多基德斯承认他伤害了赫尔墨（Hermae）之后，他被驱逐出了集市和圣地。这个所谓的宣布某人被玷污的惩罚方式是由伊索特米德斯（Isotimides）法令所规定的，主要就是将那些承认亵渎神灵的人驱逐出公众场所。根据这部法令，任何承认对神灵有亵渎行为的人都会被提起诉讼。[23] 当犯人在现场被逮捕之后，一旦他认罪，那么十一人委员会可以立即将其处死。认罪是在法庭审理中进行的。事实上，在民众法庭上进行的审理都不属于常规的审理，因为如果犯罪嫌

---

〔20〕 *Ibid.* xliv. 54 – 55；cf. Meier – Schomann – Lipsius, *Der Attische Process*, p. 847, n. 227. 情况也许是这样的，即德摩斯梯尼并非描述实在的法律，而只不过试图通过利害关系或是道听途说的论据对他人的见证进行质疑。

〔21〕 Isaeus iii. 3.

〔22〕 Demos. xxiii. 28；Pollux viii. 117，除了杀长辈这种情况以外；cf. *infra*, p. 231；Gilbert, *Const. Aniqu.*, p. 387.

〔23〕 Andoc. i. 71；Lysias vi. 24.

疑人否认他们的罪行的话，那么他们将被送上常规法庭进行审理。[24] 不过，如果认为亚里士多德的陈述或是德摩斯梯尼的声明意味着十一人委员会处死认罪者的过程中不存在司法程序的话，那么这个观点也是错误的。关键问题实际上是这样的，即当被指控的被告认罪的话，十一人委员会本身拥有司法权限对罪犯进行符合司法程序的处罚。这个权限实际上是前梭伦时代的地方行政官权限的继续。[25] 此外，认为十一人委员会没有对犯罪嫌疑人进行过审问以及认为这十一个人之间没有对案件进行过讨论的观点是毫无根据的。经验已经告诉我们，在当代社会，有些人会因为种种原因而承认他们在事实上并没有犯下的罪行，也正是因为此，我们有理由相信，在实践中，当一个案件被送上法庭进行审理之前，必须对犯罪嫌疑人的供述进行一番仔细的核查。

一方诉讼当事人没有理由的缺席就构成了缺席判决的充分理由。[26] 在公诉中，如果被告逃离了国家的话，那么他的逃亡行为将被视作认罪行为，并因此在缺席情况下被判决有罪。[27] 在审理海罗德斯（Herodes）谋杀案的过程中，被告欧西忒斯（Euxitheus）所写的一封信被在法庭上进行了宣读，信的内容是被告向一个来自黎辛纳斯（Lycinus）的人承认是他杀害了海罗德斯。像这样的一封信，如果被证明是真实的话，那么就等于被告已经认罪，并且这封信将被视为最终证据。[28]

一方诉讼当事人总是有权利当庭向对方当事人提出质询的。[29] 这些质询的实践是从过去的前梭伦时代地方行政官审理实践中发展而来的，并形成了雅典司法习惯中最接近当代书证的实践。在被保存下来的不多的质询材料中，几乎没有发现什么有价值的信息。吕西亚[30]谈到了一位被指控牟取暴利的谷商，该商人在被当庭询问时承认了指控的内容，但是他辩称他

〔24〕 Arist. *Ath. Pol.* lii. 1.

〔25〕 Cf. *ibid.* iii. 5; *supra*, I, 279 ff.

〔26〕 Demos. xxi. 81。针对缺席判决提起的上诉是可以被接受的。通常情况下，被告可以有充分的理由不出席法庭审理，参见：Meier - Schomann - Lipsius, *op. cit.*, pp. 973 ff.

〔27〕 Lycurg. i. 117.

〔28〕 Antiph. v. 53 ff. 被告辩称这封信是伪造的。

〔29〕 Cf. *supra*, p. 8.

〔30〕 xxii. 5.

已经受到了相应的制裁。吕西亚本人对埃拉托色尼的询问也许给埃拉托色尼带来了一些麻烦，并可能对审判官员的判断造成一定的影响，不过也仅限于此。就像前述的那位谷商一样，埃拉托色尼承认他拘禁军事执政官，不过他补充道他这么做是因为服从了他人的命令。[31] 这样的辩解至多也就是一种措辞方式，旨在达到给对方当事人造成麻烦的目的，而非一种获得信息的方式。因此，在阿里斯托芬所写的《阿卡耐人》[32] 中提到的那位长者就曾这样抱怨过“在与那些善于新奇诡辩术的年轻公诉人进行法庭辩论时，他们这些年长的人很容易就成为了牺牲品，因为那些年轻人能够传唤他们，对他们进行交叉质证，并在质证过程中设置一些语言陷阱。”阿里斯托芬所能够想到的一个很好的实例便是苏格拉底对梅利多斯的询问，后者在被询问的过程中承认了对己方相当不利的事实。[33] 至于法庭询问这个问题的重要性通过一些讨论修辞学的书本中所谈到的内容就可见一斑。[34] 对于一个专家而言，法庭询问也许相当有价值，而对于一个购买他人撰写的发言的人而言，这个程序则毫无意义，甚至可以说是危险的。基于这个原因，以及其他的一些考虑，发言撰稿人已经放弃了采用询问的方式，尽管那些亲自处理自己案件的当事人仍然会继续使用它。然而，从技术层面讲，对方当事人当庭承认的事实并不能属于证据，因为 *δίκη ψευδομαρτυρίων* 不能被用来反对对方当事人。

证据在雅典法庭上所扮演的角色异于它在当代法庭中的。如果某人仅仅是阅读了在公元前四世纪时提供给法庭的宣誓词以及其他的一些书面证据的话，那么他对整个案件的了解程度远不能够与出庭旁听的陪审员相比，这些陪审员亲自聆听了发言；但是，如果某人对当代法庭审理中获得的证据材料进行精读的话，那么他对案件信息的了解将不亚于作出裁决结果的陪审员。换句话说：在当时的雅典，审判官员是从发言中获得关于法律与事实的信息，而从证人口中获得对这些信息的证实；我们所了解的司法体系则是陪审员将从证人处获得与案件有关的事实，而将从法官以及诉讼代

---

〔31〕 xii. 25.

〔32〕 687.

〔33〕 Plato *Apol.* 24 C ff.

〔34〕 Anaximenes xxxvi, in Spengel - Hammer, *Rhetores Graeci*, I, 94 f.

理人处获得法律信息，以及对证人进行质证与交叉质证之后获得的最终结果。诉讼当事人在庭上扮演着证人的角色。

在雅典，辩论时的发言被视为具有证据力的发言。一个出色的发言撰稿人总是将发言者的可信度加以考虑。他们认为发言以及发言中所包含的思想如果简单和坦白，则有利于发言者本人获得更多的信任。他们的这种专业的工作被称为“肖像画家”（ethopoiia）。对于一个像吕西亚〔35〕那样的资深撰稿人而言，发言稿将成为最有效的说服工具，因为雅典的审判官员就像任何其他的官员那样是很容易受到他们本身对诉讼当事人道德水准的影响的。当一个证人面对审判官员站着宣读他的证词并向审判官员鞠躬以表示所读的证词由他亲自起草的时候是很难判断这个证人的可信度的。即使是在书面证词盛行的阶段之前，情况也好不到哪里去。当时的证人亦或是以自己的方式向审判官员概述他自己的故事，更可能的做法是以问答方式回答传唤他的诉讼当事人的提问。〔36〕当对方当事人没有机会进行交叉质证时，他必须通过其他方式质疑或弹劾该当事人。〔37〕法庭发言通常是以两种方式开场的，一种为发言者保证所说的句句属实，另一种为发言者表示由于他本身年幼或是有相当长的一段时间不在城市里，因此，他缺乏获得有关事实的一手资料。〔38〕一位伊索克拉底的当事人为了质疑对方的可信度，提供了对方曾经有作伪证行为的证据。〔39〕德摩斯梯尼甚至认为根据正义标准，公诉人应当在他们的发言中遵守反对传来证据的立场。〔40〕在法庭上对辩护内容的真实性的宣誓确实对虚假陈述有一定的遏制作用，尽管宣誓的形式性并不能够使宣誓者受到任何形式的控诉。〔41〕

在很多情况下，人们会发现很难获得关于证据的见证，因此，不得不

---

〔35〕 Cf. Devries, *Ethopoiia*: *A Rhetorical Study of the Types of Character in the Orations of Lysia*; Egger, *Memoires de literature ancienne*, p. 372.

〔36〕 Aristoph. *Wasps* 962 – 65.

〔37〕 Cf. *infra*, pp. 135 f.

〔38〕 Antiph. V. 74; vi. 14; Andoc. i. 55; xxxi. 4; Demos. Xxvii. 2; xxxviii. 6.

〔39〕 Isoc. Xviii. 52, 57.

〔40〕 Demos. Lvii. 4.

〔41〕 Antiph. Vi. 14; Demos. Xxxiii. 14; Andoc. i. 55; but cf. Antiph. i. 28.

单凭自己的发言参加到法庭审理的过程中。[42]在德摩斯梯尼文集中确实提到了一份没有被其他证据证实的声明。[43]代理人关于事实的陈述没有得到其他证据的直接支持，尽管这些陈述得到了委托人陈述的肯定。[44]代理人本人也许就是一个证人。[45]包含在发言中的某些类型的信息通常是没有被直接证实的。因此，一个发言人也许会提供一些他母亲可以担保的事实，无论他母亲的宣誓是否会受到他人的质疑。[46]

另一个类型的颇受发言者青睐的支持性证据来自于审判官员作为个人的知识背景。这些方式相当普遍，[47]并有一定的优势，即对方很难试图对已经得到审判官员认证的事实提出质疑。德摩斯梯尼文集中收录了一位发言者的发言，他说对于那些满口谎言，并无法提供证据证实他们的主张的人而言，他们习惯于求助于审判官的背景知识的帮助。[48]有时候，发言者会因为对审判官员早已熟知的事实进行重复证实而表示歉意。[49]通常，由已经了解事情经过的审判官员告知与他相邻的其他的审判官员有关案件的事实。[50]当然，当事人只能够要求审判官员对众所周知的事实加以肯定。[51]五百人委员会的少量人员即使对某些私人信息有所了解也基本上无多大价值。

除了谋杀案外，妇女是没有资格以证人的身份出庭的。[52]虽然妇女们过着类似与世隔绝的生活，并且与外界的事物也无多大的联系，但是这些

---

〔42〕 Cf. Isoc. xxi; Antiph. i. 布拉斯（Blass, *Attische Beredsamkeit*, I^2, 189）认为父亲的死亡证明已经在他发言之前就提供了。这其实是不太可能的。格尔里特（Gernet, *Antiphon*: *Discours*, pp. 36 f.）相信之所以在这个谋杀案中要求所有的证人对被告是否有罪进行宣誓正说明了这个案件缺乏证人这个事实。

〔43〕 xliii. 9 – 10, 30.

〔44〕 Isaeus iv.

〔45〕 *Ibid.* xii. 4; Aeschin. ii. 170, 184.

〔46〕 Demos. xxvii. 40; cf. lv. 23 – 24，发言者复述了他从她的母亲那里听到的情况。另外参见：*ibid.* 27，在这里，这份宣誓受到了质疑。

〔47〕 Antiph. vi. 25; Lysias x. 1; Demos. xxi. 80; xxxiv. 50; xliv. 67.

〔48〕 Demos. xl. 53.

〔49〕 Lysias xii. 61; cf. Demos. lvii. 33.

〔50〕 比如，陪审员们被警告说不要让案件中的类似的请求不受质疑地过关（Demos. xl. 54）。

〔51〕 *Ibid.* xxi. 18.

〔52〕 关于妇女与儿童在谋杀案中的证人地位问题，参见：*infra*, pp. 221 ff.

不足之处并不能够在本质上影响当时的司法，因为当时的社会与当代社会是不可同日而语的。此外，妇女们的这许多的不足之处给作证带来的麻烦可以由所有的为诉讼当事人熟知的权宜之计进行解决。妇女提供的信息可以被收录在诉讼当事人的发言之中，而不需要再度被确认，或者他们提供的信息可以被归入传来证据的特例。[53] 如果诉讼当事人双方同意的话，妇女还可以提供证据性誓言。[54] 有一个案例是这样的，那位妇女的账本中记录的他人欠她钱财的事实得到了直接的认可。[55] 未成年人就像妇女一样，除了在谋杀案中可以作证外，在其他案件中都没有作为证人出庭作证的资格。不过当未成年人成年之后，他就能够对他在未成年时了解的事实提出见证。[56]

法庭对奴隶的见证是不予采信的，除非该奴隶是被严刑拷问过的。[57] 安提福恩所写的文献曾经被引用以证明在某些情况下，奴隶也许可以不经过拷问而提供可被法庭采信的证言。具体的情况如下。一位合唱团指挥被死者的兄长当庭以非正式的方式指控谋杀了死者，与此同时，这位合唱团指挥本人正在发起一项针对一些官员贪污公款的行为的诉讼。值得注意的是，这个诉讼并没有被当时的执政官接受。作为对这项非正式指控的回击，这位指挥当着审判官员的面宣称超过 50 个人（其中包括自由民，也有奴隶，有年长者，也有年轻人）了解事情的真相，如果死者的兄长真的打算发起正式的行动的话，那么他应该先从这 50 多个人口中了解真相。他打算 *ἐλέγχειν τοὺς μὲν ἐλευθέρους ὡς χρὴ τοὺς ἐλευθέρους . . . . τοὺς δὲ δούλους, εἰ μὲν αὐτῷ ἐρωτῶντι τ ἀληθῆ δοκῖεν λέγειν, εἰ δὲ μή, ἕτοιμος ἦ ἐκδιδόναι βασανίζειν.*[58] 前述整个程序是非司法性的。事实上，那个指挥是希望能

〔53〕 Cf. *infra*, pp. 130 f.

〔54〕 Cf. *infra*, p. 159.

〔55〕 Demos. xli. 9, 19, 24.

〔56〕 Cf. Lipsius, *op. cit.*, p. 874, n. 32.

〔57〕 Cf. *infra*, pp. 223 ff.

〔58〕 Antiph. vi. 23; cf. Lipsius, *op. cit.*, p. 888.

够通过这样的调查最终避免诉讼的发生。[59] 雷斯[60] 引用了伊索克拉底的另一段话，这段文字提到了身为银行家的帕西翁起初同意提供一个吉特斯（Kittus）人供刑讯逼供，不过后来当原告要求对这个奴隶进行不断的折磨以及拷问直到他说出事实为止，帕西翁表示了反对，并且ἐκέλευε λόγῳ πυνθάνεσθαι παρὰ τοῦ παιδός.[61] 正是由于帕西翁与原告之间在这个问题上无法达成共识，刑讯最终不了了之。如果帕西翁的观点是正确的话，即如果希望不通过司法程序就能够解决争议事项，那么就不应该引入严刑拷问，取而代之以一种正式的询问过程进行取证，[62] 也就是说，他们实际上在这个案件中希望避免法庭审理程序来解决争议。

雷斯[63] 引用了德摩斯梯尼文集[64] 中的另一个案件，在这个案件中，奴隶的供词也未经拷问便得到了认可。不过在这个案件中，涉及的事实都是私人性质的。财产的继承者们的普遍的做法是同意将奴隶们当作共有财产，并允许任何一方对奴隶进行严刑拷问或采用其他的方式以获得财产的所有权（该财产是这一方继承者认为被该奴隶私藏了的）。[65] 雷斯引用的一个案件就提到了财产继承人实际上发现了被奴隶偷走了的，属于死者的钱财。起初他们威胁这个奴隶，他们将对他进行拷问，但是后来当他承认了一切并归还了他所偷的钱财之后，自然的，他们接受了他的坦白内容。不过，这些案件并不能够使我们相信，只要当事人双方达成了共识，那么奴隶的证词将无须经过刑讯便能够被法庭采信。当然，如果双方能够通过在庭外达成和解的话，那么他们的供词即使未经过刑讯，也一样可以被采信，正如针对银行家帕西翁的案件所证明的那样。[66] 如果一方当事人拒绝接受和解，并诉诸司法程序的话，那么这样的奴隶的证言也许会间接地被

〔59〕 在这种情况下，这个执政官之所以拒绝受理这个案件是因为他觉得无法在他的任期之内完成案件的审理。

〔60〕 *Op. cit.*，p. 20.

〔61〕 Isoc. xvii. 15.

〔62〕 *Ibid.* 17.

〔63〕 *Op. cit.*，p. 21.

〔64〕 Demos. xl. 15.

〔65〕 xlviii. 16 ff.

〔66〕 Isoc. xvii. 17 – 18.

法庭采信。[67]

修辞学学生经常被灌输的一种法庭发言的技巧便是对那些经过刑讯之后才获得的奴隶见证抑或是赞扬，抑或是进行贬损。在演说家们的演说中，这样的老生常谈就经常出现，尽管采用的措辞各式各样。[68] 对采用刑讯方式获得可信的证据的做法的赞成或反对的观点可以在同一位演说家的演讲中发现。[69] 对现存的谈到这个问题的演说进行仔细阅读的话，任何一位读者都能够发现雅典人事实上对 βάσανοι 并不十分重视。我们应当注意这项立法的消极面。不允许接受未受过刑讯就获得的奴隶们提供证据的这项立法，说明立法者们认为奴隶们不值得相信。此外，法律不允许一方诉讼当事人引用属于他自己的奴隶提供的证言，即便这个奴隶已经受到了那些职业刑讯人的鞭打与拷问。[70] 适当的程序是这样的，即为了对对方当事人提出质疑，而对奴隶在双方都认可的情况下进行讯问。至于讯问所获得的回答，要么对之先进行记录，后盖章，再呈递给法庭，或是让那些亲身听到奴隶的回答的人出庭作证。[71] 或者，一方当事人也可能直接对奴隶进行讯问，旨在质疑他的对方当事人。

这些关于 βάσανοι 的老生常谈的目的并非真的为了当庭对这类见证进行质疑或支持。原因在于根据现存的演说，没有一例谈到了 βάσανοι 被呈递到了法庭。当一个诉讼当事人宣称因为他的对方拒绝接受经过刑讯之后获得的奴隶证言而使他失去了最具有可信度的证言时，他会对奴隶的证言大加赞扬。同样的，当该当事人拒绝接受对方主张采信的对方拥有的奴隶或他人所有的奴隶经过刑讯后提供的证言的话，那么他就会对该类证言的可信度进行贬损。事实上，有充分的理由对这类证据进行质疑。这类言词证据以不可信著称。人们会感觉到这些发生在法庭上的质疑与反质疑只是

---

〔67〕 雷斯（Leisi, *op. cit.*, pp. 20 f.）似乎不小心将那些在《安提福恩》（vi. 23）中讨论的问题以及在《伊索克拉底》（xvii. 15）中讨论的问题当成了法庭上的证据。

〔68〕 Cf. Guggenheim, *Die Bedeutung der Folterung im Attischen Processe*, pp. 62 ff.

〔69〕 Cf. Antiph. v. 31 ff. with vi. 25.

〔70〕 Lysias i. 16 – 19.

〔71〕 Demos. liii. 24 – 25; cf. Lipsius, *op. cit.*, p. 894；关于对奴隶在公开庭审的情况下进行讯问，参见：*infra*, pp. 129 f.

诉讼游戏中的技巧问题罢了。只有两类质疑得到了认可。[72]海德莱姆(Headlam)发展了这个理论，他认为没有任何案件清楚地表明奴隶们在接受刑讯之后的回答能够被呈递到陪审员那里。[73]这个观点是有一定道理的，可惜的是海德莱姆引用的段落并不支持他的理论。[74]

在两种情况下，奴隶本身会被送上法庭当作真正的证据，这种做法在当代被定义为"所有的未受证人干扰的直接诉诸陪审员感觉的证据"。这样的"陈列"通常适用于物，而有时候也可以适用于人，只要这些人并不具有真正的人格。伊索克拉底的一个当事人被指控杀害了一个女性奴隶。[75]为了反驳公诉人卡利马科斯以及14个证人的指控，被告将这个所谓的被杀害的女性奴隶活生生地、完好无损地带上了法庭。发言者在评论证明卡利马科斯（Callimachus）缺乏可信度的证据时所采用的措辞显然说明评论者已经认识到了该女奴本身就能够作为证据：τοὺς μὲν γὰρ ἄλλους ἐκ τῶν λεγομένων κρίνετε, τὴν δὲ τούτου μαρτυρίαν, ὅτι ψευδὴς ἦν, εἶδον οἱ δικάζοντες.[76]在尼克布罗斯（Nicobulus）诉潘塔尼特斯中，一个名为安提贞尼斯（Antigenes）的奴隶被带上了法庭以供审判官员审查，这样做的目的是为了向法庭说明，这样一个弱不禁风的老年人是不能对潘塔尼特斯进行攻击的。[77]

也许βάσανοι没有能够出现在现存的案例中是偶然现象。可以这么说，有时候奴隶本身作为证据出现是为了在法庭外解决争论不休的事项。只有当一方当事人拒绝接受和解协议的约束并将事情闹到法庭上的时候，这样的和解协议才会被世人所知。然而，阿里斯托芬在《云》[78]中的措辞以及亚里士多德将βάσανοι归属为ἄτεχνοι πίστεις[79]的做法表明只有在司

---

〔72〕 Isoc. xvii. 19，如果银行家没有能够履行合同的话，那么他同意放弃那笔数额已由双方达成共识的钱。Demos. xxxvii. 40 ff. 表明诡计多端的诉讼当事人是如何促成他人的误解的。

〔73〕 CR. VII. 1.

〔74〕 Cf. Thompson, *ibid.*, VIII, 136; Lipsius, *op. cit.*, p. 889, n. 91.

〔75〕 Isoc. Xviii. 53 ff.

〔76〕 *Ibid.* 56.

〔77〕 Demos. xxxvii. 44.

〔78〕 620.

〔79〕 *Rhet.* i. 15.

法程序中，奴隶才会受到讯问。国家有权力对奴隶进行严刑考问，从而从该奴隶口中获得不利于他主人的证据，当然，只有在极少数的情况下，国家才会运用这项权力。[80] 当奴隶成为了揭发他主人或是其他人罪行的告密者时，一旦他提供的信息得到了证实的话，那么该奴隶将获得自由。[81] 此外，他们会被送去接受讯问，然后被释放。[82] 通常，一个被怀疑犯了罪的奴隶会被进行拷问，并因此认罪，不过这样的认罪可能会牵涉到其他人。[83]

传来证据在雅典法庭是被绝对禁止的：*οὐδὲ μαρτυρεῖν ἀκοὴν ἐῶσιν οἱ νόμοι, οὐδ´ἐπὶ τοῖς πάνυ φαύλοις ἐγκλήμασιν.*[84] 证人只能够对他本人了解的事实提供证据：*ἃ ν εἰδῇ τις καὶ οἷς ἂν παραγένηται πραττομένοις, ταῦτα μαρτυρεῖν κελεύουσιν* (*οἱ νόμοι*).[85] 当然，在有些情况下，例外是允许的，很常见的一种例外是当原始的证人去世了。在演说家那里，这个例外通常被附加于法规之后。[86] 关于原始证人去世的例外情况并不多见，[87] 但是根据演说家，关于对方当事人违反法律的抱怨是相当多见的。[88] 为了见证一份真实的法庭发言，柏拉图[89]代表苏格拉底保证关于"没有人比苏格拉底更具有智慧"的神谕的见证将由凯勒丰（Chaerephon）的弟兄来提供，因为凯勒丰，即神谕的接收者已经过世了。

对于那些不够资格提供见证的人的宣誓，法庭是接受传来证据的。在德摩斯梯尼接受的一个案件中，关于一位妇女宣称她母亲的遗嘱上的印章具有真实性的见证得到了法庭的接受。[90]通常，妇女提供的证据可以由她

---

〔80〕 Andoc. i. 22, 64.

〔81〕 Lysias vii. 16; Antiph. vi. 34; cf. *Tel. A.* r. 4.

〔82〕 Antiph. v. 31.

〔83〕 *Ibid.* i. 20.

〔84〕 Demos. lvii. 4.

〔85〕 *Ibid.* xlvi. 6.

〔86〕 *Ibid.* 7; cf. xliv. 55.

〔87〕 Isaeus viii. 14. Cf. *ibid.* 29; Demos. xliii. 35 – 36.

〔88〕 *Ibid.* xliv. 55; xlvi. 7; lvii. 4.

〔89〕 *Apol.* 21A.

〔90〕 xli. 24. Cf. Lysias xxxii，关于这个妇人的故事是当着一群亲属的面由发言者说的（§18），并得到了证人的证实，而这些亲属之所以聚在一起的目的就是为了通过庭外程序解决纠纷（§§12 ff.）。

的 κύριος 进行陈述。[91] 女性外籍居民提供的证据可以由她的监护人提供。[92] 诉讼当事人总是可以当庭向对方提问的，[93] 不过，该诉讼当事人通常会倾向于提供这样一位证人（对方曾经或是自愿的，或是在问答过程中，向该证人承认了一些对己方相当不利的事实）。[94]

还有另一类人，由男性构成，他们与诉讼当事人的一方，或者他们的证人有着密切的关系，他们在早先的诉讼中已经以常规证人的身份进行了宣誓，并提供了陈述和承诺。在《伊塞奥斯》[95] 中的一个案例是这样的，一个希耶罗克里斯（Hierocles）人过去的声明被当作证据引入了法庭——这份声明说明他拥有一份立遗嘱人书写的遗书。其实，这个希耶罗克里斯人并非心甘情愿承认的事实被发言者引用了，作为对不动产的主张者，也就是克里昂的儿子，不利的证据。另一个例子在克律西波斯诉佛密欧案中。[96] 起初，佛密欧的代理人兰皮斯否认他收到了一笔钱；不过，不久之后，当他收受了佛密欧的贿赂之后，就在事实上成为了他的证人。随后，克律西波斯就向法庭呈递了兰皮斯曾经否认收到钱财的证据。伊斯金尼斯对后文中的这个案件进行了有趣的联想。[97] 他找来了一个名为阿里斯托芬的奥林西安（Olynthian）人，并让这个人证明德摩斯梯尼曾经试图请他帮忙提供不利于伊斯金尼斯的事实证据。为了进一步证实他的主张，伊斯金尼斯还传唤了一位当阿里斯托芬告诉伊斯金尼斯德摩斯梯尼的建议的时候在场的见证人。雷斯认可了这些反对传来证据的例外，[98] 并添加了另一个例外，即包括了奴隶的陈述（无论是否经过刑讯程序）。这是一个正确的针对奴隶陈述的性质的分类。一方面伊斯金尼斯之所以在审判官员在场的情况下提交了奴隶以供刑讯的目的在于形成他本人不在犯罪现场的证据：

---

〔91〕 Cf. *supra*, pp. 118 f; Isaeus xii. 5; Demos. Lvii. 67 ff. ，丈夫和亲属们为这个妇女作证。

〔92〕 Demos. xxv. 56 – 58.

〔93〕 Cf. *supra*, p. 122.

〔94〕 Demos. xxx. 19 – 20; 1. 37; lviii. 33.

〔95〕 ix. 6; cf. *infra*, p. 137.

〔96〕 Demos. xxxiv. 11, 46.

〔97〕 ii. 155; cf. Leisi, *op. cit.*, p. 97.

〔98〕 *Op. cit.*, pp. 96 f. 利普西斯（Lipsius, *op. cit.*）对所有的情况都不予理会，除了原始的证人已经去世这个情况。

ἄγωμεν δὲ καὶ τοὺς οἰκέτας καὶ παραδιδῶμεν εἰς βάσανον. καὶ τὸ ν μὲν λό γον, εἰ συγχωρήσει ὁ κατήγορος, καταλύω. παρέσται δὲ ἤδη ὁ δήμιος καὶ βασανιεῖ ἐναντίον ὑμῶν, ἂν κελεύητε.[99] 根据在阿波罗多罗斯诉斯提法奴斯中原告的陈述,[100] βασανίζειν οὐκ ἔστιν ἐναντίον ὑμῶν，即使外加了德摩斯梯尼[101]或阿里斯托芬在另一段文字中所提供的文字 κἀθ' ὅταν θύειν δέῃ 'στρεβλοῦτε καὶ δικάζετε[102] 的支持，我们仍然不能够就此认为审判官员对待接受了刑讯的奴隶提供的回答的态度与他们对待常规的口头证言或誓言的态度一致。任何形式的质疑都可以被随时提出。根据德摩斯梯尼所写的那段话，当审判官员在集会的时候，有人提出了质疑并造成了很大的影响。伊斯金尼斯则更进了一步，他当庭提出了质疑，并建议当场对他的质疑进行质证。[103]

正如我们所了解的那样，传来证据在某些例外的情况下是可以被采信的，例如当原始证人已经死亡或是不具备证人的资格；不过，如果一个本身具有证人资格的人因为生病或是离开了所属国而无法出庭作证时，这个问题是由另一种方式解决的。诸如此类的见证被称为ἐκμαρτυρίαι，即庭外证词。由于在开庭的时候正巧生病或是不在所属国的证人提供的证言可以以书面形式被呈递法庭。不过在书写这些书面证言的时候，需要有一部分见证人在场见证这个过程，随后，这些见证人在书面证言被递交到法庭上的时候，通过证明书的形式证实这份书面证言确实出自该原始证人。[104] 收集这类书面证言的不是任何的官方成员或是由法庭任命的委员会。[105] 真正收集这份书面证言的是诉讼当事人。至于到底须要多少见证人在场并没有具体的人数规定，但是为了避免他人的怀疑，集合超过一个见证人在场的做法是明智的。

---

〔99〕 ii. 126.

〔100〕 Demos. xlv. 16.

〔101〕 xlvii. 17.

〔102〕 *Clouds* 620.

〔103〕 cf. Bonner, *Evidence in Athenian Courts*, p. 73; Lipsius, *op. cit.*, p. 892.

〔104〕 Cf. Aeschin. ii. 19. Cf. Demos. xlvi. 7.

〔105〕 雷斯澄清了这个问题（Leisi, *op. cit.*, p. 98）。

> 谈到获取因病或因出国而不能出庭的证人的书面证词这个问题的时候，每个人都倾向于召集最有声望的公民和自己的熟人在场见证；并且，人们总是会希望在场见证书面证言制作过程[106]的见证人的人数不是一个或两个，而是越多越好。只有这么做才能够避免书面证词提供者本人日后反悔他的作证行为。[107]

一份庭外证词由两个不同的部分构成，第一部分由事实，以及了解事实的证人的姓名构成，第二部分则包括了在场见证人的姓名以及一份声明——证明该庭外证词事实上是由证人在法庭外提供的。[108] 在《德摩斯梯尼》中谈到了一系列颇具争议的宣誓词。[109] 第一段中提到的是一个俄斯克斯（Ersicles）家族的成员的宣誓词以及另一个来自哈利卡那瑟斯的名为希庇亚斯（Hippias）的人的具有同样效果的宣誓词。随后，紧接着 *πρὸς το ύσδε ἐξεμαρτύρησεν* 的是以主格形式书写的五个人名。在接下来的一段文字中包含了三份宣誓词，且紧随其后的是同样的措辞和同样的五个证人姓名。利普西斯将这总共五份宣誓词定性为庭外证词的看法是正确的，且紧随这五份证词之后的是在场见证人的姓名。[110]

辞典编撰者似乎将庭外证词定性为传来证据，但是德摩斯梯尼则将他们仔细地进行了区分。[111] 辞典编撰者们之所以会模糊了传来证据与庭外证词之间的区别，可能是因为在公元前 378 年采用了书面见证之前，这两个类型的证据无法在形式上被正式加以区分。生病的或是因故不在国内的证人的证言一旦被证实是与事实相悖的话，那么他们就可能因此承担责任；或者，当原始证人成功地否认了庭外证词是由他本人书写的话，那么在场

---

〔106〕 *ἐκμαρτυρίαι* 应当被翻译为“庭外证词”，以此将之与常规证词加以区分。

〔107〕 Isaeus iii. 20 – 21 (trans. Forster). 在这个案件中，仅仅由两个见证人见证的庭外证词被否了（§§18，23）。

〔108〕 Aeschin. ii. 19；Demos. xlvi. 7.

〔109〕 xxxv. 20，33 – 34.

〔110〕 *Op. cit.*，p. 887，n. 84. 这个解释建立在德里拉普论证的基础之上（Drerup，*Jahrb. f. cl. Phil.*，XXIV，319），雷斯（Leisi，*op. cit.*，p. 99，n. 1）已经接受了这个观点。Cf. Platner，*Prpcess und Klagen*，I，227.

〔111〕 Isaeus，iii. 77. cf. Aeschin. i. 107.

见证人会被追究责任。[112] 对于死者或是其他的那些不具备作证资格的人，如诉讼当事人、妇女以及奴隶而言，他们不必对他们提供的证言承担责任。只有那些代替他们陈述的人才会被追究责任。[113]

我们所知的庭外证词存在于法律已经规定了书面见证的时代。[114] 在安提福恩、安多基德斯以及吕西亚时代，从未有人提到过庭外证词。可以想象，在公元前378年之前，一旦证人生病或因故出国的话，那么就很难从这些人处获取证词了。普拉特纳（Platner）[115] 认为，根据前文引用的伊塞奥斯所写的一段文字，[116] 原始证人所提供的证词形式并不都是书面形式的，因为伊塞奥斯指出总是有大量的受人尊敬的在场见证人存在。可惜的是，这个观点并未得到支持，因为这份演说发表的时间是在所有的证据都要求是书面的时代。辞典编撰者们的用语提到了口头声明，不过这样的声明必须与宣誓书的内容一致：*καὶ ὁ μοίως ἐκμαρτυρίαν λέγουσιν, ὅταν τις τ ὰ παρὰ τοῦ ἀπόντος εἰρημένα ἐκμαρτυήσῃ*.[117] 哈朴克莱钦 从德摩斯梯尼和伊斯金尼斯那里获得了相关信息，并对庭外证词进行了这样的定义：*διαφέρει τῆς μαρτυρίας, ὅτι ἡ μὲν μαρτυρία τῶν παρόντων ἐστὶν, ἡ δ' ἐ κμαρτυρία τῶν ἀπόντων*. 当他从后来的雄辩家那里获得信息的时候，他的脑海中只有书面证据这个概念，不过，对于其他的人，诸如莱克希卡·瑟古里亚那（Lexica Segueriana），则考虑到了历史上的口头证据时代。

雄辩家们对证人的可信度可能遭到质疑的原因颇为关注。[118] 演说家们对各种可能使人对证人的可信度产生怀疑的情况进行了强调。当证明了他的对方当事人曾经在过去的公开诉讼中作过伪证，伊索克拉底的这个当事人恰到好处的问道："考虑到我的对方当事人自己就曾经厚颜无耻地为他人提供过假见证，还有谁会比我的对手更可能提供一个不说实话的证

---

〔112〕 Demos. xlvi. 7.

〔113〕 Cf. Lipsius, *op. cit.*, p. 886.

〔114〕 Demos. xlvi. 7.

〔115〕 *Op. cit.*, p. 226.

〔116〕 iii. 21.

〔117〕 *Lex. Seg.*, p. 248.

〔118〕 Anaximenes in *op. cit.*, I, 48 ff.; *Arist. Rhet.* i. 15; Volkmann, *Die Rhetorik der Griechen und Romer*, pp. 186 ff.

人?"[119]有钱人会被怀疑通过了种种方式获得了在诉讼中有利于他们的见证，或是获得了其他的好处。在德摩斯梯尼[120]反驳米迪亚斯的发言中，他巧妙地引用了一个暗喻达到了对对方当事人的可信度进行质疑的目的。德摩斯梯尼文集谈到了一个更加明确的声明。[121] 无论一个证人是一方当事人的朋友或是仇敌，都可能会使人们怀疑这个证人的可信度。[122] 证人与诉讼当事人之间的关系可能会被用来对证人提供的证据的可信度进行质疑。然而，自然的，在家庭争议案件中，亲属肯定是最合适的证人。事实上，如果当事人没有能够提供亲属作证的话，反而在某些情况下会因此对该当事人不利。[123] 社会对某个证人的总体的不信任态度会使该证人因此受到攻击。[124] 最有效的对某个证人的可信度进行质疑的方式是证明这个证人与这个案件的成败有着金钱上的利害关系。[125] 另一个极有效的对证人的可信度提出质疑的方式是证明该证人本人没有机会获知他证言中提供的事实。这样的见证确实属于传来证据的性质将使其丧失可信度。[126]

很少有资料提到诉讼当事人是如何确保证人参加各种法庭听证程序的。显然，如果证人没有义务出席刑事以及民事案件的审理的话，那么任何司法系统都不可能在这种情况下成功运作。也许这个假设是有一定道理的，即在当时的雅典社会，市民的生活比当代社会要空闲许多，因此，有一定的理由相信在任何情况下，诉讼当事人都可以找到证人出庭作证。市民间的联盟，无论是在市区、部落，还是在氏族俱乐部，很可能要比当代社会人与人之间的联系要紧密许多。

在多数情况下，一位卷入某项须要提供证据给法庭的交易的当事人会为自己提供一些值得信任的证人，因为这些证人出庭的话，法庭就会相信他的主张。[127] 然而在紧急情况下，一个当事人不得不依靠那些恰好在现场

---

[119] Isoc. xviii. 57.

[120] xxi. 112, 139.

[121] xliv. 3; cf. lvii. 52.

[122] Cf. Demos. xxix. 22 – 24; liv. 33.

[123] *Ibid.* xxx. 23; xl. 28; lii. 17.

[124] *Ibid.* xxxvii. 48; liv. 33; cf. Leisi, *op. cit.*, p. 11.

[125] Demos. xl. 58.

[126] Isaeus vi. 53 ff.; Demos. xl. 59; xliv. 54; cf. *supra*, p. 130.

[127] Isaeus iii. 19.

的人替他提供证据。[128] 在雅典，当一个当事人在公众场所征集证人的时候，他必然可以征集到足够的志愿者愿意充当证人的角色。[129] 有理由认为在多数情况下，一个诉讼当事人可以轻松地，且在无须法律帮助的情况下获得足够的见证。不过，当某个至关重要的事实必须依靠一个证人作证，而该证人又拒绝作证时，问题就很棘手了。最早提到这样一位不愿作证的证人的实例是在《伊塞奥斯》中，[130] 在这个案例中，发言者声称一个希耶罗克里斯人目击了一场致命的攻击，但是该证人也许不愿意为此作证，因为他提供的证据"与他提供的一份遗嘱相悖。但是尽管如此，该发言者还是传唤了这个希耶罗克里斯人，并要求他要么向法庭提供相关证言，要么向法庭宣誓他对争议事实一无所知。"[131] 毫无疑问，在通常情况下，一个出庭的证人要么提供见证，要么提供不知情宣誓。就目前所知，对于提供了虚假宣誓的人并不存在法律的惩罚。不过，多数人为了自己的名誉，还是不敢提供虚假的宣誓的。[132]

诉讼当事人本人有义务通知他的证人出席仲裁庭或是法庭程序。国家并不采用传票传唤证人。虽然没有证据表明诉讼当事人必须谨慎地证明他已经采取了合理的措施通知了他的证人，但是，有理由相信他这么做是很有必要的。[133] 如果证人到时候没有出庭或是拒绝站在证人席上作证的话，那么诉讼当事人该怎么办呢？莱克格斯[134] 提供了一段关于证人的有趣文字。

> 在证人站在证人席上作证之前，我希望能跟你说几句话。我相信你已经意识到了被告的诡计多端以及那些试图为他们说情的人的恳求；不过你一定也已经知道许多的证人，因为钱的缘故，

---

〔128〕 Cf. Aristoph. *Clouds* 494 – 96. 德摩斯梯尼（Demos. lvii. 14）中的发言者不得不依靠具有敌意的证人。

〔129〕 Cf. Antiph. vi. 22 ff.，当该致命药物被服用的时候，有超过五十个成年男子与男孩在场。

〔130〕 ix. 18.

〔131〕 发言的日期在公元前378年之后不久；cf. Lipsius, *op. cit.*, p. 876, n. 41.

〔132〕 Demos. xix. 176; xlvii. 70.

〔133〕 Cf. Lipsius, *op. cit.*, p. 881.

〔134〕 i. 20.

或是为了赢得他人的好感的原因，已经被说服了，要么选择遗忘，要么选择不出庭，要么找出其他的原因不做见证。因此，你是否要求你的证人勇敢地走上证人席进行作证，且要求他们进行作证的原因并非基于对你或是城邦的感激之情，而是因为他们对城邦所负有的对事实和正义的义务，他们不能够放弃他们的职责，正如法律所要求的那样，当他们提供不知情宣誓时，他们必须触碰圣坛进行这样的宣誓。但是如果他们既不作证，也不进行不知情宣誓的话，那么为了你本人、法律以及民主的利益，请要求他们提供解释。

一个不合作的证人可以被传唤提供解释的原因包括，他未能如期出庭，或是，即使他出庭了，但是他既拒绝提供见证又拒绝作不知情宣誓。[135]

要求不合作证人提供解释的具体程序我们还不是很清楚。[136] 有两段文字对这个问题进行了一定的解释。阿波罗多罗斯诉斯提法奴斯·挨特·尼亚拉案的原告是这么说的：“我应该召集希帕切斯（Hipparchus）本人来法庭，并且强迫他或是作证或是根据法律的规定进行不知情宣誓。”[137] 伊斯金尼斯给这个程序又增加了一个步骤：*κάλει δέ μοι Ἀμύντορα τὸν Ἐρχιέα καὶ ἐκκλήτευε, ἦὰν μὴ θέλῃ δευρὶ παρεῖναι.*[138] 根据这两段文字的记载，人们可能可以认为一旦证人虽然拒绝作证或是没有能够及时出庭，那么委托人就可以求助于法庭的帮助。从某种意义上说，这种或是由主持官员或是由审判官员采取的行为带有司法性质，不过这种行为的本质到底是什么，我们并不清楚。[139] 这种不合作的证人将被处以 1,000 德拉克马的罚款。[140]

前文中引用的莱克格斯[141] 的文献中提到了诉讼当事人请求陪审团提供

---

〔135〕 在十个案件中，三个案件为证人提供了选择的机会，不过只有三个人选择了提供不知情宣誓（cf. Leisi, *op. cit.*, p. 68）。

〔136〕 Wyse, *op. cit.*, p. 638.

〔137〕 Demos. lix. 28.

〔138〕 ii. 68.

〔139〕 Cf. Lipsius, *op. cit.*, pp. 880 – 81.

〔140〕 Aeschin. i. 46.

〔141〕 i. 20.

帮助：ἀξιοῦτε οὖν τοὺς μάρτυρας ἀναβαίνειν. 同样的，在伊批卡洛斯诉欧克里尼斯[142]案中，原告向审判官员请求帮助：

> 陪审员们啊，毫无疑问，欧克里尼斯和他的朋友已经尝试了一切可能的方式，贿赂证人，引诱他，软硬兼施，为的就是让他不要作证。然而，如果你愿意支持我的话，这其实也是你们应该做的，即请你们命令他们，或是加入我的队伍，迫使他们，要么进行作证，要么提供不知情宣誓。事实上，如果你们不允许他们浪费法庭时间的话，那么真相很快就会水落石出的。

可惜的是，这两段文字中并未提到法庭考虑采取司法行为。发言者只不过是希望求助于审判官员来给证人施加压力。作为审判官员个人的话，他们可能会迫使证人到证人席上提供证言，就像他们可能会对诉讼当事人的发言而表示不满一样。[143]实际上，审判官员的最终判决结果只能经过正式投票形式才能够形成。

地方行政官或是委员会的司法行为只能采用罚款的形式。但是最高的罚款记录是 50 德拉克马 。此外，决定罚款与否并不是由法官在法庭上决定的。[144] 针对不合作的证人的数量为 1,000 德拉克马的罚款在性质上与针对未能获得五分之一赞成票的诉讼当事人处以的相同数额的罚款类似。在这种情形下，并不需要司法程序的介入。一旦法庭的投票结果显示根据法律规定，败诉方负有责任的话，那么主持审理的官员会立刻将罚款记录在案。[145] 在证人缺席的情形下，程序基本上也是一样，不过有两种例外情况。根据当事方的要求，证人将被庄重地召集到法庭进行作证。如果他拒绝的话，那么 1,000 德拉克马的罚款将被记录在案。由传令官对罚款进行公布具有非凡的作用，即以这个方式公布这种罚款的目的在于教育那些还未被传唤的证人。一旦证人缺席，唯一的区别在于如果缺席证人有充分而

---

〔142〕 Demos. lviii. 7.

〔143〕 苏格拉底多次申请不要打断听证程序（Plato *Apol.* 27 B，30C）。

〔144〕 Cf. *supra*，I，282 f.

〔145〕 Cf. *supra*，pp. 56 f；Lipsius，*op. cit.*，pp. 449 – 50.

合理的理由的话，他可以对罚款提起申诉。诉讼当事人的介入是必需的。他介入的目的并不仅仅是发起对缺席证人的惩罚，而很可能是给缺席证人一个选择的机会——要么选择罚款，要么选择 *δίκη λιπομαρτυρίου* 或 *δίκη βλάβης*，不过，无论选择其中的哪一种方式都是对该证人不利的。一旦证人已经被处以了罚款，那么诉讼当事人就很难再对其发动赔偿诉讼了。[146]

我们所拥有的关于 *δίκη λιπομαρτυρίου* 的信息主要来自于一个案件，即 阿波罗多罗斯诉提莫忒乌斯。[147] 在该案中，原告依靠一个安提法奈斯人证明了该诉讼中的一个关键问题：

> 他设计阻碍了我将一份宣誓书呈递到仲裁人面前；因为他不断地说他会在判决那天为我提供证词；可是，当那天到来的时候，尽管法庭的传唤到了他家，在被告的煽动下，他最终没有及时出庭作证。

该案的原告立即就发动了针对缺席证人的仲裁程序。至于这个程序的本质则完全不为我们所知。阿波罗多罗斯存放了一定数额的定金（一个德拉克马）。仲裁人没有作出不利于证人的判决。至于到底一个仲裁人会怎样处理证人，如果他对事实的认定是不利于证人的话，我们并不能从这里知道。正如我们所知的那样，他等到了最后一天的夜晚才做出了有利于提莫忒乌斯的判决。原告对判决提出了上诉，这个案件由此进入了法庭程序。与此同时，阿波罗多罗斯对安提法奈斯（Antiphanes）提起了诉讼，该诉讼提起的时间早于他针对提莫忒乌斯的诉讼的判决结果得出的时间。[148] 至于说除了仲裁人得出的不利于他的仲裁结果之外，他所受到的其他的折磨都能够随着当前诉讼的成功而被抵消。当然，钱财上的损失能否被抵消就

---

〔146〕 Cf. Bonner, *op. cit.*, pp. 42 – 43; Leisi, *op. cit.*, p. 49.

〔147〕 Demos. xlix. 19.

〔148〕 *Ibid.* 20. “现在我已经对安提法奈斯发动了一项损害赔偿的私诉，因为他既不提供证据，又不根据法律的规定进行不知情宣誓。起初，我要求他来到你们的面前向你们宣誓，到底他有没有借给提莫忒乌斯 1,000 德拉克马。”

比较难说了。不过，他继续传唤安提法奈斯出庭作证。[149]在当前的案件中，安提法奈斯并不能被称为常规意义上的证人，因为法庭办事员手中并没有掌握他的证词。他被要求走上证人席，向审判人员宣誓，随后告知审判人员到底他有没有借给提莫忒乌斯那笔钱。不过，在那个时代，在民众法庭是不接受口头证据的，所有的证据都必须是书面的。此外，要求一个诉讼当事人保证他的证人的可信度的实践在当时也是没有的。然而没有迹象表明安提法奈斯曾经出席过法庭。在演说家那里没有提到过类似的程序。很难相信阿波罗多罗斯严肃地建议了一些不符合法律规定的建议，也就是，他建议向法庭提供口头证据。

问题很自然地产生了，即证人作证到底是对国家的义务，还是对单个诉讼当事人的义务。[150] 前文已经引用的莱克格斯[151]的文字显示，他相信作证是对国家的义务。不过，既然法律规定由志愿者对损害国家利益者进行起诉，那么应当由公诉人强制证人出庭作证。因此，其实当时并没有将公诉案与私诉案的证人加以区分。[152]

辞典编撰者认为 *δίκη λιπομαρτυρίου* 只有在证人明确保证出庭的情况下才适用。[153] 这个理论得到了发展，即一旦证人作了类似保证就等价于签订了一份合约。当证人收到了及时的通知，告知他作证的时间与举行听证的地点，但是该证人仍然没有出庭的话，那么他的行为就构成了 *δίκη λιπομαρτυρίου*。[154]不过，反驳这一和约理论的关键理由在于诉讼当事人的

---

〔149〕 这是一个仲裁案件，在仲裁案中，如果证据没有被递交给仲裁庭的话，那么该证据通常在随后的法庭审理中不能够被采信。关于具有这个特点的案件的讨论，参见：*supra*, p. 100.

〔150〕 Leisi, *op. cit.*, p. 38.

〔151〕 i. 20, quoted *supra*, p. 137.

〔152〕 Cf. *supra*, pp. 25 ff.，关于受任命的公诉人。

〔153〕 Pollux viii. 36.

〔154〕 莱特斯（Rentzsch, *op. cit.*, pp. 20 ff.）主张并不一定需要证人在场的情况下，合约才能够达成，他引用了海波莱德的话（Hyperides, iii. 13）作为证明。雷斯（Leisi, *op. cit.*, p. 51）则反对这个观点，他坚持如果证人被传唤了的话，那么证人就必须到场。他从德摩斯梯尼（Demos. xlii. 12）中找到了支持他观点的论述。仲裁人之所以没有作出不利于安提法奈斯的判决是因为没有证人在场证明他保证会出庭作证。利普西斯（Lipsius, *op. cit.*, pp. 784 – 85）相信安提法奈斯没有出庭作证的真正原因在于阿波罗多罗斯没有能够在恰当的时间，而是直到仲裁的最后阶段才通知安提法奈斯出庭作证。

朋友、亲人以及其他的不愿作证人的人会被强迫出庭作证或是提供不知情宣誓。据悉，在阿皮赫布斯诉法纳（Phanus）案中，[155] 阿皮赫布斯在先前的一个案件中被迫出庭指证他的叔叔德摩。在同一篇演说稿中提到了一个更加确切的例子，即伊西阿斯（Aesius）被迫指证他的兄长阿皮赫布斯，因为他希望 οὔτ' ἐπιορκεῖν οὔτ' εὐθὺς παραχρῆμα δίκην ὀφλισκάνειν。[156] 简直不敢相信阿皮赫布斯与伊西阿斯曾经保证出庭作证指证他们的亲人，并最终勉强地进行了这样的作证。不可避免的是，当一个市民收到了及时的出庭作证通知后，根据法律的规定，他就有义务或是出庭作证，或是提供不知情宣誓。在手头的资源无法确定这样的司法通知的真正性质的时候，这个观点基本上是正确的。即在必要的情况下，委托人有义务证明证人已经收到了适当的传唤。在阿波罗多罗斯诉安提法奈斯中，[157] 显然，阿波罗多罗斯相信了安提法奈斯在仲裁程序的最后阶段的不停的保证，而没有对他进行合法的传唤。与此同时，正如所宣称的那样，提莫忒乌斯已经成功地劝诱了安提法奈斯，使他未能如他所保证的那样在仲裁的最后一天出庭作证。到那个时侯已经没有机会再采取适当的步骤了。

κλήτευσις与δίκη λιπομαρτυρίου 之间有一些重要的区别。前者是关于应当支付给国家的罚款，因此该罚款可以被视为对未能在被合理传唤之后出庭作证以履行对国家的义务的市民的一种惩罚。处以这样的惩罚无须经过审判程序。在这种情况下，法庭只是接受这些不证自明的司法通知，并对罚款进行登记。如果一个诉讼当事人的证人缺席的话，对这个当事人而言，没有其他的救济方式。如果希望挽回损失的话，那么他必须提起δίκη λιπομαρτυρίου. 诉讼，并且寻找机会赢得这场诉讼，从而获得足额的损害赔偿。[158] 就我们手头掌握的信息而言，显然，κλήτευσις倾向于在公诉中被使用。在七个谈到或是暗示到 κλητεύειν[159] 的案件中，只有一个案件属于

---

〔155〕 Demos. xxix. 19 – 20.

〔156〕 *Ibid.* 15.

〔157〕 *Ibid.* xlix. 19.

〔158〕 cf. Lipsius, *op. cit.*, pp. 785 and 878 ff.，他对这个相当模糊的程序的保守评论胜过莱特斯的猜测（Rentzsch, *op. cit.*, p. 22）。

〔159〕 Aeschin. i. 46； ii. 68； Demos. Xix. 176， 198； xxxii. 30； lviii. 7， 42； lix. 28； Lycurg. i. 20.

私诉。[160] 这一点也是可以理解的，因为公诉人在公诉案件中很少会像他在私诉案件中那样遭受金钱损失。通常情况下，他会让法律按正常的程序进行。在私诉中，κλήτευσις是一种简单而安全的报复方式，诉讼当事人并不能够从中获得任何损害赔偿。如果他希望补偿自己的损失的话，他必须求助于δίκη λιπομαρτυρίου 或δίκη βλάβης。这两种措施的一个区别在于后者只有当案件审结之后才能被发动。目前现存的一个案件为阿波罗多罗斯诉安提法奈斯。[161] 在这个案件中，当安提法奈斯拒绝向仲裁人作证之后，阿波罗多罗斯立即发起了δίκη λιπομαρτυρίου 程序。如果他成功地发动了这个程序的话，那么安提法奈斯极有可能被迫提供证词或支付预计的损害赔偿金。可惜的是阿波罗多罗斯并没有成功地发动这个程序，失去了将安提法奈斯的关键证词呈上法庭的机会，因为在仲裁案件中，只有已经由仲裁人记录在案的证据可以被用于上诉程序。然而，在上诉过程中，他可以发起δίκη λιπομαρτυρίου 程序，因为损害在仲裁程序中已经形成了。

δίκη βλάβης的基础极不可能是合约。得出这个结论的原因并非像人们所想象的那么充分。柏拉图[162] 提出的将δίκη βλάβης与δίκη λιπομαρτυρίου（其中不需要承诺）进行类比，以及根据法律规定的推论，已经充分地证明了这个程序是无须以合约为基础的。[163] 正如前文所指出的那样，当证人收到适当的传唤之后，如果他因此而有义务出庭作证的话，那么一旦他没有能够完成这项义务的话，他的责任性质属于侵权（ex delicto），而不是违约（ex contractu）。

根据阿皮赫布斯诉法纳斯案中的一段文字，如果一个诉讼当事人向法庭宣读了虚假证词的话，那么提供该证词的证人将对δίκη ψευδομαρτυρίων 负责，而该当事人本人则须对损害赔偿之诉负责。[164] 雷斯对此持有谨慎的保留态度。他的这种谨慎的态度是非常值得赞美的。因为发言者说：

---

〔160〕 Demos. xxxii.

〔161〕 *Ibid.* xlix. 19.

〔162〕 *Laws* xi. 937A.

〔163〕 Lipsius, *op. cit.*, p. 879. 在第659页，利普西斯认为只有在证人保证作证之后，δίκη βλάβης这项义务才存在。

〔164〕 Demos. xxix. 16; Leisi, *op. cit.*, p. 52; Lipsius, *op. cit.*, p. 659.

> 首先，如果他真的没有提供这些证词的话，那么他应当在听到证词宣读的第一时间便予以否认，而不是到现在才首次否认。因为如果在当时否认的话，会对他十分的有利。其次，如果我无缘无故地迫使他提供不利于他兄弟的虚假证言的话，（这项措施可能会使一个人面临身败名裂的威胁，以及金钱上的惩罚），他不可能就此罢休，而应当会对我提出损害赔偿之诉。

考虑到法律规定证人必须出席确认该证言是出自于他本人或者亲自出庭提供不知情宣誓，[165] 因此，不可能在证人不知情和不允许的情况下在法庭上提供证言。阿皮赫布斯诉法纳斯案中的发言者试图通过华丽的词藻巧妙地影响一部分审判官员的判断力。

---

〔165〕 Meier - Schomann - Lipsius, *op. cit.*, p. 495, n. 55; Lipsius, *op. cit.*, p. 882.

第七章　誓　言

誓言的起源具有宗教性质，并且早于其他任何形式的审判理念。人类社会的初期，如果一个人所说的话不被他的同伴所信任，那么他就求助于更高的权威以承担举证责任，并且请求神给予帮助。宣誓的目的是为了增加声明的可信度，或是当一个简单的、无其他证据支持的主张的效力已经不够的情形下，通过求助于神的见证而使得该宣誓具有约束力。[1]在社会形成的早期，由于人们惧怕神，在神的名义下做出的誓言必然是充分可信的，因为很少会有人愿意以神的名义提供伪证。但是伪证的存在也是不可否认的。“希腊人尤其善于欺骗，因此任何缺乏强烈性的誓言都很难确保被遵守”。[2] 随着时间的推移，誓言趋向于被公式化，并且作为见证的神也被特定化了。[3] 因此，除了非正式的誓言之外，还形成了在某些场合下使用的正式的具有固定形式的誓言。[4]诅咒经常会被附加在誓言中，让神惩罚这个请求神作证，却又作出虚假宣誓或者承诺又不能完成的人。

根据誓言所涉及的现在时或者过去时，誓言通常被分为两种——“承诺性誓言”（promissory）和“证据性誓言”（evidentiary）。承诺性誓言是一种承诺，这种承诺是关于一个人对将要发生或者不会发生的事情做出的一个誓言（至少在他的个人能力范围之内）。证据性誓言是一种对某事已经

---

〔1〕 Cf. Hirzel, *Der Eid*, p. 2；关于侯克斯（Horkos）在古希腊神话中的地位，参见：Hesiod, *Works and Days*, 219，804；*Theogony*, 226，ff.；*Stobaeus Ecl.* i. 41，p. 978；关于对语源的讨论，参见：*Herodian* ii. 1，p. 287. 22（Lentz）；*Eustathius* ii. ii. 338；Walde Pokorny, *Vergl. Wortbch. d. indoger. Sprache*, II, 502.

〔2〕 *Paley on Hesiod Theog.* 231. 哲学家对誓言、伪证以及他们的后果非常有兴趣：参见：Cf. Plato *Laws* 948B and *Chrysippus in Stobaeus Flor* xxviii. 15（Meineke，I，356）；cf. also Bentham's opinion of the inefficiency of oaths, quoted by Kennedy, Demos.，IV，395 ff.

〔3〕 Cf. ii iii. 275 ff；xv. 36 ff.；*Od.* V. 184 ff.

〔4〕 关于誓言的发展过程，参见：Ott, *Beitrage zur Kenntnis des griechischen Eides*, pp. 10 f. 奥特（Ott）忽视了非正式誓言，而该誓言是希腊人日常生活的一部分。

发生或者没有发生做出的一种声明。后来的人对誓言进行了这样的区分，这种区分便于对各种不同类型的誓言进行讨论。[5]但是这种区分并没有考虑到所有的出现在公元前四世纪到五世纪的雅典法制体系充分发展情况下的誓言类型。承诺性誓言时常以不同的形式出现，如：官员或者陪审员的誓言。证据性誓言则有两种不同类型。第一种是真实的证据性誓言，它是保证的一种形式，用在终局性地解决纠纷。这种誓言通常被使用在审判制度中的初次审讯方面。采用证据性誓言的审判是为了解决存在的争议问题。具体而言，该誓言存在于两种情形下，一种为提议接受包含有对方立场的誓言，另一种为表示愿意向对方进行宣誓，且宣誓内容是为了表明自己的立场。[6] 这是一种与各种类型的神试法相同的努力，试图得到神的帮助而解决问题。格洛茨[7]指出誓言与神试法类似：两者都将惩罚交给神决定。但是在神试法中，作假的人立即受到惩罚，但是在誓言中，惩罚可能不是立即执行，所以伪证者的后人可能会受到神的惩罚。[8] 有时候，两者也集合一起。在安提戈涅（Antigone）中，[9] 信使为了保证自己的话是真实可信的，情愿经受被火焚烧的神试法。在人类社会的早期，成员愿意接受以神的名义做出的誓言作为最后的结果并构成完整的审判。这一点不足为奇。当然，就像在承诺性誓言中那样，诅咒总是不可缺少的一部分。

如果跟随着希腊文学的进程，我们发现当证据性誓言不再在正式的审

---

〔5〕 虽然在理论和实践中都提到了誓言，早期作者对这种不同的誓言没有任何兴趣。柏拉图没有将誓言单独看作一类，而是将其包括在其他证据种类之下（*Rep* 443A）。在进行了一项关于不同作者是怎样看待誓言的调查后，希泽尔（Hrizel，*Der Eid*，p4）总结到，虽然古人如同尼克斯加特斯那样有时在事实上认识到了证据性誓言的存在，但是总的来说他们仍认为誓言是承诺性质的（*Schol. On Arist.*，pp. 87 B 30 ff. [Brandis]）。另外参见：*Stobaeus Flor* xxviii（Meineke，I，356）. 将誓言区分为证据性誓言和承诺性誓言是一种普通的区分方式，虽然齐巴特赫（Ziebarth，*De iureiurando in iure Graeco Quaestiones*，p 42）建议另一种区分方式，即将誓言分为自愿性质的誓言，由诉讼的双方当事人的一致同意进行的宣誓，以及由法律规定的义务性誓言。然而，这种分类仅仅考虑到发生于法律程序中的誓言。此外，义务性的誓言可能具有也可能不具有证据性，因此就与希泽尔（Hirzel）的分类不一致。

〔6〕 Cf. *supra*，I，27.

〔7〕 *L' Ordalie dans la Grece primition*，p. 123；cf. Latte，*Heiliges Recht*，p. 6.

〔8〕 Cf. Glotz，*op. cit*，p. 119.

〔9〕 264 f.

判中扮演重要角色之后，希腊人才意识到证据性誓言的存在。[10] 所以在《西奥格尼斯》（Theognis）中有几处谈及了伪证性质的誓言。其中的一个例子是由典型的西奥格尼斯风格的文字所记载的，涉及财产寄存的案例。这个例子所涉及的是西奥格尼斯最喜欢讨论的话题，即对作恶者迟到的惩罚。[11] 在《希罗多德》（Herodotus）[12] 中的一段文字使人联想起了西奥格尼斯的这段文字。格劳克斯（Glaucus）是斯巴达人，他以自己的忠诚而闻名于当地。有一天他收到一笔存款和相应的收据。但是后来，当存款人的儿子前来提款，并出示了相应的收据，格劳克斯却装成自己根本不记得有这笔交易。格劳克斯告诉前来提款的人，稍后再来并且承诺如果他还是不能想起这笔交易，他将发誓保证他没有收到过这笔存款。[13] 后来格劳克斯去了德斐（Dephi）去询问当地的神谕宣誓所他是否需要进行宣誓，以便能够将这笔款保存下来。这点反映出格劳克斯还是有点担心的。牧师谴责了他进行这样宣誓的想法，并且明确地向他表示邪恶的惩罚将降临到作伪证的人身上，同样也会降临到格劳克斯，因此阻止了他做出这样的一种誓言。格劳克斯归还了这笔存款，但是神并没有就此放过他；他的家庭彻底从斯巴达消失了。如果格劳克斯做出了这样一种誓言，并得到了存款人儿子的同意，那么我们就可以假设性地认为这个案子被解决了，而且钱也被保留下来，成为他的财产。另一个在《希罗多德》[14] 中的段落，讲述了一个关于英雄或者神以一个女人的丈夫的身份出现，并且成为了孩子的父亲的故事。阿里斯顿的妻子向他保证前晚她是和他睡在一起的。事实是这个女人希望通过发誓让她的丈夫相信她是忠诚的，而且她立即就认识到他是神的化身。

埃斯库罗斯举出了另外一个关于证据性誓言的案例。这个案例是对被

---

〔10〕 关于证据性誓言的早期历史，参见：*supra*, I, 27 ff. , 49 ff. 关于两个证据性誓言的案例，参见：*Gortyn Code*, ii 11 ff. ; iii 1 ff. , in Buck, *Greek Dialects*; cf. Headlam, *JHS*, XIII, 65; Bucheler and Zitelmann, "*Das* Recht von Gortyn", *Rhein. Mus*, XL, *Erganzungsheft*, pp. 105 – 7.

〔11〕 199 ff. , 1139 ff. , 283ff.

〔12〕 vi. 86.

〔13〕 vi. 86 β 2 and γ 1.

〔14〕 vi. 68 f.

拒绝的誓言的挑战。[15] 厄里尼厄斯（Erinyes）投诉俄瑞斯忒斯（Orestes），因为后者既不会做出一个誓言表明自己没有弑母，也不会发誓自己是有罪的。显然，俄瑞斯忒斯不能在谋杀案中对自己的无辜进行宣誓，因为他的辩护理由是这是正当的杀人。[16]

除了真正的证据性誓言，还产生了另一种支持证词的誓言，为了方便起见，将这种誓言称为“印证性”誓言。这种誓言可能是由诉讼当事人做出，也可能由证人做出。在许多案例中，这种誓言不是由法律所规定的，而是在要求之下做出的。

接下来，我们将讨论承诺性誓言、证据性誓言和印证性誓言是怎样发展的，以及在公元前五世纪到公元前四世纪它们在希腊政府和审判制度中的不同的阶段的使用。誓言在古希腊的司法辩论中发挥着重要作用。有时它只是一种修辞技巧，起到加强声明的作用或者是加深审理官员对某些事情的印象。这种誓言程式以及它们的精妙的使用方式被进行了广泛的研究。[17] 其他的各类誓言也经常被提到，包括民众陪审员誓言，地方行政官誓言，当事人誓言和发生于谋杀案中的誓言。我们所关心的重点是演说家的誓言。当然，其他作者的一些文章以及一些石刻碑文也暗示着，在希腊人民的公共生活中，誓言扮演着多么重要的角色。

诅咒也是誓言的重要特征。显然，越是严重的诅咒越能让人相信起誓者能够遵守自己的誓言。由法律要求做出的诅咒在很多誓言中都有，同时诅咒也出现在偶发的誓言中。[18] 它们的目的总是一样的：如果起誓者做了伪证，那么他和他的家都会遭到毁灭性的破坏，如果他的誓言是真实的，那么他会受到庇护。

---

〔15〕 *Eumenides* 429 ff.

〔16〕 总体而言，评论者将这段中的誓言视为在庭前调查程序中对双方誓言的一种回应（cf. Sidgwick, Blaydes, Blass, *ad loc*）。费罗尔（Verrall, *ad loc.*）将这种誓言定义古代的一种净化誓言（purgatory oath）。

〔17〕 奥特对演说家的誓言进行了广泛的收集（Ott, *op. cit*, pp. 39 ff.），参见：Kuhnlein, *De vi et usu precandi et jurandi formularum apud decem oratores Atticos*; Blass, *Att. Bered.* III2, 384, under Schwurformeln; Ziebarth, *op*, *cit*, pp. 10 ff,; Hofmann, *De iurandi apud Athenienses formulis*.

〔18〕 关于这种诅咒的程式，请参照民众陪审员的誓言中所引用的诅咒（Demos, xxiv. 149; cf. also liv 41）。

承诺性誓言自然经常出现在各种不同类型的公众生活中。有大量的协定和公共协议包含了誓言。[19] 像这种出现在协议中的誓言通常包括了当事人双方对这个协议的宣誓，保证遵守确定的特殊条款。公元前 446 年，在卡尔西迪西（Chalcidian）的法令中包括了这样一种誓言，它规定已经成年的卡尔西迪西男性必须按命令向雅典当局政府发誓，确保他们对雅典的忠诚之心。而议事会和民众陪审员则代表雅典当局发誓，他们确保法令下所规定的属于卡尔西迪西人的特定的权利将得到维护。[20] 这两种誓言的确切誓词都完整地被记载在法令中。[21]

有一些偶发性的誓言也属于承诺性誓言。比如，德摩凡特斯法令，它是在塞西卡斯（Cyzicus）战争后建立在梭伦法律基础之上并且在公元前 410 年通过的。在德摩凡特斯法令中，所有的雅典人都被命令发誓他们会消灭所有可能成为民主颠覆者的人。这个誓言被要求在城邦公民大会和德莫会议上进行，其目的显然是为了让尽可能多的雅典人参加宣誓。[22] 这个法令是由四百人起义引发的。虽然在公元前 403 年，在推翻三十僭主后，这个誓言被重新更新了，但是它还是没有每年或是在任何有记载的时间阶段中被重新提及。[23] 但是在莱克格斯针对利奥克雷斯[24] 的辩词和德摩斯梯尼针对莱普廷斯（Leptines）[25] 的辩词中可以发现这个誓言仍旧有效。

---

〔19〕 关于包含誓言的协议和合约的清单，参见：Ott, *op. cit*, pp. 76 ff.

〔20〕 IG^2, I 39, Hicks and Hill, *Greek Historical Inscriptions*, 40；Tod, *Greek Historical Inscriptions*, 42；cf. *supra*, I, 214，关于为什么由议事会和民众陪审员代表雅典发誓。这两类人在此肯定代表所有的人。

〔21〕 另一个关于国家间协议的很好的例子是百年协议（one hundred years' treaty）。修昔底斯提供了协议的内容（v 47. 8），这个协议有两个签约方。一方面是雅典人和雅典人的联盟；另一方面是阿尔戈斯人（Argives）、伊利斯人（Eleans）、曼提尼亚人（Mantineans）和他们所有的同盟者。这个协议详细规定了双方都须守约的情形，要求双方按照规定的誓词发誓；并给出了那些需要代表双方宣誓的官员和政府机关的清单。这是一个庄重的誓言，所有卷人的国家都发誓（这种誓言在发誓者的国家被最严格地执行）。每个涉及其中的国家都使用自己的宣誓程式，并且在这样的誓言中祈求本国人惯常引用的神作为见证，但是这些承诺的内容在任何的情况下又都是相同的（Cf. Kennedy *op. cit.*, IV 393）。

〔22〕 Andoc. i. 96 ff.；关于对法令措辞的评论（cf. *supra*, I, 214）。

〔23〕 Cf. *Lycurg*, I, 124 f.

〔24〕 i. 127.

〔25〕 xx 159.

地方行政官在获得官职时要做出一个誓言。虽然他们的誓言在内容上有区别，但是，这些誓言大部分内容是，地方官员承诺按照相关的法律履行他们的职责，并且不收受贿赂。所有的这些誓言都是典型的承诺性誓言。例如：亚里士多德[26]提到了执政官的誓言。在资格审查后，执政官员们在誓石前发誓，内容如下：*δικαίως ἄρξειν καὶ κατὰ τοὺς νόμους, καὶ δῶρα μὴ λήψεσθαι τῆς ἀρχῆς ἕνεκα, κἄν τι λάβωσιν ἀνδριάντα ἀναθήσειν χρυσοῦν*. 在此之后，执政官员们都在雅典的卫城下进行相同的誓言，然后才可以正式就职。根据莱克格斯[27]的文章所说，吉尔伯特认为[28]雅典的每位官员在就职之前都必须宣誓，尽管具体的誓言已经不可考。

就像地方行政官发誓维护法律一样，其他的政府官员和法官们也都会在履行各自的职责前发誓。关于议事会成员的誓言要追溯到克里斯提尼时期。[29] 亚里士多德说在他的时代，仍然存在相同的誓言。同样的，这个誓言如同地方官员的誓言一样，是发誓自己会为了国家的最高利益履行职责。[30]但是在《德摩斯梯尼》中发现的另一种誓言则是关于古希腊立法会议的司法行为的。立法会议成员发誓除非在特殊情况之下（例如叛国罪或者阴谋颠覆国家），[31] 否则对提供了适当的保证金的人就可以不再进行监禁。这种条款被误认为是梭伦制定的。誓言的其他条款的大意为：他们会遵守梭伦宪法；他们会向雅典人[32]提供最好的具有可行性的建议；他们会在下一届议院的资格审查中拒绝那些没有资格成为他们中一员的人。[33] 这是一种立法会成员每年都宣誓一次的誓言，发誓者像执政官一样在取得官

---

〔26〕 *Ath. Pol.* iv 5.

〔27〕 i. 79.

〔28〕 *Const. Antiqu.* , p. 221.

〔29〕 Cf. *Arist*, *Ath.* Pol. xxii. 2. , 关于这个誓言的讨论参见：*supra*, I 200, 294, and 342.

〔30〕 Xen Mem i. I. 18; Lysias xxxi 1; Demos. lix 4.

〔31〕 Demos, xxiv. 144, 148.

〔32〕 在城邦公民大会和立法会议中还存在一种由传令官宣布的诅咒，该诅咒针对的是那些故意欺骗人民或者用任何方式冤枉人民的那些人，参见：Demos, xviii. 282; xix. 70; xxiii, 97; Aeschin. i. 23; Din. i. 46 – 47. 关于这类诅咒的一个滑稽版本，参见：Aristoph. *Thesmo.* 295 – 311, 311 – 50.

〔33〕 Xen. Mem. i. 1 18; Demos, lix. 4; Lysia xxxi. 1 – 2; Plut, Solon xxv. 3.

职之前发誓。[34]立法会成员有时会被要求进行偶发性宣誓，这点可以在卡尔西迪西法令的誓言中找到相应的证据。在卡尔西迪西法令中他们和那些审判官员一起代表整个希腊人民宣誓。这也是一种如同我们上述所举的例子那样的否定性质的誓言，即除非遇到特定情况，否则不会监禁任何人。

陪审法庭成员在履行自己的职责之前也要发誓。这样的誓言被称为ὁ τῶν ἡλιαστῶν ὅρκος 或ὁ ἡλιαστικὸς ὅρκος。[35] 自然，雄辩家们谈到了大量的这类誓言，因为发言者经常提醒陪审员记住他们的誓言以及警告他们做伪证的危险后果。这类誓言中的一些措辞经常被引用，例如 *πείσεσθαι τοῖς νόμος καὶ τοῖς τοῦ δήμου ψηφίσμασι*[36] 或者*ἦ μὴν ὁ μοίως ἀκροάσεσθαι τῶν κατηγορούντων καὶ τῶν ἀπολογουμένων*.[37]每年，陪审团[38]的所有成员都要做出类似于政府官员所做的承诺性的誓言。[39]在德摩斯梯尼[40]反驳提莫克拉特斯的演讲中，他保留了誓言的程式或者所谓的誓言程式：

> *Ψηφιοῦμαι κατὰ τοὺς νόμους καὶ τὰ ψηφίσματα τοῦ δήμου τοῦ Ἀθηναίων καὶ τῆς βουλῆς τῶν πεντακοσίων. καὶ τύραννον οὐ ψηφιοῦμαι εἶναι οὐδ᾽ ὀ λιγαρχίαν οὐδ᾽ ἐάν τις καταλύῃ τὸν δῆμον*

---

〔34〕 我们也听说另一种存在于公元前410年的立法会议的誓言（Schol，*on Aristoph.* Plut. 972.；cf. Gilbert，*Beitrage zur inner Geschichte Athens*，pp. 348 ff）。根据吉尔伯特，资料所谈的是立法会议中的位置分配。但是由于证据不充分，这看上去只是一种似乎可能的解释。关于在公元前403年后的大赦之后的宣誓，参见：*infra*，p. 154，n. 4.

〔35〕 Demos. xxiv. 149；Hyper，iv. 40；cf. *supra*，I，155.

〔36〕 Din. i . 84.

〔37〕 Isoc. xv 21. 关于来自于陪审员誓言的短语，参见：Ott，*op. cit.*，pp. 60 ff. 奥特对所有的相关文字进行了分类。在这些文字中，根据语调和措辞提醒陪审员关于他们的誓言的内容。

〔38〕 Isoc. xv. 21. 很可能，该誓言始于梭伦时期；cf. *supra*，I. 162。

〔39〕 很早以前，法官就必须发誓。在谈到具有英雄气概的国王时，亚里士多德（Pol. 1285B）提到，当国王以法官的身份出现时，有时候也需要宣誓。这点也许可以与格尔蒂法典的相关规定做比较，即在某些情形下，法官必须在宣誓后才能做出判决（i. 14，24，36；ii 55，v. 45）。在所有的这些案例中我们所讨论的是仲裁人誓言。齐巴特赫（in Pauly－Wissowa，s. v. "Eid"）正确地将司法誓言和那些政府官员的誓言区分开来。万一缺少足够的证据才能够将事实搞清楚，法官就祈求神灵的帮助，从而做出决定。

〔40〕 xxiv 149－51.

τὸν Ἀθηναίων ἢ λέγῃ ἢ ἐπιψηφίζῃ παρὰ ταῦτα, οὐ πείσομαι· οὐδὲ τῶν χρεῶν τῶν ἰδίων ἀποκοπὰς οὐδὲ γῆς ἀναδασμὸν τῆς Ἀθηναίων οὐδ᾽ οἰκιῶν οὐδὲ τοὺς φεύγοντας κατάξω, οὐδὲ ὧν θάνατος κατέγνωσται, οὐδὲ τοὺς μένοντας ἐξελῶ παρὰ τοὺς νόμους τοὺς κειμένους καὶ τὰ ψηφίσματα τοῦ δήμου τοῦ Ἀθηναίων καὶ τῆς βουλῆς οὔτ᾽ αὐτὸς ἐγὼ οὔτ᾽ ἄλλον οὐδένα ἐάσω. οὐδ᾽ ἀρχὴν καταστήσω ὥστ᾽ ἄρχειν ὑπεύθυνον ὄντα ἑτέρας ἀρχῆς, καὶ τῶν ἐννέα ἀρχόντω καὶ τοῦ ἱερομνήμονος καὶ ὅσοι μετὰ τῶν ἐννέα ἀρχόντων κυαμεύονται ταύτῃ τῇ ἡμέρᾳ, καὶ κήρυκος καὶ πρεσβείας καὶ συνέδρων οὐδὲ δὶς τὴν αὐτὴν ἀρχὴν τὸν αὐτὸν ἄνδρα, οὐδὲ δύο ἀρχὰς ἄρξαι τὸν αὐτὸν ἐν τῷ αὐτῷ ἐνιαυτῷ. οὐδὲ δῶρα δέξομαι τῆς ἡλιάσεως ἕνεκα οὔτ᾽ αὐτός ἐγὼ οὔτ᾽ ἄλλος ἐμοὶ οὔτ᾽ ἄλλη εἰδότος ἐμοῦ, οὔτε τέχνῃ οὔτε μηχανῇ οὐδεμιᾷ. καὶ γέγονα οὐκ ἔλαττον ἢ τριάκοντα ἔτη. καὶ ἀκροάσομαι τοῦ τε κατηγόρου καὶ τοῦ ἀπολογουμένου ὁμοίως ὁμφοῖν, καὶ διαψηφιοῦμαι περὶ αὐτοῦ οὗ ἂν ἡ ίωξις ᾖ. ἐπομνύναι Δία, Ποσειδῶ,[41] Δήμητρα, καὶ ἐπαρᾶσθαι ἐξώλειαν ἑαυτῷ καὶ οἰκίᾳ τῇ ἑαυτοῦ, εἴ τι τούτων παραβαίνοι, εὐορκοῦτι δὲ πολλὰ κἀγαθὰ εἶναι.

从本段起，许多人试图重新推测陪审员誓言的内容，并且他们主要倾向于摒弃那部分记载于《德摩斯梯尼》的誓言的一部分，正如同后来的作者和词典编纂者将从演说家和其他地方找到的材料结合起来那样。弗兰克(Frankle)[42] 在韦斯特曼（Westermann)[43] 的研究基础上对誓言的内容

---

〔41〕 Ποσειδῶ是一个很明显的错误。这个被提及的三位一体的神应该是阿波罗；cf. Pollux viii. 122；Lipsius *Das Attische Recht*, p. 153, n. 56, Frankel, *Hermes*, XIII, 459 ff.

〔42〕 *Op. cit.*, 452 ff.

〔43〕 *Commentationes de inrisiurandi iudicum Atheniensium formula.* 奥特（Ott, *op. cit.* pp 98 ff）认可卫斯特曼的观点（Westermann）。另一方面，霍夫曼（Hofmann, *op. cit.* pp. 1 –28）企图为誓言辩护并且接受誓言的大部分。他的观点也得到了其他学者的支持(Drerup, *Jahrb*, *f. cl. Phil.*, Supplbd. XXIV, 256 ff.)。

进行了新的推测。弗兰克保留了德摩斯梯尼中的第一个句子，但是新加入了两段来自于《德摩斯梯尼》[44] 的短语，περὶ δ' ὧν ἂν νόμοι μὴ ὦσι γνώμῃ τῇ δικαιοτάτῃ τῇ δικαιοτάτῃ 和 καὶ οὔτε χάριτος ἕνεκ' οὔτ' ἔχθρας. 在拒绝接受誓言后来的一部分之后（καὶ τύραννον .... τριάκοντα ἔτη），弗兰克虽然对德摩斯梯尼的措词进行了修改，但是他还是接受了德摩斯梯尼的总结性文字，那就是，承诺对某些问题投票表决并中立地倾听被告和公诉人的陈述。弗兰克同时也保留了诅咒的那部分，同样地，对某些措词做了细微的修改。

吉尔伯特[45] 支持弗兰克的观点，但是利普西斯[46] 却拒绝了采用 καὶ οὔτε χάριτος ἕνεκ' οὔτ' ἔχθρας 这段话，不过他正确地接受了出自于德摩斯梯尼的文章中的 οὐδὲ δῶρα δέξομαι κ. τ. λ.[47] 这段关于行贿的一段文字。利普西斯保留了原先德摩斯梯尼中就存在的诅咒。利普西斯并没有宣称他的重新修改后的版本与誓言的文字完全一致，但是他认为誓言中的精髓还是体现出来了。不被采纳的那部分是非常容易被解释为什么不被采纳的。这些内容或者是重复一般性誓言规定的承诺遵守法律的内容，或者这些内容只是在某段时间属于陪审员誓言的一部分。比如，一段关于推翻民主的文字，使人们联想到另一个在公元前 403 年大赦之后的陪审员誓言的内容。这个誓言由安多基德斯记录：καὶ οὐ μνησικακήσω, οὐδὲ ἄλλῳ πείσομαι, ψηφιοῦμαι δὲ κατὰ τοὺς κειμένους νόμους[48]，但是这个誓言却没有在《德摩斯梯尼》中记载。德里拉普[49] 认为，誓言中关于推翻民主以及特赦的那部分可能在公元前 410 年到公元前 403 年之间发生。并且，这种形式的誓言年复一年地被使用，旨在督促陪审员们能够时刻将他们的职责

〔44〕 xx. 118; xxiii, 96; xxxix. 39 ff; lvii. 63.

〔45〕 *Beitrage*, p. 392.

〔46〕 *Op. cit.*, p. 152.

〔47〕 关于在石刻中一个类似的誓言条款，参见：Dareste - Haussoulier - Reinach, *Recueil des inscriptions juridiques grecques* (1895) I. 170.

〔48〕 i. 91. 这段文字记录了另外两个誓言。可能的情况是这样的，即这些条款可能对一代人有意义，或者对在三十僭主政体下幸存下来的人而言有意。在此之后，它们就没有什么实际意义了，因此就被抛弃了。

〔49〕 *Op. cit.*, p. 261.

牢记在心，即抵抗民主政策的颠覆者和保护人们的自由。*οὐ μνησικακήσω κ. τ. λ.* 这个短语至多对一代人有意义，过了这代人之后就不存在价值了，甚至被遗忘。同样，德里拉普保留了 *καὶ τύραννον κ. τ. λ.* 这个短语。这个誓言将继续促使法官保护民主的宪法。由于对现存宪法的保护依赖于适当的选择官员以及和对他们进行考核，因此，德里拉普认为这条关于官员的条款是适当的。像其他的学者一样，德里拉普拒绝接受那些年龄限制条款 *καὶ γέγονα οὐκ ἔλαττον ἢ τριάκονκα ἔτη*，因为这些条款在关于陪审员履行职责的问题上并不相关。

有一点可以肯定，在德摩斯梯尼中那段文字绝对指的不是陪审员誓言，因为该誓言在任何时间都可以做出，只不过该誓言包含了各种内容：根据雅典人民的法律、法令和五百人议会进行投票；保证不接受任何贿赂；承诺以公正的态度聆听案件双方的陈述；承诺对争议的问题进行投票；承诺请求神做见证和诅咒。此外，在一定期间内，一些不同类型的承诺细节被引用到誓言中去。这些细节是关于暴政和颠覆当局政府（特别适用于公元前410到公元前403年，但是后来的一段时间内就不再适用了），流放归来，财富分配以及官员的资格审查的。有趣的是这些所有关于誓言的详细资料都是以否定形式出现的。除了像第一句话那样的模式化了的条款之外，没有必要相信这段文字中的任何的其他段落是对誓言原文的逐字逐句的保留。[50]

下一个问题是关于陪审员的誓言：到底所有的陪审团成员每年的宣誓是唯一的誓言，还是在每个案件开始之前，那些参加庭审的陪审员还需要

---

〔50〕关于详细讨论雅典陪审团对他们自己的誓言的态度，参见：Cronin, *The Athenian Juror and His Oath* (University of Chicargo, 1936), pp 18 ff. 克罗宁（Cronin）不加评论地接受了弗兰克对誓言的重新推测。誓言分为两部分。一个部分是："我将根据法律法规来投票，如果没有法律，我就根据自己的最良好的判断力。"另一个部分是："我将对相关的正义问题进行投票，但是我要保持中立的态度，倾听指控和辩护双方的发言。"在每一个构成部分中，第二部分是第一部分的条件。克罗宁认为那些陪审团完全严格执行誓言才会导致正义得到严格的实施，但是那些没有责任心的陪审员则并不将誓言看成一种严厉的规则，在他们看来，誓言只是一种被设计出来保护正义的理想模式。因此，这些陪审员将誓言解释得很宽松，只要正义得到了维护，那么誓言的精神就算得到了保护。

进行再度的宣誓。利普西斯[51]认为在每个案件开始前进行宣誓的理论是建立在错误的证据之上的。事实上，没有证明这种誓言存在的证据。相反，伊索克拉底的证据正好是否定了这种誓言：*περὶ ταύτης δύ' ὅρκους ὀμόσαντες δικάζετε, τὸν μέν, ὅνπερ ἐπὶ ταῖς ἄλλαις εἴθισθε, τὸν δ', ὃν ἐπὶ ταῖς συνθήκαις ἐποιήσασθε.*[52] 这涉及每年一次的陪审员誓言和大赦誓言。有许多其他材料显示陪审员会被经常提醒他们的誓言。而事实上，有时候，这种誓言是在陪审员投票前[53]由他人念给陪审员听的。

根据波利克斯[54]和哈朴克莱钦[55]的观点，至少在早期，陪审员是在一个叫阿德图斯（Ardettus）的地方宣誓的［这个地方靠近伊里色斯（Ilissus），在运动场那边］。阿德图斯得名于一位英雄，这位英雄在雅典人的内战中起到了调解作用。

有一个关于公共仲裁人裁定结果的誓言。亚里士多德在谈及官员在资格审查后宣誓的问题的时候，碰巧提到了这样的一个誓言。他是这么说的，即官员们宣誓时所站的宣誓石就是仲裁人作出仲裁结果之前进行宣誓时所站的那块石头：*βαδίζουσι πρὸς τὸν λίθον ἐφ' οὗ τὰ τόμι' ἐστὶν ἐφ' οὗ καὶ οἱ διαιτηταὶ ὀμόσαντες ἀποφαίνονται τὰς διαίτας.*[56] 这样的誓言可能是承诺性的，或是确认性的。仲裁人在作出仲裁结果之前进行宣誓这个事实可能会使人们认为这个宣誓属于承诺性质，而该誓言所要达到的效果是让仲裁人宣誓他们会按照法律规定，尽自己的最大能力作出裁决。另一方面，这可能意味着在仲裁人发誓之前，仲裁结果早已经被做出，誓言的目的是确认仲裁结果的公正性。总体而言，前者的解释似乎更为合理。[57] 裁决总是在官方的集会地点做出，但是誓言对仲裁人在裁决作出之后以及宣布裁决之前进行宣誓的问题都没有提及。如果他们这么做了，显然，裁决书要在誓石前被宣读。仲裁人必定在收到四十人委员会关于案件的通知后，以

〔51〕 *Op. cit.* p. 153.

〔52〕 xviii. 34.

〔53〕 Lysias xiv. 47.

〔54〕 viii. 122.

〔55〕 S. v. *Αρδηττός*.

〔56〕 *Ath. Pol.* lv. 5.

〔57〕 cf. Latte, *Heiliges Recht.* p. 42.

及接管案件前进行宣誓。哈瑞尔认为这种誓言的功能是以另一种方式确保一个成功的仲裁结果。[58]

显然，私人仲裁的仲裁人不需要发誓。卫塞认为在当事人双方的坚持下，他们会发誓。通常，当争议数额很大时，确实这么做。[59] 目前有一些关于私人仲裁的案例的文章，但是这些文字没什么帮助。[60] 同样，也不清楚具体的宣誓包括了哪些内容。不过，应该和公共仲裁的誓言大致差不多。

年满18岁的男孩要到德莫[61]注册。按照他们所进行的宣誓，德莫会议在誓言的约束下考核年轻人并且投票表决关于年轻人是否已经到了所要求的年龄以及他是否是自由人，是否合法出生。毫无疑问，德莫会议的誓言是一种承诺，承诺他们会尽最大能力根据法律规定进行投票。[62] 这是一种承诺性誓言。

在注册后，年轻人要宣誓效忠国家。这种誓言部分属于军事性质的，部分属于政治性质的；事实上，这种誓言包括了公民的所有职责，是承诺性质的。看起来，年轻人在成年训练[63]的第二年初进行这种誓言。誓言的具体内容如下：

我将永远不会给自己的神圣的双臂蒙羞，也不会抛弃自己的同志，而且我将在个人或者许多人的支持下，保卫祭坛和家园。我将为故乡留下比自己所得到的更多、更好的遗产，而不是越来越少的遗产。我将服从于政府、服从已制定的法律、服从所有其他一切人民共同制定的法律、法令。如果有人企图颠覆宪法或者不遵守宪法，我将不会容许这种行为，并且将独自或者在人们的支持下对抗这种行为。我以父辈的信仰为荣。就让众神（Agraulus, Enyalius, Ares, Zeus, Thallo, Auxo, Hegemone）为我作证。[64]

有一种叫做财产交换[65]的程序，它是一种有趣诉讼的实例，其中既包

〔58〕 "Public Arbitration", University of Missouri Studies, XI, No. 1, 21 ff.

〔59〕 Isaeus, p. 450.

〔60〕 Isaeus ii. 31; Demos. xxix. 58; xli 15; lii. 31.

〔61〕 Arist. *Ath. Pol.* xlii. 1.

〔62〕 Cf. Demos. lvii. 63.

〔63〕 Cf. Taylor, "The Athenian Ephebic Oath", *CJ*, XIII, 495 ff.

〔64〕 Cf. Pollux viii. 105 – 6; Stobaeus Flor. xliii. 48; Lycurg. i. 76.

〔65〕 Cf. Goligher, "Studies in Attic Law II", *Hermathena*, XIV, 481 ff.

括一个承诺誓言，也包括了一个印证性誓言。在首次开庭时，双方当事人都必须发誓他们将递交自己财产的正确清单。[66] 法律规定，当事人必须将财产清单在起誓后的三天内提交给法庭。第二个誓言是在账目被提交时，保证所提交的账目是真实准确的个人财产清单。[67]

如同我们所看见的一样，[68] 这种证据性质的誓言的原始形式覆盖了整个的审理过程，并且是终局性的，即不可以被反驳。但是，誓言不可能长到可以必然地覆盖整个审理过程。在保留下来的阿提卡雄辩家文献中，我们发现，这种誓言依旧覆盖了整个审讯，并且成为了审讯的一个部分。此外，事实上，在所有案件中这种誓言都开始受制于反驳。这种变化是一种自然的进步。一个证据性誓言会出现在法庭上的唯一途径就是作为对质疑的反驳。很明显，那种反驳很少会被接受，并且很少听说关于它们的信息，除非由于对方拒绝接受反驳而发誓。[69] 毫无疑问的是，为将案件在庭外解决，有时我们求助于证据性誓言。

在阿提卡的雄辩家的文献中只有一个例子是关于证据性誓言的原来的使用价值，即针对反驳进行宣誓，旨在解决整个案件。在波俄欧特斯的两段关于德摩斯梯尼的发言中提到一个更早的案例，在这个案例中包括了一个证据性誓言。[70] 这个故事涉及谁是潘菲洛斯（Pamphylus）和波俄欧特斯二人的父亲的问题。他们声称曼提斯是他们的父亲。波俄欧特斯对他进行了起诉，要求他承认波俄欧特斯是他的儿子。曼提斯希望能够庭外解决这个案件，所以接受了如下所述的办法。曼提斯给了普兰贡 30 明那让她发誓孩子是他的。为了报答这 30 明那的好处，普兰贡将拒绝这样的反驳。但是，后来当事实真相被发现后，普兰贡发誓孩子是她和曼提斯的。这个誓言解决了整个案子。因此，曼提斯合法地宣布潘菲洛斯和 波俄欧特斯是他的孩了。这个誓言是在仲裁人员面前做出的，并且根据德摩斯梯尼的说法，

〔66〕 Demos. xlii, 1, 11 – 12.

〔67〕 *Ibid*, 17 – 18，关于两个誓言的主题，参见：Lipsius, *op. cit.*, p. 592；Francotte, *L' Antidosis en droit athenien*；Vollbrecht, *De antidosi apud Athenienses dissertation*, p. 7；Bockh, *Staatsh. Der Athener*, I3, 674.

〔68〕 *Supra*, p. 146 f.

〔69〕 Cf. Bonner, *Evidence in Athenian Courts*, p. 75.

〔70〕 Demos. xxxix. 2；xl. 10.

这个誓言是在代尔菲尼姆（Delphinium）这个地点做出的。[71] 有一个类似的誓言也被谈到了，该誓言是关于攸非利特被拒绝列在德莫的名单上的问题[72]。在其他的关于攸非利特的身份的证据中，发言者宣布攸非利特的母亲表示愿意在代尔菲尼安（Delphinian）的阿波罗圣殿向仲裁人员起誓，宣布攸非利特的父子身份。被声称是攸非利特的父亲的那个人也愿意进行一个相同的宣誓。[73]

在不同的法律程序中，有许多不同形式的证据性誓言被保存了下来。有一个关于一个孩子加入自己所属的那个姓氏的有趣的誓言。显然，在不同的氏族中有不同的规定。[74] 甚至对孩子何时可以被允许加入氏族也没有统一的年龄标准。然而，吉尔伯特相信，总体而言，允许一个孩子加入自己所属的氏族的年龄发生于这个孩子的幼年的阿帕图里亚节日（Apaturia）中。[75] 这个仪式分为两个部分，ἀνάκρισις和διαδικασία。在庭前调查程序中，父亲就孩子的合法性进行发誓。[76] 这个证据性誓言形成了一个假定性的前提，即该父亲的誓言内容是真实的，并且，很可能，十次中有九次，这样的誓言可以解决争议。当然，如果有人怀疑的话，这样的誓言是可以受到驳斥的。[77] 在另一些氏族中，父亲必须提供3个证人，这些证人必须发誓孩子是由父亲的合法妻子所生。[78] 这些誓言也全是证据性誓言，但是这些誓言是可以受到反驳的，这一点可以通过仪式的第二部分——审查程

---

〔71〕 xl. 11.

〔72〕 Isaeus xii. 9.

〔73〕 Cf. Lipsius (*op. cit.*, p. 228, n. 33)，他相信这样的誓言是在代尔菲尼姆作出，但是，这并不代表仲裁人在这个场所中有自己的席位。

〔74〕 Cf. Gilbert, *Const. Antique.*, p. 191.

〔75〕 Cf. Xen, *Hell*, I 7. 8; Schol. on Aristoph. Achar. 146; Suidas, s. v. *Απατούρια*.

〔76〕 Andoc. i. 127; Isaeus vii. 16; 19; Demos, lvii 54.

〔77〕 Cf. Ziebarth, *op. cit.* p. 32。一个类似的誓言来自迪莫（Dyme）的碑文，说的是公民的身份被延伸到自由出生的外国人，只要他们向国家支付一个塔兰特即可。所有17岁以上的人都这样进行了宣誓。但是，如果有一个人申请公民身份且他的孩子在17岁以下，他就必须发誓他的孩子们都是合法出生并且都在17岁以下。由于孩子父亲的誓言，当孩子们都到了17岁，他们就自然获得了公民身份（Collitz – Bechtel, *Sammlung der griechischen Dialekt – Inschriften*, 1614; Szanto, *Das griechische Burgerrecht*, pp. 54, 113 f.）。另一块碑文提供了另一个证据性誓言的例子，这个例子中的誓言是允许辩驳的（Dareste – Haussoullier – Reinach, *op. cit.* [2d ser.] I, 104）。

〔78〕 IG^2, II, 1237, II. 14 f., 70 f.

序（diadikasia）得到显示。该程序是关于对接受一个孩子加入氏族进行投票的程序。加入氏族可以成为证明孩子的亲属关系以及具有继承权的证据。

证据性誓言的发展有一点十分有趣。相关的条款是由梭伦制定的。根据该条款，诉讼双方当事人在没有证据的情况下可以进行宣誓：*δοξασταί: κριταί εἰσιν οἱ διαγινώσκοντες, πότερος εὐορκεῖ τῶν κρινομένων. κελεύει γὰρ Σόλων τὸν ἐγκαλούμενον, ἐπειδὰν μήτε συμβόλαια ἔχῃ μήτε μάρτυρας, ὀμνύναι, καὶ τὸν εὐθύνοντα δὲ ὁμοίως.*〔79〕直到这个时候，证据性誓言只有在双方当事人都同意的情况下才能被采用。当时，地方官员被授权监督宣誓过程（如果一方或者双方都希望做出这样一个誓言）并将裁定建立在誓言的基础上。如果双方同意做出这样的誓言，那么地方官员的处境就变得更加困难。但是，他还是可以根据双方当事人宣誓时的态度得出一定的结论的。假定性的认为在每一个案件中，都有一方当事人会拒绝起誓是不合理的。不幸的是，这种誓言的具体内容并不为人所知。但是，根据上文所给出的理由,〔80〕我们还是认为誓言的内容是关于双方当事人宣誓他们的辩护内容是真实的，而不是宣誓他们将在审理过程中讲实话。

起初，在上文引用的法律中，证据性誓言仅仅被局限于一些特定的案件中（即，不存在证据的案件）。后来，证据性誓言很快就被应用到其他一些案件中，并最终成为了在任何审判形式中都使用的常规实践。有一个有趣的问题值得注意，即柏拉图将证据性誓言和庭前调查的当事人誓言（preliminary party oath）联系在了一起。柏拉图将为了能够得到迅速而且值得信任的裁决而要求双方当事人都发誓这样的想法归结为是拉达曼提斯（Rhadamanthus）的想法。在早期，人们真的相信神的存在并且相信作伪证的人最终会受到惩罚，所以这样的誓言的效果令人满意。但是，柏拉图认为，随着人们对神的认识的改变，那么相应的法律也应该进行变更，而且诉讼案中的公诉人应该写下他们对案件的控诉而不是进行宣誓，同时，辩护人也应该将自己的驳斥写出来，并且将辩驳状在没有宣誓的情形下交给官员。柏拉图反思说，非常糟糕的是在这个城市中有许多的案件需要审理，

〔79〕 *Lex. Seg.* p. 242. 关于这个誓言的完整的讨论以及它对后来的双方当事人的庭前审查的当事人誓言的影响（*supra.* I. 173, Latte, *op. cit.*, pp 24 f）。

〔80〕 *Supra*, I, 173.

且差不多一半以上的当事人在审理中做了伪证，因此社会的成员们持续性地和作伪证的人保持联系。[81] 考虑到这一点，柏拉图建议所有的当事人誓言都应该被废除。

后来，在法庭上确实出现了两种类型的当事人誓言。一方可能向另一方发誓，或者提议自行发誓。雄辩家给出了许多关于这种提议的实例。只有一方当事人发誓，并且如果这个誓言得到了接受，那么这个誓言就算是证据了。但是这种类型的誓言在谋杀案的法庭上却不适用。另一类誓言则由双方当事人共同做出。这个誓言发生在庭前调查程序中，其中的一方宣誓人总是进行了虚假宣誓。这个誓言决不能作为证据。[82] 这类誓言最初是证据性的，但是后来它发展到了新的形式，就好像证人的誓言，仅仅起到了确认的作用。

在不同的诉讼案中，有着各种不同的关于双方当事人和证人誓言的内容条款。自然，这些条款会让你感到困惑。将不同条款的区别和他们原来以及后来的用法[83]都罗列出来，那样就会变得非常清楚明白。

雄辩家和词典编纂者（词典编纂者的工作是建立在演说家工作的基础上），严重地混淆了那些运用在检察官和辩护人的誓言中的技术性条款。***ἀντωμοσία*** 是当事人誓言中的一个常用的词。这个词应该严格地指的是被告人的誓言，因为他的宣誓是对公诉人的回应，可以被称为 ***προωμοσία***。[84] 然而，我们发现，在一些编纂者和演说家的作品中，非谋杀誓言（antomosia）已经变成非常普遍的适用于当事人誓言中的措辞。[85] 这个词也适用于公诉人的经过宣誓的指控。[86] 这种誓言是对答辩内容真实性的一种肯定。然而，在私人的诉讼中当事人必须发誓，且誓言也要局限在争议问题的范围内。[87] 同样地，***ἀμφιορκία*** 也在双方当事人的誓言中被

---

〔81〕 *Laws* 948 A ff.

〔82〕 Cf. Philipi, *Der Areopag und die Epheten*, p. 88.

〔83〕 关于一个便捷的罗列着条款和相应例子的清单，参见：Ott. *Op. cit.*, pp. 83 ff.

〔84〕 Pollux viii. 55；然而，这个单词没有出现在希腊文学作品中的其他段落。

〔85〕 Cf. Harpocration, *s. v*; *Lex. Seg*; p. 200; Isaeus iii, 6; v. 2, 16; ix. I. 34; Isoc. xvi. 2.

〔86〕 Cf. Plato *Apol*, 19 B.

〔87〕 Arist, *Ath. Pol.* lxvii. 1.

使用。[88]

在一类特殊案件中，对非谋杀誓言有一种有趣的使用方式。这类特殊的案件指的是审查程序案件，即涉及的是关于不动产的争议。每一个主张财产所有权的人都必须按要求提交一份关于财产所有权的声明并且宣誓以加强自己的声明的真实性。尽管从严格意义上讲，在审查程序中并不区分被告和公诉人，但是，这种声明有时还是被称为财产真实声明(antigraphe)，[89] 而这种誓言则被称为非谋杀誓言。然而，至少有两位所有权主张者扮演了双方当事人的角色。[90]

另外一个证据性誓言是ἐξωμοσία。[91] 有许多文章描述了关于这个否定性誓言（oath of denial）的两种用法。首先，一个人可以基于贫穷、疾病或者类似的原因而通过否定性誓言（exomosia）表示不能够从事某些行为或担当某些职务。[92] 亚里士多德[93]将这类誓言与对ἱππεῖς的选择联系了起来。十位登录委员会成员（katalogeis）列出骑士（hippeis）清单，并将清单转交给骑兵指挥官们（hipparch）和族长（phylarch）们，再由他们将这份清单上交给议事会。前一份骑兵的清单被进行审核，并且将那些发誓不能够成为骑士的人的名字删除。然后，在新的那份清单中的人被召集在一起，而那些发誓没有能力服务于军队的人被免除职责。这就是一个绝好的证据性誓言的例子。这是一个证明事实的誓言，并且是具有终局性的。

否定性誓言（Exomosia）这个词的另一个用处是关于证人的。一个证人或是为自己被传唤的案件作证，或是进行否定性宣誓，即进行拒绝誓言，表明他不了解案件的情形，因此无法提供证据。[94] 从这个意义上讲，ἀ

〔88〕 Sudias, *s. v.*

〔89〕 Cf. Lipsius, *op. cit.*, pp. 834, 830 n. 4.

〔90〕 Demos xliii. 3; cf. Leist, *Der attische Eigentumsstreit im System der Diadikasien*, pp. 10 f.

〔91〕 Cf. Pollux viii. 55; Harpocrations, *s. v.* 另一些关于否定性誓言“exomosia”的例子可见于：Demos. xix, 122 f. and Aeschin. ii. 94 f. 这个词在阿里斯托芬否定性誓言（Aristoph. *Eccl.* 1026）中被诙谐地使用过，被作为躲避责任的一种借口而进行宣誓。

〔92〕 Pol. 1297 A.

〔93〕 *Ath. Pol.* xlix. 2.

〔94〕 Pollux viii. 37, 55; Demos, xliv 58 – 61; lvii. 59; Isaeus ix 18; Lipsius. *op. cit.* p. 880.

πομνύναι 这个术语与*ἐξομνύναι* 的含义相同。[95]

苏伊达斯（Suidas）[96] 指出，否定性誓言也可以在拒绝受理某个诉讼的情形下使用：

> *ἐξωμοσία· ὅταν τις φάσκῃ ἢ ὑπὲρ ἑαυτοῦ ἢ ὑπὲρ ἑτέρου ἐγκαλούμενος, μὴ δεῖν εἰσάγεσθαι δίκην· εἶτα καὶ τὴν αἰτίαν, δι' ἣν οὐκ εἰσαγώγιμος ἡ δίκη. εἰ δοκεῖ κατὰ λόγον ἀξιοῦν, ἀδίδοτο αὐτῷ ἐξωμοσίᾳ χρῆσθαι. καὶ οὕτως διεγράφετο ἡ δίκη.*

利普西斯[97] 同意这种认为否定性誓言在后来的使用中会和 *πωμοσα* 相同的观点。他的这番声明是建立在上述波利克斯的文章和狄奥弗拉斯图（Thephrastus）的声明之上的：*ἱκανὸς δὲ καὶ δίκας τὰς μὲν φεύγειν, τὰς δὲ διώκειν, τὰς μὲν ἐξόμνυσθαι, ταῖς δὲ παρεῖναι, ἔχων ἐχῖνον ἐν τῷ προκολπίῳ καὶ ὁρμαθοὺς γραμματιδίων ἐν ταῖς χερσίν.*[98] *ἐξόμνυσθαι* 在此意味着宣誓拒绝提供证词。

同样，在*ὑπωμοσία* 的情况下，否定性誓言这个词有两种用法。第一种用法是宣誓本人因为不在城中或者生病或类似的理由而不得不拖延某种诉讼行动。自然，这种用法通常为被告采用。[99] 显然，从性质上讲，这种宣誓属于证据性誓言，但是这种拖延性誓言（hypomosia）必须由其他证据加以支持。[100] 万一这种誓言一旦被做出，那另一方即原告可以做出*ἀνθυπωμοσία* 誓言，从而导致在本案中没有必要出现拖延的情形。就像上文所显示的那样，这种拖延性誓言程序的出现是与一定特征的事件相联系的。[101]

---

〔95〕 Aeschin, i. 67; Plato *Laws* 936E；关于证人进行否定性誓言（exomosia）宣誓的程序可参见：*Lycurg*. 1. 20.

〔96〕 *S. v. ἐξωμοσία.*

〔97〕 *Op. cit.*, p. 902, n 3.

〔98〕 Charac. vi. 8.

〔99〕 Pollux viii. 60; Harporation, *s. v.*; Schol. on Demos, xxi. 84.

〔100〕 Demos xlviii 25; lviii. 43.

〔101〕 *Ibid*, xxi. 84; xxxix. 37; xlvii. 39; cf. *supra* pp. 91 ff.

否定性誓言一词的第二个使用方法是与对现行法律提出公诉程序（graphe paranomon）相联系的。如果一个人反对一项被提议的法律或法令，那么在宣誓后，他会做出一个反对的声明，声明表示他会针对法律或法令的提议者发动公诉程序。[102] 自然，直到法律的合法性被证明之前，这个誓言会导致该法律的中止。毫无疑问，这样一种行为经常导致放弃法律议案的后果。[103]

ὑπόμνυσθαι 这个词也经常能被用于表达反对或提出异议的含义。因此，在伊哥斯波塔米战役之后，欧里普托勒摩斯催促分别将十个将领根据凯弄奴斯的法令进行审理。另一方面，议事会则建议将他们放在一起审理。开始，民众大会投票决定根据尤普通利姆斯（Eurptolemus）的计划行动，但是，当马尼克斯表示反对之后，他们进行了再次投票，结果，他们决定根据议事会的决定行事：*ὑπομοσαμένου δὲ Μενεκλέους καὶ πάλιν διαχειροτονίας γενομένης ἔκριναν τὴν τῆς βουλῆς.*[104]

最初，*διωμοσία* 似乎指的仅仅是谋杀案中的当事人誓言，也许最开始仅仅指的是公诉人誓言。[105] 雷斯[106]认为，这个术语适用于这样一种誓言，如果该誓言的内容不真实，那么就会导致最严重的来自神的惩罚。这是非常严重和庄严的誓言。因为如此，这个誓言会被杀人案中的双方当事人所使用。公诉人的谋杀誓言（diomosia）包括三点：第一，他发誓用他的权利进行诉讼；这点当然涉及他和死者的关系。[107] 第二，他发誓被告人是有罪的。[108] 最后，他将诉讼范围限制在进行中的事项内。[109] 能够看出，这和其他类型的案子中公诉人的非谋杀誓言有许多不同，在那些案例中，公

〔102〕 Pollux viii. 56；Dmos，xviii. 103；Aristoph. Plut，725.

〔103〕 有评论（*Lex. Seg.*，p. 313）认为撤销一个提议也可以被称为"hypomosia"，不过，如同泰尔汉姆（Thalheim，in Pauly－Wissowa）指出的一样，这可能是因为对德摩斯梯尼的误解造成（Demos. xviii 103）。

〔104〕 Xen. *Hell.* i. 7. 34.

〔105〕 Antiph v. 88，90，96.

〔106〕 *Op. cit.*，p. 59.

〔107〕 Demos. xlvii. 70 ff.；cf. Pollux viii. 118. 有作者（Philippi，*op. cit.*，p. 83）相信这段话源于德摩斯梯尼（Demos. xlvii. 72），但是，波利克斯误会这了段话的意思。

〔108〕 Antiph. vi. 16；Lysia iii. 4；x. 11；Demos. lix. 10.

〔109〕 Antiph. v. 11.

诉人宣誓保证起诉内容的真实性。另一方面，谋杀审讯中的被告，在谋杀誓言中仅仅宣誓他是无罪的。[110]

但是，否定性誓言这个词还被广泛地运用在其他类型诉讼的当事人宣誓中。[111] 尽管词典编纂者认为这个词适合于杀人案的审理，他们经常坚持认为这个词在杀人案的宣誓中的用处与它在其他案件的庭前审查时的宣言中的用处没有什么区别。[112]

这个词的适用范围从杀人案的审理中的双方当事人誓言扩张到证人的誓言。[113] 自然地，这个词开始在其他类型案件的审理中适用于证人宣誓。[114] 在杀人案的法庭上，证人发誓是必需的。在安提福恩的第一份发言中，没有证人出庭，也许因为证人不能宣誓被告有罪。[115] 在吕西亚[116]中，证人在亚略巴古议事会前所发的誓言是义务性的：***καὶ ὅτι ἀληθῆ ταῦτα λέγω, Φιλῖνος καὶ Διοκλῆς ἴσασιν. ἀλλ' οὐκ ἔστ' αὐτοῖς μαρτυρῆσαι μὴ διομοσαμένοις περὶ τῆς αἰτίας ἧς ἐγὼ φεύγω.*** 这可能就是使用在所有杀人案法庭上的相同的规则。在每一个案例中，宣誓后给出的证据的性质是清楚明白的，涉及的是被告人是有罪还是无辜的问题。在杀人案法庭上的证人也对公诉人与死者的关系进行宣誓。

在杀人案法庭上的双方当事人的誓言牵涉到了各种各样的问题。学者们坚持认为只有公诉人进行谋杀宣誓，因为一些资料仅仅提到公诉人的誓言。[117] 但是其他资料显示辩护人也被要求进行同样的宣誓。[118] 因此，我们可以清楚地了解，虽然这类誓言是证据性誓言的遗留物，但是已经被排除作为证据的性质了。在其他类型的案例中，当事人双方都进行了非常庄重的誓言，而双方中必定有一方做了虚假宣誓。因此，这样的宣誓对案件

---

〔110〕 *Ibid.* vi. 16 Lysias x. 11.

〔111〕 Isacus xi. 6; Demos. xl. 41.

〔112〕 Cf. Suidas, Harpocration, Hesychius, *s. v.*

〔113〕 Lysias iv. 4; Antiph. i. 28; v. 12, 15.

〔114〕 Demos. lvii. 22, 39, 44, xlix. 20; Aeschin ii. 156.

〔115〕 Cf. Leisi, *op. cit.*, p. 58; Gernet, *Antiphon*: *Discours*, p. 37; Blass, Att. Bered., I, 189.

〔116〕 iv 4.

〔117〕 Antiph. v. 11 – 12, 96; Lysias iii. 1, 21; Demos. xlvii. 70; lix. 10.

〔118〕 Antiph. vi. 16; Lysias x. 11; Demos. xxiii. 63, 69; *Lex. Seg.*, p. 239.

的解决没有直接的影响力。[119] 不过，这样的誓言还是可能有助于避免将那些考虑不周的指控归档，并且还可以证明双方当事人是否以诚相待。也就是说，在许多情况下，尽管誓言的内容可能不真实，但是在很多的情形下，这样的誓言是在善意的情况下做出的。毫无疑问，双方都进行了宣誓。[120]

在亚略巴古议事会[121] 面前进行的谋杀宣誓中的一段主要的文字传递了许多信息，即，双方当事人都进行了宣誓；关于宣誓的详细程序；还有附加在誓言上的诅咒。德摩斯梯尼认为，这不是常规的誓言，不适用于其他的情形。同样的誓言也在帕拉度姆处理的案件中作出。[122] 吉尔伯特[123] 认为，这段话还证明了这段誓言不是在预审时做出的，而是在正式的开庭审理中做出的。他之所以相信这点是因为在他看来，在预审后，杀人案会被呈递给适合的法庭。如果是这样的话，那么在德摩斯梯尼的文章中提及的在亚略巴古议事会和在帕拉度姆做的誓言必然证明在案件被正式递交到某个杀人案专审法庭进入正式审理程序之后，才进行这样的宣誓。菲力比(Philippi)[124] 却持完全相反的观点。他认为是在预审中做出的誓言。

利普西斯[125] 指出，正常程序应该是在正式审理中进行高度仪式性的宣誓，并且雄辩家的一些文章证实了这个程序。不过，在另一方面，涉及当事人身份关系的誓言必须在更早的阶段进行，也就是说在预备调查过程中做出。除非公诉人保证他有诉讼的权利，否则很难想象王者执政官会继续审理这个案件。因此，利普西斯猜测应当有两个誓言。[126]

遗憾的是，关于上述这个问题，我们从雄辩家那里得到的帮助很有限。如同上文所说，关于公诉人和死者的关系的誓言完全有必要在预备调查过

---

〔119〕 Cf. Philipi. *op. cit.*, p. 89.

〔120〕 Demos. xxiii. 67 ff.

〔121〕 Cf. Latte, *op. cit.*, p. 23.

〔122〕 *Ibid.*

〔123〕 *Op. cit.*, p. 385, n. 3.

〔124〕 *Op. cit.*, pp. 87 ff.

〔125〕 *Op. cit.*, pp 830 f.

〔126〕 有趣的是，利普西斯和菲力比各自使用同一段文字来证明他们各自的理论(Antiphon vi. 14)。菲力比认为这段话指的是，同样的人既出席正式的审理程序，也出席预备调查。因此，他们听到了初步审讯程序中的誓言。另一方面，利普西斯认为，这段话一定表示誓言必须在审理程序中做出。

程中做出。因为在谋杀审讯过程中，只有亲戚关系达到了一定程度的亲属才会被允许对案件提起诉讼，并且王者执政官在接受这个案件之前，必须保证该公诉人是适格的。[127] 通过与其他那些非谋杀誓言在庭前调查程序中做出的案件进行类比，似乎有理由认为杀人案中的誓言也是在庭前调查程序中做出。事实上，这两个誓言相互呼应：在其他案件中，双方都为自己的立场发誓；在谋杀案中，他们也做同样的事情，公诉人发誓被告有罪，而被告发誓他是清白的。有观点认为，毫无疑问，在杀人案件中，当事人宣誓在预审调查阶段进行了，这样的建立在神圣的牺牲的基础上的誓言，也在正式审理中被重复。由于在实际上，这两种情形下的誓言其实是同一个种类，所以古代作者没有对此加以区分。上文所引用的德摩斯梯尼的文字证实了这种情况。在德摩斯梯尼的文章中以神圣的祭祀品的名义进行的宣誓既在亚略巴古议事会做出，又在帕拉度姆做出：

ἴστε δήπου τοῦθ' ἅπαντας, ὅτι ἐν 'Αρείῳ πάγῳ, οὗ δίδωσ' ὁ νόμος καὶ κελεύει τοῦ φόνου δικάζεσθαι, πρῶτον μὲν διομεῖται κατ' ἐξωλείας αὑτοῦ καὶ γένους καὶ οἰκίας ὅ τιν' αἰτιώμενος εἰ ργάσθαι τι τοιοῦτον, εἶτ' οὐδὲ τὸν τυχόντα τιν' ὅρκον ἀλλ' ὃν ο ὐδεὶς ὄμνυσ' ὑπὲρ οὐδενὸς ἄλλου, στὰς ἐπὶ τῶν τομίων κάπρου καὶ κριοῦ καὶ ταύρου καὶ τούτων ἐσφαγμένων ὑφ' ὧν δεῖ καὶ ἐν α ἷς ἡμέραις καθήκει, ὥστε καὶ ἐκ τοῦ χρόνου καὶ ἐκ τῶν μεταχειριζομένων ἅπαν, ὅσον ἔσθ' ὅσιον πεπρᾶχθαι ..... καὶ τῷ μὲν διώκοντι ὑπάρχει ταῦτα, τῷ δὲ φεύγοντι τὰ μὲν τῆς διωμοσία ς ταὐτά ..... καὶ γὰρ ἐνταῦθ' [*in the Palladium*] *ὑπόκειται πρῶ τον μὲν διωμοσία, δεύτερον δὲ λόγος, τρίτον δὲ γνῶσις τοῦ δικαστηρίου, κ. τ. λ.*[128]

这就产生了另一个问题：是否相同的誓言出现在所有的杀人案法庭中，

---

[127] Cf. *supra*, I, 114 f.

[128] Demos. xxiii. 67 – 71.

或是至少只出现在亚略巴古议事会、帕拉度姆、代尔菲尼姆和法莱图(Phreatto)中。菲力比指出,[129] 这个誓言出现在所有这四个法庭中。他显然没有将古希腊城市公共会堂法庭包括在内。在古希腊城市公共会堂法庭中，虽然可能有公诉人的谋杀宣誓，但是肯定没有被告的谋杀宣誓。因为被告不是一个动物，就是无生命的东西，或是一个不为人知的人。德摩斯梯尼运用了华丽的词藻说道：

> *οὐ γάρ οὐ κλῆσις, οὐ μαρτυρία συνεδότος, οὐ διωμοσία, αλλ' ἀπ' αἰτίας εὐθὺς ἡ τιμωρία γέγραπται, καὶ αὕτη ἣν ἀπαγορεύουσιν οἱ νόμοι, τί ἂν ἄλλο τις εἴποι; καίτοι ταῦτα πάντ' ἐπὶ πέντε δικαστηρίοις γίγνεται προστεταγμένα τοῖς νόμοις.*[130]

毫无疑问，就公诉人在五个法庭上的誓言而言，他的观点是正确的，但是，就像早就被指出的那样，在古希腊城市公共会堂法庭上的被告的谋杀宣誓则不是这样。此外，对代尔菲尼姆法庭受理的那些有正当理由的杀人案的被告而言，他的观点也不适用。在德摩斯梯尼关于五个杀人案专审法庭的详细描述中，德摩斯梯尼特别提到了在亚略巴古议事会和帕拉度姆法庭上公诉人和被告的宣誓，但是当他谈到代尔菲尼姆法庭时，就谋杀宣誓只字未提。[131] 其他谈到杀人案的当事人誓言的段落中所提到的法庭总是亚略巴古议事会和帕拉度姆。[132] 德摩斯梯尼对代尔菲尼姆进行讨论的时候，他提到了俄瑞斯忒斯案件，如同德摩斯梯尼他自己所说的那样，俄瑞斯忒斯承认他杀了自己的母亲，但是坚持自己的行为是正当的。[133] 正当的杀人从道德层面而言没有罪过。事实上，杀人者甚至不被视为受到了污染。这就让我们想到了埃斯库罗斯[134] 中的一段看法，其中，厄里尼厄斯控诉

〔129〕 *Op. cit.*, p. 87.

〔130〕 xxiii. 63.

〔131〕 关于德摩斯梯尼对代尔菲尼姆的描述（xxiii. 74）。

〔132〕 Cf. Antiph. i. 28; Lysias x. 11; Demos. xlvii. 70; lix 9.

〔133〕 xxiii. 74.

〔134〕 *Eumen.* 429.

道，俄瑞斯忒斯既不会做出誓言也不接受誓言。这个观点很容易理解。既然俄瑞斯忒斯承认了杀人，那么他就不能发誓自己是无罪的。俄瑞斯忒斯所能做的唯一的事情就是主张自己的行为是正当的。

对于那些最终被呈递到三个杀人案专审法庭－亚略巴古议事会、帕拉度姆和法莱图的案件，在它们的初步调查阶段，公诉人和被告双方都要发誓。公诉人的誓言内容大意是他是死者的关系较近的亲属（与死者的关系近到有资格成为杀人案的诉讼人），以及被告人是有罪的，而被告的誓言则大概说的是他是无罪的。在谋杀案的正式审讯开始时，这些誓言很可能以神圣的血祭的名义被重复。在大多数代尔菲尼姆和古希腊城市公共会堂法庭审理的案件中，（这两个法庭碰巧都是纯粹的仪式性法庭），公诉人单独就自己与死者的亲属关系以及被告的有罪进行发誓。

有一些关于谋杀审讯过程中的另外两个誓言的证据。在莱克希卡·瑟古里亚（*Lexica Segueriana*）[135] 中的一段声明的大意是，第二个誓言是在公诉人和被告发言结束后做出的，显然是对最初开庭时的誓言的重复：

> ***διωμοσία ὅρκος ἐστίν, ὃν ὤμνυον οἱ φόνου ἀγῶνα διώκοντες ἢ φεύγοντες· ἀμφότεροι γὰρ ὤμνυον μετὰ τὸ εἰπεῖ ν τὸ ν πρό τερερον λόγον ὁ μὲν ἦ μὴν ἀληθῆ κατηγορηκέναι καὶ δικίως, ὁ δὲ ἦ μὴν ἀληθῆ ἀπολελογῆσθαι καὶ δικαίως· ὤμνυον δὲ καὶ πρὶν εἰ πεῖν τὸν αὐτὸν ὅρκον ἀμφότεροι, ἐπενεχθείσης ἤδη τῆς ψήφου, ε ἰ μὴ δικαίως νενικηκέναι, ἐξώλειαν ἑαυτῷ ἐπαρώμενος, εἰ ἐξηπά τησεν.***

马德勒（Mederle）[136] 认可了这段文字。结合由胜诉方在审讯结束后做出的誓言，大意为那些对他投赞成票的法官的行为是公正的，并且他没有做出任何虚假的陈述，那么总共就有三个誓言。[137] 然而，没有其他证据

---

〔135〕 p. 239.

〔136〕 *De iurissiurandi in lite Attica decem oratorum aetate usu*, pp. 23 f.

〔137〕 Aeschin. ii. 87.

证明这个在第一次发言后进行的誓言的存在，并且似乎不太可能进行这样的宣誓。前述这段文字的作者可能将被告在第一次发言后的撤销权与誓言混淆了，或者如利普西斯认为的那样，[138] 他可能从下文中伊斯金尼斯所写的文字中得出了错误的推论。菲力比根本没有谈到这个所谓的誓言。然而，根据伊斯金尼斯的见证，审讯结束后的胜诉者的宣誓是存在的，不过只有伊斯金尼斯的见证提到了这样的誓言。利普西斯和马德勒都接受这个观点：

> *ἢ πῶς οὐκ εἰκότως οἱ πατέρες ἡμῶν ἐν ταῖς φονικαῖς δίκαις ταῖς ἐπὶ Παλλαδίῳ κατέδειξαν, τέμνοντα τὰ τόμια τὸ ν νικῶντα τ ῇ ψήφῳ ἐξορκίζεσθαι , καὶ τοῦτο ὑμῖν πὰτριόν ἐστιν ἔτι καὶ νῦν, τ ἀληθῆ καὶ τὰ δίκαια ἐψηφίσθαι τῶν δικαστῶν ὅσοι τὴν ψῆφον ἤ νεγκαν αὐτῷ, καὶ ψεῦδος μηδὲν εὑρηκέναι, εἰ δὲ μὴ, ἐξώλη αὐτ ὸ ν εἶναι ἐπαρᾶσθαι καὶ τὴν οἰκίαν τὴν α ὑτοῦ, τοῖς δὲ δικασταῖς εὔχεσθαι πολλὰ καὶ ἀγαθὰ εἶναι.*

还有一个关于杀人案审理的誓言，即亲属关于同意对被流放的杀人犯进行宽恕的宣誓。这个誓言的性质没有被详细说清楚，但是从这个事实即如果在没有亲属的情况下，那就不需要由氏族成员进行宣誓这个事实，以及氏族成员如果要宽恕杀人犯的话，那么他们就必须采取相应的行动，而不是一个誓言就可以解决问题的这个事实，说明认为这个誓言是对亲属与死者之间的亲戚关系的进一步肯定的猜测是有把握的。当德拉古立法的修订本出现在公元前 409 年 – 公元前 408 年的时候，其中有部分片段提到了这样的誓言。[139]

剩下的问题就是在其他案件中，当事人誓言是对谁做出的问题。菲力比[140] 认为，在除了杀人案以外的案件中，介绍性誓言仅由原告做出。但是非谋杀誓言的这个名称本身就指出誓言是由被告做出的。此外，还有许多

---

〔138〕 *Op. cit.*, p. 833, n 17.

〔139〕 关于这个问题的全面讨论（*supra*, I, 112 ff）。

〔140〕 *Op. cit.*, p. 89.

反驳菲力比的建议的段落。伊塞奥斯看来，这个誓言似乎绝对指的是双方当事人最初的誓言：*ἑκατέρῳ οὖν ἡμῶν, ἐξ ὧν ἀντωμόσαμεν σκεψάμενοι, ψηφίσασθε.*[141] 安提福恩提到了被告的誓言：*πῶς οὖν εὔορκα ἀντομωμοκ ὡς ἔσται φάσκων εὖ εἰδέναι, κ. τ. λ.*[142]

除了在杀人案中，证人是否在其他案件中也经常宣誓的问题颇受争议。狄奥格内斯·拉尔的乌斯（Diogenes Laertius）认为，对于雅典人而言，不存在未经过宣誓就提供证据的情形。在谈到齐诺克雷蒂（Xenocrates）时，他说：*ἦν δὲ καὶ ἀξιόπιστος σφόδρα, ὥστε μὴ ἐξὸν ἀνώμοτον μαρτυρεῖν, τούτῳ μόνῳ συνεχώρουν Ἀθηναῖοι.*[143] 但是这不可能是正确的。事实上，在对海罗德斯谋杀案的审讯中，被告不是以杀人犯的身份受审而是以一般罪犯（kakourgos）的身份受审。正因为此，他抱怨道他不公平地受到未经宣誓的证据的制约，而如果他被当作是杀人犯看待的话，那么证人就必须进行宣誓。[144] 这可能仅仅是发言人的一种辩论技巧，旨在指出在目前的诉讼中，证人还没有做出神圣的誓言，而这种誓言必须在谋杀案中做出。在非谋杀案的法庭上的所有的证人誓言都不是那么重要。这种誓言不是在官员的监督下作出的，而是在双方当事人的监督下作出的，而且如果一方当事人愿意的话，那么监督对方当事人宣誓的做法似乎是该方当事人的特权。证人不是经常发誓，但是任何证人都可以发誓。[145] 任何证人都可能在法庭上做出以下三种类型的宣誓：（1）针对质疑进行的宣誓；（2）自愿性质的誓言，旨在为了朋友的利益而加强自己证言的可信度；（3）也许应邀他参讼的当事人的提议而进行的宣誓（之所以宣誓是怕被怀疑他会作出不利于该当事人的证据）。

这里有两个案件涉及证人在庭上的宣誓。[146] 根据这个信息，利普西斯主张可能不存在常规性的证人宣誓，因为如果有的话，那么在前述两个案

---

〔141〕 ix. 34.

〔142〕 i. 8；cf. Lipsius, *op. cit.*, p. 830, n 4.

〔143〕 iv. 2. 7.

〔144〕 Antiph. v. 12.

〔145〕 Bonner, *Evidence in Athenian Courts*, pp. 76 ff.；Lipsius, *op. cit.*, pp 884f.

〔146〕 Demos. xlv. 57 f.；liv 26.

件中，关于同一个问题，就应该存在两个证人誓言。[147] 雷斯[148]同意这个观点，但是不同意博纳尔（Bonner）[149] 的观点。博纳尔在没有讨论这样的两个誓言的基础上，就接受了这个观点，因为，第二个誓言在性质上给人印象更加深刻，并且只有在得到证人的同意的情况下才可以受到监督。因此，虽然利普西斯的不存在常规的证人宣誓的主要观点毫无疑问是正确的，但是这两个案例并没有支持他的观点。[150]

关于在法庭以外的誓言的必要性问题存在一些争议。一个证人可以因为生病或不在城中而在几个证人在场的情况下提供书面证词。这种做法被称为ἐκμαρτυρία。[151] 随后，这份文件可以随同在场见证人的书面证词一起被提交给法庭。这种证词有两个部分——一是庭外的宣誓作证，另一种是当天在场的证人证词。博纳尔[152]、雷斯[153]和利普西斯[154]三人认为不存在誓言。然而，格洛茨[155]则认为宣誓是必需的。但是考虑到，在事实上不出庭的证人和其他案子中的证人一样，始终会为作伪证而承担风险，因此，看起来在是否进行宣誓这个问题上，对不出庭的证人的要求似乎不会比出庭证人的高。认为存在宣誓的理论是建立在一段发生于斯尼多斯（Cnidos）地区的程序的碑文之上的。在该程序中，οἱ ἐκμαρτυροῦντες被法庭要求进行宣誓。[156]

除了证据性誓言和承诺性誓言，希泽尔在对誓言进行分类的时候，还列举了第三种类型的誓言，这种誓言被他称为免责誓言（Echtheitseide），指的是关于誓言真实性的誓言。希泽尔所说的这个誓言是关系到现在的，证据性

---

〔147〕 *Op. cit.*

〔148〕 *Der Zeuge*, p. 64.

〔149〕 *Op. cit.*, p. 77.

〔150〕 有许多的文字谈到了在非谋杀案件中的证人誓言，虽然这些誓言不是义务性的；cf. Isaeus ix. 19, 24; xii. 9 f.; Aeschin. ii. 156; Demos, xviii. 137; xxix. 54; xlv. 58; lii. 28; liv. 26; lvii. 22, 36, 39, 44, 56; Xen. *Apol. of Soc.* xxiv.

〔151〕 Cf. *supra*, pp. 132 ff.

〔152〕 *Op cit.* p. 26.

〔153〕 *op. cit.* p. 66.

〔154〕 *Op cit.* p. 887.

〔155〕 In Darem. – Saglio, s. v. “Jusjuradum”.

〔156〕 Dittenberger, Sylloge^3, 953; Collitz – Bechtel, *op. cit.*, 3591; Dareste – Haussoulier – Reinach, *op. cit.*, X, ll. 24 ff.

誓言则涉及过去，而承诺性誓言是关系未来的。[157] 通过免责誓言，希泽尔谈到了誓言帮手（Eideshelfer）制度，由于没有更好的称呼，我们就称他们为“誓言帮手”（oath - helper）或者“被告无罪证实人”（compurgators）。

“免责誓言”通常被看成是一个独立的制度。但是，这其实是证据性誓言的一种发展，并且只有当在涉及的事实得到认可的情况下，它的特性才能够被显现。在各种不同的法律体系中，证据性誓言早就被认为具有不充分性，并且在雅典法律体系中也不例外，事实上，它的经过修改的版本只有在几种情形下才被保存了下来。根据争议事实的情况，主要的誓言必须得到数目不确定的辅助誓言的支持。[158] 这种类型的审理在中世纪非常普遍，[159] 并且对那段时间内的这种审理实践的详细描述可以帮助阐述该制度在希腊司法体系中的运作方式。在德国法中，一同发誓的人被称为誓言帮手（Eideshelfer），在英文中称为誓言帮手（oath - helper）或被告无罪证实人（compurgators）。[160] 在两个制度下，辅助者只就自己对主要宣誓人的誓

---

〔157〕 *Op. cit.*, p. 6. 希泽尔认为证据性誓言只关系到过去这个观点是错误的，因为它可能也关系到当前的一些问题。

〔158〕 Thayer, *A Preliminary Treatise on Evidence at the Common Law*, p. 24; Schroder, *Lehrbuch der deutschen Rechtsgeschichte*, p. 83.

〔159〕 Grimm, *Deutsche Rechtsaltertumer*, II, 495 ff.

〔160〕 一个比较新的拉丁词。在罗马法律中，没有这个制度。在英国法律中，这个制度被认为是“被告无罪宣誓”或者“法律保证（wager of law）”。在德国法律中，除了誓言帮手这个称呼外，也使用拉丁名字“consacramentales”和“coniuratores”以及将这个制度叫做“Eidhilfe”。这个制度也在法国被使用到异教徒案件上（cf. Du Cange, Glossarium, s. v. “Compuragator”）。

言的信赖度宣誓，[161] 而与案件争议的事实无关。任何自由的人都可以做誓言帮手。[162] 奴隶自然不能成为誓言帮手，因为他们没有做出誓言的资格。大多数人相信，在这个制度诞生的早期，一个人仅能让自己的亲属担当誓言帮手。自然，亲戚会非常关心这场诉讼，因为一旦指控得到证实，可能会导致长期不和的情况发生。[163] 这其实也是一个责任问题。[164] 然而，随着时间的推移，进行宣誓的权利扩张到了邻居和朋友身上。当然，只有那些对主犯非常了解的人——亲戚、邻居、好朋友——才可以成为誓言帮手。[165] 显然，这是一个具有倾向性的制度。誓言帮手必须达到一定的年龄。[166] 按照规定，女性不能成为誓言帮手。[167] 誓言帮手的等级可能是以其与主犯或者和受害人的关系决定的，例如，在杀人案中，他与死者的关系。[168] 起初，誓言帮手必须是站在被告人这一边的。当然，这个制度的一

〔161〕 在英国和法国法律中，显然，誓言帮手最早出现在刑事案中，这是由于早期的案件都属于这个诉讼类型（cf. Grimm, *op. cit.* II. 491）。然而后来，通过免责宣誓进行审理的制度也在民事案中得到了使用。在英国法律中，这个制度主要适用于非法占有和债务纠纷案件中。在债务纠纷案中，除非原告依靠的证据是盖了章的文件，否则被告通常会提供“法律保证”（cf. Pollock and Maitland, *The History of English Law before the Time of Edward I*, II, 214）. 这种制度最早在英国的刑事案中被废除。早期，这个制度就作为一种与陪审团审理制度并列的可供选择的制度，在教会法庭（*ibid* I 443）和国王法庭中得到了使用。在 14 世纪，一个公民有权利在法律（Great Law）或者 12 人的陪审团之间进行选择（*Ibid.*, II, 634－36）。在 18 世纪后半段，这种制度基本上就消失了。但是在 1824 年，在一个案子中，债务人提出了免责宣誓的要求。事实上，这个实践直到 1833 年才正式被官方废除。对该制度的进一步使用则被国会禁止了（cf. Thayer, *op. cit.*）。在中世纪的德国，免责宣誓基本上被局限在刑事案中。誓言帮手在民事案中逐渐演变成证人，这些证人仅仅在自己的认知范围内提供见证（Schroder, *op. cit.*, p. 715）。一个在 1548 年案件中对誓言帮手的使用表明这个制度在德国的使用时间更久远些。

〔162〕 只有自由人才有能力支付赎杀金（Wergeld）（Grimm, *op. cit.*, II, 495 ff.）。只有在撒利族法律（Salic Law）中能够找到针对这个原则的例外。撒利族法律规定，只有贵族才有权利通过免责宣誓进行审理，虽然只要被告人同意，自由人也可以通过这种方式进行审理。

〔163〕 Pollock and Maitland, *op. cit*, II, 600.

〔164〕 Schroder, *op. cit.*, p. 70.

〔165〕 *Ibid.* p. 83.

〔166〕 Grimm, *op. cit.*, II, 543.

〔167〕 *Ibid.*, I, 563. 有一些例外的情形。在英国的教会法庭，妇女可以在女性誓言帮手的帮助下巩固她的主张。在一些德国的民族中，妇女也可以支持诉讼当事人的誓言（*ibid.*, II, 495）。

〔168〕 *Ibid.*

个自然的发展就是，这种特权也延伸到了原告身上，[169] 这就好像是主犯的证据性誓言的发展进程一样。

相关的程序很简单。在英国法律中，当诉讼当事人被允许进行法律担保，那么，法庭就会规定该当事人必须提供的被告无罪证实人的具体人数。[170] 这个数额是根据案件的重要性确定的。[171] 随着制度的发展，对誓言帮手的选择方式也发生了变化。最初，选择完全由诉讼中的当事人作出，[172] 但是后来则由对方当事人或法官作出。但是在后者这个程序中，如果诉讼当事人能提供合理的理由，那么他总是保留着拒绝接受那些被选中的誓言帮手的权利。另一方面，如果这么做违背了他的道德感的话，誓言帮手也有权拒绝发誓。[173] 在每个法律系统的初期阶段，显然，人们都相当畏惧作出伪证。因此，如同当事人双方的证据性誓言那样，这种畏惧构成了合理的预防措施，使得这个制度成为了比看上去更加有效的证明手段。早期，当审理开始时，诉讼当事人的誓言是在对方当事人的监督下作出的，后来是由法官进行监督。诉讼当事人对誓言逐字重复。然后，誓言帮手必须起誓，开始似乎是共同起誓，但是后来变成单独起誓。[174] 通过每个人单独进行宣誓，该誓言变得更加个人化和更具庄重性。在两种体系中，誓言的内容大致相似。在英国法庭上，他们发誓："此处所发的誓言内容是清

---

〔169〕 在英国法律中，泰耶尔（Thayer）、波洛克和梅特莱德（Maitland）没有引用任何关于誓言帮手帮助原告的案例，直到该制度发展到后来阶段，当该制度适用于民事案后，才出现了帮助原告的誓言帮手（Pollock and Maitland, *op. cit.*, II, 634 – 36; cf. Grimm, *op. cit.*）。在德国，最初，誓言帮手同样也被看成是仅仅帮助被告人的，尽管在后来，甚至在杀人案中，他们也可以站在原告这一方。麦斯特（Meister）提到过一个非常古老的法律，根据该法律，杀人案中的原告可以在两个誓言帮手的帮助下，发誓被告是有罪的（cf. Meister, *Rhein. Mus.*, LXIII, 575, n. I）。

〔170〕 Pollock and Maitland, *op. cit.*, II, 610.

〔171〕 关于这个问题有一个有趣的例子，即在十三世纪的伦敦的三个法律规定的不同的誓言帮手的数额（*ibid.*, pp. 634 – 36）。12 人的要求似乎是德国和英国的法律系统中所要求的通常人数（cf. *ibid.*, p. 600; Thayer, *op. cit.*, p. 90; Schroder, *op. cit.*, p. 358）。只有在极罕见的情况下，一个誓言帮手才会是足够的（Grimm, *op. cit*, I, 285）。有时候，甚至出现过有 300 个誓言帮手的情形。

〔172〕 Schroder, *op. cit*, pp. 83, 384 ; Pollock and Maitland, *op. cit.*, I, 140.

〔173〕 Schroder *op. cit* p. 83; Pollock and Maitland, *op. cit.*, I, 140.

〔174〕 Schroder, *op. cit.*, p. 354.

楚明白的，"[175] 尽管这个誓言的形式是欠积极的，即他们可能宣誓说，就自己的最大的认知范围，誓言的内容是事实。[176] 在德国法体系中，他们宣誓，认为主犯是“纯洁和无辜的”。[177] 所以这两个系统中，誓言帮手都不是针对事实进行宣誓，虽然在有些案件中事实早已为人所知。整个的程序之所以相当的仪式化是因为强调的重点在于誓言帮手宣誓的形式上。[178] 如果被告被证明为有罪，该被告无罪证明人宣誓认为该罪犯无罪的行为不会受到作伪证的指控。对此类不真实的誓言，没有任何诉讼行为，因此也没有惩罚可言。这么做的原因是因为人们相信，相关的惩罚是神决定的。然而，一个人可能会因为提供了假的证据而被证明有罪。但是，无罪宣誓制度中，誓言帮手就自己相信为真实的事实发誓，并不是就他并不清楚的案件事实发誓。因此，他将不会因为提供虚假证明而受到指控。

在英格兰和德国，免罚宣誓制度还没有发展到这个程度。誓言帮手仅仅就自己对主犯的信任发誓。确实，誓言帮手有时支持这一边，有时支持那一边。当然，在很多情况下，他们确实也了解案情的真相。但这决不改变他们誓言的性质。

虽然这种制度在中世纪法律中已经为很多人所了解，但是一直没有学者注意到在古希腊法律中有任何相关的案例，直到 1895 年，齐特曼(Zitelmann)[179] 宣布他在格尔蒂大帝的墓志铭中发现了一些关于誓言帮手的案例。有许多学者都追随齐特曼，他们指出了更多在希腊的其他地方

---

[175] Pollock and Maitland, *op. cit*, I, 140.

[176] *Ibid.*, II, 600.

[177] Schroder, *op. cit.*, p. 83. Cf. Grimm, *op. cit.*, II 495 ff. and 541.

[178] 在誓言中，如果措辞出错，那么该誓言就“爆裂”，而对方将胜诉。(cf. Pollock and Maitland, *op. cit* II, 600; Schordoer, *op. cit.*, p. 358)。还有一些关于宣誓时的具体动作的描述。通常，誓言帮手必须在发誓时抓住自己委托人的手臂或肩膀(Grimm, *op. cit.*, II 551; cf. II, 129)。

[179] Bucheler and Zitelmann, "Das Recht von Gortyn." *Rhein Mus.*, XL, Erganzungsheft, Comment. by Zitelmann, p. 76.

的[180]关于这个制度的例子，并且瑞麦尔·麦斯特（R. M. E. Meister）[181]对整个问题进行了仔细认真地研究。他收集并且研究了所有以前被提到的关于该制度的例子，并且加入了新的案例。虽然这些例子并不是来自雅典的，但是那些案例作为了解雅典法律系统的背景资料还是有参考价值的。

在对各种麦斯特和他的先驱们引证的文章进行审查以支持这个制度在希腊存在的这个观点之前，最好先指出这个问题，即誓言帮手作为截然不同的证人，在希腊作者的作品中却从来没有被提及过。在希腊人的墓志铭中也没有任何关于他们的术语。阿提卡的雄辩家们没有确切地谈到过这个制度，并且仅仅对雄辩家的文献进行研究的词典编纂者在这个问题上也保持了沉默。甚至连那个著有八本关于法律术语的书籍的学者也没有提到这些。即使是精通法制史的柏拉图和亚里士多德也没有对这个问题提出看法。关于不同类型的证人，亚里士多德作了如下的陈述：*εἰσὶ δὲ αἱ μαρτυρίαι αἱ μὲν περὶ α ὑτοῦ αἱ δὲ περὶ ἀμφισβητοῦντος καὶ αἱ μὲν περὶ τοῦ πράγματος α ἱ δὲ περὶ τοῦ ἤθους, ὥστε φανερὸ ν ὅτι ο ὐδέποτ' ἔστιν ἀπορῆσαι μαρτυρία ς χρησίμης.*[182] 也就是说，亚里士多德将证明事实真相的证人和证明当事人人品的证人进行了区分。虽然，人们普遍认为，在德国法和英国法下的誓言帮手在希腊法律制度中并不存在，但是大多数的学者还是接受了 *αἱ μαρτυρίαι περὶ τοῦ ἤθους*这个短语指的就是誓言帮手的观点。不过，亚里士多德只是对他那个时代的法律进行描述。因此，他不可能对所有类型的证人都进行讨论。那些认为这个短语指的是誓言帮手的人所依赖的证据来自于亚里士多德（因为他将它们两者都称为*χρησίμη*，即可以依赖其中的任何一个证据作出决定），但是德语的“Leumundszeugen”，即与我们所熟悉的证明当事人人品的证人非常相似的证人，则绝对不同于证明事实真相的证人。但是在这个案件中，与德国法的类比是没有意义的。因为在英国法中，证明证人人品的证人的地位与证明事实的证人的地位完全一致。此

---

〔180〕 Ziebarth, *op. cit.*, pp 40 f, in Pauly – Wissowa, s. v. “Eid”; Gilbert, *Beitrage*, pp 468 f.; R. Meister, *Berichte der Sachs. Ges. der Wiss.* (Phil. – Hist. Cl.), XLVIII (1896), 35 ff.; Wyse, in Whibley, *Comp. to Greek Studies*4, p. 467; Glotz, *Solidarite de la famille dans le droit criminal en Grece*, pp 288 ff.

〔181〕 *Rhein. Mus.*, LXII, 559 ff.; cf. Cauer's review, *Woch. f. kl. Phil.*, XXVI, 766.

〔182〕 *Rhet.* i. 15. 18.

外，关于当事人人品的证据，尽管在英国法下并不十分出名，但是在雅典却很出名，甚至得到了亚略巴古议事会的认可。[183] 很难想象，亚里士多德会提到免罚宣誓这个在他那个时代的雅典并不存在的制度。他所指的关于当事人人品的证据得到了以下文字的证实，而这些句子却没有被麦斯特所引用：*εἰ μὴ γὰρ κατὰ τοῦ πράγματος ἢ αὑτῷ ὁμολογουμένης ἢ τῷ ἀμφισβητοῦντι ἐναντίας, ἀλλὰ περὶ τοῦ ἤθους ἢ αὑτοῦ εἰς ἐπιείκειαν ἢ τοῦ ἀμφισβητοῦντος εἰς φαυλότητα.*[184] 显然这里没有暗示指出这个誓言是关于案件事实还是关于另一个人的誓言的真实性的。在雅典的实践中证人通常不需要发誓，而仅仅对当事人的*ἐπιείκεια* 和 *φαυλότης*进行宣誓。因此，很显然，亚里士多德不仅没有使用特殊的命名来表述誓言帮手，而且，甚至没有提到誓言帮手。

麦斯特[185] 对希腊法律中的誓言帮手进行了两种不同的分类：（1）那些宣誓证明委托人的誓言内容是真实的（这个分类与上文谈到的英国和德国法律中的免罚宣誓性质相同）；（2）那些与委托人做出相同誓言以支持委托人立场的（这种类型的誓言帮手则在英国和德国法律体系中并不存在）。前一个类型的誓言帮手不需要了解案件事实；后一个类型的则必须了解案件事实。因此，两类誓言的内容很不一样，但是相同的一点是他们与委托人一起进行初始宣誓，对案件事实进行否认或肯定，并且它们的誓言都具有终局性。普通的证人，即使进行宣誓的话，也与当事人进行的初始宣誓无关，仅仅就自己所了解的与案件争议关系密切的事实发誓；通常，他对主要的争议问题，即被告人是否有罪则并不清楚。还有一个问题值得注意。在许多案件中，没有证人发誓证明被告没有犯他被起诉的罪行。比如，欧西忒斯（海罗德斯杀人案中的被告）被看到是最后一个与海罗德斯

---

〔183〕 Bonner, *Evidence in Athenian Courts*, pp. 18, 83f.

〔184〕 桑迪斯（Sandys）翻译如下："因为我们没有关于事实的证据，或是没有支持我们这边的证据，或是没有反对对方立场的证据，那么，无论如何（我们一定可以找得到相当多数量的）关于当事人人品的，……或是证明我们是值得尊敬的，或是证明对方是卑鄙的证人"。

〔185〕 *Op. cit.*, pp 579, ff.; cf. Bucheler and Zitelmann, *op. cit.*, p. 76; Ziebarth, *op. cit.*, pp. 40 f.

(Herodes) 在一起的人。[186] 所以没有人能够发誓说欧西忒斯不是杀人犯。

问题在于，第二个类型的誓言帮手是否是从第一个类型的誓言帮手发展而来的。虽然麦斯特已经发现了在希腊的法律中的这两个不同类型的誓言帮手，但是他没有对这个问题进行详细研究，因此，使他自己的论据变得有些模糊。

根据麦斯特提供的两个例子，存在着两类誓言帮手（正好与英国和德国体系下的制度相同），即由被告的亲属宣誓被告的誓言内容是真实的。一个例子记录在公元前二世纪的埃及底比斯（Thebes）的墓志铭中。[187] 赫拉克雷迪斯（Heracleides）和那舒特斯（Nechutes）两兄弟，由于伤害他人而被起诉。他们两人被命令做出一个证据性誓言，大意为他们两人没有伤害他人并且不知道是谁伤害的（就像麦斯特认为的那样，这可能意味着他们二人不是同谋）。为了支持他们二人的誓言，他们的弟兄宣誓他们两人誓言的内容是真实的（*ἀληθῆ τὸν ὅρκον εἶναι*）。*ἀληθῆ*的含义等同于德语的“纯洁的”（rein und unmein）和英文中的“善良的”（good），也就是说，这仅仅表明誓言帮手相信委托人，但是同时也暗示着他们对案件事实并不了解。除非犯罪的时间被确定，并且誓言帮手可以为被告提供一个不在场的证明，否则他们不可能了解案件的事实。然而，这仅仅是偶然的情形。誓言帮手仅发誓证明被告人的誓言是真实的这个事实说明他们只是在德国和英国法下的誓言帮手。有意思的是，这些人和被告是很亲近的亲属。亲属关系是成为第一种类型的誓言帮手的一个条件。显然，被告人和他的誓言帮手的誓言决定了整个的案件的进程。如果誓言帮手不能发誓，那么被告人会被带到法官那里，由他根据案件的是非曲直对被告进行审讯。

这种形式的免罚宣誓同样在亚里士多德的《政治学》中被阐述，为了对古代法律的荒谬性进行评论，亚里士多德引用了希米（Cyme）法律：*ἂν πλῆθός τι παράσχηται μαρτύρων ὁ διωκων τὸν φόνον τῶν αὑτοῦ συγγειῶν, ἔνχον εἶναι τῷ φόνῳ τὸν φεύγοντα. / πλῆθος μαρτύρων.*[188] 有

[186] Antiph. v. 22.

[187] Revillout and Wilcken, *Revue egyptologique*, VI, 11,; Wilcken, *Griechische Ostraka aus Aegypten und Nubien*, II, 1150. Cf. Meister, *op. cit.*, p. 575.

[188] 1269A; cf. Meister, *op. cit.*, p. 573 ff.

时，τῶν α ὑτοῦ συγγειῶν 这个短语会被解释为附属于 φόνον，因此会被认为指的是希腊的普遍使用的规则，即只有死者的亲人可以起诉凶手。〔189〕但是如果这个短语与 πλῆθος μαρτύρων 一起使用的话，那么这是一种自然的解释，〔190〕从而最初的誓言帮手的一个重要的特点将会得到满足。无论如何，在 πλῆθός τι μαρτύρων 中辨认誓言帮手并不困难。认为没有提到誓言的这个观点可能会受到反驳，因为这是这个制度的一个不可缺少的特点。但是反对得不到支持，因为这是一个杀人案的审理。在希腊，所有杀人案中的证人都要发誓，所以亚里士多德很少会认为有必要再提及那些誓言，在他看来，读者会主动假设誓言的存在。亚里士多德将他们描述成 μαρτυρες，似乎并不认为他们是誓言帮手。但是如果他意识到他正在批评誓言帮手这个制度的话，他就会用婉转的陈述方式，而不会用 μαρτυρ 这个词，因为他的读者不可能明白他指的是誓言帮手。考虑到他在法律制度方面的知识，亚里士多德对誓言帮手制度一无所知这一点确实令人惊讶，但是考虑到这段话的存在，我们最好还是承认他在这一点上的无知，而不是不计后果地为他的学识辩护。〔191〕

事实上，对人数的注重会促使更多的誓言帮手出现。如果他们是证明事实的证人，那么相比较而言人数就不那么重要了。可靠性而非数量是证明事实的证据的决定性因素。在很少的情况下会存在证明事实的证人，因为杀人常常是在相当秘密的情况下进行的。需要提供一定数量证人的唯一原因在于要在被告参加正式审理之前审结案件。这就是誓言帮手存在时会发生的情形。如果一方当事人提供了足够数量的誓言帮手，那么他就胜诉了。无法想象，法律会事先固定证人的数额以建立对这个案件的初步判断。如果他们是誓言帮手，那么文章就提供了一个支持原告的誓言帮手的例子。

---

〔189〕 Glotz, *op. cit.*, pp. 47 ff., 425 ff.

〔190〕 Cf. Jowett's translation：“在库麦（Cumae），有一条关于杀人案的立法，大意是，如果起诉人能够从同族中提供一定人数的证人，那么这个指控就可以成立”。Cf. also Newman, *ad loc.*：“来自于自己同族中的证人。”

〔191〕 Cf. Wyse (*op. cit*)，他认为亚里士多德的观点是错误的。通过维护亚里士多德的立场，麦斯特反而动摇了自己的观点。

他们的人数是在法庭上得到确定的。[192]

这两个例子穷尽了誓言帮手在希腊的情形，如同他们出现在日尔曼和英国的实践中一样。在一些其他的由麦斯特和在他之前的学者所引用的案例中，所谓的誓言帮手的誓言，不仅仅只是证明委托人的誓言的内容是真实的，而且他们与委托人进行同样的宣誓。换句话说，基于他们对事实的了解，他们加入委托人一起进行庄重宣誓。正因为此，他们与常规的证人有着根本的不同，就像古代的证据性誓言那样，因为通过与委托人联合宣誓可以解决这个案件。而对方却不能够有异议。誓言的联合性以及终局性说明这是誓言帮手的一个独特的在其他制度中不存在的发展。所有麦斯特提供的关于这个类型的案例都来自格尔蒂立法。

在一个关于誓言帮手的案例中，对ἐπωμόται 进行了大量的讨论。一个外国人，在奥恩西亚（Oeanthea）或者查雷恩（Chaleion）中，被允许在一定的条件下进行选择：

> *Aἴ κ' ἀνδιχάζωντι τοὶ ξενο δίκαι, ἐπωμότας ὡ λάστω ὁ ξένος ὡ πάγων τὰν δίκαν ἔχθος προξένω καὶ ζιδίω ξένω ἀριστίνδαν, ἐπὶ μὲν ταῖς μναἵαίαις καὶ πλέον, πέντε καὶ δέκ' ἄνδρας, ἐπὶ ταῖς μειόνοις ἐννέ' ἄνδρας.*[193]

许多学者认为ἐπωμόται 这个词指的是额外的陪审员。[194] 布克

---

〔192〕 麦斯特（*op. cit.*, p. 575, n. 1）引用了一段来自德国法的精彩的类比，大意是，杀人案中的原告可以在两个誓言帮手的协助下，宣示被告是有罪的。显然，裁决是建立在这个誓言的基础之上，而被告没有机会进行辩解。

〔193〕 Hicks and Hill, *op. cit.*,, 44; Tod, *op. cit.*, 34; Collitz－Bechtel, *op. cit.* 1479.

〔194〕 Ranabe, *Antiquites helleniques*, 356b; Rohl, *Inscrip. Gr. Ant.*, 322; Kirchhoff, *Phil.*, XIII, 1 ff.; Dareste, *REG*, II, 318; Edurad Meyer, *Forschungen zur alten Geschichte*, I, 307; Roerts, *Introduction to Greek Epigraphy*, 232; Dittenberer, *Inscr. Gr*, *Sept.*, III 333; Hicks and Hill, *op. cit.* 在誓言帮手制度在希腊法律中被确认下来之前，一些学者已经表达了他们的相关看法。

(Buck)、[195] 希齐格（Hitzig)[196] 和奥特[197] 将这个词解释为“经过宣誓的具有司法职责的人”。有一小部分的学者就这个案件进行了详细的论证，将这个词解释为“誓言帮手”。[198] 他们的论证如下：ἐπωμόται 不可能指的是额外的陪审员；在其他的案件中，没有经过特别选择的部分陪审员；如果被选的人是作为额外的法官的话，那么根据情况，由谁决定选择他们呢？由于他们是被选择产生的，因此，他们就不可能成为证明事实的证人。

最后的争论很有道理，即他们不可能成为证明事实的证人。关于其他的论点，首先，希腊法就好像英国法一样，[199] 在法律担保下的审理常常是对有证人的审理的一种替代。无论如何，在陪审员已经做出决定后誓言帮手就不会被带入法庭。如果存在证明事实的证人，但是却从一开始就不允许原告享受誓言帮手带来的好处的这种做法是令人无法理解的。同样，虽然誓言帮手被允许成为一方当事人的支持者，但是在这个案子中ἐπωμόται必然不包括诉讼人的πρόξενος和ζίδιος ξένος（他很可能只了解这两个人）。根据条约的规定，如果一个人在奥恩西亚或查雷恩逗留超过一个月，那么他必须受制于常规法庭的约束，而不能由ξενοδίκαι审理。这个限制构成了反对誓言帮手的最强论据，却被瑞·麦斯特（R. Meister）和瑞麦尔·麦斯特（R. M. E. Meister）忽视了。不难看出某一方拥有的选择 15 个或者 9 个誓言帮手的权利与选择陪审员的权利一样有价值，甚至较之更有价值。

瑞麦尔·麦斯特认为，如果这些人是额外的陪审员，那么他们将与ξενοδίκαι坐在一起，如果是这样的话，那么就没有人能决定对他们进行选择的条件是否得到了满足。这种论点是非常站不住脚的，因为ξενοδίκαι将自然会对这个问题做出决定。

对于这两个案件中的人数都是奇数这个事实，则没有作者对这个问题表示关注。就如上文所指出的那样，对于证明事实的证人而言，这个人数

---

[195] *Greek Dialects*, 56, p. 218.

[196] *Altgriechische Staatsvertrage uber Rechtshilfe*, pp. 13, 45.

[197] *Op. cit.*, p. 120. 很难区分到底布克和希齐格认为宣誓过的人是额外的陪审员，还是全新的法庭组成人员。奥特认为那个词只表示“陪审员”，意思是“对某事发誓”。

[198] R. Meister *op. cit.* pp 35 ff; R. M. E. Meister, *op cit.*, pp 561 ff.; Gilbert, *Jahrb. f. cl. Phil.*., Supplbd. XXIII, 468 ff.

[199] Cf. the Theban case, *supra*, pp 181 f.

实在是太多了。对于一个在这个地方居住少过一个月的人而言，很难想象他能够提供这么多数目的誓言帮手。事实上，只有两个人会了解他，一个是他的房东，另一个是他的 πρόξενος。因此，麦斯特反驳证明事实的证人的论点也同样适用于誓言帮手。但是如果ἐπωμόται 被看成是一个新类型的陪审员的话（总人数为奇数，因此就不会出现投票后双方人数相等的尴尬局面），那么这个制度就被碑文描述为处理案件最公平的方式。作为外国人的原告，被赋予权利选择誓言证人是一件很公平的事情。对于对方当事人而言这也很公平，因为由外国人选择出的公民不太可能受到影响从而做出不利于他同胞的决定。无论是从语言学角度，还是从法律的角度看，这样的解释都是可以接受的。这段碑文的最后一段的内容十分有意思。在这个案件中，一个公民对另一个公民根据 συμβολαί的协议条款提起了诉讼。地方行政官将从最著名的人物中选出该案的陪审员，这些人进行宣誓后根据多数意见对案件进行判决。然而，另一个由希齐格[200] 引用的协议却支持下面这种解释。这个碑文涉及的是格尔蒂和拉托（Lato）之间在克利特岛（Crete）达成的协议。对于发生在两个地方的公民之间的诉讼，格尔蒂人作为原告将在拉托提起诉讼，反之亦然，并且，原告有权选择他自己的法官。在奥恩西亚和查雷恩也是一样的情形。

作为总结，在希腊有两种不同形式的誓言帮手制度：那些宣誓相信委托人誓言内容是真实的誓言帮手（他们可能了解案件事实，也可能不了解案件事实），以及那些与委托人一起就事实内容进行联合宣誓的誓言帮手。加上亚里士多德[201] 谈到的证明当事人人品的证人，总共有三种类型的证人，他们不仅对事实发誓，也协助委托人。这第三类的证人，如同第二类那样，也是从原来的誓言帮手发展而来的。这两种证人（即第一类和第三类）对诉讼当事人的态度是一样的，因为他们都相信当事人是诚实的。毫无疑问，这两种类型的证人之间有着心理上的联系，不过，没有意识到他们实际上是有区别的这个事实会导致令人混淆的后果。希腊作者没有一个人明确地或者暗示性地将他们进行区分。这三种类型的证人没有任何共同的特征。第一种和第二种证人在预备阶段进行宣誓，不过他们宣誓的内容

---

〔200〕 *Op. cit.*，p. 27，关于法令的内容，cf. Bull. *Corr. Hell.*，XXVII，219 ff.

〔201〕 Cf. *supra*，pp. 180 f.

并不相同。第一和第三类证人都表示了他们对委托人的信任，只是一个进行宣誓，另一个则没有。因此有理由将第二和第三种类型的证人视作对原始的誓言帮手制度的不同的发展，因为他们中的每一种类型都与最初的誓言帮手制度有一个相似的方面。

虽然两个誓言帮手誓言的内容是不同的，但是它们的相关程序则是相同的。而人数则比在英国和德国体系下要少得多。在英国和德国的体系下的人数大概有几百。但是在希腊法律中，他们的人数要求，在发生于格尔蒂的一个案件下的一个发展到同一个案件中的另一个阶段下的四个。然而，现存的案例很少，而且毫无疑问，它们所要求的人数更多。根据法律的规定，对于特定的案件需要确定的人数。根据格尔蒂立法，所需要的人数根据受害人地位的高低决定。这点与德国法和英国法的规定一致。这些证人有些支持被告，有些支持原告。通常，他们由诉讼人进行选择，但是最终则由法庭指派。他们在刑事案和民事案中都存在。在一个案件中，誓言包括了一个严重的诅咒，也许这与最早期的证据性誓言一样，是一个通常的做法。

在对誓言帮手制度讨论的一开始，它就被假定性地认为是证据性誓言发展的产物以及证据性誓言被加强后的形式。[202] 通过对德国法的研究，这一点很早就得到了认可。但是，关于希腊制度历史的学者则没有能够认识到两者的联系。一个人的誓言最初足够证明他的清白，而不需要进一步的质疑，但是后来人们逐渐意识到仅凭一个人自己的誓言是不足以证明这个人的清白的。因此，就逐渐需要亲属对当事人的信任度进行宣誓，以及后来，还需要当事人的朋友进行宣誓。[203] 认为这个制度仅仅是家庭团结进步的部分表现形式的格洛茨，是通过如下的方式解释这个制度的发展的。[204] 他认为一开始，誓言帮手是一方当事人的亲属，所以与血亲复仇的角色相同。因此，最初这个制度仅仅是表明家庭团结的宣言。受到伤害的那个亲属成为了主要的复仇者，而其他人则或多或少地扮演了辅助者的角色。从

---

〔202〕 *Supra*, p. 175.

〔203〕 Schroder, *op. cit.*, p. 83; Pollock and Maitland, *op. cit.*, II, 600; Grimm *op. cit.* II. 495 ff.

〔204〕 *Op. cit.*, pp. 288 ff.

这一点，我们就可以得出这样一个事实，即只有控诉者或被指控的人才有誓言帮手证实他们的誓言。也就是说，证人是没有誓言帮手来辅助他的声明的。格洛茨的观点的唯一的问题在于，在这个制度形成的早期，誓言帮手通常只为了被告的利益出现。格洛茨的观点则认为从一开始，誓言帮手适用于双方当事人，甚至可能站在复仇者或原告这一边。然而，还是有可能对以上两个观点进行部分调和的。也许一开始，被告是可以通过自己的誓言证明自己的清白。后来，人们觉得这是不够的。随后，家庭团结的观念就被引进了，即由亲属加入证明被告的清白。也就是说，家庭团结解释了为什么一开始总是亲属是誓言帮手。这就是这个制度在一开始仅局限于被告这一边，或者如格洛茨所指明的那样，仅局限于被告方的家庭团结。

毫无疑问，格洛茨观点的其余部分都是正确的。当传统的家族分化之后，誓言帮手通过以下两种方法中的一种进行选择。他们可能仅能够在最亲的亲属中进行选择而与具体人数无关，或者人数受到了限制，但是与亲属与当事人的亲疏则无关。在下一个阶段，当最初的理念已经被忘记后，当事人的邻居和朋友也可以成为誓言帮手了。

不过，无论这个制度的起源是什么，它的理念却是十分清楚的——只要这个制度存在，那么袒护一方的倾向性就是它的最主要的特征。吉尔伯特[205]认为这个制度起源于这样一种情形，就像雕刻在阿基里斯[206]的盾上的审判场景那样，在那里，当事人对争议进行表述之后，又说 *λαοὶ δ' ἀμφοτέροισιν ἐπήπυον, ἀμφὶς ἀρωγοί*。认为这个制度起源于这种情形有一定的误导性，因为这种情形并没有说明最初的誓言帮手是当事人的亲属。但是，这个制度具有倾向性特征的观点则在两种情形下都十分有道理。格洛茨[207]反对使用这段文字来描述这个制度的演进，因为誓言帮手总是处于从属地位，但是*ἀρωγος*则暗示着保护者而非支持者。此外，荷马的*ἀρωγοί*在实践中并没有什么影响力，因为他们并不是真正的诉讼参加人。当然，他认为他们不是真正的誓言帮手的观点是正确的，但是，这个词有这样一个明确的倾向性的含义，以至于认为荷马场景后面所蕴含的理念与免罚宣

[205] *Fabrb. f. cl. Phil.*, Supplbd. XXIII, 469, n. 1.

[206] Il. xviii. 497 ff.; cf. esp. I. 502.

[207] *Op. cit.* pp 292 f.

誓制度所蕴含的理念相一致的观点也不算过分。另外两段文字对确定ἀρωγός的含义有很大帮助。

ὀλλ'ἄγετ', Ἀργείων ἡγήτορες ἠδὲ μέδοντες,

ἐς μέσον ἀμφοτέροισι δικάσσατε, μηδ' ἐπ' ἀρωγῇ,

μήποτέ τις εἴπῃσιν 'Αχαιῶν χαλκοχιτώνων.[208]

在此没有暗示任何保护，而仅仅是偏袒。

ὑμεῖς δὲ μαρτύριά τε καὶ τεκμήρια

καλεῖσθ', ἀρωγὰ τῆς δίκης ὁρκώματα.[209]

在这里，党派性的特征并不如协助性的特征那样明显。

法律程序是不会惩罚虚假誓言的。相关的惩罚取决于神。自然，对于证据性誓言不应该采取任何诉讼行为，因为这是受到反驳后产生的结果，并且对方当事人认可了它的终局性。显然，很少有学者考虑到当事人宣言。其中一方的宣言内容总是虚假的。对于宣誓后的证人提供的虚假证据可以通过δίκη ψευδομαρτυρίων程序处理。[210] 在承诺性誓言的情形下，则有各种各样的解决这个问题的方法。比如，一个在任职期间有不当行为的官员并不会因为进行虚假宣誓受到审理，而是会因为渎职行为受到审讯。

在雅典人的法律中，我们发现了一些类似的誓言，似乎是誓言帮手制度的遗留物。在 διαμαρτυρία 程序下的免罚宣誓制度的遗留物已经被指明。[211] 除非一个人在审理的一开始就已经就被告是否清白进行了宣誓，否则的话，没有人可以在亚略巴古议事会审理的案件中提供证据。[212] 在这个

---

〔208〕 Il. xxiii. 573 ff.

〔209〕 Aesch. Eumen. 485 f.

〔210〕 Cf. *infra*, pp. ff.

〔211〕 Cf. *supra*, pp. 82 f.

〔212〕 Lysias iv. 4; Bonner, *Evidence in Athenian Courts*, pp. 28 ff.; Leisi, *op. cit.*, p. 57; *supra*, pp. 166 f.; Latte, *op. cit.*, p. 32.

类型的誓言中，我们发现誓言帮手已经发展成了常规的证人。虽然，他仍旧和自己的委托人一起进行初始宣誓，但是在案件后来的审理过程中，他像普通的证人那样提供见证。所以，他的誓言也不是终局性的。更进一步的发展就是与委托人一起进行初始宣誓的做法被抛弃了，而只留下对事实进行争论的证人。

另一个和誓言帮手的誓言相似的誓言是在谋杀案审理的最初阶段，由宣誓人就公诉人和被害人的亲属关系进行宣誓。这个誓言与公诉人的誓言内容一致，并与公诉人一起做出。然而，由于联合最初誓言的出现，两者就不再相似了，因为这个誓言并非终局性的。如上文所论述的那样，即使是妇女和儿童也被允许就公诉人与死者之间的亲属关系进行宣誓。[213]

自愿的誓言（可以在为了捍卫诉讼当事人利益的情形下使用）与誓言帮手就他们对当事人的信心进行的宣誓是相同的。[214] 通常，这个誓言似乎是由亲属做出的。[215]

在阿提卡地区，有一些这个制度的遗留物。麦斯特却没有意识到这些遗留下来的制度，他认为：

> 在阿提卡地区找不到任何这种制度存在过的痕迹，简单地说，就是誓言帮手生活在一个人人彼此都互相认识的小社会团体里，而在大城市和交通发达的情况下，他们就没有这样的能力了。[216]

有意思的是，在英格兰（这个世界上最大的商业国之一），这种制度直到 1833 年才被废除。

---

〔213〕 Cf. *infra*, pp. 221 f.

〔214〕 Ziebarth, *op. cit.*, p. 41; cf. Meister - Scomann - Lipsius, *Der Attische Process*, p. 899, n. 379, 有大量关于誓言的例子。

〔215〕 齐巴特赫对这个誓言进行了说明，而麦斯特（Meister, *op. cit.*, p. 578）已经明确地证实了该说明是不正确的。关于墓志铭的内容，参见：Collitz - Bechetl, *op. cit.*, 1478; Dareste - Haussoulier - reinach, *op. cit.*, pp 180 ff; Michel, *Recueil d'inscriptions grecques*, 285.

〔216〕 *Op. cit.*, p. 581.

第八章　杀人案件

在谈论雅典杀人案审判法庭的时候，污染原则对杀人案审理程序的影响通常是一个重点话题。[1] 污染理念常常会与 ποινῆς原则，或是对被杀害人的赔偿相混淆。尽管很久以前，复仇的欲望就十分活跃，但是污染理论则被认为在荷马时代尚不存在。[2] 在那个时代，杀人案被完全认为是被害人的亲属的事情，并可以由以下几种方式处理：杀人者如果畏惧被判处死刑的话，可以选择流亡；或者他也可能在逃跑之前被抓到随后丧失性命；或者他也可能与被杀人的家属进行和解。荷马提供了前述几种解决方式的充分例子。从这些例子中可以明显看出杀人者除了与被害人的家属有利害关系外，与其他人并没有什么关系。一方面，一个杀人犯一旦逃离了他的故乡之后，他将在异地受到友好的待遇，他唯一的损失就是离开故乡，这是因为杀人犯已经远离了被害人家属的复仇范围。另一方面，如果他能够设法通过支付一定数量的令对方满意的钱财来安抚被害人的家属的话，他就能够继续留在他的故乡，并在不受骚扰的情况下继续拥有他的财产和特权。对杀人者进行惩罚的目的有两个，一是赔偿被害人家属的损失，另一个则是为被害人复仇。并没有迹象表明杀人犯是被污染的，或者说他的出现会对国家或是他的熟人、亲属产生什么不利的后果。就像许多早期的法律交易一样，这件事仅限于罪犯与被害者家属之间。另外，在 荷马时代就像在以后的时代一样，杀害亲属的行为遭到了绝对的谴责。[3]

当关于杀人案审理的新理念得到了发展并且国家成为了真正的诉讼发

---

〔1〕 关于杀人案件审理的过程的详细讨论，参见：*supra*，I，110ff.

〔2〕 Cf. *supra*，I，15 f. ，53 ff.

〔3〕 Cf. *infra*，pp. 201 f. 关于在荷马时代的杀人案件，许多的作家已经详细讨论了这个问题：cf. *supra*，I，15ff；Philippi，*Der Areopag und die Epheten*，pp. 3 ff. ；Glotz，*La Solidarite de la famille dans le droit criminal en Grece*，pp. 47 –222；Lipsius，*Das Attische Recht*，pp. 6 ff. ；Treston，*Poine*，pp. 11 – 26；Calhoun，*Growth of Criminal Law in Ancient Greece*，pp. 15 –24.

动者之后，再回首讨论荷马时代人们对杀人犯的态度是一件十分有趣的事情。复仇原则还是十分活跃的。事实上，人们总是代表垂死的人要求复仇。[4]不过被害人的亲属也许不再杀害杀人犯，即使他还留在该国家的话。虽然对杀人犯起诉的权利仍然主要在被害人的亲属手中，杀人犯最终将由法庭审理。这种创新显然是为了停止血亲复仇。

> 如果一个杀人犯向另一个人承认了杀人罪行，由于惩罚的权力已经让渡给了法律以及拥有职权的官员，因此他没有权利对该杀人犯进行处罚；他所能够做的也许只是看着杀人犯受到法律的惩罚。[5]

在对目击死刑执行的讨论中，利普西斯[6]意识到了古老的血亲复仇的痕迹。因此，尽管国家已经规定了一定的限制措施，被害人的亲人而非国家继续被认为是杀人案中的被害方。只有当杀人犯已经被禁止，或被判决有罪之后，又进入了禁地，他才会被处以死刑。在这种情况下，不但被害人的亲属，而且任何其他人都可以或是处死他或是逮捕他。在这里，似乎污染原则扮演了一定的角色。不过，对于被害人的亲属而言，支持这所有一切的理念是复仇或是赔偿。[7]当涉及污染问题时，任何人都能够采取行动。

就像在随后的时代一样，在荷马时代，流放并不是为了净化的目的。首先，毋庸置疑的是，这只是一种杀人犯自我保护的方式。但是，由于缺乏其他的方式，它也成为了被杀者进行复仇的方式。荷马时代的人们似乎比其他时代的人们更加倾向于认为被流放的杀人犯会在其他国家受到污染，

---

〔4〕 Cf. *infra*, pp. 195 f.

〔5〕 Demos. xxiii. 69.

〔6〕 *Op. cit.*, p. 603.

〔7〕 即使是在古希腊城市公共会堂法庭展开的程序，也应当被视为是试图为死者获得赔偿，而非使国家摆脱污染物。

尽管通常认为杀人犯流放到外国的目的是接受净化。[8]

只有被害人的亲人，或者在没有亲属的情况下由被害人的氏族成员，对杀人犯提供宽恕，他才有可能被允许从流放中返回故土。[9] 这点表明，流放的目的是复仇，而非净化。否则就会由国教（state religion）规定流放的期限，并且对杀人者进行宽恕，而与被害人的家庭无关。事实上，国家在宽恕问题上没有任何地位。在荷马时代，不同类型的杀人案还并未得到区分。在历史上，只有预谋杀人者无权得到宽恕。[10] 法莱图案涉及一个关于从流放中返回的有趣的问题。他不能够从流放中返回的原因并不是因为他受到了污染，而是因为他没有满足被害人亲人的复仇需要，并且未能够得到死者亲人的宽恕。

对杀人犯进行流放的目的是复仇可以从德摩斯梯尼[11]的文章的一个段落中看得很清楚。在这个段落中，德摩斯梯尼对立法目的进行了解释，即法律规定只要被确定有罪的杀人犯在流放中远离边境贸易区、竞技场以及邻国的祭祀场所，那么他就有不受他人骚扰的权利。

> 立法者认为杀人犯应当有权利离开被害人生活的地方，而到另一个全新的地方，在那里没有人被他伤害过，因此他可以安全地生活。因此，他就这样制定了相关的法律，并且以此阻止没有止境的血亲复仇。为了达到这个目的，他阻止杀人犯拜访任何死者曾经参与过的活动或到过的地方。

在这里不存在污染这个观点。

因此可以这么认为，关于流放这个问题，国家并不介入为死者复仇的

---

〔8〕 Cf. *Adrastus in Herod.* i. 35 ff. ; *Jason and Medea in Apol. Rhod.* Iv. 639 ff. ; *Orestes in Aesch. Eumen.* 448 ff. 有必要注意的一点是，在这些案件中，被告都杀害了自己的血亲——这是一种骇人听闻的罪行，即使是在荷马时代也一样。

〔9〕 IG^2, I, 115.

〔10〕 *Ibid.*

〔11〕 xxiii. 37 ff.

行为。[12] 由家族，而非国家，给予宽恕。杀人犯通常不受大赦法的管辖。[13]

在关于垂死的人吩咐活着的亲人为他报仇的段落中，复仇理念得到了强调。安提福恩[14]的一个当事人告诉他，他的父亲是如何在临死之前要求他为自己的死向他的妻子复仇的。值得注意的是，在这个案件中，发言者提到如果一个人受到了致命的伤害，他就可以在临死前召集他的亲人和朋友要求他们为他复仇。如果这个做法不行的话，他就写信要求他的奴隶见证他是死于谁之手的。这段文字的中心思想就是为死者复仇，使他得到赔偿，而没有谈到污染问题。另一个案件是关于阿格拉图斯的。狄俄尼索多罗临死前将他的兄长、妻子以及姐夫召集到他服刑的监狱，要求他们以及他所有的朋友设法以惩罚谋杀者的方式惩罚阿格拉图斯，因为阿格拉图斯提供了虚假信息导致他受到牢狱之灾。狄俄尼索多罗还督促他妻子要求他未出生的孩子向阿格拉图斯复仇。[15] 在这段文字中，特雷斯顿将 *τοῖς φίλοις*这个短语翻译成为“他所有的亲属”。事实上，更自然的理解方式是将这个短语理解为他的朋友而非亲属。有两种解释可供参考从而认为这个短语包括了朋友。可能包括朋友的原因在于，如果他们是氏族成员的话，他们可以参加诉讼程序。或者，他们也可能被视为见证垂死之人的临终要求。在安提福恩案中谈到了一个十分贴切的声明，是关于死者临终时提出要求亲人为之复仇的期望的。[16]

从另一方面讲，一个受到致命伤害的人也可能在临终前原谅伤害他的人，赦免他的罪，并且禁止他的亲人进行复仇。事实上，一旦他赦免了杀人犯，他的亲人就再也不可以采取进一步的行动了。德摩斯梯尼是关于这个问题的权威。[17] 他明确地表示，当被害人临死前赦免了杀人犯，那么他的亲人再对该杀人犯起诉的行为就是不合法的。一旦杀人犯得到了死者的

---

〔12〕 关于流放的法律术语 cf. *infra*, pp. 229 ff.

〔13〕 关于大赦法的内容，cf. Gertrude Smith, “The Prytaneum in the Athenian Amnesty Law”, *CP*, XVI, 345；关于讨论这部立法的文献，cf. Busolt Griech. Gesch. , II, 159, n. 1.

〔14〕 i. 29 f.

〔15〕 Lysias xiii. 42.

〔16〕 ii. δ. 11. In ii. γ. 10，被杀害的人是以请求复仇的人的身份出现的。

〔17〕 xxxvii. 59.

赦免，他就不再会受到任何刑罚的处罚。他的声明提到的是所有类型的杀人案，尽管前一段文字仅仅谈到的是非预谋性杀人案。特雷斯顿[18]认为他的声明涉及所有类型的杀人案，但是米勒[19]则认为仅仅涉及过失杀人行为。根据利普西斯[20]的看法，这段文字证明预谋性的杀人行为只能够请求死者本人的宽恕；死者的亲属没有权利宽恕该杀人犯。因此，显然应认为这段文字指的是所有类型的杀人行为。同样，在这个案件中并没有涉及到污染问题。这个垂死的人宣称他不希望复仇发生，通过这个方式他赦免了杀人犯的罪。显然，在这样的案件中，死者的亲属及朋友无权采取进一步的行动。特雷斯顿[21]认为在这样的案件中，杀人犯就彻底地自由了，甚至意外杀人的指控都不能够被提出。因为垂死者的赦免行为并不是仅仅将谋杀指控降格为可辩解的或意外杀人指控，而是完全宽恕了杀人者的罪行。

在这里，还对关于古代向死者家属提供实质赔偿或支付抚恤金的问题的合法性进行了讨论。由于这样的做法在荷马时代就已经成型，并且家庭成员继续被认为是杀人案中最有利害关系的一方，因此一些学者认为杀人者支付给受害人家属赔偿金的制度在整个前五世纪和四世纪的雅典都持续地得到了认可。但是，谈到这个主题的古代的证据并不确定。[22]在《德摩斯梯尼》中，[23]发言者对利欧克里尼斯进行了批评，认为他不应当从杀害他兄长的杀人犯处收取一定的钱财以及放弃进一步的诉讼行为。然而，这段文字所表达的内容并不确定，因为欧克里尼斯的行为可能是合法的，而发言者对他的指责可能只是言辞层面的。一段令人迷惑的文字来自德摩斯梯尼的另一个发言：[24]

> 我假设性地认为你们已经都知道了其他人在此之前遭遇到了

---

〔18〕 *Op. cit.*，p. 176.

〔19〕 *Eumenides*，p. 127.

〔20〕 *Op. cit.*，p. 604.

〔21〕 *Op. cit.*，p. 177.

〔22〕 哈朴克莱钦提到了向死者提供实质性的赔偿的实践（Harpocration，s. v. “ὑποφόνια”）。但是，由于我们并不清楚ὑποφόνια到底是被怎样谈论的，因此，我们无法对这个实践的合法性下肯定的结论。

〔23〕 lviii. 28.

〔24〕 xxxvii. 58；cf. xxxviii. 21 ff.

> 极大的不幸，该不幸远非金钱补偿就能够弥补的；（例如，过失杀人、凌辱圣洁之物以及类似性质的罪行）不过，在所有这些案件中，一旦当事人达成了和解协议并赦免了罪犯，那么受害方就再也不能追究对方任何过错了［ἀλλ' ὅμως ἁπάντων τούτων ὅρος καὶ λύσις τοῖς παθοῦσι τέτακται τὸ πεισθέντας ἀφεῖναι］。这条正义规则是普遍适用的，因此，即使一个人已经证明了另一个人过失杀人的行为并且明确地证明他被“污染”了，但是一旦他事后宽恕了对方的罪行并且“释放”了他，他就再也没有权利强迫这个人接受流放刑了。

*πεισθέντας*这个词语可能（但是可能性并不大）指的是实质性赔偿。[25]

可惜的是格洛茨所引用的第三段文字旨在证明私下和解是合法，并没有涉及杀人案。这段文字出自阿里斯托芬[26]的《蛙》，在这里，埃斯库罗斯的韵文*ἥκω γὰρ ἐς γῆν τήνδε καὶ κατέρχομαι*被批评为冗长拖沓。欧里庇得斯（Euripides）认为*κατέρχομαι*对俄瑞斯忒斯不适合，因为俄瑞斯忒斯是悄悄地返回的，而没有先安抚那些有权利决定他返回的人们。但是欧里庇得斯所引用的埃斯库罗斯的那段文字提到的是琪欧佛利欧（Choephoroi）[27]时代初期，那时俄瑞斯忒斯正从弗西斯（Phocis）返回，并且还没有谋杀他的母亲。这段文字并未涉及从流放中返回的问题。

根据这些段落的记载，格洛茨[28]认为即使在杀人案中，不经过审理过程的私下和解在雅典历史上是合法的。另一方面，菲力比[29]则认为私下和解是不合法的，并且他还指出认为对杀人犯的惩罚可以通过支付金钱的方式解决是荒唐的。在对上述的段落以及对格洛茨的论证进行了一番仔细的

---

〔25〕 Cf. Paley and Sandys, *Select Private Orations of Demosthenes*, I, 147, and Dareste, *Les Plaidoyers Civils de Demosthene*, 1, 271.

〔26〕 1154 – 68.

〔27〕 3.

〔28〕 *Op. cit.*, p. 315.

〔29〕 *Op. cit.*, pp. 148 f.

研究后，特雷斯顿[30]根据他早期的观点即污染原则与杀人者支付给受害人家属赔偿金的体制的继续存在格格不入，[31]得出以下似乎有一定道理的结论。当受害人正式赦免了杀人者或者当受害人临终前并没有要求亲人或朋友为之复仇从而可以推测出他已经赦免了杀人者时，法律或是习惯是允许私下和解的。除此之外的私下和解就是一种罪恶，是宗教意义上的准犯罪行为。也就是说，这样的和解是没有法律效力的，并且杀人犯仍然可以受到起诉。[32]

有充分的证据证明复仇原则持续存在于整个古希腊历史时期。这个原则完整地解释了为什么最初只有被害人的亲属才会与这个杀人案有关联并且只有被害人的亲属才是发动杀人案审理的主要发动者。但是，虽然污染原则在荷马时代还未出现，但是这个原则一定在不久之后就出现在了杀人案中，并对杀人案的审理程序产生了相当大的影响。[33]演说家重点讨论了污染原则的效果，也正是因为如此，使得后来的学者对污染原则产生了过分的重视。[34]在试图对德摩斯梯尼提出杀人指控之后，米迪亚斯并没有拒绝让德摩斯梯尼参加各种公共活动。[35]对于德摩斯梯尼而言，这说明米迪亚斯并未真正认为德摩斯梯尼应对杀人负责。此外，在杀害海罗德斯案件的审理中，被告欧西忒斯指出有罪之人如果上船的话，那么常常会发生船舶失事。不过，因为每次他出现的话，航行总是安全的，而祭祀的牺牲也是完好的，所以他的清白也因此而得到了证明。[36]事实上，即使人们相信

---

〔30〕 *Op. cit.*, pp. 173 ff. et passim.

〔31〕 *Ibid.*, p. 123.

〔32〕 Cf. Dareste, *Les Plaidoyer civils de Demosthene*, II, 140, n. 24. 有学者认为（Breauchet, *Histoire du droit prive*, I, 15）杀人犯常常通过支付抚恤金的方式安抚受害人的家属，这个做法与赔偿金的体制（wergeld system）相一致。有学者主张（Busolt - Swoboda, *Gręch. Staatsk.*, p. 531）通过支付赔偿金偿还血债是被禁止的。也有学者表示（Hermann - Thumser, *Lehrb. Der griech. Staatsalt.*, I, 357）只有在非预谋性杀人案件中，被害人的亲属才能够放弃司法途径，转而接受数目令人满意的赔偿金。

〔33〕 特雷斯顿（Treston, *op. cit.*, p. 159）很好地证明了雅典关于杀人案件的立法是家族传统和来自德尔斐（Delphi）的宗教影响的综合产物。

〔34〕 在四部剧中，安提福恩警告陪审团成员，如果他们错误的判决被告无罪的话，那么他们自身都可能被污染（ii. α. 3；iii. γ. 11；ii. γ. 10）。

〔35〕 Demos. xxi. 114.

〔36〕 Antiph. v. 82 ff.

污染原则的作用，除了被害人的家人或是族人之外，其他人仍然没有资格对杀人者发动诉讼。有迹象表明，一个实施了杀人行为的罪犯只有在被害人的亲属正式宣布针对他的法庭禁令之后，他才被视作是受到了污染的。在安提福恩的第一篇演说稿中提到了那位继母，在她继子成年并能够有资格起诉她之前，并不能够认为她就已经受到污染，尽管她的丈夫在临终前已经要求家人对她进行复仇。在安提福恩的第五篇发言稿中，那位合唱团指挥着重指出他的公诉人在那个男孩死亡之后到他提出指控之间一直与他保持着联系，凭着这一点就可以表明他不会受到污染，即使受害者的亲属也会这么认为。再者，在这个案件中，王者执政官拒绝受理这个案件，因为他的任期将满。显然，在执政官审理案件并且法庭禁令被最终签发之前，对于杀人者并没有什么禁止措施。在这个案件中，那位合唱团指挥继续参加他之前起诉的那个案件并最终胜诉（而该案件正是他的对手试图通过对他提出杀人指控而阻止它的继续审理）。

在阿格拉图斯案中，直到被宣称的罪行发生数年之后，这个诉讼才正式被接受。与此同时，阿格拉图斯并未被阻止参加各种诉讼。人们可能会这么认为，之所以会是这样的情况主要是因为这个案件不是一个杀人案。不过 狄俄尼索多罗已经吩咐他的亲人以及朋友对杀他的阿格拉图斯进行复仇。虽然阿格拉图斯并没有被禁止出入公共场所，而且也没有被正式认定为受到污染，但是，在大众的眼中，他已经是一个杀人犯了。他参加了在法尔佛（Phyle）的组织，也参加了比雷埃夫斯（Peiraeus）党派前往城堡的游行。显然，他从事这些行为的法律权利并未被剥夺。然而，人们不愿意和他进行交往，甚至不愿意与他交谈，就是因为他是一个众人皆知的杀人犯。[37] 整个社区都以极其粗暴的态度对待了他。在法尔佛，如果不是将军进行干涉的话，他可能已经被处死了。阿格拉图斯很著名，并且与多名民主党派成员的死有牵连。公众之所以对他如此厌恶并不仅仅因为他是杀人犯，还由于他是民主党的敌人（他在民主党重新掌握政权之后获得了民主党的赦免）。正因为此，针对三十僭主的仇恨也降临到了他的身上。

不过，一旦宣布了法庭禁令的话，罪犯就会被认为是受到了污染的，

---

〔37〕 Lysias xiii. 77 ff.

并被驱逐出公共场所。这并不意味着他不能再生活在自己家里，也不意味着他不能继续他的私事，只要这一切与国家无关，也不会来到法庭禁令所禁止他出现的公共场所就可以了。整个杀人案的污染问题就像是一种基于种种原因由宗教强加于杀人程序的合法化的污染。它与程序问题十分有关，但是与惩罚则没有什么关系。

杀害族人的问题应区别看待，因为从很久以前起，族人相残就被视作一件十分可怕的事情。[38]以悲剧作家关于俄瑞斯忒斯杀母行为的评价为代表可以看出，众人对杀母行为的谴责早于涉及其他杀人案的污染原则。例如，当弗尼克斯（Phoenix）告诉阿基里斯他的故事的时候解释道，公众舆论以及人们对他杀长辈的行为的责备阻止了他杀害他父亲的冲动。[39] 在荷马时代，杀害族人的行为不但会为杀人犯带来流放的惩罚（其他任何类型的杀人犯都会导致流放），而且，作为一种对家人犯下的罪行，这样的杀人罪还会带来一种耻辱，这种社会耻辱是其他杀人行为所不会导致的。杀害客人或那些对杀人犯表示友好的人的行为也可能会导致这种耻辱。[40]家庭法以及友好法令禁止同族之间残杀，尽管杀害族人的杀人犯就像其他的杀人犯一样可能会得到受害人的赦免。希腊神话故事反映出杀害族人的行为比杀害其他人的行为性质要恶劣许多。希罗多德[41]谈到的阿德剌斯托斯（Adrastus）的故事就说明了这个观点。虽然故事涉及的主人公不是希腊

---

〔38〕 有人提出这样的问题，婴儿如果由于缺乏照顾，被故意暴露在风雨之中而死亡的话，那么对这一杀婴行为负责的人是否因此而被视为受到了污染。目前，多数人认为尽管法律并没有禁止杀婴行为，但是在公元前四、五世纪的雅典，人们仍然很少这么做。Cf. Glotz, in Darem - Saglio, *s. v.* "Expositio"; Van Hook, TAPA, LI, 144 f.; Bolkestein, *CP*, XVII, 222 ff.; Gomme, *The Population of Athens in the 5th and 4th Centuries B. C.*, pp. 75 ff. 不过，这种行为从来就没有受到过任何的谴责，即使哲人也对这个问题不加评论。它被认为是纯粹的家事。死去的孩子的父亲被认为是唯一一个可以提起指控的人，不过，他同时也是应该对这个孩子的死负责的人。国家在这个问题上保持沉默。没有任何人认为这样的杀婴行为涉及污染问题。这一点进一步证明了，相对而言，污染原则并未得到重视。

〔39〕 Il. ix. 459 ff.; cf. *supra*, p. 194, n. 1; *supra*, I, 16 f.

〔40〕 在欧迈俄斯案中，欧迈俄斯拒绝接受奥德修斯的关于如果他没有说出事实真相的话，就杀了他的誓约（*Od.* xiv. 402 ff.; *supra*, I, 16）。同样，当格劳克斯与迪莫德斯（Diomedes）发现他们实际上是家族朋友时，他们就拒绝彼此争斗（*Il.* vi. 119 ff.）。

〔41〕 i. 35 ff.

人，但是却完全反映了希腊人的看法。阿德剌斯托斯杀害了他的兄长，尽管这个杀人行为是非自愿的，但是他还是因此被他父亲遗弃了。之后，他再次非自愿地杀害了作为他的净化者（purifier）以及主人的克罗伊斯（Croesus）的儿子。他对自己行为的恐惧达到了十分强烈的地步，以至于他在克罗伊斯儿子的墓前自杀了。这种感受是不可思议的，除非发生于杀害族人或是朋友的情况下。

有些资料谈到了对杀害族人行为的特殊赎罪方式。例如，据说特修斯建立了依斯米亚节（Isthmian）以赎他杀害斯喀戎（Sciron）的罪行，尽管斯喀戎是一个早该被处死的十足的无赖。[42] 普鲁塔克特别指出，这个案件之所以会进行这样的赎罪是因为这涉及的是杀害族人的罪行。不过即使被害人不是族人的话，更加严重的赎罪方式还是可能会出现的。在叙述赫拉克勒斯（Heracles）杀害伊菲图斯（Iphitus）的故事的时候，普鲁塔克指出赫拉克勒斯成为奥姆菲勒（Omphale）的奴隶就是对他的杀人行为的一种赎罪方式。伊菲图斯是赫拉克勒斯深爱着的艾奥勒（Iole）的兄弟。[43]

根据安提福恩[44]的观点，似乎任何受到指控的杀人犯都有权利在他第一次发言之后选择流放。发言者表示这是一种被授予的特权。德摩斯梯尼也提到了这个特权。[45] 不过，在《波吕克斯》（Pullux）中有一段令人深思的文字（可惜这段文字的记载不够清晰，因此造成了一定的理解困难），其中的一部分谈到除了杀害长辈的案件之外，流放适用于其他的杀人案件。[46] 不过，很难找到这个记载的出处。事实上，杀害族人的杀人犯并不太可能被拒绝获得这种特权。

在谈到杀人案的时候，有两个重要的问题经常被谈到。复仇的权利是属于被害人的，而且他的亲人必须为他实现这个权利，对于杀人犯而言，他已经被污染了。对于预谋性杀人案而言，由于案件的性质过于恶劣，因此，对于这样的谋杀犯是不适用宽大处理的。对于死者复仇的权利的实现

---

〔42〕 Plut. *Theseus* xxv.

〔43〕 *Ibid.*，vi；cf. Apollodorus ii. 6. 2 f.；*Od.* xxi. 23 ff.；*Soph. Trach.* 270 ff.

〔44〕 v. 13.

〔45〕 xxiii. 69.

〔46〕 viii. 117（Bethe）.

是通过以下两种方式实现的：要么处决杀人犯，要么对他处以终身流放的刑罚。事实上，在杀人犯自己的国土上，不存在净化的问题，由于只有被害人才有权利对杀人犯进行宽恕，除此以外，他没有机会从别人那里获得宽恕。[47] 对于这个问题，是没有机会和解的。对于非预谋性杀人案而言，当杀人犯已经完成了复仇程序的惩罚，他将回到故土接受净化仪式。[48]

至于在情有可原的杀人案中，关于到底该杀人犯是否还被认为受到了污染并因此需要接受仪式净化的问题，是存在争议的。有一点是明确的，即不存在复仇问题。德拉古的立法明确规定，[49] 当一个人对另一个用武力无理抢夺他财物的人采取正当防卫措施而杀害了该抢劫犯的话，那么他是不会受到惩罚的。也就是说，在这种情况下被杀的人是没有要求复仇的权利的。同样的道理，根据德摩凡特斯立法，[50] 任何推翻民主或是在民主被推翻之后担任官职的人，都将被视为雅典人的公敌，并可以被处死。根据德摩斯梯尼[51] 引用的梭伦立法，将夜间行窃的小偷或是杀害，或是伤害，或是通过即行逮捕定罪程序（apagoge）押送到十一人委员会面前都是被允许的。同样的，将竞技场上的对手杀害的行为不会被视为犯罪。[52] 此外，在战争中的杀人行为也不被视为犯罪，并且，杀害与他的妻子、母亲、姊妹、女儿或是小妾进行通奸的人是不会受到惩罚的。[53] 再者，法律还规定，如果在医师对病人治疗的时候，病人如果死去的话，那么该医师是不会被视为杀人犯的。[54] 上述的这些立法，有些是由梭伦制定的，有些是由德拉古制定的。根据法律的规定，似乎有一些特定类型的杀人案是情有可原的，从而不涉及惩罚杀人者的情况，换句话说，死者并不值得，也不可能指望他人为他复仇。

柏拉图列举了一些不会受到惩罚的杀人情形，该清单与演说家们所列

---

〔47〕 Demos. xxi. 43; cf. Philippi, *op. cit.*, p. 143.

〔48〕 Demos. xxiii. 72.

〔49〕 IG^2, I, 115, ll. 37 f.

〔50〕 Antiph. i. 96.

〔51〕 xxiv. 113.

〔52〕 Demos. xxiii. 54.

〔53〕 Lysias i.

〔54〕 Antiph. iv. γ. 5.

出的一致。[55] 得到法律允许的杀人情形如下：（1）夜盗；（2）拦路抢劫，受害者可以在正当防卫的前提下杀害该强盗；（3）任何对妇女或者男童的猥亵行为；（4）通奸者；（5）为了保护父母亲、孩子、弟兄或者妻子而杀人的行为。此外，柏拉图还提到了在竞技或者比赛中，以及战争或者军事演习中的意外死亡和在接受手术中的意外死亡都是不会产生法律上的惩罚的。[56]

从上述的例子可以看出，显然一些特定类型的杀人情形是合法的。不过，对于这些类型的杀人案而言，还是存在着一定的问题，即尽管这些杀人者不会受到法律的制裁，但是他们是否受到了污染，从而需要接受净化仪式洗礼。事实上，这个问题引发了很大的争议。是否只要一个人杀害了他人，无论杀人的动机或者原因，都有必要接受净化仪式的洗礼呢?

认为医生免责的假设是合乎逻辑的。因为医生并没有加速病人的死亡，事实上，他认为他在他的能力范围之内所做的一切是为了拯救病人的生命，从而，决不能够认为他是受到污染的。尽管如此，在雅典人看来，还是有必要通过立法对医生加以保护，以免他可能受到杀人指控。这段文字似乎十分的具体。他不是一个 *φονεύς* 。

通常，在演说家那里，*καθαρός*这个单词以及一些相当的表达法都被用来形容那些进行了情有可原的杀人行为或是意外杀人的人。例如，根据上文中引用的《安多基德斯》[57] 里的内容，杀害企图推翻政府的人的杀人者被宣布为是*ὅσιος*和 *εὐαγής*。同样的，根据《德摩斯梯尼》[58]，那个在战争中意外杀害他的朋友的杀人者被称为 *καθαρός* 。此外，在《莱克格斯》中，[59] 杀害叛国者的人被称为 *καθαρός*。柏拉图将这个术语当作情有可原的杀人的意思来使用。[60] 问题在于，是否 *καθαρός*以及他的同义词*ὅσιος*和 *εὐαγής*仅仅意味着这样的杀人者无须受到法律的惩罚，还是说他

---

〔55〕 *Laws* 874 B – C.

〔56〕 *Ibid.* 865 A f. 关于合法杀人的情形的清单，参见：Kahrstedt，*Studien zum offentlichen Recht Athens*，Teil I：“Staatsgebiet und Staatsangehorige in Athen”，p. 162.

〔57〕 i. 96.

〔58〕 xx. 158；xxiii. 55.

〔59〕 i. 125.

〔60〕 *Laws* 874 B – C.

们也同时被免除了接受净化仪式洗礼的必要。德里拉普认为，任何类型的杀人者都会涉及到污染问题，[61] 此外，在菲力比看来，[62] καθαρός并不意味着情有可原的杀人行为就可以免受具有宗教象征意义的净化仪式的洗礼。任何杀害他人的行为都是不纯洁的，因此，必须经受净化。菲力比引用了阿波罗的例子作为类比，当阿波罗屠龙之后，他接受了净化，此外，他还引用了柏拉图的观点进行了类比论证，根据柏拉图的观点，[63] 一个在竞技或是战争中意外杀人的人，如果根据相关的德尔斐（Delphic）法接受净化之后就成为了 καθαρός。菲力比得出了如下的结论：演说家使用的 καθαρός 这个单词取的是它的法律层面，而非宗教层面的含义，并被当作 μὴ καθαρὸς τὰς χεῖρας φόνου 的反义词使用。尽管在δίκαιος φόνος 中不存在赎罪的问题，净化仪式并未被放弃。虽然法律禁止死者及其亲属向杀人者要求赎罪，杀人者仍然必须接受净化仪式的洗礼。同样的，吉尔伯特[64] 也认为凡是杀了人的人就是不洁净的，即使他的杀人行为是情有可原的，也应当受到净化。利普西斯[65] 认为进行了情有可原的杀人行为的人不会受到法律惩罚的这个事实并不代表宗教意义的净化仪式也一样得到了免除。他指出，德拉古的法律只是说这样的杀人行为不会受到法律的制裁，而并没有说杀人者应当是 καθαρός。根据 καθαρός 在演说家那里的含义，利普西斯认为人们认为杀人者受到了污染而应当接受净化的观点已经淡化了，并且在实践中，净化仪式会被省略。根据柏拉图的主张，特雷斯顿[66] 认为在希腊历史上，即使杀人行为是情有可原的，该杀人犯还是需要接受净化的。他的这个观点进一步坚定了他自己关于杀人净化问题的主张——该主张认为净化是一个神圣而庄严的象征，代表了杀人者与他的神之间重修旧好，而非对死者亡灵的安抚或是向人赎罪。它象征着杀人者重新以过去的身份

---

〔61〕 *Jabrb. f. cl. Philol.*，Supplbd. XXVII, 282. 德里拉普评论了 φόνος δίκαιος这个短语的不精确性（Demos. xxiii. 60）。

〔62〕 *Op. cit.*，pp. 62 f. Cf. Hermann, Staatsalt. § 104. 15，16；Schoemann - Lipsius, *Gr. Alt.*，II4，364；Maetzner, on Lycurg. i. 125.

〔63〕 *Laws* 865A f.

〔64〕 *Const. Antiq.*，p. 387.

〔65〕 *Op. cit.*，p. 618.

〔66〕 *Op. cit.*，p. 153.

重归社会。

其实，对于这个问题要得出一个确切的结论是很有难度的。上述列举出来的段落试图证明可辩解的杀人行为不存在污染问题，并且强调了杀人者的纯洁状态，尤其是在《安多基德斯》的文章中，καθαρός，εὐαγής，ὅσιος 三个单词很容易就被理解为不涉及污染问题。在《安多基德斯》的段落中，尤其容易产生这种效果，因为他强调了杀人者与被害人之间的状态的对比。一方面，叛国者是被允许 νηποινεί 杀害的，也就是说，被杀害的叛国者没有期望通过惩罚杀人者为自己复仇的机会（这是被害人通常的特权）。另一方面，杀人者并不会受到常规意义上的杀人犯的惩罚，即他不会受到惩罚，也不被视为受到了污染。事实上，这个法令包含着雅典人的一个誓言，他们对神发誓将一切杀害试图推翻民主的人的杀人者视为 ὅσιος。如果这个杀人者被视为受到了污染，且需要接受宗教净化仪式的洗礼的话，那么这个法令似乎是不可能使用这个短语的。有趣的是，这个观点只不过是一种假设。καθαρός这个单词有两层含义，一为“法律上无罪”，另一层为“未受污染”。宗教保守势力一定坚持认为只要有杀人行为，就需要净化仪式，但是，如果真是这样的话，那么毫无疑问，利普西斯的观点就是正确的，他坚信净化仪式的形式常常被免除，因此，基于种种务实的原因，在演说家那里使用的 καθαρός确实指的是“未受污染”。当然，即使没有对那些进行了可辩解杀人行为的杀人者进行净化仪式，也不会对这个杀人者的社会地位产生什么影响，因为法律已经宣布他为无罪。对于许多的可辩解杀人案而言，根本不存在审理。对一个杀害叛国者的人进行审判是一件无法想象的事情；同样的，对那些已经被立法者规定为情有可原的或是意外性质的杀人者进行审判，也是一样令人难以想象的。这一点正好符合了上文提到的一个主要观点，即目前污染原则受到了过分的关注。早于污染原则诞生的复仇原则在整个雅典审理杀人案的法庭的发展史上始终处于极为重要的位置。有一点值得质疑，即如果法律一旦宣布复仇原则不能适用于某一特定类型的杀人情形的话，污染原则是否还会受到同样的重视。但从另一方面讲，基于宗教的原因，净化还是需要的。[67]这一点似乎是源于宗教的习惯，而非基于法律的强制规定。

对于希腊人而言，杀人行为的性质并非像许多其他的犯罪行为的性质那样的恶劣（对当代人而言，这些行为的性质远不如希腊人想象的那样严重）。[68]就像前文已经提到的那样，从根本上讲，杀人案是死者的家务事。在讨论诉讼问题的时候，同样不能够忽略这个问题。德拉古制定的关于杀人案的法令明确规定，如果要将一个杀人案起诉到执政官管辖的五个杀人案专门法庭之一的话，那么只有被害人的第一代表（堂）兄妹以内的亲属才有权提起诉讼。[69]然而，在实际的诉讼中，所有的亲属，甚至族人都会参加审理。[70]德摩斯梯尼[71]证实了这个观点，因为在那里发言者接到建议说，基于他既不是死去妇人的亲属，也不是她的主人，他不应该将这个案件起诉到军事执政官面前。此外，在柏拉图的《欧雪佛洛》中，苏格拉底假设性地认为，基于这个死者死后，欧雪佛洛建议向军事执政官起诉他的父亲这个事实，证明了死者必然属于欧雪佛洛的家人，否则的话，欧雪佛洛是不会提起这样的诉讼的。[72]

在前述的每一个案件中，由于诉讼都是向军事执政官提出的，因此，受理案件的法庭必然是五个杀人案专门法庭之一。这些专门法庭以他们的审理程序古老为特色，并且有一点并不令人惊奇，即在这些法庭诞生之前，审理实践中，只允许被害人的家属提起诉讼。由于杀人案件的诉讼程序源于宗教，因此，该程序相当保守，并且不能够改变。此外，调查还发现，这些专门法庭的设立目的并不是确保对杀人案件进行审理，而是将不同类型的杀人案件进行区分，当杀人者被确定为有罪的话，那么确保他能够获得一个罪刑相适应的惩罚。立法者所注重的是罪犯的待遇和状态，而非旨在将杀人案件变成众人关注的事情。然而，有一定的理由相信，当被害人

---

〔67〕 Cf. Antiph. vi. 4，据说如果一个人杀害了他的奴隶的话，他也必须进行自我净化。

〔68〕 Cf. Calhoun, *Growth of Criminal Law*, p. 85.

〔69〕 Cf. *supra*, I, 115.

〔70〕 IG^2, I, 115, ll, 21 ff.

〔71〕 xlvii. 69 – 70.

〔72〕 Euth. 4 B.

没有亲属的时候，那么他的族人也可以提起诉讼，甚至可以向专门法庭起诉。法律明确规定，当诉讼程序开始之后，族人也可以参加诉讼，此外，法律还授权一定数量的族人给予那些被证明为非预谋性杀人者宽恕的权利。卡尔斯蒂特（Kahrstedt）〔73〕认为当死者没有近亲属的时候，他的族人也可以提起诉讼，可惜的是，他没有提供可以证明他的这个看法的证据。不过，将杀人诉讼中的宽恕特权衍生到其他的族人手中还是有一定道理的。事实上，如果被害人没有亲人的话，那么到底是谁把他送上法庭，接受判决，然后又得到宽恕的呢。这个问题应该是无法回答的，尤其是考虑到关于杀人案的专门法庭的信息相对较少，并且涉及的都是法庭的常规程序，而非例外程序。

就起诉而言，决定是否起诉是被害人的亲属的一项义务。显然，如果死者在临死之前已经宣布宽恕杀人犯的话，那么其他人就不应该再采取任何行动了。可是，如果死者在临死之前要求他的亲属为他报仇的话，那么亲人就会将这个要求视为一项严肃的义务。〔74〕至于在预谋性杀人案中，毋庸置疑，死者的亲人始终觉得自己有义务起诉，除非死者已经事先宽恕了杀人犯。真正的问题存在于非自愿性杀人案中。特雷斯顿〔75〕认为，在这种类型的杀人案中，没有必要进行任何正式的审理程序，除非死者临终前曾经要求他的亲人起诉。他的论据源于吕西亚（xiii. 41，87），不过，这些文字仅仅证明如果死者提出这样的要求，那么他的亲人就会觉得有严肃的起诉义务。这些文字并没有证明，当不存在死者的要求的时候，死者的亲人就觉得没有义务起诉了。特雷斯顿推定，当非自愿性杀人案件的审理程序发动后，以下两件事中的一件将会发生：（1）被告人否认有罪，并且拒绝提供“私下赔偿”；（2）死者要求他的亲人起诉。可惜的是，并没有证据证明他的观点，因此，在缺乏证据的情况下，似乎还是推定需要有一定的行动更加适宜。特雷斯顿推测，只有当杀人者被正式起诉之后，才存在污染的问题。无疑，他的这个观点是正确的。不过，一旦对杀人者提起正式诉讼的话，那么他就会被视为受到了污染，只有当他后来又被证明是无罪

〔73〕 *Op. cit.*, p. 245.

〔74〕 Antiph. i. 29 – 31; Lysias xiii. 41, 92.

〔75〕 *Op. cit.*, p. 146.

的，或者被证明有罪而接受适当的惩罚或是得到了宽恕之后，他才会再度被视为洁净。

根据前文的论述显然可以看出，只有被害人的亲属，或者在没有亲属的情况下，被害人的族人才有资格向专门法庭起诉。也就是说，认为存在 *γραφὴ φόνου* 的情况似乎是不可能的，*γραφὴ φόνου* 的意思就是，任何愿意对杀人案提起诉讼的人都可以起诉。许多的学者指出，杀人案件从来就是自诉案件。卡尔斯蒂特[76]也采用简单明了的语言阐明了这个观点。同样的，格洛茨[77]也持有这个观点，此外，雷纳夫（Ranulf）[78] 表示，“这是*δίκη φόνου*，而不是 *γραφὴ φόνου*”。但是根据波利克斯[79]的观点——杀人案属于公诉案件，特雷斯顿[80]较为详细地论证了是否杀人案件可以被任何有兴趣的人起诉到陪审法庭。诸如此类的程序并不是根据德拉古的立法而来，此外，由于除了在波利克斯的文章中认可了这个问题，就再也找不到其他的佐证了，因此波利克斯的观点是可以另行解释的。特雷斯顿是这样解释的，他认为波利克斯混淆了与*γραφὴ ἀσεβείας*的含义，*γραφὴ ἀσεβείας*可以由任何公民针对没有向杀人者“宣布”（proclaim）或是提起诉讼的被害人的亲属提出诉讼。

可能的情况是这样的，即对杀人案件的古老的态度始终没有改变，以至于在公元前五世纪和公元前四世纪都没有出台任何的法律，以允许被害人的亲属之外的人直接卷入杀人案件的诉讼之中。[81]格洛茨[82]认为，考虑到杀人案件从来就是属于自诉案件的性质，因此，毋庸置疑的一点就是，有时候国家会因为缺乏控诉人而让一些杀人凶手逍遥法外。[83]可能的情况为，有时候死者没有亲人或者族人，即使有的话，这些人可能因为没兴趣

〔76〕 *Op. cit.*, p. 161.

〔77〕 *Op. cit.*, p. 425.

〔78〕 *Jealousy of the Gods and Criminal Law at Athens*, p. 19.

〔79〕 viii. 40.

〔80〕 *Op. cit.*, p. 260.

〔81〕 Cf. the Twelve Tables，十二铜表法并没有规定杀人案的条文。

〔82〕 *Op. cit.*, p. 425.

〔83〕 Thucydides，viii. 65 - 66，解释在四百人委员会统治时期的政治性谋杀案时，描述了一个不同的情形，在那个时候，杀人犯没有受到惩罚的原因并非不存在对他们提起诉讼的人，而是那些应当对他们提起诉讼的人心怀恐惧。

而不起诉。对于杀人案的诉讼而言，不存在限制法令的问题，[84] 并且在现存的这两个案件中，[85] 尽管死者的亲属被要求为死者复仇，但是多年以来，有关亲属都没有对杀人犯提起诉讼，这个事实在一定程度上证实了只有死者的亲属有资格对杀人者提起诉讼，其他的家庭成员以外的人们即使在亲属不起诉的情况下也不会卷入该案件的诉讼。显然，这里不存在对污染的恐惧。当然，很难想象，在死者的亲属不愿意起诉的情况下，政府会拒绝采取一些新的措施以惩罚那些臭名昭著的杀人犯，而是放任不管让他们留在城市中。菲力比[86] 认为，很难想象，政府会放任那些无法通过常规程序审理的罪行，而不特别制定一条针对这类罪行的法规。此外，常规杀人案专门法庭的审理程序冗长而乏味，并且其中的很多程序已经过时了。即使对于死者的亲人而言，他们也希望程序可以简单一些。

只要专门法庭还存在的话，杀人案件就仍然是死者的亲属的家务事。不过，是否还有其他的程序可以采用，以至于可以通过间接手段将杀人犯绳之以法？在《西格尔词典》（*Lexica Segueriana*）中，[87] *φονεῖς*属于可以被采取即行逮捕定罪程序（apagoge）的即时程序的类型之一。德摩斯梯尼[88] 所写的一段文字首先对五个杀人案专门法庭进行了详细的描述，随后他谈到了第六种处理杀人案的方法：

> 如果一个杀人犯没有受到五个法庭中的任何一个的审理，或者他应当受审的时效已过，[89] 或者应当对该杀人犯起诉的原告因为种种原因而没有采用这些诉讼方式，不过他发现该杀人犯出现在了庙宇和集市上，那么根据法律的规定，他有权力将该杀人犯押送入狱［*ἀπάγειν ἔξεστιν εἰς τὸ δεσμωτήριον*］，但是不可以押送到他自己的住处，或是如你们所允许的那样，押送该杀人犯到

〔84〕 Lysias xiii. 83；cf. Lipsius，*op. cit.*，p. 853，n. 24.

〔85〕 Antiph. i；Lysias viii.

〔86〕 *Op. cit.*，p. 106.

〔87〕 P. 250，ll. 4 ff.

〔88〕 xxiii. 80.

〔89〕 显然，引文说明由于前期调查所需要的时间导致军事执政官在他任期的最后三个月内无法接受杀人案件的诉讼。

任何他希望的地方。一旦该杀人犯被押送到监狱之后，在接受审判之前，他不会受到任何的酷刑折磨，但是，一旦他被定罪，那么，他将被处以死刑。

事实上，根据我们所掌握的为数很少的杀人案件的资料，有两个案件是由即行逮捕定罪程序处理的。[90] 在海罗德斯案中，[91] 米蒂利尼人（Mytilenean）欧西忒斯被控杀害了海罗德斯，并因此被即时逮捕归案，以一个邪恶的人的身份接受了十一人委员会的审判。在阿格拉图斯案中，[92] 发言者指责阿格拉图斯通过合法但不公正的死刑判决杀害了狄俄尼索多罗。阿格拉图斯被即时逮捕，并且接受了十一人委员会的审判。[93]

显然，即行逮捕定罪程序似乎是处理杀人案件的一种可能的方式，因为即行逮捕定罪程序适用于ὁ βουλόμενος，也就是说，任何相关人士都可能会在特定的情况下对杀人案提起诉讼。那么，一个非亲非故的人，到底在怎样的情况下，通过怎样的方式才能够提起诉讼呢？上文中德摩斯梯尼所使用的词汇ἀπάγειν ἔξεστιν εἰς τὸ δεσμωτήριον 似乎说明使用的方式是即行逮捕定罪程序。但是问题在于：到底这个方式是否在该案中对所有人都适用？死者的亲属似乎已经公开宣布要控告杀人者。否则的话，他怎么可能被称为ἀνδροφόνος？事实上，在这个案件中，诉讼程序已经启动了。

---

〔90〕 据悉，由于蒙尼斯特拉图斯（Menestratus）在三十僭主的统治时期的行为，导致他受到杀人的指控，并被按照即行逮捕定罪程序（apagoge）处理（Lysias xiii. 56）。根据有关大赦的条款，只有那些杀害了 αὐτοχειρία 的凶手才能够以杀人犯被审理（Arist. *Ath. Pol.* Xxxix. 5）。有的学者认为，无论采取了怎样的程序，指控都不是 φόνος（Gernet and Bizos，Lysias，I，186 f）。此外，有观点认为，既然杀人者是公民，那么适用他的杀人案审理程序就不可能是即行逮捕定罪程序（apagoge）（*ibid.*；cf. also Gernet，*Revue des etudcs grecques*，XXXVII［1924］，277，n. 3）。然而，泰尔汉姆认为蒙尼斯特拉图斯确实是通过即行逮捕定罪程序（apagoge）审理的（Frohberger – Thalheim，*Ausgewahlte Reden des Lysias*，p. 75）。

〔91〕 Antiph. v.

〔92〕 Lysias xiii.

〔93〕 莱克格斯（i. 112）指出，当阿波罗多罗斯与他人杀害了弗里尼库（Phrynichus）之后，他们被弗里尼库的朋友抓获并投入监狱。如果这是真的，那么这里涉及到的程序就是即行逮捕定罪程序（cf. Jebb，*Attic Orators*，I，57，n. 1）。根据修昔底斯（Thucydides，viii. 92）、吕西亚（xiii. 71）和普鲁塔克（*Alcib.* xxv. 10）的解释，杀害弗里尼库的凶手逃脱了。

然而，由于某些原因，该诉讼没有能够根据常规程序在专门法庭展开。当然，如果他被发现在公众场所活动的话，他还是会被任何有意向对付他人的通过即行逮捕定罪程序控诉的。[94] 有学者认为，由于通过专门法庭对杀人案件进行审理的程序旷日持久，令人十分厌恶，因此，人们常常求助于其他的方式对杀人犯进行诉讼，譬如一旦杀人犯出现在他被禁止进入的场所的话，即使是在为期三个月的前期调查阶段，那么他都会因此受到指控。在这种情况下，死者的家属可以对该杀人犯起诉，或者，当死者的家属宣布了禁令之后，其他人也许会选择通过即时措施处理这个杀人案件。这个类型的即行逮捕定罪程序可以被称为ἀπαγωγὴ ἀτίμων，即专门针对那些被剥夺了某些权利，却被发现仍然在使用它们的人。这也许是仅存的，针对杀害长辈的杀人犯的程序（这样的杀人犯的亲属通常会断绝与该杀人犯的往来）。否则，如果亲属仍然允许杀害长辈的杀人犯与他们同住的话，那么这些亲属会受到 γραφὴ ἀσεβείας的处罚。

特雷斯顿[95] 相信，向没有对杀人犯提出指控和诉讼的亲属提出的指控，如果成立的话，包括了对杀人者杀人行为成立的判决。德摩斯梯尼叙述了一个关于狄奥多罗斯的舅舅的案件，狄奥多罗斯的舅舅受到昂德拉逊的亵渎神灵的指控，因为他没有对狄奥多罗斯杀害长辈的行为提出指控。狄奥多罗斯作了如下的声明：“如果昂德拉逊对我舅舅的指控成功的话，那么作为一个被定罪的杀害长辈的凶手，不但我的财产将被没收，而且我还将丧失生命。不仅如此，即使我的死亡，虽然是每个人必经的命运，对我而言也是十分痛苦的事情。”[96] 显然，这里并没有提到对杀害长辈案件的特别审理程序。关于杀害长辈的案情将在审理 γραφὴ ἀσεβείας 的过程中被间接进行控诉，当然，对于杀人犯的舅舅的审理必然会牵扯到对这个外甥杀人案情况的复查以及最终定罪。

从另一方面讲，德摩斯梯尼[97] 的另一段文字中所提到的 γραφὴ

---

〔94〕 Cf. Sorof, “Die ἀπαγωγὴ in Mordprocessen,” *Jahrb. F. cl. Phil.*, XXIX (1883), III.

〔95〕 *Op. cit.*, p. 260.

〔96〕 xxiv. 7.

〔97〕 xlvii. 70.

ἀσεβείας，正如特雷斯顿[98]所解释的那样，不太可能指的是一种处理杀人案件的方式。在这个案件中，控告人接到建议说不要将对俞尔戈斯（Euergus）和迪尔福姆斯的杀人指控向军事执政官提出，而是耐心等待一些其他的复仇方式。特雷斯顿认为，“其他的方式”指的是 γραφὴ ἀσεβείας，并且，如果对那个遭到暴力伤害致死的护士的亲属提出这样的指控的话，那么该指控会牵涉到对俞尔戈斯和迪尔福姆斯的杀人或者过失杀人行为的判决。考虑到这个护士实际上是一个被解放了的女奴，且不存在有资格代表她起诉的亲人，因此，前面的解释成立的可能性很小。“其他的方式”可能指的是即行逮捕定罪程序。

大多数情况下，杀人案会与其他的一些犯罪，诸如抢劫、入室行窃或者绑架有关。这样的案件通常被称为 κακούργημα，并且这种类型的杀人案可以由任何了解案情的人通过即行逮捕定罪程序进行处理。很自然，在这种情况下，不存在禁令问题。案件在十一人委员会面前展开审理之前，杀人犯一直被关在监狱中。无疑，在这样的案件中，审理中心被放在 κακούργημ 上，而非杀人行为上。一旦被告被判决有罪，他将受到死刑的惩罚。

还有另一个类型的杀人案件也许也由即行逮捕定罪程序处理。如果一个非雅典公民犯了杀人罪并在雅典受审的话，那么他会被通过即行逮捕定罪程序逮捕并在审理之前一直被当作囚犯对待。[99]这样做的原因很明显。由于罪犯不是雅典公民，因此，对他处以流放刑并没有什么意义。在这样的案件中，非公民是允许被保释的。[100]

除了 γραφὴ ἀσεβείας 和即行逮捕定罪程序这两种方式外，无疑还存在着其他的方式能够使得作为非受害人亲属的利害关系人代表受害人向杀人者提起诉讼。凯勒墨尔（Caillemer）[101]认为梭伦建立的 γραφὴ φόνου 制度与德拉古的立法不相符合，不过，他也承认其他处理杀人案的方式也是被

---

〔98〕 *Op. cit.*, pp. 260 f.

〔99〕 Antiph. v and Lysias xiii.

〔100〕 有学者（Meuss, *De ἀπαγωγὴ actione apud Athenienses*, pp. 27 ff.）认为只有当杀人犯是外国人的时候才适用即行逮捕定罪程序（apagoge）。

〔101〕 In Darem. - Saglio, s. v. φόνος.

允许的，并肯定地认为通过弹劾程序可以将一些杀人犯绳之以法。[102] γραφὴ ὕβρεω 可能作为进一步措施被使用。在关于奴隶主虐待他的奴隶的案件中，任何有意向的公民都可以发动 γραφὴ ὕβρεως 程序。[103] 莫罗(Morrow)[104] 已经给出了令人信服的论证，证明同样的程序也适用于杀害了自己奴隶的奴隶主。

根据上述讨论，显然原来的杀人案专门法庭并不仅仅只负责审理受指控的杀人犯。然而，至于到底古时候的人们认为杀人案是死者亲属的家务事的观念有多么根深蒂固，以及到底有多少杀人案最终不了了之，都是问题。由于不成功的刑事案件会使公诉人在未能获得至少五分之一的赞成票的情况下支付一定的罚金，因此，这个事实必然在一定程度上阻止了潜在的公诉人对这些从传统观点上来看与他们并不相干的案件提起诉讼。如果污染问题确实如前文所提到的那样微不足道的话（事实似乎也是如此），那么公民们将继续对那些发生在他们家庭之外的杀人案漠不关心。

涉及到杀害亲人的案件的诉讼中，有一个问题值得讨论。如果在这种情况下，杀人犯并没有逃亡的话，那么能够对他起诉的诉讼人就是死者的亲属，而该亲属同时也是杀人犯的亲属。当然，在这样的案件中，国家会在无人起诉的时候采取一定的措施。在《德摩斯梯尼》的昂德拉逊案中，有个人因为与杀害长辈的外甥联系而受到了亵渎神灵的指控，而非因为他没有对他的外甥提起诉讼。当然，对这个案件的审理必然会牵涉到对杀人案的审查。特雷斯顿[105] 相信这样的审理事实上也是针对杀人案件的审理，并会得出针对杀人者的最终判决。格洛茨[106] 则认为不存在亲人之间因为杀人罪行而互相指控的情况。δήμου φάτις会带来驱逐出教会的惩罚结果，而

---

〔102〕 Cf. the review of Glotz, La Solidarite, by Dareste, in *Jour. Des Savants*, 1905, p. 66, 解释道，至少在德摩斯梯尼时代，任何公民都可以向陪审法庭发动弹劾程序或者其他的政治行动，并且很容易就将杀人案归类为政治犯罪。事实确实如此，这个程序甚至大量适用于很轻微的犯罪（cf. *supra*, I, 309）。

〔103〕 Aeschin. i. 17； Demos. xxi. 46； Hyper. Frag. 120； Lycurg. Frag. 74； Kahrstedt, *op. cit.*, p. 327.

〔104〕 *CP*, XXXII, 210 ff.

〔105〕 *Op. cit.*, pp. 260 ff.

〔106〕 *Op. cit.*, pp. 436 f.; cf. Ranulf, *op. cit.*, I, 19.

该惩罚等价于流放刑。宽恕不可能适用于杀害亲属案件。这样的杀人者必须至少在一段时间内远离故乡，并且，如果他返回的话，他也不能够再和他的家人联系了。[107] 杀害亲人的行为导致杀人犯完全丧失了继承权。为了确保国家在杀害亲人案件中有一定的介入机会，国家保留了 *γραφὴ ἀσεβείας* 作为应对工具。[108]

就目前所知，在古代的雅典不存在类似于验尸官或验尸委员会那样的角色。当代社会，一旦一个人去世，医生的死因证明是必需的。如果死者的死因蹊跷，那么就必须进行验尸以确定死因，并在可能的情况下找出凶手。雅典人的程序与现代制度大相径庭。俞摩匹达（Eumolpidae）家族中有三个注释家或者称为解释家，他们负责对宗教和仪式法进行解释，以及提供关于宗教事务的建议。如果对杀人案的正当程序不太明确的话，那么通常的做法似乎都是向这些官员提出咨询请求。在柏拉图与欧雪佛洛的对话中，当欧雪佛洛的父亲的雇工杀害了他父亲的奴隶之后，他的父亲派代表向注释家提出咨询请求。[109] 在这个案件中，咨询者实际上是被害人的主人。我们并不清楚解释家到底提供了怎样的建议，因为雇工在注释家的消息传递返回之前已经去世了。同样的，当那位原来属于原告家族的妇女（该妇女后来获得了自由）受到暴力伤害死亡后，原告麦斯布拉斯（Mnesibulus）向解释家请求咨询意见。[110] 原告既不是死者的家属，也不是死者的主人。发言者向我们讲述了所有的案件细节以及这个妇女与那个家族的渊源，即该妇女原来是那个家族的奴隶，后来她获得了自由，她是为了保护发言者的财产而丧失生命的。注释家的建议如下：在葬礼进程中，应当使用矛，并应当在死者墓前进行宣誓，之后，应守护该坟墓三天：*πρῶτον μὲν ἐπενεγκεῖν δόρυ ἐπὶ τῇ ἐκφορᾷ, καὶ προαγορεύειν ἐπὶ τῷ μνήματι εἴ τις προσήκων ἐστὶ τῆς ἐνθρώπου, ἔπειτα τὲ μνῆμα φυλάττειν ἐπὶ τρεῖς ἡμέρας.*[111] 至于宣言的性质到底是怎样的，有一定的争议。有些人

〔107〕 Glotz, *op. cit.*, pp. 234 f.

〔108〕 *Ibid.*, p. 442.

〔109〕 *Euth.* 4 C.

〔110〕 xlvii. 68 ff.

〔111〕 *Ibid.* 69.

认为这个宣言是由死者的亲属在死者墓前公布的，其内容包括了针对杀人犯的禁令。[112]但是，对于其他人而言，这个在墓地的宣言更像是为了发现是否有亲属能够为死者提起诉讼。[113]事实上，很难对希腊文进行这样的解释，尤其是考虑到紧随其后的那段文字中再次使用了 *προαγορεύειν*：*ὀνομαστὶ μὲν μηδενὶ προαγορεύειν, τοῖς δεδρακόσι δὲ καὶ κτείνασι, εἶτα πρὸς τὸν βασιλέα μὸ λαγχάνειν.* 显然，这里提到的宣言是针对杀人者的，尽管注释家警告了发言者不能提到杀人犯的名称。总的说来，宣言仅仅是针对 *τοῖς δεδρακόσι δὲ καὶ κτείνασι* 的。

以下的解释可能有一定的道理。如果他可以与那个妇女建立一定的联系的话，那么他会在死者墓前指名道姓地发布宣言，并命令杀人犯远离禁地。这仅仅是在这个案件中对常规法律的一种重述。当然，如果发言者无法与死者建立联系的话，那么这个发言者也可以公布禁令，但却不能公开杀人者的姓名。不过，她不能够进一步推动这个案件的诉讼进程。本案中的死者是一个被从奴隶身份释放出来的妇女。因此，她没有适格的、具有公民身份的亲属能够为她起诉。她的惯常保护者或是守护人（prostates）可以是给予她自由的人，或是她过去的主人。可惜，本案中她的保护人去世了，因此无法按照法律的规定进行了。目前的发言者是那个妇人死去的保护人的儿子，正是因为有这层关系，他向注释者询问，是否他可以为那个妇人做些什么。由于这个妇女既不属于他的家庭成员，也不是他的奴隶，注释者因此建议他不要起诉。不过，他们还是建议他公布宣言，该宣言仅仅针对 *τοῖς δεδρακόσι καὶ κτείνασι*，而不是针对所有人的。只有当这个妇人的 *προσήκων* 没有出现的话，他才有资格这么做。菲力比[114]认为 *προσήκων*不是亲属（无论是奴隶，还是获得自由的人都不可能起诉），而是国家利益守护者。显然，本案中无论是亲属还是守护人都不可能成为公诉人。换句话说，所有的行为只是一种为了安抚死去的妇人而进行的仪式，

---

〔112〕 肯尼迪对这段话的翻译有点模棱两可，但是他附加了一个注释：“这个宣言是为了警告杀人者远离墓地、所有的公共场所以及祭祀场所。当案件进入诉讼阶段后，另一个声明会在集市被随后发布，警告受指控人现身以回应指控。”

〔113〕 特雷斯顿（*op. cit.*，p. 182）这样说：“在葬礼过程中，手持长矛，在墓地公开询问死去的夫人是否有亲属，以及守护坟墓达三天之久！”

〔114〕 *Op. cit.*，p. 99.

不能够导致真正的诉讼。[115] 第一次谈到禁令的时候，注释者对法律进行了解释。第二次提到禁令的时候，他们告诉了发言者在这个案件中到底该怎么做。这个案件涉及一个被释放的妇女。当死者没有亲属的时候，很难决定下一步该怎样做。这是我们仅有的一个禁令在死者墓前公布的案件，可惜的是，死者并非公民。有证据显示，无论禁令的内容怎样，它只是一种形式，不会导致任何进一步的行动。

舒曼（Schoemann）[116] 假设性地认为存在着三个宣言，第一个由死者的亲属在墓前公布，第二个由亲属在案件起诉过程中，在集市公布，第三个由执政官在接受案件的时候公布。菲力比[117] 反对这个看法，因为他认为只有一个在墓前公布的宣言，而且这个过程是纯仪式性的。这样的宣言并不是真正意义上的指控，并且在十分特别的情形下，宣言可以由其他人而不是死者的亲属公布。宣言的目的仅仅是为了安抚死者。他相信只存在一个真正的宣言，即当军事执政官接受案件之后的那个宣言。[118] 这是个合理的观点。在墓地公布的宣誓具有古老的仪式的特点。有学者认为在葬礼上使用的长矛具有象征意义，象征着敌意，即它的目的是向杀人犯显示死者的亲属对他的仇恨，以及他们打算对他起诉的意图，无论他到底是谁。这其实是词典编纂者的看法。[119] 也许这个宣言还禁止了杀人者靠近墓地。[120] 显然这个宣言与污染问题或者国家对凶杀案的介入问题无关，而是一个非常古老的仪式的延续，旨在向死者保证它的亲人会为他复仇，并警告杀人犯死者亲人复仇的意图。

从另一方面讲，有大量的证据是关于杀人案正式审理之前的在集市上发布的禁令的。根据德拉古关于杀人案的立法中的一段文字，这个禁令必须由死者的第一代堂（表）兄妹以内的亲属公布：*προειπεῖν τῷ κτείναντι ἐν ἀγορᾷ ἐντὸς ἀνεψιότητος καὶ ἀνεψιοῦ*.[121] 此外，在安提福恩关于克莱特

---

[115] Cf. *ibid.* , pp. 98 f.

[116] Antiquit. , pp. 289 f. ; but cf. Schoemann – Lipsius, *op. cit.* , I 4, 508 f.

[117] *Op. cit.* , pp. 69 f. , 99.

[118] Cf. Gilbert (*Const. Antiqu.* , p. 385, n. I)，同意菲力比的观点。

[119] Pollux viii. 65; *Lex. Seg.* , p. 247, l. 30.

[120] Cf. Kennedy, *ad loc.*

[121] IG^2, I, 115；德摩斯梯尼（Demos. xliii. 57）重复提到了这个问题。

斯（Choreutes）的发言中，死去的那个合唱团男孩的亲属决定对合唱团指挥起诉，并由他们发布了禁令。[122] 在《雅典宪制》一书中，亚里士多德在谈到军事执政官的职责的时候，作了以下的声明：*καὶ ὁ προαγορεύων εἴργεσθαι τῶν νομίμων οὗτός ἐστιν.*[123] 由于这个声明，利普西斯[124]认为这个宣言实际上是由军事执政官做出的，也许事实果真如此。然而，这并不能够改变事实，即宣言是由死者的亲属发起，而军事执政官只是作为他们的代言人公布这份宣言。[125]

宣言中的几段文字表明了它的主旨，也就是显示死者家属对杀人者的仇恨。德摩斯梯尼表示[126]杀人犯不能够接触“洁净的东西、圣杯、献祭使用的饮品，以及必须远离神庙和集市。”禁令的目的具有两重性：一方面是为了禁止杀人犯进入某些公共场所，并因此阻止传播污染，另一方面，为了为死者复仇，而阻止杀人犯参加任何死者生前曾经接触过的活动。换句话说，历史上处理杀人案件的两个阶段都反映在了宣言中：在初期阶段，杀人案与污染问题并不存在联系，但是杀人犯必须对死者进行赔偿，在后期，尽管在这个阶段也只有死者的家属可以提起诉讼，但是国家有义务对杀人犯进行监督，以防他将污染散播到国外。

至于到底杀人案专门法庭审理案件时是如何对待证据的，存在着一定的争议，尤其是关于是否妇女、儿童以及奴隶能成为适格的证人的问题。德摩斯梯尼已经充分论证了这个事实，即通常情况下，在杀人案的审理中，妇女和儿童具有证人的资格。[127] 本案中，目击了那位死去的妇女受袭过程的仅有证人为被告的妻子和孩子。原告承认他的妻儿也许会在帕拉度姆进行庄严的宣誓，但是他们也可能因此受到作伪证的怀疑。基于对虚假誓言

---

〔122〕 vi. 34 – 36.

〔123〕 lvii. 2.

〔124〕 *Op. cit.*, p. 810.

〔125〕 波利克斯（Pollux, viii. 90）无疑是根据亚里士多德的论证得出了他的解释。至于菲力比的观点，即他认为死者的亲属是根据军事执政官的命令而公布的宣言，参见：*supra*, I, 114, n. 1.

〔126〕 xx. 158.

〔127〕 xlvii. 69 ff.; Bonner, “Did Women Testify in Homicide Cases at Athens?” *CP*, I, 127 ff.; “Evidence in the Areopagus,” *ibid.*, VII, 453; Leisi, *Der Zeuge*, pp. 17 ff.; Lipsius, *op. cit.*, p. 874, n. 20.

的反感，他放弃了这个想法。毋庸置疑，这里所讨论的宣言是为了证明原告与死者之间的关系。因此，妇女和儿童有权利出现在公众场所进行庄严的宣誓。下一个问题是关于他们是以怎样的身份进行宣誓的：联合诉讼人、常规证人还是对死者与原告之间的关系的特殊见证人。说明人确实称他们为证人：*ἐπειδὴ αὐτὸς μὲν οὐ παρεγένου*，*ἡ δὲ γυνὴ καὶ τὰ παιδία*，*ἄλλοι δέ σοι μάρτυρες οὐκ εἰσίν.* 为了将罪犯绳之以法，法庭需要目击证人的见证。如果他们是联合诉讼人的话，那么他们就不能够以证人的身份出现在法庭。无论如何，在预期的宣誓中，他们宣誓的对象与诉讼人在他的谋杀宣誓中的宣誓对象一样，并因此而成为真正的证人。〔128〕由柏拉图暗示的关于证人资格的规则充分肯定了妇女在杀人案中是合格证人的观点。四十岁以上的妇女有权利在任何案件中作证，而奴隶和儿童则在受到一定限制的前提下，可以在杀人案中提供见证。〔129〕在这里，柏拉图一开始讨论了雅典人允许妇女作为杀人案的证人的实践，随后将这个权利的主体延伸到了婴儿和奴隶。〔130〕接下来，他再度扩张了妇女的权利，也就是说四十岁以上的妇女可以为任何案件作证。不过，我们手头并没有妇女为杀人案作证的事例，当然，就像前文已经指出的那样，〔131〕在现存的为数不多的几个杀人案中，妇女并没有机会成为证人。在安提福恩（*i*）中，那位妇女是以被告的身份出现的，而在吕西亚（*i*）中，那位妇女是以被告的妻子以及被害人的情妇的身份出现的，自然的，她不会以证人的身份出庭。

在《安提福恩》中，〔132〕在一个常规指控被提起之前，那位合唱团指挥已经在法庭上被非正式地指控为杀人犯，且在随后的几天，他将以公诉人的身份在这个法庭参加另外一个案件的审理。在接下来的两天内，当着审判官员和观众的面，他反驳了指控人，要求他们提供证人，并向那些当天在场（即当所谓的有毒饮品被提供的当天）的证人求证。他说当天有超

---

〔128〕有学者（Bonner，CP，I，129 f.）驳斥了马德勒的观点（Mederle，*De juris jurandi in lite Attica decem oratorum aetate usu*，p. 29），马德勒认为那个人的妻子的宣誓属于常规的作为证据的宣言。作为关于双方关系的宣誓，它不可能属于证据性的誓言。

〔129〕Laws 937 A – B.

〔130〕Cf. Bonner，*op. cit.*，p. 131.

〔131〕*Ibid.*，p. 132.

〔132〕vi. 19，22 ff.

过50个成年男性和男孩在场，甚至还提供了一份名单。这个程序在正式诉讼启动之前就开始了，旨在向那个男孩的亲属证明他们的指控是毫无根据的。当然，在这个调查阶段，这些男孩并非法律意义上的证人，但是，无疑他们中的一些后来成为了证人，并在发言之前不久的时间内被传唤。

根据安提福恩文章中的一个句子的内容可以看出，通常情况下奴隶可以为杀人案提供证据。这段文字内容如下：

> *εἴπερ γὰρ καὶ μαρτυρεῖν ἔξεστι δούλῳ κατὰ τοῦ ἐλευθέρου τὸν φόνον, καὶ τῷ δεσπότη, ἂν δοκῇ, ἐπεξελθεῖν ὑπὲρ τοῦ δούλου, καὶ ἡ ψῆφος ἴσον δύναται τῷ δοῦλον ἀποκτείναντι καὶ τῷ ἐλεύθερον, εἰκός τοι καὶ ψῆφον γενέσθαι περὶ αὐτοῦ ἦν, καὶ μὴ ἄκριτον ἀποθανεῖν αὐτὸν ὑφ᾽ ὑμῶν.*[133]

不过，并非人人都赞成这个观点。从现代人的观点来看，杀人属于性质最恶劣的犯罪。因此，我们对奴隶能够在这样的案件中成为证人的例外做法并不会感到惊讶。在我们看来，这样做能够充分利用一切可以利用的资源将杀人犯绳之以法。可是雅典人并不是这样看的。如果死者的亲属未能起诉的话，那么该杀人犯可能永远都不会受到杀人指控。[134] 此外，对于那些会将自由人与奴隶在杀人案中同样地视为证人的人而言，他们必须充分考虑古代自由人对奴隶的看法，即奴隶时常被自由买卖、虐待，并遭受饥饿的折磨。在所有来自演说家的案件中，我们所听到的都是奴隶受到了严刑逼供的故事。在四分之三个世纪之前的美国南部地区，奴隶仍然被视为受过良好教育的文明人的财产。无论在怎样的情况下，他们都无法成为证明一个白人有罪的证人。[135] 因此，我们必须对认为雅典人会允许奴隶在任何案件中指控自由人，从而危及他们的生命与自由的观点持谨慎态度。

---

〔133〕 Antiph. v. 48.

〔134〕 Cf. *supra*, pp. 210 ff.

〔135〕 “任何黑人或是黑白混血儿，无论自由与否，都可以在联邦诉讼中成为提供有利或不利于另一个黑人或是黑白混血儿（无论自由与否）的证人，或者自由的黑人或黑白混血儿也可以在民事诉讼中作为一方当事人，在其他类型的案件中，则不可以”（Acts of Virginia General Assembly, *Code*, Vol. I [1814], c. 283, 4）。

正如律师所说的那样，在《安提福恩》里的声明仅仅是佐证（obiter dictum）。事实上，在认识被告是否有罪这个问题上，奴隶被视为有一定的辨别能力，但是，在诉讼中，他们从没有被视为证人。事实上，他们非但不将奴隶当作告密者或是允许被告向他们提问，而且他们本身控制着奴隶并可能将他们处死。作为诉讼中的被告，反而会通过相当复杂而又华而不实的方式反对他们的做法。被告指出，由于奴隶在一定程度上受到法律的保护，并拥有一定的权利，因此他们不应当被随随便便地处死。奴隶的权利之一便是在杀人案诉讼中的 μαρτυρεῖν。普拉特纳很久以前便认为 μαρτυρεῖν 被不严格地用作 μηνύειν。为了达到发言者的目的，如果 μαρτυρεῖν 等价于 μηνύειν 的话，那么他的论证并未因此受到削弱。[136] 任何熟悉雅典法律术语的人都不太会否认这样一个问题，即一个根据某个词汇的专业含义得出的论证结果并不十分可靠。法律由外行进行监督；我们所依赖的发言也并不是由像当代社会那样的专业律师起草的，并且发言针对的对象即全体审判人员对法律以及程序的了解也不能被过分高估。词汇的专业含义和字面含义常常被混淆这样一个问题似乎很难避免。[137]

就这一点而言，应该可以看出，奴隶的证言只有在针对杀人案的被告的情形下才会被采纳。这似乎很像是一种只能够作为对某人不利的证据。例如，采用奴隶的见证作为他的主人不在场的证明，从而使他的主人或其他人免受杀人的指控是十分重要的一项功能。不过，很明显的一点是，这个问题并不能通过证明 μαρτυρεῖν 等价于 μηνύειν 来解决。雷斯引用了柏

---

〔136〕 *Der Process und die Klagen*（1824－25），I，215；Guggenheim，*Die Bedeutung der Folterung im Attischen Process*（1882），pp. 3 ff. 有学者（Meier－Schomann－Lipsius，*Der Attische Process*，pp. 875 ff.）反对这些观点。博纳尔（*Evidence in Athenian Courts*［1905］，p. 34）重新提到了那个反对奴隶作为证人的案子。卫塞（*CR*，XX［1906］，59）与提艾尔（Thiel，*op. cit.*，p. 81）都同意这个观点。雷斯（*op. cit.*，pp. 12 ff，21，n. 1）在支持利普西斯的观点的同时，做了一定的让步。博纳尔（*CP*，VII，453 ff.）回应了雷斯的反对意见。利普西斯（*op. cit.*，pp. 873 f.）在坚持他一贯的观点的同时，进行了重大的让步，我们将在下文中对这个问题进行讨论。就这样，这个观点得到了认可。

〔137〕 *Die Bedeutung*，pp. 7 ff. 例如，如果人们无论在哪里遇到这些单词，都坚持按照它的专业含义理解的话，那么他就能够证明一方诉讼当事人可以作为对方当事人的证人。

拉图的《法篇》[138] 中的一条确定的法令：*δούλη δὲ καὶ δούλῳ καὶ παιδὶ φονου μόνον ἐξέστω μαρτυρεῖν καὶ συνηγορεῖν*. 但是这个条款与安提福恩推断出的法律规定有一个很大的区别。柏拉图认为奴隶既可以提供有利于杀人案被告的证据，也可以提出不利于该被告的证据。其实，认为柏拉图的观点是沿袭了古阿提卡法律是很危险的。利普西斯否认了这个可能性。[139] 柏拉图允许奴隶 *συνηγορεῖν* 的观点与雅典人的实践有很大的出入。[140] 根据德拉古法律规定的未成年人杀人案法庭的程序，有权利参加诉讼的主体从死者的血亲，扩展到了姻亲以及族人。

不过，对于奴隶可以提供对被告不利的证言的最大的否定性因素在于在演说家的演讲中没有任何类似证据存在过的痕迹。[141] 这些案件中的大多数都有奴隶出庭的情形。在吕西亚的第一篇演说中提到了一个奸夫被他的奸妇的丈夫杀害的案件。那个丈夫发现了他们通奸的事实并根据女佣提供的信息设计诱捕了奸夫。[142] 被害人的亲属认为被害人根本不是奸夫，而是被诱骗入室并被毫无理由地杀害了。如果这些亲属的主张是事实的话，那么那个女佣就会被推上证人席以反驳他主人的见证。这样做的可能性很容易就会被否定，因为一个女佣不可能愿意与他的主人作对。事实确实如此，这正解释了要从奴隶那里获得值得信任的且对他主人不利的证据在实践中是多么的困难啊！

在海鲁克斯（Herocles）杀人案中，我们至少有一位奴隶原本是可以提供不利于被告的证据的。如果被告所说的可以相信的话，那么作为指控基础的信息是一个奴隶受到了严刑拷问之后提供的。这个奴隶是那艘将海罗德斯和欧西忒斯送去美图姆那（Methymna）后又返回米蒂利尼（海罗德斯和他的奴隶居住的地方）船舶的船员之一。原告方[143] 买下了那个奴隶，也正是这个奴隶指控了欧西忒斯。然而，根据被告的说法，由于那个奴隶

---

[138] 937 A.

[139] *Op. cit.*, p. 874, n. 32.

[140] Cf. Wyse, *CR*, XX, 59.

[141] 安提福恩的所有六篇演说都是关于杀人案的。此外，还有至少三篇关于杀人案件程序的参考资料：Demos. xlvii. 68 ff.; lix. 9 f.; and Isoc. xviii. 52 ff.

[142] i. 18 ff.

[143] Antiph. v. 47.

意识到无论他怎样做都会被处死，因此，他改变了先前的指控，反而证明了被告的清白。[144] 这个为原告提供指控依据的奴隶被称为 τὸν μηνυτὴν, ᾧ πιστεύοντες ἐμὲ διώκουσι。[145] 任何读者都会有这样一个印象，即如果奴隶可以作为合格的证人的话，那么原告肯定会要求他作证，因为他在原告的掌控之中。其实，并不需要多大的智慧就可以发掘超过一个以上的他们为什么不这么做的原因，尤其当被告的关于虐待问题的陈述是真实的时候。但是，如果奴隶真的可以上庭作证的话，[146] 那么很难想象被告会赞成原告将他作为证人的做法，而不是要求将其先由原告进行拷问。被告非但没有利用这个既安全又合理的方式对被告的指控提出质疑，而是主张那个奴隶应该被交给他自己进行逼供。[147] 当他的朋友们听说由原告处置奴隶时，也提出了同样的要求。[148] 是否存在这样的可能性，即尽管被告的发言已经被理解为奴隶是杀人案中的适格证人的立场，却仍然没有能够代表自己的利益引用相关的法律？一个像安提福恩那样的精明又称职的法律顾问是不可能这样彻底地让他的当事人失望的。

也许是因为在那么多的杀人案中没有一个提到奴隶作为真正意义上的证人的做法，雷斯认为法律仅仅允许奴隶提供见证；根据其他的一些案件中的做法，法律并不禁止对奴隶进行拷问。以下是他的最终结论：

> 总的看来，通过拷问得来的供词也被视作在法律上有效。这条规则被延伸开来并适用于奴隶提供的见证。这样就解释了我们为什么不能继续去听奴隶所提供的证词是什么内容。整个研究院认为，这是早期法庭法规的残留。之所以能残留下来，是因为人们出于宗教原因而不愿更改古代血腥的法庭所制定的被神化了的条例。[149]

---

[144] *Ibid.* 32 ff.

[145] *Ibid.* 34; cf. 36, 47.

[146] 当时，证据还都是口头形式的，而且在杀人案专门法庭上的证据总是口头的（cf. Bonner, *CP*, VII, 450 ff.; Lipsius, *op. cit.*, p. 884）。

[147] Antiph. v. 36.

[148] *Ibid.* 34.

[149] *Op. cit.*, p. 23.

简单的说，即使是在安提福恩时代，相关法律的规定也已经被废弃了。它消失得无影无踪，甚至在法律实践中都再也找不到痕迹了。

还有一个雷斯和利普西斯都不熟悉的相关案件。在迪奥纳斯特斯诉尼亚拉案中，[150] 有一段对杀人案审理的简单描述。在当前的案件开审之前的一段时间，尼亚拉的丈夫斯提法奴斯对原告姊妹的丈夫阿波罗多罗斯在帕拉蒂姆提起了杀人诉讼。为了支持他的指控（后来被法庭证明为是不成立的），斯提法奴斯提供了一些奴隶作为证人，并将他们描绘成了西罗纳安斯人。至少在这个案件中，如果那些奴隶确实是合格的证人的话，那么将他们提供给法庭以获得证词的做法并不会遇到阻力。这些奴隶的证词不利于被告，并且他们显然受到原告的控制。如果他们有证人的资格，为什么斯提法奴斯在发起一个已是疑点颇多的案件的同时，还要冒着更大的风险——将这些奴隶假扮成自由民？除了其他的一些因素外，单凭这个案件就足够证明奴隶在杀人案中不能作为合格的证人。在《阿提卡律法》中，利普西斯写道："这起杀人案是个很清楚的例外情形，从这个例外来看，奴隶在杀人案件中并没有当证人的权利。"[151] 不过，在注释中，当提到斯提法奴斯案时，经博纳尔的指点，他认为仅仅在亚略巴古议事会审理的杀人案才适用这个例外情形。对于为什么在亚略巴古议事会进行就能够适用例外情形，他一点儿都没有解释。在亚略巴古议事会举行的演说没有涉及任何这个理论的基础问题。与其努力地拯救一块理论碎片，倒不如彻底放弃整个理论。很难想象雅典人只认可来自于奴隶的不利于杀人案被告的证词，而拒绝接受（除非经受过拷问）由他们提供的不利于被告的证词。

在讨论惩罚杀人犯的方式之前，有必要对不同类型的惩罚进行总结。任何的杀人犯，甚至是杀害自己亲人的杀人犯，都可能因为受到死者的宽恕而不再受到追究。但是，如果一个杀人犯未能得到宽恕而是接受了审理，那么在双方的第一次发言结束之后，他可以被允许选择流放。万一他继续参加诉讼并等到整个审理结束，那么如果有罪无罪的票数相等，他将被宣

---

〔150〕 Demos. lix. 9. f.

〔151〕 P. 873.

布无罪。[152] 如果他被判决无罪，那么他将对 *Σεμναί* 表示感谢。[153] 如果他被定罪为进行了预谋性杀人，他将被判处死刑。如果判决他的杀人行为属于非预谋性的，那么他会被处以流放刑，直到他获得宽恕之后才能够返回故土。

对于预谋性杀人而言，不存在宽恕的问题。对于一个没有获得受害人宽恕，又在审理终结之前就选择流放刑的杀人犯而言，他永远都没有从死者亲属那里获得宽恕的机会了。[154] 不过，关于 *φόνος ἀκούσιος* 案件，存在着这样一个问题，也就是说，流放刑是否有一个法定的期限，是否一旦期满，死者的亲属就必须宽恕杀人犯，还是死者的亲属有完全的权力决定到底是否宽恕杀人犯。多数的学者认为流放刑有一定的期限，只是关于期限的长短不能够达成共识。吉尔伯特[155] 指出确实存在法定的期限，同时也承认难以预测期限的长度。菲力比[156] 对两种可能的情形进行了区分，一种情形是与死者的亲属达成共识，另一种则没有。在第二种情形下，许多学者认为期限为一年。这个结论是从 *ἀπενιαυτισμός* 这个单词中得出的，他们推测从相关注释和词典编纂者的文献中找到的这个单词指的是一年期限。[157] 菲力比根据安提福恩中的一段文字为基础推断法定期限必定超过一年：*ἐπί τε γὰρ τῇ τούτου διαφθορᾷ ἀβίωτον τὸ λειπόμενον τοῦ βίου διάξω, ἐπί τε τῇ ἐμαυτοῦ ἀπαιδίᾳ ζῶν ἔτι κατορυχθήσομαι.*[158] 可是，菲力比并没有冒险去推测一个流放刑的确切期限。根据柏拉图提供的信息，特雷斯顿[159] 也提供了他对流放刑常规期限的推算为一年。从另一方面讲，格洛茨[160] 认为雅典人并没有固定 *ἀπενιαυτισμός* 的期限。尤其是以柏拉图的论证作为依据会有一定的难度，因为在柏拉图看来，有四个类型的杀人案而非雅典法律规定

---

〔152〕 Antiph. v. 51.

〔153〕 Paus. i. 28. 6.

〔154〕 Cf. Philippi, *op. cit.*, pp. 143 ff.; Demos. xxi. 43; xxxvii. 58 ff.

〔155〕 *Op. cit.*, p. 382.

〔156〕 *Op. cit.*, pp. 114 ff.

〔157〕 Cf. Plato *Laws* 868 E.

〔158〕 iii. β. 10.

〔159〕 *Op. cit.*, pp. 221 ff. Cf. 由于杀害他人的行为，特修斯被流放了一年（Euripides Hipp. 37）。

〔160〕 *Op. cit.*, p. 309.

的两类，ἑκούσιος和ἀκούσιος，此外，他将惩罚分为四类，一年、两年、三年流放以及死刑。然而，在缺乏进一步证据的前提下，当雅典政府介入一个杀人案的处理之后，不太可能仍然允许愤怒的受害人家庭长期阻止过失杀人犯恢复从前的身份，甚至迫使他受到终身流放的惩罚。然而，德拉古立法似乎很明确地将宽恕的权力赋予了死者的亲属。如果他们同意宽恕的话，那么就可以宽恕杀人者。如果有一个亲属反对的话，就不可宽恕杀人者。当然，还是有观点认为存在一个法律期限，一旦超过那个期限的话，死者的家人就再也没有机会拒绝宽恕杀人犯了。

只要未被宽恕的、选择了流放刑的故意杀人犯或是被法庭判处流放刑的过失杀人犯仍然接受流放，并远离那些法律禁止他们出入的地方的话，那么他们就可以受法律保护而不受骚扰。杀害这样的杀人犯是会受到法律制裁的。[161] 杀害他的人就像任何其他的杀人犯那样会受到法律制裁。不过，如果一个杀人犯在任何的禁止他出入的场所被抓到的话，那么他可以被处死（而处死他的人是不会受到惩罚的），或是被带到司法执政官那处以死刑，或是被告发。[162]

---

〔161〕 Demos. xxiii. 38, 29 ff, 51 ff.; IG^2, I, 115.

〔162〕 关于对杀人犯的惩罚问题的讨论，参见：Gilbert, *op. cit.*, p. 387.

第九章　上诉、宽恕和重新审理

亚里士多德认为ἔφεσις εἰς δικαστήριον是梭伦宪法重要的民主特征之一。[1]ἔφεσις这个单词意味着在古阿提卡法律程序中，将任何司法官员、机构或者委员会的案件上诉到民众法庭。[2]如果 *ephesis* 是由初审时的败诉方的意志和行为决定的话，那么它实际上就是英美法实践意义上的“上诉”。但是，如果 *ephesis* 是由法律规定的，那么它就根本不是上诉了。这两个含义在现有的资料中并不总是可以明确区分的。[3] 当亚里士多德在他的书中重点讨论 ephesis 的时候，他不仅考虑了梭伦立法意义上的 *ephesis*，而且还考虑了所有其他意义的 *ephesis*，无论是自愿的上诉还是由法律规定的强行提交。作为结果，*ephesis* 的含义在各种不同的作品和碑文中大相径庭。

梭伦立法中的 *ephesis* 是真正意义上的上诉的最早的例子，[4] 但是早在梭伦之前很久远的时代，地方行政官的判决就可以被推翻或撤销了。在德拉古的制度产生之前，亚略巴古议事会，这一国家的统治机关，有义务监督法律的实施[5]以及确保地方行政官在履行他们的行政和司法义务时给予法律规定充分的注意。当局明确地暗示他们有权力撤销地方行政官的与特定法律相冲突的判决。这样的行动通常由接受了亚略巴古议事会成员（该法官注意到这样的判决中存在的问题）的提议后的亚略巴古议事会采取。他的信息来源很可能是受害方。但是向亚略巴古议事会成员提出的这样的非正式的申诉并不是上诉，因为并没有相关的宪法制度规定将这样的案件

---

〔1〕 *Ath. Pol.* Ix. 1; Cf. Plut. *Solon*, xviii. 2; *supra*, I, pp. 159 ff.

〔2〕 在以下的关于 ephesis 的讨论中，许多的观点都来自一篇未发表的博士论文 (John D. Ralph, Ephesis in Athenian Courts, University of Chicago, 1936)。

〔3〕 Cf. Pollux viii. 62.

〔4〕 Cf. Lipsius, *Das Attische Recht*, p. 28; Thalheim, in Pauly - Wissowa, s. v. *Εφεσις*; Busolt - Swoboda, *Griech. Staatsk.*, p. 851.

〔5〕 Arist. *Ath. Pol.* iii. 5.

递交到亚略巴古议事会。尽管如此，这确实是上诉的雏形。不得不承认的一点是，这些向最高权威机关提出的申诉并不常见，并且对受压迫的大众而言价值不大。只要法律的规定并没有书面化且没有确定，那么普通的民众就很少有机会将一个由身为贵族的地方行政官的“扭曲的判决”[6] 撤销。德拉古法典在降低地方行政官滥用司法权问题方面有很大的进步：

> *ἡ δὲ βουλὴ ἡ ἐξ ʼ Αρείου πάγου φύλαξ ἦν τῶν νόμων, καὶ διετήρει τὰς ἀρχὰς ὅπως κατὰ τοὺς νόμους ἄρχωσιν. ἐξῆν δὲ τῷ ἀδικουμένῳ πρὸς τὴν τῶν ʼ Αρεοπαγιτῶν βουλὴν εἰσαγγέιν, ἀποφαίνοντι παρ' ὃν ἀδικεῖται νόμον.*[7]

梭伦利用了这个原则并将它运用到了自己的宪法中，该宪法允许向陪审法庭上诉，就像梭伦发展了自由起诉制度一样（这是他的三个最著名的民主特征中的一个），这个原则的雏形源于德拉古法令。[8]

至于梭伦规定的上诉的具体程序，我们并不了解。一旦地方行政官的判决得到了支持，那么陪审法庭有权力加重惩罚力度。[9] 根据推测，如果在一段时间内，败诉方没有采取任何行动的话，那么地方行政官的判决就成为了终局判决。

对于多数人坚持的*ἔφεσις εἰς τὸ δικαστήριον*是一个真正意义上的上诉的看法，并非没有受到质疑。维拉莫维茨（Wilamovitz）[10] 主张*ἔφεσις*的意思是地方行政官必须将超过一定限度的惩罚递交到陪审法庭决定（该限度是由关于特定罪行的立法所规定的）。但是，我们仅有的关于陪审法庭的司法行为的法律并不支持这个观点：*δεδέσθαι δ' ἐν τῇ ποδοκάκκῃ ἡμέ*

〔6〕 Hesiod, *Works and Days*, 219 – 21, 250; cf. *Il.* xvi. 386 ff.

〔7〕 Arist. *Ath. Pol.* iv. 4. 至于这个部分的真实性并不存在太大的疑问（cf. *supra*, I, 145）。

〔8〕 Cf. *supra*, I, 157 ff., 166.

〔9〕 Lysias x. 16; cf. Busolt – Swoboda, *op. cit.*, pp. 851, 1151; Busolt, Griech. Gesch. (1895), II, 285, n. 1.

〔10〕 *Arist. und Athen*, I, 60.

ρας πέντε τὸν πόδα, ἐὰν προστιμήσῃ ἡ ἡλιαία.〔11〕梭伦立法全面回应了这个观点，即地方行政官的判决不是具有效力的判决。〔12〕如果陪审法庭支持了地方行政官的判决的话，那么他有权力加重惩罚力度，就像英国的法庭驳回上诉的情况下可以加重下级法庭做出的惩罚力度的做法一样。〔13〕在这部梭伦立法中，陪审法庭采纳并补充地方行政官的判决。艾德考克（Adcock）先谈到了一些相对不重要的案件，诸如吕西亚（x. 16）中提到的，随后继续说道："我们可以推算地方行政官时常在做出判决时需要市民会议的帮助。"〔14〕如果这意味着地方行政官会在陪审法庭主持对自己的案件的上诉，这样的做法也是十分合理的。〔15〕但是，如果这意味着陪审法庭会参与所有的案件的首次审理，那这个假设就没有维拉莫维茨的立场更具说服力了。

当陪审法庭被重新划分组织成为一些民众法庭之后，以及当地方行政官在实践中失去了所有的司法权力之后，梭伦立法所规定的上诉就从雅典人的法律实践中销声匿迹了。但是，随着公共仲裁人制度的出现，上诉制度被重建了起来。〔16〕地方行政官拥有（在梭伦时代到来之前）依职权〔17〕判决案件的做法的痕迹能够通过四十人委员会有权宣布涉案金额少于 10 德拉克马的案件的判决结果的做法反映出来。所有其他的向他们起诉的案件

---

〔11〕 *Law of Solon*, Lysias x. 16. Lipsius（*Berichte der Koniglich Sachsischen Gesellschaft der Wissenschaften* [Philol. - Hist. Classe], L [1891], 157）在没有进一步作解释的情况下，直接拒绝了维拉莫维茨的推测。在另一个地方（*Das Attische Recht*, p. 30, n. 94），他认为法庭有权力对法律规定的惩罚进行补充，而不是有权力对地方行政官判处的惩罚有补充的权力。毫无疑问，地方行政官是按照法律课以刑罚的，因此，利普西斯的假设并没有改变这种情况。

〔12〕 Steinwenter, *Die Streibeendigung durch Urteil*, *Schiedsspruch und Vergleich nach griechischem Rechte*, p. 71. 进一步说明存在上诉权（die Tatsache der Ephesis）这个事实会导致地方行政官的判决无效（wirkungslos）的观点被以下的论证进一步证实了：地方行政官的判决并不是判决，因为存在上诉，并且正因为此，这里的上诉也不是真正的上诉，因为不存在判决作为前提。结论是十分明显的。

〔13〕 关于对败诉的上诉人施加刑罚的更多事例（cf. *supra*, I, 179）。

〔14〕 *CAH*, IV, 56.

〔15〕 Cf. Busolt - Swoboda, *op. cit.*, p. 1151.

〔16〕 关于这个制度（cf. *supra*, I, 347 ff）。

〔17〕 Arist. *Ath. Pol.* Iii. 5.

都被递交给了公共仲裁人审理。[18]

仲裁人的首要任务是试图达成双方都满意的和解或者折衷做法。至于第一阶段的程序方式，我们并没有关于这方面的信息。无疑，借用一句伊塞奥斯的话，就像私法仲裁人那样，公共仲裁人也是为了寻找“一个让众人都满意的做法”。[19] 无论如何，在仲裁中达成的协议就像任何合同那样具有约束力，并可以在同样的事情引发的未来诉讼活动中被用作阻止该诉讼行为的依据。一旦努力失败，仲裁人就不再扮演仲裁者的角色，而成为一个真正的法官，可以根据事实和法律进行判决。就像可以从亚里士多德的阐述中推断出的那样，仲裁程序与常规法庭的程序一样，包括了押金、质询以及法律；但是这些程序分散到了几个会议中，并且没有那样的正式。仲裁人在一个事先决定好的日子里宣布他的仲裁结果。也就是在同一天，败诉方必须决定到底是接受仲裁判决还是上诉。[20] 事实上，一个被要求在这么短的时间内做出重大决定的人并未受到多大的考验。因为，在多数情况下，双方必然已经在现实中提前预测到了仲裁结果。如果没有上诉的话，那么仲裁人将于最后一天结束之前将他的仲裁结果呈递到四十人委员会的办公室。[21] 四十人委员会，或者说是其中四个与案件有关的委员——即四个代表被告部落的委员[22]——会证实该判决。四十人委员会证明的重要性可以从米迪亚斯不遗余力地说服这些官员 *μεταγράφειν* 的行为中看出。[23] 存档和备注的效力是使仲裁结果像四十人委员会的判决结果那样被记录在案。这样的话，那么这个判决就像涉及不超过 10 德拉克马的案件那样有效并终局。案件就这样被有效且终局地解决了，就像民众法庭判决那样。如果败诉方未能履行判决，那么胜诉方就可以扣押对方的货物和动产或是通过*δίκη ἐξούλης*将他驱逐出他的房产。

但是，从另一方面讲，如果一方提出上诉，那么所有的本案的证据以及其他的文件会被封存于不同的容器中，并送去那四个掌握本案的官员那

---

〔18〕 *Ibid.* liii. 2.

〔19〕 ii. 30.

〔20〕 Demos. xl. 31.

〔21〕 *Ibid.* xxi. 85.

〔22〕 Arist. *Ath. Pol.* liii. 2.

〔23〕 Demos. xxi. 85. 在这段文字中，乌尔比安指出，那四个官员签署了判决。

里（这四个官员将向民众法庭介绍此案）。同现代上诉制度一样，上诉法庭使用的证据与初审时的相同。[24]

利普西斯在1898年写道：对于ἔφεσις是一种号召这种说法，没有人质疑。[25] 这个观点一直被视作是正确的，直到1925年，维拉莫维茨的关于在阿提卡法中不存在上诉的论文被斯顿温特（Steinwenter）再度提出。[26] 就像前文指出的那样，当公共仲裁人通过双方合意的方式达成和解协议时，他扮演了仲裁者的角色。如果没有达成和解协议的话，那么仲裁人就成为了事实上的一人法庭，根据法律、证据以及案件的是非曲直对案件进行判决，并像审判官员那样在宣誓后给出他的仲裁判决。[27] 仲裁人的这两种独特又相互区别的功能由亚里士多德通过ἐὰν μὴ δύνωνται διαλῦσαι，γιγνώσκουσι 这些词汇明确而简洁地表达了出来。[28]

另一个体现仲裁人司法属性的事实是当一个证人受到正当传唤之后却未能出庭的话，那么诉讼当事人就可以立即向仲裁人递交一份不利于他的λιπομαρτυρίου。在我们掌握的仅有的一个案件阿波罗多罗斯诉提莫忒乌斯中，[29] 原告的证人安提法奈斯受到了 λιπομαρτυρίου 的指控。阿波罗多罗斯表示仲裁人拒绝做出不利于未出庭证人安提法奈斯的判决。我们几乎不能够了解为什么仲裁人会这么做。最好的解释是依靠证人的出庭作证承诺的阿波罗多罗斯并没有以适当的方式通知证人出庭作证。[30] 除此以外，对仲裁人判决案件时还可以做什么进行猜测是没有多大意义的。

没有比下面这个法律条款更能够清晰地证明仲裁人是一个真正的法官的这个事实（该条款规定了当诉讼当事人觉得仲裁人的判决有误后，该当事人可以采取的救济措施）：ἔστιν δὲ καὶ εἰσαγγέλλειν εἰς τοὺς διαιτητὰς

---

〔24〕 Arist. *Ath. Pol.* liii. 3. 关于这个规则的表面上的而非真实的例外，参见：Bonner, *Evidence in Athenian Courts*, pp. 55f.

〔25〕 *Berichte der Sachsischen Gesellschaft*, L（1898）, 157.

〔26〕 *Op. cit.* , pp. 68 f.

〔27〕 Arist. *Ath. Pol.* lv. 5; Harrell, *Public Arbitration*（"University of Missouri Studies"）pp. 21 f.

〔28〕 Arist. *Ath. Pol.* liii. 2. 有时候，私人仲裁与公共仲裁在这点上十分近似（Isaeus ii. 30）。

〔29〕 Demos. xlix. 19.

〔30〕 Lipsius, *op. cit.* , p. 785.

ἐάν τις ἀδικηθῇ ὑπὸ τοῦ διαιτητοῦ, κ ἄν τινος καταγνῶσιν ἀτιμοῦσθαι κελεύουσιν οἱ νόμοι· ἔφεσις δ' ἐστὶ καὶ τούτοις.〔31〕立法并没有明确“错误”的性质，但是很明显的一点是对官员提出弹劾的原因不会是仲裁判决结果本身，因为该判决结果是可以被提出上诉的。对官员产生的不满情绪必然是从案件的审理活动中引发的。在法庭发言中，诉讼当事人对于仲裁人在审理案件中允许或做出的反常行为很少提及。在针对斯提法奴斯提出的伪证罪指控的审理中，阿波罗多罗斯指出，当引发伪证指控的先前的那个案件进入上诉程序后，在ἐχῖνος中未能够找到一份重要的文件。然而，他并没有直接怀疑仲裁人，而是怀疑四十人委员会中掌管案件文档的官员。〔32〕当仲裁人准予或者拒绝延期申请或是没有能够发现某一方诉讼当事人妨碍诉讼进行的策略时，那么不公平的后果就可能出现。仲裁人几乎不可能拒绝将证词或文件归档或收藏。无论如何，由法律规定的惩罚的严厉性——剥夺权利的完整性表明立法者对由于司法权完全集中于一个人手中可能产生的权力滥用进行了充分的预防。由于没有资料显示会对仲裁人的账户进行审计，〔33〕因此，这样的弹劾程序就显得尤为重要。至于这样的弹劾程序要向仲裁人组织提起的原因在于只有仲裁人组织对公共仲裁人的情况最了解，因此也最适合对仲裁人进行审核。

利普西斯〔34〕认为ἔφεσις δ' ἐστὶ καὶ τούτοις是证明受指责的仲裁人有上诉权利的证据，正如我们所知道的那样，同样的词汇当被用在对公务员的资格审查中时〔35〕并不表示存在上诉程序。〔36〕就仅有的一个记录在案的由仲裁人委员会〔37〕达成的不利于受审仲裁人的判决而言，该案确实被上诉到了民众法庭，但是上诉的原因就不是很明确，即到底这样的程序是基于法律的常规性规定，还是由于斯特拉泰（Straton）的上诉。德摩斯梯尼对仲

〔31〕 Arist. *Ath. Pol.* Liii. 6.

〔32〕 Demos. xlv. 57 – 58.

〔33〕 Lipsius, *op. cit.*, p. 232, n. 46.

〔34〕 *Ibid.*, p. 231.

〔35〕 Arist. *Ath. Pol.* xlv. 3; lv. 2; cf. *infra*, pp. 243 f.

〔36〕 有利于弹劾仲裁人的上诉程序是来自独任仲裁人判决的上诉。然而，这些仅仅涉及的是民事以及司法性质的案件，不涉及严厉的惩罚。

〔37〕 Demos. xxi. 81 ff.

裁人斯特拉泰被剥夺公民权利的阐述在一定程度上显示了米迪亚斯对斯特拉泰的憎恨。[38] 德摩斯梯尼对支持不利于斯特拉泰的判决的民众法庭在事实上的抵制就是一个例子。如果斯特拉泰可以获得 *μήτε συγγνώμης μήτε λόγου μήτε ἐπιεικείας μηδεμιᾶς*,[39] 那么公民众法庭就与米迪亚斯一样应当受到责备。在这样的情况下，很难想象能够依靠德摩斯梯尼的故事确定*ἔφεσις*到底是“上诉”还是“申诉”。因为他几乎完全忽略了民众法庭的行为而旨在将所有的责备都集中到米迪亚斯身上，所以很难想象他会提及斯特拉泰向民众法庭提出的上诉程序。

到目前为止，对于这样的案件，到底属于“上诉”还是“申诉”，并没有定论。但有一个因素无法轻易地被忽略，即使这并不是一个决定性因素。允许一组仲裁人组成会议（既不通过选举，也不通过抽签，更不通过年底的报告结果就决定人选）并向被指控人施加如此严重的惩罚的做法是与雅典人的通常实践大相径庭的。上诉权也许是对司法权力滥用的一种充分制约,[40] 然而，更好的一种制约方式是由民众法庭对判决结果进行复审。如果立法会议的判决超过 500 德拉克马就必须被递交到法庭的话，那么有充分的理由认为由仲裁人会议得出的剥夺公民权的处罚也会被送到法庭审核。剥夺公民权利惩罚的一个直接后果便是仲裁人角色的暂停。乌尔比安（Ulpian)[41] 表示他的那个引发弹劾案件的仲裁结果被撤销了。如果他说的是真的，那么这个案件将重新由另一个仲裁人审理。

人们会热衷于知道怎样的仲裁属于成功的仲裁。根据《德摩斯梯尼》中的论述，大多数的案件都会被提起上诉：*καίτοι ἄτοπον δοκεῖ μοι εἶναι, εἰ οἱ μὲν ἄλλοι, ὅταν οἴωνται ἀδικεῖσθαι, καὶ τὰς πάνυ μικρὰς δίκας εἰς ὑμᾶς ἐφιᾶσιν.*[42] 这也许是我们期待中的。如果一个诉讼当事人对可以让他至少能够获得一定利益的和解协议表示拒绝的话，那么他一定会拒绝接受完全不利于他利益的仲裁结果。当然，如果双方当事人已经选择接受由仲

---

[38] Cf. Ulpian on Demos. xxi. 83.

[39] xxi. 90.

[40] Cf. Harrell, *op. cit.*, pp. 15 ff.

[41] *Op. cit.*

[42] xl. 31.

裁人提出的和解协议的话，那么他们就会丧失上诉机会。因此，我们可以认为仲裁人仲裁的成功依赖于他作为仲裁者的角色，而非作为法官的角色。[43]

当立法会议的司法功能减弱到只能对被告处以不超过500德拉克马的惩罚的时候，法律规定立法会议将所有在它看来将包含更严重惩罚的所有案件移交给民众法庭审理：

> ὁ δὲ δῆμος ἀφείλετο τῆς βουλῆς τὸ θανατοῦς καὶ δεῖν καὶ χρήμασι ζημιοῦν, καὶ νόμον ἔθετο, ἄν τινος ἀδικεῖν ἡ βουλὴ καταγνῷ ἢ ζημιώσῃ, τὰς καταγνώσεις καὶ τὰς ἐπιζημιώσεις εἰσάγειν τοὺς θεσμοθέτας εἰς τὸ δικαστήριον, καὶ ὅ τι ἂν οἱ δικασταὶ ψηφίσωνται, τοῦτο κύριον εἶναι.[44]

亚里士多德并没有特别指出立法会议的至高无上性。亚里士多德引用的法律仅仅禁止立法会议判处罚金刑，换句话说，读者可以假设性地认为所有以罚金刑形式出现的惩罚都是由民众法庭作出的。但是，《德摩斯梯尼》演说中提到的一个事件显示立法会议可以根据自己的职权作出金额高达500德拉克马的罚金。[45] 对于被提交到民众法庭的立法会议的决定与结论被称为καταγνώσεις，ἐπιζημιώσεις和κρίσεις这个事实，人们并未给予过高的重视。[46] 事实上，καταγνώσεις，ἐπιζημιώσεις和κρίσεις仅仅是通过讨论和投票得出的建议。这个建议得出的过程在上文提到的发言中有提及，[47]其中，καὶ ἐπειδὴ ἐν τῷ διαχειροτονεῖν ἦν ἡ βουλὴ πότερα δικαστηρίῳ παραδοίη ἢ ζημιώσειε ταῖς πεντακοσίαις, ὅσου ἦν κυρία κατὰ τὸν νόμον的用语表明被告在整个过程中没有选择权。完全是由立法会议决定到底是

---

〔43〕 有必要提醒读者的是，亚里士多德对仲裁人和法官进行了区分（*Rhetoric*, i. 13. 19）。

〔44〕 Arist. *Ath. Pol.* xlv. 1.

〔45〕 Demos. xlvii. 43, quoted below.

〔46〕 Cf. Arist. *op. cit.* xlv. I, quoted above; Lysias xxii. 3.

〔47〕 xlvii. 43; cf. Busolt – Swoboda, *op. cit.*, p. 1046, n. 2.

将这个案件进行ἐφέσιμος，即将这个案件移交给民众法庭处理，还是以500德拉克马数额的罚款加以处理。一旦收到立法会议的建议，司法执政官就会自动将案件移交到民众法庭。被建议的惩罚（strafantrag）与私诉人提出的 τίμημα 类似。[48] 当案件在民众法庭进行审判时，由立法会议中的一个或多个成员进行公诉。[49]

学者们都同意立法会议将建议移交到民众法庭的程序不属于上诉。但是，根据亚里士多德所写的以下文字可以看出，[50] 立法会议作出的罚金决定可以被提出上诉：[51]

> κρίνει δὲ τὰς ἀρχὰς ἡ βουλὴ τὰς πλείστας, μάλισθ' ὅσαι χρήματα διαχειρίζουσιν οὐ κυρία δ' ἡ κρίσις, ἀλλ' ἐφέσιμος εἰς τὸ δικαστήριον. ἔξεστι δὲ καὶ τοῖς ἰδιώταις εἰσαγγέλλειν ἣν ἂν βούλωνται τῶν ἀρχῶν μὴ χρῆσθαι τοῖς νόμοις. ἔφεσις δὲ καὶ τούτοις ἐστὶν εἰς τὸ δικαστήριον, ἐὰν αὐτῶν ἡ βουλὴ καταγνῷ.

这里谈到的对官员的审判似乎是源于对官员们每个月的审计结果。这些审计工作是由经过抽签决定的立法会议成员进行的，[52] 这个审计与每年举行的由从大众中抽签选出的公民进行的审计不同。有可能每月进行的审计与年度审计所采用的方法相同。如果审计并未发现什么问题的话，那么审计员就会将结果向立法会议上报，随后那个受审计的官员就会获得清白证明。如果审计员对审计结果不满意，或是存在个人对受审计官员提起的不合法诉讼，那么立法会议将审理这个案件。人们很自然地会认为在这些案件中，尽管他们只影响官员，但是在这样的案件中，立法会议的职权与在涉及普通公民的案件中的是类似的，也就是说在这样的案件中，它对被告判处的不超过500德拉克马的罚金将是终局性的。

---

〔48〕 Cf. Demos. xliii. 75.

〔49〕 Lysias xxii. 3.

〔50〕 Lipsius, *op. cit.*, p. 198; Busolt – Swoboda, *op. cit.*, p. 1046.

〔51〕 *Ath. Pol.* xlv. 2.

〔52〕 *Ibid.* xlviii. 3.

如果这段文字提到的是真正意义上的上诉，那么立法会议对待官员与普通百姓的做法就将有很大区别，而这个结论对利普西斯的理论而言是一个很大的反证。但是，他仍然坚信自己的观点，“尽管人们不理解，为何只有官员提出反对这种惩罚的申诉时才受到理睬。”[53] 不存在与这种区别相仿的事务。否认普通公民在受到立法会议判决后的上诉权，而仅给与受其审判的官员这项权利与雅典人对官员的通常态度相矛盾。利普西斯的理论存在两个严重的缺陷。一个 *τέλος*的含义受到我们被告知的立法会议是*κυρί*的局限。[54] 到底 *κυρία* 是什么意义？亚里士多德不断地将 *κυριος*当作“拥有所有的权威”的含义来使用。至于*ἀποδέκται*，他表示：*τὰ μὲν μέχρι δέκα δραχμῶν ὄντες κύριοι, τὰ δ' ἄλλ' εἰς τὸ δικαστήριον εἰσάγοντες ἔμμηνα.*[55] 在这里对 *κύριοι* 含义没有什么争议，[56] 或者当 *κύριοι* 被用于形容民众法庭的判决时也没有什么争议。[57] 当然，在《德摩斯梯尼》（xlvii，43）中，*κυρία* 的含义与它在其他地方用于描述司法机关及其判决时的含义相似。

另一个反对理由在于认为当立法会议认定官员和普通百姓有罪时采用了偏袒官员的差别待遇。这个明显的难题可以通过不将*ἐφέσιμος*解释为 *τέλος*里的 *κρίσεις*（亚里士多德则没有谈及这个问题），而是将其理解为超过 500 德拉克马的罚款，对于这样的决定不存在上诉，仅存在义务性的上交。

亚里士多德认为“上诉”与对新选出的立法会议成员以及 9 个执政官进行的资格审查有联系。资格审查首先由即将离任的立法会议成员进行：*δοκιμάζει δὲ καὶ τοὺς βουλευτὰς τοὺς τὸν ὕστερον ἐνιαυτὸν βουλεύσοντας καὶ τοὺς ἐννέα ἄρχοντας. καὶ πρότερον μὲν ἦν ἀποδοκιμάσαι κυρία, νῦν δὲ τούτοις ἔφεσίς ἐστιν εἰς τὸ δικαστήριον.*[58] 亚里士多德似乎在说，在他的时代，“上诉”仅仅适用于那些没有通过资格审查的人。换句话说，这是真正的上诉。但是，在随后的一份更加详细的声明中，他又用一种不同

〔53〕 *Op. cit.*，p. 198，n. 67.

〔54〕 Demos. xlvii. 43，quoted above.

〔55〕 *Ath. Pol.* lii. 3.

〔56〕 Lipsius，*op. cit.*，p. 100.

〔57〕 Arist. *Ath. Pol.* xlv. 1；cf. Plato *Crito* 50 B；Andoc. i. 88.

〔58〕 *Ath. Pol.* xlv. 3.

的方式对这个问题进行了描述：

> δοκιμάζονται δ' οὗτοι πρῶτον μὲν ἐν τῇ βουλῇ τοῖς πεντακοσίοις, πλὴν τοῦ γραμματέως, οὗτος δ' ἐν δικαστηρίῳ μόνον, ὥσπερ οἱ ἄλλοι ἄρχοντες（πάντες γὰρ καὶ οἱ κληρωτοὶ καὶ οἱ χειροτονητοὶ δοκιμασθέντες ἄρχουσιν）, μὲν οὐκ ἦρχεν ὅντιν' ἀποδοκιμάσειεν ἡ βουλή, νῦν δ' ἔφεσίς ἐστιν εἰς τὸ δικαστήριον, καὶ τοῦτο κύριόν ἐστι τῆς δοκιμασίας.〔59〕

利普西斯〔60〕在众多研究资格审查〔61〕的学者中是唯一一个不相信那9个执政官需要接受两次审查的学者。然而，通过出席ἐν δικαστηρίῳ μόνον的官员与那9个接受审查的执政官 πρῶτον μὲν ἐν τῇ βουλῇ. . . . καὶ πάλιν ἐν δικαστηρίῳ之间的对比，毫无疑问地可以得出这样一个结论，即在法庭上进行的资格审查是一种义务而非上诉的结果。不过这个问题最终由《德摩斯梯尼》中的一段文字解决了：ᾤετο ὁ Σόλων . . . . τοὺς μὲν θεσμοθέτας τοὺς ἐπὶ τοὺς νόμους κληρουμένους δὶς δοκιμασθέντας ἄρχειν ἔν τε τῇ βουλῇ καὶ παρ' ὑμῖν ἐν τῷ δικαστηρίῳ.〔62〕这是一个明确的表达，即如果第二次资格审查是建立在偶然的上诉的基础上，那么 δὶς δοκιμασθέντας这一表达是十分不合适的。此外，额外的证据，这个证据至今还未被注意到，可以在亚里士多德对资格审查程序的描述之中发现。当被选出的候选人回答了对他的提问并提供了证人之后，掌管此事的官员问道：

> "有人打算对他提出指控么?"如果有控诉人存在的话，那么他会被给予举行听证的机会，而受审的人将会被给予提出抗辩的

〔59〕*Ibid.* lv. 2.

〔60〕*Op. cit.*, pp. 271 f.

〔61〕Busolt, *Die griechischen Staats - und Rechtsaltertumer*, p. 223; Busolt - Swoboda, *op. cit.*, pp. 470, 1045; Hermann - Thumser, *Lehrbuch der griechischen Staatsalter - tumer*, p. 607.

〔62〕xx. 90; cf. Cloche, *REG*, XXXIV, 240, n. 1.

> 机会，随后，官员会在立法会议中对这个问题进行举手表决或者在陪审员法庭上进行投票表决；如果没有人对他进行指控，那么就会立即进行投票；过去投票者常常通过将石头投入相应的篮子的方式投票，但是后来，为了防止本质上无赖的候选人实现铲除异己，所有的人都被要求进行正式的投票，从而由陪审员掌握剥夺一个候选人资格的权利。[63]

上述文字表明了在立法会议以及民众法庭上的投票方式，即在立法会议上是进行举手表决，而在民众法庭上的方式则是通过投票表决。这个程序不但对那些只在民众法庭受审查的人适用，而且对那些既在立法会议上受审查又在民众法庭上受审查的人也适用。不过，*ἐὰν δὲ μηδεὶς βούληται κατηγορεῖν, εὐθὺς δίδωσι τὴν ψῆφον* 这些用语表明在所有的案件中，只有民众法庭才能最终决定接受一个候选人。

对立法会议成员以及9名执政官实行双重资格审查的做法有效地排除了上诉问题的存在。在这两种情况下，*ephesis* 都意为义务性地将案件递交给法院，而非上诉。[64] 在我们看来，亚里士多德的声明，即对那些被立法会议拒绝的人可以适用 *ephesis*，[65] 显然与他后来的观点，即在资格审查程序中民众法庭有最终决定权的观点不一致：*καὶ τοῦτο*（*τὸ δικαστήριον*）*κύριόν ἐστι τῇ δοκιμασίας*.[66] 这样的前后矛盾很显然，但却不一定是真实的，这可能是因为他的描述过于简短所造成的。从民主的角度来看，很有必要由民众法庭对立法会议接受或是拒绝一个候选人的决定进行审查，以防止有人通过对潜在的指控人进行贿赂的方式谋取官职：*ἵνα, ἄν τις πονηρὸς ὢν ἀπαλλάξῃ τοὺς κατηγόρους, ἐπὶ τοῖς δικασταῖς γένηται τοῦτον ἀποδοκιμάσαι.*[67]

雅典的地方行政官有权力对那些无论是以积极行为或消极方式妨碍他

---

〔63〕 Arist. *Ath. Pol.* lv. 4 (trans. Rackham).

〔64〕 利普西斯在试图证实亚里士多德所使用的“ephesis”的含义总是“上诉”时过于轻率地忽视了相反的观点。

〔65〕 *Ath. Pol.* xlv. 3.

〔66〕 *Ibid.* lv. 2.

〔67〕 *Ibid.* 4.

们行使职权的人进行罚款。[68] 如果罚金数额超过一定限额的话，那么地方行政官必须将这件事移交给民众法庭供其认可或否决他的罚金处罚。有观点认为即使在上限以内的罚金也是可以被上诉的。并没有直接的证据证明这个观点；不过，还是存在着一些值得考虑的间接证据。[69] 根据德摩斯梯尼引用的法律，只有当数额超过上限后，案件才会被移交法院，而此时罚款将被称为“提莫玛”（timema，先行监禁被处罚人，直到其完全缴纳罚款为止的制度）。这里并没有提到 *ephesis*。还有一个相关的案件是在前文中已经谈到的吕西亚书中的案件，[70] 在这里没有必要进行重复。目前，根据这个案件的情况，可以肯定地指出，这个案件所有特征可以很肯定地通过假定罚款超出了地方行政官的权限因此需要法庭程序对之进行确认来解释。被告没有提到案件的这个特征的事实并不能构成对这个观点的异议。事实上，*οὔτε εἰς δικαστὶριον εόσελθς ντες τὰ πραχθέντα* 这些措辞[71] 很明显地暗示着将军们的行为并不是 *κυρία*，直到将军们自己把案件交到法庭，而不是民众通过上诉的方式将案件带到法庭。该案件最终被一个想从中渔利的人以一种特殊的程序[72] 交到了法庭。

ἔφεσις这个词在公元前 446 年至公元前 445 年的一块碑文中出现过，该碑文记载了当卡尔西迪西人从帝国分裂出去的运动失败后被授予的特殊权利条款。所谓的阿彻斯特拉图斯（Archestratus）决议，即对移民法案的修订的内容如下：

> *’Αρχέστρατος εἶπε· τὰ μὲν ἄλλα καθάπερ ’Αντικλῦς τὰς δ ὲ εὐθύνας Χαλκιδεῦσι κατὰ σφῶν αὐτῶν εἶναι ἐν Χαλκίδι καθά περ ’Αθήνησιν ’Αθηναίοις, πλὴν φυγῆς καὶ θανάτου καὶ ἀτιμία*

〔68〕 Demos. xliii. 75.

〔69〕 从比雷埃乌斯德莫的法令（IG^2，II，1177）中得出的论证并不相关。在这个案件中提到的罚金并非常规意义上的由其他的地方行政官判处的罚金。这里的罚金是由德莫的首长在其权限范围之内判处的，仅适用于一些特定的违法行为，并最终会被提交法庭处理。实际上，根据这个法令的规定，首长成为了事实上的公诉人，而罚款则成为了“timema”（先行监禁被处罚人，直到其完全缴纳罚款为止的制度）。

〔70〕 ix. Cf. *supra*，I，279 ff.

〔71〕 Lysias ix. 11.

〔72〕 Lipsius，*op. cit.*，p. 299.

ς. περὶ δὲ τούτων ἔφεσιν εἶναι' Ἀθήναζε ἐς τὴν ἡλιαίαν τὴν τῶν θεσμοθετῶν κατὰ τὸ φσήφισμα τοῦ δήμου.[73]

εὐθύνας这个单词并没有雅典语的技术含义"审计"，而是指"法律惩罚"。在此，*ephesis* 有三种可能的程序：它可能指的是真正意义上的上诉，就像利普西斯相信的那样；[74] 它也可能指由地方法院处以的死刑、流放刑或是剥夺公民权利需要被移交到民众法庭复审；它还可能指那些涉及死刑、流放或是剥夺公民权、政治权的案件应该首先在雅典进行审理。

伪色诺芬花了相当多的笔墨讨论了雅典的司法权对帝国的控制。那段文字的第一句话显然已经由于时间久远而无法阅读，但是那段文字的主体还是清晰的。

> 对于同盟者，人民党对他们存在仇恨，并向同盟者中最出色的人提出指控，因为他们知道无论如何统治者总是受到被统治者的仇恨的，一旦富有并且有责任感的阶级的势力变得强壮的话，那么民主党在雅典的势力就无法长久；正因为此，他们对那些富有且有责任感的阶级进行打击，剥夺他们的民主权利、财产，并将他们送去流放，甚至处以死刑，反过来帮助那些无赖。[75]

从上述文字可以明显地看出雅典人在自己的法庭审理针对同盟者成员的指控，并处以各种刑罚包括剥夺公民权、驱逐、死刑或是处以沉重的罚金：τοὺς μὲν χρηστοὺς ἀτιμοῦσι καὶ χρήματα ἀφαιροῦνται καὶ ἐξελαύνονται καὶ ἀποκτείνουσι. 卡林卡（Kalinka）认为χρήματα ἀφαιροῦνται 表明没收财产的处罚紧随着或更确切地说被包含在驱逐和死刑之内。不过，这些词汇的排列顺序以及对下级城邦的公民所处的死刑或流放刑肯定包括充公财产的处罚的这个事实与上述观点相矛盾。因此，就没有理由再谈这

〔73〕 IG^2, I, 39; Hicks and Hill, *Greek Historical Inscriptions*, 40; Tod, *Greek Historical Inscriptions*, 42; Dittenberger, *Sylloge inscriptionum Graecarum*, 17.

〔74〕 *Op. cit.*, p. 970.

〔75〕 *Const. of Athens* i. 14 ff. (trans. Brook, using text of Kalinka).

个问题了。

在阿彻斯特拉图斯修正案中没有提到充公财产，仅仅提到放逐、死刑以及剥夺公民权利，不过修正案应与狄奥格内图斯法令联系起来理解，法令中的立法会议成员和民众陪审员的誓言中提到了财产：οὐδὲ χρήματα ἀφαιρήσομαι ἀκρίτου οὐδενός.[76] 看来，χρήματα ἀφαιρήσομαι 这个单词指的是足以使人破产的罚金，就像阿里斯托芬所提到的那样：τῶν δὲ συμμάχων ἔσειον τοὺς παχεῖς καὶ πλουσίους, αἰτίας ἂν προστιθέντες.[77] 在这里只有对罚金的性质存在一定的问题。无论如何，伪色诺芬所写的文字表明对有罪的下级城邦的公民处以的剥夺公民权、放逐以及死刑的刑罚都是由雅典法院作出的。

我们从阿彻斯特拉图斯修正案中了解到对雅典当地人而言，如果他们的严重罪行会被判处死刑、驱逐以及剥夺公民权利的刑罚的话，那么他们可以提出 *ephesis*。利普西斯相信，这里的 *ephesis* 与在其他地方出现的 *ephesis* 一样，指的是上诉，而非提交。上文已经引用了的伪色诺芬所写的文字大致地表明雅典人会对下级城邦的公民处以驱逐、死刑以及剥夺公民权利的刑罚。然而，他写的后面的文字中，他极具讽刺意味地为这个司法控制制度进行了辩护：“雅典人虽然逗留在自己的领地，而未向外派遣船舶，他们还是设法管理着同盟城市以及保护着平民，与此同时，通过法院摧毁它们的敌人。”显然，他所说的法院指的是雅典法院。除了在雅典法院受审之外，另一个选择是在地方法院接受审理。“如果每一个联盟城邦都在本地法院审理自己的案件的话，那么出于对雅典人的仇恨，他们一定会将他们自己城邦中的亲雅典势力摧毁。”[78] 简单地说，通过这个制度，雅典人对亲雅典的下级城邦公民提供保护，以免他们受到地方法院处以的死刑、流放或是剥夺公民权利的惩罚，并且同时确保他们有机会在自己的法院系统内对反雅典势力处以严厉的刑罚。唯一的一条确保这个体制运作

---

〔76〕 IG², I, 39, ll. 8 – 9.

〔77〕 *Peace* 639 – 40.

〔78〕 *Const. of Athens* i. 16. 关于民主形式的政府是否统治着雅典的附属城邦这个问题，学者的观点不一（cf. Kalinka, *Die Pseudoxenophonitische*, pp. 151, 153; Walker, *CAH*, V, 471 – 72; Robertson, *CP*, XXVIII, 50 – 53）。但是，无论如何，或多或少的总是存在着危险的亲斯巴达和主张寡头政治的团体。雅典的司法限制旨在防止或审查叛逆行为。

万无一失的方式便是使雅典的法院对这样的案件都有审判权。根据伪色诺芬的观点，他们也正是这么做的：τοὺς συμμάχους ἀναγκάζουσι πλεῖν ἐπὶ δίκαι 'Ἀθήναζε.[79]如果伪色诺芬的立场正确，那么卡尔西迪西的移民法案中提到的 *ephesis* 就并非指的是上诉，而是义务性提交案件。确实，伪色诺芬是在卡尔西迪西法令出台的二十年后才写的这段文字，因此，法令可能会在后来有所修改，但是，法令明确地表明 *ephesis* 是 κατὰ τὸ φσήφισμα τοῦ δήμου。这表明根据一般的法律规定，在这类案件中的 *ephesis* 适用于所有的下级城邦。[80]曼德（Mende）案的情况如下，在镇压了发生于前 423 年的起义之后，曼德人被允许在他们自己的法庭对与起义发动有牵连的嫌疑犯（属于他们的市民）进行审理。事实上，这个案件是证实这条法规的例外。[81]

有一点十分明确，即在海外社会中存在着对雅典司法限制做法的相当多的批评。在战争前夜的斯巴达，雅典的辩护者针对指控写了一篇文章，为作为宗主城邦的雅典热衷于判决的做法辩护。[82]文章全部辩护的基础在于诉讼案件的审理是建立在互惠基础之上的，而这种互惠是由雅典与其联盟城邦以及其他的城邦通过磋商达成条约之后确定的。不过，他的辩护词中对刑事案件只字未提。如果雅典的 *ephesis* 指的是非强制性的，那么很难理解为什么公元前五世纪的辩护者和前四世纪的伊索克拉底[83]都不这么说。虽然这一点并不构成针对目前或过去的批评的完整反驳，但这足够模

---

〔79〕 *Const. of Athens* i. 16; cf. Athenaeus ix. 407b. 迫使附属城邦的案件被移交到宗主城邦审理的做法是希腊人的常规做法（cf. Herod. v. 83）。

〔80〕 Robertson, *Administration of Justice in the Athenian Empire* ("University of Toronto Studies in History and Economics", Vol. IV, No. 1), p. 55, 对这个问题进行了讨论，并引用了参考文献。

〔81〕 Thuc. iv. 130. 7.

〔82〕 *Ibid.* i. 77; cf. Bonner, *CP*, XIV, 284 – 86.

〔83〕 从伊索克拉底那里得到的印象是，来自海外的案件到底由哪里的法庭审理，并不是由诉讼当事人决定的，而是由雅典人决定的；cf. Isoc. iv. 113; xii. 63, 66. 最后一段文字的内容如下（trans. Norlin）："例如，在当前这个情况下，如果他们提到同盟案件是在雅典审理的这个事实，难道还有什么没有头脑的人不会意识到他们会遭到如下的反驳，即从我们建立城邦以来，被斯巴达人未经审判就处死的希腊人远多于自我们的城邦建立以来被提到这里进行审理和判决的人的人数？"上文引用的阿里斯托芬的文字也传递了同样的信息。

糊问题的本质，从而使他有利于雅典。任何真正的雄辩家都不会忽略这一点。

对雅典人而言，仅存的一个能够确保这些特殊的案件由他们的法庭审理的方式是将 *ephesis* 规定为强制性的。仅仅依靠上诉是不够的。至于这样的案件是否会被提出上诉并没有确定的答案。初一看，任何人都会对如此严厉的惩罚提出上诉。但是，仍然不能够轻率地认定不存在其他的阻止当事人对剥夺公民权的惩罚提出上诉的方式。如果法庭可以剥夺一个人的公民权，那么必定存在能够迫使当事人屈服于惩罚决定的方式。当然，对于死刑则是另一回事；因为如果上诉可能使被告免于一死，当事人必然会提出上诉。不过，存在另一种可以阻止上诉的方式。在不止一次的情形下，[84]雅典人的立法会议超越权限地判决被告死刑，并且没有根据法律的要求将案件提交给民众法庭的情况下执行了死刑判决。立法会议在雅典可以这么做，那么一个海外法庭当然也可以这么做。这些风险也许已经通过一套严厉的监督体制以及报复制度加以避免，但是，在这种情况下一分预防胜过十分治疗。要求雅典的附属城邦遵循希腊的关于政治、司法从属关系的理论，“并要求他们来到雅典如伪色诺芬所说的那样接受审判”，是一种较简单的做法。这种种的考虑结果应该已经解答了海外上诉的问题。

这里还存在着一个深入的问题，即怎么可以决定怎样的案件适用例外情形？当法律对惩罚进行了明确的规定，即或是死刑、或是放逐、或是剥夺公民权利，那么问题就简单了；但是，如果需要由法庭决定惩罚方式，那么就有必要等到判决结果再将案件送到雅典重审。一个十分确定且更具实用性的程序就是不允许当地法官审查审理这类案件的请求。当法律规定了一个被禁止的惩罚方式，或是公诉人提出了类似的要求，那么在审前调查程序中或是案件的初步调查阶段，案件就可能被分派到雅典去接受审理。[85]这正是立法会议的程序。它并不审理那些性质严重的案件，而只是提供一个关于适当的惩罚方式的建议并将案件移送到民众法庭进行

〔84〕 Arist. *Ath. Pol.*. xl. 2；cf. Lysias xxii. 2.

〔85〕 整个的调查程序很少会由雅典官员负责，因为对他们而言，处理所有的刑事案件已经是一项很艰辛的任务了（Cf. Lecrivain，in Darem. – Saglio，*s. v.*，“Ephesis”）。

审理。[86]

可惜的是，只存在一个记录在案的案件是关于在海外发生的罪行在雅典审理的。[87] 作为米蒂利尼的公民的欧西忒斯，因为杀害了居住在米蒂利尼的雅典人埃拉德斯（Herades），而根据即行逮捕定罪程序受审。[88] 他也许是一个从雅典移居到被雅典没收的土地上的人。毫无疑问，官方对海罗德斯的失踪进行了一番正式调查。任何自由人在没有官方制裁或监督的情况下都是不可以被严刑拷问的。但是，对于身为海罗德斯的财产的奴隶而言就并非如此。就欧西忒斯自己的叙述而言，他本人从未出席过任何询问程序。这可能部分因为它在没有意识到自己受到怀疑的情况下去过阿伊诺斯（Aenus）——他父亲定居的地方。此外，先严刑拷问奴隶后再拷问自由人的做法很可能是为了迫使他们认罪或承认同谋行为。当这些方式都无法解释海罗德斯的失踪之后，他朋友的怀疑的矛头就指向了欧西忒斯。一封信[89]，无论真实的还是伪造的，以及一个奴隶的认罪就构成了诉讼的基础。但是，至于案件是由当地的还是雅典驻海外的官员进行调查则不是十分清楚。至于 *τοῖς ἄρχουσι* 的身份，在第47部分的看法不一，但是，有一点我们也许可以确定，即对于起义发生后在米蒂利尼定居的雅典人的失踪调查并不能完全依赖于当地官员。[90] 即使能够证明他们是雅典驻海外的官员也没有多大的价值，因为这个罪行涉及的当事人不仅仅是米蒂利尼的当地人，而是既有当地人又有雅典人。这个案件并不能帮助我们了解发生在海外且仅仅涉及当地人的案件的审理程序。

这个问题也可以从另一个角度理解。如果雅典法律要求某些案件保留在雅典受审理，那么必然存在一些机构能够保证这样的法律得到执行。就

〔86〕 Cf. *supra*, pp. 240 f.

〔87〕 Antiph. v.

〔88〕 Cf. Jebb, *Attic Orators*, I, 55.

〔89〕 Antiph. v. 53.

〔90〕 利普西斯（*op. cit.*, p. 873, n. 23）同意提到的是十一人委员会，而认为雅典的地方行政官预计会定居在米蒂利尼的看法则是由伯克提出的（Bockh, *Staatsh. d. Athener*, I, 480, n. e; Busolt, *Griech. Gesch.*, III, 227; Frankel, *De condicione, jure, jurisdictione sociorum Atheniensium*, p. 17; Gilbert, *Const. Antiqu.*, p. 432, n. 1）。罗伯逊（Robertson, *op. cit.*, pp. 57 – 64）对雅典的驻海外的官员进行了详细的讨论。

我们所知雅典有许多驻海外的官员。[91] 在这些驻海外官员中，ἐπίσκοποι 受到了词典编纂者的格外重视。[92] 不过，他们所告诉我们的也只不过是这些人被派遣到附属城邦ἐπισκέψασθαι τὰ παρ' ἑκάστοις或者 τὰ τούτων πράγματα。对于这个主要来自语源学上的信息，阿里斯托芬附加了一条有价值的暗示。在《鸟》中，[93] 一位指挥官拿着一对投票瓶现身，并声称他被抽签选中，并出具了他的委任状。从此戏剧作品中提炼出关于阿提卡地区的法律制度的信息的做法是很糟糕的，但是将指挥官与投票相联系在一起至少证实了这样一个猜测，即在附属城邦中的指挥官与帝国的司法体制有一定的联系。在整个雅典城邦中，指挥官是以普通身份出现的人。[94] 有一个似乎有一定道理的观点认为指挥官被委以复查刑事案件清单的任务并确保那些根据法律规定或是公诉人的要求会被受到禁止的惩罚的案件被移送到雅典受审。[95] 但是，即使这个猜测无法得到认可，针对它的反对意见仍然根本无法否认这个结论，即在海外发生的案件的 *ephesis* 程序指的是移交案件而非上诉。[96]

作为国家最高权威机构的城邦公民大会行使着特赦权，而该权力在当代社会则是君主或是总统的特权。在行使该权力的同时，城邦公民大会取消或是废除了民众法庭的判决结果。例如，亚西比德（Alcibiades）被指控亵渎神灵，并被民众法庭缺席判决为死刑。[97] 之后，大会投票决定让他返

---

〔91〕 亚里士多德（*Arist. Ath. Pol.* xxiv. 3）认为数字为 700。这个数字引发了相当的猜疑。最近的编辑，凯尼恩（Kenyon，Oxford）以及奥波曼（Opperman，Teubner）都对它进行了质疑。桑迪斯直接接受了这个数字，并提供了足够驻海外的官员的类型的清单以平息那些质疑。除了那些有官员驻扎的征服得来的土地之外（cleruchies），帝国还有差不多 140 个附属城邦（Meritt and West，*Harvard Studies*，XXXVII，98）。也有学者（Kalinka，*op. cit.*，pp. 168 f.）认为这个数字一点也不大。无论如何，这个数字一定是非常大的，也许会超过 700。

〔92〕 Cf. Robertson，*op. cit.*，p. 60，for full citation.

〔93〕 1032 and 1053.

〔94〕 Cf. Robertson，*op. cit.*，p. 61. 无论人们对《鸟》采取怎样的看法，这个文献在一定程度上反映了雅典的帝王体制。

〔95〕 *Ibid.*，p. 62.

〔96〕 关于对雅典第二帝国时期下属城邦将案件移交给雅典的案例的讨论，参见：*supra*，I，317.

〔97〕 Thuc. vi. 61. 7；关于细节问题（cf. *supra*，I，301f）。

回。[98] 罗得斯人（Rhodian）多里阿斯（Dorieus）叛变了，并在伯罗奔尼撒战争中加入了斯巴达人的行列。他被传唤到雅典受审，但是由于他未能出庭，因此他在缺席的情况下被定了罪。[99] 色诺芬并未指出他由民众法庭审理，但是雅典人的通常做法是由司法执政官主持的法庭对来自海外的叛国者进行审理。[100] 最终，多里阿斯在一次海战中被抓获并被带到雅典。根据法律规定，对他的判决结果已经生效，因此，可以直接对他执行死刑而无需其他进一步的麻烦。可是，由于他是一个著名的运动员，大会最终释放了他。[101] 除此以外，我们再没有这个案件的信息了。在此猜测多里阿斯在将来的状况是没有意义的。无论如何，他的死刑判决已经被大会取消了。事实上，这并不是常规意义上的上诉，而是一个赐予已被定罪的被允许出席大会[102]的叛国者的特赦，就像战争犯请求特赦那样。毫无疑问，愿意帮助他的朋友为了将他从即将被执行死刑的命运中拯救出来而向大会提出请求，并且支持他的请求。

安提福恩[103]提到了不同类型的案件，在这些案件中，所有的希腊财务总管都被谴责为侵吞公款。除了索西阿斯（Sosias）以外，其他所有的财务总管都在被证明无罪之前就被判处了死刑。通常，人们会认为如果民众法庭认为证据是可靠的话，那么该新证据的发现会导致案件的重新审理或被告宣判无罪。但是在这个案件中，证据被递交到了城邦公民大会，并且索西阿斯被从十一人委员会的监管中释放出来。

τοῦ δ' ἑνὸς τούτου（Σωσίαν ὄνομά φασιν αὐτῷ εἶναι）κατέγνωστο μὲν ἤδη θάνατος, ἐτεθνήκει δὲ οὔπω· καὶ ἐν τούτῳ ἐδηλώθη τῷ τρόπῳ ἀπωλώλει τὰ χρήματα, καὶ ὁ ἀνὴρ ἀπήχθη ὑπὸ τοῦ δήμου τοῦ ὑμετέρου παραδεδομένος ἤδη τοῖς ἕνδεκα.[104]

---

〔98〕 Thuc. viii. 97. 3.

〔99〕 Xen. *Hell.* i. 5. 19.

〔100〕 Cf. Robertson, *op. cit.*, p. 68.

〔101〕 Paus. vi. 7. 4 – 5.

〔102〕 *Ibid*.

〔103〕 v. 69 – 70.

〔104〕 *Ibid.* 70.

本案中，在新证据的支持下，公民大会撤销了法院的判决。

在多里阿斯和亚西比德案中，他们有罪与否对大会的决定并无关系。多里阿斯被释放的原因在于雅典人仰慕他的运动天赋。当为了西西里战役征召的军队还留在城市中的时候，亚西比德的仇敌由于还不确定他到底是否有罪，因而不敢对他进行审理。他后来被释放的原因是基于政治因素的考虑。然而，索西阿斯则在公民大会上被证明无罪。从这点看，这个案件更像是在重审而非赦免。

在雅典通过的大赦法在极少情况下会大规模地对所有部分或全部丧失公民权的人进行大赦（除了一些传统的例外情形）。[105] 有时候，法令将部分或完全丧失权利的判决规定为惩罚的一种。[106] 同样，如果一个人没有能够支付法庭裁决的罚金或损害赔偿，那么他最终会成为被剥夺政治权利的公民（atimos）。[107] 在这些类型的案件中，败诉的被告所有作为公民的权利和特权以及财产权是依靠大赦方式重新获得的。

除了撤销法庭判决以外，大赦法律起到了阻止那些可能导致败诉被告成为被剥夺政治权利的公民的案件的进程。正如我们所指出的，基于公民大会的行动，本案的原告同意终止诉讼。在达求克莱德斯（Datroclides）法令中仅提到了一个关于这个类型的案件——*γραφαὶ περὶ εὐθυνῶν*，法庭接受了这个案件，但是该案还未被送到民众法庭审理。[108]

公民大会对前文已经讨论过的[109] 来自斯卡福而德（Scaffold）的利西玛克斯案的介入这个事实，为理解这个问题提供了一些有趣的看法。亚里士多德[110] 给我们造成的印象就是立法会议对利西玛克斯的谴责是制定约束立法会议权力的立法的原因，该立法旨在通过剥夺立法会议对被告处以死刑、监禁或罚金刑而限制立法会议的权限。不过，这更像是在革命之后重新制定法律的原因。据说，尤密李德斯（Eumelides）几乎可以说是将吕西

〔105〕 关于大赦法的例外情形，参见：*supra*, I, 104 ff.

〔106〕 Andoc. i. 74 ff.

〔107〕 *Ibid.* 73.

〔108〕 *Ibid.* 78.

〔109〕 *Supra*, I, 337.

〔110〕 *Ath. Pol.* xlv. 1.

马库（Lysimchus）从刽子手的手中救出（当时刽子手正要执行立法会议判决的死刑）。根据亚里士多德的说法，一项法律得到通过（或称为重新启动），旨在约束立法会议的司法权力。尤密李德斯是在怎样的权限下采取行动的呢？在监狱官的性命会因为罪犯被劫持出狱而受牵连的情况下，即使是最有勇气的公民也不太可能强迫自己冲到监狱将一个已被判刑的罪犯救出，更可能的情况如下，即这个案件最初被呈递到了公民大会处理。也许根据尤密李德斯的动议，利西玛克斯被交到了司法执政官处，并由民众法庭接受审理。为了防止立法会议进一步的越权行为，该法律被重新制定了。[111] 本案中，公民大会介入的目的并非撤销一个判决，而是确定一个受到非法程序定罪的人可以有机会受到合法的审判。事实上，民众法庭的判决结果也许与立法会议的一致，即也将利西玛克斯处以死刑。

一事不再理原则（res judicata）和无罪开释的原则在当时雅典的盛行程度不亚于在当代社会的盛行程度：*οἱ νόμοι δὲ οὐκ ἐῶσι δὶς πρὸς τὸν αὐτὸν περὶ τῶν αὐτῶν οὔτε δίκας οὔτ' εὐθύνας οὔτε διαδικασίαν οὔτ' ἄλλο τοιοῦτ οὐδὲν εἶναι.*[112] 担是，安提福恩的当事人欧西忒斯指出，如果公诉人未能因为他杀害海罗德斯的行为将其治罪的话，那么他们可以将他作为谋杀罪犯进行再次审理。事实上，他本人要求宣布其无罪，因为他以“邪恶的人”的身份被不合法的审判了，并且他表示愿意以杀人犯的身份继续接受审理。[113] 由于公诉人已经基于其未缴纳罚金[114] 要求将他处以死刑，在第二次审理中，欧西忒斯的生命可能再度受到威胁。虽然，这两次审理的理论区别足以符合一事不再理原则的要求，但是，在实践中，这两个审理的区别甚少。当欧西忒斯谈到*ἔπειτα τίμησίν μοι ἐποίησαν, τοῦ νόμου κειμένου τὸν ἀποκτείναντα ἀνταποθανεῖν* 的时候，[115] 他对基于未缴纳罚金而死以及基于法律规定被处死稍加解释，即在前一种情况下，陪审团也许要确认被告有罪，并选择对被告处以被告自己求情的较轻的刑事处

---

〔111〕 关于立法会议超越它的权限的趋势（cf. *supra*, I, 338 – 39）。

〔112〕 Demos. xx. 147. Cf. Demos. xviii. 224; xxix. 55.

〔113〕 Antiph. v. 94 – 96.

〔114〕 *Ibid.* 10, 59, 63, 85.

〔115〕 *Ibid.* 10.

罚。因此，被害人的所有应得权利就被剥夺了。安提福恩寄希望于被激起的宗教情感来混淆他请求词的诡辩性质。但是，我们应该谨慎处理片面的主张。并不存在这样的确定说法，即如果欧西忒斯被宣布无罪，那么他会受到再度审理。[116] 此外，这个案件也不能够肯定地说明一个人会因为同样的罪行再次受审。

对退休官员账户的审查是一件很蹊跷的事情，因为从表面上看，这么做违反了一事不再理原则。除了调查资金账户之外，洛吉斯泰（logistai）还对那些会受到罚金处罚的罪行进行调查。亚里士多德[117] 提到了三类罪行：侵吞公款，收受贿赂以及滥用行政权力（*ἀδικίου*）。[118] 正如利普西斯所主张的那样，这份清单似乎是可以穷尽的。[119] 每个官员都会因为他的资金账户的问题来到法庭，或是被释放或是接受审理。如果洛吉斯泰和斯那勾罗伊认为官员的账户以及在职期间的行为都不存在问题的话，那么他们会将该官员带到法庭，并建议释放他。然而，传令官会询问 *τίς βούλεται κατηγορεῖν*。[120] 如果洛吉斯泰或志愿公诉人发现官员的账目有异常情况的话，那么该官员会接受常规审理，一旦被定罪，则会被处以罚金刑。

但是，无论是经法院盖章批准的释放令还是已被定罪的情况都不能让那些前政府官员完全解脱。他还是不得不面对在职务审查官那里的可能的指控，无论是私诉还是公诉。在这里引用亚里士多德的论述以便更好地对一些重要的问题进行讨论：

> *κληρονσι δὲ καὶ εὐθύνους, ἕνα τῆς φυλῆς ἑκάστης, καὶ παρέ δρους δύο ἑκάστῳ τῶν εὐθύνων, οἷς ἀναγκαῖόν ἐστι ταῖς ἀγοραῖς κατὰ τὸν ἐπώνυμον τὸν τῆς φυλῆς ἑκάστης καθῆσθαι, κἄν τις*

---

〔116〕 Cf. *supra*, pp. 211 ff.，关于即行逮捕定罪程序（apagoge）在审理谋杀案中的作用。

〔117〕 *Ath. Pol.* liv. 2.

〔118〕 *ἀδικίου* 的含义不明确。凯尼恩认为它指的是“不公平的交易”；莱克海姆（Rackham）则将它翻译为“滥用行政权力”。这个行为的违法性质在雅典人看来可能不严重，因为对这种行为仅仅适用罚金刑而已。

〔119〕 *Op. cit.*，pp. 104 ff.

〔120〕 Aeschin. iii. 23.

βούληταί τινι τῶν τὰς εὐθύνας ἐν τῷ δικαστηρίῳ δεδωκότων, ἐντὸς τριῶν ἡμερῶν ἀφ' ἧς ἔδωκε τάς εὐθύνας, εὔθυναν, ἄν τ' ἰδίαν ἄν τε δημοσίαν, ἐμβαλέσθαι, γράψας εἰς πινάκιον λελευκωμένον τοὔνομα τό τε α ὑτοῦ καὶ τὸ τοῦ φεύγοντος καὶ τὸ ἀδίκημ' ὅ τι ἂν ἐγκαλῇ, καὶ τίμημα ἐπιγραψάμενος ὅ τι ἂν αὐτῷ δοκῇ, δίδωσιν τῷ εὐθύνῳ· ὁ δὲ λαβὼν τοῦτο καὶ ἀνακρίνας, ἐὰν μὲν καταγνῷ, παραδίδωσιν τὰ μὲν ἴδια τοῖς δικασταῖς τοῖς κατὰ δήμους, τοῖς τὴν φυλὴν ταύτην εἰσάγουσιν, τὰ δὲ δημόσια τοῖς θεσμοθέταις ἐπιγράφει, οἱ δὲ θεσμοθέται, ἐὰν παραλάβωσιν, πάλιν εἰσάγουσιν τὴν εὔυναν εἰς τὸ δικαστήριον καὶ ὅ τι ἂν γνῶσιν οἱ δικασταί, τοῦτο κύριόν κύριόν ἐστι.[121]

τῶν τὰς εὐθύνας ἐν τῷ δικαστηρίῳ δεδωκότων 这个短语不但应当包括那些接到法庭根据洛吉斯泰的建议而签发的释放令的官员，而且应当包括那些经洛吉斯泰或公民个人建议后被审理的官员，无论他们最终是被宣判无罪还是被判处罚金刑。[122] 如果事情真的如此，那么一个退休官员会因在职期间的行为受到双重审查。有必要假定洛吉斯泰、斯那勾罗伊和职务审查官的司法管辖权之间的区别是很明显的。如果一个退休官员能够获得法庭的释放令，但是又在之后（在他以及他的财产被最终释放之前[123]）受到刑事指控的威胁的话，这样的做法很难说是不违反一事不再理的原则的。这个问题已经受到了重视。[124] 在官员已经提供他的账户的信息之后，认为法庭对这些官员可能进行基于侵吞公款、贿赂或滥用行政权的审理是敷衍了事的说法并不正确。对这类案件的审理与普通的雅典法庭审理案件的程序一样完备。事实上，这样的做法是很奇怪的，即一方面向受审查官员签

---

〔121〕 *Ath. Pol.* xlviii. 4 – 5.

〔122〕 如果败诉的被告支付了他的罚金的话，那么就像被宣判无罪或不经过审理就被释放的官员那样，他的账户就此通过审核。

〔123〕 关于相关的限制（cf. Aeschin. iii. 21）。

〔124〕 Koch, *De Atheniensium logistis euthynis synegoris*, p. 7; cf. also Lipsius, *op. cit.*, pp. 105, 293.

发由法庭盖章的有利于他的释放令（该案的起诉人为洛吉斯泰、斯那勾罗伊或私人诉讼当事人），另一方面又正式地通知他："在这些案件中的法庭的决定并不是像在其他案件中的那样是终局性的，我们保留了三天在其他法庭向你起诉的权力，一旦任何的公诉人提出诉讼的话，无论该指控在之前是否已经提出。"无疑，这并不是一种正确的解释。事实上存在两种不同类型的审查；维拉莫维茨称第一种为 λόγος，第二种为 εὔθυναι。[125] 这个独特的术语并不总是被使用。例如，在前述引用的段落中，[126] 第一阶段即称为 εθυναι。但是，抛开术语的问题不谈，维拉莫维茨指出的区别是有根据的。当洛吉斯泰完成他们的任务之后，职务审查官在三天的期限内接受针对退休地方官的指控。[127] 当收到一份书面指控之后，职务审查官和他的助手们就开始审查工作。如果这些指控涉及的是关于退休官员的账户、单据，盗用公款、贿赂或是滥用行政权的行为，且这些行为已经被审判过（无论是被定罪还是最终被判决无罪），那么他们通常就不会采取进一步的行动。然而，当这些指控涉及的是超出前述行为范畴的积极或消极的行政滥权行为的，那么这样的私诉由四十人委员会的适当部门处理，公诉则交由司法执政官处理。由于诸如 καταγνῷ和ἀνακρίνας这些词汇的技术含义的误导，因此产生了对职务审查官职能的一些误解。职务审查官和他们的助手对洛吉斯泰的案件记录进行审查，并且一旦他们认定对这些官员的指控没有违反一事不再理原则，那么就将案件递交到适当的官员那里供其进行庭前审查以及后续审理。

根据这样的做法，我们最好还是认为雅典人的做法是为了避免一事二理的出现，而不是像利普西斯总结的那样：不能因为同一件事而惩罚一个人两次。[128]

---

〔125〕 *Op. cit.*, II, 232 ff.

〔126〕 Arist. *Ath. Pol.* xlviii. 4 – 5. 关于对术语的全面的讨论（cf. Koch, *op. cit.*, pp. 15 ff.）。

〔127〕 Koch（*op. cit.*, p. 5, n. 1）指出 εὔθυναι 在复数的形式下用来做结账的含义。单数形式下的含义则是指"惩罚"，"损害赔偿"以及"指控"（Lysias x. 27; xi. 9. Andoc. i. 73）。亚里士多德认为，它指的只是"提出指控，公诉或私诉"（cf. Rackham, Kenyon, *ad loc*）。

〔128〕 *Op. cit.*, pp. 293 and 953，这里引用的是《德摩斯梯尼》中的文字（*supra*, p. 256）。

一事不再理原则的一个明显的例外情况如下：当一个人提出对某一不动产的主张不成立之后，又基于其他的诉讼基础重新起诉。尤布利德斯诉马卡塔特斯案[129]就是这样的情况。格劳克斯和哥格劳孔（Glaucon）根据一份遗嘱而对一位哈格尼亚斯家族成员的不动产提出主张，但是法庭认为这份遗嘱是伪造的。后来，他们再次对该不动产提出主张，不过主张的基础则是建立在他们的亲属关系以及其他的相关问题上。虽然这种情形可能会使一个普通人比较迷惑，但是这确实是根据法律规定的做法。当发言者说*οὐκ οἴονται δεῖν οὔτε τοῖς νόμοις τοῖς ὑμετέροις πείθεσθαι οὔτε τοῖς γνωσθεῖσιν ἐν τῷ δικαστηρίῳ*的时候，[130] 他仅仅是为了引发那些对案件情形感到迷惑以及不耐烦的审判官的偏见。因为，如果这个案件实际上要是符合一事不再理原则的话，那么正确的程序是提出反诉，但是在这个案件中却不是这样的。

一旦出现新证据就可以重新审理案件，尤其是在刑事案件当中，这已经成为当代刑事正义的显著特征之一，但是，在当时的雅典社会，这个特征就很少有人提及。在前文已经讨论过的索西阿斯案中，公民大会本身释放了那个已经定罪的犯人。这个案件并没有能像期待中的那样被送到民众法庭重审。不过，作为最高权威机构的城邦公民大会是可以随心所欲行事的，对其行为的唯一制约便是*γραφὴ παρανόμων*。该措施是为了制裁那些对释放诸如索西阿斯以及其他人的决定负责的人。在解决不动产争议的执政官法庭上发生过一个著名的案件，该案中出现了新的证据。迪卡奥吉斯二世在没有留下子嗣的情况下就过世了。在他死后，死者的叔叔伯克斯纳斯（Proxenus）拿出了一份遗嘱，根据这份遗嘱的内容，他的儿子，即迪卡奥吉斯三世被死者收养，有权继承死者不动产的三分之一。剩下的不动产则由死者的近亲，也就是他的四个姊妹分配。尽管对死者不动产的分配并没有引发诉讼程序，但还是受到了执政官的见证。[131] 十二年之后，迪卡奥吉斯三世提供了另一份遗嘱，根据这份遗嘱的内容，他被收养并有权继承所有的不动产。民众法庭认可了这份遗嘱，因此迪卡奥吉斯二世的姊妹

---

[129] Demos. xliii. 4 ff.

[130] *Ibid.* 6.

[131] Isaeus v. 6.

丧失了她们之前获得的不动产份额。[132] 从某种意义上来说，这并非一个真正的重新审理，因为陪审团并没有对第一份遗嘱进行调查检验，但是该不动产被依法进行了分配。

在美国法庭，对一个案件进行重新审理经常是由于技术性的缺陷造成的。这样的缺陷在雅典法庭则不存在。然而，由于诉讼当事人习惯于基于案件的整个事实情况提出特别请求（special plea），民众法庭时常会重复聆听讨论关于案件的是非曲直。但是，这并不等价于一个新的审理或我们所理解的重审。[133]

在某些案件中，针对对方证人的成功的伪证指控可以使诉讼当事人获得案件被重审的机会。伪证诉讼（*δίκαι ψευδομαρτυρίων*）存在着一些有趣的问题，不过这些问题并未获得令人满意的解答。似乎很有必要在这里对这些难点中的一部分进行回顾，使读者能够理解在怎样的情形下雅典的司法制度会允许一个案件的重审。[134]

所有关于伪证的诉讼都必须在民众法庭的投票清点之前被公布并归档。[135] 由于这个要求的存在，一个成功的诉讼当事人可以对他的对方证人进行起诉。吕西亚的当事人提到过类似的案子。[136] 这个案件提供了一些应该已经发生但是却十分罕见的特征。利斯瑟斯（Lysistheus）指控迪奥纳斯特斯丢弃了他的盾。迪奥纳斯特斯被判决无罪，但是他还是对一个在法庭上指控他确实从事了被指控行为的证人提出了诉讼。他再次胜诉，并且该证人被判决剥夺公民权。人们可以很容易地理解迪奥纳斯特斯之所以这么做的动机，即使当他公开谴责那位证人的时候，他已经很清楚地意识到对方必然败诉。任何对军事职责的玩忽职守都是一件非常严重的事情。政客们会认为通过对他的对手提出这样的指控来损害对手的声誉的做法是十分值得的，即使从目前来看几乎没有胜诉的机会。不过，对被告而言，即使

〔132〕 *Ibid.* 7 ff.

〔133〕 Cf. Gilbert, *op. cit.*, pp. 299 – 301.

〔134〕 为了方便，我们称*δίκαι ψευδομαρτυρίων*为关于伪证的诉讼，但是这个诉讼不仅包括了虚假的证据，还包括了非法证据；cf. Demos. xlvii. 1 – 3.

〔135〕 Arist. *Ath. Pol.* lxvii. 4.

〔136〕 x. 22 ff; cf. Leisi, *op. cit.*, pp. 122 f.

他被宣判无罪也不能够平息他人对他的怀疑。[137] 在这种情形下，只有对指控他的证人提起诉讼并胜诉才最有利于消除许久都不能够散去的疑云。很可能是这样的情形，即迪奥纳斯特斯不准备对该案的结果进行冒险，而准备为新的诉讼打基础。

向一个由选举产生的民众陪审员组成的法庭提出ἐπίσκηψις对诉讼当事人而言不是一件容易的事情。是否他对证人的谴责等价于向陪审员表示他对自己的案件没有信心？或者是否他对证人的谴责会损害提供该证人的那一方当事人？[138] 但，法律似乎鼓励针对伪证的指控，因为一旦这样的诉讼失败的话，那么败诉方不会受到任何的惩罚，除了在败诉情况下必须支付的必要费用。[139]

伪证诉讼中的“提莫玛”已经带来了一些困难。利普西斯[140] 十分关注作伪证的证人的欺诈行为，以至于他认为一个作伪证的证人会受到γραφὴ συκοφαντίας的惩罚。这个猜想便于解释那些通常只与起诉状相联系的惩罚。但是，无论是在演说家那里，还是在其他的法律文献中都对除了公诉人以外的任何人被称为好讼者的情形只字未提。饱受压迫的被告常常通过大声宣布 συκοφαντοῦμαι 而引发陪审员的同情心，但是他总是仅仅指出他的对方当事人的策略而对自己的证人的问题只字不提。[141]

有时候，在言语中提到“提莫玛”似乎是在暗示可以对伪证行为处以剥夺公民权以及损害赔偿的惩罚。[142] 对ἁλίσκομαι 而非ὀφλισκάνω 的经常性使用表明这属于刑事诉讼而非民事诉讼。[143] 当一个人三次被证实从事了伪证行为的话，那么他必然会被剥夺公民权。多数的观点认为这个惩罚是根据特别的法律而来的。

剥夺公民权的刑罚在两个著名的案件中被提到。一些伊塞奥斯的当事人在一个ἐπιδικασία 中对一个莱奥卡雷斯人起诉，指控他从事了伪证行

---

〔137〕 参见当时的发言者对迪奥纳斯特斯的讥笑言语（x. 9）。

〔138〕 Cf. Leisi, *op. cit.*, p. 126; Calhoun, *CP*, XI, 376, n. 7.

〔139〕 Demos. xlvii. 2; cf. Lipsius, *op. cit.*, p. 783.

〔140〕 *Op. cit.*, p. 782.

〔141〕 Cf. Calhoun, *CP*, XI, 372.

〔142〕 Demos. xxix. 16. Antiph. ii. 7.

〔143〕 Isaeus v. 14. Cf. Andoc. i. 7; Lysias xix. 4; Plato, *Laws* xi. 937C; Hyper. Ii. 12.

为。当投票被拿出来清点之后，莱奥卡雷斯人很明显地已经败诉了。[144]一个协议被达成了，内容如下，即迪卡奥吉斯，莱奥卡雷斯人正是为了他的利益才作的伪证，同意放弃对争议不动产的权利主张。在后来的发言中，原告声称他们足可以剥夺被告的公民权：*ἐγγενόμενον ἡμῖν αὐτὸ ν ἐπειδὴ εἵλομεν τῶν ψευδομαρτυρίων ἀτιμῶσαι οὐκ ἐβουλήθημεν.*[145] 在本案中这似乎不存在什么困难。预计的剥夺公民权的惩罚很可能是被告无力支付法庭判决的损害赔偿的后果。即使是在阿波罗多罗斯诉斯提法奴斯案中，[146]作为损害赔偿的塔兰特对一个普通市民而言也是无力负担的。在上文已经提到的吕西亚书中的迪奥纳斯特斯案，提到剥夺公民权的原因并不那么容易解释，[147] 有多种可能的解释存在。利普西斯[148]相信在那些谈到剥夺公民权的案件中，发言者的脑海中所充满的仅仅是因为被告无法支付沉重的损害赔偿金而导致公民权利被剥夺的惩罚结果。这个修辞上的夸张手法在其他的沉重的罚金或损害赔偿很容易发生的案件中很普遍。[149] 但是这个案件难点在于陪审员在原告已经胜诉且并没有受到损害的情况下是不太可能要求被告支付沉重的损害赔偿金的。这并不是一个仅仅对被告附加象征性的损害赔偿惩罚的案件。很久之前，伯克（Bockh）[150] 就认为民众法庭会把剥夺公民权作为附加刑适用。有相当多的学者支持这个观点，[151]但是还是有一些反对观点存在。利普西斯指出，就目前我们所知，剥夺公民权总是根据法律规定进行处罚，而不是来自于法庭的判决。再次回顾吕西亚案，[152] 我们意识到如果迪奥纳斯特斯的确被证明丢弃了他的盾，他将受到

---

〔144〕 Isaeus v. 17 – 18；这段文字所指出的关于计算方式的难点（cf. Wyse，*The Speeches of Isaeus*，p. 423；Lipsius，*op. cit.*，p. 926，no. 98）。

〔145〕 Isaeus v. 19.

〔146〕 Demos. xlv. 46.

〔147〕 x. 22.

〔148〕 *Op. cit.*，p. 256，n. 54.

〔149〕 Cf. Isoc. xvi. 47.

〔150〕 *Kleine Schriften*，IV，123.

〔151〕 Wyse，*op. cit*，p. 426；Leisi，*op. cit.*，p. 123；Hermann – Thalheim，*Lebrbuch der Griechischen Rechtsaltertumer*，p. 136，n. 3.

〔152〕 x. cf. *supra*，pp. 261 f.

被剥夺公民权的惩罚。[153] 这种情形立即表明如果一个作伪证的证人的证言导致一个公民受到剥夺公民权的惩罚，那么一旦他作伪证的行为被证实，他也会受到剥夺公民权的惩罚。也许是来自同一部法律的内容规定对第三次作伪证行为的处罚是剥夺公民权。[154] 确实，安多基德斯和海泼莱德曾经谈到对第三次作伪证的惩罚是剥夺公民权，但是，这一点并不能否定我们前面的观点，即对作伪证行为的处罚是剥夺公民权这个观点。

一个成功的关于伪证的诉讼，无论损害赔偿是象征性的，还是实质性的，是对诉讼当事人提供伪证证人行为进行诉讼的必要前提。[155] 除了这些概括性的陈述之外，我们对这个诉讼就无从知晓了。可能可以进行这样的猜测，即像在δίκη ψευδομαρτυρίων中一样，双方当事人会当着陪审团的面对案件的主要事实进行争论，但无论如何，这都不是一个真正意义上的案件重审。

一个成功的关于伪证的诉讼对于原始案件的直接效力并非总是一样的。当对不动产的主张遭到该案件具有不可诉性的挑战时，伪证行为成立的指证仅仅是提供了当事人在法庭上坚持自己主张的机会。[156] 败诉方还是可以在审查程序中坚持他的主张。[157] 通过证明证人作伪证的行为，一份遗嘱因此失效了。[158]

在雅典的那些涉及处理不动产的案件中，有证据表明证人作伪证的行为会使判决失效并打开重新审理的途径。[159] 在现存的法庭文献中对δίκη

---

〔153〕 Cf. Andoc. i. 74.

〔154〕 毫无疑问，剥夺公民权的惩罚是被判决有罪后的直接后果，这一点可以从吕西亚的文献中看出（x. 24－25（trans. Lamb））："请记住，你们已经送给了他丰富而美丽的大礼［他成功地将戴奥尼夏定罪并使他被剥夺了公民权利，戴奥尼夏是在先前的审判中的另一个证人］。就这点而言，有谁会不同情戴奥尼夏呢？尤其是当他已经证明在危难中他自己是一个相当英勇的战士。当他离开法庭之后，他这样评价道，这是我们最不幸的战役，在这场战争中，我们中的许多被杀害了，而那些幸存下来且保留他们武器的战士则遭到了那些丢弃他们武器的懦夫的伪证的指控；这样看来，他们难道不是在那天就死在战场上而不是回家接受这样的命运（即被剥夺公民权）更好么？"

〔155〕 Demos. xlvii. 1；xlix. 56.

〔156〕 Cf. Wyse in Whibley, *Companion to Greek Studies*, p. 397；Isaeus v. 17.

〔157〕 Cf. Isaeus vi. 52；Leisi, *op. cit.*, p. 32；Lipsius, *op. cit.*, p., 85, n. 38.

〔158〕 Isaeus v. 12 ff.

〔159〕 *Ibid.*, 12－14；xi. 45－46.

κακοτεχνιῶν 只字未提也许是基于偶然的原因。《伊塞奥斯》中提到了这样一个案件，即当一份遗嘱的一个证人被证明有罪，那位根据那份遗嘱且根据证人证言而有继承权的当事人就做出了让步，同意放弃遗嘱涉及的不动产中的一部分权利。[160] 在《伊塞奥斯》[161] 的另一个案件中，一个诉讼当事人表示："根据法律规定，如果有任何的伪证行为被证实，那么对不动产的诉讼必然重新进行。"如果超过一半的证人被证明为作伪证，那么柏拉图[162] 会允许δίκη ἀνάδικος。这段文字的注释者表示：*οὐκ ἐπὶ πάντων δὲ τῶν ἀγώνων ἐγίγνοντο ἀνάδικοι αἱ κρίσεις, ἀλλ' ὥς φησι Θεόφραστος ἐν ζ' Νόμων, ἐπὶ μόνης ξενίας καὶ ψευδομαρτυρίων καὶ κλήρων.* 多数人认为这份清单并不完全。注释者仅仅选择那些性质严重的案件，在这些案件中，被告或是已经丧失了他的自由，或是丧失了公民权，或是失去了附带有珍贵的家族权利的不动产（对于这样的损失，任何δίκη ψευδομαρτυρίων 或是δίκη κακοτεχνιῶν 意义上的损害赔偿都是不够的）。根据我们的猜测，如果原始案件涉及的是生命、自由、公民权、家族的不动产权利，且又被证明存在证人作伪证情形的话，那么该原始案件是可以被重审的。[163]

正如前文中已经指出的那样，并不存在证据对这样一个看似相当有理的理论进行证明，因为演说家提到的关于δίκη ἀνάδικος的证据仅限于对不动产的处理。为了支持这个理论，有学者指出[164] 只有当在一个性质严重的案件中的一个或多个证人的伪证行为被完全证实之后，该案中的惩罚结果才会被执行。但是，如果当惩罚包含于损害赔偿中时，那么不用等到伪证诉讼的结果出来就可以执行损害赔偿了。如果伪证诉讼成功的话，那么暂时停止严厉惩罚的做法显然会带来可能的补偿。有必要明确的一点就是这里讨论的剥夺公民权是由法律设定的，而非仅仅作为无法支付罚金的后果。安多基德斯（i. 74）提供了一份包含有完整的剥夺公民权惩罚的具有代表性的案件清单。在后续部分，他提供了关于部分剥夺公民权的例子：ἄ

---

〔160〕 v. 12 – 14，17 – 18.

〔161〕 xi. 45 – 46.

〔162〕 *Laws* xi. 937 C – D.

〔163〕 Leisi，*op. cit.*，p. 133；Lipsius，*op. cit.*，pp. 955 ff.

〔164〕 Leisi，*op. cit.*，pp. 126 f.

λλοι αὖ κατὰ προστάξειἴ, οὔτινες οὐ παντάπασιν ἄτιμοι ἦσαν. 像这样的允许在出现完全剥夺公民权的情形下重新审理，却在部分剥夺公民权的情形下不适用重审的观点确实不太容易理解。[165]

在我们掌握的信息资源中，只有很少内容涉及必须证明多少证人被证明有作伪证行为才能重审一个案件。柏拉图[166]认为只有在超过一半以上的证人被证明有作伪证的行为时才能够重新审理一个案件。此外，还应当根据ἀμφισβήτησις和 διαδικασία 的标准以确定伪证所证实的虚假情况对陪审团的判决有多大程度的影响。

让我们回过来看演说家们的文献，我们发现对证人提起诉讼的行为其实是一种策略，旨在使胜诉方作出一定的让步。[167] 基于胜诉方会面临δίκη κακοτεχνιῶν 的处境，因此，胜诉方会试图保护他的证人不受诉讼的干扰。因此一方有时会通过放弃已经提出的对证人伪证的指控来从另一方获得一定的利益。[168]

根据伊塞奥斯的主张，[169] 只要有一个证人被证实从事了伪证行为，那么关于这个案件的判决就会失效。[170] 这段文字如下：κελεύει δ' ὁ νόμος, ἐὰν ἁλῷ τις τῶν ψευδομαρτυρίων, πάλιν ἐξ ἀρχῆς εἶναι περὶ αὐτῶν τὰς λήξεις. 利普西斯反对该法律，即即使只有一个证人作伪证，案件也需进行重新审理，[171] 并且他还引用了《伊塞奥斯》中的另一个关于伪证的案件

---

〔165〕 利普西斯（*op. cit.*，p. 957）估计虚假的证言会在公诉案件中受到最初的公诉人的攻击，或者受到任何其他人的攻击，并且，如果一个罪犯因为虚假证言而逃脱惩罚的话，那么像这样的案件是可以重新进行审理的。有一些这个观点的支持者，之所以支持这个观点的原因是因为他们发现如果被告在审理中通过行贿而脱罪的话，他会因为行贿而被起诉（Arist. *Ath. Pol.* lix. 3）。毫无疑问，一个对行贿行为的成功诉讼会使原先的那个受到行贿影响的案件的判决结果归于无效。

〔166〕 *Laws* xi. 937 C – D；目前我们推迟讨论柏拉图的建议是否适用于雅典体制这个问题。

〔167〕 Demos. xlvii. 49.

〔168〕 Isacus v. 12 – 13.

〔169〕 i. 46.

〔170〕 Gide and Caillemer, in Darem, – Saglio, *s. v.* ἀναδικία; Leisi, *op. cit.*, p. 134.

〔171〕 *Op. cit.*, p. . 958.

来证明他的观点。[172] 案件的基本情况如下。[173] 当迪卡奥吉斯三世出具了第二份遗嘱——赋予了他迪卡奥吉斯二世所有的继承权后，迪卡奥吉斯的大姐的丈夫伯利亚雷特斯（Polyaratus）作了ἐπίσκηψις，但是随后去世了 πρίν ἐπεξελθεῖν οἷς ἐπεσκήψατο τῶν μαρτύρων。随后，迪卡奥吉斯的姐姐的儿子曼内克森（Menexenus）二世成功地对一个证明第二份遗嘱真实性的证人里孔提出了伪证指控。迪卡奥吉斯因此警觉了起来，并与曼内克森进行了协商，希望他能够接受属于他的那部分遗产，而不考虑其他的亲人，并且 τοὺς δὲ μήπω ἑαλωκότας τῶν μαρτύρων ἀφεῖναι。可惜的是，迪卡奥吉斯的谈判未能成功，相反地，所有的继承人联手对他进行了攻击ἐπειδὴ οἱ μάρτυρες ἑάλωσαν。尽管只有一个证人里孔的伪证行为得到了证实，在这里以及后面的部分，作者还是使用了 μάρτυρες这个复数形式。如果这个陈述是正确的，那么当曼内克森二世发现谈判破裂之后，他一定会对剩下的证人继续进行诉讼。[174] 不过，至于是否所有的证人都被提出了指控并不会带来什么区别，因为显然伯利亚雷特斯和曼内克森的目的就是对超过一个以上的证人进行诉讼。[175] 但是众人一定会同意这个看法，即陪审团最终是被证人提供的伪证对证明案件的是非曲直的关键性而非伪证证人的数量说服的。像我们所看到的那样，[176] 柏拉图希望是由受谴责的证人证言的效力来决定案件是否重审。利普西斯赞同柏拉图的看法，即要考察受谴责的证人证言对法庭的判决到底有多大影响。[177]

利普西斯认为任何官员都具有真正的司法权力的观点是与雅典司法制度的理念完全矛盾的。另一个观点认为对证人进行谴责的审判官员为了要确定该证人证言在事实上确实影响了判决的结果，必须要进行两次审判：第一次是确定受到指责的证据是否真的是伪证，第二次是确定伪证对案件关键事实的认定的重要性的程度是否达到需要重新审理的地步。仅有的与

---

〔172〕 v. 9, 12 ff.

〔173〕 关于一个更全面的描述（cf. *supra*, p. 260）。

〔174〕 卫塞（*op. cit.*, p. 421）似乎对复数形式有所质疑，但是利普西斯（*op. cit.*, p. 958, n. 12）接受了它。

〔175〕 Isaeus v. 9, 12 ff.

〔176〕 *Supra*, p. 266.

〔177〕 *Op. cit.*, p. 960.

这个双重审核程序相似的程序是在刑事案件的审理中，即在刑事案件的审理过程中，当审判官确定被告有罪之后，就会接着决定到底要将被告处以怎样程度的刑罚。可惜的是，这个类比程序实际上还是差了很远。就像利普西斯所建议的另一个观点所指出的那样，即这样做的难度导致不可能会要求这种两步走的复杂审核程序。更明智的做法就是接受伊塞奥斯[178]引用的法律所规定的内容，即认定即使只能证明一个证人在做伪证都足以使一个案件被展开重审。在现存的发言稿中，很可能发现被证人证实的情形会被认为相当的无足轻重而轻易地被忽略。但是，我们必须铭记在心的一点就是诉讼当事人的主要目的是在案件重审程序中胜诉，而非仅仅为了证明证人作了伪证。他不可能仅仅因为一个微不足道的证人的不真实的证明而推动案件的重审程序。这是一个很好的事例，证明不成熟体制下的常识反而胜过我们现代司法体系的细节性规定。然而，比较合理的做法是，当一个诉讼当事人可以在法庭上证明尽可能多的证人作了伪证的话，他一定会这么做的，即使法律仅仅要求证明一个证人的伪证行为即可。[179]

当一个诉讼当事人基于充分而合理的理由未能出庭，并因此败诉的话，那么该当事人可以在判决送到后的两个月内要求重审案件。那份证明该诉讼当事人未能出庭是因无法避免的正当理由的声明，必须同时有宣誓支持。如果另一方当事人对这份声明提出反驳的话，那么就由法庭作出决定。如果被告无法支持他的声明，那么缺席判决将立即被执行。否则的话，原告就有权利要求恢复案件的审理。如果被告声称他之所以没有出庭的原因在于他未能获得及时的法庭传唤，他就必须对那个宣誓已经及时通知了他的传票送达人提起诉讼，并最终证明该送达人未能履行职责。γραφὴ ψευδοκλητείας是 τίμητος。第三次被证明有罪会带来剥夺公民权的惩罚。当利普西斯[180]提到可以处以死刑的时候，事实上是给读者造成了一个错误的印象。他所引用的那个案件是十分特别的。在阿波罗多罗斯诉尼克斯加特斯案中，[181] 原告说出了他以前是如何基于 ψευδοκλητεία 而对尼克斯加

〔178〕 xi. 45, quoted *supra*, p. 265. Cf. Calhoun, *TAPA*, LXV (1934), 86.

〔179〕 Cf. Leisi, *op. cit.*, pp. 134 – 35.

〔180〕 *Op. cit.*, p. 447.

〔181〕 Demos. liii. 17 – 18, 26.

特斯的弟兄提出诉讼的。根据阿波罗多罗斯的陈述，当起诉书递交到法院且庭前调查完成之后，阿瑞图斯乌斯（Arethusius）毁坏了他的花园，并在有一天晚上，在一条连接城市与比雷埃乌斯的道路上，对自己进行了严重的自伤。当判定被告有罪之后，显然由于残忍的攻击行为的影响，审判官试图诱导阿波罗多罗斯将他的“提莫玛”改为死刑，但是最终还是同意了被告提出的以一个塔兰特作为惩罚的建议。那段文字的内容如下：*καὶ ἐν τῇ τιμήσει βουλομένων τῶν δικαστῶν θανάτου τιμῆσαι αὐτῷ, ἐδεήθην μὲν ἐγὼ τῶν δικαστῶν μηδὲν δι' ἐμοῦ τοιοῦτον πρᾶξαι, ἀλλὰ συγχωρῆσαι ὅσου περ αὐτοὶ ἐτιμῶντο, ταλάντου.*[182] 并不存在暗示表明阿波罗多罗斯曾经要求对被告判处死刑。即使陪审团决定对被告判处死刑，其原因也是由于阿波罗多罗斯迫于陪审团的压力而改变他的“提莫玛”为死刑。但是，当他表示他不愿意主张死刑判决，因为他不希望被世人指责为像他这样一个归化的雅典公民造成了一个土著雅典公民的死亡的时候，这已经清楚地表明他本人并没有提出判处对方死刑的要求。在严重的人身攻击以及破坏财产事件发生之前，他已经要求了“提莫玛”，而即使仅仅在这样的针对人身以及财产犯罪的情形下，都是可以主张“提莫玛”刑罚的。最终，认为像*γραφὴ ψευδοκλητείας*这样的简单案件会导致死刑惩罚的立场是最具有误导性的。在目前仅存的这个案件中，真正的惩罚是一塔兰特的罚金。

尽管存在明显的夸张成分，上述事例还是表明大量的审判官员会反对由公诉人和被告建议的刑罚，而建议一些不同的惩罚方式。但是，审判官员这样的介入案件的做法并不等价于官方正式介入到加重或减轻由公诉人建议的刑罚的决定程序中。

---

〔182〕 Demos. liii. 18; cf. *infra*, p. 274.

第十章　判决的执行

当法庭的判决要求败诉方支付损害赔偿或偿还债务的时候，该判决由胜诉方负责执行。[1] 即使是在一个成功的当场逮捕的案件中，也是由公诉人负责收回财产。这个规定无疑是因为公诉人会从收复的财产中获得四分之三的利益。[2] 否则的话，由政府官员负责财产充公事宜。

如果诉讼标的是一个特定的财产，无论动产还是不动产，败诉方会被给予一段固定的时间期限以归还该财产。如果败诉方未能如期归还，那么他就成为了ὑπερήμερος，并且胜诉方可以扣押该动产或正式进驻该不动产。如果正式进驻行为得不到认可的话，那么诉讼当事人就可以提出收回不动产之诉或剥夺被告附着于不动产之上的权利之诉。从这个意义上讲，一个成功的诉讼时常可以引发更多的诉讼。德摩斯梯尼以及他的众多监护人的经历就是一个很好的例子。首先，德摩斯梯尼赢得了一个针对其中一个监护人阿皮赫布斯的诉讼，并获得 10 塔兰特。[3] 阿皮赫布斯试图证明德摩斯梯尼的一个证人法纳斯作了伪证，可惜未能成功。[4] 如果诉讼真的成功的话，阿皮赫布斯和其他的监护人可以利用这次胜诉的机会与德摩斯梯尼达成一个有利于他们的和解；或者如果当德摩斯梯尼对其他的监护人起诉的话，那么那个证实证人作了伪证的判决将会成为其他监护人手中的极有利的抗辩武器。第二阶段便是德摩斯梯尼进驻受争议的不动产。阿皮赫布斯姊妹的丈夫奥内多主张该财产已被作为他姊妹，即阿皮赫布斯的前妻，的亡夫遗产的抵押。所以，最后一步就是针对奥内多提出诉讼，以鉴别他的主张的真伪。[5]

---

〔1〕 关于德莫行政官员可能参加的情形（cf. *supra*, I, 322）。

〔2〕 Cf. Lipsius, *Das Attische Recht*, pp. 299 ff., 944.

〔3〕 xxvii – xxviii.

〔4〕 xxix.

〔5〕 xxx – xxxi.

法庭判决由原告执行常常会导致人身攻击。按照常理，一个败诉的被告对在他看来是他的仇敌的原告的反感程度，很可能超过对法律支持的法庭执行官员的厌恶程度。作为结果，由于在执行过程中时常出现殴打及攻击的情形，有时候会因此导致新的关于人身伤害的诉讼。在德摩斯梯尼的发言中谈到了两个这样的案子。政府允许原告从一个迪尔福姆斯人手中收回一些船舶的传动装置。根据法律的授权，他对该传动装置进行了扣押，随后就与迪尔福姆斯殴打起来。这个原告随后就提出了人身伤害的诉讼。[6]迪尔福姆斯随后提出同样性质的反诉作为回应。[7]迪尔福姆斯的请求首先得到了审理，并且法庭的判决有利于迪尔福姆斯。迪尔福姆斯于是按照法庭的判决去收取损害赔偿。如果原告的话可以相信的话，那么那位替迪尔福姆斯收取赔偿的人实际上侵入妇女的居处并杀害了一位试图反抗他们的年长的自由妇女。显然，这个是一个非常罕见的案例，因为该案牵涉到凶杀。[8]

在古代，流放刑是一个严厉的刑罚。一个被他曾经属于的政治社会团体驱逐的人会很难在另一个地方安定下来。[9]在某些案件中，法庭会判处被告剥夺公民权的刑罚，有时候是全部剥夺，有时候是部分剥夺。例如，当刑事案件的公诉人无法获得至少五分之一的赞成票的时候，或是在诉讼开始后半途而废的话，该公诉人会被判处部分剥夺公民权。法律禁止他将来基于类似的情形再度起诉。我们并不知道这样的惩罚是如何被执行的。负责刑事诉讼的官员和委员会可能会获得一份受到前述处罚的公诉人的名单，通过这种方式轻易地拒绝接受由他们提出的起诉书。无论如何，如果这样的公诉人的起诉书被接受的话，我们可以确定被告或他的朋友会意识到这样的一个公诉人在之前受到的处罚，并由此坚决拒绝他的起诉。当然，

〔6〕 xlvii. 45; cf. 39 et *supra*.

〔7〕 *Ibid.* 52 ff.

〔8〕 Cf. *supra*, pp. 217 ff.

〔9〕 当代社会最接近驱逐的刑罚是对不受欢迎的外国人驱逐出境。这种对外籍罪犯的惩罚方式在美国很常见。在雅典，在杀人案件中，法庭会判决对罪犯采取终生流放或是一段时间的流放（cf. *supra*, I, 118 ff.）。一个逃避了重罪审判的罪犯通常会在缺席的情况下被判处死刑。他可能会像亚西比德那样，最终会得到宽恕，但是，与此同时他将在流放中生活。一个没有获得正当许可而在规定时间之前返回故土的罪犯将被处以死刑。

这种做法只能暂时性地帮助那个受指控的犯罪分子，换句话说，如果的确证据确凿的话，那么还是会有大量的合格的公诉人可以对该犯罪分子提起公诉的。[10]

当被告被剥夺公民权时，无论被剥夺公民权是由于法院的直接判决还是由于被告不能支付法院判决的赔偿金而导致的，如果他被发现越权行使已经被剥夺的公民权利，常常会引起新的诉讼。安多基德斯特别选择一些案件进行了讨论以说明被剥夺的公民权利是如何的各式各样。这个案件清单包括的被剥夺的权利如下：被剥夺成为议员的权利、提出公诉的权利、在大会上发言的权利，进入集市的权利，以及航行去海勒斯彭特（Hellespont）或爱奥尼亚的权利。受到此类权利限制的公民的数量是十分庞大的，这可以从国家危机时会对这些人实行大赦的做法上清楚地看到。[11]雅典人并不派遣专门的警察以执行这些权利限制。事实上，除了斯巴达秘密警察（*κρυπτεία*）可能会有这样的执行能力之外，在公元前五世纪的雅典根本就没有什么可以有效地执行这些限制的警察力量。因此，受到个人恩怨或政治目的驱使而伪装成告密者的志愿公诉人其实是最有效的监督方式。

当时的惩罚有的是由法律直接规定的，有的则是由法庭决定的。雅典的刑事正义的一个显著特点就是在大量的案件中，是由陪审团决定刑罚的内容。对苏格拉底的审理提供了一个可以说明雅典法庭审理具体内容的很好的例子。公诉人和被告都会给出刑罚的建议，而审判官必须在其中做一个选择。没有其他的选择存在。但是，被证明有罪的被告可能会改变他建议的刑罚，就像苏格拉底听取了他的朋友们的建议之后所做的那样。[12] 公诉人也可以改变先前建议的刑罚内容。

> 当涉及到刑罚问题，陪审团倾向于对他判处死刑。然而，我请求他们在我的这个案件中不要作出这样的判决，但是赞同他们

---

〔10〕 Cf. Antiph. vi. 36 f. 关于试图通过谋杀指控以使一个相当危险的公诉人丧失资格。

〔11〕 Andoc. i. 73 ff.

〔12〕 Plato *Apol.* 38B.

> 建议的罚金刑，即一个塔兰特——这么做并不是说我有心拯救阿瑞图斯乌斯，（因为他的行为使得他死有余辜），但是我不愿意听到别人的闲话，指责我——帕西翁的儿子根据雅典人制定的法律而归化为雅典人之后居然造成了一个雅典原著居民的死亡。[13]

在该案中，陪审员试图对阿波罗多罗斯施加压力以改变他先前的建议。因为，陪审员本身不能改变它。[14]

肉体上的刑罚由国家负责执行。第一部雅典法典的内容过于严厉。毫无疑问，梭伦代表了当时的大众观点，尤其是较低层社会的立场，当他

> 废止了除了关于杀人案的规定之外的德拉古立法，因为它们过于苛刻且刑罚过于严酷。对于几乎所有的违法行为都会被判处死刑，即使那些游手好闲的行为、偷色拉或水果的行为所受到的刑罚与那些亵渎神灵以及谋杀行为受到的刑罚是一样的……此外，当德拉古本人被问及为何对那么多的违法行为都处以死刑时，他的回答如下：在他看来，上述的较轻的违法行为就应当被判处死刑，而至于性质严重的行为之所以也只被判处死刑是因为再也找不出更严厉的刑罚了。[15]

后人肯定了对德拉古的严酷法律的废止行为，就像与德摩斯梯尼同时代的狄马德斯（Demades）的讽刺短诗所写的那样，“德拉古的法律不是用墨水写成的，而是用鲜血写成的。”[16] 狄马德斯的短诗所给人的印象再次从那位严肃而正直的公诉人莱克格斯提出的控诉书中得到确认。据说，那位公诉人的控诉书“不是由墨水写成的，而是以他人的死亡写成的。”[17]

在雅典，监禁的目的既有预防性质，也有惩罚性质。公众接受的一个

---

〔13〕 Demos. liii. 18.

〔14〕 Cf. Lipsius, *op. cit*, pp. 253 f.

〔15〕 Plut. *Solon*. xvii.

〔16〕 *Ibid*.

〔17〕 Ps. – Plut. *Vita Lycurgi* 10.

事实便是被指控犯有不可容忍的罪行的犯罪在开庭受审之前会受到监禁，而死囚则在死刑执行之前被监禁。〔18〕但是，多数学者都否认监禁的方式是对罪犯的惩罚方式之一。〔19〕尽管如此，巴肯（Barkan）还是坚持主张监禁本身属于惩罚方式的一种。〔20〕显然，监禁对于小偷而言是一种附加刑，〔21〕并且对于被判处罚金的罪犯而言，在他们付清罚金之前都会被监禁。〔22〕一个欠国家债务的人如果在规定时间之前未能还债的话，也是会被监禁的。如果他坚持不支付国债的话，他会被监禁的时间则是无期限的。因此，认为监禁是一种替代刑的看法是合理的。〔23〕

德摩斯梯尼将监禁作为一种肉体刑罚看待："陪审员们，首先，由你们来决定到底处以怎样的刑罚，即肉体上的惩罚还是罚金，是不合法的，因为肉体上的刑罚已经包括了监禁。"〔24〕在同一份发言中，他又说道："有的人被监禁的原因是因为负债，有的则是基于判决。"〔25〕《驳亚西比德》（*Against Alcibiades*）的作者安多基德斯将监禁归纳为像流放和死刑那样的刑罚之一。〔26〕此外，在《德摩斯梯尼》中，发言人还指出："基于法庭对所有提起诉讼的案件都会进行处理，因此他们有权对被告判处监禁刑或任何他们认为合适的刑罚。"〔27〕当苏格拉底被要求提出相应的刑罚建议时，他说道："我该怎样建议呢？监禁？为什么我要住在监狱，成为当权者的奴隶呢？"〔28〕在这里，显然，苏格拉底所说的是终身监禁，并且他继续表

〔18〕 Antiph. v. 69; Xen. Hell. i. 7; Plut. *Phocion* xxxvi.

〔19〕 Schoemann, *Gr. Alterth.*, I, 533; Thonissen, *Le droit penal de la republique athenienne*, p. 114; Gilbert, *Const. Antiq.*, p. 414.

〔20〕 *CP*, XXXI, 338 ff.

〔21〕 Demos. xxiv. 105.

〔22〕 Demos. xxi. 47; cf. xxv. 46; xxxiii. 1; liii. 11; lvi. 4.

〔23〕 有很多的注释谈到了长期监禁令人不愉快的地方（*ibid.* xxiv. 125，135; xxv. 61; Dinarchus ii. 2）。

〔24〕 xxiv. 146.

〔25〕 *Ibid.* 132; cf. 92; li. 4.

〔26〕 Andoc. iv. 3f. 对于这种性质的声明，证明它是伪造的事实并不会严重地影响到它的权威性；cf. Jebb, *Attic Orators*, pp. 131 f.; Blass, *Attische Beredsamkeit*, pp. 332 ff.

〔27〕 xxiv. 151.

〔28〕 Plato *Apol.* 37 C.

示罚金刑对他而言是一回事情，因为如果没钱的话，他还是会被监禁。[29] 吕西亚评论道："当安多基德斯……准备被监禁的时候，他早就已经预计到如果他不能交出他的随从，那么他将不得不面临监禁的惩罚。"[30] 所有这些文字，以及τιμησάμενος这个词汇的一再出现，似乎都指向这样一个最终结论，即在雅典，监禁是一种普通的刑罚方式。巴肯[31]总结道，当对所有的证据都加以考虑之后，有一点似乎毫无争议，即在雅典，监禁本身就是一种刑罚，并且可能比资料上显示的使用频率更高。

对于谋杀、[32] 叛国、抢劫庙宇、κακουργήματα（其中包括了 κλέπται，λωποδύται，ἀνδραποδισταί，τοιχωρύχοι，以及 βαλαντιοτόμοι[33]），以及一些与粮食供应有关的犯罪行为，当时的刑罚是死刑。[34]

对于一个公开触犯了社区公共利益的违法者而言，乱石刑（stoning）是一个自然的刑罚。[35] 这种刑罚最初是一种社区的自助行为，即使是手无寸铁的男人和女人都可以加入。有一些资料也提到了在英雄时代的乱石刑；[36] 这些都是社区自主的事例。在阿尔戈斯（Argos），在对军事违法行为处以乱石刑之前，有一些带有司法性质的行为被采取了。根据修昔底斯对试图对阿格乌（Argive）将军斯拉斯卢斯（Thrasyllus）处以乱石刑的描述，可以看到一些暗示，即一旦军事违法者被判决有罪，那么该违法者将被处以乱石刑。[37] 在决定俄瑞斯忒斯和他的姊妹是否应当被处以乱石刑的

---

〔29〕 Cf. Schanz *ad loc*.

〔30〕 vi. 21.

〔31〕 *Op. cit.*, p. 341.

〔32〕 Cf. Lipsius, *op. cit.*, p. 603.

〔33〕 Cf. *ibid.*, p. 78; *supra*, pp. 214 f。在 κακουργήματα 的情形下，只有当罪犯自己承认罪行时，死刑才是强制性的（Arist. *Ath. Pol.* Lii. 1）。

〔34〕 Demos. xxxiv. 37; xxxv. 50; Lycurg. i. 27. 似乎很明确的一点就是根据法律，对于叛国罪的惩罚是死刑，但是，有时候审判官可能需要决定怎样的行为构成叛国（Thuc. i. 138. 6; Xen. *Hell.* i. 7. 20 – 22; Demos. xviii. 38; xx. 79）。

〔35〕 希泽尔（"Die Strafe der Steinigung", *Abhandlung d. Konil. Sachs. Gesellsch. d. Wissensch.*, LVII, 225 ff.）已经收集了所有的古时候的乱石刑的案件并对他们进行了研究。巴肯（*Capital Punishment in Ancient Athens*, pp. 41 ff.）将他的研究领域局限于希腊的乱石刑。

〔36〕 Cf. *supra*, I, 26, 206.

〔37〕 Thuc. v. 60; cf. Hirzel, *op. cit.*, p. 238.

时候，欧里庇得斯[38]代表阿尔戈斯城邦在大会中投票。没有迹象显示乱石刑在雅典是一种合法的刑罚。这里谈到的社群中存在的乱石刑只能被归类为私刑之列。[39]

有趣的是，在《法篇》中，柏拉图追溯到了希腊早期，并在谈到杀害父母、子女、兄弟的案件中引出了乱石刑。在他的理想国度中，他以耐人寻味的方式介绍了乱石刑：

> 任何人如果被认定从事了上述杀人行为，并杀害了上述提到的人员，那么法官和地方行政官派遣的官员就应处死他并将他赤身裸体地丢弃到城市的一个指定的交叉路口；并且，所有的地方官，代表整个国家，应当拿起一块石头扔向尸体的头部。[40]

正如那个条文——每一个地方官应当代表市民扔一块石头以使整个社团免受污染这个条文所表达的那样，正是这种惩罚方式的社团性吸引了柏拉图。没有迹象表明，罪犯会被以乱石刑的方式执行死刑。

现存的资料中，提到了在雅典的三类不同的实施死刑的方式，包括将罪犯抛入深渊或深坑，[41] ἀποτυμπανισμὸς以及用芦叶钩毒毒杀。后文我们将对这些惩罚方式的引进顺序以及ἀποτυμπανισμὸς的性质进行介绍。[42]

通过将罪犯从高处的岩石上推下或从高塔上推向深坑的做法历史悠久且相当普遍。这个观点可以从几处不同的资料中得到证实。鲍萨尼阿斯(Pausanias)[43] 表示在伊利斯（Elis）存在这样一个立法，即如果在奥林匹克比赛中出现有女性参加的话，那么该女子将被从德尔斐、[44] 斯巴

---

〔38〕 *Orestes* 46 ff.

〔39〕 Plut. *Solon* xii; school. On Aristoph. Knights 447.

〔40〕 873 B (trans. Bury).

〔41〕 有些权威否认了这种行刑方式。

〔42〕 关于被处决犯人的尸体的处理问题（cf. Hager *Four. Of Phil.*, VIII, 1 ff.），禁止在阿提卡地区埋葬，以及深沟的地点等问题超出了本书的讨论范围。

〔43〕 v. 6. 7.

〔44〕 Aeschin. ii. 142; cf. Plut. *Moral.* 557 A，指出阿斯奥扑（Aesop）的被处决地在德尔斐。

达、[45]或是忒萨利亚（Thessaly）[46]的高岩上推下。尽管目前在雅典没有关于将被定罪的犯人推向深沟的做法作为正式的法律行刑手段的纪录，但是很有可能在实践中，就是这样操作的。将达利斯（Darius）的外交使节推向深沟的做法明确地表明雅典人对待他们就像对待自己的被定罪的囚犯那样。[47]

由于缺乏对深沟的明确定性描述，有些学者认为深沟并非是一个行刑地，而是一个存放被用其他方式处死的罪犯尸体的储存场所。[48]有三段文字涉及到了这个问题。米尔泰德斯因欺骗人民而受到死刑指控；桑提波斯（Xanthippus）是公诉人。[49]在提到这个案件的审理的时候，柏拉图指出：*Μιλτιάδην δὲ τὸν Μαραθῶνι εἰς τὸ βάραθρον ἐμβαλεῖν ἐψηφίσαντο.*[50]从表面上看，这个声明似乎指出一旦米尔泰德斯被定罪，他将通过被扔向深沟的方式被处决。如果仅仅表明他被处死后他的尸体会被扔在深沟，那么有什么必要对这样的做法进行投票许可呢？[51]此外，以下的文字*καὶ εἰ μὴ διὰ τὸν πρύτανιν, ἐνέπεσεν ἄν*明确地表明执行委员会救了他的命，即他未被执行死刑，而是最终被处以罚金了事。在谈到所谓的凯弄奴斯法令的时候，色诺芬使用了*ἀποθανεῖν εἰς τὸ βάραθρον ἐμβληθέντα*这些措辞。[52]对于这些措辞的含义，希腊文没有任何的歧义。

所有的证明都表明在雅典抛入深沟是最早的合法的死刑执行方式。一个古代的注释家以及一部分词典编纂者[53]将深沟形容为是一个布满刺和沟的坑坑洼洼的深渊。这样设计的目的似乎是为了割裂人的身体以确保罪犯死亡。

---

〔45〕 Paus. iv. 18. 4.

〔46〕 Zenob. 87.

〔47〕 Herod. vii. 133.

〔48〕 Cf. Barkan, *op. cit.*, p. 60，关于相关文献和对这个问题的讨论。Cf. Gernet, *REG*, XXXVII, 268 ff.，关于认为深沟从未被用作处决场所的观点的彻底驳斥。

〔49〕 Herod. Vi. 136, quoted *supra*, I, 207.

〔50〕 *Gorgias* 516 E.

〔51〕 Cf, Gernet, *op. cit.*, p. 271.

〔52〕 *Hell.* i. 7. 20, quoted *supra*, I, 205.

〔53〕 Schol. On Aristoph. *Plutus* 431; Suidas, Photius, *s. v.*, *μητραγύρτης*; Pollux viii. 71; Harpocration, *s. v.*, *βάραθρον*.

下一个讨论的执行死刑的方式被称为ἀποτυμπανισμός。一直到最近，这个方式都被解释为“用棍棒打死”。[54]然而，在一本发行于1923年的书本中，卡拉莫普勒斯（Keramopoullos）根据在发勒如姆的挖掘结果，提出了一个完全不同的观点。人们在一个墓穴中发现十七具骷髅，这些骷髅的脖子上绕着铁项圈，脚踝和手腕上绕着粘着木屑的很紧的铁箍。卡拉莫普勒斯相信这些人是被执行了死刑的罪犯。[55]有几种可能的死刑执行方式是采用了这些用具的。新出版的利代尔（Liddell）和斯科特（Scott）的《百科全书》将ἀποτυμπανισμὸς翻译成为“十字架刑罚”（crucifixion）。根据希罗多德[56]的记载，雅典人将一个波斯敌人钉死在十字架上，因为他对神不敬的行为污染了庙宇。ζῶντα πρὸς σανίδα διεπασσάλευσαν 这些词表明这个“十字架”刑是东方式的，即采用铁刺穿透罪犯的手和脚。διαπασσαλεύω[57]这个词的含义在阿里斯托芬[58]的一段文字中的含义相当明确，在这段文字中，该词汇被用来形容罪犯的一块皮肤散落在了地上。不过，没有证据表明雅典人对自己的罪犯采用过十字架刑罚。

然而，根据考古学提供的证据，卡拉莫普勒斯再现的死刑执行的方式如下。[59]囚犯被剥光了衣服后，扣在一块宽大、笔直的厚木板上，并且有五条铁带分别绕在他的脚踝、手腕以及脖子上。从骷髅的情形似乎可以看出，颈箍是扣得最牢的，并支持了囚犯的大部分身体重量。通过这种方式，囚犯被钓着很多日，暴露于严寒或酷暑中，受到饥渴鸟类以及昆虫的折磨，直到死亡。由于罗马人的十字架刑不允许流血，因此，囚犯所受的极端的苦难被很不人道地延长了。卡拉莫普勒斯是这样评论的，即这种形式的惩

---

〔54〕 Cf. Lipsius, *op. cit.*, p. 77, n. 101; Caillemer, in Darem. - Saglio, *s. v.*; 泰尔汉姆, in Pauly-Wissowa, *s. v.* Hermann-Thalheim (*Gr. Rechtsalt.*, p. 141, n. 5) 接受了波利克斯的观点（viii. 71），即认为是将罪犯绑在一种装置上处死的观点。

〔55〕 格尔里特（Gernet, *op. cit.*, pp. 261 ff.）完全接受了卡拉莫普勒斯关于ἀποτυμπανισμὸς的结论。然而，卡拉莫普勒斯的结论受到了阿瓦尼托普洛斯（Arvanitopoulos）的猛烈的攻击，攻击的重点在于他的结论从考古学角度看破绽颇多（Volo, 1923）。

〔56〕 vii. 33.

〔57〕 Cf. ix. 120.

〔58〕 *Knights* 369 - 71.

〔59〕 *Op. cit.*, pp. 108 ff.

罚方式由于与希腊的文明相矛盾，因而完全不值得一提。在他看来，这种死刑执行方式之所以存在并非是公元前五世纪的产物，而是更古老时代的产物。尽管这部古代立法的规定很严厉且不人道，但是，基于后人对传统的遵守，雅典人以尊重的态度对该法律的内容进行了保存，并严谨地遵守该立法的规定，以此作为对他们的民主体制的保护。然而，更准确的看法似乎是认为罪犯是被勒死的，而不是死于不流血的十字架刑罚。

阿里斯托芬[60]曾经提到一个关于ἀποτυμπανισμὸς的出色的滑稽表演。当姆尼丝洛克斯（Mnesilochus）被从庆祝地母节的女性当中发现之后，他被命令绑在了一种竖立的被称为σάνις或τύμπανον的木质发明装置上。[61]负责捆绑他的人被命令安置守卫并不允许其他人接近他。姆尼丝洛克斯要求守卫松开钉子，但是随后抱怨道，钉子非但未被松开，反而被钉的更紧了。[62]之后，姆尼丝洛克斯抱怨道对他颈部的割伤的极度的痛苦正在折磨他致死。[63]根据这些描述，我们可以做出如下结论：被判决采用该刑罚处死的罪犯实际上是被绑在领口的ἧλος勒死的，就像卡拉莫普勒斯发现的那样。当代社会的一个类似的死刑执行方式是西班牙绞刑（garotte）。[64]

有必要对手头的文献重新回顾以确定是否存在证据证明死亡是在行刑后多久发生的。普鲁塔克[65]报告了一个来自萨摩斯（Samian）的达瑞斯（Duris）的故事。当伯里克利在公元前439年屠杀萨摩斯人的时候，他将萨摩斯的军官以及士兵绑在木板上（σανίσι προσδήσας），并示众。十天之后，他们的尸骨再被碾碎。显然，这不是一个关于ἀποτυμπανισμὸς刑的

〔60〕 *Thesmoph.* 930 ff.; cf. Gernet, *op. cit.*, p. 264, n. 1.

〔61〕 Cf. *Thesmoph.* 1123 f.

〔62〕 1003 f.

〔63〕 1053 f.

〔64〕 Webster, *Unabridged Dictionary*, *s. v.*, "Garotte"："一种西班牙式的死刑执行方式，将罪犯勒死，具体的方式如下，罪犯会被铁项圈固定在柱子上，且该项圈由一个螺丝钉加固，就这样直到他的生命终止"。

〔65〕 *Pericles* xxviii.

案件。*προσδήσας*这个词表明这个刑罚更类似于将罪犯绑在树桩上的行为。[66]阿里斯托芬[67]在他的滑稽表演中特别提到了钉子，并且德摩斯梯尼[68]使用 *προσδηλῶσθαι* 这个词作为*ἀποτυμπανίζεσθαι* 的同义词。普鲁塔克拒绝相信达瑞斯的故事，并认为达瑞斯编了这个故事旨在使人们不信任雅典人。如果雅典人确实像卡拉莫普勒斯料想的那样以*ἀποτυμπανισμὸς*方式执行死刑的话，那么为什么普鲁塔克描述的对萨摩斯人的死刑执行方法似乎会造成对雅典人的不信任呢？我们只能这样总结，即在普鲁塔克看来，刑罚的残酷性与死刑的行刑过程的漫长性相一致。但是卡拉莫普勒斯描述的*ἀποτυμπανισμὸς*甚至更加残酷。

暴君戴奥尼夏对诗人安提福恩采用*ἀποτυμπανισμὸς*作为死刑执行方式的事件有一定的参考价值。亚里士多德以惭愧的口吻说道：

> 当他们不得不出现在公众场合，面对那些了解他们的令人羞辱的行径的人们的时候，他们更容易感到惭愧。因此，当那个悲惨的诗人安提福恩将要根据戴奥尼夏的命令被*ἀποτυμπανίζεσθαι*时，他看到那些将与他一起被执行死刑的人们在通过大门时蒙住了自己的脸时，他问道：“为什么蒙住你们的脸？难道你们害怕人群中的某个围观者会在明天看到你们么？”[69]

亚里士多德是否指的是到了第二天，因为他们已经去世，他们将不再会因为被这种方式处死而感到羞耻了？这个理解似乎是这段文字的自然的

〔66〕 根据梭伦立法，如果城邦公民大会否决了一个上诉的话，那么它有权力决定将上诉人多绑在树桩上五天作为额外的惩罚。毫无疑问，这是一个严厉且羞辱的惩罚，但是这个惩罚并不以导致罪犯死亡为目的（cf. Demos. xxiv. 105；*supra*，I，179）。δἐω 也是形容监禁刑的常规词汇，因为无疑囚犯总是被关在铁栅栏后面的，就好像柏拉图所谈到的苏格拉底案中那样（*Phaedo* 59 E－60B）。

〔67〕 *Thesmoph*. 1003.

〔68〕 xxi. 105.

〔69〕 *Rhet*. Ii. 6. 27.

解释。[70]

站在考古学的立场，卡拉莫普勒斯将这些坟墓的年代确定为是前梭伦时代的，并认为这个类型的惩罚是属于德拉古的创新。[71]如果卡拉莫普勒斯所确定的日期是可以接受的话，那么我们又将如何解释在后来的日子里法庭建议的将米尔泰德斯扔进深沟的处死方式呢？关于死刑的情形也许是这样的。在先于德拉古的时代，深沟被用作执行死刑的地方。在早期的立法中，也许是梭伦的立法中（那时，除涉及杀人外的所有的德拉古立法都被废弃），ἀποτυμπανισμός被作为另一种死刑执行方式引进了。[72]在后来的日子里，通过了凯弄奴斯的法令，[73] 该法令规定由城邦公民大会投票通过的案件，死刑的执行方式是抛入深渊。在公元前406年，抛入深坑作为一种出名的死刑审判及执行方式，适用于那些引起人民公愤的罪犯。就像色诺芬所指出的那样，[74] 凯弄奴斯法令臭名昭著。这一点其实也可以从《伊克里西阿》（Ecclesiazusae）[75] 的场景中看出，否则的话，雅典观众肯定不会明白戏中场景的含义：

τουτὶ τὸ ρᾶγμα κατὰ τὸ Καννωνοῦ σαφῶς
ψήφισμα, βινεῖν δεῖ με διαλελημμένον.

在这里，阿里斯托芬所提到的是审判的形式，而非惩罚的形式。不过另外有一些附注在提到深坑（barathron）时，将之视为一个在五世纪的后

---

〔70〕 Cf. Barkan, *op. cit.*, pp. 66 ff. 必须承认的一点是，亚里士多德可能指的是一旦罪犯被绑在死亡板上，他们就不能够再因为羞耻而遮住他们的脸了，因为他们将赤身裸体。Aeschin. ii. 181 f., cited *infra*, p. 286，没有对遭受折磨的时间长度进行证明。

〔71〕 在这里，阿瓦尼托普洛斯（Arvanitopoulos, *op. cit.*, pp. 17－22）再次拒绝接受卡拉莫普勒斯所确定的日期，因为各种挖掘工作采用了不科学的方式。

〔72〕 我们所知的最早的ἀποτυμπανισμός刑罚发生在西西里远征，当时，阿格拉图斯的大哥在向敌人发送信号的时候被抓获，并根据拉马卡斯（Lamachus）将军的命令被处以该刑罚（Lysias xiii. 67）。

〔73〕 Cf. *supra*, I, 205.

〔74〕 *Hell.* i. 7. 20.

〔75〕 1089－90.

半叶仍在使用中的死刑执行地。普鲁塔克[76]宣布，当阿里斯提德斯（Aristides）离开大会（在大会上，地米斯托克勒斯所作的对城市重要性的评估被否决了）的时候，他说道“除非地米斯托克勒斯和他自己被扔进深坑，否则雅典人将无安全之日。无论是从审判的角度还是从处死刑的角度来看，深坑都可以被认为是一个死亡之地。在《骑士》中，[77]阿戈拉克里图斯（Agoracritus）质问改造后的德缪斯：

> 阿戈拉克里图斯：但是回答这个；
> 如果任何一个卑鄙的辩护者说道，
> “现在，请大家记住正义，如果这个受监禁的人获得了
> 自由，那么我们就没有粮食了”，
> 你会如何对待那个卑鄙的辩护者呢？
> 德缪斯：我会捆住海帕波拉斯的脖子，
> 再将他扔入埋死人的深坑。

格尔里特[78]认为捆住那位辩护人海帕波拉斯的脖子的做法可能是指利用被行刑罪犯的体重以确保被扔下深渊的罪犯的死亡或指的是其他的死刑执行方式的另一些细节。无论如何，此处讨论的是那位辩护人的死刑执行，而非对他的尸体的处理问题。在《云》[79]以及在《普鲁托斯》[80]中，当提到深坑的时候，其实考虑的是自杀情形。所有这些关于深坑的注释都很明确地表示当谈到阿里斯托芬时代的情形的时候，总是有可能将深坑视为一个经过城邦公民大会投票决定的死刑执行场所，就像在公元前406年的时候学者所建议的那样。

通过芹叶钩毒将罪犯毒死的方式可能是由三十僭主引进并使用的。利

---

〔76〕 *Aristides* iii.

〔77〕 1357 ff. 有学者（Hager, *Jour. of Phil.*, VIII, 1 ff）相信在这里以及在其他段落中，阿里斯托芬使用的仅仅是深坑（barathron）喻义。

〔78〕 *Op. cit.*, p. 271, n. 4.

〔79〕 1450.

〔80〕 431.

普西斯[81]引用的证据并非十分的强。阿里斯托芬在公元前405年完成的《蛙》[82]中提到芹叶钩毒是一种妇女用来自杀的毒药。[83]因此，就像格尔里特和格洛茨所指出的那样，以毒杀的方式执行死刑就是宽容下的自我了断。[84]如果用芹叶钩毒执行死刑的方式确实是由三十僭主引入的，那么这种方式应该得到了民主重建之后的立法的认可。苏格拉底在公元前399年被以芹叶钩毒的方式处死，一个蒙尼斯特拉图斯（Menestratus）人在三十僭主被推翻后的相当长的一段时间之后仍被处以深坑刑。[85]很可能，毒杀的方式成为了一种常规的刑罚方式，[86]而ἀποτυμπανισμὸς则仅适用于法律规定的一些特定类型的犯罪行为。一个公诉人是不太可能有权利要求对罪犯处以某个类型的刑罚方式的。在对苏格拉底的起诉中，建议的刑罚就是死刑。不过，最终还是由法庭决定受到指控的罪行到底应该归入ἀποτυμπανισμὸς或是芹叶钩毒的罪行中。

很难从现有的资料中推断出一个可以被处以ἀποτυμπανισμὸς的罪行清单。[87]通常，我们只是被简单地告知一个罪犯被处死了，只有在很少的情形下会具体指出它的死刑执行方式。吕西亚的一个当事人说道，阿格拉图斯的两个弟兄被处以ἀποτυμπανισμὸς：

> 先生们，阿格拉图斯有三个弟兄。其中一个，即最年长者在西西里岛因为向敌人传递叛国的信息而被逮捕，并根据拉马卡斯（*Lamachus*）的命令被处死在一块木板上……第三个兄弟在这里因为偷衣服（λωποδύτην ἀπήγαγε）被法尼匹得斯（Phaenippides）逮捕，且由你们在你们的法庭审理他：你们将他判处死刑，并决

---

〔81〕 *Op. cit.*, p. 77, n. 101; cf. Barkan, *op. cit.*, p. 77.

〔82〕 117 ff. 当狄俄尼索斯（Dionysus）在寻找通向地狱的道路的时候，绞刑、从高塔上跳下以及芹叶钩毒都被建议了。

〔83〕 1051.

〔84〕 Gernet, *op. cit.*, p. 267; Glotz, L'Ordalie, p. 91.

〔85〕 Lysias xiii. 56.

〔86〕 巴肯（Barkan, *op. cit.*, pp. 73-78）已经收集了足够的关于芹叶钩毒的来源、准备以及物理效果的信息。

〔87〕 格尔里特（*op. cit.*, pp. 276 ff）提供了一个十分令人满意的讨论。

定将他处死在木板上。[88]

λωποδύτης这个单词，即抢夺衣服的人，的使用，会立刻使人想到被称为“罪恶之人”（malefactor，κακοῦργοι）的那类罪犯，具体包括小偷、绑架犯、闯入民宅的罪犯、抢钱包的人以及抢夺衣服的人。可以通过这些犯罪分子被当场抓获这个事实来解释为什么会包括小偷。[89] 就像菲力浦所雇用的人一样，阿格拉图斯的兄长也可以被归类为叛国者。在《德摩斯梯尼》中有两段文字涉及到了这个问题。第一段，当谈到在雅典的菲力浦的雇员的时候，他说道：“对于这些已经把自己出卖给菲力浦的人而言，你们应该鄙视他们，并将他们处以ἀποτυμπανισμὸς刑罚。”[90] 在另一段，他又说道：“如果菲力浦知道说了这些话的人如果到这里就会被立即以ἀποτυμπανισμὸς方式处死的话，那么他一定会采取不同的行为方式。”[91] 在这里，我们手头有一些看似像叛国罪的案件。格尔里特[92] 警告我们道，我们手头所有的资料都是经过修辞上的夸大的，但是德摩斯梯尼不太可能不根据法律规定而擅自引用惩罚方式。[93] 此外，还有当伊斯金尼斯接受涉及死刑的叛国罪审判的时候所说的话。

> 我全心全意地从事着作为这个城市的大使的工作，可是只是由于某些人的造谣中伤，我不得不面对那些就连许多在战场上表现英勇的人们都没有勇气面对的羞耻；因为人们不是畏惧死亡，而是害怕一个不光彩的结局。事实上，考虑到他必须面对仇敌冷笑的嘴脸以及听到他们的侮辱的话语，难道他不值得同情么？不过，尽管如此，我已经决定承担这个风险，决定将自己的身体暴

〔88〕 iii. 65 – 66 (trans. Lamb).

〔89〕 Lipsius, *op. cit.*, p. 320; cf. Gernet, *op. cit.*, pp. 279 ff.

〔90〕 viii. 61.

〔91〕 xix. 137.

〔92〕 *Op. cit.*, pp. 276 f.

〔93〕 Cf. Barkan, *op. cit.*, p. 71.

露于危险之中。[94]

以下也许被看作是一份记录被处以ἀποτυμπανισμὸς刑罚的罪犯的清单：

第一，κακοῦργοι。

第二，Προδόται，被当场抓获，就像阿格拉图斯的兄弟在向敌人发送信号的时候被当场抓获一样。[95]

第三，我们还可以把那些被立即逮捕的罪犯加入这份清单，因为他们是在从事一些受到禁止的行为，诸如杀人犯和叛国者在未得到许可的情形下从流放途中潜返的行为。我们注意到，所有这些案件都可以被纳入即行逮捕定罪程序中。换句话说，任何在偷盗过程中，从事叛国行为中，或因谋杀或叛国罪的原因被流放后又未经合法允许潜返中被即时逮捕的，将会受到ἀποτυμπανισμὸς的处罚。

第四，对于被定罪的杀人犯的行刑存在着一个在格尔里特看来无法解决的问题。[96] 他们可能也是通过ἀποτυμπανισμὸς被处死的。吕西亚[97]记载道，一个蒙尼斯特拉图斯人被当作ἀνδροφόνος进行审判，并被处以ἀποτυμπανισμὸς刑罚。[98]我们知道，死者的近亲有权利出席行刑现场；并且上文引用的伊斯金尼斯文字直接表明了这个行刑方式是ἀποτυμπανισμὸς。在谈到米迪亚斯对待他的敌人的方式这个问题的时候，德摩斯梯尼表示：

> 在米迪亚斯的心中只有一个目的，就是不遗余力地采用一切可能的方法毁掉我。他对待我的这种态度，就好像是任何被米迪亚斯羞辱的人会得到的遭遇是正确的一样。那些受他羞辱且决心对抗到底而不是保持沉默的人似乎都应当被彻底地消灭掉，并死

---

〔94〕 ii. 181 f. （trans. Adams）. 伊斯金尼斯指的是ἀποτυμπανισμὸς，一种公开的刑罚，而不是芹叶钩毒刑罚，该刑罚似乎是在监狱内执行的。

〔95〕 Lysias xiii. 67.

〔96〕 *Op. cit.*, p. 265, n. 3.

〔97〕 xiii. 56; cf. *supra*, I, 212 f., 关于蒙尼斯特拉图斯的早期程序。

〔98〕 格尔里特（Gernet, *op. cit.*, p. 277）认为他可能被按照即行逮捕程序带去审理。

无葬身之地，甚至要在法庭上接受渎职罪（desertion of post）的审判，外加基于杀人罪指控被流放，以及其他所有的一切，除了ἀποτυμπανισμὸς（ἐφ' αἵματι φεύγειν καὶ μόνον οὐ προσηλῶσθαι）。[99]

[99] xi. 105（trans. Kennedy）.

第十一章　对希腊司法体系的评价

很难对希腊的司法体系的有效性进行充分的评论。最主要的困难之一就是因为我们只有关于案件方面的信息，而很少有机会了解最终的判决结果。引用当代的律师和语言学家的观点则是一件很容易的事情。多年以来，罗杰斯利用自己的业余时间对阿里斯托芬的文献进行了研究，并提出了以下看法：

> 作为一个英国律师，我必须记录下我的观点，即要设计出一个能够比当时的司法制度更差的司法制度是相当困难的。一个由很多人组成的大会很难，如果不是根本没可能，成为适当的可以准确地判定案件的是非曲直并决定相关的法律问题的裁判法庭。在很大程度上，这样的大会的成员会丧失个人责任感，而最终退化为普通的民众，容易受到各种因素的影响，并易于受到各种引发以及激起公众集会的情绪的影响而改变看法。[1]

在众多的语言学家之中，我们选择了受人尊敬的伊塞奥斯的发言稿的编辑卫塞的评论：

> 没有证据表明雅典的法官会时常收受贿赂、受到恐吓或故意从事不诚实的行径。此外，也没有证据表明，在法律没有相关规定的情况下，他们所拥有的自由裁量权会成为一种压迫工具。尽管上述的危险确实有存在的可能，但是由于希腊法庭上的法官的数量以及他们作为代表的身份，这种纵容罪犯，以及放任受到公众谴责的行为的危险的可能性就减少了。但是，如果要证据的话，

〔1〕 Introd. to Aristoph. *Wasps*, pp. xxvi f.

> 演说家的发言可以作为可信的证据证明这样一个体系存在着固有的缺陷。至于到底在这样的体系中发生了多少不公平的情形，并没有办法估算，但是在聪明且有经验的观察家的眼中，求助于激情、政治上的偏见、带有讨好性质的诡辩以及对法律不合理的错误解释的方式来获得胜诉构成了对法庭公正性的充分质疑。任何的法律进步都是不可能的；没有任何情形会比法律的微妙规定更能够激起人们对法官的怀疑与不信任感了。……法庭的判决只不过是一种确认或协商的结果，而不对事实与法律进行区分，且只适用于特定的案件，并且判决结果的得出是基于只有单个的投票人才知道的原因。事实上，有时候连投票人本身都不清楚为什么会这样投票。这些判决不能约束另一个法庭，因为根据理论与实践的做法，各个法庭之间是平等的，且相互独立。每一个法庭都是象征主权的委员会，具有至高无上性与无需负法律责任的特性。[2]

当时的作者已经发现了雅典司法体系的许多缺陷，尽管他们的原因是基于不同于当代法学家和语言学家的原因。在公元前五世纪的最后二十五年间，伪色诺芬对法庭的拥挤进行了指责，在他看来，造成这种情形的原因在于

> 首先，他们必须比任何其他希腊城市庆祝更多的节日，在这些节日中，任何城市的商业交易的脚步都会放慢；其次，雅典的法庭所需处理的诉讼、公诉以及审计的案件比任何剩下的其他的人类社会的相加数量都要多。[3]

戏剧家也不失时宜地对雅典诉讼体系进行了嘲讽。在阿里斯托芬的《和平》中，一个人物曾讲述这样一句话，“你们雅典人只会忙着审理案

[2] In Whibley, *Companion to Greek Studies*, p. 473.
[3] *Const. of Athens* iii. 2 (trans. Brooks).

件。"[4] 在《云》中，当有人向苏格拉底指出雅典在希腊地图上的位置的时候，苏格拉底拒绝相信，因为他在地图上的那个位置没有发现正在审理案件的陪审团。[5]

对于这些嘲讽，读者并不需要过多地关注，因为阿里斯托芬和伪色诺芬肯定比当代那些只靠阅读材料来进行推测的读者更了解法庭为何拥堵的原因。伪色诺芬说道："直到今日，即使他们整年都忙于在法庭审理案件，他们还是没有机会设法审查所有的违法乱纪者，因为人口基数实在太大了。"[6] 当然，除了人口基数大这个原因之外，还有其他的原因。许多引发诉讼的事件是基于雅典的某些特定的司法和政治体系而产生的，而这些特殊的体系在当代的体系中是几乎没有的。

对于选举出的以及由抽签决定的官员的年度资格审查只是一个形式问题，并且这种形式也很可能被一些审查者（例如，立法会议即将卸任的成员）最终废除。但是，根据古代社会对民主含义的理解，当时的社会是不会授予任何委员会任何实际权力的，而无论该委员会是怎样组成的。法律明确规定，法院有权介入对即将退休的立法会议和新组成的立法会议以及九名执政官的审查，对于其他的官员，法院则是从一开始便进行监督。[7] 当官员要退休的时候，每一个部团期都可以有一名遭受该官员冤屈的志愿控告者前去提出控告。[8] 每一个即将离任的官员都必须递交他们的账户信息。只有法庭有权力决定该官员是否最终清白。此外，志愿控告者再次被邀请介入。职务审查官会连续三天坐在部落的英雄的雕像前接受任何针对退休地方官的投诉。如果是民事诉讼，会被递交到四十人委员会；如果是刑事指控，则被递交给司法执政官。这些详细的法律规定，必然营造了一种助长诉讼和各种指控的怀疑的气氛。

雅典的体系的特别之处，即通对现行法律提出公诉程序来要求一个法律或法令的倡议人对他倡议的法律或法令承担个人责任，是异常大量的诉

---

〔4〕 505.

〔5〕 207f. Cf. *Birds* 39 – 41; Telecleides *Amphictyons*, Frag. 2："不过，啊，那些市民中最善于勒索和诉讼的，停止你们这种同类相残的诉讼行为吧。"

〔6〕 *Op. cit.*, iii. 6.

〔7〕 Arist. *Ath. Pol.* xlv. 3; lv. 2; Lipsius, *Das Attische Recht*, p. 271.

〔8〕 Cf. Lipsius. *op. cit.*, p. 295.

讼产生的原因。个人责任的持续期限少于一年。但是，该立法可以随时随地受到攻击和质疑。自然的，这种时候，法令的倡议者总是会被卷入。对于立法的攻击在事实上还是他的政治对手及其党羽们对该立法倡议者的攻击。

雅典的税收体系中有一个特别的会引发一类诉讼的制度，而该类诉讼是当代人所不了解的。如果一个被任命从事某一个花费更高的祈祷仪式的公民认为另一个人更适合承担这个责任的话，他可以主张由那个公民履行这个职责，或与该公民交换财产后再履行职责。这个就是人们所说的财产交换程序（antidosis）。[9] 如果这两个建议都被拒绝的话，那么这个争议就会被递交到法庭，通过交叉诉讼的方式解决。[10]

雅典人十分理解公诉人在实现刑事诉讼正义方面的重要价值。莱克格斯说道："如果没有人对违法者提出诉讼的话，那么法律与法庭都只是无力的摆设。"[11] 梭伦通过允许志愿者起诉的方式解决了如何发动起诉的问题。在先于梭伦的寡头政治时代，只有被害人才能够向法庭控告违法者。如果国家的利益受到严重犯罪或较轻罪行的伤害，那么一旦地方行政官以及亚略巴古议事会的成员得到相关信息，他们就会采取必要措施旨在将违法者绳之以法。梭伦的一条著名的立法，即允许任何人（只要此人愿意）对违法者进行起诉（无论基于怎样的原因），造成了大量的诉讼权利的滥用。其中的一个最具代表性的例子就是希腊的好讼者的存在。雅典人很了解梭伦的这个立法所带来的负面效应。阿里斯托芬的喜剧以及大量的演说家的法庭发言都对这个立法进行了谴责。当局采取了大量的方式限制这个任意诉讼的做法，但是没有措施对这个实践进行镇压。辩护律师以及民主制度的批评家都意识到了志愿公诉人的重要性。作为一个并不敌视民主制度的人，亚里士多德从梭伦的宪法中挑选出了三个显著的民主特征加以赞扬。在这三个特征中，第二个是 *τὸ ἐξεῖναι τῷ βουλομένῳ τιμωρεῖν ὑπὲρ*

〔9〕 Cf. Goligher, "*The Antidosis*", *Hermathena*, XIV, 481 ff.

〔10〕 关于雅典诉讼的其他不寻常的方面，cf. Bonner, *Lawyers and Litigants*, pp. 96 - 122.

〔11〕 i. 4.

τῶν ἀδικουμένων。[12] 当然，像其他所有的雅典人一样，当亚里士多德写作的时候，他充分认识到这个制度完全发展起来后会带来的副作用。作为一个对民主制度及其相关制度的刻薄的批评家，伪色诺芬对雅典法庭受理过多的案件的问题进行了批评，但是却没有谈到志愿公诉人的问题。就像以下文字所表明的那样，柏拉图并没有建议替代志愿诉讼的制度，而是接受了这个制度：

> 他应得到双倍的嘉奖［因为他没有任何的错误］，此外，他还不能够容忍那些犯错误的人；前者可以看作是一个人，而后者则可以是许多人，因为他向地方行政官告发其他人的违法行径。并且，他尽全力协助地方行政官惩罚违法者——就让他被公开地称为是国家的伟大且完美的人物吧，他们是优秀奖的赢家。[13]

伊索克拉底，当建议重新回归古代的民主的时候，也对志愿公诉人表示赞同。[14]

事实上，雅典并不是唯一一个受到好讼者伤害的民主。根据卡隆达斯的法律，“那些被证实从事好讼行为的人会被判以头顶怪柳游街示众”。卡隆达斯的法律适用于西西里的各个民主城邦。[15] 亚里士多德[16] 将民主被颠覆的原因与蛊惑人心的政客以及好讼者的滥权联系了起来。很显然，志愿

〔12〕 *Ath. Pol.* ix.

〔13〕 *Laws* 730D.

〔14〕 vii. 42. 在当代社会，公诉人常常通过一个或多个理由拒绝对被他人声称的罪犯采取诉讼行为。作为结果，许多的罪犯逃脱了指控，更不用说被定罪了。此外，在一些法律体系中，公诉人或者法官会将指控降格为性质较轻的类型。有时候，这么做是为了让罪犯承认一个较轻的且惩罚也较轻的罪行。然而，在更多的情况下，贿赂和不诚实的地方政治家会卷入其中。上述的这些问题在雅典都不存在。一个志愿公诉人也许会被贿赂，但是没有任何人可以确保其他的人不会就相同的事件提出诉讼。此外，罪犯也没有机会获得宽大处理。因为所有的司法官员都必须对他们的官方行为负严格责任。

〔15〕 Cf. Diodorus xii. 11 – 12；关于这些城市的清单 cf. *supra*, I, 69 – 70.

〔16〕 *Pol.* 1304B. 20.

公诉人的泛滥问题是民主的固有缺陷。[17]

在雅典的民主制度下，被选举出的或是被指定的公共诉讼人是没有机会将所有的罪犯都送上法庭的。有时候，特殊公诉人或辩护人，即斯那勾罗伊（synegoroi），就像他们的名称所表明的那样，会被挑选出来负责对具有特殊重要性的案件进行起诉。[18]人们不得不承认，如果民主的朋友或敌人没有建议改变梭伦的著名条款的话，那么该条款带来的利益远胜于它的缺陷。与当代的政治团体相比，它的成功在于雅典市民高度的公民责任感。

在当代批评家看来，雅典体制最大的缺陷在于它的人数众多的陪审团。但是读者必须牢记在心的一点就是，根据希腊的政治理论，民主与由民主组成的陪审团是不可分的。伪色诺芬指出，在雅典，案件是ἐν τῷ δήμῳ审理的。[19]除非一个公民在政治生活中扮演了一定的角色，并参与到司法正义的运作中，否则他不能算是一个真正意义上的公民。亚里士多德将公民定义为是一个有权利参与到国家的协商活动或司法运作程序的人。[20]在一个民主制度下，这样的理论会导致大型的民众法庭的产生。政治理论家和寡头政治的反对者都意识到这种类型的法庭的缺陷。尽管柏拉图在《理想国》中没有建造一个理想的司法体系，但是他明确表示他相信法官应当是专家，而不是半桶水的被挑选出来的公民。“在这个国家中，仅仅限于这个国家，鞋匠就是鞋匠，而不会兼职做领航员，农民就是农民，也不会兼职做审判官员。”[21]但是，在《法篇》的一篇更加实际的论文中，柏拉图有所保留地接受了普通希腊人的观点。

> 每一名官员还必须是某些案件的法官……在对损害国家利益

---

〔17〕普鲁塔克写道，“不但像西蒙德斯（Simonides）所说的‘每一只云雀都会长鸟冠’，而且每一种民主都会出现虚假的控诉人”（*Timol.* 37；Bergk，*Frag.* 68；cf. Lofberg，*Sycophancy*，p. 10，n. 53）。

〔18〕伯里克利处理西蒙诉讼的方式表明古代的公诉人与现代的公诉人一样会错误（Cf. advocates in Aristophones，*supra*，pp. 27 ff.）。

〔19〕*Op. cit.*，i. 19.

〔20〕*Pol.* 1275 A，1281B. 亚里士多德对“office”（ἀρχή）进行了扩张性的解释，包括了民主大会中的成员。

〔21〕*Rep.* 397E.

的案件进行审判时，人民应当有介入权，因为任何人损害国家利益就等于损害了所有人民的利益，鉴于此，如果人民没有机会参与到审判中的话，人民就有合理的理由进行抱怨……并且，如果可能的话，在私诉中，人们也应当有权利介入审判，因为如果一个人无权介入正义运作的过程的话，就很容易认为他在国家中无足重轻。[22]

如以下文字所表明的那样，柏拉图很明确地表示他对人数众多的法庭不信任："这里的法庭没有秩序可言，而且很嘈杂，人们对发言者或是鼓掌欢迎，或是报以嘘声，这样的反复，就像是在戏院里一样，事实上，立法者应当也只应当允许这样的人数众多的法庭处理一些极轻微的违法行为。"[23]然而，尽管有一定的顾虑，亚里士多德还是坚持认为，虽然群众有着各种缺陷，但是相对于高高在上的官员而言，他们还是略胜一筹：

对于这些民众，其中的每一个都只不过是普通的百姓，当他们聚在一起的时候，如果不将他们分开看，而是集合起来看的话，那么他们很可能胜过由少数所谓的高高在上的官员组成的审判庭。就像是在过节的时候那样，由许多人联合起来准备的晚餐胜过只有一个人付账的晚餐。[24]

但是，他的观点受到了攻击：

到底这个原则是否对每一个民主制度，以及所有由民众组成的组织都适用并不十分清楚。或者说，除非老天保佑，否则在有些情形下，这个原则根本没有适用的可能，因为支持这个原则的论证同样适用于没有人类智慧的动物身上……当然，可能会有一些适用这些原则的民众组织。如果是这样的话，那么，上文提到

[22] *Laws* 767A – 768A.
[23] *Ibid.* 876B.
[24] *Pol.* 1281B (trans. Jowett).

> 的难题，以及另一个与该难题相连的问题——即这种由既不富有又没有个人修养的自由民众与市民组成的大众组织应该被授予怎样的权力，就都可以理解了。但是，允许他们分享国家权力的做法存在一定的风险，因为他们的愚昧可能会使他们误入歧途，而他们不诚实的本性会带来犯罪。当然，如果不允许他们分享的话，也会带来问题，因为一个多数穷人都无权分享国家权力的政府会面对很多的敌人。仅存的一个避免这种情形的方式就是授予他们一些协商权和司法权。[25]

在描述向民众陪审员支付报酬的制度的时候，亚里士多德这样说道：

> 伯里克利是第一个建立向在法庭服务的人支付酬劳制度的人，他这样做的目的旨在赢取大众的支持以抗衡西蒙的巨额财富……有些人指责他的这种做法，在他们看来这么做会使陪审员的人品受到腐蚀，因为总是社会地位低下的人会积极要求成为陪审员，而不是社会地位较高的人。[26]

似乎亚里士多德也意识到了柏拉图的批评。柏拉图在《高尔吉亚》(*Gorgias*)[27] 中引用苏格拉底的话说：

> 我很想知道是否因为伯里克利的建议而使雅典人的道德水准提高了，还是相反地使他们堕落了。因为我听说他是第一个向人民付报酬的人，使人们变得游手好闲，且胆怯，并鼓励他们热爱辩论与金钱。

卡里克利斯反驳说苏格拉底一定是从费罗 - 斯巴达人（Philo - Spartan）那里听到的该观点，这表明他是持保守观点的，如果说这个观点

---

〔25〕 *Ibid*.

〔26〕 *Ath. Pol.* xxvii. 4（trans. Kenyon）.

〔27〕 515E.

不是公开反对民主制度的话，但至少也是强烈地反对极端形式的民主在雅典发展。

那种认为雅典法庭的判决只是简单地判决有罪或无罪的观点，受到了反驳。希波丹姆（Hippodamus）在他的宪法中建议每一个陪审员“应该配备一块写字板，在这块写字板上他不仅仅是简单地写上对被告的定罪，或是什么都不写以表明他认为被告无罪的立场，而且当他认为被告部分无罪，部分有罪的时候，也应该相应地把这两部分加以明确区分。”[28] 亚里士多德全面地谴责了这个建议，因为在他看来，这个建议不具有可行性。这种样子的投票到底应该怎样计算呢？

在公元前五世纪，当同样的陪审员被指派到某个法庭任职一整年的时候，那么一定规模的贿赂是可能发生的。但是，很少有可能可以使受贿赂的陪审员的人数达到宣判被告无罪的数量。亚里士多德认为当引入支付报酬的制度后，贿赂现象就产生了，并且在公元前409年，安尼图斯首先采用了贿赂手段。[29] 在公元前五世纪的后半期，学者们提出了一些改善法庭案件过分繁多的措施。伪色诺芬[30]反对那种通过减少每一个陪审团的人员组成数量的方式以增加法庭的数量的建议，因为在他看来，这种方式增加了贿赂的危险。当然，无论如何，公元前四世纪的那种通过指派陪审员分别到各种法庭的做法必然使行贿在事实上成为了不可能。除了安提福恩的发言之外，其他所有的演说家的法庭发言也正是在这个时期发表的。尽管有一些学者存在一定的质疑，但是贿赂问题显然并没有真正地影响雅典的司法正义的运作。[31]

至少在一个方面，雅典的司法体系胜过当代最好的体制。在实践中，几乎所有的民事争议案件都会提交进行仲裁。仲裁人具有丰富的经验，并且最初他们总是试图诱导争议双方达成一个双方都认可的和解方案。如果不成功的话，那么他们会根据案件的是非曲直进行判决（对该判决可以提出上诉）。鉴于这种制度的存在，在一个民事诉讼中的诉讼当事人就有机

---

〔28〕 Arist. *Pol.* 1268 A.

〔29〕 Ath. *Pol.* xxvii; cf. Diodorus xiii. 64. 6; Plut. *Coriolanus* xiv.

〔30〕 *Op. cit.*, iii. 6 – 7.

〔31〕 Gilbert, *Const. Antiqu.*, p. 415, n. 4.

会在最不正式的情形下，代表自己的立场向一个既有经验又有阅历的法官陈述自己的案情。在这种情况下，诡辩术毫无用武之地，而之所以达成如此协议的原因毫无疑问地会被表明。此外，他有多达两次的机会避免他的案件在公开法庭受审。目前，已经不可能判定这套仲裁体制到底有多么的成功，但是有一点值得注意，即有好几次，发言者都告诉法庭说他们曾试图不经过审理而达成和解。然而，关于不动产的争议的案件不受仲裁程序的制约。而且在这类案件中，人数众多的陪审团显得尤其没有效力。如果没有案件所涉及的家族族谱的帮助，现代的读者很难完全读懂多数的伊塞奥斯关于不动产继承的案件的演说。事实上，当时有一名当事人已经很明显地意识到了这个难题，以至于他想在法庭上采用这样的策略，但他还是最终放弃了这个想法，因为他意识到只有很小一部分陪审员能够看到他提供的书面家族族谱。在这种情况下，司法不公便很难避免。

雅典所谓的对现行法律提出诉讼的程序，与现在的美国最高法院的一个功能相似。[32] 在雅典，任何的公民如果认为某项法律或法令是不合法的话，都可以针对它发动刑事诉讼程序。如果该诉讼是在一年之内发生的，那么该法令的倡议人就会对该法令的非法性承担个人责任。一旦该诉讼启动，那么涉案的法律或法令就会相应中止效力。如果法庭最终认定该立法是不合法的，那么该立法就归于无效。在美国，只有切身利益受到直接影响的个人才可以针对相关法律的违宪性进行起诉。但是，他的诉讼则是间接地提出问题。不过，遵循先例的原则则使任何利益受到同样影响的公民有机会引用法庭过去的判例为自己的利益服务，因为不再会有人根据被宣布为违宪的立法对他采取行动了。正因为此，还有一种情形时常地发生，即在同一部立法中，其中的一部分已经被认定为违宪，而剩下部分的违宪性与否则有待受害人针对其提起诉讼。雅典体制最出色的一点在于，在任何公民的利益受到损害之前，该项立法的合宪性与否就已经可以被认定了。公共辩护人总是选择捍卫现行的法律，但是，任何其他的公民则既可以选择捍卫立法，也可以选择反对该立法。就像任何其他的陪审员组成的法庭那样，雅典的法庭是由公民组成的，因此代表了公民的立场。雅典的司法

---

〔32〕 Cf. Thomas Goodell, *Yale Review*, II, 64 ff.

体制在这点上再次胜过了现代的体制。

与那些由法庭听取证人关于事实的陈述，并由辩护律师加以总结的体制相比，证人在雅典的司法体制下并没有那么重要。雅典的陪审员亲自听取诉讼当事人的陈述，并不时地查看其他相关证据。在公元前五世纪以及公元前四世纪的早期，证人会受到诉讼当事人的询问。后来，他们只认可之前准备好的宣誓书。两个体制都不曾对交叉质证进行规定。在没有交叉质证的情况下，诉讼当事人会冒险提出某些问题并提供某些宣誓书。这些问题或宣誓书在证人会受到交叉质证的情况下提出将是十分危险的。不过，雅典缺乏交叉质证制度的问题并不像如果现代体制缺乏这个制度会带来的问题那么严重，因为当时的证据十分简单明了。最接近交叉质证程序的就是诉讼当事人向他的那方当事人提出的质询。可惜的是，现存的发言稿并不能够提供诸如苏格拉底质询梅利多斯那样的质询实例。这其实也没有什么好大惊小怪的。让一个从撰写法庭发言者手中买到发言的人着手质询一个机敏的对手，也是相当冒险的事情。

没有人会认为诉讼当事人会在公开的法庭上对陪审员进行批评，因为他们诉讼的成功与否由这些人决定。根据法庭诉讼的理论，陪审员不会出错。所有的审判不公都应归咎于不谨慎的公诉人。很少有诉讼当事人会像胆大无畏的苏格拉底那样，大声谴责将哭泣的儿童和女性亲属带入法庭的做法。

> 也许会有人觉得因为我的话而受到冒犯，当他回想起当他遇到同样的或是程度相对轻些的情形的时候他是如何地求助于满眼泪水的祈祷和恳求，以及如何地将他的孩子以及一群亲戚朋友一起带上法庭；但是，我却不会这么做，尽管我的生命也许正处在危险之中。也许这些会重现在他的脑海中，并使他在愤怒中进行投票，因为他觉得受到了冒犯。在我看来，这些做法是不可取的；如果他们这么做，你们不应该允许他们。[33]

---

〔33〕 Plato *Apol.* 34C.

他进一步提出了反对让公众偏见影响陪审团裁决的做法。他评论说：

> 如果我被认定有罪的话，那么定罪的原因并非由于我的控诉人，而是由于长期存在的诽谤中伤和偏见。这些因素已经将许多的好人定了罪，而且，照目前的情形来看，我的案子也不会有什么意外。[34]

安多基德斯大胆地将立法会议的审议与民众陪审员的决定进行比较。他这样评论道：

> 与你们相比，立法会议比较少犯错误，因为他们从容地进行审议，并对审议结果负责，而且会因为坏名声而受到其他公民的谴责与约束。但是，没有人会找你们的麻烦，即使你们犯了错。因为你们有权利对来到你们面前的案件进行随心所欲地处理，无论处理结果正确与否。[35]

在现代的文学作品中，处处可见对雅典司法体系的批评。在伪色诺芬[36]看来，雅典人在法庭上对他们自己利益的重视胜过对正义的关注。这个观点也许会被当作政治寡头的一贯观点而遭到否定。更重要的是他后来的陈述，在该陈述中，他向相关的寡头政治家指出要推翻这样的民主制度的几率是很低的。

> 也许有些人会反驳认为在雅典没有人被不公平地剥夺公民权利，而我的回答则是确实有一些人被不公平地剥夺了公民权利，但是，只是少数人。然而，仅仅是少数人的公民权利被不公平地剥夺这个事实不足以构成对雅典民主制度的攻击。事实上，那些确实应当被剥夺公民权利的违法者并不会将这个惩罚放在心上，

[34] *Ibid.* 28 A – B.
[35] Andoc. Ii. 19.
[36] *Ath. Pol.* i. 18.

> 而只有那些受到了不公正惩罚的公民才会真正地对这个惩罚有刻骨铭心的记忆。这样看来，当政府职务是由人民掌握的时候，怎么还会有人认为雅典的多数人受到了不公平的待遇呢？不，只有基于在担任公职时的渎职行为、错误言论或是举止才会导致这些人被剥夺公民权利。根据这些理由，不应当认为被剥夺政治权利的公民会给民主带来什么威胁。[37]

根据盛行的观点，阿里斯托芬在《黄蜂》中对雅典的民众法庭进行了集中的批评。罗杰斯说道："当格罗特先生提到那个诗人的目的只不过是将民众陪审员形容成反复无常且无正义感的怪物时，他仅仅是陈述了大众的观点，同时也就是他自己的观点。"不过，罗杰斯确实正确地理解了《黄蜂》真正的写作目的。它确实是对那些利用法庭来达到自己政治目的的煽动政治家的攻击。但是，作为喜剧，必须包含幽默的元素。这个元素主要由费罗克莱恩这个人物来反映。这个人物的名字使人一看便联想到陪审员与当权的煽动政治家之间的关系。他是一个奇异的对普通陪审员的夸张化之后的人物，该人物在戏剧中被极好地演绎了——阿里斯托芬欣喜地对马拉松英雄们表示了敬意。

> 作为仅有的真正的阿提卡人，具有坚定的英雄气质，
> 多次为雅典的利益斗争，当她有需要时，我们就会捍卫她的利益；
> 当野蛮人在硝烟和火焰中出现，到处掠夺，
> 企图毁坏我们的家园，放火烧毁我们的城镇时，
> 我们立刻冲向他们：带着我们的矛和盾抗击他们，
> 我们在这场令人难忘的战役中战斗，战场上满是兵器撞击出的火花，
> 我们与敌人一对一的战斗，我们的下嘴唇由于愤怒而紧绷，
> 啊！他们的箭不停地射出，几乎遮住了太阳！[38]

---

〔37〕 *Ibid.* iii. 12 – 13.

〔38〕 Aristoph. *Wasps* 1077 – 90; cf. 230 – 39.

关于费罗克莱恩，一个奴隶提出了她的看法，对这个情节进行了解释：

我将告诉你我的老主人生的病。
他是一个法律和法庭的狂热爱好者，没有人比得上他。
审判是他溺爱的事业，除非他可以坐在审判席的前排，
否则，他会伤心地哭泣。[39]

他又接着说：

我料想，我们之中就只有他
是自始至终的最一丝不苟的，且最热心的。
他不会偏向任何一方的恳求：
每当有人向他怜悯地乞求，
他就像这样摇着头，
并说道，你休想。[40]

《黄蜂》获得二等奖这个事实十分重要。如果评委和观众意识到阿里斯托芬正在攻击民主制度的一个根本原则的话，或者，如果他们把他的嘲笑当真的话，那么他的喜剧会受到强烈的质疑。伊索克拉底对罗杰斯的解释表示支持，并且伊索克拉底本人在公元前四世纪的时候，也对类似的情形表示了悲痛。

有哪个支持民主的人在见到大量的市民围着法庭站着，为了被选中而获得收入以生存下去这样的情形后会不感到心痛呢？[41]

我很惊奇地发现，你们居然未能意识到图谋不轨的政客和煽动政治家是最善于恶意操纵民主制度的。我们看到一部分的公民，

---

〔39〕 *Ibid.* 87 – 90.
〔40〕 *Ibid.* 277 – 81.
〔41〕 vii. 54.

> 由于他们的贫穷而不得不依赖于出席法庭和民众集会的酬劳以维持生计，不得不被迫听从政客们的摆布，不得不声称他们对弹劾、起诉以及其他令人烦恼的诉讼的数量的增加而喜悦，而这一切正是那些图谋不轨的政治客们所期待的。[42]

雅典人对演讲技巧很感兴趣，并且当时有大量的经验丰富的发言人存在以满足他们的这个爱好。借着克里昂的嘴，修昔底斯严厉地批评了雅典人过分关注于演说技巧的做法：

> 受到聪明的发言者的误导，人们危险地认可了发言者陈述的内容。大会的经验丰富的成员应当致力于提出有价值的建议，而不是寻找机会展现自己的雄辩的才华以及聪明才智，并为了获得众人的掌声而在发言中成为互相竞争的对手。在诸如此类的竞争中，城邦为别人颁了奖杯，却把风险留给了自己。你们应当受到指责，因为你们对这样的辩论的误入歧途负有责任。当需要发言的时候，你们却喜欢使用自己的眼睛，而当需要行动的时候，你们却又开始使用你们的耳朵。你们成为了似是而非的话语的奴隶，同时又蔑视熟悉的论述。真正正直的人只要可以的话都不会选择成为诡辩家。一言以蔽之，你们听任自己的耳朵的摆布，就像是观看诡辩家表演的观众那样，而非国家的辩护人。不要寄希望于依靠雄辩家的口才获胜……不要受到怜悯或词汇的魅力的误导……我们的富有魅力的演说家会在其他情形下，即在涉及的争议没有那样严重的性质的情形下，有机会显示他的雄辩的口才。[43]

这种针对演说技巧的态度，致使由大众组成的陪审团尤其不适合实施

---

〔42〕 viii. 129 – 30.

〔43〕 Thuc. Iii. 38.（重新整理）在克里昂看来，整个米提勒那恩（Mytilenaean）事件很好地反映出了雅典人的性格。起初，他们决定将所有的男性居民都处死，这是对付反叛同盟的常规做法（iv. 122，6）。但是，在第二次投票中，他们决定仅仅将那些被确定为与反叛活动相关联的人判处死刑。如果从另一个角度来看，这一事件是一个很好的证明雅典人温和本质的事例。

正义。上一代人会认为那些善于诡辩术的诡辩家会把坏的说成好的的看法并不令人惊奇。被告反复地对他们不善于在公众面前发言的做法表示无奈和悲痛。在对苏格拉底的审判的前夜，他的朋友催促他对自己的辩护词进行精心准备，“难道你没有发现雅典的陪审员经常动怒而将无辜的人处以死刑，却又常常因为有罪之人的精彩辩护词而将他们释放?”[44] 当人们回忆到所有的诉讼当事人所采用的发言都是由专家写成的这个事实，那么诸如此类的抱怨也就没有什么好令人大惊小怪的了。还有一点也不能够忘记，即公诉人的发言也可能是由专家帮忙起草的。但是，即使如此，修辞是一个会给予诉讼当事人过分优势的工具。令人感到有趣的是，人们会对新产生的雄辩家表示怀疑。修昔底斯在他著名的对安提福恩的人物刻画中说道:

> 尽管他不会出席大众集会，也不愿意参加公众演说比赛，但是，由于他的聪明才智，人们还是对其充满怀疑，但是，他肯定是那个最有能力帮助那些卷入法庭诉讼或其他集会争议的人。[45]

柏拉图强烈地谴责了在法庭上采用的诡辩术。在他的以著名的西西里的诡辩家高尔吉亚的名字命名的对话录中，苏格拉底质问道:

> “高尔吉亚，到底什么是诡辩?”[46]
>
> “诡辩就是一种在法庭和其他的集会场所对案件的是非曲直进行阐释以说服听众的艺术。”［高尔吉亚回答道］
>
> “那么到底诡辩在法庭和其他的集会场所对证明案件的是非曲直提供了怎样的说服呢？是那种只需要提供理念而不需要提供支持知识的说服呢，还是需要提供知识来支持自己的理念?”
>
> “只需要提供理念即可!”
>
> “事实上，诡辩家不需要有知识的支持；他只需要发现一种能够说服那些无知的人们的方法就可以了，而他本身的知识也无

---

〔44〕 Xen. *Apol.* 4.

〔45〕 viii. 67.

〔46〕 Gorgias 454 B, E; 459B, C. 这段文字被进行了重新整理。

需丰富，只要比那些他试图说服的人丰富就可以了。”［苏格拉底总结道］

柏拉图的《泰阿泰德》（*Theaetetus*）中有一段文字的内容与上文的内容类似。

尽管诡辩家和律师们并不指示人们到底该怎样做，但是他们还是可以通过他们的技巧说服人们，并使人们接受他们想让听众接受的想法。你们可以想象么，这个世界上存在着如此聪明的老师，他们可以在极其短暂的时间内，向人们传达实施抢劫行为以及其他暴力行为的真实情形，尽管他们本身并未亲眼目睹到底发生了什么？〔47〕

理论上讲，这种批判是正确的，但是却完全没有实践的可行性。除了用语言表达之外，诉讼当事人还能有怎样的方式向法庭传达案件的情形呢？

法庭可能会因为过于“欠严谨”或过于严格而造成错误。伊索克拉底在他的一篇演说中，暗示性地批评了他生活的时代的法庭的司法操作体制的欠严谨性：

因为他们发现在关于合同纠纷的案件中，法官并不热衷于伸张正义，而更倾向于严格遵守法律；在审判他人的时候，他们并不会为了自己的安全而违背法律的规定，事实上，他们对不履行合同的当事人的严厉程度胜过受害方当事人对不履约方的严厉性，因为他们认为那些违反合约诚实信用原则的当事人对穷人造成的伤害胜过对富人的伤害……〔48〕

在另一个发言中，伊索克拉底明确地阐明了极度穷困的人民大众对富人阶级的仇恨：

---

〔47〕 201B.

〔48〕 *Areopagiticus*, vii. 33 – 34.

> 因为他们的嫉妒和贫穷，有一些陪审员十分的粗暴和不友好。他们仇恨的对象不是邪恶，而是成功，他们不但憎恨那些最温和的市民，而且还憎恨那些最正直的行为举止。这已经够糟糕了。但是，在审判时，他们甚至与违法者站在同一边。他们宣布违法者无罪，而在可能的情况下，将那些他们嫉妒的人处以死刑。[49]

德摩斯梯尼也意识到了他的时代的陪审员的轻率和不负责任的情形：

> 噢，雅典人啊，对于那些有罪的人以及被明确地证明犯了最严重罪行的人，只要他们说一两句机智的话，你们就会宣布他们无罪。此外，他们的同部落的人会被选出作为他们的辩护人，为他们求情：如果你们真的判决什么人有罪的话，你们判处的惩罚是在五个德拉克马到二十个德拉克马之间。[50]

显然，有一些客观原因支持法庭欠严谨的做法，因为在雅典的体制之下，不存在更高级的机构给予赦免或宽恕。相应地，由公众组成的法庭不得不实施这些权力并将可使罪行减轻的情形考虑在内。在这种情形之下，宣判无罪可能等价于宽恕。并且，由大众组成的陪审团很合适实施这些功能。

在一个民主的体制下，过分严厉的做法比过分宽松的做法更容易弥补自身的短处。人们会认为这样的做法更可取，即宁可让十个有罪的人逃脱法网，也不愿意错判一个无辜者。德拉古对相当多的罪行处以了死刑。除了德拉古立法中关于杀人案的法律之外，梭伦在众人的支持下废除了所有其他的德拉古立法，因为这些法律是“用鲜血写成的”。只有在很少数的情形下，法律才规定了死刑。除此之外，惩罚的方式都由民众陪审员决定。在十九世纪初的英国，有超过二百种犯罪会被处以死刑。如果陪审团认定一个人有罪的话，法律就会依正常的程序将之处以死罪，除非该罪行最终

〔49〕 xv. 142.

〔50〕 xxiii. 206.

得到了赦免。现在这一切都肯定地改变了，但是，事实还是这样，即直到十九世纪初，英国的司法运作制度还是很可能与公元前五世纪的雅典的体制一样的严厉。目前，现存着一个案件，是在公元前406年，关于审判并处死一些将军的案例。在该案中，由于引发的公众情绪，加之，那些死去的海员的亲属的介入，该案件的审判存在不公平的地方。[51]不久之后，雅典人也意识到他们的错误，并采取措施将那些对这些误判负主要责任的人绳之以法。

最著名的一个关于全国性的自我约束的实例是发生于公元前403年的大赦。民主制度的胜利导致相当多的人对在三十僭主暴政时期的1500个民主制度的支持者的死亡负责，但是，最终当权者决定让过去的就过去吧。对于雅典的后代而言，大赦是一件值得骄傲的事情。亚里士多德[52]抓住机会对雅典关于制裁潜在的暴君的立法进行评论。这些潜在的暴君以及他们的后代都被剥夺了公民权利。

当代的评论家习惯于将雅典的司法体制与现代的制度进行比较。唯有格罗特[53]一个人意识到不应当采用当代人的标准来衡量雅典的司法运作体系的有效性。他提醒我们“自从上个世纪的政治理论出现之后，受到分工更加细致的欧洲政府高度推崇的司法与行政分权的做法对早期的雅典人而言，是一无所知的。”在司法与行政分权正式实现之前的英国，一个受到犯罪指控的人受到的待遇比受到同样处境的雅典人的待遇糟得多。泰耶尔（Thayer）表示：

> 在英国，在一个刑事案件审判程序中，国王扮演的不仅仅是一个普通的角色：整个程序的运作方式很大程度上都是为他的利益服务的。在叛国和其他的重罪的情形下，受控诉人不能有辩护

〔51〕 Xen. *Hell.* i. 7. 16 ff.；Thuc. vii. 48. 3. 在最后的灾难发生之前，当没有授权的情况下，那些将军们拒绝从西西里（Sicily）撤退这件事情发生之后，尼西阿斯意识到当雅典人在处理涉及国家利益的案件时，他们对待被告的态度是多么地反复无常，以及容易受到外界的影响。人们倾向于相信在阿吉纽西战役之后，在修昔底斯的脑海中已经意识到了那些将军们的命运。

〔52〕 *Ath. Pol.* xvi.

〔53〕 *History of Greece*, V, 237.

> 人；后来，当国王方面可以由证人出庭作证的时候，受控方仍不得有证人；再到更后来，当被控诉人可以由证人为他们作证时，他的证人是不能宣誓的。[54]

在一个脚注中，泰耶尔引用了一个发生在1565年的案件，在该案中一个强盗受到了审判。在审判过程中，受到公审的罪犯没有证人，而只有王室有证人。另外的一些被引用的案件也是同样的情形。而在古代的雅典，尽管雅典人必须为自己的案件辩护，但他还是可以要求他人为他提供一份演说稿，并可以有辩护人以及证人。他在这些方面的权利与当时的公诉人相同。

格罗特指出了雅典的民众司法制度的一个常被人忽视的特征。

> 在任何地方，要想使有钱有势的人有效地服从于正义准则都是一件相当困难的事情，直到最近一个历史时期，这种情况才有所改变。如果我们发现雅典的实践并非如此，我们反倒是会惊讶目前的民众法庭既不会受到贿赂也不会受到恐吓和影响。此外，它的构成人数，他们的秘密投票制度以及提前无法知道到底哪些人会参审某一个特定的案件的这些事实阻止了这些因素会造成的不良影响。此外，它的构成人员的数量之巨大（尽管就我们对司法体制的理解而言，这个数目似乎有些浪费）对它的作为正义守护神的职责相当有帮助——大量的构成人员的事实会进一步导致审理的庄严性以及陪审员的裁决结果令当事人双方以及听审的众人信服的结果，这一点也可以从对于审理重要案件的时候，民众陪审员的人数会加倍或增加三倍的事实看出。除了民众陪审员的人数众多的这个事实可以增加这个机构的庄严性之外，别无他法，因为这个大会的多数构成人员是穷困的，还有一些年迈老人，并且所有的成员如果以个人身份出现的话都是会受到由他们审理的富人的轻视，这些数量众多的民众陪审员是希腊的政治家能够设计

---

〔54〕 *Preliminary Threatise on Evidence at the Common Law*, p. 157.

> 出的仅有的能将有权有势的罪犯绳之以法以得到一个公正的、不受腐败影响的审判结果的机构，无论这些罪犯的罪行属于私犯还是公犯。[55]

当梭伦允许向陪审法庭上诉的时候，他就是基于上述的这种想法。此外，当精读完德摩斯梯尼对米迪亚斯的起诉之后，任何读者都会相信只有人数如此众多的法庭，才能够审理像米迪亚斯这样的人，因为只有这样的法庭才既不会被收买，又不会被恐吓。

作为法庭，亚略巴古议事会受到了众人的尊敬，这一点似乎表明从一个小范围的委员会当中（该委员会包括那些经受住审计考验的前任执政官）选取人员组成陪审团负责审理民事和刑事案件也许是一个令人满意的解决方案；但是，厄菲阿尔特（Ephialtes）和伯里克利的改革明确地显示民主派决心控制行政和司法权力。因为，正如亚里士多德[56]所观察到的那样，对法庭的控制使得人民成为了国家主权的拥有者。

毫无疑问，这个雅典的由人数众多的陪审员组成的法庭制度会受到个人以及政治偏见的影响，并会随着辩护人的诡辩术而摇摆自己的立场，还会受到不择手段的公诉人的欺骗，外加无法被作为专家的法官进行控制。基于上述原因，罗杰对它的批评有一定的道理。但是，至于到底这样的一个法庭是否是希腊的民主制度能够设计出的一个出色的体制以保护公民中最谦卑的那部分人的权利，则留给读者自己去决定。“在法律面前”，伯里克利表示，“当解决私人纠纷的时候，所有的人都是平等的。”[57]

---

〔55〕 *Op. cit.*，V，237 ff.

〔56〕 *Ath. Pol.* ix.

〔57〕 Thuc. Ii. 37；Cf. Hyper. iv. 36 quoted *supra*，pp. 49 f.

译名对照表

人　名

Acastus 阿卡斯托斯
Achaea 亚该亚
Achilles 阿基里斯
Adcock 艾德考克
Aegisthus 埃癸斯托斯
Aegyptius 埃古普提斯
Aeschines 伊斯金尼斯
Aeschylus 埃斯库罗斯
Agamemnon 阿伽门农
Agoratus 阿格拉图斯
Agyrrhius 阿格瑞乌斯
Ajax 阿伽克斯
Alcaeus 阿尔凯奥斯
Alcibiades 亚西比德
Alcidas 阿尔斯达斯
Alcinous 阿尔喀诺俄斯
Alcmene 阿尔斯墨涅
Althea 阿尔泰亚
Amphitryon 安菲特律翁
Amyntor 阿明托尔
Anacharsis 阿那卡雪斯
Andocides 安多基德斯
Androcles 安德鲁克里斯
Androdamas 安德如达玛斯
Andromachus 安德洛马库斯
Androtion 昂德拉逊
Antalcidas 安塔西达斯
Anteia 安忒娅
Antilochus 安提罗科斯
Antinous 安提诺奥斯
Antiphon 安提福恩
Anytus 安尼图斯
Aphareus 阿法柔斯
Aphobus 阿皮赫布斯
Apollo 阿波罗
Apollodorus 阿波罗多罗斯
Archebiades 阿基比德
Archeptolemus 阿彻皮托勒穆斯
Archers 阿彻斯
Archestratus 阿彻斯特拉图斯
Archinus 阿士奴斯
Ares 阿瑞斯
Arete 阿莱蒂
Arethusius 阿瑞图斯乌斯
Aristaichmus 阿里斯忒克穆斯
Aristarchus 阿里斯塔克斯
Aristeides 阿里斯提德
Aristides 阿里斯蒂德斯

Aristogeiton 亚里斯托盖通
Aristogiton 亚力士多吉顿
Aristophanes 阿里斯托芬
Aristophon 亚里士多顿
Aristoteles 亚里士多泰莱斯
Aristotle 亚里士多德
Athena 雅典娜
Athenaeus 雅典那乌斯
Autolycus 奥托吕科斯
Axiochus 阿克赛欧库斯
Bamberg 拜姆博格
Battus 巴图斯
Bdelycleon 巴德理塞仑
Beauchet 皮奥切特
Bellerophon 柏勒罗丰
Beloch 贝洛赫
Benseler 本塞勒
Bergk 博格
Blass 布拉斯
Blepyrus 布莱普鲁斯
Boeckh 博艾可
Bohm 波姆
Botsford 波兹福德
Bréhier 布伦希尔
Briseis 布里塞伊斯
Bruck 布鲁克
Caecilius 凯奇利乌斯
Caillemer 凯勒墨尔
Callias 卡利亚斯
Callicles 卡里克利斯
Callimachus 卡利马科斯
Calliope 卡利俄伯
Callistratus 卡利斯特拉图斯
Callixenus 凯利谢奴斯
Cannonus 凯弄奴斯
Carcopino 卡厝皮诺
Cario 卡瑞欧
Cecrops 刻克洛普斯
Cephalus 刻法罗斯
Charicles 查理克勒斯
Charmus 卡莫斯
Choregus 合唱团指挥
Choreutes 克莱特斯
Chremes 克利米斯
Chryseis 克律塞伊斯
Cicero 西塞罗
Cimon 西蒙
Cleinias 克雷尼阿斯
Cleisthenes 克里斯提尼
Cleitophon 克里托芬
Cleomenes 克莱奥梅尼
Cleon 克里昂
Cleophon 克莱奥丰
Cloché 克劳彻
Clytemnestra 克吕泰墨斯特拉
Colin 克林
Conon 凯农
Cordus 科德罗斯
Cornelius 科尼利厄斯
Craterus 克拉特鲁斯
Cratinus 克拉提诺斯
Critias 克利蒂亚斯

Crito 克利同
Cronos/Cronus 克罗诺斯
Cyclopes 库克罗普斯
Cylon 塞伦
Damasias 达姆斯阿斯
Damonides 达蒙尼德斯
Dareste 达雷斯特
De Sanctis 德·桑克蒂斯
Deioces 笛欧塞斯
Delphi 特尔斐
Demades 狄马德斯
Demeter 得墨忒耳
Demodocus 德摩多克斯
Demosthenes 德摩斯梯尼
Dicaeogenes 迪卡奥吉斯
Dicaeopolis 迪卡奥波里斯
Dinarchus 狄纳尔科斯
Diocles 狄奥克莱斯
Diodorus 狄奥多洛斯
Diogeiton 狄奥格钦
Diogenes 狄奥格内斯
Diognetus 狄奥格内图斯
Dionysius 戴奥尼夏
Dionysus 狄俄尼索斯
Diopeithes 狄欧皮赛斯
Doederlein 杜达赖恩
Draco 德拉古
Dracontides 得拉克恩提德斯
Drerup 德里拉普
Dugit 度吉特
Ehrenberg 爱伦博格
Electryon 埃勒克特律翁
Eleusinians 厄琉西斯
Ephialtes 厄菲阿尔特
Ephorus 埃福罗斯
Epichares 伊批卡洛斯
Epigeus 爱皮格斯
Epilycus 爱培利库斯
Eratosthenes 埃拉托色尼
Erechtheus 埃瑞克修斯
Erinyes 厄里尼厄斯
Euclides 欧几里得斯
Euctemon 欧克德门
Eumaeus 欧迈俄斯
Eumelus 欧墨洛斯
Eumenides 欧墨尼得斯
Eupeithes 欧佩忒斯
Euripides 欧里庇得斯
Euryptolemus 欧里普托勒摩斯
Euxenippus 欧谢尼朴斯
Fanta 芬达
Farnell 法耐尔
Freeman 弗里曼
Frohberger 福罗博格
Fronkel 福罗克尔
Gernet 格耐特
Gilbert 吉尔伯特
Girard 吉拉尔德
Glotz 格洛茨
Goodell 古代尔
Grote 格罗特
Hager 海格

Hagnodorus 哈格诺都拉斯
Hagnon 哈格农
Halitherses 哈利忒尔塞斯
Harmodius 哈摩迪乌斯
Harpalus 哈帕鲁斯
Harpocration 哈朴克莱钦
Haussoullier 海奥叟利尔
Headlam 海德莱姆
Hector 赫克托
Helen 海伦
Hellanicus 赫兰尼库斯
Hephaestus 赫菲斯托斯
Heracles 赫拉克勒斯
Heraldus 海莱尔图斯
Hermae 赫尔墨
Hermann 海尔曼
Hermes 赫耳墨斯
Herodotus 希罗多德
Herondas 海隆达斯
Hesiod 赫西奥德
Heyne 海恩
Hipparchus 希帕切斯
Hippias 希庇亚斯
Hippodamus 希波丹姆
Hirzel 希泽尔
Homer 荷马
Hommel 赫默尔
Hyettus 海埃图斯
Hyperbolus 海帕波拉斯
Hypereides 海波伊迪斯
Hyperides 海泼莱德
Idomeneus 伊多梅纽斯
Iphitus 伊菲图斯
Irus 爱儒斯
Isaeus 伊塞奥斯
Isagoras 伊萨哥拉斯
Isocrates 伊索克拉底
Istrus 伊斯特鲁斯
Jebb 杰伯
Kaibel 凯贝尔
Kalinka 卡林卡
Keil 凯奥
Kennedy 肯尼迪
Kenyon 凯尼恩
Kiessling 起斯林
Kirchhoff 克尔赤霍夫
Kōhler 科勒
Laches 赖锡斯
Lacia 拉斯阿
Laertes 拉厄尔忒斯
Lange 朗格
Laomedon 拉俄墨冬
Laurence 劳伦斯
Leaf 利弗
Ledl 莱德尔
Leisi 雷斯
Leist 雷斯特
Leogoras 里奥格拉斯
Leon 雷恩
Lesbos 莱斯博斯
Lipsius 利普西斯
Lycon 里孔

Lycophron 吕哥弗隆
Lycurgus 莱克格斯
Lysias 吕西亚
Lysicles 吕西克列斯
Lysicrates 吕西克拉特
Lysimachus 利西马库斯
Lyson 理逊
Maia 玛雅
Maine 梅因
Mardonius 马德修斯
Mathieu 马修
Megacles 迈加克利斯
Meidias 米迪亚斯
Meier 曼恩
Meleager 梅利埃格
Meletus 梅利多斯
Mendon 麦东
Menelaus 梅尼劳斯
Menestheus 墨涅斯修斯
Menestratus 蒙尼斯特拉图斯
Mentor 门特
Meyer 梅耶
Miletus 米利图斯
Miltiades 米尔泰德斯
Minos 迈诺斯
Mnesilochus 姆尼丝洛克斯
Moreau 莫罗
Myres 米瑞斯
Nausinicus 纳奥斯尼库斯
Neaera 尼亚拉
Nestor 内斯特
Nillson 尼尔逊
O. Muller 奥·穆勒
Odysseus 奥德修斯
Oehler 奥勒尔
Oileus 俄琉斯
Olympiodorus 奥林匹奥多罗斯
Onomacritus 奥诺玛克利托斯
Orestes 俄瑞斯忒斯
Origen 奥瑞根
Paramonus 派拉蒙奴斯
Paris 派瑞斯
Paros 帕罗斯
Patrocles 帕特罗克勒斯
Patroclus 普特洛克勒斯
Pausanias 鲍萨尼阿斯
Peisander 佩塞恩德
Peisistratus 佩西斯特拉托斯
Peleus 珀琉斯
Penelope 珀涅罗珀
Penthilus 潘特黑鲁斯
Pericles 伯里克利
Persephone 珀尔塞福涅
Perses 珀尔塞斯
Pheidippides 费迪皮迪兹
Pheidon 菲登
Philaidae 费莱德
Philippi 菲力比
Philochorus 非洛克鲁斯
Philocleon 费罗克莱恩
Philocrates 费罗克拉特
Philolaus 菲劳伦斯

Phoenix 弗尼克斯
Phormio 佛密欧
Photius 佛丢斯
Phrynichus 弗里尼库
Pistoxenus 皮斯多谢奴斯
Pittacus 庇塔库斯
Plutarch 普鲁塔克
Polemarchus 波勒马库斯
Pollock 波洛克
Pollux 波利克斯
Polyaenus 波利艾努斯
Polybius 波利比奥斯
Polydamas 波利达玛斯
Polyeuctus 波里克多
Polytion 波里钦
Poseidon 波塞冬
Poste 皮斯特
Praxagora 普拉萨格拉
Proclus 普罗克洛斯
Proetus 普洛托斯
Prometheus 普罗米修斯
Publicola 普布利卡拉
Pylos 皮洛斯
Pyrilampes 皮里兰佩斯
Pythagoreans 毕达哥拉斯
Pythodorus 皮托多洛斯
Pythonicus 皮桑尼克
Rauchenstein 劳陈斯坦
Rhadamanthus 拉达曼提斯
Rhinon 瑞农恩
Ridgeway 瑞基威
Robertson 罗伯逊
Roger 罗杰
Rohde 罗德
Rose 罗斯
Sandys 桑迪
Sarpedon 萨尔佩冬
Scambonidae 斯堪波尼代
Schoell 舒埃尔
Schoemann 舒曼
Sicyon 斯西恩
Siegfried 齐格弗里德
Sinon 斯农
Socrates 苏格拉底
Solon 梭伦
Sophocles 索福克里斯
Speusippus 斯珀西波斯
Staeker 斯塔克
Starkie 斯塔尔克
Stephanus 斯提法奴斯
Straton 斯特拉泰
Strepsiades 斯瑞西阿德斯
Strombichides 斯特罗姆毕德斯
Suidas 苏伊达斯
Swoboda 史沃博达
Szanto 斯赞托
Teisamenus 泰撒米奴斯
Telemachus 忒勒马科斯
Teubner 图依布纳
Teusch 特裕史
Thalheim 泰尔汉姆
Themistocles 地米斯托克勒斯

Theoclymenus 忒奥克吕墨诺斯
Theodorus 泰奥多勒斯
Theogenes 西奥吉恩
Theognis 西奥格尼斯
Theomnestus 迪奥纳斯特斯
Theophrastus 狄奥佛拉图斯
Theramenes 塞拉门尼斯
Thersites 瑟赛蒂兹
Theseus 特修斯
Thessalus 塞萨卢斯
Thompson 汤普森
Thucydides 修昔底德
Timarchus 提马库斯
Tlepolemus 特勒波勒摩斯
Treston 特雷斯顿
Tyrtaeus 提尔泰奥斯
Tzetzes 特塞斯
Ure 乌尔俄
Usteri 乌斯泰瑞
Van Herwerden 范·海文顿
Van Leeuwen 范·李文
Verrall 费罗尔
Vinogradoff 维纳格鲁道夫
Walker 沃克
Wilamowitz 维拉莫维茨
Wyse 卫塞
Xanthippus 桑提波斯
Xenophanes 色诺芬尼
Xenophon 色诺芬
Zaleucus 扎莱约库斯
Zeus 宙斯

地　名

Aeantis 阿提斯
Aexone 艾可斯昂尼
Arginusae 阿吉纽西
Argos 阿尔戈斯
Askra 阿斯卡
Athens 雅典
Attica 阿提卡
Axione 艾可斯奥尼
Boeotia 皮奥夏
Byzantium 拜占庭
Cappadocia 卡帕多西亚
Catana 卡塔纳
Ceos 塞欧斯
Chaeronea 喀罗尼亚
Chalcis 哈尔斯基
Chaleion 查雷恩
Charondas 卡隆达斯
Chersonese 切索尼
Chios 开俄斯
Cicynna 斯恩纳
Cnidus 克尼德斯
Corinth 科林斯

Cos 科斯岛
Crete 克利特岛
Cyme 希米
Decelea 德凯利亚
Delos 提洛
Delphinium 代尔菲尼姆
Erechtheis 依里克西斯
Erithrae 艾瑞斯拉
Euboea 埃维亚
Gortyn 格尔蒂
Himera 希米拉
Iberia 伊比里亚
Ionia 爱奥尼亚
Ios 伊奥斯岛
Ithaca 伊萨卡岛
Laureian 劳瑞恩
Laurium 劳里厄姆
Lemnus 利姆诺斯
Lesbos 莱斯博斯
Libya 利比亚
Locris 洛克里斯
Magnesia 马格尼西亚
Marathon 马拉松
Mazaka 马扎卡
Megara 美嘎拉
Melite 茉莉塔
Messenia 美塞尼亚
Methymna 美图姆那
Munychia 穆尼契亚
Mylae 迈利
Myrrhinus 米尔希奴斯
Mytilene 米蒂利尼
Naxos 纳克思
Oceanthea 欧塞斯阿
Oenoe 欧恩欧俄
Orchomenus 奥尔科墨诺斯
Palladium 帕拉度姆
Pallene 帕勒涅
Pandionis 潘狄俄尼斯
Paros 帕罗斯岛
Persia 波斯
Phaeacia 费阿刻斯
Philip 腓力比
Phreatto 法莱图
Piraeus 比雷埃乌斯
Plataea 普拉蒂亚
Probalinthus 普柔巴里恩图斯
Rhegium 里奇乌姆
Salamis 萨拉米斯
Samos 萨摩斯
Sestos 塞斯托斯
Sicily 西西里
Sitalces 西塔尔塞斯
Sparta 斯巴达
Steiria 史泰瑞阿
Sunium 苏尼昂
Sybaris 希巴利斯
Syracuse 锡拉库扎
Thasos 萨索斯
Theophrastus 狄奥佛拉斯图斯
Thespiae 塞斯比阿
Thrace 斯阿塞

Thurii 图里
Tricorythus 特瑞欧图斯
Troy 特洛伊
Xerses 艾尔塞斯
Zancle 赞科莱

专有名词

Acharnians《阿卡耐人》
Acropolis 雅典卫城
Aetolian 埃托利亚人
Alcmaeonidae 阿尔克迈翁家族
Anakrisis 审前调查
Apaturia 阿帕图里亚节
Apella 公民会议
Apology《申辩》
Archon basileus 王者执政官
Archon 执政官
Areopagite 亚略巴古议事会成员
Areopagus 亚略巴古议事会、亚略巴古山
Battle of Aegospotami 伊哥斯波塔米战役
Boulé 立法会议
Bucolium 布厝里官邸
Catalogue of Women《妇女纲目》
Clan 氏族
Clouds《云》
Corpus《文集》
Court of Areopagus 亚略巴古法院
Court of thesmothetae 司法执政官法院
Delian League 提洛同盟
Demarch 德莫行政官
deme 德莫
dicast 民众陪审员
dicastery 民众法庭
Dorian 多里安人
Drachma 德拉克马
Ecclesia 城邦公民大会
Eccleziazousae《公民大会妇女》
Eisangelia 弹劾
Eleans 伊利斯人
Ephetae 爱菲塔委员会
ephetic court 爱菲塔委员会法庭
Epilyceum 爱培利官邸
Eupatrid 世袭贵族
Frogs《蛙》
Gerousia 元老会议
Gorgias《高尔吉亚》
Heliaea 陪审法庭
hemlock 芹叶钩毒
Hipparchi 骑兵指挥官
Iliad《伊利亚特》
Ionian 爱奥尼亚人
Knight 骑士
Kolakretae 克拉克瑞沓

Lacedaemonians 古代斯巴达人
Laws《法篇》
Lemnian 利姆诺斯人
Locrian 洛克里斯人
Loeb Classical Library 洛布古典丛书
Lysistrata《利西翠妲》
magistrate 地方行政官
Mina 明那
Naucraroi 纳奥克莱罗
naucrary 纳奥克莱瑞
naucrar 纳奥克
nouveaux riches 暴发户
obol 奥波尔
Odyssey《奥德赛》
On the Crown《论王冠》
Panathenaea 泛雅典娜节
Parthenon 帕台农神庙
Peisistratidae 佩西斯特拉托斯家族
Pelasgian 贝拉斯基人
Peloponnesian War 伯罗奔尼撒战争
Pentacosiomedimni 五百斗者
Persae《波斯人》
Phratry 胞族
Phylobasileis 部落首领
Plutus《普鲁托斯》
Polemarch 军事执政官
Politeia《理想国》
Politics《政治学》
prytaneis of the naucraries 纳奥克莱瑞执行委员会
Prytaneis 执行委员会
Prytaneum 古希腊城市公共会堂、城市公共会堂法庭
Pylians 波利安人
Republic《理想国》
Shield of Heracles《力士之盾》
Strategi 军事将领
Supplices《酷刑》
Synoecia 斯诺埃丝伊亚节
Syracusan 斯拉尤散人
talent 塔兰特
Tetrapolis 四城镇城邦
Thasians 赛西人
the Aethiopis of Arctinus 阿克提诺斯的《埃西俄丕斯》
the Age of Hesiod 赫西奥德时代
The Assembly of the Ten Thousand 万人会议
The Athenian code of Draco 德拉古希腊法典
the Board of Thirty Logistae 三十审计官委员会
the Coast 海岸党
The Council of Elders 元老院
the decree of Patrocleides 帕特罗克莱德斯法令
the Eleven 十一人委员会
the Five Hundred 五百人议事会
the Forty 四十人委员会
the Four Hundred 四百人委员会
The Heroic Age 英雄时代
the Plain 平原党

the Receivers - general 财务总长
the Roman Twelve Tables 古罗马的十二铜表法
the Thirty 三十僭主
Theban 底比斯人
Theogony《神谱》
Thesmophoria 地母节
Thesmophoriazousae《庆祝地母节的妇女们》
thesmothetae 司法执政官
Thesmotheteum 司法执政官官邸
Thetes 日佣
Tribe 部落
Trittyes 三分区
Troy 特洛伊
Wasps《黄蜂》
Works and Days《工作和日子》
Zeugitae 双牛者